2024 부동산 세금의 생각지도

2024

부동산 세금의 생각지도

박남석 지음

부동산 양도세 · 취득세 · 증여세 · 상속세
종부세 · 부가세 · 종소세 · 가족법인 사용설명서

TAX

101

좋은땅

프롤로그

이 책을 읽다 보면 부동산 세금에 대한 생각지도 못한 생각지도를 발견하는 행운을 얻을 수 있을 것이다. 지도를 보고 길을 찾아가면 목적지에 올바르게 도착할 수 있듯이 이 책에서도 부동산 세금에 대한 이정표를 제시하여 세금에 대한 실수와 리스크를 줄여 목적지에 올바르고 안전하게 도착할 수 있도록 내용을 구성하였다.

이 책에서는 부동산에 대한 양도소득세, 취득세, 증여세, 상속세, 종합부동산세, 부가가치세, 소득세, 가족법인과 법인세에 대한 내용을 담고 있다. 그리고 주택, 조합원입주권, 분양권, 업무용 부동산, 토지 등 부동산의 종류별로 구분하여 관련 세금을 살펴보고 있다. 이 책 한 권으로 부동산 관련 세금에 대한 사용설명서가 될 수 있도록 내용을 구성하였다.

이 책에서는 세금의 계산구조에 대해 살펴본 다음 그 구조와 관련된 세법의 내용을 설명하고 중요한 것은 핵심포인트로 다시 한번 강조하였다. 실무상 쟁점이 될 수 있는 사항은 예규, 판례뿐만 아니라 집행기준, 통칙 등의 내용을 근거로 설명하고 생각정리 노트로 정리하였다. 실제 의사결정 시 참고할 수 있도록 예규 및 판례 번호 등을 함께 기재하였다. 쟁점이 될 수 있는 내용은 전문가와 구체적으로 상의하여야 한다.

이 책은 총 일곱 PART와 18장으로 구성되어 있다.

PART 1에서는 부동산 양도 관련 양도소득세에 대한 내용을 다루고 있다.

제1장에서 양도소득세의 납부할 세액을 계산하는 구조를 각 단계별로 살펴보고, 각 단계에 관련된 세법의 내용을 설명한다.

제2장에서는 주택을 양도하는 경우 보유하는 주택 수에 따른 비과세 요건을 체계적으로 살펴본다. 1세대 1주택 비과세 요건뿐만 아니라 1세대가 2주택 이상을 보유하다 1주택을 양도하는 경우 비과세 특례 요건을 예규, 판례 등과 함께 설명한다.

제3장에서는 재개발·재건축 관련 조합원입주권 또는 주택을 보유하다 조합원입주권이나 주택

을 양도하는 경우 상황별 비과세 특례 요건은 무엇이 있는지 살펴본다. 그리고 과세되는 경우 납부할 세액 계산 방법을 저자가 실무에서 사용하는 계산구조를 도표화하여 실무에서 바로 적용할 수 있도록 하였다.

제4장에서는 주택과 분양권을 보유하다 주택을 양도하는 경우 비과세 특례 요건을 살펴본다.

제5장에서는 조세특례제한법의 감면 또는 과세특례 주택의 감면 또는 과세특례 요건과 내용을 요약하여 살펴본다.

제6장에서는 토지를 양도하는 경우 비사업용토지와 사업용토지의 구분 및 자경농지의 감면에 대한 내용을 살펴본다.

PART 2에서는 취득세에 대한 내용을 다루고 있다.

제7장에서는 취득세의 납부할 세액을 계산하는 구조를 각 단계별로 살펴보고, 각 단계에 관련된 세법의 내용을 예규, 판례등과 함께 설명한다. 증여 취득 시 시가인정액에 대한 내용도 함께 살펴본다.

제8장에서는 부동산 중 주택을 매매로 취득하는 경우 주택 수 산정 방법, 다른 주택 취득 시 주택 수 산정에서 제외되는 주택, 취득 시 중과되지 않는 주택에 대한 내용을 설명한다. 그리고 주택 수에 따른 세율에 대해 알아본다.

PART 3에서는 부동산을 무상으로 이전받는 경우 과세되는 증여세와 상속세에 대한 내용을 다루고 있다.

제9장에서는 증여세의 납부할 세액을 계산하는 구조를 각 단계별로 살펴보고, 각 단계에 관련된 세법의 내용을 예규, 판례등과 함께 설명한다. 그리고 재산취득자금 등의 증여 추정, 가족 간 차입거래와 증여, 가족 간 부동산거래와 증여, 상속·증여재산의 평가에 대한 내용을 다루고 있다.

제10장에서는 상속세의 납부할 세액을 계산하는 구조와 이에 관련된 세법의 내용을 살펴본다.

PART 4에서는 부동산을 보유하는 경우 과세되는 보유세에 대한 내용을 다루고 있다.

제11장에서 보유세인 재산세와 종합부동산세를 비교 설명한다.

제12장에서는 주택에 대한 종합부동산세의 납부할 세액을 계산하는 구조를 각 단계별로 살펴보고, 각 단계에 관련된 세법의 내용을 예규, 판례등과 함께 설명한다. 그리고 합산배제주택에 대해 살펴본다.

PART 5에서는 부동산 관련 부가가치세에 대한 내용을 다루고 있다.

제13장에서는 일반과세자 및 간이과세자의 부가가치세 납부(환급)할 세액을 계산하는 구조를 각 단계별로 살펴보고, 각 단계에 관련된 세법의 내용을 예규, 판례등과 함께 설명한다.

제14장에서는 부동산의 취득·임대·양도와 관련된 부가가치세에 대해 설명한다.

PART 6에서는 부동산 관련 소득세 및 부동산임대사업자에 대한 내용을 다루고 있다.

제15장에서는 개인의 소득에 대한 소득세의 납부(환급)할 세액을 계산하는 구조를 각 단계별로 살펴보고, 각 단계에 관련된 세법의 내용을 예규, 판례등과 함께 설명한다. 부동산매매사업자에 대한 내용도 함께 다루고 있다.

제16장에서는 부동산임대사업자의 소득세, 민간임대주택에 관한 특별법, 건강보험에 대해 설명한다.

PART 7에서는 부동산 관련 가족법인과 법인세에 대한 내용을 다루고 있다.

제17장에서는 가족법인의 설립절차, 가족법인을 설립하여 부동산에 투자하는 경우 부동산의 취득·보유·양도와 관련된 세금에 대해 설명한다.

제18장에서는 가족법인의 법인세 납부할 세액을 계산는 구조를 각 단계별로 살펴보고, 각 단계에 관련된 세법의 내용을 예규, 판례 등과 함께 설명한다. 그리고 세무조정에 대한 내용을 다루고 있다.

별첨에서는 정부에서 지금까지 발표한 부동산대책 중 세금과 관련된 내용을 일자별로 요약 정리하였으며, 2024년 적용되는 세목별 세율표도 함께 수록하였다.

이 책이 독자들의 경제적 자유와 풍요로운 삶을 성취하는 데 조금이나마 도움이 되었으면 하는 바람을 가져 본다. 책이 출판되기까지 많은 분들이 도움을 주서서 감사드린다. 각별히 공인중개사 분들에게 감사의 마음을 전하고 싶다. 그리고 저자를 항상 응원하고 격려해 주는 임선아와 우리 집 문화유산을 잘 지키고 있는 박윤재, 박현유에게 사랑하는 마음을 보내며, 박윤재는 원고를 꼼꼼하게 잘 살펴봐주어서 고마움을 덧붙여 전한다.

2024년 4월 仙由材에서

세무사 박남석

목차

PART 2 부동산의 취득과 취득세

PART 3 부동산의 무상이전과 증여세 및 상속세

PART 1

부동산 양도와 양도소득세

법령 명칭 요약

- 소득세법: 소법
- 소득세법 시행령: 소령
- 소득세법 시행규칙: 소칙

제1장

양도소득세에 대하여

제1장에서는 다음과 같은 내용을 살펴보기로 한다.

<table>
<tr><td>제1절</td><td>양도의 개념</td></tr>
</table>

양도소득세는 부동산 등의 자산을 양도했을 때 발생하는 소득에 대해서 과세하는 세금을 말한다. 여기서 양도란 자산에 대한 등기 또는 등록과 관계없이 매도, 교환, 법인에 대한 현물출자 등을 통하여 그 자산을 유상으로 사실상 이전하는 것을 말한다(소법 제88조 제1호). 또한 부담부증여 시 수증자가 인수하는 채무액에 해당하는 부분도 양도로 본다(소령 제151조 제3항). 다만, 도시개발법이나 그 밖의 법률에 따른 환지처분으로 지목 또는 지번이 변경된 경우에는 양도로 보지 않는다.

아래에서는 양도의 개념 중 자산의 유상 이전과 사실상 이전에 대한 내용을 조금 더 살펴보기로 한다.

1. 자산의 유상 이전

(1) 거래별 대가 유형

양도소득세는 과세대상 자산을 이전하고 유상으로 대가를 받는 경우 과세되는 세금이다. 여기서 대가란 현금으로 받는 것은 물론 조합원의 지위를 취득하거나 채무가 소멸되는 등의 경우도 유상으로 이전되는 경우에 해당된다. 따라서 대가를 금전으로 받는 경우뿐만 아니라 그 외 대가를 받는 경우에도 양도소득세가 과세될 수 있다. 거래별 대가의 유형을 예시하면 다음과 같다.

거래 구분	대가 유형
매매	금전
교환	부동산 또는 동산
법인에 대한 현물출자	주식 또는 출자지분
공동사업에 현물출자	조합원의 지위
협의매수 · 수용	현금 · 채권 또는 대토
경매 · 공매, 위자료, 대물변제, 부담부증여, 물납	채무의 감소

(2) 부동산의 현물출자 관련 생각지도

위에서 살펴본 거래별 대가 유형 중에서 법인이나 공동사업에 현물출자하여 주식 또는 출자지분, 조합원의 지위를 대가로 받는 경우 양도소득세 과세 여부에 대해 예규 및 판례를 통하여 조금 더 살펴보기로 한다.

1) 공동사업에 현물출자하는 경우

거주자가 공동사업(주택신축판매업 등)을 경영할 것을 약정하는 계약에 의하여 토지 등을 당해 공동사업에 현물출자하는 경우 현물출자하는 날 또는 등기접수일 중 빠른 날에 당해 자산 전체가 사실상 유상으로 양도된 것으로 보아 양도소득세가 과세된다(예규 서면4팀-2953, 2007.10.15.). 공동사업 현물출자와 관련된 양도소득세 내용에 대해서는 제6절에서 구체적으로 다루고 있다.

2) 지역주택조합에 현물출자하는 경우

주택법에 따른 주택건설사업을 시행하는 지역주택조합에 조합원이 소유 토지를 이전하고 사업시행계획에 따라 공사완료 후 조합으로부터 신축주택을 분양받는 것은 소득세법상 환지처분에 해당하지 않는 것으로, 이 경우 조합원이 소유 토지를 지역주택조합에 이전하는 것은 양도에 해당한다(예규 서면법규재산2022-3520, 2023.4.19., 판례 조심2017서-601, 2017.3.6.).

3) 재개발·재건축 정비사업조합에 현물출자하는 경우

「도시 및 주거환경정비법」의 규정에 의한 정비사업조합이 같은 법의 규정에 따른 주택재개발사업 또는 주택재건축사업, 도시환경정비사업을 시행하는 경우 조합원이 소유한 토지·건물을 정비사업조합에 현물출자하고 사업시행완료로 같은 조합측으로부터 건설된 건물의 관리처분계획에 따라 재개발·재건축한 건물을 분양받은 것은 환지로 보아 양도에 해당하지 아니하는 것이나, 환지청산금을 교부받은 부분은 양도에 해당하여 양도소득세 과세대상이 된다(예규 부동산거래관리-106, 2011.2.8.).

💡 생각정리 노트

위 세법의 내용, 예규 및 판례에 따르면 임의재건축을 위한 공동사업이나 지역주택조합에 현물출자하는 경우에는 환지처분으로 보지 않고 사실상 유상이전된 것으로 보아 양도소득세가 과세된다. 다만, 「도시 및 주거환경정비법」에 따른 재개발·재건축조합, 「빈집 및 소규모주택정비에 관한 특례법」에 따른 정비사업조합에 현물출자하는 경우에는 환지처분으로 보아 양도소득세가 과세되지 않는다(소법 제88조 제1호 가목).

| 참고 | 환지처분

환지처분이란 「도시개발법」에 따른 도시개발사업, 「농어촌정비법」에 따른 농업생산기반 정비사업, 그 밖의 법률에 따라 사업시행자가 사업완료 후에 사업구역 내의 토지 소유자 또는 관계인에게 종전의 토지 또는 건축물 대신 그 구역 내의 다른 토지 또는 사업시행자에게 처분할 권한이 있는 건축물의 일부와 그 건축물이 있는 토지의 공유지분으로 바꾸어 주는 것(사업시행에 따라 분할·합병 또는 교환하는 것을 포함한다)을 말한다(소령 제152조 제1항).

---

2. 자산의 사실상 이전

양도소득세 과세대상 자산이 등기 또는 등록 원인과 다르게 유상으로 사실상 이전된 경우에도 양도에 해당된다. 이와 관련된 예규를 살펴보면 증여를 원인으로 소유권이전등기가 된 경우라도 그 실질 내용이 매도·교환·법인에 대한 현물출자 등으로 자산이 사실상 유상으로 이전된 경우에는 양도에 해당한다고 해석하고 있다(예규 재산46014-199, 2000. 2. 21.). 따라서 등기부등본상에 등기원인이 상속, 증여 등으로 되어 있다하더라도 실제 유상으로 이전된 경우에는 상속이나 증여가 아니고 양도에 해당되어 양도소득세가 과세된다.

| 참고 | 국세부과의 실질과세원칙

세법 중 과세표준의 계산에 관한 규정은 소득, 수익, 재산, 행위 또는 거래의 명칭이나 형식과 관계없이 그 실질 내용에 따라 적용한다(국세기본법 제14조). 따라서 국세에 해당하는 양도소득세에서도 형식적인 내용보다는 사실관계를 중요시하는 실질과세 원칙이 적용된다.

제2절 | 과세대상 및 계산구조

1. 과세대상

과세대상이란 세금이 부과되는 대상으로 정한 물건·행위·사실 등과 같이 납세의무의 성립이나 발생을 위하여 필요한 과세객체 혹은 과세물건을 말한다. 양도소득세는 개인이 부동산 등의 자산을 양도하여 발생하는 소득을 과세대상으로 한다.

(1) 과세대상 자산

양도소득세 과세대상인 소득이란 다음에 해당하는 자산을 양도하여 발생하는 소득을 말한다(소법 제94조, 소령 제158조).

  1) 토지 또는 건물(건물에 부속된 시설물과 구축물을 포함한다)
  2) 부동산에 관한 권리

  가) 부동산을 취득할 수 있는 권리
  부동산을 취득할 수 있는 권리란 부동산의 취득시기가 도래하기 전에 당해 부동산을 취득할 수 있는 권리를 말한다. 예를 들면 건물이 완성되는 때에 그 건물과 이에 부수되는 토지를 취득할 수 있는 권리인 조합원입주권, 분양권 등이 이에 해당한다. 이와 관련된 예규를 살펴보면 부동산의 분양계약을 체결한 자가 분양계약에 따라 당해 아파트가 완공되어 분양회사 명의로 소유권보존 등기된 부동산을 소득세법 규정에 의한 취득시기가 도래하지 않은 상태에서 양도하는 경우에는 부동산을 취득할 수 있는 권리의 양도로 본다고 해석하고 있다(예규 재재산-1415, 2004.10.25.).

위 예규에 따르면 아파트가 준공되어 분양회사 명의로 소유권보존등기가 되었다 하더라도 분양계약을 체결한 자가 분양 잔금을 완납하기 전에 양도하는 경우에는 부동산을 취득하기 전이므로 부동산을 양도하는 것이 아니라 부동산을 취득할 수 있는 권리를 양도하는 것이라 할 수 있다.

양도소득세에서 양도 또는 취득하는 자산이 부동산인지 부동산을 취득할 수 있는 권리인지 구분하는 것은 매우 중요하다. 비과세, 장기보유특별공제, 세율 등의 세법 규정이 다르게 적용되기 때문이다.

나) 지상권
다) 전세권과 등기된 부동산임차권

3) 기타자산

가) 사업에 사용하는 토지 · 건물 및 부동산에 관한 권리와 함께 양도하는 영업권
나) 특정시설물 이용권 · 회원권
다) 특정주식

① 과점주주의 주식
법인의 자산총액 중 부동산 등 가액의 합계액이 차지하는 비율이 50% 이상인 법인의 과점주주가 그 법인 주식의 50% 이상을 양도하는 경우 해당 주식

② 부동산과다보유법인의 주식
골프장, 스키장, 휴양시설, 부동산 및 부동산개발 사업을 하는 법인으로서 자산총액 중 부동산 등 가액의 합계액이 차지하는 비율이 80% 이상인 법인의 주식

라) 토지 · 건물과 함께 양도하는 이축권

4) 주식

상장·코스닥·코넥스의 대주주 등이 양도하는 주식과 비상장법인 주식의 경우 2025.1.1. 이후부터는 금융투자소득세로 과세된다.

(2) 부동산법인과 주식 관련 생각지도

법인을 설립하여 부동산에 투자하는 부동산법인의 경우 그 법인의 주주가 보유하는 주식을 양도하면 기타자산 중 특정주식으로 과세되는지 주식으로 과세되는지 구분하여야 한다. 왜냐하면 기타자산으로 과세되는 경우에는 양도소득세의 기본세율이 적용되지만 주식의 양도로 보는 경우에는 주식에 과세되는 세율이 적용되기 때문이다. 이와 관련된 예규를 살펴보면 양도하고자 하는 주식이 소득세법 제94조 제5호(과점주주 주식 및 부동산과다보유법인의 주식 등)에 해당되는 경우 같은 법 제104조 제1호의 누진세율(기본세율)을 적용받는다고 해석하고 있다(예규 재산46014-1497, 2000.12.15., 예규 재산46014-188, 2001.2.22.).

💡 생각정리 노트

가족법인을 설립하여 부동산에 투자한 상태에서 그 법인의 주식을 양도하는 경우 주식에 적용되는 세율이 아니라 기타자산에 적용되는 초과누진세율(기본세율)이 적용되어 납세자에게 불리한 경우가 생길 수 있으므로 유의하여야 한다.

|참고| 비상장법인 주식 양도세율

구분		세율
중소기업	대주주(주1)	과세표준 3억원 초과: 25% (누진공제 1,500만원) 과세표준 2억원 이하: 20%
	소액주주	10%
중소기업 외	대주주(주1) 1년 이상 보유	과세표준 3억원 초과: 25% (누진공제 1,500만원) 과세표준 2억원 이하: 20%
	1년 미만 보유	30%
	소액주주	20%

(주1) 대주주: 지분비율 4%이상 혹은 시가 총액 10억원 이상

위의 과세대상 자산 중에서 이 책에서는 부동산(토지 또는 건물), 부동산에 관한 권리(조합원입주권, 분양권)에 대해서 살펴보기로 한다.

2. 계산구조

양도소득세 납부할 세액은 다섯 단계를 거쳐 계산하게 된다. 첫 번째 단계는 양도가액에서 필요경비를 차감하여 양도차익을 계산하는 단계다. 두 번째 단계에서는 양도차익에서 장기보유특별공제액을 차감하여 양도소득금액을 계산한다. 세 번째 단계에서는 양도소득금액에서 기본공제액을 차감하여 과세표준을 계산하고, 네 번째 단계에서 과세표준에 세율을 곱하여 산출세액을 계산한다. 마지막 단계에서 산출세액에 감면세액을 차감하고 가산세를 더하여 납부할 세액을 계산하여 신고·납부한다.

[양도소득세 계산구조]

양도가액	· 부동산 등의 양도 당시 실지거래가액
(-) 필요경비	① 취득가액 · 매입가격 · 매입부대비용 ② 자본적지출액 ③ 양도비
(=) 양도차익	**· 양도가액 - 필요경비**
(-) 비과세양도차익	· 고가주택인 경우: 양도차익 × (12억원 ÷ 양도가액)
(=) 과세양도차익	**고가주택인 경우: 양도차익 - 비과세양도차익**
(-) 장기보유특별공제액	· 과세양도차익 × 장기보유특별공제율 · 토지 · 건물 3년 이상 보유 · 일반공제율[표1] · 특례공제율[표2] 1세대 1주택으로서 3년 이상 보유 + 2년 이상 거주
(=) 양도소득금액	**· 양도차익 - 장기보유특별공제액**
(-) 감면소득금액	· 조세특례제한법상 감면소득금액
(-) 기본공제	· 250만원
(=) 과세표준	**· 양도소득금액 - 감면소득금액 - 기본공제**
(×) 세율	· 기본세율, 중과세율, 단기양도세율, 미등기양도세율
(=) 산출세액	**· 과세표준 × 세율**
(-) 감면세액	· 조세특례제한법상 감면세액
(=) 납부할 세액	**· 산출세액 - 감면세액 + 가산세**

제3절 | 양도차익의 계산

1. 양도차익 계산 방법

양도소득세의 납부할 세액을 계산하기 위한 첫 번째 단계는 양도차익을 계산하는 것이다. 양도차익은 양도가액에서 취득가액 등 필요경비를 차감하여 계산한다.

$$양도차익 = 양도가액 - 필요경비$$

2. 양도차익 계산 원칙

(1) 동일기준 적용 원칙

동일기준 적용 원칙이란 양도차익을 계산할 때 양도가액을 실지거래가액(매매사례가액·감정가액 등이 적용되는 경우 그 매매사례가액·감정가액 등을 포함한다)에 따를 때에는 취득가액도 실지거래가액(매매사례가액·감정가액·환산취득가액 등이 적용되는 경우 그 매매사례가액·감정가액·환산취득가액 등을 포함한다)에 따르고, 양도가액을 기준시가에 따를 때에는 취득가액도 기준시가에 따른다는 규정을 말한다(소법 제100조 제1항).

핵심포인트 동일기준 적용 원칙

양도가액	실지거래가액 ⇩	기준시가 ⇩
취득가액	실지거래가액	기준시가

(2) 자산별·소유자별 계산 원칙

양도차익은 과세대상 자산별·소유자별로 구분하여 계산한다.

1) 자산별 계산 원칙

토지, 건물 등을 함께 취득하고 양도한다 하더라도 원칙적으로 토지, 건물의 각 자산별로 양도차익을 계산하여야 한다. 관련 예규에서도 자산별 양도차익을 실지거래가액으로 계산함에 있어서 양도가액에서 공제하는 취득가액 및 필요경비는 소득세법의 규정에 열거된 항목으로 각각의 자산별로 객관적인 자료에 의하여 확인된 가액을 공제하는 것이며, 당해 자산별 취득가액이 확인되지 않는 경우에는 매매사례가액, 감정가액, 환산가액을 순차적으로 적용하는 것이라고 해석하고 있다(예규 서면인터넷방문상담4팀-565, 2008. 3. 6.).

또한 자산별 계산 원칙은 토지부분에서는 양도차익이 발생하고 건물부분에서는 양도차손이 발생하는 경우 토지부분의 양도차익과 건물부분의 양도차손을 통산한 금액에 대하여 장기보유특별공제를 적용하는 것인지 아니면 각 자산별로 계산하여 양도차익이 발생한 토지부분의 양도차익에 대해서만 장기보유특별공제를 적용하는 것인지 판단함에 있어서도 기준이 될 수 있다. 이와 관련된 예규를 살펴보면 토지와 건물을 함께 양도하는 경우에는 각각 자산별로 양도차익을 산정할 수 있는 것이며, 장기보유특별공제액도 양도자산별로 계산하여 그 양도차익에서 각각 공제하는 것이라고 해석하고 있다(예규 서면4팀-3620, 2007. 12. 21.). 따라서 양도차익이 발생한 토지부분에서는 장기보유특별공제를 적용하고 양도차손이 발생한 건물부분에서는 장기보유특별공제를 적용하지 않는다.

2) 소유자별 계산 원칙

공동소유한 자산을 양도하는 경우에는 공동소유자별로 자기 지분에 해당하는 양도차익을 계산하여 각각 신고·납부하여야 한다.

(3) 안분계산 원칙

양도가액 또는 취득가액을 실지거래가액에 따라 산정하는 경우로서 토지와 건물 등을 함께 취득하거나 양도한 경우에는 이를 각각 구분하여 기장하되 토지와 건물 등의 가액 구분이 불분명할 때에는 양도 또는 취득 당시의 감정평가액, 기준시가 등으로 안분하여 양도차익을 계산한다(소법 제100조 제2항, 제3항, 소령 제166조 제6항).

토지와 건물 등의 가액 구분이 불분명한 때에는 토지와 건물 등을 구분기장한 가액이 감정평가 액, 기준시가 등으로 안분계산한 가액과 30% 이상 차이가 있는 경우를 포함한다. 따라서 납세자 가 계약서에 토지와 건물을 구분기장하여 신고한 가액이 감정가액, 기준시가 등에 따라 안분한 가 액과 30% 이상 차이가 나는 경우에는 감정가액이나 기준시가 등으로 안분계산한 금액을 토지와 건물의 가액으로 본다.

핵심포인트 **부동산의 일괄양도 또는 일괄취득 시 안분계산하는 경우**

❶ 실지거래가액 중 토지·건물 가액의 구분이 불분명한 경우
❷ 납세자가 구분한 토지·건물의 실지거래가액이 감정가액, 기준시가 등에 따라 안분계산한 금액과 30% 이 상 차이가 있는 경우

1) 안분계산 순서 및 안분기준

토지와 건물 등 가액의 구분이 불분명하여 안분계산하는 때에는 부가가치세법 시행령 제64조 제1항의 규정을 준용하여 다음의 순서와 기준으로 안분계산 한다.

가) 감정평가액이 있는 경우

감정평가액(부가가치세법에 따른 공급시기가 속하는 과세기간의 직전 과세기간 개시일부터 공 급시기가 속하는 과세기간의 종료일까지 감정평가법인 등이 평가한 감정평가액을 말한다)이 있 는 경우에는 그 가액에 비례하여 안분계산한 금액으로 한다.

나) 토지와 건물에 대한 기준시가가 모두 있는 경우

감정가액은 없지만 토지와 건물에 대한 기준시가가 모두 있는 경우에는 공급계약일 현재의 기 준시가에 따라 계산한 가액에 비례하여 안분계산한 금액으로 한다. 이 경우 기준시가의 산정 시점 을 양도 계약일로 할지 잔금일로 할지 쟁점이 있을 수 있다. 관련 예규를 살펴보면 일괄 양도하는 토지와 건물의 가액이 불분명한 때에는 공급계약일 현재의 기준시가에 따라 안분계산 한다고 해 석하고 있다(예규 기획재정부재산-1077, 2022.8.31.).

다) 토지와 건물 중 어느 하나 또는 모두의 기준시가가 없는 경우

토지와 건물 중 어느 하나 또는 모두의 기준시가가 없는 경우에는 장부가액(장부가액이 없는 경우에는 취득가액)에 비례하여 안분계산한 후 기준시가가 있는 자산에 대해서는 그 합계액을 다시 기준시가에 의하여 안분계산한 금액으로 한다.

핵심포인트 **안분계산 순서 및 기준**

안분계산 순서	안분계산 기준
❶ 실거래가액이 모두 있는 경우	· 구분된 건물 등의 실지거래가액 · 구분한 실지거래가액이 아래(❷~❺)의 방법으로 안분계산한 금액과 30% 이상 차이가 있는 경우 아래의 방법으로 안분계산
❷ 감정평가액이 모두 있는 경우	· 감정평가업자가 평가한 감정평가액에 비례하여 안분계산
❸ 기준시가가 모두 있는 경우	· 공급계약일 현재 기준시가에 비례하여 안분계산
❹ 기준시가가 일부 있는 경우	· 먼저 장부가액(장부가액이 없는 경우 취득가액)에 비례하여 안분계산 · 기준시가가 있는 자산에 대하여는 그 합계액을 다시 기준시가에 비례하여 안분계산
❺ 기준시가가 모두 없는 경우	· 장부가액(장부가액이 없는 경우 취득가액)에 비례하여 안분계산

2) 안분계산 관련 생각지도

가) 은행 대출 목적의 감정가액을 안분기준으로 할 수 있는지 여부

감정평가업자가 평가한 감정평가액에 비례하여 안분계산하는 경우 양도자가 부동산을 감정평가한 것이 아니고 은행이 대출 목적으로 평가한 감정가액을 안분기준으로 사용할 수 있을까? 이와 관련된 판례를 살펴보면 은행이 대출목적으로 감정한 감정가액이 있는 경우 그 감정가액을 안분기준으로 할 수 있는 것으로 판단하고 있다(판례 국심2000광-1328, 2000. 12. 22., 판례 조심2010구-3276, 2011. 3. 23.).

나) 건물을 멸실할 예정인 경우 건물가액을 영(0)으로 할 수 있는지 여부

매매계약 당시에 건물의 철거가 예정되어 있었고 실제로 철거되어 새로운 건물이 신축되었을 경우 매도자와 매수자 간에 체결된 계약 내용에 따라 건물의 가액을 영(0)으로 하여 양도차익을

산정할 수 있을까? 다시 말해 건물과 부수토지를 일괄양도하는 계약을 체결하면서 특약으로 '철거할 예정이므로 건물가액은 없는 것으로 한다'라고 정한 경우 건물의 양도가액은 영(0)이 되는 것일까?

부동산의 일괄양도 또는 일괄취득 시 안분계산 기준으로 준용하는 부가가치세법 제29조 제9항 및 동령 제64조 제1항의 규정을 살펴보면 사업자가 실지거래가액으로 구분한 토지와 건물의 가액이 안분기준에 따라 안분계산한 금액과 30% 이상 차이가 있는 경우에는 안분기준에 따라 안분계산한 금액을 공급가액으로 한다고 규정하고 있다. 다만, 부가가치세법 시행령 제64조 제2항에서는 다른 법령에서 정하는 바에 따라 토지와 건물의 가액을 구분한 경우, 토지와 건물을 함께 공급받은 후 건물을 철거하고 토지만 사용하는 경우에는 건물의 실지거래가액을 공급가액으로 한다고 규정하고 있다(2022.02.15. 신설). 하지만, 양도소득세에서는 부가가치세법 시행령 제64조 제1항의 규정은 준용하지만 동령 제2항의 규정을 준용한다는 내용은 없다. 따라서 부가가치세에서는 건물의 공급가액을 영(0)으로 할 수 있지만 양도소득세에서는 영(0)으로 할 수 없고 감정가액, 기준시가 등으로 토지와 건물가액으로 안분계산하여야 할 것으로 판단된다. 이에 대해 관련 예규에서도 일괄 양도하는 토지 및 건물의 각 자산별 양도가액 산정 시 부가가치세법 시행령 제64조 제2항 제2호는 적용되지 않는다고 해석하고 있다(예규 기획재정부 재산세제과-506, 2023.3.30.).

다) 다세대주택의 일괄양도 시 각 호별로 양도가액을 안분해야 하는지 여부

납세자가 구분기장한 다세대주택의 각 호별 양도가액이 기준시가(공동주택가격)로 안분계산한 가액과 30% 이상 차이가 나는 경우 관련 판례에서는 소득세법 제100조 제2항, 제3항 규정(기준시가 등으로 안분계산하는 규정)에 따라 건물의 양도가액을 산정해야 한다고 판결하고 있다(판례 서울고등법원2021누-64117, 2022.3.31.).

💡 생각정리 노트

위 판례에 따르면 다세대주택을 일괄양도(통매)한 경우 납세자가 구분한 각 세대별 양도가액이 총양도가액을 감정가액, 공동주택가격 등으로 안분계산한 각 세대의 양도가액과 30% 이상 차이가 나는 경우에는 양도가액이 불분명한 경우로 보아 총양도가액을 각 세대별 감정가액, 공동주택가격 등으로 안분하여 양도가액을 산정하여야 할 것으로 판단된다.

> **핵심포인트** **양도차익 계산의 원칙**

❶ 동일기준 계산 원칙
❷ 자산별·소유자별 계산 원칙
❸ 안분 계산 원칙

지금까지 양도차익을 계산하는 경우 적용되는 원칙에 대해서 살펴보았다. 다음 절부터는 양도소득세 계산구조에서 살펴본 납부할 세액을 계산하기 위한 각 단계별 세법의 내용에 대해 알아보기로 한다.

제4절 │ 양도가액

양도소득세의 납부할 세액을 계산하는 첫 번째 단계는 양도차익을 계산하는 것이다. 양도차익은 양도가액에서 필요경비를 공제하여 계산한다. 이번 절에서는 양도가액에 대해서 살펴보고 다음 절에서 필요경비에 대해 다루기로 한다.

양도가액은 원칙적으로 실지거래가액으로 결정하며 예외적으로 기준시가에 의하여 결정한다.

1. 실지거래가액의 개념

실지거래가액이란 자산의 양도 또는 취득 당시에 양도자와 양수자가 실제로 거래한 가액으로서 해당 자산의 양도와 대가관계에 있는 금전과 그 밖의 재산가액을 말한다(소법 제88조 제5호). 다시 말해 당해 자산의 객관적인 가액을 가리키는 것이 아니라 구체적인 거래에 있어서 양도인이 당해 자산을 양도하는 대가로 취득하는 모든 수입을 말한다. 이와 관련된 판례에서도 양도차익을 계산할 때에 기준이 되는 실지거래가액이란 객관적인 교환가치를 반영하는 일반적인 시가가 아니라 실지의 거래대금 자체 또는 거래 당시 급부의 대가로 실지 약정된 금액으로, 매매계약 또는 기타 증빙 자료에 의하여 객관적으로 인식되는 가액을 말한다고 판결하고 있다(판례 창원지방법원 2021구단-11440, 2022. 4. 27.).

2. 양도가액에 포함되는 사례

양도가액에는 매매대금뿐만 아니라 양도 거래와 관련하여 매도인이 부담하여야 할 것을 매수인이 부담하는 아래의 금액도 포함된다.

(1) 매수인이 부담하는 양도소득세

1) 특약으로 정한 경우

양도로 인하여 매도인이 부담하여야 할 양도소득세 등을 매수인이 부담하기로 부동산 매매계약의 특약 내용으로 정하여 그대로 이행되었다면 그 세액 상당액은 부동산의 양도와 대가관계에 있다고 볼 것이어서 양도가액은 매매대금과 세액상당액을 합산한 금액이라고 보아야 한다(판례 부산지방법원2020구합-25688, 2021. 11. 11.).

2) 특약으로 정하지 않은 경우

매매약정 내용에 관계없이 매매계약을 체결한 후 양수자가 양도자의 양도소득세를 아무런 조건 없이 대신 납부한 때에는 양수자가 대신 납부한 양도소득세액을 양도자에게 증여한 것으로 보아 별도로 증여세가 과세되는 것으로서, 양도소득세가 양도가액에 포함되는지 여부는 매매약정 내용, 양도소득세 지급 여부 등 사실관계를 확인하여 판단할 사항이다(예규 서면인터넷방문상담4팀-2093, 2007. 7. 9.).

(2) 매수인이 부담하기로 한 연체이자

예를 들어 매수인이 분양권 취득의 대가로서 매도인의 분양대금 지급 지연으로 발생한 연체이자를 부담하기로 하였다면 매도인은 연체이자 상당의 채무를 면하게 되는 양도차익을 얻은 것으로 그 연체이자는 양도가액에 포함된다(판례 조심2017중-527, 2017. 3. 23.).

|참고| 영업손실보상금의 소득 구분

사업자가 사업을 영위하다가 그 사업장이 수용 또는 양도됨으로 인하여 사업시행자로부터 지급받는 보상금은 그 내용이 양도소득세 과세대상이 되는 자산 등에 대한 대가보상금인 경우는 양도소득으로 구분한다. 그 외의 자산의 손실에 대한 보상이나 영업보상, 휴·폐업보상, 이전보상 등 당해 사업과 관련하여 감소되는 소득이나 발생하는 손실 등을 보상하기 위하여 지급되는 손실보상금인 경우는 사업소득으로 보아 그 총수입금액에 산입한다(판례 조심2012부-5279, 2013. 3. 7., 판례 서울고등법원2012누-8368, 2012. 8. 22.).

---

3. 양도가액을 사실과 다르게 기재한 경우 불이익

매매계약서의 양도가액을 실제와 다르게 낮은 가액이나 높은 가액으로 기재하는 경우 양도자 및 양수자 모두 비과세 및 감면 규정이 배제되어 양도소득세가 과세된다. 가산세는 부당과소가산세 40%가 적용된다. 또한 부동산 거래신고 등에 관한 법률에 따라 지자체로부터 취득가액의 5% 이하에 해당하는 과태료가 부과된다.

제5절 | 필요경비

양도차익을 계산할 때 양도가액에서 공제되는 필요경비는 매입가격, 매입부대비용, 자본적지출액, 양도비를 말한다(소법 제97조, 소령 제163조). 매입가격과 매입부대비용을 합하여 취득가액이라하고, 자본적지출액과 양도비를 합하여 기타필요경비라 한다. 따라서 필요경비는 취득가액과 기타필요경비로 구성된다.

> ▷ 필요경비 = 취득가액 + 기타필요경비
> · 취득가액 = 매입가격 + 매입부대비용
> · 기타필요경비 = 자본적지출액 + 양도비
> ▷ 필요경비 = 매입가격 + 매입부대비용 + 자본적지출액 + 양도비

앞에서 살펴보았듯이 양도차익을 계산할 때 동일기준 적용 원칙에 따라 양도가액을 실지거래가액으로 하는 경우 취득가액도 실지거래가액으로 하여야 하고, 취득 당시 실지거래가액을 인정 또는 확인할 수 없거나 불분명한 경우에는 매매사례가액, 감정가액 또는 환산가액(환산취득가액 등)을 순차적으로 적용한 가액을 취득가액으로 한다. 양도가액을 기준시가로 하는 경우 취득가액도 기준시가로 한다.

취득가액을 실지거래가액으로 하는 경우 매입가격과 매입부대비용, 자본적지출액, 양도비 모두 실제로 지출한 비용을 양도가액에서 공제한다. 하지만 취득 당시 실지거래가액을 인정 또는 확인할 수 없거나 불분명하여 환산취득가액 등을 순차적으로 적용한 가액을 취득가액으로 하는 경우 기타필요경비인 자본적지출액과 양도비는 원칙적으로 실제 지출한 비용이 있다 하더라도 그 금액을 공제하는 것이 아니라 법에서 정하는 금액(필요경비개산공제액)을 공제 한다. 다만, 실제 지출한 자본적지출액과 양도비의 합계액이 환산가액 등을 순차적으로 적용한 가액과 필요경비개산 공제액을 합계한 금액보다 큰 경우에는 실제 지출한 자본적지출액과 양도비의 합계액을 공제할 수 있다.

동일기준 적용 원칙과 취득가액 결정 방법

구분	취득가액 결정 기준		
양도가액	실지거래가액 ⇩		기준시가 ⇩
취득가액	실지거래가액 매매사례가액, 감정가액, 환산가액		기준시가

❶ 실지거래가액을 알 수 있는 경우: 실지거래가액
❷ 실지거래가액을 알 수 없는 경우: 매매사례가액 ⇒ 감정가액 ⇒ 환산취득가액

아래에서는 필요경비에 대한 내용을 실지거래가액을 알 수 있는 경우와 실지거래가액을 인정 또는 확인할 수 없거나 불분명한 경우로 나누어 살펴보기로 한다.

실지거래가액을 알 수 있는 경우

실지거래가액을 알 수 있어 실지거래가액으로 양도차익을 계산하는 경우 양도가액에서 공제하는 필요경비는 양도하는 자산의 취득과 관련하여 실제 지출한 취득가액, 자본적지출액, 양도비를 합계한 금액으로 한다.

1. 취득가액

취득가액이란 자산의 취득에 소요된 실지거래가액으로서 매입가격과 매입부대비용의 합계를 말한다. 다만, 종합소득세 신고 시 비용으로 계상한 감가상각비가 있는 경우 그 감가상각비 누계 액은 취득가액에서 차감한다.

> 취득가액 = 매입가격 + 매입부대비용 - 감가상각비누계액

아래에서는 실지거래가액, 상속 또는 증여받은 자산의 취득가액 결정방법, 의제취득일 전에 취득한 자산의 취득가액 결정방법, 매입부대비용, 감가상각비에 대한 세법의 내용을 예규, 판례 등

과 함께 살펴보기로 한다.

(1) 실지거래가액

　실지거래가액이란 양도가액에서 이미 살펴보았듯이 자산의 양도 또는 취득 당시에 양도자와 양수자가 실제로 거래한 가액으로서 해당 자산의 양도 또는 취득과 대가관계에 있는 금전과 그 밖의 재산가액을 말한다(소법 제88조 제5호). 이와 관련된 판례를 살펴보면 매매계약서에 기재된 취득가액이 당시 시세에 비하여 다소 낮은 가격인 것으로 보이기는 하지만 양도차익의 산정에 있어서 기준이 되는 실지거래가액이라 함은 객관적인 교환가치를 반영하는 일반적인 시가가 아니라 실지의 거래대금 그 자체 또는 거래 당시 급부의 대가로 실지 약정된 금액을 의미한다고 판단하고 있다(판례 부산지방법원2015구합-20863, 2015.8.27.).

　실지거래가액의 의미에 대해 살펴본 이유는 납세자가 실지거래가액으로 신고한 것을 과세관청에서 실지거래가액을 부인하여 환산취득가액 등으로 과세하는 경우 또는 납세자가 실지거래가액을 알 수 없어 환산취득가액 등으로 신고하였으나 과세관청에서 실지거래가액으로 과세하는 등의 경우에서 실지거래가액이 무엇인지에 대한 쟁점이 생길 수 있다. 그리고 실지거래가액을 입증해야 하는 경우 납세자가 입증해야 하는지 과세관청이 입증해야 하는지, 납세자가 입증한다면 어떤 증빙 자료로 입증해야 하는지에 대한 단서가 될 수 있기 때문이다.

　아래에서는 실지거래가액의 입증책임이 납세자에게 있는지 과세관청에 있는지, 실지거래가액을 입증할 수 있는 증빙 자료는 무엇이 있는지에 대해 살펴보기로 한다.

1) 실지거래가액의 입증책임
　필요경비에 대하여 과세관청과 다툼이 발생하는 경우 입증책임이 누구에게 있는지가 쟁점이 될 수 있다. 이와 관련된 판례를 살펴보면 필요경비는 납세의무자에게 유리한 것일 뿐만 아니라 필요경비를 발생시키는 사실관계의 대부분은 납세의무자가 지배하는 영역 안에 있는 것이어서 과세관청으로서는 그 입증이 곤란한 경우가 있으므로, 그 입증의 곤란이나 당사자 사이의 형평 등을 고려하여 납세의무자로 하여금 입증케 하는 것이 합리적인 경우에는 납세의무자에게 입증의 필요성을 인정하는 것이 공평의 관념에 부합한다고 판단하고 있다(판례 춘천지방법원2020구합-594, 2021.3.30.).

2) 실지거래가액 관련 증빙 자료

위의 판례에 따르면 납세의무자가 취득가액에 대한 실지거래가액을 입증하여야 한다. 입증을 하지 못하는 경우에는 실지거래가액을 인정 또는 확인할 수 없거나 불분명한 경우로 보아 환산취득가액으로 양도차익을 계산할 수 있다. 그러면 실지거래가액에 대해 입증할 경우 어떤 증빙 자료가 있을까?

가) 매매계약서

일반적인 매매거래에서 실지로 수수한 거래대금 그 자체가 기재된 매매계약서는 실지거래가액을 입증할 수 있는 증빙 자료에 해당한다. 그러나 과세관청에서는 매매계약서상의 실지거래가액과 금융증빙 등으로 입증한 금액이 차이가 있는 경우 납세자가 제출한 취득 관련 매매계약서를 실제 계약서가 아닌 것으로 보아 실지거래가액을 부인하고 환산취득가액으로 과세할 수 있다(판례 조심2022중-6078, 2022.8.10.). 따라서 매매계약서에 기재된 금액을 실지거래가액으로 인정받으려면 부동산을 매수할 때 거래 대금을 전 소유자에게 금융거래를 통하여 지급하고 관련 자료를 잘 보관하여야 입증에 어려움이 없을 것으로 판단된다.

나) 검인계약서

검인계약서란 부동산 소유권 이전 계약을 체결한 자가 거래 사항을 기재한 계약서에 시·군·구청의 검인을 받아 등기신청 시 의무적으로 제출하는 계약서를 말한다. 이처럼 소유권이전등기 때 지방자치단체에 제출한 검인계약서가 실지거래가액에 대한 입증 자료가 될 수 있는지 여부가 쟁점이 될 수 있다. 이와 관련된 판례를 살펴보면 매매 당사자들이 작성하여 시장, 군수 등의 검인을 받은 검인계약서는 특별한 사정이 없는 한 당사자 사이의 매매계약 내용대로 작성되었다고 추정되고, 그 계약서가 실제와 달리 작성되었다는 점은 주장하는 자가 입증하여야 한다고 판단하고 있다(판례 서울행정법원2020구단-63309, 2022.2.11.).

💡 생각정리 노트

위 판례에 따르면 소유권이전등기 시 지방자치단체에 제출하는 검인계약서의 거래가액은 실지거래가액으로 추정될 수 있으므로 실제 계약서가 없다 하더라도 검인계약서가 존재하는지 여부를 확인하여 양도소득세 신고를 하여야 할 것으로 판단된다.

다) 건물 신축비용 증빙자료와 도급계약서

① 건물 신축비용 증빙자료

신축한 건물을 양도하여 실지거래가액으로 양도차익을 계산하는 경우 영수증, 도급계약서, 대금지급자료 등의 객관적인 증빙서류에 의하여 실제로 지출된 사실이 확인되는 경우에 당해 비용은 필요경비로 공제한다(예규 부동산거래관리과-0856, 2011. 10. 11.). 따라서 건물을 신축한 후 양도하는 경우 실제 공사비를 필요경비로 인정받기 위해서는 도급계약서, 세금계산서, 계산서, 신용카드매출전표, 현금영수증 등의 거래 자료와 공사대금을 도급계약서의 계약자 명의의 통장으로 입금하고 이에 대한 금융거래 증빙을 잘 보관하여야 한다.

② 지방자치단체에 취득세 신고를 위하여 제출된 도급계약서

납세자가 신축비용 관련 증빙을 확인하지 못하여 건물의 취득가액을 환산취득가액으로 신고하는 경우 과세관청이 건물의 취득가액을 도급계약서의 공급가액과 추가 공사비 등으로 인정하여 실지거래가액으로 양도소득세를 부과할 수 있다(조심2023구-6983, 2023. 5. 31.). 이 경우 건축물 신축 시 지방자치단체에 취득세 신고 등을 위하여 제출된 도급계약서상의 공급가액이 실지거래가액에 해당하는지 여부가 쟁점이 될 수 있다. 이와 관련된 판례를 살펴보면 도급계약서상 공급가액을 실지거래가액으로 볼 수 있다고 판단하고 있다(판례 조심2021부5036, 2021. 12. 7.). 또한 유사 판례에서도 청구인이 지방자치단체장에게 제출한 신축건물의 공사 계약서, 수급인의 세금계산서 발급 및 각종 대금지급 증빙이 대부분 확인되므로 이를 실지취득가액으로 적용한 것은 잘못이 없다고 판단하고 있다(조심2023서-9225, 2023. 10. 5.).

💡 생각정리 노트

위 판례에 따르면 건축허가 시 지방자치단체에 제출하는 도급계약서 등은 실지거래가액으로 추정될 수 있으므로, 실제 건축비용에 대한 증빙자료가 없다 하더라도 지방자치단체에 제출된 자료가 존재하는지 여부를 확인하여 양도소득세 신고를 하여야 할 것으로 판단된다.

라) 장부가액

개인사업자가 부동산을 취득하여 부동산임대사업이나 자가사업장으로 사용하면서 장부에 기재된 부동산가액이 있는 경우 그 장부가액을 실지취득가액으로 볼 수 있을까? 이와 관련된 내용을 판례를 통해 정리해 보기로 한다.

① 과세관청이 장부가액을 실지취득가액으로 하여 양도소득세를 과세할 수 있는지 여부

납세자가 부동산을 신축하여 임대사업용으로 사용하다가 양도하여 취득가액을 환산취득가액으로 신고한 것에 대하여 과세관청에서는 환산취득가액을 부인하고 임대사업과 관련하여 작성한 대차대조표상 장부가액을 실지취득가액으로 보아 양도소득세를 과세하였다. 이에 대해 납세자가 심판청구를 하였는데, 관련 판례를 살펴보면 쟁점부동산은 청구인이 오래전에 취득한 것이기는 하나 그 원인이 교환, 상속·증여 또는 자가건설 등이 아니라 전 소유주로부터 거래를 통하여 직접 유상으로 취득한 것이어서, 실지취득가액을 확인할 수 없는 정당한 사유가 있었다고 보기 어렵다. 또한 청구인은 복식부기의무자로 부동산의 취득가액을 스스로 장부상 기재해 왔던바, 특별한 사정이 없는 한 장부가액을 실지취득가액으로 보는 것이 타당하다고 판단하고 있다(판례 조심2021-서-4814, 2021. 11. 30.).

② 법인으로부터 취득한 경우 양도한 법인의 장부가액을 실지취득가액으로 볼 수 있는지 여부

개인이 법인으로부터 매수한 부동산을 양도하는 경우 양도하는 개인의 실지취득가액은 알 수 없으나 개인이 그 부동산을 취득할 당시 매도한 법인의 장부가액을 알 수 있는 경우 법인의 장부가액을 실지취득가액으로 할 수 있을까? 이와 관련된 판례를 살펴보면 매수한 개인이 취득세를 납부할 당시 신고한 취득가액과 동일하게 법인 현금흐름표상 토지의 처분에 따른 현금유입액이 나타나므로 그 금액은 매수한 개인과 법인 사이의 실지의 거래대금 그 자체 또는 거래 당시 급부의 대가로 실지 약정된 금액이라고 볼 수 있고, 법인의 재무제표가 공시된 것으로 확인되는 반면에 이를 신뢰할 수 없다는 청구인의 주장을 인정할 만한 별도의 특별한 사정이 나타나지 않는 점 등에 비추어 환산취득가액이 아니라 법인의 재무제표에 공시된 장부가액을 실지취득가액으로 보아야 한다고 판단하고 있다(판례 조심2022전-5400, 2022. 9. 29.).

③ 장부가액을 실지취득가액이라고 주장하는 것에 대한 입증책임이 누구에게 있는지 여부

과세관청은 반드시 취득과 관련된 증빙서류에 의하지 않더라도 장부의 기재를 실지취득가액이라고 볼 수 있는 상당한 사정을 증명하면 족하고, 그러한 상당한 사정이 증명된 때에는 장부가액을 부인하려는 납세자가 장부가액을 실지취득가액으로 인정할 수 없는 사정을 증명하여야 한다(판례 서울행정법원2013구단-52172, 2013.12.6.).

마) 전 소유자가 양도소득세 신고 시 신고한 양도가액

전 소유자가 신고한 양도가액은 매수자의 취득가액이 된다. 그런데 전 소유자가 신고한 양도가액과 양도자가 제출한 취득 당시 매매계약서상의 실제 거래가액이 다른 경우 어느 가액이 실제 취득가액일까? 이와 관련된 판례를 살펴보면 양도자가 실제 계약서라고 주장하는 부동산 매매계약서상 계약금, 중도금, 잔금지급일과 계좌 지급일이 일치하지 아니하며, 실제 지급한 금액도 차이가 큰 것으로 나타나는 등 양도자가 제출한 부동산 매매계약서의 신뢰성에 의문이 있어 청구주장을 받아들일 수 없다고 하여 전 소유자가 신고한 양도가액을 매수자의 실제 취득가액으로 판단하고 있다(판례 조심2021중-4901, 2021.11.23.).

💡 생각정리 노트

위의 예규 및 판례를 종합해 보면 납세자가 필요경비에 대하여 실제로 거래한 금액 또는 거래 당시 대가로 실지 약정된 금액임을 입증하여야 하는 경우에는 객관적인 증빙 자료로 입증해야 한다. 그러한 증빙 자료의 종류로는 일반적인 계약서 양식에 하자가 없는 각종 계약서, 거래대금 관련 금융거래자료, 관공서 제출 자료, 거래 관련자의 사실확인서, 사업자와 거래인 경우 세금계산서, 계산서, 현금영수증, 신용카드매출전표 및 거래 관련 각종 장부, 입금표, 무통장입금증, 거래명세표, 견적서, 기타 영수증 등을 예로 들수 있다. 이러한 증빙서류가 없거나 그 중요한 부분이 미비한 경우 또는 증빙서류의 내용이 매매사례가액, 감정가액 등에 비추어 거짓임이 명백한 경우에는 실지거래가액을 인정 또는 확인할 수 없거나 불분명한 경우로 보아 매매사례가액, 감정가액 또는 환산가액을 순차적으로 적용한 가액을 취득가액으로 한다.

(2) 상속 또는 증여받은 자산의 취득가액

상속 또는 증여(부담부증여의 채무액에 해당하는 부분도 포함)받은 자산의 양도 시 취득가액은 상속개시일 또는 증여일 현재 「상속세 및 증여세법」 제60조부터 제66조까지의 규정에 따라 평가한 가액을 취득 당시의 실지거래가액으로 본다. 다만, 세무서장 등이 결정·경정한 가액이 있는 경우 그 결정·경정한 가액을 취득 당시 실지거래가액으로 본다(소령 제163조 제9항). 다시 말해 상속이나 증여로 취득한 자산을 양도하는 경우에는 무상으로 취득하여 실지거래한 취득가액이 없음에도 불구하고 법령의 규정으로 「상속세 및 증여세법」에 따라 평가한 가액을 실지거래가액으로 인정한다는 것이다. 따라서 상속 또는 증여 등기 시 지출한 취득세·등록세, 법무사 수수료 등 매입부대비용, 상속인이나 수증자가 지출한 자본적지출액, 양도비 등 실제 지출한 필요경비는 양도가액에서 공제할 수 있다.

아래에서는 상속·증여재산가액을 과세관청에서 결정·경정한 부동산을 양도하는 경우, 기준시가가 고시되기 전에 상속 또는 증여받은 경우로서 상속 또는 증여재산가액을 기준시가로 평가한 부동산을 양도하는 경우, 양도차익 계산 시 양도가액에서 공제하는 취득가액 결정 방법에 대해 살펴보기로 한다.

1) 상속 또는 증여재산가액을 과세관청에서 결정·경정한 경우 취득가액

상속 또는 증여받은 자산을 양도하는 경우 취득가액은 상속개시일 또는 증여일 현재 「상속세 및 증여세법」 제60조부터 제66조까지의 규정에 따라 평가한 가액으로 한다. 다만, 2020.2.11. 세법 개정으로 상속세 및 증여세법 제76조에 따라 세무서장 등이 결정·경정한 가액이 있는 경우에는 그 결정·경정한 가액을 포함하도록 하고 있다(소령 제163조 제9항). 따라서 상속 또는 증여세를 신고하지 않아 과세관청에서 상속 또는 증여재산가액을 기준시가로 결정한 부동산을 양도하는 경우 양도차익 계산 시 그 기준시가를 실지취득가액으로 하여야 한다. 이 경우 납세자가 상속 또는 증여 당시 유사매매사례가액이나 감정가액이 있다 하여 그 유사매매사례가액이나 감정가액을 취득가액으로 주장할 수 있는지가 쟁점이 될 수 있다. 이와 관련된 판례를 살펴보면 「소득세법 시행령」 제163조 제9항은 상속 또는 증여받은 자산으로서 상속세 및 증여세법에 따라 세무서장 등이 결정·경정한 자산 가액이 있는 경우 그 결정·경정한 가액을 실지거래가액으로 보도록 규정하고 있다. 따라서 청구인이 토지를 증여받은 것에 대하여 처분청이 청구인의 증여세를 결정하면서 증여받은 자산인 토지의 가액을 개별공시지가로 평가하여 결정하였기 때문에 해당 토지의 취득가액은 개별공시지가로 보아야 한다고 판단하고 있다(판례 심사양도2021-38, 2021.7.21.).

2) 기준시가 고시 전에 상속 또는 증여받은 부동산의 취득가액 결정 방법

기준시가가 고시되기 전에 상속 또는 증여받은 경우로서 상속 또는 증여재산가액을 기준시가로 평가한 부동산을 양도하는 경우 양도차익 계산 시 양도가액에서 공제하는 취득가액은 다음 각각의 경우 ①과 ②의 금액 중 큰 금액으로 한다. ②의 경우는 최초로 고시한 기준시가가 있는 경우이를 취득 당시로 역산해야 한다. 기준시가에 대한 내용은 이후에 살펴보는 환산취득가액 부분의 참고에서 알아보기로 한다.

가) 토지를 1990.8.30. 개별공시지가가 고시되기 전에 상속 또는 증여받은 경우

① 상속개시일 또는 증여일 현재「상속세 및 증여세법」제60조 내지 제66조의 규정에 의하여 평가한 가액

② 1990.1.1. 기준으로 한 개별공시지가 × $\dfrac{\text{취득 당시의 시가표준액}}{(\text{1990.8.30. 현재의 시가표준액 + 그 직전에 결정된 시가표준액}) ÷ 2}$

▷ 시가표준액은 토지대장과 토지등급표를 통하여 알 수 있다.

나) 개별주택, 공동주택을 개별주택가격 및 공동주택가격이 공시되기 전에 상속 또는 증여받은 경우

① 상속개시일 또는 증여일 현재「상속세 및 증여세법」제60조 내지 제66조의 규정에 의하여 평가한 가액

② 최초로 공시한 주택가격 × $\dfrac{\text{취득 당시 토지 기준시가 + 건물 기준시가}}{\begin{array}{c}\text{당해 주택에 대하여 국토교통부장관이 최초로 공시한 주택가격}\\\text{공시 당시 토지 기준시가 + 건물 기준시가}\end{array}}$

▷ 토지기준시가는 개별공시지가, 건물기준시가는 ㎡당 금액(건물신축가격기준액 × 구조지수 × 용도지수 × 위치지수 × 경과연수별잔가율) × 평가대상 건물의 면적(㎡)으로 계산할 수 있다.

다) 오피스텔, 상업용 건물, 아파트, 연립주택을 국세청장이 고시한 기준시가가 고시되기 전에 상속 또는 증여받은 경우

① 상속개시일 또는 증여일 현재「상속세 및 증여세법」제60조 내지 제66조의 규정에 의하여 평가한 가액

② 최초로 고시한 기준시가 × $\dfrac{\text{취득 당시 토지 기준시가 + 건물 기준시가}}{\text{당해 자산에 대하여 국세청장이 최초로 고시한 기준 시가 고시 당시의 토지 기준시가 + 건물 기준시가}}$

라) 건물을 2001.1.1. 건물의 기준시가가 고시되기 전에 상속 또는 증여받은 경우

① 상속개시일 또는 증여일 현재 「상속세 및 증여세법」 제60조 내지 제66조의 규정에 의하여 평가한 가액

② 국세청장이 해당 자산에 대하여 최초로 고시한 기준시가 × 해당 건물의 취득연도·신축연도·구조·내용연수 등을 고려하여 국세청장이 고시한 기준율

💡 **생각정리 노트**

위 세법의 규정과 예규 및 판례의 내용을 종합해 보면 상속이나 증여로 취득한 부동산의 경우 다음 네 가지를 고려하여야 한다.

첫째, 상속이나 증여로 취득한 부동산을 상속세 결정기한(상속세 신고기한으로부터 9개월)이나 증여세 결정기한(증여세 신고기한으로부터 6개월) 이내 양도하는 경우에는 해당 부동산의 매매가액이 상속재산이나 증여재산의 평가액이 된다. 따라서 해당 자산의 양도가액과 취득가액이 동일하여 양도차익이 발생하지 않는다.

둘째, 상속이나 증여로 취득한 부동산을 양도하는 경우 취득가액은 상속세 및 증여세법에 따라 평가한 가액이 된다. 따라서 상속세나 증여세 신고 시 상속·증여재산 평가 방법에 대한 결정을 할 때 양도소득세에 미치는 영향을 고려하여 결정하여야 한다. 상속재산이나 증여재산가액을 높게 평가하면 그 자산 양도 시 양도차익이 줄어들게 된다. 다만, 상속이나 증여재산가액은 높아지게 되므로 상속세나 증여세는 증가할 수 있다. 따라서 상속세나 증여세 신고 시 재산평가로 인하여 양도소득세가 줄어드는 효과와 상속세나 증여세가 늘어나는 효과를 고려하여 신고하여야 한다.

셋째, 상속세나 증여세를 신고하지 않는 경우 상속 또는 증여재산가액은 과세관청에서 결정·경정한 가액이 되므로 해당 재산 양도 시 취득가액에 불리한 경우가 생길 수 있으므로 유의하여야 한다.

넷째, 상속세나 증여세 신고 자료는 상속이나 증여받은 부동산을 양도할 경우 취득가액에 대한 자료가 되므로 잘 보관하여야 한다. 자료를 분실하거나 무신고한 경우에는 홈택스나 세무서에서 상속세 또는 증여세 결정내역서를 확인하여 취득가액을 결정하여야 한다.

(3) 의제취득일 전에 취득한 자산의 취득가액 결정방법

의제취득일 전에 취득한 자산(상속 또는 증여받은 자산을 포함한다)으로서 실지거래가액 등이 확인되는 경우 의제취득일 현재의 취득가액은 다음의 가액 중 많은 것으로 한다(소법 제97조 제2항 제1호 나목, 소령 176조의2 제4항).

1) 의제취득일 현재 매매사례가액 · 감정가액 · 환산취득가액을 순차로 적용한 가액
2) 취득 당시 실지거래가액이나 매매사례가액 및 감정가액에 따른 가액이 확인되는 경우로서 해당 자산의 실지거래가액이나 매매사례가액 및 감정가액에 따른 가액과 그 가액에 취득일 부터 의제취득일의 직전일까지 보유기간 동안의 생산자물가상승률을 곱하여 계산한 금액을 합산한 가액

▷ 의제취득일 전에 취득한 자산의 취득가액: MAX(①, ②)
① 의제취득일 현재 매매사례가액 · 감정가액 · 환산취득가액
② 취득 당시 실지거래가액 · 매매사례가액 · 감정가액 × (1 + 의제취득일 직전일까지의 생산자물가상승률)

| 참고 | 의제취득일 전에 취득한 자산의 실지거래가액을 알 수 없는 경우 취득가액

의제취득일전에 취득한 경우로서 취득 계약서 분실 등으로 취득가액을 모르는 경우 취득가액은 의제취득일 현재의 기준시가로 환산한 환산가액을 적용할 수 있다(예규 재재산46014-276, 2000.9.28.).

---

(4) 매입부대비용의 범위

실지거래가액으로 양도차익을 계산하는 경우 취득가액에 포함되는 매입부대비용의 종류에는 취득세 · 등록세, 법무사 수수료, 인지대, 부동산 취득 중개수수료 등이 있다. 양도소득세신고 시 이러한 지출에 대한 증빙을 첨부하여야 한다. 증빙의 종류는 취득세와 등록세는 납부영수증(납부영수증을 분실한 경우에는 주민센터에서 발급한 취득연도의 지방세세목별과세증명서), 인지대는 납부영수증, 법무사 수수료 및 부동산중개수수료는 세금계산서, 현금영수증, 신용카드매출전표 등의 정규증빙을 첨부해야 한다. 다만, 정규증빙이 없는 경우로서 거래 관련 자료와 금융거래 자

료를 제출하여 입증되는 경우에는 예외로 인정 가능하다. 실무에서 이러한 증빙들은 부동산등기권리증에 첨부되어 있는 경우가 많으므로 부동산 매도 시 매수자에게 등기권리증을 전달하기 전에 반드시 확인하여야 한다.

(5) 감가상각비

필요경비를 계산할 때 양도자산 보유기간에 그 자산에 대한 감가상각비로서 각 과세기간의 사업소득금액을 계산하는 경우 필요경비에 산입하였거나 산입할 금액이 있을 때에는 이를 공제한 금액을 그 취득가액으로 한다. 예를 들어 부동산임대소득으로 종합소득세 계산 시 건물의 감가상각비를 비용처리한 경우 해당 부동산 양도 시 감가상각비누계액은 취득가액에서 차감하여야 한다. 이는 비용의 이중 공제를 방지하기 위한 규정이다. 그리고 조세특례제한법에 따라 소득세를 감면받은 경우에는 실제로 감가상각비를 장부에 계상하지 않은 경우에도 감가상각한 것으로 보게 된다. 예를 들어 종합소득세 신고시 소형주택에 대한 소득세를 세액감면받은 경우 감가상각한 것으로 보게 된다. 따라서 이 경우에는 해당 주택을 양도하는 경우 감가상각비 상당액을 취득가액에서 차감해야 한다.

2. 자본적지출액 등

실지거래가액으로 양도차익을 계산하는 경우 양도가액에서 공제되는 자본적지출액 등이란 자본적지출액, 소유권 관련 소송비용·화해비용, 용도변경·개량 또는 이용편의를 위하여 지출한 비용, 토지이용의 편의를 위하여 지출한 장애철거비용에 해당하는 것으로서 그 지출에 관한 증빙서류에 의하여 확인되는 경우를 말한다(소법 제97조 제1항 제2호, 소령 제163조 제3항, 소칙 제79조). 증빙서류의 예를 들면 세금계산서, 계산서, 신용카드매출전표, 현금영수증, 금융거래증빙과 계약서, 견적서, 기타영수증 등이 있다.

(1) 자본적지출 등의 범위

1) 자본적지출과 수익적지출

자본적지출이란 자산의 내용연수를 연장시키거나 해당 자산의 가치를 현실적으로 증가시키기 위해 지출한 수선비 등을 말하며 그 외 지출한 수선비를 수익적지출이라 한다. 자본적지출은 필요경비로 양도가액에서 공제하지만 수익적지출은 공제하지 않는다. 자본적지출과 수익적지출에 대한 구분 예시를 살펴보면 다음과 같다.

[자본적지출과 수익적지출]

구분	자본적지출	수익적지출
분류 기준	자산의 내용연수를 연장시키거나 당해 자산의 가치를 현실적으로 증가시키기 위하여 지출한 수선비	자산의 가치를 상승시킨다기보다는 본래의 기능을 유지하기 위하여 지출한 수선비
필요경비 해당 여부	해당함	해당하지 않음
예시	① 베란다·발코니 샷시비 ② 거실 확장공사비 ③ 방 확장 등의 내부시설 개량공사비 ④ 인테리어 비용 ⑤ 건물의 난방시설 교체비 ⑥ 보일러 교체비 ⑦ 자바라 및 방범창 설치비 ⑧ 홈오토설치비	① 벽지, 장판 교체비용 ② 싱크대, 주방기구 교체비용 ③ 화장실공사비 ④ 마루공사비 ⑤ 문짝이나 조명 교체비용 ⑥ 보일러 수리비용 ⑦ 옥상 방수공사비 ⑧ 하수도관 교체비 ⑨ 오수정화조설비 교체비 ⑩ 파손된 유리 또는 기와의 대체비용 ⑪ 재해를 입은 자산의 외장복구 및 도장, 유리의 삽입 ⑫ 외벽도색작업비용

2) 소유권 관련 소송비용·화해비용 등

양도자산을 취득한 후 소유권을 확보하기 위하여 직접 소요된 소송비용·화해비용 등은 필요경비에 산입한다.

3) 용도변경·개량 또는 이용편의를 위하여 지출한 비용

건물을 구입 후 건물 전체의 용도를 변경하거나, 대수선 공사를 한 경우 지출한 비용, 재해·노후화 등 부득이한 사유로 인하여 건물을 재건축한 경우 그 철거비용 등 양도자산의 용도변경·개량 또는 이용편의를 위하여 지출한 비용은 필요경비에 산입한다.

4) 토지이용의 편의를 위하여 지출한 장애철거비용

토지의 이용편의를 위하여 지출한 묘지이장비, 토지 소유자가 토지를 양도하면서 불법 건축되어 있던 무허가건물을 매수·철거하는 데 지출한 비용, 자기 토지에 도로를 신설하여 국가 또는 지방자치단체에 이를 무상으로 기부한 후 잔여 토지를 양도하는 경우 그 기부한 토지의 취득가액 및 도로공사비용 등은 필요경비에 산입한다.

(2) 자본적지출 관련 생각지도

1) 자본적지출액의 입증책임 및 증빙 자료

양도소득세 계산 시 필요경비내역 중 자본적지출액에 대한 입증책임은 납세자에게 있고 실제 지출한 금액 등 객관적인 자료로 입증하여야 한다(판례 대전지방법원-2021-구단-100771, 2022.8.25.). 판례에 따르면 자본적지출액 등을 필요경비로 인정받기 위해서는 그 지출에 대한 증빙서류를 수취·보관하거나 또는 실제 지출 사실이 금융거래증빙으로 확인되어야 한다. 이 규정은 몇 차례의 개정을 거치게 되는데 2016.2.16. 이전 지출분은 정규증빙에 대한 규정이 없으므로 정규증빙이 아니라 거래 관련 자료로 그 지출을 입증하면 된다. 2016.2.17. 이후 지출분으로서 2018.3.31.까지 양도분은 세금계산서 등의 정규증빙을 갖추어 입증해야 하고, 2016.2.17. 이후 지출분으로서 2018.4.1. 이후 양도분인 경우에는 세금계산서 등 정규증빙 혹은 정규증빙을 수취하지 못했다고 하더라도 실제 지출 사실을 금융거래 증빙서류로 입증하는 경우에는 자본적지출액 등으로 공제받을 수 있다.

2) 옵션계약 비용이 필요경비에 해당하는지 여부

아파트 분양권을 취득한 자가 해당 아파트 공사 중 아파트 공급자와 체결한 옵션계약에 따라 아파트 구조와 일체가 된 내장비품 등을 시공받고 해당 공급자에게 지불한 비용은 필요경비에 해당한다(예규 법규재산2013-198, 2013.5.31.). 따라서 재개발·재건축의 조합원이 옵션계약에 의하여 지출하는 비용도 필요경비에 해당될 것으로 판단된다. 다만, 분양가액과는 별도로 소유자가 개별적으로 시행한 추가비용인 경우에는 그 비용이 자본적지출액 등에 해당하는 경우에 필요경비에 산입할 수 있다.

3) 멸실된 기존건물의 취득가액이 필요경비에 해당하는지 여부

가) 취득 즉시 철거하는 경우

토지와 건물을 함께 취득한 후 토지의 이용편의를 위하여 당해 건물을 철거하고 토지만을 양도하는 경우로서 그 양도차익을 산정하는 경우 철거된 건물의 취득가액과 철거비용의 합계액에서 철거된 잔설처분가액을 차감한 잔액을 양도자산의 필요경비로 산입한다. 이 경우 토지의 이용편의라 함은 토지와 건물의 취득이 당초부터 건물을 철거하여 토지만을 이용하려는 목적이었음이 명백한 것으로 인정될 때를 말하는 것이다(예규 사전-2021-법규재산-1832, 2022. 3. 10.).

> **핵심포인트** **멸실된 구건물의 취득가액을 양도가액에서 공제할 수 있는 요건**
>
> ❶ 즉시 철거
> ❷ 토지만을 이용하려는 목적이 명백한 경우

나) 사용하던 기존건물을 철거하고 신축하여 사용하다 양도하는 경우

자본적지출이라 함은 사업자가 소유하는 감가상각자산의 내용연수를 연장시키거나 당해 자산의 가치를 현실적으로 증가시키기 위하여 지출한 수선비를 말하고 이 중에는 재해 등으로 인하여 건물 등이 멸실 또는 훼손되어 당해 자산의 본래 용도로의 이용가치가 없는 것의 복구에 대한 지출을 포함하고 있다. 그런데 이러한 자본적지출이 양도가액에서 공제할 필요경비에 해당하려면 복구를 위한 비용이 지출된 후 그 복구된 당해 건물 등을 양도하는 경우라 할 것이나, 해당 구건물은 멸실되었을 뿐 복구된 것이 아니고 또한 양도되는 대상도 신건물이라는 점에서 구건물의 취득가액을 자본적지출액으로 볼 수 없다(판례 광주지법2011구합-1153, 2011. 8. 11., 서울행정법원 2021구단-54609, 2022. 1. 14.).

💡 생각정리 노트

예를 들어 5억원에 취득한 단독주택을 보유하다 기존건물을 멸실하고 다가구주택을 신축하여 보유하다 양도하는 경우 다가구주택 양도 시 양도가액에서 공제되는 취득가액은 어떻게 될까? 우선 단독주택의 매입가격 5억원을 모두 공제할 수 있을까? 위 판례에 따르면 단독주택 매입가격 5억원에 토지가격과 건물가격이 포함되어 있는 경우 토지의 매입가액은 필요경비로 공제할 수 있지만 기존건물의 매입가액은 필요경비로 공제할 수 없다. 따라서 단독주택 취득 당시의 기준시가 등으로 안분하여 토지의 매입가액과 건물의 매입가액을 구분하여야 하며, 기존건물의 취득가액은 부동산의 일괄취득가액에서 제외하여야할 것으로 판단된다. 양도하는 신축건물의 신축비용은 취득가액으로 공제가능하다.

> **|참고|** 사용하던 건물을 매매계약조건에 따라 멸실한 경우로서 건물가액이 양도가액에 포함된 경우
>
> 건물을 취득하여 장기간 사용 후 매매계약조건에 따라 건물을 멸실하고 토지만을 양도하는 경우로서 건물가액이 양도가액에 포함된 경우에는 토지와 건물의 양도차익은 각각 계산하므로 건물취득가액을 필요경비로 산입할 수 있다(집행기준 97-163-42).

---

3. 양도비

(1) 양도비의 범위

자산을 양도하기 위하여 직접 지출한 것으로서 그 지출에 관한 증명서류를 수취·보관하거나 실제 지출 사실이 금융거래 증명서류에 의하여 확인되는 다음의 비용은 양도가액에서 공제한다(소법 제97조 제1항 제3호, 소령 제163조 제5항).

1) 자산을 양도하기 위하여 직접 지출한 비용

① 양도소득세과세표준 신고서 작성비용(양도세신고수수료) 및 계약서 작성비용(공인중개사수수료)

② 공증비용, 인지대, 소개비

③ 매매계약에 따른 인도의무를 이행하기 위하여 양도자가 지출하는 명도비용

④ 「증권거래세법」에 따라 납부한 증권거래세

2) 자산을 취득함에 있어서 법령 등의 규정에 따라 매입한 국민주택채권 및 토지개발채권을 만기 전에 양도함으로써 발생하는 매각차손

(2) 양도비 관련 생각지도

1) 명도비용

양도자가 매매계약을 이행하기 위하여 임차인에게 지급한 퇴거합의금이 필요경비 중 명도비용에 해당하여 양도가액에서 공제할 수 있을까? 이와 관련된 예규를 살펴보면 양도자가 양수자와 주택을 양도하는 계약을 체결하면서 해당 주택의 현 세입자가 임대기간 만료 후 계약갱신청구권을 행사하지 않는 조건의 특약을 체결하고 양도자가 그 특약사항을 이행하기 위해 현 세입자에게 지출한 비용은 양도자의 양도소득세 계산 시 양도가액에서 공제되는 필요경비에 해당한다고 해석하고 있다(예규 사전2021법령해석재산-1106, 2021.8.17., 사전2021법령해석재산-573, 2021.6.16.). 이와 관련된 판례에서도 부동산 매매계약서에 건물의 상태가 공가일 것을 계약조건으로 하고 있어 쟁점금액은 부동산 매매계약상 인도의무를 이행하기 위해 부득이하게 지출한 것으로 보이는 점, 양도계약에 기인하여 임차인에게 지급한 사실이 금융증빙에 의해 확인되는 점등에 비추어 볼 때 쟁점금액은 청구인이 매매계약상 인도의무를 이행하기 위하여 부득이하게 지출한 비용으로 보이므로 이를 필요경비로 공제함이 타당한 것으로 판단하고 있다(판례 조심2018중-4923, 2019.4.29.).

| 참고 | 경매로 취득 시 지출한 명도비용

부동산을 법원경매로 취득하면서 해당 부동산을 점유받기 위하여 소요된 명도비용은 소유권확보를 위한 직접비용으로 볼 수 없으므로 부동산의 취득가액에 포함되지 아니한다(집행기준 97-163-18). 앞에서 살펴보았듯이 소유권을 확보하기 위하여 직접 소요된 비용은 필요경비에 산입하지만 경매로 취득하면서 지출하는 명도비용은 해당 부동산을 점유받기 위해서 지출하는 비용이므로 필요경비로 공제하지 않는다.

---

2) 컨설팅 비용이 양도비에 해당하는지 여부

컨설팅 비용을 필요경비로 인정받기 위해서는 부동산을 양도하기 위하여 직접 지출한 양도비 중 부동산 중개 내지 소개와 관련된 용역으로서 일반적으로 용인되는 통상적인 비용이어야 한다. 그러한 비용에 해당하는지 여부는 지출의 경위와 목적, 형태, 액수, 효과 등을 종합적으로 고려하여 객관적으로 판단할 사항이다. 또한 부동산컨설팅용역 관련 사실관계를 확인할 수 있는 객관적이고 구체적인 증빙 자료, 컨설팅 비용 입금 관련 금융거래증빙 등을 갖추고 있어야 할뿐만 아니라 컨설팅용역 제공자가 관련 세금 신고를 하여야 사실관계를 종합적으로 판단함에 있어서 유리할 것으로 판단된다. 이와 관련된 판례를 살펴보면 부동산 매도를 위해 상권조사, 지가상승요소 분석, 매도가격 타당성 분석, 매매진행컨설팅 등을 의뢰하고 지급한 비용은 양도비 등에 포함되지 않는 것으로 판단하고 있다(예규 법규재산2013-217, 2013.7.23., 판례 조심2021서-5798, 2021.12.27.).

실지거래가액을 인정 또는 확인할 수 없거나 불분명한 경우

지금까지 살펴본 내용은 양도차익을 계산함에 있어서 장부나 그 밖의 증명서류에 의하여 해당 자산의 취득 당시의 실지거래가액을 알 수 있는 경우에는 실지거래가액으로 양도차익을 계산한다는 내용이었다. 그러나 실지거래가액을 장부나 그 밖의 증빙서류에 의하여 인정 또는 확인할 수 없거나 불분명한 경우에는 매매사례가액, 감정가액 또는 환산가액을 순차적으로 적용한 금액을 취득가액으로 하여 양도차익을 계산해야 한다.

취득 당시 실지거래가액을 인정 또는 확인할 수 없거나 불분명한 경우에는 기타필요경비인 자본적지출액과 양도비도 원칙적으로 실제 지출한 비용이 있다 하더라도 그 금액을 공제하는 것이 아니라 법에서 정하는 금액(필요경비개산공제액)을 공제 한다. 다만, 실제 지출한 자본적지출액과 양도비의 합계액이 환산취득가액과 필요경비개산공제액을 합계한 금액보다 큰 경우에는 실제 지출한 자본적지출액과 양도비의 합계액을 공제할 수 있다.

|참고| 실지거래가액을 인정 또는 확인할 수 없는 사례

취득 당시의 실지거래가액을 인정 또는 확인할 수 없는 경우의 예를 들면 취득 당시의 실지거래가액의 확인을 위하여 필요한 장부·매매계약서·영수증 기타 증빙서류가 없거나 그 중요한 부분이 미비된 경우 또는 장부·매매계약서·영수증 기타 증빙서류의 내용이 매매사례가액, 감정가액 등에 비추어 거짓임이 명백한 경우가 있다(소령 제176조의2 제1항).

---

1. 매매사례가액

매매사례가액이란 양도일 또는 취득일 전후 각 3개월 이내에 해당 자산과 동일성 또는 유사성이 있는 자산의 매매사례가 있는 경우 그 가액을 말한다(소령 제176조의2 제3항 제1호).

2. 감정가액

감정가액이란 양도일 또는 취득일 전후 각 3개월 이내에 해당 자산에 대하여 둘 이상의 감정평가법인 등이 평가한 것으로서 신빙성이 있는 것으로 인정되는 감정가액이 있는 경우에는 그 감정가액의 평균액을 말한다. 다만, 기준시가가 10억원 이하인 자산의 경우에는 하나의 감정평가법인 등이 평가한 것으로서 신빙성이 있는 것으로 인정되는 경우에는 그 감정가액으로 한다(소령 제176조의2 제3항 제2호).

3. 환산취득가액

환산취득가액이란 취득 당시 실지거래가액을 인정 또는 확인할 수 없거나 불분명하여 양도 당시의 실지거래가액을 취득 당시와 양도 당시의 기준시가 비율로 환산하여 취득가액을 계산하는 방법을 말한다(소법 제97조 제1항 제1호 나목, 소령 제163조 제12항).

(1) 환산취득가액 계산 방법

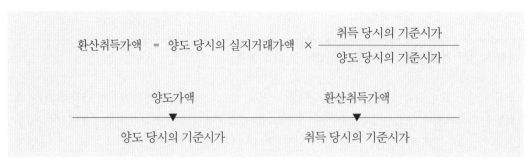

환산취득가액은 토지·건물 개별자산별로 계산한다. 다만, 주택의 경우는 합계금액을 기준으로 먼저 계산한 후 개별자산별로 안분한다(판례 심사양도2009-307, 2010.2.8.).

(2) 기준시가 고시 전에 취득한 부동산의 취득 당시 기준시가 계산 방법

위의 산식에서 분자의 취득 당시 기준시가 적용 시 기준시가가 고시되기 전에 부동산을 취득한 경우에는 아래의 방법으로 계산한 가액(이 책에서는 역산기준시가라 한다)을 취득 당시 기준시가로 한다.

1) 개별주택 및 공동주택

위에서 살펴본 환산취득가액 계산 방법 산식에서 주택의 기준시가인 개별주택가격 및 공동주택가격이 최초로 공시되기 이전에 취득한 주택과 부수토지를 함께 양도하는 경우 취득 당시의 기준시가는 다음과 같이 계산한 가액으로 한다(소령 제164조 제7항).

$$\text{국토교통부장관이 당해 주택에 대하여 최초로 공시한 주택가격} \times \frac{\text{취득 당시의 토지 기준시가 + 건물 기준시가}}{\text{당해 주택에 대하여 국토교통부장관이 최초로 공시한 주택가격 공시 당시의 토지 기준시가 + 건물 기준시가}}$$

개별주택가격 공시 전에 취득한 경우의 취득가액 환산은 주택의 경우만큼은 양도자산별(주택, 부수토지)로 그 양도가액이 각각 확인되거나 안분한 양도실가를 계산할 수 있을지라도 합계금액을 주택의 기준시가인 양도 당시 개별주택공시가격(공동주택은 공동주택공시가격)으로 나누어 취득 당시 개별주택공시가격을 곱하여 얻은 전체의 환산취득가액을 양도자산별로 안분한 금액이 각각의 양도자산별 환산취득가액이 된다. 다시 말해 총액으로 환산취득가액을 계산한 후 그 금액을 주택 및 부수토지로 안분한다. 왜냐하면 주택의 기준시가는 개별주택공시가격이고, 개별주택공시가격에는 토지가격이 포함되어 있기 때문이다. 그리고 2005.4.30. 전에 취득한 주택의 취득 당시 개별주택공시가격은 2005.4.30. 최초 공시된 개별주택공시가격을 취득일과 2005.4.30. 현재의 토지기준시가와 일반건물기준시가를 이용하여 역산한 값으로 계산한다(판례 심사양도2009-307, 2010.2.8.).

💡 **생각정리 노트**

위의 판례에 따르면 개별주택가격이 공시되기 전에 취득한 주택의 환산취득가액 계산 순서는 다음과
같이 정리할 수 있다.

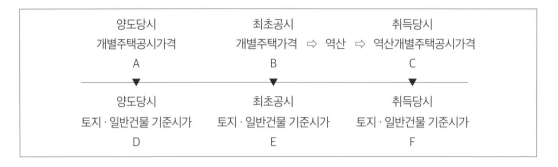

❶ 취득당시 역산개별주택가격을 역산기준시가공식을 이용하여 계산한다.

　최초공시된 개별주택가격을 취득당시의 토지개별공시지가 및 일반건물기준시가와 최초공시일 현재
의 토지개별공시지가 및 일반건물기준시가의 비율로 역산개별주택가격을 계산한다. C = B × (F ÷ E)

❷ 취득당시 역산개별주택공시가격을 취득당시의 토지개별공시지가와 일반건물기준시가 비율로 안분
하여 역산한 토지기준시가와 건물기준시가를 계산한다.

❸ 취득당시 역산개별주택공시가격을 양도당시 개별주택가격으로 나눈 비율에 총 양도가액을 곱하여
총 환산취득가액을 계산한다.

　총 환산취득가액 = 총 양도가액 × (C ÷ A)

❹ 총 환산취득가액을 ❷의 역산한 토지기준시가와 건물기준시가의 비율로 토지 환산취득가액과 건물
환산취득가액으로 안분한다.

2) 오피스텔 및 상업용 건물

　기준시가가 고시되기 전에 취득한 오피스텔(이에 딸린 토지를 포함한다), 상업용 건물(이에 딸
린 토지를 포함한다)의 취득 당시의 기준시가는 다음 산식에 따라 계산한 가액으로 한다(소령 제
164조 제6항).

$$\text{국세청장이 당해 자산에 대하여 최초로 고시한 기준시가} \times \frac{\text{취득 당시의 토지 기준시가 + 건물 기준시가}}{\begin{array}{c}\text{당해 자산에 대하여 국세청장이 최초로 고시한 기준시가}\\\text{고시 당시의 토지 기준시가 + 건물 기준시가}\end{array}}$$

3) 토지

1990년 8월 30일 개별공시지가가 고시되기 전에 취득한 토지의 취득 당시의 기준시가는 다음 산식에 의하여 계산한 가액으로 한다. 이 경우 다음 산식 중 시가표준액은 「지방세법」상 시가표준액을 말한다(소령 제164조 제4항). 실무에서 지방세법상의 시가표준액은 토지대장의 토지등급표를 이용하여 알 수 있다.

$$\text{1990.1.1. 기준 개별공시지가} \times \frac{\text{취득 당시의 시가표준액}}{\begin{array}{c}\text{(1990년 8월 30일 현재의 시가표준액}\\\text{+ 그 직전에 결정된 시가표준액)} \div 2\end{array}}$$

4. 필요경비개산공제

부동산의 취득가액을 매매사례가액, 감정가액, 환산가액이나 기준시가로 계산하는 경우 기타필요경비는 다음의 금액을 양도가액에서 공제한다(소령 제163조 제6항). 이를 필요경비개산공제액이라 한다. 따라서 취득가액을 알 수 없어 취득가액을 매매사례가액, 감정가액, 환산가액으로 하는 경우에는 기타필요경비의 실제 지출내역이 확인된다 하더라도 원칙적으로 인정받지 못한다. 이와 관련된 예규를 살펴보면 양도소득세를 실지거래가액으로 계산함에 있어서 양도가액에서 공제하는 취득가액이 확인되지 않는 경우 매매사례가액, 감정가액, 환산가액을 순차적으로 적용하며, 이때 필요경비는 필요경비개산공제액을 공제한다고 해석하고 있다(예규 부동산납세과-403, 2014.6.9.).

(1) 토지

취득 당시 개별공시지가 × 3%(미등기양도자산의 경우에는 0.3%)

(2) 건물

1) 오피스텔 및 상업용 건물(그 부수토지를 포함한다)

취득 당시 공시가격 × 3%(미등기양도자산의 경우에는 0.3%)

2) 그 외의 건물

취득 당시 기준시가 × 3%(미등기양도자산의 경우에는 0.3%)

(3) 주택

취득 당시 「부동산 가격공시에 관한 법률」에 따른 개별주택가격 및 공동주택가격 × 3%(미등기 양도자산의 경우에는 0.3%)

※ 기준시가가 고시되기 전에 취득한 부동산의 경우 취득 당시 기준시가는 역산기준시가를 말한다.

5. 감정가액 또는 환산취득가액 적용에 따른 가산세

거주자가 건물을 신축 또는 증축(증축의 경우 바닥 면적 합계가 85제곱미터를 초과하는 경우에 한정한다)하고 그 건물의 취득일 또는 증축일부터 5년 이내에 해당 건물을 양도하는 경우로서 감정가액 또는 환산취득가액을 그 취득가액으로 하는 경우에는 해당 건물의 감정가액(증축의 경우 증축한 부분에 한정한다) 또는 환산취득가액(증축의 경우 증축한 부분에 한정한다)의 5%를 가산세로 적용한다. 양도소득 산출세액이 없는 경우에도 적용한다(소법 제114조의2).

|참고| 기준시가

기준시가란 국세청에서 양도소득세, 상속세, 증여세, 종합부동산세, 종합소득세 등 국세에 대한 세금을 부과하는 경우 사용하는 가액을 말한다. 한편, 지방자치단체에서 재산세 등 지방세에 대한 세금을 부과하는 경우 사용하는 가액을 시가표준액이라고 한다.

기준시가에 대한 명칭을 부동산 종류별로 살펴보면, 토지는 부동산가격공시 및 감정평가에 관한 법률에 의한 개별공시지가, 주택의 경우에는 부동산가격공시 및 감정평가에 관한 법률에 의한 공동주택공시가격 및 개별단독주택공시가격, 건물·오피스텔 및 상업용 건물은 건물의 신축가격·구조·용도·위치·신축연도 등을 참작하여 매년 1회 이상 국세청장이 산정·고시하는 가액을 말한다.

부동산 종류	기준시가 명칭	최초 고시일	매년 고시일
토지	개별공시지가	1990.8.30.	4월 말
주택	공동주택공시가격	2006.4.28.	4월 말
	개별단독주택공시가격	2005.4.30.	
비주거용 건물	상업용 건물·오피스텔 고시가격(주1)	2005.1.1.	12월 말
	기타건물 기준시가	2001.1.1.	
	(지방세)시가표준액	1945.1.1.	

(주1) 고시된 ㎡당 금액에는 토지가격이 포함되어 있음

▶ 기준시가 조회 방법
 · 국토교통부 부동산공시가격 알리미(www.realtyprice.kr)
 · 국세청 홈택스

▶ 2006.4.27. 이전 공시된 아파트 등 공동주택가격

공동주택가격은 2006.4.28. 이후에는 국토교통부에서 고시하지만 2006.4.27. 이전에는 국세청에서 고시하였다. 따라서 2006.4.27. 이전에 고시된 공동주택가격은 국세청 홈택스 조회·발급 항목 중에서 기타조회란의 기준시가 조회에서 공동주택 기준시가를 확인할 수 있다.

▶ 기타건물 기준시가

기타건물의 기준시가는 국세청 홈택스 조회·발급 항목 중에서 기타조회의 기준시가 조회란에서 계산할 수 있다. 기타건물 기준시가를 계산하는 기본 계산식은 다음과 같다.
❶ 기준시가 = ㎡당 금액 × 평가대상 건물의 면적(㎡)
❷ ㎡당 금액 = 건물신축가격기준액 × 구조지수 × 용도지수 × 위치지수 × 경과연수별잔가율 × 개별
    건물의 특성에 따른 조정률

개별 건물의 특성에 따른 조정률은 양도소득세에서는 적용하지 않지만 상속·증여세에서는 적용한다. 구조·용도·위치지수, 경과연수별잔가율, 개별 건물의 특성에 필요한 자료는 건축물대장, 토지대장, 개별공시지가 자료에서 확인하여 적용한다.

◇　◇　◇

지금까지 살펴본 내용은 일반적인 경우의 양도차익을 계산하기 위한 양도가액에 대한 내용 및 양도가액에서 공제하는 필요경비를 실지거래가액을 알 수 있는 경우와 실지거래가액을 인정 또는 확인할 수 없거나 불분명한 경우로 나누어 살펴보았다.

그러나 일반적인 양도차익 계산과 다르게 특수한 방법으로 양도차익을 계산하는 규정이 있다. 부담부증여, 현물출자, 고가주택, 재개발·재건축사업 등의 양도차익 계산이 이에 해당한다.

다음 절에서는 부담부증여, 현물출자의 경우 양도차익 계산 방법에 대해서 살펴보기로 한다. 그외 고가주택에 대한 양도차익 계산 방법은 제2장에서, 재개발·재건축사업의 양도차익 계산 방법은 제3장에서 살펴보기로 한다.

제6절 | 부담부증여 등 특수한 양도차익의 계산

1. 부담부증여

(1) 부담부증여와 관련 세금

부담부증여란 수증자가 재산을 무상으로 받으면서 증여자의 채무를 부담하거나 인수하는 증여를 말한다. 부담부증여를 하는 경우에는 증여재산가액 중 수증자가 인수한 증여자의 채무액에 상당하는 부분은 양도로 보고, 채무액을 제외한 부분만 증여로 본다(소법 제88조 제1호, 소령 제151조 제3항). 따라서 양도로 보는 채무액에 대해서는 유상거래로 보아 증여자에게 양도소득세가 과세되고, 증여재산가액 중 채무액을 제외한 금액에 대해서는 무상거래로 보아 수증자에게 증여세가 과세된다.

[부담부증여 관련 세금]

구분	채무인수액	증여재산가액 - 채무인수액
거래유형	유상거래	무상거래
관련세금	양도소득세	증여세
납세의무자	증여자	수증자

부담부증여에서 수증자가 인수하는 채무액이란 국가·지방자치단체 및 금융회사 등에 대한 채무는 해당 기관에 대한 채무임을 확인할 수 있는 서류 및 그 외의 자에 대한 채무는 채무부담계약서, 채권자확인서, 담보설정 및 이자지급에 관한 증빙 등에 의하여 그 사실을 확인할 수 있는 서류로 인정되는 객관적 채무를 말한다(소령 제151조 제3항, 상증령 제10조).

위의 서류로 입증되는 채무를 수증자가 사실상 인수하고 수증자의 이자지급 사실이 확인되는 경우에는 증여계약서 등에 채무인수 약정이 없는 경우 또는 부담부증여 조건이 없는 경우에도 부담부증여가 성립한다. 하지만 사실관계를 정확히 하기 위해서는 증여계약서에 인수하는 채무액 등 부담부증여 조건을 기재하여야 한다.

(2) 부담부증여와 양도소득세

아래에서는 부담부증여 시 증여자에게 과세되는 양도소득세에 대한 내용을 살펴보기로 한다.

1) 비과세 및 감면
부담부증여의 경우에도 일반적인 경우와 동일한 비과세·감면 규정을 적용한다. 따라서 부담부증여하는 주택이 1세대 1주택 비과세 요건을 충족한 경우에는 비과세 규정을 적용한다.

2) 부담부증여 시 고가주택 판정
주택을 부담부증여하는 경우 증여하는 주택 전체 증여재산평가액이 12억원을 초과하면 고가주택으로 본다. 예를 들어 인수하는 전세보증금이 7억원이고 주택의 증여재산평가액이 15억원인 주택을 부담부증여하는 경우 고가주택에 해당한다.

3) 양도차익의 계산
부담부증여의 경우 양도로 보는 부분에 대한 양도차익을 계산할 때 그 양도가액 및 취득가액은 다음과 같다(소령 제159조).

가) 양도가액

$$양도가액 = A \times \frac{B}{C}$$

A: 「상속세 및 증여세법」 제60조부터 제66조까지의 규정에 따라 평가한 가액
B: 채무액
C: 증여가액

위 산식을 살펴보면 「상속세 및 증여세법」 제60조부터 제66조까지의 규정에 따라 평가한 가액이 일반적으로 증여가액이 되므로 양도가액은 채무액이 된다. 「상속세 및 증여세법」 제60조부터

제66조까지의 규정에 따른 평가방법은 제9장에서 살펴본다.

나) 취득가액

$$취득가액 = A \times \frac{B}{C}$$

A: 취득 당시 실지거래가액(양도가액을 「상속세 및 증여세법」 제61조 제1항, 제2항 및 제5항 및 제66조
　에 따라 기준시가로 산정한 경우에는 취득가액도 기준시가로 산정한다)
B: 채무액
C: 증여가액

위 산식을 살펴보면 증여재산가액을 시가(감정가액, 유사매매사례가액 등 시가로 인정되는 기액 포함)로 평가한 경우 취득가액은 실지취득가액으로 하고, 증여재산가액을 기준시가(임대료등 환산가액, 저당권등 평가특례 포함)로 평가한 경우 취득가액도 취득당시의 기준시가로 한다. 다시 말해 부담부증여에도 앞에서 살펴본 양도차익 계산 원칙 중 동일기준 계산 원칙이 적용된다.

4) 양도시기 또는 취득시기

부담부증여의 경우 양도로 보는 부분에 대한 양도시기는 증여등기접수일이고, 취득시기는 증여자산의 취득일이 취득시기가 된다.

5) 부담부증여와 양도소득세 신고·납부기한

일반적인 경우 양도소득세 신고·납부기한은 양도일이 속하는 달의 말일로부터 2개월 이내이다. 하지만 부담부증여 시 양도소득세 신고·납부기한은 증여세 신고·납부기한과 일치시키기 위해서 증여일이 속하는 달의 말일로부터 3개월 이내로 한다.

6) 부담부증여 관련 생각지도

가) 부담부증여의 증여재산가액을 임대보증금으로 평가한 경우 취득가액을 기준시가로 해야
　　하는지 여부

부담부증여의 증여재산가액을 상속세 및 증여세법 제61조 제5항(임대료등의 환산가액)에 따라

평가하여 양도가액을 기준시가로 산정한 경우 취득가액도 기준시가로 산정한다(예규 사전2021법령해석재산-735, 2021.6.23.). 따라서 기타필요경비도 실제 지출한 비용이 아니라 필요경비개산액을 공제한다.

나) 부담부증여의 증여재산가액을 기준시가로 평가하는 경우 취득가액에서 감가상각비를 차감해야 하는지 여부

증여재산가액을 기준시가로 평가한 부담부증여의 경우로서 양도차익을 계산할 때 취득가액도 기준시가로 계산하는 경우 필요경비에 해당하는 취득가액은 감가상각비를 차감하지 않은 금액으로 한다(예규 서면2015법령해석재산-5, 2015.4.10.).

다) 다가구주택의 부담부증여와 1세대 1주택 비과세

다가구주택은 하나의 매매단위로 양도하는 경우 그 전체를 하나의 주택으로 보아 1세대 1주택 비과세 규정을 적용한다. 그러면 다가구주택을 부담부증여 하는 경우에도 1세대 1주택 비과세규정을 적용할 수 있을까? 이와 관련된 예규를 살펴보면 다가구주택을 부담부증여하여 수증자가 부담하는 채무액에 해당하는 부분을 양도로 보는 경우에도 동일하게 적용된다고 해석하고 있다(예규 기획재정부 조세법령운용과-340, 2022.4.1.).

위의 예규가 발표되기 전에는 다가구주택을 부담부증여하는 경우에는 하나의 단위로 매매하는 경우 즉, 일괄매매가 아니라고 보아 비과세 적용대상이 아니라고 해석하였다. 그러나 위의 예규를 발표하여 1세대 1주택 비과세 규정을 적용하는 것으로 기존의 해석을 변경하였다.

2. 공동사업 현물출자

공동사업이란 민법상의 조합계약에 의하여 2인 이상의 거주자가 서로 출자하여 사업을 공동으로 경영하는 것을 말한다. 이러한 공동사업에는 민법상의 조합계약에 따라 영위하는 사업은 물론이고 공동사업자 등으로 보는 법인격 없는 단체가 영위하는 사업까지 포함한다.

현물출자란 공동사업에 현금 이외의 재산으로써 출자하는 것을 말한다. 공동사업에 현물출자하는 조합원은 현물출자의 대가로 조합원의 지위를 부여 받아 공동사업 결과 완성되는 부동산을 취득하게 된다. 거주자가 계약에 의해 토지 등을 공동사업에 현물출자하는 경우 등기 등에 관계없이 현물출자한 날 또는 등기접수일 중 빠른 날에 해당 토지 등이 유상으로 양도된 것으로 보아 양도소득세가 과세된다(소득세법 기본통칙 88-0…2).

| 참고 | **재개발·재건축조합에 현물출자하는 경우 양도소득세**

「도시개발법」이나 그 밖의 법률에 따른 환지처분으로 지목 또는 지번이 변경되거나 보류지保留地로 충당되는 경우에는 양도로 보지 않는다(소법 제88조 제1호 가목). 따라서 「도시 및 주거환경정비법」의 규정에 의한 주택재개발·재건축사업 또는 「빈집 및 소규모주택정비에 관한 특례법」의 규정에 의한 가로주택정비사업, 자율주택정비사업, 소규모재개발사업, 소규모재건축사업의 정비사업조합이 재건축사업 등을 시행하는 경우 조합원이 토지·건물을 정비사업조합에 현물출자하고 조합으로부터 관리처분계획에 따라 재건축한 건물을 분양받은 것은 환지로 보아 양도에 해당하지 않는다. 다만, 환지청산금을 교부받은 부분은 양도에 해당한다(예규 서면2021부동산-2530, 2022.7.4.).

아래에서는 공동사업 현물출자에 따른 양도소득세 내용을 공동사업에 부동산을 현물출자하는 경우와 신축한 부동산을 양도하는 경우로 나누어 살펴보기로 한다.

(1) 공동사업에 부동산을 현물출자하는 경우

1) 비과세 및 감면

공동사업 현물출자인 경우에도 일반적인 경우와 동일한 비과세·감면 규정을 적용한다. 따라서 공동사업에 현물출자하는 주택이 현물출자하는 날 또는 등기접수일 중 빠른 날 현재 1세대 1주택 비과세 요건을 충족한 경우에는 비과세 규정을 적용한다.

2) 양도차익의 계산

가) 양도가액

양도가액은 현물출자 시 실지거래가액으로 산정한다. 다만, 실지거래가액을 인정 또는 확인할 수 없거나 불분명한 경우에는 매매사례가액, 감정가액, 기준시가를 순차적으로 적용한 가액으로 한다.

나) 취득가액

취득가액은 현물출자 전 당초 취득한 가액으로 한다.

3) 양도시기 또는 취득시기

가) 양도시기

현물출자하는 부동산의 양도시기는 현물출자한 날 또는 등기접수일 중 빠른 날이 된다. 이 경우 현물출자한 날이란 공동사업약정서(동업계약서)가 작성된 경우에는 계약일을 말한다. 다만, 동업 계약서가 작성되지 아니하였거나 그 작성일이 객관적으로 확인되지 않음으로써 현물출자일이 불 분명한 경우에는 당사자 간에 묵시적 합의가 성립한 날 또는 사실상 공동사업이 개시된 날이 된다.

나) 취득시기

현물출자하는 부동산의 현물출자 전 당초 취득일이 취득시기가 된다.

(2) 신축한 부동산을 양도하는 경우

1) 비과세 및 감면

현물출자하여 신축한 부동산을 양도하는 경우 일반적인 비과세 · 감면 규정을 적용한다.

2) 취득가액

공동사업에 토지 등을 현물출자하고 공동으로 건축물을 신축하여 자가사용하는 건축물의 취 득가액은 현물출자일 현재 토지 등의 가액과 공사비의 합계액으로 한다(판례 심사양도2012-90, 2012.7.20.).

3) 양도시기 또는 취득시기

가) 양도시기

공동사업에 토지 등을 현물출자하고 공동으로 건축물을 신축하여 자가사용하는 부동산을 양도하는 경우 양도시기는 잔금청산일과 등기접수일 중 빠른 날이 된다.

나) 취득시기

공동사업자가 공동으로 주택을 신축하여 본인들이 자가사용하는 새로운 주택을 양도하는 경우 그 주택 취득시기를 살펴보면, 주택은 사용승인서 교부일(사용승인서 교부일 전에 사실상 사용하거나 임시사용승인을 받은 경우에는 그 사실상의 사용일 또는 임시사용승인일)로 하고, 그 부수토지는 현물출자일이 취득시기가 된다(예규 서면4팀-271, 2007. 1. 19.).

4) 보유기간의 계산

다세대주택을 소유한 거주자들이 소유주택(종전주택)을 현물출자하여 공동으로 주택을 지어 각각 1주택씩 갖고 나머지 주택들은 분양하기로 하는 공동사업(주택신축판매업)의 약정을 체결하고, 약정에 따라 거주자가 종전주택을 조합에 현물출자하여 새로이 취득한 신축주택은 종전주택과 다른 새로운 주택으로 본다(예규 서면법규과-365, 2014. 4. 14.).

따라서 현물출자로 신축하여 자가사용하는 주택의 보유기간은 사용승인서 교부일(사용승인서 교부일 전에 사실상 사용하거나 임시사용승인을 받은 경우에는 그 사실상의 사용일 또는 임시사용승인일)부터 계산한다. 그러므로 1세대 1주택 비과세 보유기간은 준공일로부터 2년 이상 보유하여야 한다.

💡 생각정리 노트

거주자들이 주택과 그 부수토지를 현물출자하여 20세대 미만의 주택을 신축하고 당해 신축주택 중 본인들이 1주택을 사용하는 경우 해당 신축주택에 대한 1세대 1주택 비과세 보유기간은 종전주택 보유기간과 통산되지 않는다(예규 사전법령해석재산2020-13, 2020.6.24.).

(3) 양도소득세 신고 · 납부 방법

앞의 내용을 종합해 보면 공동사업에 현물출자하는 경우 현물출자할 때 양도소득세를 신고 · 납부하고(1회), 신축한 자가소유 주택을 양도하는 경우 양도소득세를 신고 · 납부 하여야(2회) 한다.

예를 들어 10명의 주민들이 보유한 연립주택 10호 및 토지를 현물출자하여 신축주택 15호를 건설하고, 10호는 주민들이 자가소유하고, 나머지 5호는 일반분양하여 건축비를 충당할 계획이다. 이 경우 먼저 당초 연립주택 소유자는 그 주택을 현물출자하는 경우 현물출자한 날 또는 등기접수일 중 빠른 날에 양도한 것으로 보아 양도소득세를 신고·납부 한다. 그리고 재건축한 자가소유 주택을 양도하는 경우 토지는 현물출자일, 신축주택(건물)은 준공일부터 양도일까지의 양도차익에 대하여 양도소득세를 신고·납부해야한다.

|참고| 공동사업 현물출자와 종합소득세

현물출자하여 공동사업(개인사업자)으로 신축하는 경우 신축주택 중 일반분양하는 주택에 대해서는 사업소득(주택신축판매업)으로 종합소득세가 과세된다. 종합소득 총수입금액의 귀속사업연도는 대금을 청산한 날, 소유권이전등기일, 사용수익일 중 빠른 날이 된다.
총수입금액은 분양대금을 합계한 금액이 되며, 필요경비는 공동사업에 현물출자한 부동산가액과 건축비 등으로 계산한다. 다만, 공동사업자 본인들이 자가사용하는 1주택에 대하여는 당해 주택신축판매업의 소득금액계산에 있어서 총수입금액 및 필요경비에 산입하지 않는다.

지금까지 양도소득세의 납부할 세액을 계산하는 구조에서 양도차익 계산 단계를 일반적인 경우와 특수한 경우로 나누어 살펴보았다. 다음 단계는 양도소득금액을 계산하는 단계이다. 양도소득금액은 양도차익에서 장기보유특별공제액을 차감하여 계산한다. 장기보유특별공제에서는 보유기간을 계산해야 한다. 보유기간이란 취득일(취득시기)부터 양도일(양도시기)까지의 기간을 말한다. 다음 절에서 양도시기 또는 취득시기에 대한 내용을 살펴보기로 한다.

제7절 │ 양도시기 또는 취득시기

양도시기(양도일) 또는 취득시기(취득일)는 1세대 1주택 비과세 요건, 장기보유특별공제 적용, 세율 적용, 신고·납부기한의 결정에 중요한 판단 기준이 된다. 일반적인 매매거래에서 양도자의 양도시기는 양수자의 취득시기가 된다. 아래에서는 양도시기 또는 취득시기를 일반적인 거래, 특수한 거래, 의제취득일로 나누어 설명하기로 한다.

1. 일반적인 거래

(1) 대금청산일이 분명한 경우

일반적인 거래에서 대금청산일이 분명한 경우 양도시기 또는 취득시기는 원칙적으로 해당 자산의 대금을 청산한 날로 한다(소법 제98조). 다만, 대금을 청산하기 전에 소유권이전등기를 한 경우에는 등기접수일로 한다(소령 제162조 제1항 제2호). 따라서 대금청산일이 분명한 경우에는 대금청산일과 등기접수일 중 빠른 날이 양도 또는 취득시기가 된다. 이 책에서는 대금청산일을 잔금청산일 또는 잔금일이라고도 한다.

(2) 대금청산일이 분명하지 않은 경우

대금을 청산한 날이 분명하지 않은 경우에는 등기접수일을 양도시기 또는 취득시기로 한다(소령 제162조 제1항 제1호).

핵심포인트 **일반적인 거래의 양도시기 또는 취득시기**

① 잔금일 분명: 빠른 날(❶ 잔금일 ❷ 등기접수일)
② 잔금일 불분명: 등기접수일

(3) 대금청산일 관련 생각지도

양도시기 또는 취득시기는 양도소득세 규정의 많은 부분에서 중요한 영향을 미치기 때문에 대금을 청산한 날의 개념이 중요하다. 대금청산일은 거래대금의 전부를 지급한 날을 의미한다. 하지만 소득세법 집행기준에서는 거래대금의 전부를 이행하지 않았어도 사회통념상 거의 지급되었다고 볼 만한 정도의 대금 지급이 이행된 날을 대금청산이에 포함하고 있다(집행기준 98-162-3). 그리고 이와 관련된 판례에서도 소득세법 제88조 제1항에서 규정한 양도의 의미가 자산에 대한 등기 또는 등록에 관계없이 매도, 교환, 법인에 대한 현물출자 등으로 인하여 그 자산이 유상으로 사실상 이전되는 것에 비추어 매매대금의 대부분이 지급되어 미미한 금액만이 남아 있어 사회통념상 거의 지급되었다고 볼 만한 사정이 있는 경우에도 청산에 해당한다고 보고 있다. 그리고 그와 같은 해석이 확장·유추해석금지의 원칙에 어긋나지 않는다고 판단하고 있다(판례 대구고등법원 2008누-1338, 2009. 2. 13., 서울고등법원2020누-57969, 2021. 11. 5.).

2. 특수한 거래

(1) 장기할부조건

장기할부조건이란 자산의 양도로 인하여 해당 자산의 대금을 월부·연부 기타의 부불방법에 따라 수입하는 것 중 계약금을 제외한 해당 자산의 양도대금을 2회(계약금 포함 3회) 이상으로 분할하여 수입하고, 양도하는 자산의 소유권이전등기접수일·인도일·사용수익일 중 빠른 날의 다음 날부터 최종 할부금의 지급기일까지의 기간이 1년 이상인 것을 말한다(소칙 제78조).

이러한 장기할부조건의 양도시기 또는 취득시기는 소유권이전등기접수일·인도일·사용수익일 중 빠른 날로 한다(소령 제162조 제1항 제3호).

핵심포인트 **장기할부조건의 양도 또는 취득시기**

빠른 날(❶ 등기접수일 ❷ 인도일 ❸ 사용수익일)

---

(2) 상속 또는 증여로 취득한 자산의 취득시기

상속에 의하여 취득하는 자산은 상속이 개시된 날(사망일), 증여에 의하여 취득한 자산은 증여를 받은 날(증여등기접수일)을 취득시기로 한다(소령 제162조 제1항 제5호).

> **핵심포인트** **상속·증여의 취득시기**
>
> ① 상속: 상속개시일
> ② 증여: 등기접수일

(3) 수용되는 경우 양도시기

「공익사업을 위한 토지 등의 취득 및 보상에 관한 법률」이나 그 밖의 법률에 따라 공익사업을 위하여 수용되는 경우 대금을 청산한 날, 수용의 개시일 또는 소유권이전등기접수일 중 빠른 날을 양도시기로 한다(소령 제162조 제1항 제7호).

1) 토지보상법 등에 따른 수용으로 보상금 공탁 시 수용된 토지의 양도시기

「공익사업을 위한 토지 등의 취득 및 보상에 관한 법률」이나 그 밖의 법률에 따른 공익사업을 위하여 수용되는 경우로서 보상금이 공탁된 경우에는 공탁일, 수용의 개시일 또는 소유권이전등기접수일 중 빠른 날이 양도시기가 된다(예규 사전2021법령해석재산-192).

2) 증액보상금 수령 시 양도시기 및 수정신고

수용 보상금에 관한 이의재결신청에 따라 증액보상금 수령 시 양도시기는 대금을 청산한 날, 수용의 개시일 또는 소유권이전등기접수일 중 빠른 날이 된다. 따라서 법정신고기한까지 양도소득과세표준신고서를 제출한 이후 토지 보상가액에 대한 이의신청으로 보상금이 증액된 경우, 해당 증액된 보상금은 수정신고하여야 하는 것이며, 납세자가 증액된 보상금의 수령일이 속하는 달의 말일부터 2개월 이내에 과세표준수정신고서를 제출하고 동시에 추가자진납부하는 경우 신고·납부불성실가산세는 적용되지 않는다(예규 부동산납세과-269, 2014. 4. 17.).

수용의 양도시기

빠른 날[(**❶** 대금청산일(공탁일) **❷** 수용개시일 **❸** 등기접수일)]

(4) 자기가 건설한 건축물

자기가 건설한 건축물의 취득시기는 「건축법」에 따른 사용승인서 교부일(준공일)이 된다. 다만, 사용승인서 교부일 전에 사실상 사용하거나 임시사용승인을 받은 경우에는 그 사실상의 사용일 또는 임시사용승인을 받은 날 중 빠른 날로 하고 건축 허가를 받지 아니하고 건축하는 건축물에 있어서는 그 사실상의 사용일로 한다(소령 제162조 제1항 제4호). 자기가 건설하는 건축물에는 일 반적인 신축(임의재건축), 재개발·재건축 시 승계조합원이 취득하는 부동산, 지역주택조합의 조합원이 취득하는 부동산, 그리고 앞에서 살펴본 공동사업에 현물출자하여 신축한 자가사용 주택의 취득시기에도 동일하게 적용된다.

자기가 건설한 건축물의 취득시기

빠른 날[**❶** 사용승인서 교부일(준공일) **❷** 임시사용승인일 **❸** 사실상 사용일]

(5) 환지처분으로 취득한 토지

「도시개발법」 또는 그 밖의 법률에 따른 환지처분으로 취득한 토지의 취득시기는 환지 전 토지의 취득일로 한다. 다만, 교부받은 토지의 면적이 환지처분에 의한 권리면적보다 증가 또는 감소된 경우에는 그 증가 또는 감소된 면적의 토지에 대한 취득시기 또는 양도시기는 환지처분의 공고가 있은 날의 다음 날로 한다(소령 제162조 제1항 제9호).

환지처분으로 취득한 토지

① 권리면적: 환지 전 토지의 취득일
② 증환지 또는 감환지 취득시기 및 양도시기: 환지처분 공고일 다음 날

환지란 토지구획정리사업인 도시개발사업이나 정비사업 또는 농지개량사업을 함에 있어서 종전의 권리관계를 변동시키지 않고 토지구획정리사업을 한 후 각 토지의 위치·면적·토지이용상황 및 환경 등을 고려하여 토지구획정리사업 시행 후 새로이 조성된 대지를 재분배하여 당해 소유권을 이전시키는 것을 말한다.

일반적으로 환지의 종류는 토지만을 대상으로 하는 평면환지와 건축물과 토지를 모두 환지의 대상으로 하는 입체환지로 구분된다.

권리면적이란 종전 토지의 소유면적을 기준으로 산정한 환지 이후 가질 수 있는 권리에 해당하는 토지면적을 말한다.

(6) 재개발·재건축

1) 원조합원

양도소득세에서 원조합원이란 「도시 및 주거환경정비법」에 따른 재개발·재건축의 관리처분계획인가일 또는 「빈집 및 소규모주택정비에 관한 특례법」에 따른 사업시행인가일 이전에 부동산을 취득한 조합원을 말한다. 원조합원의 「도시 및 주거환경정비법」의 재개발·재건축사업 및 「빈집 및 소규모주택정비에 관한 특례법」에 의한 정비사업으로 취득한 부동산의 취득시기는 종전부동산의 취득일을 취득시기로 본다.

소득세법에서는 도시개발법이나 그 밖의 법률에 따른 환지처분으로 지목이 변경되는 경우에는 양도로 보지 않는다(소법 제88조 제1호 가목).

환지처분이란 「도시개발법」에 따른 도시개발사업, 「농어촌정비법」에 따른 농업생산기반 정비사업, 그 밖의 법률에 따라 사업시행자가 사업완료후에 사업구역 내의 토지 소유자 또는 관계인에게 종전의 토지 또는 건축물 대신 그 구역 내의 다른 토지 또는 사업시행자에게 처분할 권한이 있는 건축물의 일부와 그 건축물이 있는 토지의 공유지분으로 바꾸어 주는 것(사업시행에 따라 분할·합병 또는 교환하는 것을 포함한다)을 말한다(소령 제152조 제1항).

「도시 및 주거환경정비법」의 재개발·재건축사업 및 「빈집 및 소규모주택정비에 관한 특례법」에 의한 정비사업은 환지가 수반되는 사업에 해당한다. 재개발·재건축에서 환지 개념은 입체환지에 가깝다. 따라서 원조합원이 재개발·재건축등으로 완성된 주택을 취득하는 것은 환지처분에 해당함으로 종전부동산의 취득일을 완성주택의 취득시기로 본다.

2) 승계조합원

양도소득세에서 승계조합원이란 「도시 및 주거환경정비법」에 따른 재개발·재건축의 관리처분계획인가일 또는 「빈집 및 소규모주택정비에 관한 특례법」에 따른 사업시행인가일 이후에 원조합원으로부터 조합원 지위를 양수받아 새롭게 입주자로 선정된 지위를 취득한 조합원을 말한다.

관리처분계획인가일 이후에 조합원의 지위를 승계취득한 경우 재개발·재건축주택의 취득시기는 「건축법」에 따른 해당 주택의 사용승인서 교부일이며, 사용승인 전에 사실상 사용하거나 임시사용승인을 받은 경우에는 그 사실상의 사용일 또는 임시사용승인일이 된다(집행기준 98-162-15). 다시 말해 승계조합원은 사용승인서 교부일(준공일), 임시사용승인일, 사실상 사용일 중 빠른 날을 취득시기로 본다.

핵심포인트 **재개발·재건축 주택의 취득시기**

① 원조합원
　재개발·재건축 전 종전부동산 취득일
② 승계조합원
　빠른 날 [❶ 사용승인서 교부일(준공일) ❷ 임시사용승인일 ❸ 사실상 사용일]

(7) 지역주택조합의 조합원

지역주택조합이란 무주택자 또는 85㎡ 이하 주택 1채 소유자가 모여 「주택법」에 의하여 조합을 설립하고, 사업대상지의 토지를 확보하여 등록사업자와 협약을 맺고 공동으로 아파트 건설을 추진하는 사업을 말한다.

「주택법」에 따른 지역주택조합의 조합원 자격으로 취득하는 조합아파트의 취득시기는 사용승인서 교부일(준공일)로 한다. 다만, 사용승인서 교부일 전에 사실상 사용하거나 임시사용승인을 받은 경우에는 그 사실상의 사용일 또는 임시사용승인을 받은 날 중 빠른 날로 한다(예규 서면 2015부동산-1854, 2015. 10. 26.).

핵심포인트 **지역주택조합 조합원의 취득시기**

빠른 날 [❶ 사용승인서 교부일(준공일) ❷ 임시사용승인일 ❸ 사실상 사용일]

(8) 완성 또는 확정되지 아니한 자산

해당 자산의 대금을 청산한 날까지 그 목적물이 완성 또는 확정되지 아니한 미완성 건축물의 경우에는 그 목적물이 완성 또는 확정된 날을 양도시기 또는 취득시기로 한다(소령 제162조 제8호). 이 경우 건설 중인 건물이 완성 또는 확정된 날이라 함은 해당 건물에 대한 사용승인일, 임시사용 승인일, 사실상 사용일 중 빠른 날로 한다. 이와 관련된 예규를 살펴보면 건설 중인 아파트의 분양 계약에 따라 아파트를 취득하는 경우로서 대금청산일까지 당해 아파트가 완공되지 아니한 경우에는 완성일(사용승인일, 사실상의 사용일 또는 임시사용승인일 중 빠른 날)이 취득시기가 된다고 해석하고 있다(예규 부동산거래관리과-1146, 2010.9.13.). 따라서 일반 분양받은 아파트가 준공되기 전에 잔금을 지급하는 경우의 취득시기는 사용승인일, 사실상의 사용일 또는 임시사용승인일 중 빠른 날이 된다. 하지만 준공된 후에 잔금을 지급하는 경우의 취득시기는 잔금일과 등기접수일 중 빠른 날이 된다. 그리고 임시사용승인을 받고 잔금을 청산한 수분양자의 아파트 취득시기도 잔금청산일과 소유권이전등기 접수일 중 빠른 날이 된다(예규 서면2021부동산-602, 2023.5.18.).

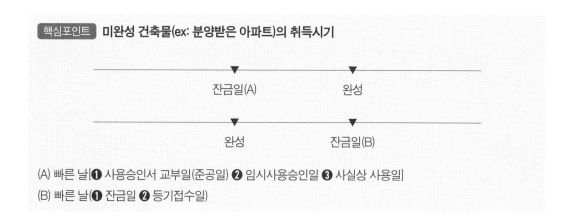

핵심포인트 미완성 건축물(ex: 분양받은 아파트)의 취득시기

잔금일(A)   완성

완성   잔금일(B)

(A) 빠른 날[❶ 사용승인서 교부일(준공일) ❷ 임시사용승인일 ❸ 사실상 사용일]
(B) 빠른 날[❶ 잔금일 ❷ 등기접수일]

(9) 부동산에 관한 권리

부동산의 분양계약을 체결한 자가 해당 계약에 관한 모든 권리를 양도한 경우에는 그 권리에 대한 취득시기는 해당 부동산을 분양받을 수 있는 권리가 확정되는 날(아파트당첨권은 당첨일)이고 타인으로부터 그 권리를 인수받은(전매) 때에는 전매잔금청산일이 취득시기가 된다(소득세법 기본통칙 98-162…2).

분양권의 양도시기 또는 취득시기

① 분양받은 경우 취득시기: 당첨일
② 전매의 경우 양도시기 또는 취득시기: 전매잔금일

💡 **생각정리 노트**

위의 내용을 토대로 전매로 취득한 분양권과 분양아파트의 취득시기를 구분해 보면, 전매로 취득한 분양권의 취득시기는 전매잔금일이고, 전매로 취득한 아파트가 완공되고 분양 잔금을 지급하는 경우 완공아파트의 취득시기는 분양대금에 대한 잔금일과 소유권이전등기접수일 중 빠른 날이 된다.

3. 의제취득일

의제취득일이란 앞에서 살펴본 취득시기에 불구하고 다음과 같은 경우에는 법령에서 정하는 취득일을 취득시기로 하는 것을 말한다(소령 제162조 제7항).

① 1984년 12월 31일 이전에 취득한 토지·건물·부동산에 관한 권리
  1985년 1월 1일에 취득한 것으로 본다.
② 1985년 12월 31일 이전에 취득한 주식
  1986년 1월 1일에 취득한 것으로 본다.

| 참고 | 「부동산소유권이전등기등에 관한 특별조치법」에 따라 취득한 부동산의 취득시기

「부동산소유권 이전등기 등에 관한 특별조치법」이란 부동산등기법에 따라 등기하여야 할 부동산으로서 소유권보존등기가 되어 있지 아니하거나 등기부의 기재가 실제의 권리관계와 일치하지 않는 부동산을 용이한 절차에 따라 등기할 수 있는 법률을 말한다. 이 법률에 따라 취득하는 부동산의 취득시기는 등기원인에 불구하고 사실상의 취득원인에 따라 앞에서 살펴본 취득시기에 따른다. 이와 관련된 예규를 살펴보면 「부동산소유권 이전등기 등에 관한 특별조치법」에 따라 부동산에 대한 소유권이전등기를 하는 경우에는 사실상의 취득 원인에 따라 증여재산은 증여등기접수일, 상속재산은 상속개시일을 취득시기로 하는 것으로서 이에 해당하는지 여부는 사실판단사항이라고 해석하고 있다(예규 서면2015부동산-56, 2015.3.26.).

○ 부동산소유권 이전등기 등에 관한 특별조치법 연혁

구분	1차 특별조치법	2차 특별조치법	3차 특별조치법	4차 특별조치법
법률	1977.12.31. 법률 제3094호	1992.11.30. 법률 제4502호	2005.5.26. 법률 제7500호	2020.2.4. 법률 제16913호
시행 기간	1977.3.1.~1981.2.28. 1982.4.3.~1984.12.31.	1993.1.1.~1994.12.31.	2006.1.1.~2007.12.31.	2020.8.5.~2022.8.4.
적용 대상	1974.12.31. 이전 매매, 증여, 교환, 상속 부동산	1985.12.31. 이전 매매, 증여, 교환, 상속 부동산	1995.6.30. 이전 매매, 증 여, 교환, 상속 부동산	1995.6.30. 이전 매매, 증 여, 교환, 상속 부동산

　◇　◇　◇

지금까지 양도시기 및 취득시기에 대한 내용을 일반적인 거래, 특수한 거래, 의제취득일로 구분하여 살펴보았다. 양도차익을 계산한 후 양도소득세의 납부할 세액을 계산하는 두 번째 단계는 양도차익에서 장기보유특별공제액을 차감하여 양도소득금액을 계산하는 단계이다. 다음 절에서는 장기보유특별공제액에 대한 내용을 살펴보기로 한다.

제8절 | 장기보유특별공제

장기보유특별공제란 3년 이상 장기보유한 토지·건물에 대한 양도소득금액을 계산할 때 일정액의 공제를 통하여 부동산의 건전한 투자 및 장기보유를 유도하고, 물가상승에 따른 명목소득의 성격이 강한 양도소득에 대하여 물가상승분을 공제해 주기 위해 마련된 제도를 말한다.

1. 공제대상자산

장기보유특별공제는 보유기간이 3년 이상인 토지·건물 및 조합원입주권 양도 시 「도시 및 주거환경정비법」에 따른 관리처분계획인가 및 「빈집 및 소규모주택 정비에 관한 특례법」에 따른 사업시행계획인가 전 토지분 또는 건물분의 양도차익에 대해 적용한다. 장기보유특별공제는 원칙적으로 자산별로 적용한다. 1세대 1주택 특례공제율 [표2]를 적용받기 위해서는 보유기간 중 거주기간이 2년 이상이어야 한다. 다만, 미등기양도자산과 중과대상인 주택에 대해서는 적용하지 않는다(소법 제95조 제2항).

2. 장기보유특별공제율

양도차익에서 차감되는 장기보유특별공제액은 양도차익에 장기보유특별공제율을 곱하여 계산한다.

장기보유특별공제액 = 양도차익 × 공제율

이 책에서는 장기보유특별공제율을 일반공제율과 특례공제율로 구분하여 살펴보기로 한다.

(1) 일반공제율

일반공제율이란 보유기간이 3년 이상인 토지·건물 및 조합원입주권 양도 시 「도시 및 주거환경
정비법」에 따른 관리처분계획인가 및 「빈집 및 소규모주택 정비에 관한 특례법」에 따른 사업시행
계획인가 전 토지분 또는 건물분의 양도차익에 대해 적용되는 아래의 [표1]에 따른 보유기간별 공
제율을 말한다(소법 제95조 제2항).

[표1] 일반공제율

보유기간	공제율
3년	6%
4년	8%
5년	10%
6년	12%
7년	14%
8년	16%
9년	18%
10년	20%
11년	22%
12년	24%
13년	26%
14년	28%
15년	30%

(2) 1세대 1주택에 적용되는 특례공제율

특례공제율이란 양도일 현재 국내에 1주택을 보유하고 있는 1세대가 보유기간 중 거주기간이 2
년 이상인 주택을 양도하는 경우 적용하는 장기보유특별공제율을 말한다. 1세대 1주택에 대해 최
대 80%에 이르는 고율의 공제율을 적용하는 취지는 1세대 1주택이 국민의 주거생활 안정에 필수
적인 요건임을 감안하여 1세대 1주택의 장기보유자에 대한 양도소득세 부담을 해소하는 데 목적
이 있다.

1) 1세대 1주택의 범위

1세대 1주택은 소득세법 시행령 제155조(1세대 1주택의 특례), 제155조의2(장기저당담보주택에 대한 1세대 1주택의 특례), 제156조의2(주택과 조합원입주권을 소유한 경우 1세대 1주택의 특례), 제156조의3(주택과 분양권을 소유한 경우 1세대 1주택의 특례) 및 그 밖의 규정에 따라 1세대 1주택으로 보는 주택을 포함한다(소령 제159조의4).

2) 공제율 적용 방법

1세대 1주택(이에 딸린 토지를 포함한다)에 해당하는 자산의 경우 장기보유특별공제액은 그 자산의 양도차익에 아래의 [표2]에 따른 보유기간별 공제율을 곱하여 계산한 금액과 거주기간별 공제율을 곱하여 계산한 금액을 합산한 것으로 한다(소법 제95조 제2항).

| 참고 | **주택이 아닌 건물을 주택으로 용도변경한 경우 공제율 적용 방법**

주택이 아닌 건물을 사실상 주거용으로 사용하거나 공부상의 용도를 주택으로 변경하는 경우로서 그 자산이 1세대 1주택(이에 딸린 토지를 포함한다)에 해당하는 자산인 경우 장기보유특별공제액은 그 자산의 양도차익에 아래의 ①에 따른 보유기간별 공제율을 곱하여 계산한 금액과 ②에 따른 거주기간별 공제율을 곱하여 계산한 금액을 합산한 것을 말한다. 주택으로 보유한 기간은 해당 자산을 사실상 주거용으로 사용한 날부터 기산한다. 사실상 주거용으로 사용한 날이 분명하지 아니한 경우에는 그 자산의 공부상 용도를 주택으로 변경한 날부터 기산한다.

① 보유기간별 공제율

> 주택이 아닌 건물로 보유한 기간에 해당하는 [표1]에 따른 보유기간별 공제율 + 주택으로 보유한 기간에 해당하는 [표2]에 따른 보유기간별 공제율

다만, 위의 계산식에 따라 계산한 공제율이 40%보다 큰 경우에는 40%로 한다.

② 거주기간별 공제율
주택으로 보유한 기간 중 거주한 기간에 해당하는 [표2]에 따른 거주기간별 공제율

위 규정은 2025.1.1. 이후 양도분부터 적용한다. 따라서 그 전까지는 관련 예규에 따라 건물의 보유기간에 따른 [표1]과 주택의 보유기간에 따른 [표2]의 공제율 중 큰 공제율을 적용하여 계산하고 토지의 양도차익에서 공제할 장기보유특별공제액은 토지의 보유기간에 따른 [표1]과 주택의 보유기간에 따른 [표2]의 공제율 중 큰 공제율을 적용하여 계산하면 될 것으로 판단된다(예규 재산세과-264, 2009.9.21.).

[표2] 1세대 1주택 특례공제율(보유기간 공제율 + 거주기간 공제율)

보유기간	공제율	거주기간	공제율
		2년	8%
3년	12%	3년	12%
4년	16%	4년	16%
5년	20%	5년	20%
6년	24%	6년	24%
7년	28%	7년	28%
8년	32%	8년	32%
9년	36%	9년	36%
10년	40%	10년	40%

3. 보유기간의 계산

보유기간은 그 자산의 취득일부터 양도일까지로 한다. 다만, 배우자 등으로부터 증여받은 자산의 이월과세의 경우에는 증여한 배우자 또는 직계존비속이 해당 자산을 취득한 날부터 기산起算한다(소법 제95조 제4항). 장기보유특별공제를 적용함에 있어 보유기간의 계산은 민법에서 정하는 초일불산입의 규정에 불구하고 그 기간의 초일을 산입하여 계산한다(관련 예규 서면인터넷방문상담4팀-2482, 2006. 7. 27.).

4. 거주기간의 계산

[표2]의 특례공제율 적용 대상이 되기 위해서는 보유기간 3년 이상이고 거주기간이 2년 이상이어야 한다. 거주기간 요건은 2020. 1. 1. 이후 양도분부터 조정대상지역인지 여부 취득시기가 언제인지 여부를 불문하고 적용한다. 거주기간은 주민등록 전입일부터 전출일까지 계산한다. 이 기간이 실제 거주한 기간과 다른 경우 실제 거주한 기간으로 계산할 수 있다. 해당 1주택이 공동상속주택인 경우의 거주기간은 해당 주택에 거주한 공동상속인의 거주기간 중 가장 긴 기간으로 한다(소령 제159조의4 제2항).

장기보유특별공제

일반공제율 [표1]
❶ 토지 · 건물
❷ 보유기간 3년 이상
❸ 공제율: 보유기간 × 2%(15년 30% 한도)

1세대 1주택 특례공제율 [표2]
❶ + ❷
❸ 양도일 현재 1세대 1주택(1세대 1주택으로 보는 주택 포함)
❹ 거주기간 2년 이상
❺ 공제율: 거주기간 × 4%(10년 40% 한도) + 보유기간 × 4%(10년 40% 한도)

| 참고 | **고가주택 및 재개발 · 재건축의 장기보유특별공제**

고가주택 및 재개발 · 재건축의 장기보유특별공제액 계산은 일반적인 경우와 조금 다르게 계산한다. 고가주택의 경우는 제2장에서, 재개발 · 재건축 조합원입주권 및 완성주택의 경우는 제3장에서 살펴보기로 한다.

---

5. 장기보유특별공제 관련 생각지도

(1) 부득이한 사유로 거주하지 못한 경우 거주기간 계산

1) 세대 전부가 거주하지 못한 경우
장기보유특별공제율 [표2] 적용 시 근무상, 사업상 형편 등 부득이한 사유로 세대 전부가 거주하지 못한 기간은 공제대상 거주기간에 포함하지 않는다(예규 서면2022부동산-1685, 2022. 4. 14.).

2) 거주자는 일시 퇴거하고 나머지 세대원은 거주한 경우
장기보유특별공제의 거주기간별 공제액 계산 시 거주자가 사업상의 형편 등 부득이한 사유로 본래의 주소 또는 거소에서 일시 퇴거한 경우 나머지 세대원이 양도대상 주택에 거주한 기간을 거주기간에 포함할 수 있다(예규 기획재정부재산-942, 2022. 8. 10.).

⑵ 동일세대원으로부터 상속받은 경우 [표2]의 적용대상 여부 판정 시 보유기간 및 거주 기간의 통산 여부

　동일세대원으로부터 상속받은 1세대 1주택(고가주택)의 장기보유특별공제 적용 시 [표2]의 적용대상 여부를 판정함에 있어 보유기간 및 거주기간을 통산하는지가 쟁점이 될 수 있다. 이 와 관련된 예규의 사실관계를 살펴보면 2006. 3. 16. 질의자의 배우자가 쟁점아파트를 취득하여 2006. 4. 20. 질의자와 질의자의 배우자가 쟁점아파트에 전입하여 거주를 시작하였는데 2011. 8. 21. 까지 거주하고 이후는 보유만 하였다.

　2011. 5. 5. 질의자의 배우자가 사망하여 동일세대원인 질의자가 쟁점아파트를 상속받았다. 거주 기간은 상속개시(2011. 5. 5.) 전 5년 15일 거주, 상속개시 후 3월 17일 거주, 통산 5년 4월 2일이다. 2020. 7. 31. 일시적2주택 상태에서 쟁점아파트(고가주택)를 양도하였다.

　위와 같은 상황에서 질의자는 동일세대원으로부터 상속받은 1세대 1주택(고가주택)의 장기보 유특별공제 적용 시 소득세법 제95조 제2항 [표2]의 적용대상 여부를 판정함에 있어, 피상속인과 상속인이 동일세대원으로서 보유 및 거주한 기간을 통산할 수 있는지 여부를 질의하였다.

　이에 대한 회신 내용을 살펴보면, 소득세법 시행령 제159조의4에 따른 보유기간 중 거주기간 2 년 이상 해당 여부를 판정함에 있어, 피상속인과 상속인이 동일세대원으로서 보유 및 거주한 기간 은 통산한다고 해석하고 있다(예규 기획재정부 재산세제과-720, 2021. 8. 10.).

💡 생각정리 노트
　위의 예규는 [표2]의 특례공제율 적용대상이 되는지 여부를 판정하는 경우 동일세대원은 보유기간 및 거주기간을 통산한다는 내용이다. 이렇게 판단하여 [표2]의 특례공제율 적용대상이 되는 경우 장기보유 특별공제액을 계산하기 위해 공제율을 결정할 때 적용되는 보유기간 및 거주기간도 동일하게 통산할 수 있는지 여부가 쟁점이 될 수 있다. 아래 (3)의 예규 및 판례를 살펴보면 통산할 수 없다는 것을 알 수 있다.

⑶ 동일세대원으로부터 상속받은 경우 [표2]의 공제율 결정 시 보유기간 및 거주기간의 통산 여부

　동일세대원으로부터 상속받은 주택의 장기보유특별공제 [표2] 적용 시, 상속개시 전 상속인과 피상속인이 동일세대로서 보유 및 거주한 기간은 상속개시 이후 상속인이 보유 및 거주한 기간과 통산할 수 없다(예규 사전2022법규재산-32, 2023. 1. 17.).

관련 판례에서도 상속받은 주택으로 「소득세법」 제95조 제2항의 장기보유특별공제를 적용함에 있어 보유기간은 그 취득일인 상속개시일부터 양도일까지가 된다고 판단하고 있다(판례 조심 2015서-876, 2015. 4. 15.).

💡 **생각정리 노트**

위 세법의 규정과 예규 및 판례를 살펴보면 동일세대원으로부터 상속받은 1세대 1주택(고가주택)을 양도하는 경우 장기보유특별공제 적용 시 소득세법 시행령 제159조의4에 따른 [표2]의 특례공제율 적용대상 여부를 판정함에 있어 보유기간 및 거주기간을 통산한다. 그런 후 적용대상으로 판정된 경우 해당 공제율 적용 시는 통산하지 않는다. 다시 말해 보유기간 및 거주기간을 통산하여 [표2]의 특례공제율 적용대상이 되는 경우 소득세법 제95조 제2항의 [표2]의 장기보유특별공제율을 적용하여 장기보유특별공제액을 계산하기 위한 보유기간은 상속개시일부터 계산하며, 거주기간은 상속개시일 이후 실제 거주한 기간으로 계산한다.

위 (2) 예규의 사례를 보면 동일세대원으로서, [표2]의 특례공제율 적용대상인지 판단 시 보유기간 및 거주기간을 통산하여 보유기간은 3년 이상, 거주기간은 2년 이상이므로 [표2]의 특례공제율 적용대상이 가능하지만, 장기보유특별공제율을 적용하여 장기보유특별공제액을 계산하기 위한 보유기간은 상속개시일인 2011.5.5.부터 양도일인 2020.7.31.까지 계산하고, 거주기간은 상속개시일인 2011.5.5.부터 양도일인 2020.7.31.까지 보유기간 중 실제 거주기간으로 계산한다. 따라서 [표2]의 보유기간별 공제율은 9년에 해당하여 36%를 적용하며, 거주기간별 공제율은 거주기간이 3개월 17일에 해당하여 2년 미만이므로 0%를 적용하여 과세양도차익에 적용할 장기보유특별공제율은 합계 36%(36% + 0%)기 되어야 할 것으로 판단된다.

위 예규 및 판례에 따라 동일세대원으로부터 상속받은 1세대 1주택의 장기보유특별공제율 [표2]의 적용 순서를 2단계로 정리하면 다음과 같다.

1) 1단계: [표2]의 적용대상인지 여부 판단

[표2]의 최대 80% 특례공제율을 적용하기 위해서는 먼저 소득세법 시행령 제159조의4에 따라

[표2]의 적용대상인지 여부를 판단하여야 한다.

가) 1세대 1주택인지 판단

[표2]의 특례공제율을 적용하기 위해서는 1세대 1주택(소령 제159조의4)에 해당하여야 한다.

나) 보유기간이 3년 이상인지 판단

주택의 보유기간이 3년 미만이면 장기보유특별공제 적용대상이 아니다. 이 경우 동일세대원의 보유기간은 통산한다. 보유기간이 3년 이상이면 다음 단계를 검토한다.

다) 거주기간이 2년 이상인지 판단

주택의 거주기간이 2년 미만이면 [표2]의 특례공제율 적용대상이 아니다. 이 경우 동일세대원의 거주기간은 통산한다.

위에 해당하면 아래의 2단계를 검토한다. 그렇지 않으면 [표1]의 일반공제율 적용대상인지 살펴보아야 한다.

2) 2단계: 장기보유특별공제율의 결정

위의 1단계 요건에 해당하여 [표2]의 특례공제율 적용대상이 되는 경우 이번에는 과세양도차익에 적용할 장기보유특별공제율이 무엇인지 결정해야 한다. 이때 1단계와는 별도로 보유기간 및 거주기간을 계산한다.

가) 보유기간의 계산

장기보유특별공제율 적용 시 보유기간은 원칙적으로 취득일부터 양도일까지 계산한다. 따라서 동일세대원으로부터 상속받은 경우에도 2단계에서는 상속개시일부터 양도일까지 보유기간을 계산한다. 피상속인의 보유기간을 통산하지 않는다.

나) 거주기간의 계산

거주기간은 주민등록 전입일부터 전출일까지 계산한다. 피상속인의 거주기간은 통산하지 않는다.

다) [표2]의 보유기간공제율과 거주기간공제율을 합산하여 장기보유특별공제율을 결정한다

(4) 임의재건축한 주택과 장기보유특별공제

1) 신축한 주택

1세대가 양도일 현재 국내에 1주택을 소유하고 있는 경우로서 그 주택이 기존주택을 멸실하고 신축한 주택에 해당하는 경우 장기보유특별공제율 적용을 위한 보유기간은 신축한 주택의 사용승인서 교부일부터 계산한다(관련 집행기준 95-159의4-1). 따라서 주택 건물의 보유기간은 종전주택의 보유기간과 통산하지 않는다. 이와 관련된 예규에서도 1세대가 양도일 현재 국내에 1주택을 소유하고 있는 경우로서 기존주택을 멸실하고 임의재건축한 주택을 양도함에 있어, 해당 주택 중 건물부분의 양도차익에 대하여 「소득세법」 제95조 제2항의 [표2]에서 정하는 장기보유특별공제를 적용하기 위한 보유기간 및 거주기간은 재건축한 해당 주택(건물)의 사용승인서 교부일(사용승인서 교부일 전에 사실상 사용하거나 임시사용승인을 받은 경우에는 그 사실상의 사용일 또는 임시사용승인일 중 빠른 날)부터 기산한다고 해석하고 있다(서면2021법규재산-2385, 2023.6.28.).

2) 주택부수토지

노후 등으로 인하여 종전주택을 멸실하고 재건축한 주택으로서 고가주택을 양도하는 경우, 해당 고가주택의 부수토지에 대한 장기보유특별공제액을 계산할 때 「소득세법」 제95조 제2항 [표2]에 따른 공제율은 종전주택의 부수토지였던 기간을 포함한 보유기간별 공제율을 적용한다(예규 기획재정부 재산세제과-34, 2017.01.16.). 또한 관련 판례에서도 종전주택을 멸실하고 신축한 경우 1세대 1주택 부수토지의 장기보유특별공제액 산정 시 종전주택 보유기간을 통산한다고 판단하고 있다(대법원2014두-36921, 2015.4.23.).

(5) 용도변경과 장기보유특별공제

1) 주택에서 근린생활시설로 용도변경

가) 1주택 보유자가 주택을 근린생활시설로 용도변경한 경우
1주택자인 상태에서 그 주택을 근린생활시설로 용도변경하고 이후에 양도하는 경우 그 건물의 취득일부터 양도일까지 보유기간에 따른 [표1]의 공제율을 적용한다(예규 사전2021법령해석재산-971, 2021. 8. 31.).

나) 2주택 이상 보유자가 주택을 근린생활시설로 용도변경한 경우
1세대가 조정대상지역에 2주택을 보유한 상태에서 양도소득세가 중과되는 1주택을 근린생활시설로 용도변경하여 사용하다 이를 양도하는 경우, 장기보유특별공제액을 계산함에 있어 보유기간은 근린생활시설로 용도변경한 날을 기산일로 하여 계산한다(예규 사전2022법규재산-881, 2022. 12. 28.).

2) 주택에서 상가로 용도변경하여 사용하다 다시 주택으로 용도변경한 경우
장기보유특별공제액을 계산함에 있어 주택을 용도변경하여 음식점으로 사용하다가 다시 주택으로 용도변경하여 주택으로 사용하는 중 양도 시 주택의 보유기간은 당해 건물의 취득일부터 양도일까지의 기간 중 주택으로 사용한 기간을 통산한다(예규 재산세과-2591, 2008. 9. 2.).

3) 다세대주택에서 다가구주택으로 용도변경한 경우
장기보유특별공제액을 계산함에 있어 다가구주택을 가구별로 분양하지 아니하고 하나의 매매단위로 하여 양도하는 경우로서 양도일 현재 그 다가구주택만을 소유하고 있는 경우 이를 단독주택으로 보아 제95조 제2항 [표2]의 장기보유특별공제액을 적용한다. 이 경우 다세대주택을 다가구주택으로 용도변경한 후 양도하는 때에는 다가구주택으로 용도변경한 날부터 양도일까지의 보유기간을 계산하여 [표2]의 보유기간별 공제율을 적용한다(예규 재산세과-1412, 2009. 7. 10.).

(6) 1세대 1주택의 부수토지와 건물 보유기간이 다른 경우 장기보유특별공제율 적용 방법

예를 들어 토지를 5년 보유한 후 주택을 신축하여 3년 보유·거주하다 양도하는 경우 토지와 건물의 보유기간이 다르게 된다. 토지의 보유기간은 8년이며, 건물의 보유기간은 3년이 된다. 이때 토지·건물에 대하여 장기보유특별공제율을 어떻게 적용해야 할까? 이와 관련된 판례를 살펴보면 건물의 장기보유특별공제는 3년의 보유기간에 [표2]의 공제율을 적용하고, 토지는 주택부수토지로서 보유기간에 해당하는 3년의 보유기간에 [표2]의 공제율을 적용한 금액과 일반토지로서 보유기간에 해당하는 8년의 보유기간에 [표1]의 공제율을 적용한 금액 중 큰 금액으로 한다고 판단하고 있다(판례 심사양도2021-24, 2021.6.9.).

|참고| 장기보유특별공제 요건과 1세대 1주택 비과세 요건의 비교

장기보유특별공제 [표2]의 특례공제율을 적용하기 위해서는 보유기간이 3년 이상이고 보유기간 중 거주기간이 2년 이상이어야 한다. 그런데 이와 유사한 규정이 1세대 1주택 비과세 요건(보유기간 2년 이상, 2017.8.2. 이후 조정대상지역에서 취득한 주택의 경우 거주기간 2년 이상)에도 있어서 혼동하는 경우가 발생할 수 있다. 장기보유특별공제에서 거주요건은 취득시기나 조정대상지역 여부에 불문하고 2년 이상 거주하여야 하고 1세대 1주택 비과세에서 거주요건은 2017.8.2. 이후 조정대상지역에서 취득하는 주택인 경우 2년 이상 거주하여야 한다.
장기보유특별공제 요건은 소득세법 제95조 제4항과 소득세법 시행령 제159조의4에서 규정하고 있고, 1세대 1주택 비과세 요건은 소득세법 제89조 및 소득세법 시행령 제154조에서 규정하고 있다. 따라서 각각 다른 법령의 규정이므로 요건도 각각으로 판단하여 적용하여야 한다.

지금까지는 양도소득세의 납부할 세액 계산구조의 2단계인 양도소득금액 계산 시 양도차익에서 공제하는 장기보유특별공제에 대한 내용을 살펴보았다. 일반적인 경우 양도소득금액은 양도자의 실제 양도가액에서 실제 지출한 필요경비를 공제한 양도차익에서 장기보유특별공제액을 차감하여 계산한다. 하지만 특수하게 양도소득금액을 계산하는 경우가 있다. 제9절에서는 배우자 등으로부터 증여받은 자산의 이월과세에 대한 내용을 살펴보고, 제10절에서는 부당행위계산 부인 규정에 대해 다루기로 한다.

제9절	배우자 등으로부터 증여받은 자산의 이월과세

1. 이월과세의 개념

이월과세란 배우자 또는 직계존비속으로부터 증여받은 부동산 등을 증여받은 날로부터 10년 이내 양도하여 양도차익을 계산하는 경우 취득가액 등을 증여한 배우자 또는 직계존비속의 취득가액 등으로 하는 필요경비계산의 특례 규정을 말한다. 배우자 등에 대한 이월과세 규정은 증여사가 직접 양도하는 경우 발생하는 고액의 양도차익에 대한 세부담을 회피하기 위하여 배우자에게 증여(배우자 증여재산공제 6억원)한 후 양도하는 방법을 악용하는 것을 방지하기 위한 취지로 신설한 후 직계존비속으로부터 증여받는 경우까지 확대하였다.

2. 이월과세 적용 시 특례가 적용되는 양도소득세 규정

증여받은 자(수증자)가 양도일부터 소급하여 10년 이내에 그 배우자(양도 당시 혼인관계가 소멸된 경우를 포함하되, 사망으로 혼인관계가 소멸된 경우는 제외한다) 또는 직계존비속으로부터 증여받은 토지·건물, 부동산을 취득할 수 있는 권리, 시설물이용권의 양도차익을 계산할 때 양도가액에서 공제할 필요경비 중 취득가액은 증여한 배우자 또는 직계존비속의 취득 당시 취득가액으로 하고, 자본적지출액은 증여한 배우자 또는 직계존비속이 지출한 금액과 수증자가 지출한 금액으로 하고, 양도비는 수증자가 지출한 금액으로 한다. 또한 수증자가 증여받은 자산에 대하여 납부하였거나 납부할 증여세 상당액이 있는 경우에는 필요경비에 산입한다(소법 제97조의2 제1항).

(1) 배우자 및 직계존비속의 범위

배우자인 경우 증여받을 당시 혼인관계가 있었던 경우에는 양도 당시 혼인관계가 소멸된 경우에도 해당 규정을 적용한다. 즉, 양도 당시 이혼한 경우에도 해당 규정을 적용한다. 다만, 사망으로 혼인관계가 소멸된 경우에는 적용하지 아니한다.

직계존비속의 경우에는 이러한 규정이 없기 때문에 증여자인 직계존비속이 사망한 경우에도 해당 규정을 적용한다. 이월과세가 적용되는 가족의 범위는 배우자 및 직계존비속을 말한다. 따라서 사위나 며느리는 이월과세 적용대상 가족이 아니다.

(2) 적용대상 자산의 범위

이월과세 적용대상 자산은 토지·건물, 부동산을 취득할 수 있는 권리, 시설물이용권을 말한다. 따라서 주식 등 그 외 양도소득세 과세대상자산은 이월과세 적용대상 자산이 아니다.

(3) 적용기간

수증자가 증여받은 날로부터 10년 이내에 증여받은 부동산 등을 양도하는 경우에 적용한다. 10년의 연수는 등기부에 기재된 소유기간에 따른다.

이 규정은 양도소득세 회피를 방지하고 조세형평을 제고하기 위하여 2023.1.1. 이후 증여분부터 이월과세 기간을 5년에서 10년으로 확대하였다. 다만, 경과부칙을 살펴보면 이 법 시행 전에 증여받은 자산을 이 법 시행 이후 양도하는 경우의 필요경비 계산 및 부당행위계산에 관하여는 제97조의2 제1항 전단의 개정규정에도 불구하고 종전의 규정에 따른다고 규정하고 있다(소득세법 부칙 법률 제19196호 제18조, 2022.12.31.). 따라서 2022년 12월 31일 이전에 배우자 등으로부터 증여받은 자산은 해당 기간을 5년으로 적용한다.

(4) 필요경비의 범위

1) 취득가액
증여자의 취득 당시 취득가액(매입가격 + 매입부대비용)

2) 기타필요경비
증여자가 지출한 자본적지출액 및 수증자가 지출한 자본적지출액, 양도비, 증여세

(5) 보유기간

1) 장기보유특별공제 적용 시 보유기간

이월과세가 적용되는 경우 장기보유특별공제액 적용을 위한 보유기간은 증여자가 해당 자산을 취득한 날부터 기산한다(소법 제95조 제4항).

2) 세율 적용 시 보유기간

이월과세가 적용되는 경우 세율 적용을 위한 보유기간은 증여자가 해당 자산을 취득한 날부터 기산한다.

(6) 이월과세 적용의 배제

다음 중 어느 하나에 해당하는 경우에는 이월과세 규정을 적용하지 아니한다(소법 제97조의2 제2항).

1) 사업인정고시일부터 소급하여 2년 이전에 증여받은 경우로서 「공익사업을 위한 토지 등 의 취득 및 보상에 관한 법률」이나 그 밖의 법률에 따라 협의매수 또는 수용된 경우
2) 이월과세를 적용할 경우 비과세주택의 양도에 해당하게 되는 경우

| 참고 | 세법개정 연혁

이월과세를 적용하는 경우 오히려 보유기간이 길어져 1세대 1주택 비과세요건을 충족하게 되는 경우가 발생할 수 있다. 이에 따라 2014년 소득세법 제97조의2를 개정하여 이월과세를 적용하는 경우 오히려 보유기간이 길어져 1세대 1주택 비과세 요건을 충족하게 되는 경우에는 이월과세 적용을 배제하도록 개 정하였다(소법 제97조의2 제2항 제2호).

---

3) 이월과세를 적용하여 계산한 양도소득 결정세액이 이월과세를 적용하지 아니하고 계산 한 양도소득 결정세액보다 적은 경우(비교과세)

구분	이월과세 적용	이월과세 미적용
양도가액	양도 당시 실지거래가액	양도 당시 실지거래가액
(-) 필요경비	① 취득가액 · 증여자의 매입가격 + 매입부대비용 ② 자본적지출액 · 증여자가 지출한 자본적지출액 · 수증자가 지출한 자본적지출액 ③ 기타필요경비 · 수증자가 지출한 양도비, 증여세	① 취득가액 · 수증자의 증여재산가액 + 매입부대비용 ② 자본적지출액 · 수증자가 지출한 자본적지출액 ③ 기타필요경비 · 수증자가 지출한 양도비
(=) 양도차익	· 양도가액 - 필요경비	· 양도가액 - 필요경비
(-) 장기보유특별공제액	· 보유기간: 증여자 취득일 ~ 양도일	· 보유기간: 수증자 취득일 ~ 양도일
(=) 양도소득금액	· 양도차익 - 장기보유특별공제액	· 양도차익 - 장기보유특별공제액
(-) 기본공제	· 250만원	· 250만원
(=) 과세표준	· 양도소득금액 - 기본공제	· 양도소득금액 - 기본공제
(×) 세율	· 세율적용 시 보유기간 증여자 취득일 ~ 양도일	· 세율적용 시 보유기간 수증자 취득일 ~ 양도일
(=) 산출세액	· 과세표준 × 세율	· 과세표준 × 세율
(-) 세액공제 · 감면	· 조특법 세액공제 · 감면	· 조특법 세액공제 · 감면
(=) 결정세액	· 산출세액 - 세액공제 · 감면	· 산출세액 - 세액공제 · 감면

3. 이월과세 관련 생각지도

(1) 배우자로부터 증여받은 경우

증여일 현재 1세대 1주택 비과세 요건을 충족한 주택을 배우자로부터 증여받아 이혼 후 양도하는 경우에는 같은 법 제97조의2 제2항 제2호를 적용하지 않는다(예규 서면2016법령해석재산-3313, 2016.7.14.). 관련 예규에 따르면 1세대 1주택 비과세 요건을 충족한 주택을 배우자로부터 증여받아 증여받은 날로부터 10년 이내에 양도하는 경우 이월과세 규정 적용 여부에 불구하고 비과세가 적용될 것으로 판단된다. 다만, 그 주택이 고가주택에 해당하는 경우에는 이월과세를 적용하여 취득가액은 증여한 배우자의 취득 당시 금액으로 하고, 증여한 배우자의 보유기간을 통산한다(예규 사전2016법령해석재산-374, 2016.11.15.).

이월과세 규정과 1세대 1주택 비과세 요건의 적용과 관련하여 이월과세 규정을 적용하는 경우 보유기간이 길어져 1세대 1주택 비과세 요건을 충족하게 되는 경우 이월과세 적용을 배제하도록 하는 규정이 소득세법 제97조의2 제2항 제2호이다. 이 규정은 이월과세를 통하여 비로소 1세대 1주택 비과세를 적용받게 되는 경우 이를 배제하도록 하는 규정이다.

(2) 직계존비속으로부터 증여받은 경우

1) 별도세대로부터 증여받은 후 10년 이내 양도하는 경우 1세대 1주택 비과세 여부

예를 들이 모(母)가 별도세대인 자(子)로부터 증여받은 주택을 증여일 이후 1세내 1주택 비과세 요건을 충족한 상태에서 증여받은 날부터 10년 이내 양도하는 경우 이월과세가 적용되는 것일까? 이와 관련된 예규를 살펴보면 모가 별도세대인 자로부터 1주택을 증여받은 날부터 5년(현재는 10년) 이내 양도한 주택이 1세대 1주택 비과세 조건을 충족한 경우에는 「소득세법」제101조(양도소득의 부당행위계산)가 적용된다. 다만, 해당 주택의 양도소득이 모에게 실질적으로 귀속된 때에는 그러하지 아니한다고 해석하고 있다(예규 부동산거래관리과-911, 2011.10.26.).

💡 생각정리 노트

위 예규에 따르면 별도세대로서 주택을 증여받은 후 10년 이내 양도한다고 하더라도 수증자가 1세대 1주택 비과세 요건을 충족하고 양도소득이 실질적으로 수증자에게 귀속되는 경우에는 1세대 1주택 비과세 규정을 적용한다. 다만, 고가주택의 경우에는 이월과세 규정을 적용하여야 할 것으로 판단된다.

2) 동일세대로부터 증여받은 후 10년 이내 양도하는 경우 1세대 1주택 비과세 여부

위의 예규는 별도세대에게 증여하고 수증자가 10년 이내에 양도하는 경우에 대한 내용이다. 그러면 동일세대에게 증여하는 경우 1세대 1주택 보유기간은 어떻게 산정하는 것일까? 이와 관련된 예규를 살펴보면 증여받은 주택의 1세대 1주택 비과세 판정 시 동일세대원으로부터 증여받은 주택을 양도하는 경우에는 증여자와 수증자의 보유기간을 통산하는 것이나, 양도일 현재 증여자와 수증자가 동일세대원이 아닌 경우에는 증여받은 날부터 보유기간을 산정한다고 해석하고 있다(재산-1176, 2009.6.15.).

(3) 배우자 또는 직계존비속의 사망과 이월과세

배우자의 사망으로 혼인관계가 소멸된 경우에만 이월과세 적용을 제외한다고 규정하고 있을 뿐이어서 직계존비속의 사망 시에는 취득가액 이월과세를 적용한다(판례 조심2016서-1681, 2016. 7. 27.).

💡 생각정리 노트

위 예규를 살펴보면 증여한 배우자와 이혼한 경우 또는 증여한 직계존비속이 사망한 경우에는 이월과세 규정을 적용한다. 다만, 증여한 배우자가 사망한 경우에는 이월과세 규정을 적용하지 않는다.

(4) 배우자 등 이월과세 적용 시 수증인이 납부한 증여받은 부동산의 취득세 등을 필요경비로 인정받을 수 있는지 여부

배우자 등 이월과세가 적용되는 경우 취득가액은 증여자의 취득 시 취득가액으로 하는 것이며, 수증인이 납부한 증여받은 자산에 대한 취득·등록세 등은 필요경비로 인정하지 않는다(관련 예규 부동산거래관리과-118, 2013. 3. 19.).

💡 생각정리 노트

위 예규에 따르면 이월과세가 적용되는 경우 양도차익 계산 시 양도가액에서 공제되는 필요경비에 증여자가 납부한 취득세·등록세, 취득 시 중개수수료, 법무사 수수료 등은 포함된다. 하지만 수증자가 증여받을 당시 납부한 취득세·등록세, 법무사 수수료 등은 포함되지 않는다.

(5) 부담부증여로 취득한 부동산의 양도와 이월과세

부담부증여로 취득한 자산 중 수증자가 인수한 증여자의 채무는 양도로 보고 증여재산 평가액에서 인수한 채무를 제외한 금액은 증여로 본다. 따라서 거주자가 양도일로부터 소급하여 10년 이내에 그 배우자 등으로부터 부담부증여받은 부동산의 양도차익을 실지거래가액에 의하여 계산함에 있어서 양도로 보는 부분은 이월과세 규정이 적용되지 않는다(예규 서면인터넷방문상담4팀-3628, 2006. 11. 2.). 즉, 증여재산 평가액에서 인수한 채무액을 공제한 금액에 대해서만 이월과세 규정이 적용된다.

제10절 | 양도소득의 부당행위계산 부인

1. 부당행위계산 부인의 개념

부당행위계산 부인이란 납세지 관할 세무서장 또는 지방국세청장이 양도소득이 있는 거주자의 행위 또는 계산이 그 거주자의 특수관계인과 거래로 인하여 그 소득에 대한 조세 부담을 부당하게 감소시킨 것으로 인정되는 경우에는 그 거주자의 행위 또는 계산과 관계없이 해당 과세기간의 소득금액을 세법에 따라 계산할 수 있도록 한 규정을 말한다(소법 제101조).

2. 부당행위계산 부인이 적용되는 양도소득세 규정

(1) 적용요건

1) 특수관계자와의 거래

거래행위 당시 당해 거주자와 특수관계가 있는 자이어야 한다. 따라서 특수관계가 소멸된 후의 거래에 대해서는 이 규정을 적용할 수 없다. 거주자와 특수관계에 있는 자의 거래가 부당행위에 해당하는지 여부는 거래 당시, 즉 양도가액을 확정 지을 수 있는 시점인 매매계약일을 기준으로 판단한다.

2) 조세의 부담을 부당하게 감소시킨 것으로 인정되는 경우

부당행위계산 부인 규정이 적용되기 위해서는 특수관계자와의 거래로 조세의 부담을 부당하게 감소시킨 것으로 인정되는 경우에 해당되어야 한다. 조세의 부담을 부당하게 감소시킨 것으로 인정되는 경우란 특수관계인으로부터 시가보다 높은 가격으로 자산을 매입(고가양수)하거나 특수관계인에게 시가보다 낮은 가격으로 자산을 양도(저가양도)한 때로서 시가와 거래가액의 차액이 3억원 이상이거나 시가의 5%에 상당하는 금액 이상인 경우를 말한다(소령 제167조 제3항).

이 책에서는 시가에 미달하게 양도(저가양도)하는 경우의 부당행위계산 부인 유형에 대해서 다루기로 한다.

(2) 부동산의 저가양도

부당행위계산 부인 유형 중에서 저가양도란 특수관계인과의 거래에 있어서 부동산을 시가에 미달하게 양도함으로써 조세의 부담을 부당히 감소시킨 것으로 인정되는 때에는 그 양도가액을 시가에 의하여 계산하는 것을 말한다(소령 제167조 제4항). 다만, 시가와 거래가액의 차액이 3억원 이상이거나 시가의 5%에 상당하는 금액 이상인 경우로 한정한다(소령 제167조 제3항).

(시가 - 거래가액) ≥ (3억원 이상 or 시가 × 5% 이상)

1) 시가의 범위

시가는「상속세 및 증여세법」의 재산평가 규정을 준용하여 평가한 가액에 따른다. 이 경우 평가기준일 전후 6개월(증여재산의 경우에는 평가기준일 전 6개월부터 평가기준일 후 3개월) 이내의 기간은 양도일 또는 취득일 전후 각 3개월의 기간으로 본다(소령 제167조 제5항).「상속세 및 증여세법」의 재산평가 규정은 제9장에서 설명하고 있다.

특수관계인에게 부동산을 시가보다 저가로 양도하는 경우 시가를 무엇으로 측정할지가 쟁점이 될 수 있다. 예를 들어 시세 10억원인 부父소유 아파트를 자子에게 7억원에 매도한 경우 부의 양도차익을 계산할 때 양도가액을 7억원으로 할 수 있을까? 다시 말해 저가양도에 해당하여 부당행위계산 부인 규정이 적용되느냐 하는 것이다.

이 경우 먼저 시가와 거래가액의 차이가 3억 이상 혹은 시가의 5% 이상인지를 살펴보아야 한다. 이때 거래가액은 7억원이고 시가의 기준은 무엇으로 해야 할까?

시가는「상속세 및 증여세법」의 재산평가 규정을 준용하여 평가한 가액에 따른다고 규정하고 있다.「상속세 및 증여세법」의 재산평가 방법 중 시가로 인정할 수 있는 범위에는 해당 재산의 매매가액, 감정가액등이 있다. 이러한 가액이 없는 경우에는 해당 재산과 유사한 재산의 매매사례가액을 시가로 볼 수 있다. 이러한 시가에 해당하는 가액이 없는 경우 해당 재산의 기준시가를 보충적으로 사용할 수 있다.

이 중에서 유사매매사례가액과 관련된 판례를 살펴보면 청구인이 특수관계자에게 아파트를 양도하면서 신고한 양도가액은 비슷한 시기에 매매계약을 체결한 아파트단지 내의 다른 아파트 거래가액과 비교할 때 5% 이상 차이가 나기 때문에 양도소득의 부당행위계산 부인 대상이다. 그리고 비교대상아파트의 거래가액을 매매사례가액으로 볼 수 있으므로 처분청이 비교대상아파트의 거래가액을 쟁점아파트의 양도가액으로 산정하여 과세한 것은 잘못이 없다고 판단하고 있다(판례 조심2019중-2596, 2019.12.3., 서울행정법원2019구단-4724, 2019.8.13.). 따라서 위 사례에서 10억원이 유사매매사례가액에 해당하는 경우 시가는 10억원으로 볼 수 있다.

2) 양도소득세의 저가양도와 증여세의 저가양수 규정의 비교

특수관계인 간에 부동산을 시가보다 저가로 양도하는 경우 저가양도인에게는 소득세법 제101조의 부당행위계산 부인 규정이 적용되고, 저가양수인에게는 상속세 및 증여세법 제35조의 저가양수에 따른 이익의 증여 규정이 적용된다. 양도소득세의 저가양도에 따른 부당행위계산 부인 규정과 증여세의 저가양수에 따른 증여의제 규정을 요약정리하면 다음과 같다.

구분	양도소득세 저가양도	증여세 저가양수
시가	상증세법 60조 ~ 66조에 의하여 평가한 가액 (양도일 또는 취득일 전후 3개월)	상증세법 60조 ~ 66조에 의하여 평가한 가액 (증여일 전 6개월~후 3개월)
차액	시가 - 대가	시가 - 대가
기준금액	Min(① 3억원 ② 시가 × 5%)	Min(① 3억원 ② 시가 × 30%)
판단기준	차액 ≥ 기준금액	차액 ≥ 기준금액
과세가액	(시가 - 대가)(주1)	(시가 - 대가) - 기준금액
납세의무자	양도자	양수자
관련 법령	소득세법 제101조, 시행령 제167조	상증세법 제35조, 시행령 제26조

(주1) 과세가액을 (시가 - 대가)로 한다는 것은 양도자의 양도가액을 시가로 하여 양도차익을 계산한다는 것이다.

💡 생각정리 노트

앞의 사례에서 유사매매사례가액이 10억원인 경우 양도소득세의 부당행위계산 부인 규정과 증여세의 저가양수 증여의제 규정을 정리해 보면 다음과 같다.

구분	양도소득세 저가양도	증여세 저가양수
시가	10억원	10억원
차액	10억원 - 7억원 = 3억	10억원 - 7억원 = 3억원
기준금액	Min(① 3억원 ② 10억원 × 5%) = 5천만원	Min(① 3억원 ② 10억원 × 30%) = 3억원
판단	부당행위계산 부인 해당함	저가양수 아님
과세가액	양도가액을 10억원으로 하여 양도소득금액을 계산함	(10억원 - 7억원) - 3억원 = 0 증여세과세 없음
납세의무자	부	자

지금까지 양도소득세의 납부할 세액을 계산하는 두 번째 단계인 양도소득금액 계산 방법을 일반적인 경우와 특수한 경우로 나누어 살펴보았다. 다음 단계는 양도소득 과세표준을 계산해서 여기에 세율을 적용하여 산출세액을 계산하는 단계이다.

제11절 | 세율 및 신고·납부

양도소득세 계산구조에서 양도소득금액을 계산했으면 그 다음은 과세표준을 계산하는 단계이다. 과세표준이란 과세물건의 세액을 계산하기 위한 가격, 수량, 중량, 용적 등으로서 세액 계산의 기준이 되는 것을 말한다. 양도소득세에서 과세표준은 양도소득금액에서 양도소득기본공제 금액인 250만원을 차감하여 계산한다.

> 과세표준 = 양도소득금액 - 기본공제(250만원)

과세표준을 계산했으면 여기에 세율을 적용하여 산출세액을 계산하게 된다. 실무에서는 산출세액을 간단하게 계산하기 위해서 과세표준에 세율을 곱하고 누진공제를 차감하여 계산한다.

> 양도소득 산출세액(속산법) = 과세표준 × 세율 - 누진공제

아래에서는 양도소득세의 세율에 대해 살펴보기로 한다. 이때 하나의 자산에 둘 이상의 세율이 적용되는 경우에는 각각의 세율을 적용하여 계산한 양도소득 산출세액 중 큰 것을 그 세액으로 한다(소법 제104조).

1. 기본세율

토지·건물, 부동산에 관한 권리 및 기타자산 중 2년 이상 보유한 자산을 양도하는 경우에는 기본세율을 적용한다. 세율 적용 시 보유기간은 해당 자산의 취득일부터 양도일까지로 한다. 다만, 다음 중 어느 하나에 해당하는 경우에는 각각 그 정한 날을 그 자산의 취득일로 본다(소법 제104조 2항).

(1) 상속받은 자산은 피상속인이 그 자산을 취득한 날

(2) 배우자 등 이월과세에 해당하는 자산은 증여자가 그 자산을 취득한 날

보유기간	과세표준	세율	누진공제
2년 이상	1,400만원 이하	6%	
	1,400만원 초과 5,000만원 이하	15%	1,260,000
	5,000만원 초과 8,800만원 이하	24%	5,760,000
	8,800만원 초과 1억5천만원 이하	35%	15,440,000
	1억5천만원 초과 3억원 이하	38%	19,940,000
	3억원 초과 5억원 이하	40%	25,940,000
	5억원 초과 10억원 이하	42%	35,940,000
	10억원 초과	45%	65,940,000

2. 단기양도세율

구분	보유기간	세율
주택 및 주택입주권	2년 이상	기본세율
	2년 미만	60%
	1년 미만	70%
주택 및 주택입주권 외 (분양권 제외)	2년 이상	기본세율
	2년 미만	40%
	1년 미만	50%

3. 분양권 양도세율

(1) 주택분양권

분양권이란 「주택법」 등의 법률에 따른 주택에 대한 공급계약을 통하여 주택을 공급받는 자로 선정된 지위(해당 지위를 매매 또는 증여 등의 방법으로 취득한 것을 포함한다)를 말한다.

주택분양권에 적용되는 세율은 다음과 같다. 따라서 보유기간이 2년 이상인 경우에도 기본세율이 적용되지 않는다.

보유기간	세율
1년 이상	60%
1년 미만	70%

(2) 업무용시설분양권

오피스텔 등 업무용시설분양권을 양도하는 것은 부동산을 취득할 수 있는 권리로 보아 다음과 같은 세율을 적용한다.

보유기간	세율
2년 이상	기본세율
1년 이상	40%
1년 미만	50%

4. 중과세율

구분	세율
2주택	기본세율 + 20%(중과유예기간 2022.5.10.~2025.5.9.)
3주택 이상	기본세율 + 30%(중과유예기간 2022.5.10.~2025.5.9.)
비사업용토지	기본세율 + 10%

| 참고 | 중과세율에 관한 특례

2009년 3월 16일부터 2012년 12월 31일까지 취득한 자산을 양도함으로써 발생하는 소득에 대하여는 제104조 제1항 제4호부터 제9호까지의 규정에도 불구하고 같은 항 제1호에 따른 세율(그 보유기간이 2년 미만이면 같은 항 제2호 또는 제3호에 따른 세율)을 적용한다(소득세법부칙 제9270호, 2008.12.26., 법률 제11146호, 2012.1.1.). 따라서 2009.3.16.부터 2012.12.31.까지 취득한 토지를 양도하는 경우에는 비사업용토지에 적용되는 10% 가산세율을 적용하지 않는다.
또한 다주택자가 2009년 3월 16일부터 2012년 12월 31일까지의 기간 중 취득한 주택의 소재지가 추후 「주택법」에 따른 조정대상지역으로 지정된 경우로서, 해당 주택을 2018.4.1. 이후 양도하는 경우에는 법률 제9270호 부칙 제14조 제1항에 따라 소득세법 제104조 제1항 제1호에 따른 세율(기본세율)을 적용한다. 동 해석은 회신일 이후 결정·경정하는 분부터 적용한다(예규 기획재정부재산-1422, 2023.12.26.).

5. 미등기양도세율

미등기양도자산에 적용되는 세율은 70%로 한다. 미등기양도자산이란 양도 당시 그 자산의 취득에 관한 등기가 가능한 자산에 해당함에도 이를 취득자의 명의로 이전등기하지 아니한 상태에서 양도한 것을 말한다.

(1) 미등기양도에서 제외되는 자산

다음의 경우에는 미등기 자산에 해당하지 아니한다(소령 제168조).

1) 장기할부조건으로 취득한 자산으로서 그 계약조건에 의하여 양도 당시 그 자산의 취득에 관한 등기가 불가능한 자산
2) 법률의 규정 또는 법원의 결정에 의하여 양도 당시 그 자산의 취득에 관한 등기가 불가능한 자산
3) 비과세 규정에 해당하는 주택으로서 「건축법」에 따른 건축허가를 받지 아니하여 등기가 불가능한 자산

(2) 미등기양도 관련 생각지도

1) 준공된 재건축아파트를 소유권이전고시 전에 양도하는 경우

미등기양도자산이라 함은 부동산 등을 취득한 자가 그 자산의 취득에 관한 등기를 하지 아니하고 양도하는 것을 말하는 것이나, 법률의 규정 또는 법원의 결정에 의하여 양도 당시 그 자산의 취득에 관한 등기가 불가능한 자산의 경우에는 미등기양도자산으로 보지 않는다(예규 부동산거래관리과-10, 2010.1.5., 소득세 집행기준 91-168-4).

2) 신축건물의 사용승인 전에 사실상 사용 중인 건물을 양도하는 경우

신축건물의 준공검사 전에 사실상 사용하거나 가사용승인을 받은 경우에는 그 사실상의 사용일이나 가사용승인일을 당해 건물의 취득시기로 하는 것이며, 당해 건물을 양도한 경우에는 그 자산

의 취득에 관한 등기가 불가능한 자산에 해당하여 미등기양도자산으로 보지 않는다(관련 예규 재일46014-1027, 1994. 4. 15., 소득세 집행기준 91-168-5).

3) 분양받은 아파트의 분양회사 명의로 소유권보존등기 후 잔금일 전에 양도하는 경우

분양회사 명의로 소유권보존등기 된 부동산을 취득시기가 도래하지 않은 상태에서 양도하는 경우에는 부동산을 취득할 수 있는 권리의 양도로 본다(예규 재재산-1415, 2004. 10. 25.). 또한 이와 관련된 판례에서도 분양권에 대한 매매계약이 소유권보존등기 경료 이전이었고, 설령 소유권보존등기가 경료되었다 하더라도 매수인이 분양잔금을 인수하여 납부하기로 특약한 이상, 소유권이전등기가 불가능해 보이므로 미등기양도자산의 양도에 해당하지 않는다고 판단하고 있다(판례 대법원2007두15865, 2007. 9. 21.).

4) 분양받은 아파트의 소유권보존등기 후 잔금의 일부 미미한 금액만 남긴 후 양도하는 경우

분양권 양도 당시 아파트 사용승인이 있었고 분양회사 명의로 소유권보존등기까지 마쳐진 상태였고, 미납한 분양대금은 전체 분양대금에 비추어 극히 미미하였으며, 당시 분양잔금을 납부할 경제적 능력이 충분하였다고 보이며, 계약금과 중도금뿐만 아니라 분양잔금 중 상당 부분까지 이미 지급되어 있어 잔금의 일부만을 완납하면 곧바로 그 취득에 관한 등기를 할 수 있었음에도 불구하고, 양도소득세 중과세 적용 등을 회피할 의도로 일부 잔금만을 연체한 상태에서 아파트를 양도한 것이므로, 이때의 양도는 미등기양도자산의 양도에 해당한다(판례 대법원2013두-13563, 2015. 4. 23.).

6. 지방소득세

양도소득세에 대한 개인지방소득세로 양도소득세 납부할 세액의 10%에 상당하는 세액을 납부하여야 한다.

7. 신고와 납부

(1) 예정신고와 납부

양도소득세 과세대상 자산을 양도한 거주자는 양도일이 속하는 달의 말일로부터 2개월 이내에 신고·납부하여야 한다. 다만, 부담부증여의 경우에는 증여일(증여등기접수일)이 속하는 달의 말일로부터 3개월 이내에 신고·납부하여야 한다.

(2) 확정신고와 납부

매년 1월 1일부터 12월 31일까지 양도소득이 있으면 그 다음 해 5월 1일부터 5월 31일까지 주소지 관할 세무서에 양도소득세 확정신고·납부를 하여야 한다. 다만, 예정신고를 한 경우에는 확정신고를 하지 않아도 된다. 하지만 다음의 경우에는 확정신고를 하여야 한다.

1) 2회 이상의 자산을 양도하고 이미 신고한 양도소득금액과 합산하여 신고하지 않은 경우
2) 2회 이상의 자산을 양도한 경우로서 산출세액이 달라지는 경우
3) 2회 이상의 자산을 양도하고 양도소득세 비교과세 방식으로 예정신고하지 않은 경우

(3) 가산세

1) 무신고가산세
무신고 납부세액의 20%(부정무신고는 40%)

2) 과소신고가산세
과소신고 납부세액의 10%(부정과소신고는 40%)

3) 납부지연가산세
무납부 또는 과소납부한 세액 × 미납일수 × 0.022%

(4) 수정신고와 과소신고가산세의 감면

    수정신고란 과세표준신고서를 법정기한까지 제출한 자 또는 기한후과세표준신고서를 제출한 자가 그 신고에 과소신고한 내용이 있는 경우에는 수정하여 신고하는 것을 말한다(국세기본법 제45조). 일정 기한 내 수정신고하는 경우에는 과소신고가산세를 다음과 같이 감면한다.

수정신고 기한	감면율
1개월 내	90%
3개월 내	75%
6개월 내	50%
1년 내	30%
1년 6개월 내	20%
2년 내	10%

(5) 기한후신고와 무신고가산세 감면

    기한후신고란 법정신고기한까지 과세표준신고서를 제출하지 아니하고 법정신고기한 이후에 신고서를 제출하는 것을 말한다(국세기본법 제45조의3). 일정 기한 내 기한후신고를 하는 경우에는 무신고가산세를 다음과 같이 감면한다.

기한후신고 기한	감면율
1개월 내	50%
3개월 내	30%
6개월 내	20%

    양도소득세의 경우 예정신고를 하지 아니하였다 하더라도 확정신고기한까지 신고하는 경우에는 무신고가산세의 50%를 감면한다(국세기본법 제48조 제2항 제3호 라목).

(6) 분할납부

거주자로서 납부할 세액이 각각 1천만원을 초과하는 자는 다음에서 정하는 바에 따라 그 납부할 세액의 일부를 납부기한이 지난 후 2개월 이내에 분할납부할 수 있다.

　1) 납부할 세액이 2천만원 이하인 때에는 1천만원을 초과하는 금액
　2) 납부할 세액이 2천만원을 초과하는 때에는 그 세액의 50% 이하의 금액

(7) 신고·납부 관련 생각지도

1) 납부는 하였으나 신고서를 제출하지 않은 경우 신고불성실가산세를 적용하는지 여부

양도소득세 과세표준 확정신고기간 내에 양도소득세는 납부하였더라도 그 신고서를 제출하지 아니한 경우에는 신고불성실가산세가 부과된다(예규 재일46014-451, 1996. 2. 16.).

2) 과세기간과 합산과세

양도소득세는 1월 1일부터 12월 31일까지의 과세기간에 발생한 양도소득에 대해 합산하여 누진세율을 적용한다. 따라서 연도를 달리하여 양도하는 경우 일반적으로 세금이 줄어들 수 있다. 다만, 하나의 단일 거래를 형식적으로 2개의 과세기간에 걸쳐 나누어 양도한 경우 거래행위의 실질을 단일 거래로 보아 합산하여 양도소득세를 과세할 수 있다.

지금까지 제1장에서는 양도의 개념, 양도소득세 과세대상을 살펴본 후 양도소득세의 신고납부할 세액을 계산하기 위한 계산구조를 살펴보았다. 첫 번째 양도차익을 계산하는 단계에서 먼저 양도가액을 살펴보았다. 그런 후 양도가액에서 공제되는 필요경비인 취득가액, 자본적지출액, 양도비를 실지거래가액을 알 수 있는 경우와 실지거래가액을 인정 또는 확인할 수 없거나 불분명한 경우로 구분하여 살펴보았다. 그리고 특수하게 양도차익을 계산하는 부담부증여 및 공동사업 현물출자에 대한 내용을 다루었다.

두 번째 양도소득금액을 계산하는 단계에서는 먼저 양도시기 또는 취득시기에 대한 내용을 살펴본 후 장기보유특별공제에 대한 내용을 살펴보았다. 그리고 특수하게 양도소득금액을 계산하는 배우자 등으로부터 증여받은 자산의 이월과세와 부당행위계산 부인 규정에 대해 살펴보았다.

세 번째 과세표준을 계산하고 여기에 세율을 적용하여 산출세액을 계산하는 단계에 대한 내용을 살펴보았다.

마지막으로 산출세액에서 공제·감면세액을 차감하고 가산세를 더하여 납부할 세액을 계산하여 신고·납부하는 방법에 대해 알아보았다.

제1장에서 살펴본 내용은 양도소득세가 과세되는 경우 세금계산구조 등에 대한 것이었다. 하지만 과세권자가 과세권을 포기하여 세금을 부과하지 않는 세법의 규정이 있는데 이를 비과세 규정이라고 한다. 제2장에서는 양도소득세 과세대상 자산 중에서 주택에 대한 양도소득세 비과세 규정 및 고가주택의 양도소득세 계산방법에 대해 다루기로 한다.

제2장

주택과 양도소득세

제2장에서는 다음과 같은 내용을 살펴보기로 한다.

제1절 | 주택 · 조합원입주권 · 분양권 관련 비과세 개요

비과세란 법률의 규정에 의하여 과세요건에서 제외하는 것으로서 국가 또는 지방자치단체가 과세권을 포기하고 과세하지 않는 것을 말한다. 일반적으로 비과세는 납세자의 신고나 신청 등의 절차와 세무서장의 행정처분 없이 당연히 과세되지 않는 것이다.

양도소득세에서 비과세 유형은 소득세법 제89조에서 규정하고 있다. 이 책에서는 양도소득세 과세대상 중에서 주택, 조합원입주권, 분양권 관련 비과세 규정에 대해 살펴보기로 한다. 분양권은 주택분양권을 말한다. 주택, 조합원입주권, 분양권 관련 비과세 규정은 다음과 같이 크게 다섯 가지로 나누어 볼 수 있다.

1. 1세대 1주택 비과세
2. 1세대 1주택 비과세 특례
3. 조합원입주권 1세대 1주택 비과세 특례
4. 주택과 조합원입주권을 소유한 경우 1세대 1주택 비과세 특례
5. 주택과 분양권을 소유한 경우 1세대 1주택 비과세 특례

위 내용에서 알 수 있듯이 양도소득세에서 비과세가 적용되는 자산은 주택과 조합원입주권을 양도하는 경우이다. 분양권을 양도하는 경우에는 비과세가 적용되지 않는다.

주택에 대한 비과세의 원칙은 1세대가 1주택을 보유하다 양도하는 경우 그 주택이 세법에서 정하고 있는 비과세 요건을 충족하면 비과세를 적용하는 것이다.

제2장에서 1세대 1주택의 비과세 기본 요건인 1세대 요건, 1주택 요건, 보유기간 요건, 거주기간 요건에 대한 내용을 살펴본다. 그런 후 1세대 1주택 비과세 원칙을 확장하여 일시적 1세대 2주택, 상속주택, 동거봉양합가주택, 혼인합가주택, 문화재주택, 농어촌주택, 부득이하게 취득한 비수도권주택, 장기임대주택 등을 보유한 상태에서 다른 주택을 양도하는 경우 비과세 규정을 적용할 수 있는 특례주택에 대한 요건을 살펴본다. 그리고 특례주택 등이 중첩되어 1세대가 3주택을 보유하

다 양도하는 경우 적용되는 비과세 유형을 살펴보기로 한다.

제3장에서는 1세대 1주택 비과세 원칙을 확장하여 재개발·재건축 등과 관련하여 비과세 규정을 적용할 수 있는 특례 요건을 살펴본다. 먼저 조합원입주권을 양도하는 경우 적용할 수 있는 비과세 특례 규정을 다룬다. 그 다음 주택과 조합원입주권을 소유하다 주택을 양도하는 경우 적용할 수 있는 비과세 특례 요건을 살펴본다.

제4장에서는 주택과 분양권을 소유하다 주택을 양도하는 경우 적용하는 1세대 1주택 비과세 특례 요건을 살펴본다.

[주택·조합원입주권·분양권 관련 비과세 원칙 및 특례 유형]

비과세 원칙	비과세 특례		
	1세대 1주택 특례	조합원입주권 특례	분양권 특례
1세대 1주택 ⇨ 주택 양도 (소법 제89조 제1항 제3호 가목, 소령 제154조)	일시적 1세대 2주택 등 ⇨ 주택 양도 (소법 제89조 제1항 제3호 나목, 소령 제155조)	① 1조합원입주권 　⇨ 조합원입주권 양도 　(소법 제89조 제1항 제4호 가목)	주택 + 분양권 ⇨ 주택 양도 (소법 제89조 제2항, 소령 제156조의3)
		② 조합원입주권 + 주택 　⇨ 조합원입주권 양도 　(소법 제89조 제1항 제4호 나목)	
		③ 주택 + 조합원입주권 　⇨ 주택 양도 　(소법 제89조 제2항, 　소령 제156조의2 제3항, 제4항)	
		④ 대체주택 + 조합원입주권 　⇨ 대체주택 양도 　(소법 제89조 제2항, 　소령 제156조 제5항)	

위의 어느 경우에 해당하든지 양도하는 주택 또는 조합원입주권이 비과세가 되기 위해서는 기본적으로 제2절에서 살펴보는 1세대 1주택 비과세 요건을 충족하여야 한다.

조세법률주의의 원칙상 과세요건이거나 비과세요건 또는 조세감면요건을 막론하고 조세법규의 해석은 특별한 사정이 없는 한 법문대로 해석해야할 것이고 납세자에게 유리하다고 하여 합리적 이유 없이 확장해석하거나 유추해석하는 것은 허용되지 않는다. 특히 비과세 또는 감면요건 규정 가운데에 명백히 특혜규정이라고 볼 수 있는 것은 엄격하게 해석하는 것이 조세공평의 원칙에도 부합하다고 할 수 있다.

부자가 되려면 수입은 늘리고 지출은 줄여야 한다. 부동산을 양도하여 수입을 늘리고 지출을 줄이는 방법 중 하나는 세금을 비과세 받는 것이다. 지혜로운 비과세 설계는 풍요로운 삶과 경제적 자유로 가는 첫걸음이다. 다음 절부터 살펴볼 비과세 요건을 정확하게 파악하여 부자로 가는 로드맵을 만들어 보자.

제2절 | 1세대 1주택 비과세

　1세대가 1주택을 보유하는 경우로서 주택(양도가액이 12억원을 초과하는 고가주택은 제외한다)과 주택부수토지의 양도로 발생하는 소득에 대해서는 양도소득세를 과세하지 아니한다(소법 제89조 제1항 제3호 가목). 이처럼 1세대 1주택에 대해 비과세하는 취지는 헌법 제14조의 국민의 거주·이전의 자유를 보장해주려는 데 있다. 그리고 주택은 국민 주거생활의 기초가 되는 것이고, 1세대가 국내에 1개의 주택을 보유하다 양도하는 것은 양도소득을 얻거나 투기를 할 목적이 아니라고 보아 양도소득세를 부과하지 않는다.

　1세대 1주택 비과세 요건은 1세대가 양도일 현재 국내에 1주택을 보유하고 있는 경우로서 해당 주택의 보유기간이 2년 이상인 것을 말한다. 다만, 취득 당시 조정대상지역에 있는 주택의 경우에는 해당 주택의 보유기간이 2년 이상이고 그 보유기간 중 거주기간이 2년 이상인 것을 말한다(소령 제154조 제1항).

핵심포인트 **1세대 1주택 비과세 요건**

양도일 현재
❶ 거주자
❷ 1세대
❸ 1주택
❹ 보유기간 2년 이상
❺ 거주기간 2년 이상(취득 당시 조정대상지역인 경우)

　아래에서는 1세대 1주택 비과세 요건을 1세대 요건, 1주택 요건, 보유기간 요건, 거주기간 요건으로 나누어 구체적으로 살펴보기로 한다.

1. 1세대 요건

(1) 1세대의 정의

1세대란 거주자 및 그 배우자가 그들과 같은 주소에서 생계를 같이하는 자와 함께 구성하는 가족을 말한다(소법 제88조 제6호). 1세대 1주택 비과세요건을 판단할 때 1세대에 해당하는지 여부는 주택 양도일 현재를 기준으로 판정한다.

1) 거주자와 비거주자의 구분

1세대란 거주자 및 그 배우자가 그들과 같은 주소에서 생계를 같이하는 자와 함께하는 구성하는 가족이라고 라고 정의하고 있다. 따라서 1세대 1주택 비과세 규정은 거주자에게 적용되고 비거주자에게는 적용되지 않는다는 것을 알 수 있다. 그러면 거주자와 비거주자는 어떻게 구분하는 것일까?

소득세법에서 거주자란 국내에 주소를 두거나 183일 이상의 거소居所를 둔 개인을 말하며, 비거주자란 거주자가 아닌 개인을 말한다(소법 제1조의2 제1항).

주소는 국내에서 생계를 같이 하는 가족 및 국내에 소재하는 자산의 유무 등 생활관계의 객관적 사실에 따라 판정한다(소령 제2조 제1항). 그리고 국내에 거주하는 개인이 다음 중 어느 하나에 해당하는 경우에는 국내에 주소를 가진 것으로 보아 거주자로 본다(소령 제2조 제3항).

① 계속하여 183일 이상 국내에 거주할 것을 통상 필요로 하는 직업을 가진 때
② 국내에 생계를 같이하는 가족이 있고, 그 직업 및 자산상태에 비추어 계속하여 183일 이상 국내에 거주할 것으로 인정되는 때

따라서 국외에 거주 또는 근무하는 자가 외국국적을 가졌거나 외국법령에 의하여 그 외국의 영주권을 얻은 자로서 국내에 생계를 같이하는 가족이 없고 그 직업 및 자산상태에 비추어 다시 입국하여 주로 국내에 거주하리라고 인정되지 아니하는 때에는 국내에 주소가 없는 것으로 본다(소령 제2조 제4항).

이때 국내에 생계를 같이하는 가족이란 국내에서 생활자금이나 주거 장소 등을 함께하는 가까

운 친족을 의미하고, 직업 및 자산상태에 비추어 계속하여 183일 이상 국내에 거주할 것으로 인정되는 때란 183일 이상 국내에서 거주를 요할 정도로 직장관계 또는 근무관계 등이 유지될 것으로 보이거나 183일 이상 국내에 머물면서 자산의 관리·처분 등을 하여야 할 것으로 보이는 때와 같이 장소적 관련성이 국내와 밀접한 경우를 의미한다(판례 서울행법2019구단-70202, 2020. 11. 4.).

한편 계속하여 183일 이상 국외에 거주할 것을 통상 필요로 하는 직업을 가지고 출국하거나, 국외에서 직업을 갖고 183일 이상 계속하여 거주하는 때에도 국내에 가족 및 자산의 유무 등과 관련하여 생활의 근거가 국내에 있는 것으로 보는 때에는 거주자로 본다(소령 제3조, 기본통칙 1-3…1).

| 참고 | 해외현지법인 등의 임직원이나 국외에서 근무하는 공무원에 대한 거주자 판정

거주자 또는 내국법인의 국외사업장 또는 해외현지법인(내국법인이 발행주식총수 또는 출자지분의 100%를 직접 또는 간접 출자한 경우에 한정한다) 등에 파견된 임원 또는 직원이나 국외에서 근무하는 공무원은 거주자로 본다(소령 제3조). 따라서 거주자 또는 내국법인의 국외사업장 또는 해외현지법인에 파견된 임원 또는 직원이 생계를 같이 하는 가족이나 자산상태로 보아 파견기간의 종료 후 재입국할 것으로 인정되는 때에는 파견기간이나 외국의 국적 또는 영주권의 취득과는 관계없이 거주자로 본다. 또한 이에 준하여 국내에 생활의 근거가 있는 자가 국외에서 거주자 또는 내국법인의 임원 또는 직원이 되는 경우에는 국내에서 파견된 것으로 본다(집행기준1의2-3-1).

💡 **생각정리 노트**

위의 내용을 살펴보면 거주자와 비거주자의 구분은 국적이나 외국영주권 취득 여부와는 관련이 없으며 거주기간, 직업, 국내에 생계를 같이하는 가족 및 국내 소재 자산의 유무 등 생활관계의 객관적인 사실을 종합하여 판단할 사항이다.

2) 동일세대의 범위

양도일 현재 거주자 및 그 배우자가 그들과 같은 주소에서 생계를 같이하는 자와 함께 구성하는 가족이란 거주자와 그 배우자의 직계존비속(그 배우자를 포함한다) 및 형제자매를 말한다. 이러한 가족을 이 책에서는 동일세대라 하여 설명한다. 여기에는 형제·자매의 배우자는 포함하지 않고, 취학, 질병의 요양, 근무상 또는 사업상의 형편으로 본래의 주소에서 일시 퇴거한 사람은 포함한다(소법 제88조 제6호). 예를 들어 거주자 본인이 주택을 1채 소유하고, 함께 살고 있는 자녀가 주택을 1채 소유하고 있는 경우에는 1세대가 2주택을 소유하고 있는 것이다. 다라서 이 경우에는

1세대 1주택 요건을 충족하지 못하게 된다.

[동일세대의 범위]

형제·자매 (배우자 포함×)	직계존속 (배우자 포함)	양도일 현재	직계존속 (배우자 포함)	형제·자매 (배우자 포함×)
	거주자	+	배우자	
	직계비속 (배우자 포함)			

　동일세대의 범위에 포함될 수 있는 가족을 살펴보면 사위, 며느리, 거주자의 형제자매, 배우자의 형제자매를 포함한다. 따라서 처남, 처제, 처형, 시아주버니, 시동생 등도 가족에 해당한다.

　아래에서는 배우자의 범위, 배우자가 없는 경우에도 1세대로 보는 특례, 생계를 같이한다는 것이 무슨 의미인지에 대해 조금 더 살펴보기로 한다.

가) 배우자의 범위

　「민법」에서 혼인은「가족관계의 등록 등에 관한 법률」에 따라 신고함으로써 그 효력이 생긴다고 규정하고 있다(민법 제812조). 양도소득세에서도 원칙적으로 민법의 규정을 준용하여 법률혼을 따른다. 그러므로 부부가 각각 단독세대를 구성하거나 가정불화로 별거 중이라 하더라도 법률상 배우자는 같은 세대로 본다. 다만, 법률상 이혼을 하였으나 생계를 같이하는 등 사실상 이혼한 것으로 보기 어려운 관계에 있는 사람은 배우자의 범위에 포함한다. 예를 들어 위장이혼인 경우에는 동일세대로 본다.

나) 배우자가 없는 경우에도 1세대로 보는 경우

　1세대의 정의에서 보았듯이 1세대를 구성하기 위해서는 원칙적으로 배우자가 있어야 한다. 이 말은 배우자가 없는 거주자는 원칙적으로 다른 세대의 세대구성원에 해당한다는 것이다. 하지만 다음에 해당하는 경우에는 배우자가 없는 경우에도 1세대로 본다(소령 제152조의3). 즉, 별도세대로 본다.

　① 해당 거주자의 나이가 30세 이상인 경우

② 배우자가 사망하거나 이혼한 경우

③ 해당 거주자의 나이가 30세 미만이면서 소득이 「국민기초생활 보장법」에 따른 기준 중위소
득을 12개월로 환산한 금액의 40% 이상이고 소유하고 있는 주택 또는 토지를 관리·유지하
면서 독립된 생계를 유지할 수 있는 경우. 다만, 미성년자의 경우는 제외한다. 여기서 소득의
종류는 사업소득, 근로소득, 기타소득(저작권 수입, 강연료 등 인적용역의 대가만 포함) 등을
말하며, 사업소득 및 기타소득은 필요경비를 공제한 소득금액으로 한다.

따라서 소득이 없는 미혼인 30세 미만의 자녀는 부모와 따로 거주한다고 하더라도 부모와 동
일한 세대로 본다.

핵심포인트 **30세 미만 미혼자의 소득 판정기준**

❶ 소득금액 범위
기준 중위소득을 12개월로 환산한 금액의 40% 이상
❷ 소득의 종류
사업소득, 근로소득, 기타소득(저작권 수입, 강연료 등 인적용역의 대가만 포함)

| 참고 | **2024년 기준중위소득**

구분	1인가구	2인가구	3인가구	4인가구	5인가구
금액(월)	2,228,445	3,682,609	4,714,657	5,729,913	6,695735

---

3) 같은 주소에서 생계를 같이한다는 것의 의미

동일세대인지 여부를 판정할 때 주민등록표의 현황과 사실상 현황이 다른 경우에는 사실상 현
황에 의한다. 국세부과의 실질과세 원칙이 적용된다. 따라서 주민등록등본에 함께 등재되어 있지
않다 하더라도 실제 함께 거주하고 있으면 동일세대에 해당하며, 주민등록등본에 함께 등재되어
있다 하더라도 실제 함께 거주하지 않으면 별도세대에 해당한다. 이와 관련된 판례를 살펴보면 생
계를 같이하는 동거가족이란 현실적으로 생계를 같이하는 것을 의미하며, 반드시 주민등록표상
세대를 같이함을 요하지는 않으나 일상생활에서 볼 때 유무상통하여 동일한 생활자금에서 생활

하는 단위를 의미한다고 할 것이므로, 생계를 같이하는 동거가족 여부의 판단은 그 주민등록지가 같은지 여부에 불구하고 현실적으로 한 세대 내에 거주하면서 생계를 함께하는지 여부에 따른다고 판단하고 있다(판례 조심2021서-2573, 2021.7.15.).

| 참고 | 취득세와 1세대 정의

취득세에서는 같은 주소에서 생계를 같이하는 가족인지의 판단은 주민등록표에 함께 기재되어 있는지 여부에 따른다.

---

(2) 동일세대 관련 생각지도

1) 동일세대원 간 소유권이 변동되는 경우

양도소득세 비과세 요건으로서 1세대 1주택의 소유 및 거주요건은 1세대를 단위로 보아야 하므로, 1세대를 구성하는 세대원 간에 증여 등을 원인으로 하여 주택의 소유권자가 다르게 되었다고 하더라도 그 양도 전후를 통하여 1세대를 구성하는 이상 소유권자별로 별도로 볼 것은 아니다(판례 대법원94누-15530, 1995.7.14.). 이와 유사한 판례를 살펴보면 1세대 1주택의 범위나 1세대 1주택의 특례 등을 규정함에 있어서 세대원 개개인의 주택 소유를 서로 구분하여 달리 취급하는 것이 아니라 1세대가 보유하고 있는 전체주택의 수를 기준으로 하여 비과세나 특례 해당 여부를 판정하고 있으므로 상속받은 농어촌주택을 동일 세대원인 처에게 증여하였더라도 결국 증여행위가 있은 후에도 동세대는 동일한 숫자의 주택을 보유하고 있다고 보는 것이 타당하다고 판단하고 있다(판례 국심2001서3156-2001.3.19.).

2) 주민등록은 분리되어 있지만 실제로 함께 거주하는 경우

생계를 같이 하는 동거가족이란 현실적으로 생계를 같이 하는 동거가족을 의미하는 것이고, 반드시 주민등록표상 세대를 같이 함을 요하지는 않으나 일상생활에서 볼 때 유무상통하여 동일한 생활자금에서 생활하는 단위를 의미한다고 할 것이므로 생계를 같이 하는 동거가족인지 여부의 판단은 그 주민등록지가 같은가의 여하에 불구하고 현실적으로 한 세대 내에서 거주하면서 생계를 함께 하고 동거하는가의 여부에 따라 판단되어야 할 것이다(판례 조심2021서-2996,

2021. 8. 17.).

3) 주민등록은 함께 되어 있지만 실제로는 따로 거주하는 경우

편의상 주민등록전입은 하였으나 해당 주택에서 실제로 거주한 사실이 없음을 입증하는 경우에는 동일한 주소에서 생계를 같이하는 가족으로 볼 수 없다(판례 국심1996구529, 1996. 5. 15.).

4) 동일한 주소지에 주민등록이 되어 있고 실제로도 함께 거주하는 경우

거주자의 직계존비속(배우자의 직계존비속 포함) 및 형제자매(배우자의 형제자매 포함)는 동일한 주소지에 주민등록이 되어 있고 실제로도 함께 거주하는 경우에는 원칙적으로 같은 세대로 본다. 하지만 판례(조심2021서-2573, 2021. 7. 15. 조심2019서 3731, 2020. 5. 14.)에 따르면 동일한 주소지에 주민등록이 되어 있고 함께 거주하는 경우에도 별도세대에 해당할 수 있는 경우가 있을 수 있다. 그러기 위해서는 세대원 각자 일정 수준 이상의 소득이 있어 각각 경제활동이 가능하고, 주거비, 생활비, 제세공과금 등 지출에 대하여 각자가 사용한 부분을 명확하게 구분하고 각자가 독립적으로 부담하여야 하며, 주거공간이 독립되어 있어야 할 것으로 판단된다. 하지만 실무에서는 이러한 경우의 사실관계를 입증하기가 쉽지 않으므로 전문가와 상의하여야 한다.

5) 동일한 다가구주택에서 층을 달리하여 거주하는 경우

다가구주택에서 가족이 층을 달리하여 거주하는 경우 동일세대로 보아야할까? 이와 관련된 판례를 살펴보면 거주주택은 다가구주택으로 2가구가 각각 독립적으로 생활을 영위할 수 있는 구조이고, 모친은 다가구주택 1층에서 거주하였으며 장남 및 그의 가족은 그 주택 2, 3층에서 거주하였고, 모친은 독립된 소득이 있어 봉양을 받으며 생계를 함께했다고 볼 수 없는 점 등으로 보아 모친과 장남은 생계를 달리하는 별도의 세대에 해당한다고 판단하고 있다(판례 서울고등법원2010누-14444, 2010. 10. 7.).

6) 거주자의 배우자와 1세대 요건을 갖춘 아들이 같은 세대원인 경우

주택을 소유한 부父는 혼자 거주하고 주택을 소유하지 않는 모母는 주택을 소유한 아들과 함께 거주하면서 아들과 함께 1세대를 구성하는 상황에서 아들이 소유한 주택을 양도하는 경우 부가 소유한 주택을 아들 세대의 주택 수에 포함하여 1세대 1주택 여부를 판정해야할까?

부 소유주택	아들 소유 주택		
부 혼자 거주	모	+	아들

이에 대하여 소득세법 집행기준에서는 부와 아들이 생계를 달리하는 경우에는 동일세대로 보지 않는다고 규정하고 있다(소득세법 집행기준 89-154-9).

2. 1주택 요건

(1) 주택의 정의

주택이란 허가 여부나 공부公簿상의 용도 구분과 관계없이 세대의 구성원이 독립된 주거생활을 할 수 있도록 세대별로 구분된 각각의 공간마다 별도의 출입문, 화장실, 취사시설이 설치되어 있는 구조를 갖추어 사실상 주거용으로 사용하는 건물을 말한다. 용도가 분명하지 아니하면 공부상의 용도에 따른다(소법 제88조 제7호, 소령 제152조의4).

|참고| 사실상 주거용 건물과 실질과세원칙

건물이 소득세법에서 정한 주택에 해당하는지 여부는 건물공부상의 용도구분에 관계없이 실제 용도가 사실상 주거에 공하는 건물인가에 의하여 판단하여야 하고, 일시적으로 주거가 아닌 다른 용도로 사용되고 있다고 하더라도 그 구조·기능이나 시설 등이 본래 주거용으로서 주거용에 적합한 상태에 있고 주거기능이 그대로 유지·관리되고 있어 언제든지 본인이나 제3자가 주택으로 사용할 수 있는 건물의 경우에는 이를 주택으로 보아야 한다(대법원2004두-14960, 2005.04.28).

---

(2) 주택부수토지

1세대 1주택의 비과세는 원칙적으로 주거용 건물인 주택에 대하여 적용한다. 다만, 주택의 부속토지는 전체 면적을 비과세하는 것이 아니라 일정한 면적만 비과세되는 주택의 부수토지로 본다. 주택의 부수토지로서 비과세되는 범위는 1세대 1주택에 딸린 토지로서 건물이 정착된 면적에 용도지역별로 적용배율을 곱하여 산정한 기준면적 이내의 토지를 말한다(소령 제154조 제7항).

[용도지역별 적용배율]

구분			적용 배율
도시지역 내	수도권 내	주거·상업·공업지역	3배
		녹지지역	5배
	수도권 밖		5배
도시지역 밖			10배

(3) 주택의 판정시기

1세대 1주택 비과세요건을 판단할 때 주택에 해당하는지 여부는 양도일(잔금청산일) 현재를 기준으로 판정한다. 잔금청산일 전에 주택을 근린생활시설로 용도변경하거나 주택을 멸실하는 경우 잔금청산일 현재를 기준으로 주택인지 여부를 판단한다.

1) 잔금청산 전 주택을 상가로 용도변경한 경우

주택에 대한 매매계약을 체결하고, 그 매매특약에 따라 잔금청산 전에 주택을 상가로 용도변경한 경우 양도일(잔금청산일) 현재 현황에 따라 양도물건을 판정하며, 2022.10.21. 이후 매매계약 체결분부터 적용한다(예규 기획재정부 재산세제과-1322, 2022.10.21.). 따라서 양도일 현재 상가를 양도하는 것이므로 1세대 1주택 비과세 적용을 받을 수 없게 된다.

2) 잔금청산 전 주택을 멸실한 경우

주택에 대한 매매계약을 체결하고, 그 매매특약에 따라 잔금청산 전에 그 주택을 멸실한 경우 1세대 1주택 비과세, 장기보유특별공제(표1, 표2) 및 다주택자 중과세율 적용 여부 등 판정 시 양도물건의 판정 기준일은 양도일(잔금청산일)이며, 2022.12.20. 이후 매매계약을 체결한 분부터 적용한다(예규 기획재정부 재산세제과-1543, 2022.12.20.). 따라서 양도일 현재 주택이 없으므로 토지의 양도에 해당하여 1세대 1주택 비과세 적용을 받을 수 없게 된다.

(4) 특수한 주택과 1세대 1주택 비과세

주택의 종류와 범위는 주택법과 건축법에서 규정하고 있는데 그 중에서 일부 내용을 살펴보면 아래의 참고와 같다.

| 참고 | **주택 및 준주택의 범위**

주택의 종류와 범위는 주택법에서 규정하고 있고, 다가구주택의 요건은 건축법에서 구체적으로 규정하고 있다.

1. 주택의 정의
주택이란 세대의 구성원이 장기간 독립된 주거생활을 할 수 있는 구조로된 건축물의 전부 또는 일부 및 그 부속토지를 말하며, 이를 단독주택과 공동주택으로 구분한다.

2. 주택의 종류와 범위
   (1) 단독주택(주택법 시행령 제2조)
      가.「건축법 시행령」별표 1 제1호 가목에 따른 단독주택
      나.「건축법 시행령」별표 1 제1호 나목에 따른 다중주택
      다.「건축법 시행령」별표 1 제1호 다목에 따른 다가구주택
   (2) 공동주택의 종류와 범위(주택법 시행령 제3조)
      가.「건축법 시행령」별표 1 제2호 가목에 따른 아파트
      나.「건축법 시행령」별표 1 제2호 나목에 따른 연립주택
      다.「건축법 시행령」별표 1 제2호 다목에 따른 다세대주택
   (3) 준주택의 종류와 범위(주택법 시행령 제4조)
      가.「건축법 시행령」별표 1 제2호 라목에 따른 기숙사
      나.「건축법 시행령」별표 1 제4호 거목 및 제15호 다목에 따른 다중생활시설
      다.「건축법 시행령」별표 1 제11호 나목에 따른 노인복지시설 중「노인복지법」제32조 제1항 제3호의 노인복지주택
      라.「건축법 시행령」별표 1 제14호 나목 2)에 따른 오피스텔

위 내용 중 오피스텔과 다가구주택에 대한 1세대 1주택 비과세 규정을 먼저 살펴보고 그다음 그 외 특수한 주택에 대한 비과세 규정에 대해 살펴보기로 한다.

1) 오피스텔

건축법에서 오피스텔이란 업무를 주로 하며, 분양하거나 임대하는 구획 중 일부 구획에서 숙식을 할 수 있도록 한 건축물로서 국토교통부장관이 고시하는 기준에 적합한 것을 말한다고 정의하

고 있다(건축법 제2조 제2항 제14호, 동법 시행령 제3조의5 별표 1 제14호 일반업무시설). 이는 단독주택, 공동주택과 병렬로 분류되는 일반업무시설에 속한다.

건축법상 오피스텔의 정의에서도 알 수 있듯이 오피스텔은 분양하거나 임대하는 구획 중 일부 구획에서 숙식을 할 수 있도록 한 건축물로서 숙식이 가능할 뿐만 아니라 업무시설로도 사용할 수 있다.

양도소득세에서 오피스텔이 주택인지 여부는 건축물대장 등 공부상으로 판단하는 것이 아니라 실제 사용 현황으로 판단한다. 그렇기 때문에 오피스텔이 주택인지 여부에 대해 실무상 쟁점이 많이 발생하고 있다. 만약, 오피스텔이 주거용 건물로서 주택으로 본다면 해당 오피스텔 양도 시에는 1세대 1주택 비과세 적용을 받을 수 있다. 하지만 다른 주택을 양도할 때에는 해당 오피스텔이 주택 수에 포함되어 1세대 1주택 비과세 규정을 적용할 수 없게 되는 경우가 생길 수 있다.

아래에서는 오피스텔을 업무용으로 사용하는 경우, 주거용으로 사용하는 경우, 공실인 경우로 나누어 조금 더 살펴보기로 한다.

가) 업무용으로 사용하는 경우

오피스텔을 공부상 용도인 업무시설로 사용하는 경우에는 주택에 해당하지 않는다. 이 경우에는 부동산임대 과세사업자로 사업자등록을 하여야 하며, 임차인에게 세금계산서를 발급하고 부동산임대공급명세서 등을 작성하여 부가가치세를 신고하여야 한다.

나) 주거용으로 사용하는 경우

오피스텔 내부에 세탁기, 가스레인지, 싱크대 등 취사시설이나 화장실, 욕실 등 주거에 필요한 시설이 구비된 상태에서 실제 주거용으로 사용하는 경우에는 주택으로 볼 수 있다. 이러한 경우에는 부동산임대 과세사업자등록을 했는지, 임대차계약 시 업무용이라고 명시 했는지, 임대료에 대하여 세금계산서를 발행했는지, 부가가치세신고를 했는지 여부에 불문하고 주택으로 볼 수 있으므로 유의하여야 한다.

💡 **생각정리 노트**

오피스텔 중 분양이나 임대를 위한 광고에 주거용 오피스텔임을 알리는 이른바 풀옵션 원룸형 오피스텔, 한두 명이 생활하기에 부족하지 않은 크기의 방, 출퇴근 및 생활에 편리한 위치임을 광고 · 홍보하는 문구가 기재되어 있는 경우에는 업무용 기능보다 주거용 기능을 강조하는 것이다. 따라서 이 경우에는 주택으로 볼 가능성이 높으므로 유의하여야 한다. 그리고 오피스텔을 지방자치단체에 주택임대사업자로 등록하거나 세무서에 주택임대사업자 등록을 하는 경우 또는 임차인이 전입신고를 한 경우에도 주거용으로 볼 가능성이 높다.

다) 공실인 경우

다른 주택이나 해당 오피스텔 양도일 현재 오피스텔이 공실인 경우에는 오피스텔의 용도를 어떻게 판단해야 할까? 이와 관련된 판례를 살펴보면 아래와 같이 업무용으로 사용하다 공실인 경우, 주거용으로 사용하다 공실인 경우, 업무용 또는 주거용으로 반복 사용하다 공실인 경우로 나누어 정리해 볼 수 있다.

① 업무용으로 사용하다 공실인 경우

업무용으로 사용하던 오피스텔이 주택을 양도할 당시 공실 상태였던 것으로 확인되는 경우에는 그 용도가 분명하지 아니한 경우에 해당한다고 볼 수 있어 공부상의 용도인 업무시설에 해당한다고 볼 수 있어 주택 양도일 현재 해당 오피스텔은 주택이 아닌 업무용 시설인 것으로 보는 것이 타당하다(판례 조심2022서-2504, 2022. 11. 21.).

② 주거용으로 사용하다 공실인 경우

주거에 적합한 구조로서 종전부터 현재까지 주거용으로 사용되고 있는 오피스텔이 일시적인 공실상태에 있었다 하더라도 그 공부상 용도에 불구하고 이를 주거용으로 사용되었다고 보는 것이 합리적이라 할 것이다(판례 조심2019서-2602, 2019. 12. 10.).

③ 업무용 또는 주거용으로 반복 사용하다 공실인 경우

과거 업무용 및 주거용으로 다양하게 임대되었던 사실이 확인되는 오피스텔의 경우 양도주택 양도일 약 2개월 전에 해당 오피스텔이 주택으로 사용되었다는 이유로 양도일 현재 공실이었던 해당 오피스텔이 양도주택 양도시점에 주택으로 사용되었다고 단정하기 어렵다. 이러한 경우 주거용으로 사용하였다는 것이 입증되지 않는 이상 공부상 용도인 업무시설로 보는 것이 용도가 분명하지 아니하면 공부상의 용도에 따른다고 하고 있는 소득세법 집행기준(89-154-11)에도 부합하므로 양도주택 양도일 현재 해당 오피스텔은 주택이 아닌 업무용 시설인 것으로 보는 것이 타당하다(판례 조심2021서-3006, 2022. 6. 28.).

2) 다가구주택

가) 건축법의 다가구주택 요건

다가구주택이란 여러 가구가 한 건물에 거주할 수 있도록 국토교통부장관이 정하는 다가구용 단독주택의 건축기준에 의하여 건축허가를 받아 건축한 주택을 말한다. 단독주택으로 보는 다가구주택의 요건은 「건축법 시행령」 별표 1 제1호 다목에서 규정하고 있다. 그 내용을 살펴보면 다음과 같다.

① 주택으로 쓰는 층수(지하층은 제외한다)가 3개 층 이하일 것

② 1개 동의 주택으로 쓰이는 바닥 면적의 합계가 660제곱미터 이하일 것

③ 19세대 이하가 거주할 수 있을 것

나) 소득세법의 다가구주택 요건

소득세법에서는 「건축법 시행령」 별표 1 제1호 다목에 해당하는 다가구주택은 한 가구가 독립하여 거주할 수 있도록 구획된 부분을 각각 하나의 주택으로 본다. 다만, 해당 다가구주택을 구획된 부분별로 양도하지 아니하고 하나의 매매단위로 하여 양도하는 경우에는 그 전체를 하나의 주택으로 본다고 규정하고 있다(소령 제155조 제15항). 따라서 다가구주택은 원칙적으로 공동주택으로 보지만, 예외적으로 하나의 매매단위로 하여 일괄양도하는 경우에는 단독주택으로 보아 1세대 1주택 비과세 요건을 적용한다.

소득세법에서는 다가구주택의 요건을 「건축법 시행령」 별표 1 제1호 다목에 해당하는 다가구주택이라고 규정하고 있다. 따라서 다가구주택을 하나의 매매단위로 양도하여 1세대 1주택 비과세 규정을 적용하기 위해서는 건축법 규정에서 살펴본 다가구주택 요건 세 가지를 충족해야 한다. 그러나 실무에서 다가구주택 요건을 충족하지 못하는 주택을 양도하고 전체를 1세대 1주택 비과세로 신고하였으나 과세관청에서 다세대주택으로 판정하여 비과세를 배제하고 세금을 추징하는 사

례를 볼 수 있다. 주로 단독주택으로 보는 다가구주택의 요건 중 주택으로 쓰는 층수가 3개 층 이하일 것의 요건을 충족하지 못하는 경우가 대부분이다. 아래에서는 다가구주택의 요건 중 층수요건을 판례를 통하여 조금 더 살펴보기로 한다.

① 다가구주택의 층수 요건

주택으로 쓰는 층수가 3개 층 이하인지 여부는 건축물대장 등 공부상 현황이 아니라 실제 사용현황으로 판단해야 한다. 이와 관련된 판례를 살펴보면 공부상 기재와 달리 실제 주택으로 사용하는 층수가 3개 층을 초과하는 주택은 소득세법에서 규정하는 다가구주택에 해당하지 아니한다고 보아야 하며, 이 경우 주택 수는 한 가구가 독립하여 거주할 수 있도록 구획된 부분을 각각 하나의 주택으로 보아 주택 수를 산정함이 옳다고 판단하고 있다(판례 서울행정법원2019구단-63020, 2020. 3. 31.).

💡 생각정리 노트

위의 판례에 따르면 다가구주택은 공부상의 내용보다는 사실상의 사용현황을 기준으로 실제 주택으로 쓰는 층수가 3개 층을 초과하는지 여부를 판단하여 건축법 시행령 별표 1 제1호 다목에서 정하는 다가구주택에 해당하지 아니하는 경우에는 하나의 매매단위로 양도한다고 하더라도 단독주택이 아니라 공동주택(다세대주택)으로 보아야 한다는 것을 알 수 있다.

실무에서는 특히 옥탑을 주택으로 사용하거나, 상가주택 중 상가의 일부를 주택으로 사용하여 주택으로 쓰는 층수가 3개 층을 초과하는 경우가 많으므로 이러한 주택의 경우에는 유의하여야 한다.

② 주택으로 쓰는의 개념

그러면 위의 내용 중 주택으로 쓰는 층수에서 주택으로 쓰는의 개념이 무엇일까? 이와 관련된 판례를 살펴보면 건물의 한 층의 구조 및 기능이 한 세대가 독립하여 거주할 수 있는 요건을 갖추지 못하였다고 하더라도 일상적인 주거 용도로 사용하는 층은, 그것이 건축법령상 건물의 층수에 해당하는 이상 주택으로 쓰는 층수에 포함된다고 보아야 하며 다가구주택의 요건 규정에서의 주택이 반드시 한 세대가 독립하여 거주할 수 있는 주거형태를 갖추어야 한다는 해석은 부당하다고 판단하고 있다(판례 서울행정법원2019구단-69158, 2020. 3. 18.).

③ 옥탑과 다가구주택 요건

「건축법」에서는 건축물의 옥상에 설치되는 옥탑 등에 대해 층수 산정에 있어서 예외 조항을 두고 있다. 옥상 부분으로 수평투영면적 합계가 해당 건축물 건축면적의 8분의 1 이하인 것은 건축물의 층수에 산입하지 아니한다. 이 규정을 역으로 해석해 보면 옥탑의 수평투영면적의 합계가 건축물 건축면적의 8분의 1을 초과하는 경우에는 건축법상 건축물 층수에 산입한다는 것을 알 수 있다. 이 규정을 앞에서 살펴본 판례와 결합하여 해석해보면 옥탑의 면적이 건축물 건축면적의 8분의 1을 초과하는 경우로서 일상적인 주거용으로 사용하는 옥탑은 주택으로 사용하는 층수에 산입하여야 할 것으로 판단된다(판례 서울행법2021구단-56032, 2022.6.10., 유사판례 서울고등법원 2020누-37125, 2020.11.19.).

💡 생각정리 노트

위의 판례에 따르면 건축법 시행령 [별표 1] 다가구주택 정의에서 주택으로 쓰는 층수가 3개 층 이하는 각 층마다 독립적으로 주거생활이 가능함을 의미하는 것은 아니라는 것을 알 수 있다. 옥탑 시설이 방 한 칸으로 되어 있고 싱크대 등 취사시설이나 화장실이 없는 구조이고 잠만 자는 용도로 사용하는 등 세대의 구성원이 장기간 독립적으로 거주할 수 있는 구조가 아니라 하더라도 주택으로 쓰는 층수로 보아야 한다. 따라서 옥탑을 잠만 자는 용도로 사용하는 경우에도 주택으로 쓰는 한 개의 층으로 보아야 할 것으로 판단된다. 이 경우에는 옥상 부분으로 수평투영면적 합계가 해당 건축물 건축면적의 8분의 1 이하라 하더라도 주택으로 쓰는 층수에 포함하여야 할 것으로 판단된다. 다만, 주거용으로 쓰는 층이 독립적으로 거주할 수 있는 구조가 아닌 경우에는 그 면적을 납세자가 선택하는 1호의 면적에 포함하여 그 1호의 면적에 대하여만 1세대 1주택 비과세 여부를 판단하여야 한다.

다) 다가구주택의 부담부증여

부담부증여에서는 수증자가 인수하는 채무액은 유상 양도 거래로 보고, 증여재산가액에서 채무인수액을 차감한 금액은 무상 증여 거래로 본다. 따라서 다가구주택을 부담부증여하는 경우 일부는 유상 양도 거래, 일부는 무상 증여 거래로 거래 유형이 분할된다. 이러한 경우 유상 양도 거래에 대하여 하나의 매매단위로 하여 일괄양도하는 것으로 보아 1세대 1주택 비과세 규정을 적용할 수 있을까? 이에 대해 기존의 유권해석(서면부동산 2020-4396, 2021.7.20.)에서는 다가구주택을 부담부증여하는 경우에는 하나의 매매단위로 하여 일괄양도하는 것이 아니라 하여 공동주택으로 해석하였다. 그러나 유권해석을 변경하여 다가구주택을 구획된 부분별로 양도하지 아니하고 하나의 매매단위로 하여 일괄양도하는 경우에는 그 전체를 하나의 주택으로 보아 제154조 제1항(1세대 1주택 비과세 규정)을 적용하는 것이며, 이것은 다가구주택을 부담부증여하여 수증자가 부담하는 채무액에 해당하는 부분을 양도로 보는 경우에도 동일하게 적용된다고 해석하고 있다(예규 기획재정부 조세법령운용과-340, 2022.4.1.).

💡 생각정리 노트

위의 예규를 살펴보면 다가구주택을 하나의 매매단위로 하여 부담부증여하는 경우 단독주택으로 보아 1세대 1주택 비과세 규정을 적용할 수 있을 것으로 판단된다.

라) 공동소유 다가구주택

1주택을 여러 사람이 공동으로 소유한 경우 소득세법에 특별한 규정이 있는 것 외에는 주택 수를 계산할 때 공동소유자 각자가 주택을 소유한 것으로 본다(소령 제154조의2). 따라서 다른 주택을 소유하지 않은 상황에서 공유자가 자기지분만 양도하는 경우에는 1세대 1주택 비과세 요건을 충족한 경우에는 비과세를 적용 받을 수 있다. 하지만 다가구주택을 공동소유하다 하나의 매매단위로 하여 일괄양도하지 않고 자기지분만 양도하는 경우에는 단독주택이 아니라 공동주택의 양도로 보아야 한다(예규 사전법령해석재산2017-89, 2017.2.30.).

3) 겸용주택

겸용주택이란 하나의 건물이 주택과 주택 외의 부분으로 복합되어 있는 경우와 주택에 딸린 토지에 주택 외의 건물이 있는 경우를 말한다. 실무에서는 상가주택이라고도 한다. 이 책에서는 양도가액이 12억원 이하인 겸용주택을 일반겸용주택이라 하고, 양도가액이 12억원을 초과하는 겸용주택을 고가겸용주택이라 하여 설명하기로 한다.

가) 일반겸용주택

일반겸용주택은 1세대 1주택 비과세 규정을 적용할 때 그 전부를 주택으로 본다. 다만, 주택의 연면적이 주택 외의 부분의 연면적보다 적거나 같을 때에는 주택 외의 부분은 주택으로 보지 아니한다(소령 제154조 제3항, 제4항).

다시 말해 겸용주택은 주택의 면적이 주택 외의 면적보다 큰 경우에는 전체 면적을 주택으로 보아 1세대 1주택 비과세 규정을 적용한다. 이때 주택부수토지는 전체 토지 면적 중에서 건물의 정착면적에 용도지역별 적용배율을 곱하여 계산한 기준면적 이내의 토지를 포함한다.

반면 주택의 면적이 주택 외의 면적보다 작거나 같은 경우에는 주택 면적만 주택으로 본다. 이때 주택부수토지는 전체 토지 면적에 주택의 연면적이 건물의 연면적에서 차지하는 비율을 곱하여 계산한 면적 중 기준면적 이내의 토지를 포함한다.

구분	주택 면적 〉 주택 외의 면적	주택 면적 ≤ 주택 외의 면적
건물	전체 면적이 주택	주택 면적만 주택
토지	전체 토지면적 중 기준면적 이내	전체 토지면적 × (주택연면적 ÷ 건물연면적) 중 기준면적 이내

겸용주택에서 주택의 면적과 주택 외의 면적을 비교할 때 공부상에는 없는 면적이라 하더라도 실제 주택전용 공간으로 사용되는 면적이 있는 경우에는 이를 실측하여 주택의 면적에 포함할 수 있을까? 예를 들어 공부상 면적에는 없지만 실제로 주택 전용으로 사용하는 베란다와 계단의 면적을 주택의 면적에 포함할 수 있을까? 이와 관련된 판례를 살펴보면 1~3층 계단은 주택과 상가가 공동으로 사용 중이고 4~5층 계단은 주택전용 공간으로 사용 중이다. 또한 4·5층 베란다의 경우 4·5층 현관을 통하지 않고는 외부에서 출입이 불가한 일정부분이 가벽 및 가지붕으로 둘러싸여 주택 부수 공간으로 사용 중이고, 옥탑은 5층 세대에서 주택전용 공간으로 사용 중인 것을 확인한 결과 과세관청 및 청구인이 제출한 부동산의 현장사진과 유사하여 해당 부동산 양도 당시에도 유사한 모습일 것으로 보이는 측면이 있다. 반면에 청구인이 제시한 면적 등과 관련한 수치 등은 정밀히 검증된바 없으므로 실제 측량하여 이를 확인할 필요가 있어 보이므로 「건축법령」 및 공부상 건물면적에 포함되어 있지 아니한 면적과 관련하여 해당 부동산 양도 당시 외벽이 있었는지 유무 등을 면밀히 검토한 후 사실판단하여 주택면적으로 포함할 수 있는지에 대해 재조사하여 그 결과에 따라 이 건 과세표준 및 세액을 경정함이 타당한 것으로 판단하고 있다(판례 조심2022서-7590, 2023.6.19.).

💡 생각정리 노트

위의 판례를 살펴보면 공부상에는 없는 면적이라 하더라도 실제로 주택전용 공간으로 사용되는 면적이 있는 경우에는 이를 실측하여 주택의 면적에 포함할 수 있을 것으로 판단된다.

겸용주택의 상가를 주택으로 용도변경한 경우 비과세되는 주택부수토지의 범위

위 내용과 관련하여 겸용주택의 상가 면적을 주택으로 용도변경한 경우 부수토지의 비과세 범위에 유의해야 한다. 관련 예규에서는 주택의 면적이 주택 외의 건물부분의 면적보다 적은 복합건물을 3년(현재는 2년) 이상 보유하다가 주택 외의 건물부분을 주택으로 용도변경하여 전부를 1주택으로 양도한 것에 대하여 1세대 1주택 비과세를 적용함에 있어 증가된 부수토지에 대하여는 용도변경일 이후 3년(현재는 2년) 이상 경과하여야 비과세를 받을 수 있다고 해석하고 있다(예규 재일46014-2644, 1996.11.28.).

나) 고가겸용주택

고가겸용주택이란 주택과 상가를 합한 전체 양도가액이 12억원을 초과하는 겸용주택을 말한다. 2022.1.1. 이후 양도하는 고가겸용주택의 경우에는 면적 구분에 관계없이 주택 면적만 주택으로 본다(소령 제160조). 따라서 고가겸용주택의 경우 주택의 면적이 주택 외의 면적보다 크다 하더라도 주택 면적만 주택으로 보아 1세대 1주택 비과세 규정을 적용한다. 이때 1세대 1주택이 고가주택인지의 여부는 총양도가액을 주택과 주택 이외의 가액으로 안분하여 주택으로 안분된 양도가액으로 판단한다. 예를 들어 겸용주택 전체 양도가액이 20억원이고 안분한 주택 부분의 양도가액이 11억원이고 상가부분의 양도가액이 9억원이라면 주택은 고가주택이 아니다. 따라서 주택의 양도차익은 전액 비과세양도차익이 되고 상가부분의 양도차익에 대해서 양도소득세가 과세된다.

4) 펜션

펜션을 숙박용역 용도로만 제공하는 경우 주택에 해당하지 않으나 세대원이 해당 건물을 주택으로 사용하는 경우에는 겸용주택으로 본다(집행기준 89-154-11). 예를 들어 3층 건물의 펜션 중 1층은 주택으로 사용하고 2층과 3층은 펜션으로 사용하는 경우 겸용주택으로 본다.

5) 공동소유주택

1주택을 여러 사람이 공동으로 소유한 경우 소득세법에 특별한 규정이 있는 것 외에는 주택 수를 계산할 때 공동소유자 각자가 주택을 소유한 것으로 본다(소령 제154조의2).

6) 고가주택

고가주택이란 주택 및 이에 딸린 토지의 양도 당시 실지거래가액의 합계액이 12억원을 초과하는 것을 말한다(소령 제156조). 다가구주택의 경우 고가주택 판정은 호별로 구분된 가액이 아닌 1주택 전체가액으로 판정하며, 공동소유주택은 소유지분에 관계없이 1주택(그 부수토지 포함) 전체를 기준으로 판정한다.

7) 비과세 요건을 갖춘 1주택의 지분 양도 또는 분할 양도

1세대 1주택 비과세 요건을 충족하는 공동소유 1주택의 자기지분을 양도하거나 단독소유 1주택을 분할하여 양도하는 경우 비과세 적용 여부를 살펴보면 다음과 같다(소칙 제72조).

[지분 또는 분할 양도]

구분		비과세 여부
지분 양도		비과세
분할 양도	1주택을 2 이상의 주택으로 분할하여 양도 (주택과 토지)	먼저 양도하는 주택과 토지 과세 나중에 양도하는 주택과 토지 비과세
	주택 전부를 먼저 양도	비과세
	토지 전부를 먼저 양도	과세

※ 공익사업에 수용된 경우 잔존주택 및 부수토지를 5년 이내에 양도할 때는 비과세 규정을 적용한다.

8) 주택과 부수토지 소유자가 다른 경우

주택과 부수토지의 소유자가 다른 경우에는 소유자가 동일세대인지 여부에 따라 다음과 같이 1세대 1주택 비과세 규정을 적용한다.

가) 동일세대인 경우

1세대 1주택의 요건을 갖춘 대지와 건물을 동일세대원이 각각 소유하고 있는 경우에는 이를 1세대 1주택으로 본다.

나) 동일세대가 아닌 경우

주택과 그 부수토지를 각각 다른 세대가 소유하다가 양도하는 경우 토지는 비과세되는 1세대 1주택 부수토지로 보지 아니한다.

(5) 조합원입주권과 분양권이 1세대 1주택 비과세 판단 시 주택 수에 미치는 영향

조합원입주권 및 분양권은 1세대 1주택의 주택 수 계산 시 포함한다. 다만, 분양권은 2021.1.1. 이후 공급계약, 매매 또는 증여 등의 방법으로 취득한 것을 말한다.

[1세대 1주택 비과세 판정 시 주택 수 포함 여부]

구분	관련 조문	1세대 1주택
주택신축판매업자의 재고주택	소득세법 제19조	제외
부동산매매업자의 재고주택	소득세법 제19조	제외
장기임대주택	조특법 제97조	제외
신축임대주택	조특법 제97조의2	제외
지방미분양주택	조특법 제98조의2	제외
미분양주택	조특법 제98조의3	제외
신축감면주택	조특법 제99조, 제99조의3	포함
신축·미분양·1세대 1주택 매수자	조특법 제99조의2	제외
농어촌주택	조특법 제99조의4	제외
조합원입주권	소법 제89조 제2항	포함
분양권(2021.1.1. 이후 취득)	소법 제89조 제2항	포함
업무용시설분양권	소법 제88조 제10호	제외

3. 보유기간 요건

1세대 1주택 비과세 규정을 적용하기 위해서는 1세대가 양도일 현재 국내에 1주택을 보유하고 있는 경우로서 해당 주택의 보유기간이 2년 이상이어야 한다(소령 제154조 제1항).

(1) 보유기간의 계산

보유기간 계산은 그 자산의 취득일부터 양도일까지로 한다. 다만, 주택이 아닌 건물을 사실상 주거용으로 사용하거나 공부상의 용도를 주택으로 변경하는 경우 보유기간은 그 자산을 사실상 주거용으로 사용한 날(사실상 주거용으로 사용한 날이 분명하지 않은 경우에는 그 자산의 공부상 용도를 주택으로 변경한 날)부터 양도한 날까지로 한다(소령 제154조 제5항, 소법 제95조 제4항).

---

(2) 보유기간 관련 생각지도

1) 주택이외의 건물을 주택으로 용도변경하는 경우

주택이외의 건물과 그 부수토지를 취득한 이후 그 주택이외의 건물을 주택으로 용도변경하여 양도하는 경우에는 용도변경일 이후 3년(현재는 2년)이 경과하면 1세대 1주택 비과세가 적용된다(예규 재일46014-654, 1997.3.20.). 따라서 주택이외의 건물을 주택으로 용도변경한 경우 보유기간의 계산은 용도변경일부터 양도일까지로 한다.

2) 다세대주택을 다가구주택으로 용도변경하는 경우

다세대주택을 다가구주택으로 변경하여 3년(현재는 2년) 이상 보유하다가 양도하는 경우로서 다가구주택을 가구별로 분양하지 아니하고 하나의 매매단위로 하여 양도하는 경우 비과세 규정을 적용받을 수 있다(예규 서면인터넷방문상담4팀-413, 2008.2.20.).

💡 **생각정리 노트**

다세대주택을 소유하고 있는 1세대가 해당 다세대주택을 다가구주택으로 용도를 변경하여 하나의 매매단위로 양도하는 경우, 다가구주택으로 용도를 변경한 날로부터 2년 이내에 양도하는 경우에는 용도변경일 현재 다세대주택 중 당해 거주자가 선택하는 1호의 주택을 제외한 주택은 양도소득세가 과세된다.

3) 조세특례제한법 제99조의2에 해당하는 감면대상 주택의 보유기간 계산

일반주택(B)과 조세특례제한법 제99의2에 따라 다른 주택 양도 시 없는 것으로 보는 특례주택(A)을 보유하다 일반주택(B)을 먼저 비과세 양도한 후 남은 조세특례제한법 제99의2의 특례주택(A)을 양도하는 경우 비과세 보유기간은 특례주택(A) 취득일부터 기산한다고 해석하고 있다(예규 기획재정부재산-236, 2023. 2. 10.).

💡 **생각정리 노트**

조세특례제한법 제99조의2에 따른 특례주택 이외 조세특례제한법에서 다른 주택 양도 시 없는 것으로 보는 특례주택도 위 예규가 동일하게 적용되어야 할 것으로 판단된다.

4. 거주기간 요건

1세대 주택 비과세 요건 중 거주기간 요건은 취득 당시에 조정대상지역에 있는 주택의 경우에는 보유기간이 2년 이상이고 그 보유기간 중 거주기간이 2년 이상인 것을 말한다(소령 제154조 제1항). 거주기간의 계산은 주민등록표 등본에 따른 전입일부터 전출일까지의 기간으로 한다(소령 제154조 제6항). 공동상속주택의 거주기간은 해당 주택에 거주한 공동상속인의 거주기간 중 가장 긴 기간으로 한다(소령 제154조 제12항). 실제 전입일과 전출일이 주민등록표 등본과 다른 경우 실제 현황에 의한다.

(1) 2017.8.2. 부동산대책과 거주기간

1세대 1주택 비과세 요건 중 거주기간 요건은 2017. 8. 2. 부동산대책으로 도입되었다. 그 취지는 실수요 목적의 주택 구입을 유도하기 위하여 조정대상지역에 소재하는 주택의 경우에는 종전의 2

년 이상 보유 요건에 더하여 2년 이상 실제 거주하여야 비과세 규정을 적용한다는 것이다. 다만, 부칙규정에서 무주택세대가 2017.8.2. 이전에 취득한 주택이나 2017.8.2. 이전에 매매계약을 체결하고 계약금을 지급한 사실이 증빙 자료에 의하여 확인되는 경우에는 거주요건을 적용하지 아니하는 예외 사유를 두고 있다.

|참고| 부칙 대통령령 제28293호, 2017.9.19.

제2조【1세대 1주택 비과세 요건에 관한 적용례 등】
② 다음 각호의 어느 하나에 해당하는 주택에 대해서는 소득세법 시행령 제154조 제1항·제2항 및 같은 조 제8항 제3호의 개정규정 및 이 조 제1항에도 불구하고 종전의 규정에 따른다.
1. 2017년 8월 2일 이전에 취득한 주택
2. 2017년 8월 2일 이전에 매매계약을 체결하고 계약금을 지급한 사실이 증빙서류에 의하여 확인되는 주택[해당 주택의 거주자가 속한 1세대가 계약금 지급일 현재 주택을 보유하지 아니하는 경우로 한정한다.

거주기간의 제한을 받지 않는 경우에서 주의하여야 할 사항은 계약금을 지급한 경우 계약금 지급일의 판정과 계약금 지급일 현재 무주택세대의 판정에 대한 것이다. 아래에서는 이에 대해 살펴보기로 한다.

1) 계약금 지급일의 판정

2017.8.2. 이전에 계약하고 계약금을 나누어 지급하면서 계약금 일부는 2017.8.2. 이전에 지급하고 나머지는 2017.8.3. 이후에 지급하는 경우 거주요건이 적용되는지 여부가 쟁점이 될 수 있다. 이에 대해 관련 예규에서는 2017.8.2. 이전에 매매계약을 체결하고 1차 계약금을 지급하였으나 2017.8.3. 이후에 계약금을 완납한 사실이 증빙서류에 확인되는 주택은 「소득세법 시행령」 제154조 제1항의 거주요건이 적용되는 것이라고 해석하고 있다(예규 서면2022부동산-430, 2022.3.11., 예규 서면2020부동산-4922, 2023.2.27.).

2) 무주택세대의 판정

2017.8.2. 이전에 매매계약을 체결한 경우 거주기간 요건이 적용되지 않기 위해서는 계약금 지급일 현재 무주택세대이이야 한다. 그러면 주택으로 간주하는 조합원입주권이나 분양권을 소유

하고 있거나 다른 주택 양도 시 없는 것으로 보는 주택을 소유한 경우에는 어떻게 판단해야 될까? 이에 대한 내용을 관련 예규 및 판례를 통하여 살펴보기로 한다.

가) 주택분양권 계약금 지급일 현재 보유하는 조합원입주권

조합원입주권을 보유한 세대가 2017.8.2. 이전에 매매계약을 체결하고 계약금을 지급하여 취득한 조정대상지역 내 주택분양권이 완공되어 해당주택을 양도하는 경우 1세대 1주택 비과세 거주요건을 적용하지 않는다(예규 기획재정부재산-735, 2019.10.30.). 따라서 무주택세대 판정 시 조합원입주권이나 분양권은 주택으로 보지 않는다.

나) 조세특례제한법의 다른 주택 양도 시 없는 것으로 보는 주택

계약금 지급일 현재 「조세특례제한법」 제99조의2 적용대상 주택을 보유하고 있는 경우에는 1세대 1주택 비과세 거주요건 적용 여부 판단 시 계약금 지급일 현재 무주택세대로 보지 않는다(예규 기획재정부 재산세제과-941, 2018.11.1. 판례 조심2022중-135, 2022.04.11.).

다) 공동상속주택 소수지분

계약금 지급일 현재 공동상속주택의 소수지분을 보유한 경우에는 주택을 보유하지 아니하는 경우에 해당하지 않는다(예규 서면법령해석재산2020-6226, 2021.4.27.). 다시 말해 계약금 완납일 현재 1세대가 공동상속주택의 소수지분을 소유하고 있는 경우에는 거주기간 요건이 적용된다.

라) 농어촌 상속주택

계약금 지급일 현재 「소득세법 시행령」 제155조 제7항에 따른 상속받은 농어촌주택을 보유한 경우에는 무주택세대로 보지 않는다(예규 서면부동산2018-1956, 2018.12.6.).

마) 주거용 오피스텔

계약금 지급일 현재 주거용으로 사용하고 있는 오피스텔을 보유한 경우 무주택 세대로 보지 않는다(예규 서면2022법규재산-4956, 2023.6.16.).

(2) 거주기간 관련 생각지도

1) 세대원의 일부가 부득이한 사유로 거주하지 못한 경우

세대원의 일부가 취학, 근무 또는 사업상의 형편, 질병의 요양, 동거봉양, 가정불화 등 부득이한 사유로 처음부터 본래의 주소에서 거주하지 않은 경우에도 나머지 세대원이 거주요건을 충족한 경우에는 1세대 1주택 비과세 규정을 적용한다(집행기준 89-154-31).

가) 배우자가 당초부터 함께 거주하지 못한 경우

배우자가 부득이한 사유로 처음부터 본래의 주소에서 일시 퇴거하더라도 나머지 세대원이 거주요건을 충족한 경우에는 1세대 1주택의 비과세 규정을 적용한다(예규 재산세제과-450, 2009.3.11.).

나) 부부가 공동명의로 취득한 1세대 1주택에 배우자가 거주하지 못한 경우

거주요건은 소유자 본인뿐만 아니라 세대원 전원이 모두 거주하는 것이 원칙이나 예외적으로 세대원의 일부(소유주 포함)가 취학·근무상 형편 등 부득이한 사유로 일시 퇴거하여 당해 주택에 거주하지 못한 경우(세대원의 일부가 처음부터 당해 주택에 거주하지 아니한 경우 포함) 나머지 세대원이 거주요건을 충족한 경우에는 1세대 1주택의 비과세 규정이 적용되는 것으로 판단된다(국세청 인터넷 상담사례 2020.7.23.).

2) 동일세대원 간 소유권이 변동되는 경우

가) 상속받은 주택의 거주요건

2017.8.2. 이전에 이미 신규주택을 취득하여 1세대 1주택 비과세 거주요건 적용제외 요건을 충족한 상태에서 해당 신규 주택 지분 일부를 같은 세대를 구성하는 배우자가 상속받은 경우라면 여전히 동일세대(1세대)가 취득한 사실은 변함이 없어 당초의 1세대 1주택 비과세 거주요건을 면제받은 효력은 계속 유효하다(예규 사전법령해석재산2020-261, 2020.5.21.).

나) 조정대상지역 내 주택의 분양권 지분 1/2을 배우자에게 증여 시 거주요건 적용 여부

조정대상지역 내 주택의 분양계약을 2017.8.2. 이전 체결하고 계약금을 지급하였으나, 이후에 그 지분 중 1/2을 배우자에게 증여한 경우에는 거주요건을 적용하지 않는다(예규 기획재정부재산-858, 2018.10.10.).

다) 조정대상지역 지정 후 본인 지분을 배우자에게 증여한 경우 거주요건 적용 여부

조정대상지역 공고일 이전에 부부 공동명의 주택을 취득한 1세대가 조정대상지역 공고일 후 본인 지분을 배우자에게 증여한 경우에는 거주요건을 적용하지 않는다(예규 서면2022부동산-1182, 2022.3.30.).

3) 용도변경과 거주기간

가) 근린생활시설을 주택으로 용도변경하는 경우

거주요건은 주택 취득시점을 기준으로 판단하는 것으로 조정대상지역에 소재한 오피스텔을 취득하여 근린생활시설로 사용하다가 해당 지역이 조정대상지역에서 해제된 후 주택으로 용도변경하여 양도한 경우 거주요건을 적용하지 않는다(예규 서면2020부동산-5098, 2021.9.8.).

나) 주택을 근린생활시설로 용도변경한 후 다시 주택으로 용도변경한 경우

취득 당시 조정대상지역에 소재한 겸용주택(주택면적이 주택 외 면적보다 큰 겸용주택)의 주택부분을 근린생활시설로 용도변경하였다가, 해당 지역이 조정대상지역에서 해제된 후 다시 건물 전체를 주택으로 용도변경하여 양도하는 경우 거주요건을 적용한다(예규 서면2020법령해석재산-3906, 2021.8.26.).

다) 다세대주택에서 다가구주택으로 2017.8.3. 이후 용도변경한 경우

1세대가 2017.8.2. 이전에 취득한 조정대상지역에 있는 다세대주택을 2017.8.3. 이후에 사실상 공부상 용도만 다가구주택으로 변경하여 하나의 매매단위로 양도하는 경우로서 용도를 변경한 날로부터 2년 이상 보유하고 양도하는 경우에는 단독주택으로 보아 2년 이상 거주요건은 적용하지 않는다(예규 서면2019법령해석재산-2448, 2021.3.9.).

4) 무주택세대가 조정대상지역 공고 이전에 분양권이나 조합원입주권을 구입한 경우

가) 무주택세대가 조정대상지역 공고 이전에 타인으로부터 분양권을 구입하여 취득한 주택의 경우 거주요건 적용 여부

무주택세대가 조정대상지역 공고일 이전에 분양권 매매계약을 체결하고 계약금을 지급하여 취득한 주택(취득 당시 조정대상지역에 소재함)을 양도하는 경우에는 거주요건을 적용하지 않는다(예규 서면2021부동산-6007, 2022.8.10.).

나) 조정대상지역 공고일 이전 무주택세대가 조합원입주권을 매매계약으로 취득한 경우 거주요건 적용 여부

무주택세대가 조정대상지역 공고일 이전에 조합원입주권 매매계약을 체결하고 계약금을 지급하여 취득한 주택을 양도하는 경우 거주요건을 적용하지 않는다(예규 기획재정부 재산세제과-1422, 2022.11.14).

5) 지역주택조합과 거주기간

가) 조정대상지역 공고 전 지역주택조합 조합원 가입계약 및 사업계획승인 시 거주요건 적용 여부

지역주택조합에 조합원 가입계약을 체결하거나 사업계획승인을 받은 경우는 「소득세법 시행령」 제154조 제1항 제5호 및 대통령령 제28293호 소득세법 시행령 일부개정령 부칙 제2조 제2항 제2호에 따른 '매매계약'을 체결하고 계약금을 지급한 경우에 해당하지 않는 것이다(예규 서면2021법규재산-2823, 2022.06.21.). 이와 유사한 다른 예규를 살펴보면 조정대상지역으로 지정되기 전에 지역주택조합 가입계약을 체결하거나 사업계획승인을 받고 조정대상지역으로 지정된 후에 주택을 취득(사용승인)한 경우에는 1세대 1주택 비과세 적용 시 거주요건을 적용한다고 해석하고 있다(예규 서면2021부동산-5367, 2022.7.7.).

나) 지역주택조합의 조합원 지위를 조정대상지역 공고 전 승계취득시 거주요건 적용 여부

무주택세대가 「주택법」에 따른 지역주택조합에 조합원 가입계약을 체결하고 같은 법에 따른 사업계획승인을 받은 조합원의 신규주택을 취득할 수 있는 권리에 대하여 조정대상지역 공고 이전 매매계약을 체결하고 계약금을 지급한 사실이 확인되는 경우에는 거주요건을 적용하지 않는다 (관련 예규 서면2022법규재산-3135, 2022.12.21.). 이와 유사한 예규에서도 조정대상지역 공고일 이전에 지역주택조합원의 신규주택을 취득할 수 있는 권리(주택법따라 사업계획승인을 받음) 또는 분양권을 취득하기 위한 매매계약을 체결하고 계약금을 지급한 경우는 거주요건을 적용하지 않는다고 해석하고 있다((서면2021법규재산-6441, 2023.03.29)

6) 조정대상지역 공고 이전 오피스텔 분양계약 시 비과세 거주요건 적용 여부

무주택세대가 조정대상지역 공고 이전에 오피스텔 분양계약하였으나, 해당 오피스텔이 조정대상지역 공고 이후에 완공되어 주거용으로 사용할 경우 2022.10.19. 이후 양도분부터 비과세 거주요건을 적용한다(예규 기획재정부 재산세제과-1312, 2022.10.19.).

7) 조정대상지역 내 경매로 취득한 주택의 거주요건 적용 기준일

경매로 취득한 주택은 매각허가결정일을 매매계약 체결일로 보아 적용하는 것이며, 무주택 1세대가 매각허가결정을 받은 날이 조정대상지역의 공고가 있은 날 이전인 경우에는 거주요건을 적용하지 않는다(예규 서면2021부동산-1886, 2022.9.16.).

5. 보유기간 및 거주기간의 특례

지금까지 살펴본 원칙적인 보유기간 및 거주기간 요건에 대한 내용이었다. 하지만 2년 이상 보유 또는 2년 이상 거주하지 않은 경우에도 비과세를 적용할 수 있는 특례 규정이 있다. 아래에서는 그 내용을 보유기간 및 거주기간의 제한을 받지 않는 경우, 보유기간 및 거주기간을 통산하는 경우, 거주기간의 제한을 받지 않는 경우로 나누어 살펴보기로 한다.

(1) 보유기간 및 거주기간의 제한을 받지 않는 경우

1세대가 양도일 현재 국내에 1주택을 보유하고 있는 경우로서 다음 중 어느 하나에 해당하는 경우에는 보유기간 및 거주기간의 제한을 받지 않는다(소령 제154조 제1항 단서).

1) 민간건설임대주택 등 분양전환 주택

「민간임대주택에 관한 특별법」에 따른 민간건설임대주택 또는 「공공주택 특별법」에 따른 공공건설임대주택 또는 공공매입임대주택을 취득하여 양도하는 경우로서 해당 임대주택의 임차일부터 해당 주택의 양도일까지의 기간 중 세대 전원이 거주한 기간이 5년 이상인 경우. 여기서 세대 전원이 거주한 경우에는 취학, 근무상의 형편, 질병의 요양, 그 밖에 부득이한 사유로 세대의 구성원 중 일부가 거주하지 못하는 경우를 포함한다.

2) 주택이 수용되는 경우

사업인정 고시일 전에 취득한 주택 및 그 부수토지로서 주택 및 그 부수토지의 전부 또는 일부가 「공익사업을 위한 토지 등의 취득 및 보상에 관한 법률」에 의한 협의매수·수용 및 그 밖의 법률에 의하여 수용되는 경우. 여기에는 양도일 또는 수용일로부터 5년 이내 양도하는 잔존주택 및 그 부수토지를 포함하는 것으로 한다.

3) 세대 전원이 출국하는 경우

가) 「해외이주법」에 따른 해외이주

「해외이주법」에 따른 해외이주로 세대 전원이 출국하는 경우. 다만, 출국일 현재 1주택을 보유하고 있는 경우로서 출국일부터 2년 이내에 양도하는 경우에 한한다.

나) 취학 또는 근무상의 형편

1년 이상 계속하여 국외거주를 필요로 하는 취학 또는 근무상의 형편으로 세대 전원이 출국하는 경우. 다만, 출국일 현재 1주택을 보유하고 있는 경우로서 출국일부터 2년 이내에 양도하는 경우에 한한다.

4) 부득이한 사유로 양도하는 주택

1년 이상 거주한 주택을 취학, 근무상의 형편, 질병의 요양, 그 밖에 부득이한 사유로 양도하는 경우.

(2) 보유기간 및 거주기간의 통산

1세대 1주택 비과세 규정에 따른 거주기간 또는 보유기간을 계산할 때 다음의 기간은 통산한다.

1) 재건축주택

거주하거나 보유하는 중에 소실·무너짐·노후 등으로 인하여 멸실되어 재건축한 주택인 경우에는 그 멸실된 주택과 재건축한 주택에 대한 거주기간 및 보유기간(소령 제154조 제8항 제1호).

2) 상속받은 주택

상속주택의 보유기간 계산은 상속이 개시된 날부터 양도일까지로 한다. 다만, 상속받은 주택으로서 상속인과 피상속인이 상속개시 당시 동일세대인 경우에는 상속개시 전에 상속인과 피상속인이 동일세대로서 거주하고 보유한 기간은 통산한다(소령 제154조 제8항 제3호). 따라서 상속인과 피상속인이 상속개시 당시 동일세대가 아닌 경우에는 피상속인의 거주기간을 통산할 수 없는 것으로, 상속개시일 현재 조정대상지역 내의 주택을 피상속인과 동일세대가 아닌 자가 상속받아 해당 주택을 양도하는 경우에는 거주기간 요건을 적용한다(예규 기획재정부 재산세제과-951, 2023.08.09.).

증여받은 주택의 1세대 1주택 비과세 판정 시 동일세대원으로부터 증여받은 주택을 양도하는 경우에는 증여자와 수증자의 보유기간을 통산하는 것이나, 양도일 현재 증여자와 수증자가 동일세대원이 아닌 경우에는 증여받은 날부터 보유기간을 산정한다(예규 재산세과-1176, 2009.6.15.).

3) 비거주자가 거주자로 전환된 주택

비거주자가 해당 주택을 3년 이상 계속 보유하고 그 주택에서 거주한 상태로 거주자로 전환된 경우에는 해당 주택에 대한 거주기간 및 보유기간은 통산한다(소령 제154조 제8항 제2).

(3) 거주기간의 제한을 받지 않는 경우

1) 2017.8.2. 이전에 취득 또는 계약한 주택

가) 2017.8.2. 이전에 취득한 주택
2017.8.2. 이전에 취득한 주택인 경우에는 거주기간 요건이 적용되지 않는다.

나) 2017.8.2. 이전에 계약한 주택
2017.8.2. 이전에 매매계약을 체결하고 계약금을 지급한 사실이 증빙서류에 의하여 확인되는 주택으로서 계약금 지급일 현재 무주택세대인 경우에는 거주기간의 제한을 받지 않는다.

핵심포인트 **2017.8.2. 이전 취득 또는 계약한 주택과 거주기간 요건**

취득시기	무주택세대 여부	거주기간 요건
8.2. 이전 취득	관계없음	×
8.2. 이전 계약	무주택세대 ○	×
	무주택세대 ×	○

2) 조정대상지역 지정공고 이전에 취득 또는 계약한 주택

가) 조정대상지역의 지정 공고 이전 취득한 주택

거주기간 요건은 취득당시 조정대상지역에 있는 주택인 경우에 적용된다(소령 제154조 제1항). 따라서 취득당시 조정대상지역이 아닌 경우에는 거주기간 요건이 적용되지 않는다.

나) 조정대상지역의 지정 공고 이전 계약한 주택

조정대상지역의 공고가 있은 날 이전에 매매계약을 체결하고 계약금을 지급한 사실이 증빙서류에 의하여 확인되는 경우로서 계약금 지급일 현재 무주택세대인 경우에는 거주기간 요건이 적용되지 않는다(소령 제154조 제1항 제5호).

핵심포인트 **조정대상지역의 지정공고와 거주기간 요건**

취득시기	무주택세대 여부	거주기간 요건
공고일 이전 취득	관계없음	×
공고일 이전 계약	무주택세대 ○	×
	무주택세대 ×	○

3) 2019년 12월 16일 이전에 임대주택으로 등록한 주택

1세대가 조정대상지역에 1주택을 보유한 거주자로서 2019.12.16. 이전에 해당 주택을 임대하기 위해 소득세법에 따른 사업자등록과 「민간임대주택에 관한 특별법」에 따른 임대사업자로 등록하고 임대료 등 5% 증액제한 규정을 준수한 경우에는 해당 주택을 이 영 시행 이후 양도하는 경우라도 해당 임대주택은 거주기간의 제한을 받지 않는다(부칙 제30395호 제38조 2항, 2020.2.11.).

그러면 위의 임대사업자 등록이 자동말소 또는 자진말소되는 경우 임대주택에 거주요건이 적용되는 것일까? 이와 관련된 예규를 살펴보면 1세대가 조정대상지역에 1주택을 보유한 거주자로서 2019.12.16. 이전에 해당 주택을 임대하기 위해 「소득세법」에 따른 사업자등록과 「민간임대주택에 관한 특별법」에 따른 임대사업자로 등록을 신청한 경우로서 임대주택의 임대사업자 등록을 「민간임대주택법」에 따라 임대의무기간 내 등록 말소신청으로 등록이 말소된 경우에는 1세대 1주택 비과세를 적용시 거주기간의 제한을 받지 않는다고 해석하고 있다(예규 서면2020법령해석재산-3974, 2021.03.08.).

그러면 말소 후 임대료등 증액제한(5%) 미준수시 거주요건을 적용해야하는 것일까? 이에 대해 관련 예규에서는 자동말소된 경우에는, 임대료 증액제한 5%를 준수하지 않아도 1세대 1주택 비과세 적용 시 거주기간의 제한을 받지 않는다고 해석하고 있다(예규 서면2022법규재산-4654, 2023.07.10.).

이러한 임대주택은 소득세법 시행령 제155조 제1항에 따른 일시적 2주택 적용 시에도 해당 주택은 거주기간의 제한을 받지 않는다(예규 서면2020부동산-5304, 2021.9.29.).

4) 상생임대주택

국내에 1주택을 소유한 1세대가 다음의 요건을 모두 갖춘 주택(상생임대주택)을 양도하는 경우에는 1세대 1주택 비과세 규정(소령 제154조 제1항, 제155조 제20항 제1호) 및 장기보유특별공제 1세대 1주택 규정(소령 제159조의4)을 적용할 때 해당 규정에 따른 거주기간의 제한을 받지 않는다(소령 제155조의3).

① 상생임대차계약을 적용기간 중에 체결하고 임대를 개시할 것

   1세대가 주택을 취득한 후 해당 주택에 대하여 임차인과 체결한 직전임대차계약(해당 주택의 취득으로 임대인의 지위가 승계된 경우의 임대차계약은 제외한다) 대비 임대보증금 또는 임대료의 증가율이 5%를 초과하지 않는 임대차계약(상생임대차계약)을 2021년 12월 20일부터 2024년 12월 31일까지의 기간 중에 체결(계약금을 지급받은 사실이 확인되는 경우로 한정한다)하고 임대를 개시하여야 한다.

② 직전임대차계약에 따라 임대한 기간이 1년 6개월 이상일 것

③ 상생임대차계약에 따라 임대한 기간이 2년 이상일 것

이 규정을 적용받으려는 자는 상생임대주택에 대한 특례적용신고서에 해당 주택에 관한 직전임대차계약서 및 상생임대차계약서를 첨부하여 양도소득세 과세표준 신고기한까지 납세지 관할 세무서장에게 제출해야 한다. 아래에서는 위 요건들에 대해 조금 더 살펴보기로 한다.

가) 직전임대차계약

직전임대차계약이란 주택을 취득한 후 임차인과 새로이 체결한 계약을 의미한다. 해당 주택의

취득으로 임대인의 지위가 승계된 경우의 임대차계약은 제외한다. 예를 들어 甲이 주택을 취득하기 전 종전 임대인 乙과 임차인 丙 사이에 체결된 계약을 甲이 승계받은 경우는 직전임대차계약에 해당하지 않는다. 왜냐하면 이미 임차인이 있는 주택을 구입하여 임대차계약을 승계받는 경우까지 세제지원을 하는 것은 상생임대주택의 취지에 적절하지 않기 때문이다.

직전임대차계약에 따른 의무임대기간은 1년 6개월 이상이어야 한다. 계약기간과 실제 임대기간이 상이한 경우 실제 임대기간을 기준으로 판정한다.

직전임대차계약과 관련하여 실무에서 쟁점이 될 수 있는 내용을 관련 예규를 통하여 살펴보면 다음과 같다.

① 주택을 취득하기 전 체결한 임대차계약이 직전임대차계약에 해당하는지 여부

주택을 취득하기 전 체결한 임대차계약은 상생임대주택에 대한 특례 규정의 직전 임대차계약에 해당하지 않는다(예규 서면2022법규재산-3529, 2022. 12. 7.).

② 주택 취득 후 임대차계약 요건을 충족하지 못한 종전임대차계약을 해지하고 새로 계약 한 임대차계약이 직전임대차계약에 해당하는지 여부

직전임대차계약 요건인 주택 취득 후 임대차계약 요건을 충족하지 못한 종전임대차계약을 해지하고 새로 계약 체결한 임대차계약은 직전임대차계약에 해당하지 않는다(예규 서면2023법규재산-343, 2023. 08. 16.). 다시 말해 주택을 취득하기 전 해당주택의 전소유자와 임차인이 체결한 임대차계약을 승계한 경우로서 직전임대차계약에 해당되지 않는 기존임대차계약을 종료하고 임대기간과 임대보증금을 변경하여 새로 계약을 체결한 경우에는 직전임대차계약에 해당하지 않는다(예규 기획재정부 재산세제과-952, 2023. 8. 10.).

③ 주택 취득 후 임대차계약 요건을 충족한 임대기간을 1년 6개월로 단축하는 것으로 변경하는 경우

직전임대차계약 요건인 주택 취득 후 임대계약요건을 충족한 임대기간이 3년인 임대차계약을 1년 6개월로 단축하는 것으로 계약변경 후 동일임차인과 다시 2년의 임대차기간으로 임대차계약을 새로 체결하는 경우 각각 분리된 임대차계약을 직전임대차계약과 상생임대차계약으로 보아 특례 규정을 적용할 수 있다(예규 기획재정부 재산세제과-952, 2023. 8. 10.).

나) 상생임대차계약

상생임대차계약이란 2021.12.20.부터 2024.12.31.까지의 기간 중 신규 또는 갱신 계약을 체결한 임대차계약을 말하며, 계약금을 실제로 지급받은 사실이 확인되어야 상생임대주택으로 인정받을 수 있다. 이 경우 직전임대차계약과 상생임대차계약의 임대인은 동일해야 하지만 임차인은 달라도 무방하다. 즉, 임차인이 변경되어도 임대료 5% 이하 인상을 준수하면 된다.

상생임대차계약에 따른 의무임대기간은 2년 이상이어야 한다. 계약기간과 실제 임대기간이 상이한 경우 실제 임대기간을 기준으로 판정한다. 계약갱신청구권 행사에 따른 계약도 상생임대차계약으로 인정된다.

다) 직전임대차계약 및 상생임대차계약 의무임대기간 계산 시 합산 규정

직전임대차계약 및 상생임대차계약에 따른 임대기간을 계산할 때 임차인의 사정으로 임대를 계속할 수 없어 새로운 임대차계약을 체결하는 경우로서 종전 임대차계약과 비교하여 새로운 임대차계약에 따른 임대보증금 또는 임대료가 증가하지 않은 경우에는 새로운 임대차계약의 임대기간을 합산하여 계산한다(소령 제155조의3 제4항, 소칙 제74조의3)

라) 다주택자 및 주택임대사업자와 상생임대주택

다주택자 및 등록임대주택사업자의 임대주택도 상생임대주택이 가능하다.

마) 다가구주택 임대와 상생임대주택

다가구임대주택의 경우 상생임대주택으로 인정받기 위해서는 다가구주택 전체를 양도할 계획인 경우 모든 호와 상생임대차계약을 체결해야 한다.

구분		요건
상생임대인 개념		직전임대차계약 대비 임대료 등을 5% 이내 인상하고 적용기간 내에 신규(갱신) 계약을 체결한 임대인
직전임대차계약		주택을 취득 후 임차인과 새로이 체결한 신규 또는 갱신계약 (해당 주택의 취득으로 임대인의 지위가 승계된 경우의 임대차계약은 제외)
	임대차기간	1년 6개월 이상
상생임대차계약		적용기간 중 신규 또는 갱신 계약을 체결한 임대차계약
	적용기간	2021.12.20.~2024.12.31.
	임대차기간	2년 이상
임대인 및 임차인		직전임대차계약과 상생임대차계약의 임대인은 동일해야 하지만 임차인은 달라도 무방
상생임대주택 적용 범위		임대개시 시점에 다주택자이나 향후 1주택자 전환 계획이 있는 임대인 및 주택임대사업자에게도 혜택 적용
혜택	비과세	2년 거주요건 면제
	장특공제	1세대 1주택 장기보유특별공제 [표2] 적용 위한 2년 거주요건 면제

　　지금까지 거주자가 국내에 1세대 1주택을 보유하다 양도하는 경우 비과세 요건인 1세대 요건, 1주택 요건, 보유기간 요건 및 거주기간 요건에 대한 내용을 살펴보았다. 주택에 대한 비과세는 원칙적으로 1세대 1주택에 대해 적용한다. 그러나 1세대 1주택 비과세 요건 중 1주택 요건을 확장하여 1세대가 국내에 2주택 또는 3주택을 보유하다 양도하는 경우 비과세를 적용하는 특례주택이 있다. 다음 절에서는 그 내용에 대해 다루기로 한다.

제3절 | 1세대 2주택 비과세

　주택에 대한 비과세는 원칙적으로 1세대가 1주택을 보유하다 양도하는 경우 적용한다. 하지만 거주 이전을 하는 과정에서 1세대가 1주택을 양도하기 전에 일시적으로 다른 신규주택을 취득하거나 주택을 상속받거나 노부모를 동거봉양하기 위하여 세대를 합가하는 경우 또는 혼인으로 세대를 합가하는 경우 1세대가 2주택을 보유하게 된다. 뿐만 아니라 문화재주택이나 농어촌주택, 취학 등 부득이한 사유로 비수도권에서 주택을 취득하는 경우에도 1세대가 2주택을 보유하게 되는 경우가 발생할 수 있다. 거주주택과 장기임대주택을 보유하는 경우에는 2주택 이상을 보유하는 경우가 생길 수 있다. 이러한 상황에는 양도일 현재 1주택을 보유한 1세대가 그 1주택을 양도하는 경우가 아니라 하더라도 1세대 1주택 특례로서 비과세 규정을 적용한다(소법 제89조 제1항 제3호 나목). 이 책에서는 일시적 2주택의 신규주택 등을 특례주택이라 하고 그 외의 주택을 일반주택(장기임대주택인 경우는 거주주택)이라 한다.

　비과세 적용대상 주택은 신규주택 등의 특례주택이 아니라 일반주택 혹은 거주주택을 양도하는 경우 그 일반주택 혹은 거주주택을 1세대 1주택으로 보아 비과세 특례 규정을 적용한다.

[1세대 1주택 특례주택 및 비과세주택]

특례주택 유형	비과세되는 주택	관련 시행령
① 일시적 1세대 2주택 종전주택 + 신규주택	종전주택 양도	155조 1항
② 상속주택 일반주택 + 상속주택	일반주택 양도	155조 2항
③ 공동상속주택 일반주택 + 공동상속주택	일반주택 양도	155조 3항
④ 동거봉양합가주택 일반주택 + 일반주택	합가일로부터 10년 이내 먼저 양도하는 주택	155조 4항
⑤ 혼인합가주택 일반주택 + 일반주택	합가일로부터 5년 이내 먼저 양도하는 주택	155조 5항

⑥ 문화재주택 　일반주택 + 문화재주택	일반주택 양도	155조 6항
⑦ 농어촌주택 　일반주택 + 농어촌주택	일반주택 양도	155조 7항
⑧ 부득이하게 취득한 비수도권 주택 　일반주택 + 부득이한 비수도권주택	일반주택 양도	155조 8항
⑨ 장기임대주택 　거주주택 + 장기임대주택	거주주택 양도	155조 20항

1. 일시적 1세대 2주택

국내에 1주택을 소유한 1세대가 그 주택(종전주택)을 양도하기 전에 다른 주택(신규주택)을 취득(자기가 건설하여 취득한 경우를 포함한다)함으로써 일시적으로 2주택이 된 경우 종전주택을 취득한 날부터 1년 이상이 지난 후 신규주택을 취득하고, 신규주택을 취득한 날로부터 3년 이내에 종전주택을 양도하는 경우에는 이를 1세대 1주택으로 보아 비과세 규정을 적용한다(소령 제155조 제1항).

일시적 1세대 2주택에 대해 비과세하는 취지는 1세대가 일시적으로 2주택이 된 경우는 양도소득을 얻거나 투기할 목적이 있다고 보기 어려우며, 국민의 주거생활 안정과 헌법 제14조의 거주·이전의 자유를 보장하기 위함이다.

아래에서는 일시적 1세대 2주택 비과세 요건을 신규주택 취득, 종전주택 양도 요건으로 나누어 살펴보기로 한다.

(1) 신규주택 취득

종전주택을 취득한 날부터 1년 이상이 지난 후 신규주택을 취득하여야 한다. 종전주택을 취득한 날부터 1년 이상이 지난 후 새로운 주택을 취득하라는 의미는 종전주택을 취득하고 최소 1년이 지난 후에 새로운 주택을 취득하라는 것이다. 예를 들어 종전주택을 취득한 날이 2014.12.30.인 경우 1년 이상이 지난 후는 2015.12.31.이 된다고 해석하고 있다(예규 법령해석재산2017-273, 2017.11.9.).

(2) 종전주택 양도

1) 양도기간

종전주택은 신규주택을 취득한 날로부터 3년 이내에 양도하여야 한다. 그러면 신규주택 취득일로부터 3년 이내 종전주택을 양도하는 경우 3년 이내의 기간은 어떻게 계산하는 것일까? 이와 관련된 예규를 살펴보면 다른 주택(신규주택)을 취득한 날부터 3년 이내에 종전주택을 양도하는 경우를 판단할 때 기간 계산에는 다른 주택을 취득한 날인 초일은 산입하지 않는다(예규 서면2018부동산-3033, 2018.10.17.). 예를 들어 2011.6.21. 종전주택을 취득하고, 2016.10.31. 신규주택을 취득하여 종전주택을 2019.10.31. 양도하는 경우에는 신규주택을 취득한 날로부터 3년 이내에 양도하는 경우에 해당한다(예규 사전법령해석재산2019-538, 2019.10.9.).

2) 1세대 1주택 비과세요건 충족

양도하는 종전주택은 앞에서 살펴본 1세대 1주택 비과세 요건을 충족해야 한다. 즉, 2년 이상 보유하고, 취득 당시 조정대상지역인 경우에는 2년 이상 거주하여야 한다.

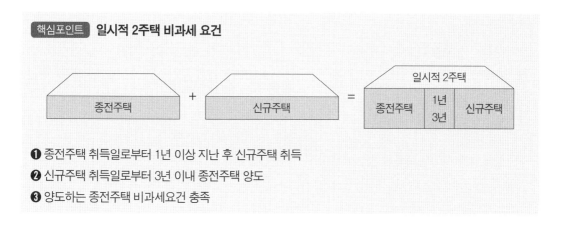

(3) 일시적 2주택 관련 생각지도

1) 멸실과 일시적 2주택

일시적 2주택에 대한 양도세 비과세 특례를 적용할 때 기존주택을 멸실하고 재건축한 주택은 기존주택의 연장으로 본다(집행기준 89-155-3). 아래의 사례처럼 기존 A주택을 신축하기 위해 멸실한 상태에서 B주택을 취득하고 그 후 A주택이 준공된 후 B주택을 양도하는 경우 양도하는 B주택은 비과세를 적용할 수 있을까?

A주택 취득	A주택 멸실	B주택 취득	A주택 준공	B주택 양도
▲	▲	▲	▲	▲
2016.5.1.	2021.1.6.	2021.3.1.	2023.1.5.	2023.5.10.

B주택의 양도가 일시적 2주택으로 비과세가 가능한지 여부를 다음의 순서에 따라 판단해 보기로 한다.

가) 종전주택과 신규주택의 구분

먼저 종전주택과 신규주택을 구분해 보면, 재건축한 주택은 기존주택의 연장으로 본다고 하였기 때문에 종전주택은 재건축주택 A에 해당한다. 신규주택은 B주택에 해당한다. 그리고 재건축주택 A의 취득일은 기존주택의 취득일인 2016.5.1.로 보아야 한다(예규 부동산거래관리과-1387, 2010.11.19.).

나) 종전주택 취득일로부터 1년 이상이 지나 신규주택을 취득하였는지 여부

종전주택(A) 취득일인 2016.5.1.로부터 1년 이상이 지난 2021.3.1. 신규주택(B)을 취득하였으므로 요건을 충족한다.

다) 신규주택 취득일로부터 3년 이내에 종전주택을 양도하였는지 여부

위의 사례에서는 종전주택(A)을 양도한 것이 아니라 신규주택(B)을 양도하였으므로 요건을 충족하지 못한다.

라) 비과세 판단

따라서 신규주택(B) 양도 시 비과세 특례 규정을 적용받을 수 없다.

위의 사례를 가지고 생각을 확장해 보면 B주택이 아니라 재건축한 A주택을 양도하는 경우 일시적 2주택 비과세 특례 규정을 적용받을 수 있을까?

A주택의 양도가 일시적 2주택으로 비과세가 가능한지 여부를 다음의 순서에 따라 판단해 보기로 한다.

가) 종전주택과 신규주택의 구분

먼저 종전주택과 신규주택을 구분해 보면, 재건축한 주택은 기존주택의 연장으로 본다고 하였기 때문에 종전주택은 재건축주택 A에 해당한다. 신규주택은 B주택에 해당한다. 그리고 재건축주택 A의 취득일은 기존주택의 취득일인 2016.5.1.로 보아야 한다(예규 부동산거래관리과-1387, 2010.11.19.).

나) 종전주택 취득일로부터 1년 이상이 지나 신규주택을 취득하였는지 여부

종전주택(A) 취득일인 2016.5.1.로부터 1년 이상이 지난 2021.3.1. 신규주택(B)을 취득하였으므로 요건을 충족한다.

다) 신규주택 취득일로부터 3년 이내에 종전주택을 양도하였는지 여부

종전주택(A)은 신규주택(B) 취득일인 2021.3.1.부터 3년 이내인 2023.5.10. 양도하였으므로 요건을 충족한다.

라) 양도하는 종전주택의 1세대 1주택 비과세 요건 판단

양도하는 재건축주택(A)는 보유기간이 2년 이상이고, 취득일이 2017.8.2. 이전이기 때문에 거주기간 요건은 없다. 따라서 양도하는 재건축주택(A)는 1세대 1주택 비과세 요건을 충족하였다. 그러므로 일시적 1세대 2주택 비과세 특례 적용이 가능하다.

위의 두 가지 사례를 가지고 생각을 조금 더 확장해 보면 위의 사례는 기존주택 멸실 후 신규주택을 취득한 사례인데 이번에는 아래의 사례처럼 2주택(A, B주택) 소유자가 B주택을 멸실하고 신축한 후 A주택을 양도하는 경우 일시적 2주택 비과세 특례 규정을 적용할 수 있을까?

A주택 취득	B노후주택 취득	B주택 멸실	B주택 준공	A주택 양도
▲	▲	▲	▲	▲
2015.10.	2020.10.	2021.2.	2021.11.	2022.1.

이와 관련된 예규를 살펴보면 2주택자가 1주택을 멸실하고 신축한 후 나머지 1주택을 양도하는 경우 신축주택은 멸실된 기존주택의 연장으로 보아 일시적 2주택 특례를 적용한다고 해석하고 있다(예규 서면2021부동산-6298, 2022. 4. 6.).

위의 사례에서 A주택의 양도가 일시적 2주택으로 비과세가 가능한지 여부를 다음의 순서에 따라 판단해 보기로 한다.

가) 종전주택과 신규주택의 구분

먼저 종전주택과 신규주택을 구분해 보면, 종전주택은 A주택, 신규주택은 B주택에 해당한다.

나) 종전주택 취득일로부터 1년 이상이 지나 신규주택을 취득하였는지 여부

종전주택(A) 취득일인 2015. 10.부터 1년 이상이 지난 2020. 10. 신규주택(B)을 취득하였으므로 요건을 충족한다. 멸실하고 신축한 주택은 멸실된 기존주택의 연장으로 본다고 하였으므로 B주택의 취득일은 2021. 11.이 아니라 2020. 10.로 보아야 한다.

다) 신규주택 취득일로부터 3년 이내에 종전주택을 양도하였는지 여부

양도한 종전주택(A)은 신규주택(B노후주택) 취득일인 2020. 10.부터 3년 이내인 2022. 1. 양도하였으므로 요건을 충족한다. 여기서 유의할 것은 B주택 준공일인 2021. 11.부터 3년이 아니라는 것이다. 신축으로 새로 취득하는 주택은 기존주택의 연장으로 보므로 기존주택B를 취득한 날인 2020. 10.부터 3년 이내에 종전주택(A)을 양도하여야 한다(부동산거래관리-825(2010. 6. 16.).

라) 양도하는 종전주택의 1세대 1주택 비과세 요건 판단

양도하는 A주택은 보유기간이 2년 이상이고, 취득일이 2017.8.2. 이전이기 때문에 거주기간 요건은 없다. 따라서 양도하는 A주택은 1세대 1주택 비과세 요건을 충족하였다. 그러므로 일시적 1세대 2주택 비과세 특례 적용이 가능하다.

2) 조합원입주권과 일시적 2주택

가) 원조합원인 경우

종전주택(A)이 조합원입주권으로 변경된 상태에서 신규주택(B)을 취득하고 재건축으로 완공된 주택(A')을 양도하는 경우 일시적 2주택 특례 규정을 적용할 수 있을까? 이에 대해 관련 예규에서는 1주택(A)을 가진 1세대가 해당 주택이 재건축으로 멸실되어 있는 상태에서 다른 주택(B)을 취득한 경우로서 해당 재건축주택(A')을 준공 후 양도하는 경우 재건축한 주택은 기존주택의 연장으로 보아 일시적 2주택 특례 규정을 적용한다고 해석하고 있다(예규 부동산납세과-777, 2014.10.17., 예규 서면부동산2020-4536, 2021.9.8.).

나) 승계조합원인 경우

① 조합원입주권을 승계취득하고 주택을 순차로 취득한 경우

1세대가 A조합원입주권을 승계취득한 후에 B주택을 취득한 경우로서 A조합원입주권이 주택으로 완공된 이후 B주택을 양도하는 경우에는 일시적 2주택 비과세 특례에 해당하지 않는다(예규 기획재정부 재산세제과-37, 2020.1.14.).

② 승계취득한 조합원입주권 2개가 순차로 완공된 경우

A, B 조합원입주권을 승계취득한 후 A, B 조합원입주권이 순차로 완공되어 일시적 2주택이 된 상태에서 A주택을 양도하는 경우 일시적 2주택 특례 및 주택과 조합원입주권을 소유한 경우 1세대 1주택 특례를 적용할 수 없다(예규 서면2021부동산-2376, 2021.9.3.).

3) 분양권과 일시적 2주택

가) 분양권을 취득하고 주택을 순차로 취득한 경우

2021. 1. 1. 이후 분양권(A)과 주택(B)을 순차로 취득한 경우로서 해당 분양권(A)에 기한 주택(A')이 완공된 후 B주택을 양도하는 경우, 일시적 2주택 특례 규정(소득세법 시행령 제155조 제1항)이 적용되지 아니하는 것이며, 또한 일시적으로 1주택과 1분양권을 소유하게 된 경우(소득세법 시행령 제156의3 제2항 및 같은 조 제3항)에도 해당하지 않으므로 동 규정 또한 적용되지 않는다(예규 서면2021법규재산-3071, 2023. 2. 23.).

나) 분양권 2개가 순차로 완공된 경우

2020. 12. 31. 이전 취득한 분양권과 2021. 1. 1. 이후 취득한 분양권이 순차 완공된 후 먼저 취득한 주택을 양도하는 경우, 일시적 2주택 특례 규정(소득세법 시행령 제155조 제2항)이 적용되지 아니하는 것이며, 주택과 분양권을 소유하다 주택을 양도한 경우의 비과세 특례 규정(소득세법 시행령 제156조의3)도 적용되지 않는다(예규 서면2022부동산-3247, 2023. 3. 28.).

4) 용도변경과 일시적 2주택

가) 업무용시설을 주택으로 용도변경한 경우

1세대 1주택자가 소유하던 상가를 용도변경하여 주택으로 사용하는 때에는 주택으로 용도변경한 때에 다른 주택을 취득한 것으로 보아 일시적2주택 비과세 특례 규정을 적용한다(집행기준 89-155-7). 이와 관련된 예규에서도 국내에 1주택(A주택)을 소유하는 1세대가 업무용시설인 오피스텔 1채를 취득하여 업무용시설 또는 주거용시설로 반복 · 변경하여 사용하는 경우에는 양도 직전 당해 오피스텔을 상시 주거용으로 사용하는 날부터 1년(현재는 3년) 이내에 주택을 양도하는 경우 1세대 1주택 특례 규정을 적용할 수 있다고 해석하고 있다(예규 서면인터넷방문상담5팀-406, 2008. 2. 29.).

나) 다세대주택을 다가구주택으로 용도변경한 경우

다세대주택을 보유한 1세대가 신규주택을 취득한 후 다세대주택을 다가구주택으로 용도변경하는 경우로서 다가구주택을 용도변경한 날부터 2년 이상 보유하고 신규주택 취득일부터 3년 이내에 하나의 매매단위로 양도하는 경우, 일시적 2주택 특례 적용이 가능하다(예규 서면2022법규재산-1143, 2023. 9. 11.).

2. 상속주택

상속개시일 현재 동일세대가 아닌 상속인이 상속받은 주택과 그 밖의 주택(일반주택)을 국내에 각각 1개씩 소유하고 있는 1세대가 일반주택을 양도하는 경우에는 국내에 1개의 주택을 소유하고 있는 것으로 보아 1세대 1주택 비과세 규정을 적용한다. 이 경우 상속받은 주택에는 조합원입주권 또는 분양권을 상속받아 사업시행 완료 후 취득한 신축주택을 포함한다(소령 제155조 제2항).

상속주택에 대해 특례를 적용하는 취지는 1세대 1주택을 보유하여 양도소득세가 과세되지 않게 되어 있는 자가 그의 의사나 선택에 의하지 아니하고 상속이라는 부득이한 사유로 본의 아니게 1세대 2주택이 됨으로써 양도소득세의 비과세 혜택이 소멸되는 불이익을 구제하자는 데 있다.

아래에서는 상속주택 특례 요건을 예규 및 판례와 함께 구체적으로 살펴보기로 한다.

(1) 상속주택 특례 요건

1) 상속개시일 현재 피상속인과 동일세대가 아니어야 한다

1세대 1주택 특례가 적용되는 상속주택이란 원칙적으로 상속개시일 현재 피상속인과 동일세대가 아닌 상속인이 상속받은 주택을 말한다. 다만, 아래의 동거봉양합가인 경우에는 예외적으로 동일세대라 하더라도 상속주택 특례가 적용된다.

2) 동일세대로부터 상속받은 주택이라 하더라도 동거봉양합가인 경우 특례가 적용된다

상속인과 피상속인이 상속개시 당시 1세대인 경우로서 1주택을 보유하고 1세대를 구성하는 자가 직계존속을 동거봉양하기 위하여 세대를 합침(동거봉양합가)에 따라 2주택을 보유하게 되는 경우에는 합치기 이전부터 보유하고 있었던 주택만 상속받은 주택으로 본다. 직계존속에는 배우자의 직계존속을 포함하며, 세대를 합친 날 현재 직계존속 중 어느 한 사람 또는 모두가 60세 이상으로서 1주택을 보유하고 있는 경우만 해당한다.

다시 말해 1주택을 보유한 1세대가 1주택을 보유하고 있는 60세 이상의 직계존속을 동거봉양하기 위하여 세대를 합친 후 직계존속의 사망으로 주택을 상속받은 경우에는 상속개시일 현재 동일세대라 하더라도 상속받은 주택 외의 주택(일반주택)을 양도할 때에 해당 상속주택은「소득세법 시행령」제155조 제2항의 상속주택으로 보아 양도하는 일반주택에 대해 1세대 1주택 비과세 특례를 적용한다.

따라서 합가 당시에는 부모만 1주택을 보유하다가 합가 후 자녀가 1주택을 취득하여 2주택이 된 상태에서 상속을 받고 자녀가 합가 후 취득한 일반주택을 양도하는 경우에는 상속주택 특례를 적용할 수 없다(예규 사전2021법령해석재산-1566, 2021. 10. 29.).

3) 선순위상속주택 1채만 특례가 적용된다

피상속인이 상속개시 당시 2채 이상의 주택을 소유한 경우에는 다음의 순위에 따른 1주택을 상속주택(선순위상속주택)으로 본다. 상속받은 주택에는 조합원입주권 또는 분양권을 상속받아 사업시행 완료 후 취득한 신축주택을 포함한다. 그리고 2채 이상의 주택에는 상속받은 1주택이 재개발사업, 재건축사업 또는 가로주택정비사업, 자율주택정비사업, 소규모재건축사업, 소규모재개발사업의 시행으로 2채 이상의 주택이 된 경우도 포함된다.

① 피상속인이 소유한 기간이 가장 긴 1주택
② 피상속인이 거주한 기간이 가장 긴 1주택
③ 피상속인이 상속개시 당시 거주한 1주택
④ 기준시가가 가장 높은 1주택

따라서 상속개시 당시 피상속인이 2채 이상의 주택을 소유하다 상속이 된 경우 위 순서에 의한 선순위상속주택 1채만 상속주택 특례가 적용되고 나머지 주택은 상속주택 특례가 적용되지 않는다.

4) 상속개시 당시 보유한 일반주택을 양도하여야 한다

상속주택 특례로 1세대 1주택 비과세 규정을 적용받으려면 상속주택이 아니라 상속개시 당시 보유한 일반주택(상속개시 당시 보유한 조합원입주권이나 분양권에 의하여 사업시행 완료 후 취득한 신축주택 포함)을 양도해야 한다. 다시 말해 일반주택을 먼저 취득하고 상속주택을 그 이후 취득한 상태에서 먼저 취득한 일반주택을 양도해야 한다. 따라서 일반주택이 아니라 상속주택을 먼저 양도하는 경우에는 비과세 특례가 적용되지 않는다. 이 경우 일반주택에는 상속개시일로부터 소급하여 2년 이내에 피상속인으로부터 증여받은 주택 또는 증여받은 조합원입주권이나 분양권에 의하여 사업시행 완료 후 취득한 신축주택은 제외한다.

위의 규정은 상속받은 주택(또는 조합원입주권, 분양권)을 소유한 상태에서 일반주택을 수차례 취득·양도하는 경우 매번 비과세를 받을 수 있는 불합리한 점을 개선하기 위하여 2013. 2. 15. 이후 일반주택을 취득하여 양도하는 분부터 적용한다(부칙 대통령령 제24356호 제20조, 2013. 2. 15.). 따라서 개정규정이 시행되기 이전인 2013. 2. 15. 전에 일반주택을 취득하여 양도하는 경우에는 상속개시 당시 보유 여부와는 관계없이 상속주택 특례 규정이 적용된다(예규 서면부동산2016-6045, 2016. 12. 22.).

5) 양도하는 일반주택은 1세대 1주택 비과세 요건을 충족하여야 한다

양도하는 일반주택은 2년 이상 보유하고 취득 당시 조정대상지역인 경우에는 2년 이상 거주 요건을 충족하여야 한다.

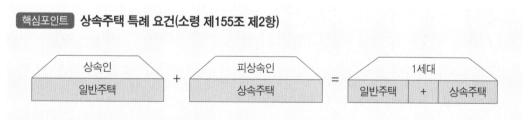

핵심포인트 상속주택 특례 요건(소령 제155조 제2항)

❶ 상속개시일 현재 동일세대가 아닐 것(동거봉양합가는 예외)
❷ 선순위상속주택일 것
❸ 상속개시일 현재 보유하는 일반주택을 양도할 것
❹ 양도하는 일반주택은 1세대 1주택 비과세 요건을 충족할 것

(2) 상속주택 관련 생각지도

1) 상속받은 주택의 신축과 상속주택 특례

상속받은 주택을 멸실하고 새로운 주택을 신축한 경우 그 신축주택은 상속받은 주택의 연장으로 보아 1세대 1주택 비과세 특례 규정을 적용한다(집행기준 89-155-10). 이와 관련된 예규를 살펴보면 일반주택과 「소득세법 시행령」 제155조 제2항 규정에 따른 상속주택을 각각 1개씩 소유한 1세대가 당해 상속주택이 「도시 및 주거환경정비법」에 의한 관리처분계획인가를 받음에 따라 1주택과 1조합원입주권을 소유하다가 1주택을 양도하는 경우 당해 주택에 대하여는 1세대 1주택 비과세 규정을 적용할 수 있는 것이며, 「소득세법 시행령」 제155조 제2항의 상속주택 특례 규정을 적용함에 있어 거주자가 상속받은 주택을 멸실하고 새로운 주택을 신축한 경우 그 새로운 주택은 상속받은 주택으로 본다고 해석하고 있다(예규 재산세과-1811, 2008.7.21.). 다만, 상속주택을 멸실하고 상속받은 자 외 명의로 신축한 경우 신축한 주택은 상속주택에 해당하지 않는다(예규 서면법규재산2021-2647, 2022.2.17.).

💡 생각정리 노트

위 집행기준 및 예규에 따르면 상속주택을 멸실하고 신축한 경우 그 신축한 주택은 종전 상속주택의 연장으로 보아 상속주택 특례 규정을 적용한다. 따라서 상속개시 당시 보유한 일반주택에 대해 1세대 1주택 비과세 특례가 적용되는 것이므로 상속개시 후 신축 전에 취득한 일반주택이나 신축 후 취득한 일반주택은 비과세 특례를 적용받을 수 없을 것으로 판단된다. 또한 신축한 주택의 명의를 당초 상속인 외의 명의로 소유권보존등기를 하는 경우 상속주택으로 보지 않는다.

2) 일반주택 1채를 보유한 1세대가 동일한 피상속인으로부터 상속주택 2채를 상속받은 경우 상속주택 특례와 일시적2주택 특례를 중첩하여 적용할 수 있는지 여부

예를 들어 일반주택(종전주택A)을 보유하다 상속주택 2채(B주택, C주택)를 상속받았는데 B주택이 선순위상속주택이고 C주택은 선순위상속주택 외의 상속주택인 경우 C상속주택을 신규주택으로 하여 C상속주택 취득일인 상속개시일로부터 3년 내에 종전주택A를 양도 하는 경우 상속주택특례와 일시적 2주택 비과세 특례를 중첩하여 적용할 수 있는 것일까? 이와 관련된 예규를 살펴보면 국내에 1주택(종전주택)을 소유한 1세대가 소득세법 시행령 제155조 제2항이 적용되는 주택과 다른 주택을 상속(별도세대원으로부터 상속받은 것을 말한다)받아 일시적으로 3주택이 된 경우로서 다른 주택을 취득한 날부터 2년(현재는 3년) 이내에 종전주택을 양도하는 경우에는 이를 1세대 1주택으로 보아 같은 영 제154조 제1항(1세대 1주택 비과세 규정)을 적용한다고 해석하고 있다(예규 부동산거래관리과-373, 2012.7.16.). 따라서 중첩적용이 가능하다고 판단된다.

> 💡 **생각정리 노트**
>
> 위의 예규에 따르면 2채 이상의 주택을 상속받은 경우에는 선순위상속주택 1주택은 상속주택특례가 적용되는 주택이고 그 외 나머지 주택은 일반주택으로 보아 비과세 요건을 판단하면 될 것으로 보인다.

3. 공동상속주택

공동상속주택이란 상속으로 여러 사람이 공동으로 소유하는 1주택을 말하며, 피상속인이 상속개시 당시 2채 이상의 주택(상속받은 1주택이 재개발사업, 재건축사업 또는 소규모재건축사업 등의 시행으로 2채 이상의 주택이 된 경우를 포함한다)을 소유한 경우에는 앞에서 살펴본 선순위상속주택 순위에 따른 1주택을 말한다.

1세대 1주택 비과세 규정(소득세법 시행령 제154조 제1항)을 적용할 때 공동상속주택 외의 다른 주택(일반주택)을 양도하는 때에는 해당 공동상속주택은 다음의 순서에서 정하는 사람이 그 공동상속주택을 소유한 것으로 본다(소령 제155조 제3항).

① 상속지분이 가장 큰 상속인
② 당해 주택에 거주하는 자
③ 최연장자

│참고│ 공동소유주택과 주택 수 계산

1주택을 여러 사람이 공동으로 소유한 경우 소득세법 시행령에 특별한 규정이 있는 것 외에는 주택 수를 계산할 때 공동 소유자 각자가 그 주택을 소유한 것으로 본다(소령 제154조의2). 공동상속주택은 소득세법 시행령에 특별한 규정이 있는 것에 해당한다. 따라서 공동상속주택의 주택 수는 소득세법 시행령 제154조의2 규정이 아니라 소득세법 시행령 제155조 제3항 규정에 따라 주택 수를 판정하여야 한다.

이 책에서는 위의 순서에 따라 공동상속주택을 소유한 것으로 보는 상속인을 최대지분자, 그 외의 상속인을 소수지분자라 하여 설명하기로 한다.

위 규정에 따르면 소수지분자가 공동상속주택 외의 다른 주택(일반주택)을 양도하는 때에는 해당 공동상속주택은 소수지분자의 주택으로 보지 아니한다. 다시 말해 공동상속주택 소수지분 이외의 일반주택을 양도하는 경우 그 일반주택이 1세대 1주택 비과세 요건을 충족한 경우 비과세한다는 것이다. 그러나 공동상속주택 소수지분을 먼저 양도하는 경우에는 비과세가 적용되지 않을 수 있음에 주의해야 한다.

아래에서는 앞에서 살펴본 상속주택과 공동상속주택 소수지분자 규정을 비교하여 살펴보기로 한다.

(1) 공동상속주택 규정의 역할

소득세법 시행령 제155조 제3항의 규정에 따른 최대지분자의 상속주택 특례 적용 여부는 같은 조 제2항의 상속주택 규정을 적용하여 판단하면 된다. 이와 관련된 판례에서도 「소득세법 시행령」 1세대 1주택 비과세 규정을 적용할 때 공동상속주택은 최대 상속지분을 소유한 상속인이 해당 공동상속주택을 소유한 것으로 보는 것이며, 해당 상속인이 해당 공동상속주택 외 다른 주택을 양도할 때에는 소득세법 시행령 제155조 제2항의 규정에 따라 1세대 1주택 비과세 여부를 판정한다고 판결하고 있다(판례 서면2016부동산-4022, 2016.9.1.).

그러면 소수지분자의 경우에도 단독상속주택 및 공동상속주택 최대지분자에게 적용되는 소득세법 시행령 제155조 제2항의 규정이 적용되는 것일까? 이와 관련된 예규에서는 1세대 1주택 비과세 규정을 적용함에 있어 공동상속주택의 소수지분을 소유한 자가 당해 공동상속주택 소수지분 외의 다른 주택(일반주택)을 양도하는 때에는 「소득세법 시행령」 제155조 제3항에 따라 당해 공동상속주택 소수지분은 당해 거주자의 주택으로 보지 않는다고 해석하고 있다(예규 재산세과-1080, 2009.6.1.).

💡 **생각정리 노트**

소득세법 시행령 제155조 제3항의 역할은 일반적인 공동소유주택은 소유자 각자가 주택을 소유한 것으로 보지만 공동상속주택은 소득세법 시행령 제155조 제3항에 따라 누구의 주택으로 볼 것인지 정하는

데 있다고 판단된다. 따라서 소득세법 시행령 제155조 제3항에 따라 공동상속주택을 소유한 것으로 보는 상속인(최대지분자)은 소득세법 시행령 제155조 제2항에 따라 상속주택 특례 적용 여부를 판단하여야 하고, 소수지분자는 다른 주택 양도 시 소득세법 시행령 제155조 제3항에 따라 주택을 소유하지 않은 것으로 보아 1세대 1주택 비과세 적용 여부를 판단하면 될 것으로 보인다.

> **핵심포인트** **소득세법 시행령 제155조 제2항에 따라 상속주택 특례가 적용되는 상속주택의 범위**
>
> ❶ 단독상속주택
> ❷ 공동상속주택 최대지분자의 상속주택

(2) 상속주택(제155조 제2항)과 공동상속주택 소수지분자(제155조 제3항) 규정의 비교

아래에서는 소득세법 시행령 제155조 제2항의 상속주택(최대지분자의 상속주택 포함) 규정과 같은 조 제3항의 공동상속주택 소수지분자 규정을 비교하여 살펴보기로 한다.

1) 상속개시 당시 동일세대 여부

소득세법 시행령 제155조 제2항의 단서규정을 보면, 상속주택은 상속개시 당시 동일세대가 아닌 경우(동거봉양합가 제외)로서 상속 당시 보유하던 일반주택을 양도하는 경우 상속주택 특례가 적용된다. 여기서 상속주택에는 공동상속주택 최대지분자의 상속주택도 포함되는 것으로 판단된다. 그러면 공동상속주택 소수지분자도 상속개시 당시 동일세대가 아닌 경우에만 특례가 적용되는 것일까? 이와 관련된 예규에서는 동일세대가 아닌 경우에만 적용되는 것으로 해석하고 있다. 하지만 조세심판원 판례에서는 동일세대인 경우에도 적용 가능한 것으로 판단하고 있다. 따라서 실무상 적용 시 상반된 내용이 있음에 유의하여야 한다. 관련 예규 및 판례를 살펴보면 다음과 같다.

가) 예규

상속개시 당시 동일세대원이었던 상속인이 상속받은 「소득세법 시행령」 제155조 제3항에 따른 공동상속주택을 상속받은 후 그 공동상속주택 외의 다른 주택을 양도하는 경우, 해당 공동상속주택이 같은 조 제2항 단서(동일세대인 경우에는 동거봉양합가인 경우에만 상속주택 특례를 적용한다는 규정)에 해당하는 경우에만 거주자의 주택으로 보지 않는다(예규 사전2021법령해석재산-199, 2021. 5. 31.).

💡 **생각정리 노트**

위 예규에 따르면 공동상속주택의 최대지분자 및 소수지분자 모두 상속개시 당시 피상속인과 동일세대인 경우에는 동거봉양합가인 경우를 제외하고 상속주택 특례 적용을 받을 수 없고, 상속개시 당시 별도세대인 경우에만 상속주택 특례를 적용받을 수 있을 것으로 판단된다.

나) 판례

소득세법 시행령 제155조 제3항 본문에서 소수지분권자가 다른 주택을 양도하는 경우 공동상속주택을 소유하지 않은 것으로 본다고 명확히 규정한 이상 소수지분권자에게는 위 제2항 단서(동일세대인 경우에는 동거봉양합가인 경우에만 상속주택 특례를 적용한다는 규정)를 적용하지 않는 것으로 해석하는 것이 타당해 보인다(판례 조심2018중-424, 2018. 4. 19.). 따라서 판례에 따르면 소수지분권자인 경우에는 상속개시 당시 동일세대인지 여부를 불문하고 상속주택 특례를 적용받을 수 있을 것으로 판단된다.

2) 선순위상속주택인지 여부

상속주택과 공동상속주택 소수지분자 모두 상속주택이 2채 이상인 경우 선순위상속주택 1채만 상속주택 특례가 적용된다. 따라서 선순위상속주택 1채는 소득세법 시행령 제155조 제3항의 규정을 적용하고 나머지 공동상속주택은 동령 제154조의2(공동소유주택의 주택 수 계산) 규정을 적용하여 공동소유자 각자가 그 주택을 소유한 것으로 본다.

3) 상속개시 당시 보유한 일반주택인지 여부

소득세법 시행령 제155조 제2항의 상속주택은 원칙적으로 상속개시 당시 보유한 일반주택을 양도하는 경우 비과세 특례가 적용된다. 이에 반해 소득세법 시행령 제155조 제3항에서는 공동상속주택 소수지분인 경우 상속개시 당시 보유하던 일반주택을 양도하는 경우 비과세 특례를 적용한다는 명시적 규정이 없다. 그리고 소수지분권자가 다른 주택을 양도하는 경우 공동상속주택을 소유하지 않은 것으로 본다고 명확히 규정한 이상 소수지분권자는 상속일 이후 취득한 일반주택을 양도하는 경우에도 비과세 특례가 적용될 것으로 판단된다.

[상속주택과 공동상속주택 소수지분자 비과세 특례 적용 비교]

구분	상속주택(최대지분자 포함)	소수지분자
동일세대	별도세대(동거봉양합가 예외)	예규: 별도세대 판례: 동일세대 가능
선순위상속주택	선순위상속주택만 적용	선순위상속주택만 적용
일반주택	상속개시당시 보유	명문규정 없음

(3) 공동상속주택 특례 관련 생각지도

1) 상속개시 후 공동상속주택의 지분이 변경되는 경우

공동상속 이후에 증여나 매매 등으로 지분 일부를 취득하여 지분이 변경되는 경우 누구의 주택으로 보는 것일까? 이와 관련하여 소득세법 집행기준을 살펴보면 상속개시일 이후 공동상속주택의 상속지분이 변경된다 하더라도 공동상속주택에 대한 소유자의 판정은 상속개시일을 기준으로 한다고 규정하고 있다(집행기준 89-155-13).

예를 들어 아래의 표와 같이 A가 상속개시 당시에는 상속지분이 가장 큰 상속인이었는데 지분 일부를 B에게 이전하여 양도 당시에는 B의 지분이 크다 하더라도 공동상속주택은 A가 소유한 것으로 본다.

상속인	상속인 보유주택	공동상속주택 상속지분		일반주택을 양도하는 경우
		상속개시일	일반주택 양도시	
A	일반주택	50%	30%	주택 수에 포함
B	일반주택	30%	50%	비과세 가능(소령§155③)
C	일반주택	20%	20%	비과세 가능(소령§155③)

2) 공동상속받은 주택의 소수지분자가 지분을 추가 취득하여 단독으로 소유하는 경우

공동으로 주택을 상속받은 이후 소수지분자가 다른 상속인의 소유 지분을 추가로 취득하여 공동으로 상속받은 주택을 단독으로 소유한 경우 해당 주택은 비과세 특례 규정이 적용되는 공동상속주택으로 보지 않는다(집행기준 89-155-14).

그러면 공동상속주택의 소수지분권자가 공동상속주택 소수지분을 상속받은 이후 다른 공동상속인으로부터 상속과 다른 원인, 예를 들어 매매로 다른 상속인들의 지분을 취득하여 공동상속주택을 단독으로 취득하게 된 경우 소득세법 시행령 제155조 제3항 공동상속주택 특례 규정이 아니라 동령 제155조 제2항의 상속주택 특례 규정을 적용할 수 있을까? 이와 관련된 예규를 살펴보면 공동상속주택의 소수지분권자가 공동상속인들로부터 지분을 매매등으로 취득하여 단독주택을 소유하게 된 경우 소득세법 시행령 제155조 제2항이 적용될 수 있다고 해석하고 있다(예규 기획재정부 재산세제과-1031, 2023. 9. 4.).

3) 공동상속주택의 소수지분자가 다른 상속인의 나머지 지분을 재상속받아 단독소유가 된 상태에서 일반주택을 양도하는 경우

무주택자인 상속인이 별도세대원인 피상속인으로부터 공동상속주택의 소수지분을 상속받은 이후에 일반주택을 취득하고, 다른 상속인의 공동상속주택 나머지 지분을 재상속받아 단독소유하게 된 경우로서, 나머지 지분을 상속받은 날 현재 보유하고 있는 그 일반주택을 양도하는 경우「소득세법 시행령」제155조 제2항에 따라 국내에 1개의 주택을 소유한 것으로 보아 비과세 적용 여부를 판단한다(예규 서면2019법령해석재산-3032, 2021. 8. 31.).

4) 공동 상속받은 다가구주택을 멸실 후 다세대주택을 신축한 경우 비과세 특례

공동상속주택인 다가구주택을 다세대주택으로 용도변경하여 공동상속인이 세대별로 각각 공동등기하는 경우에는 소득세법 시행령 제155조 제2항 각호의 순위에 따른 1주택에 대해서만 상속주택에 대한 특례가 적용된다(예규 부동산거래관리-60, 2012. 01. 26.).

| 참고 | 상속주택을 협의분할하여 등기하지 못한 경우

상속주택 외의 주택을 양도할 때까지 상속주택을「민법」에 따라 협의분할하여 등기하지 아니한 경우에는 법정상속비율에 따른 상속분에 따라 해당 상속주택을 소유하는 것으로 본다. 다만, 상속주택 외의 주택을 양도한 이후 국세 부과의 제척기간 내에 상속주택을 협의분할하여 등기한 경우로서 등기 전 상속주택 특례를 적용받았다가 등기 후 적용을 받지 못하여 양도소득세를 추가 납부하여야 할 자는 그 등기일이 속하는 달의 말일부터 2개월 이내에 신고·납부하여야 한다(소령 제155조 제19항).

| 참고 | 상속주택 관련 세금 비교

구분	단독상속	공동상속 소수지분
양도소득세	· 일반주택 양도 시 비과세 특례	· 일반주택 양도 시 비과세 특례
취득세	· 무주택 상속인 취득세 감면 · 주택 수 제외(5년 이내) · 과세표준 시가표준액	· 최대지분자가 무주택인 경우 취득세 감면 · 주택 수 제외(5년 이내) · 과세표준 시가표준액
종합부동산세	· 주택 수 제외(5년 이내) · 저가 상속주택 주택 수 제외(수도권 6억원, 그 외 3억원, 기간제한 없음) ※ 과세표준에는 합산됨	· 저가 상속주택 주택 수 제외(수도권 6억원, 그 외 3억원, 기간제한 없음) · 상속주택 지분 40% 이하 주택 수 제외(기간제한 없음) ※ 과세표준에는 합산됨
상속세	· 동거주택 상속공제	· 동거주택 상속공제

4. 동거봉양합가주택

1주택을 보유하고 1세대를 구성하는 자가 1주택을 보유하고 있는 60세 이상의 직계존속(배우자의 직계존속을 포함한다)을 동거봉양하기 위하여 세대를 합침으로써 1세대가 2주택을 보유하게 되는 경우 합친 날부터 10년 이내에 먼저 양도하는 주택은 이를 1세대 1주택으로 보아 비과세 규정을 적용한다(소령 제155조 제4항).

핵심포인트 **동거봉양합가주택 특례 요건**

❶ 합가 전 1주택 + 1주택인 상태에서 합가 후 2주택일 것
❷ 직계존속은 합가일 현재 60세 이상일 것
❸ 합가일로부터 10년 이내 양도할 것
❹ 양도하는 주택은 1세대 1주택 비과세 요건을 충족할 것

| 참고 | 동거봉양합가주택 관련 세금

구분	양도소득세	종합부동산세	취득세
연령 기준	60세 이상	60세 이상	65세 이상
기준일	합가일	과세기준일(6월 1일)	취득일
특례	합가일로부터 10년 이내 양도주택 비과세	합가일로부터 10년 동안 각각 1주택	취득일 현재 각각 1주택

5. 혼인합가주택

1주택을 보유하는 자가 1주택을 보유하는 자와 혼인함으로써 1세대가 2주택을 보유하게 되는 경우 혼인한 날부터 5년 이내에 먼저 양도하는 주택은 이를 1세대 1주택으로 보아 비과세 규정을 적용한다(소령 제155조 제5항).

위의 법령의 규정을 살펴보면 1주택을 보유하는 자가 1주택을 보유하는 자와 혼인함으로써로 표현되어 있다. 따라서 1세대가 1주택을 보유하는 것이 아니라 2주택 이상을 보유한 경우에도 혼인합가주택 특례를 적용받을 수 있다는 것이다. 예를 들어 1주택을 보유하는 자녀A가 1주택을 보유하는 부모와 함께 거주하다 A가 1주택을 보유하는 B와 혼인하여 별도세대를 구성하면 1세대가 2주택을 보유하게 된다. 이 경우에도 혼인합가주택 특례를 적용받을 수 있을 것으로 판단된다.

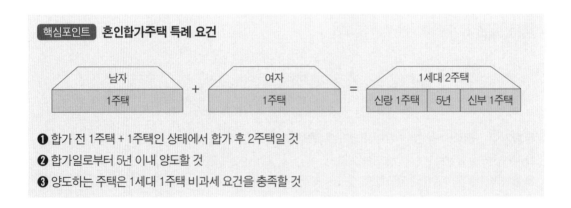

핵심포인트 **혼인합가주택 특례 요건**

❶ 합가 전 1주택 + 1주택인 상태에서 합가 후 2주택일 것
❷ 합가일로부터 5년 이내 양도할 것
❸ 양도하는 주택은 1세대 1주택 비과세 요건을 충족할 것

구분	양도소득세	종합부동산세	취득세
기준일	합가일	과세기준일(6월 1일)	특례 없음
특례	합가일로부터 5년 이내 양도주택 비과세	합가일로부터 5년 동안 각각 1주택	

6. 문화재주택

지정문화재 및 국가등록문화재 주택과 그 밖의 주택(일반주택)을 국내에 각각 1개씩 소유하고 있는 1세대가 일반주택을 양도하는 경우에는 국내에 1개의 주택을 소유하고 있는 것으로 보아 비과세 규정을 적용한다(소령 제155조 제6항).

7. 농어촌주택

다음의 어느 하나에 해당하는 주택으로서 수도권 밖의 지역 중 읍지역(도시지역 안의 지역을 제외한다) 또는 면지역에 소재하는 주택(농어촌주택)과 그 외의 주택(일반주택)을 국내에 각각 1개씩 소유하고 있는 1세대가 일반주택을 양도하는 경우에는 국내에 1개의 주택을 소유하고 있는 것으로 보아 비과세 규정을 적용한다(소령 제155조 제7항).

① 상속받은 주택(피상속인이 취득 후 5년 이상 거주한 사실이 있는 경우에 한한다)
② 이농주택(이농인이 취득일 후 5년 이상 거주한 사실이 있는 경우에 한한다)
③ 귀농주택(영농 또는 영어의 목적으로 취득한 경우에 한한다)

농어촌주택을 특례주택으로 규정한 취지는 도·농 간 교류를 촉진하여 농어촌주택에 대한 수요를 유지하고 농어촌주택 정비를 촉진하는 것을 목적으로 한다.
아래에서는 농어촌주택 종류별로 특례 요건을 구체적으로 살펴보기로 한다.

(1) 농어촌상속주택

수도권 밖의 지역 중 읍지역(도시지역 안의 지역을 제외한다) 또는 면지역에 소재하는 상속주택(피상속인이 5년 이상 거주한 주택에 한함)과 일반주택을 각각 1개씩 소유하고 있는 1세대가 일반주택을 양도하는 경우에는 국내에 1개의 주택을 소유하고 있는 것으로 보아 1세대 1주택 비과세 규정을 적용한다.

농어촌상속주택 규정을 앞에서 살펴본 소득세법 시행령 제155조 제2항에서 규정하고 있는 상속주택과 비교하여 살펴보면 다음과 같다.

1) 상속개시 당시 동일세대인 경우 특례 적용 여부

소득세법 시행령 제155조 제2항의 상속주택은 상속개시 당시 동일세대인 경우에는 특례 규정을 적용받을 수 없다. 다만, 동거봉양합가인 경우에는 예외적으로 특례 규정을 적용받을 수 있다.

동령 제7항의 농어촌상속주택 역시 동거봉양 목적의 합가 후 상속이 개시된 경우가 아니면 상속개시 당시 동일세대인 경우에는 특례 규정을 적용받을 수 없다(예규 서면2017부동산-176, 2017.3.9.).

2) 선순위상속주택만 특례가 적용되는지 여부

소득세법 시행령 제155조 제2항의 상속주택은 피상속인의 상속주택이 2채 이상이면 선순위 상속주택 1채만 상속주택 특례 규정을 적용받을 수 있다. 그러나 동령 제7항의 농어촌 상속주택은 선순위 상속주택이 아니라도 특례 규정을 적용받을 수 있다.

3) 상속개시일 현재 보유하는 일반주택을 양도해야 하는지 여부

소득세법 시행령 제155조 제2항의 상속주택은 상속개시일 현재 보유하는 일반주택을 양도하는 경우 특례 규정을 적용받을 수 있다. 반면, 농어촌상속주택은 농어촌상속주택을 소유한 상태에서 일반주택을 수차례 취득·양도해도 1세대 1주택 비과세 특례 규정을 계속 적용하는 것이 가능하다(예규 서면2017부동산-2045, 2017.8.28.). 다시 말해 농어촌상속주택을 먼저 취득하고 일반주택을 취득하여 그 일반주택을 양도하는 경우에도 농어촌상속주택 특례 규정을 적용받을 수 있다.

(2) 이농주택

이농주택이라 함은 영농 또는 영어에 종사하던 자가 전업으로 인하여 다른 시·구(특별시 및 광역시의 구를 말한다)·읍·면으로 전출함으로써 거주자 및 그 배우자와 생계를 같이하는 가족 전부 또는 일부가 거주하지 못하게 되는 주택으로서 이농인이 소유하고 있는 주택을 말한다(소령 제155조 제9항). 다만, 이농인이 취득 후 5년 이상 거주한 주택에 한한다. 이농주택 특례는 이농주택을 먼저 취득하고 그 이후에 일반주택을 취득한 상태에서 일반주택을 양도하는 경우 적용된다. 그리고 이농주택을 소유한 상태에서 일반주택을 수차례 취득·양도해도 특례 규정을 계속 적용하는 것이 가능하다.

(3) 귀농주택

1) 귀농주택의 요건

귀농주택이란 영농 또는 영어에 종사하고자 하는 자가 취득(귀농 이전에 취득한 것을 포함한다)하여 거주하고 있는 주택으로서 다음의 요건을 갖춘 것을 말한다(소령 제155조 제10항).

가) 취득 당시에 고가주택에 해당하지 아니할 것

나) 대지면적이 660제곱미터 이내일 것

다) 영농 또는 영어의 목적으로 취득하는 것으로서 다음 중 어느 하나에 해당할 것

　① 1,000제곱미터 이상의 농지를 소유하는 자 또는 그 배우자가 해당 농지 소재지에 있는 주택을 취득하는 것일 것

　② 1,000제곱미터 이상의 농지를 소유하는 자 또는 그 배우자가 해당 농지를 소유하기 전 1년 이내에 해당 농지소재지에 있는 주택을 취득하는 것일 것

라) 세대 전원이 이사하여 거주할 것. 여기에는 취학, 근무상의 형편, 질병의 요양, 그 밖에 부득이한 사유로 세대의 구성원 중 일부가 이사하지 못하는 경우를 포함한다.

2) 귀농주택 특례의 제한

① 귀농주택에 대해서는 그 주택을 취득한 날부터 5년 이내에 일반주택을 양도하는 경우에 한

정하여 적용한다.

② 귀농으로 인하여 세대 전원이 농어촌주택으로 이사하는 경우에는 귀농 후 최초로 양도하는 1개의 일반주택에 한하여 귀농주택 특례 규정을 적용한다.

③ 귀농주택 소유자가 귀농일로부터 계속하여 3년 이상 영농 또는 영어에 종사하지 아니하거나 그 기간 동안 해당 주택에 거주하지 아니한 경우 양도한 일반주택은 1세대 1주택으로 보지 아니한다.

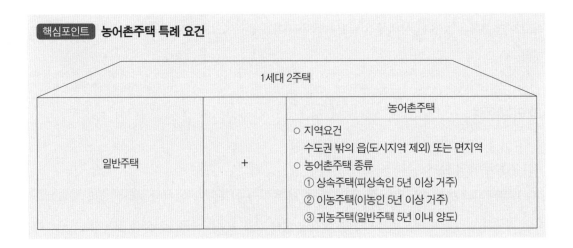

핵심포인트 **농어촌주택 특례 요건**

1세대 2주택		
일반주택	+	농어촌주택 ○ 지역요건 수도권 밖의 읍(도시지역 제외) 또는 면지역 ○ 농어촌주택 종류 ① 상속주택(피상속인 5년 이상 거주) ② 이농주택(이농인 5년 이상 거주) ③ 귀농주택(일반주택 5년 이내 양도)

8. 부득이한 사유로 취득한 비수도권 소재 주택

취학, 근무상의 형편, 질병의 요양, 그 밖에 부득이한 사유로 취득한 수도권 밖에 소재하는 주택과 그 밖의 주택(일반주택)을 국내에 각각 1개씩 소유하고 있는 1세대가 부득이한 사유가 해소된 날부터 3년 이내에 일반주택을 양도하는 경우에는 국내에 1개의 주택을 소유하고 있는 것으로 보아 1세대 1주택 비과세 규정을 적용한다(소령 제155조 제8항).

위 세법의 내용을 살펴보면 부득이한 사유가 해소된 날부터 3년 이내에 일반주택을 양도하는 경우에 특례 규정을 적용한다고 규정하고 있다. 그러면 부득이한 사유가 해소되기 전에 일반주택을 양도하는 경우에는 특례 규정을 적용받을 수 없는 것일까? 이와 관련된 예규를 살펴보면 부득이한 사유가 해소되지 아니한 상태에서 수도권 소재 일반주택을 양도하는 경우에도 일반주택에 대하여 비과세 특례 규정이 적용된다고 해석하고 있다(예규 서면2023부동산-2898, 2023. 11. 30.).

9. 다가구주택

1세대 1주택 비과세 규정을 적용할 때 다가구주택은 한 가구가 독립하여 거주할 수 있도록 구획된 부분을 각각 하나의 주택으로 본다. 다만, 해당 다가구주택을 구획된 부분별로 양도하지 아니하고 하나의 매매단위로 하여 양도하는 경우에는 그 전체를 하나의 주택으로 본다(소령 제155조 제15항). 다시 말해 다가구주택은 원칙적으로 공동주택으 보아 각 호를 1채의 주택으로 본다. 다만, 다가구주택 전체를 하나의 매매단위로 하여 일괄양도하는 경우에는 1세대 1주택 특례를 적용하여 1채의 주택으로 본다. 법조문 체계상 다가구주택이 소득세법 시행령 제155조 1세대 1주택의 특례 제15항에 규정되어 있는 이유도 다가구주택은 원칙적으로 공동주택으로 보기 때문이다.

10. 장기임대주택

장기임대주택과 그 밖의 1주택을 국내에 소유하고 있는 1세대가 2년 이상 거주한 주택을 양도하는 경우에는 국내에 1개의 주택을 소유하고 있는 것으로 보아 1세대 1주택 비과세 규정을 적용한다. 다만, 생애 한 차례만 거주주택을 최초로 양도하는 경우에 한정한다(소령 제155조 제20항). 이 규정의 취지는 임대주택공급 활성화 유도를 위해 주택임대사업에 따른 거주용 자가주택에 대한 양도소득세 부담을 완화하기 위한 것이다.

아래에서는 1세대 1주택 비과세 특례 요건을 거주주택 요건과 장기임대주택 요건으로 나누어 구체적으로 살펴보기로 한다.

(1) 거주주택 요건

1) 거주기간

양도하는 거주주택은 보유기간 중 거주기간이 2년 이상이어야 한다. 거주기간은 거주주택의 소재지가 조정대상지역인지 여부 및 취득시기가 언제인지 불문하고 적용한다.

다가구주택의 경우에는 다가구주택과 장기임대주택을 보유하고 있는 1세대가 다가구주택의 일부에서 2년 이상 거주한 후 해당 다가구주택을 하나의 매매단위로 양도하면 국내에 1개의 주택을 소유한 것으로 보아 거주주택 비과세 특례 규정을 적용한다(예규 서면2022부동산-2143,

2023. 7. 3.).

직전거주주택보유주택의 경우에는 소득세법에 따른 사업자등록과 민간임대주택에 관한 특별법에 따른 임대사업자 등록을 한 날 이후의 거주기간을 말한다. 직전거주주택보유주택의 개념은 아래 3)에서 살펴보기로 한다.

2) 생애최초 양도하는 거주주택

양도하는 거주주택이 2019. 2. 12. 이후 취득한 주택인 경우에는 거주주택의 비과세 횟수를 제한하여 생애 최초로 양도하는 거주주택인 경우에만 비과세 특례가 적용된다. 다만, 2019. 2. 12. 현재 거주하는 주택과, 2019. 2. 12. 전에 거주주택을 취득하기 위해 매매계약을 체결하고 계약금을 지급한 사실이 증빙서류에 의해 확인되는 거주주택은 생애 최초로 양도하는 거주주택이 아니어도 1세대 1주택 비과세 특례 규정을 적용한다(부칙 대통령령 제29523호 2019. 2. 12.).

|참고| **부칙 대통령령 제29523호 2019. 2. 12.**

제7조 주택임대사업자 거주주택 양도소득세 비과세 요건에 관한 적용례 등
① 제155조 제20항의 개정규정은 이 영 시행 이후 취득하는 주택부터 적용한다.
② 다음 각호의 어느 하나에 해당하는 주택에 대해서는 제155조 제20항의 개정규정 및 이 조 제1항에도 불구하고 종전의 규정에 따른다.
1. 이 영 시행 당시 거주하고 있는 주택
2. 이 영 시행 전에 거주주택을 취득하기 위해 매매계약을 체결하고 계약금을 지급한 사실이 증빙서류에 의해 확인되는 주택

위 세법의 내용과 경과부칙에 따르면 2019. 2. 12. 이후 취득한 거주주택인 경우 평생 1회에 한하여 비과세 특례가 적용되지만 2019. 2. 12. 현재 거주하고 있는 주택과 2019. 2. 12. 전에 취득하기 위해 매매계약을 체결하고 계약금을 지급한 사실이 증명서류에 의해 확인되는 주택은 평생 1회가 아니더라도 비과세 특례를 적용한다는 것을 알 수 있다. 그러면 평생 1회라는 것이 2019. 2. 12. 전에 취득하여 2019. 2. 12. 이후 양도하는 거주주택을 포함하여 1회라는 것일까? 아니면 2019. 2. 12. 이후 취득하여 양도하는 거주주택부터 평생 1회라는 것일까? 이에 대한 내용을 다음의 예규를 통하여 정리하기로 한다.

가) 2019.2.12. 이후 취득하여 양도하는 거주주택

예를 들어 2019.2.12. 전에 거주주택(A)과 2채의 장기임대주택을 소유하고 있는 1세대가 2019.2.12. 이후에 이사 목적으로 신규주택(B)을 취득하고 거주주택(A)을 양도하여 거주주택 비과세를 적용받은 경우로서, 동 세대가 다시 거주용 주택으로 사용한 신규주택(B)을 양도하는 경우 거주주택 비과세를 적용받을 수 있을까?

거주주택(A) + 장기임대주택   신규주택(B) 취득 ⇨ 거주주택(A) 양도 ⇨ 거주주택(B)양도

2019.2.12.

이와 관련된 예규를 살펴보면 2019.2.12. 이후에 거주주택(A)을 양도하여 거주주택 비과세를 적용받은 경우로서, 동 세대가 2019.2.12. 이후에 취득하여 다시 거주용 주택으로 사용한 신규주택(B)을 양도하는 경우 거주주택 비과세를 적용하지 않는다고 해석하고 있다(예규 기획재정부 재산세제과-192, 2020.2.18.).

💡 **생각정리 노트**

위 예규에 따르면 2019.2.12. 이후에 취득하여 양도하는 거주주택인 경우에는 2019.2.12. 현재 거주하는 주택이거나 2019.2.12. 전에 거주주택을 취득하기 위해 매매계약을 체결하고 계약금을 지급한 사실이 증빙서류에 의해 확인되는 거주주택을 포함하여 평생 1회를 적용하여야 할 것으로 판단된다.

나) 2019.2.12. 전에 매매계약을 체결하고 계약금을 지급한 거주주택

예를 들어 甲은 서울시 강동구 소재 D주택을 2016.9. 분양계약하였다. 그리고 甲배우자인 乙이 서울시 광진구 소재 A주택을 2016.11. 취득하여 양도할 때까지 甲과 거주하였다. 그 후 甲은 B주택을 2017.4. 취득하고, C주택을 2017.8. 취득하여 지방자치단체에 임대사업자 등록(4년) 및 세무서에 사업자등록을 하였다. B, C주택은 소득세법 시행령 제155조 제20항 특례 요건을 충족한 것으로 전제한다.

甲배우자인 乙은 A주택을 2019.7. 매도하고 거주주택 비과세 특례 적용을 받았다. 그리고 甲은 2016.9. 분양계약한 D주택이 2019.7. 완공되어 취득하였다. 2020.7.9. 甲은 B, C주택을 장기임대

로 전환(단기 4년→장기일반 8년)하였다.

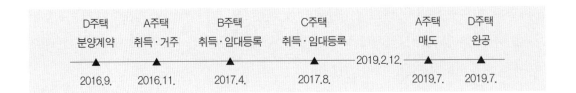

이런 상황에서 2019.2.12. 전에 새로운 거주주택을 취득하기 위하여 주택(D)분양권의 매매계약을 체결하고 이후 거주주택(A)과 장기임대주택(B, C)을 취득한 경우 완공된 D주택을 A주택 양도 후 이어 재차 양도할 경우 소득세법 시행령 제155조 제20항의 종전 규정을 적용하여 비과세가 가능할까?

이와 관련된 예규를 살펴보면 2019.2.12. 전에 매매계약을 체결하고 계약금을 지급한 주택분양권과 소득세법 시행령 제155조 제20항에 따른 거주주택과 장기임대주택을 취득하는 경우로서, 그 주택분양권이 완공되어 취득한 주택(D)을 거주주택(A)에 이어 재차 양도하는 경우 소득세법 시행령 (2019.2.12. 대통령령 제29523호로 개정된 것) 부칙 제7조에 따라 거주주택 비과세 종전 규정을 적용받을 수 있다고 해석하고 있다(예규 서면2021법령해석재산-1409, 2021.4.27.).

💡 **생각정리 노트**

위 예규의 사실관계를 살펴보면 A주택은 2019.2.12. 현재 거주하는 주택이고, D주택은 2019.2.12. 전에 거주주택을 취득하기 위해 매매계약을 체결하고 계약금을 지급한 사실이 증빙서류에 의해 확인되는 주택에 해당한다. 이러한 상황에서 A거주주택과 D거주주택을 모두 2019.2.12. 이후 양도하는 경우 D거주주택은 생애 최초로 양도하는 거주주택이 아니라 하더라도 1세대 1주택 비과세 특례 규정을 적용할 수 있는 것으로 판단된다.

3) 장기임대주택을 거주주택으로 전환한 경우 비과세 범위

해당 거주주택을 「민간임대주택에 관한 특별법」에 따라 민간임대주택으로 등록한 사실이 있고 그 보유기간 중에 양도한 다른 거주주택(직전거주주택)이 있는 거주주택(직전거주주택보유주택)인 경우에는 직전거주주택의 양도일 후의 기간분에 대해서만 국내에 1개의 주택을 소유하고 있는 것으로 보아 1세대 1주택 비과세 규정을 적용한다(소령 제155조 제20항).

[직전거주주택 및 직전거주주택보유주택]

2년 이상 거주주택(A주택)	A주택: 직전거주주택

비과세

장기임대주택(B주택)	임대주택에서 거주주택으로 전환된 주택(B주택) B주택: 직전거주주택보유주택

과세	비과세

그러면 위 세법의 내용에 따르면 A주택을 비과세로 신고하고 마지막 남은 B주택을 1세대 1주택 비과세 규정을 적용하는 경우 전체 양도차익에 대해 비과세를 적용하는 것이 아니라 직전거주주택의 양도일 후의 기간분에 대해서만 1세대 1주택 비과세 규정을 적용한다. 그러면 만약 B주택의 양도차익이 A주택의 양도차익 보다 큰 경우 납세자가 A주택의 양도차익은 과세로 신고하고 B주택 전체 양도차익에 대해서 비과세를 적용하여 신고하는 것이 가능할까? 다시 말해 거주주택 특례 적용 시 납세자가 유리한 방향으로 과세 및 비과세주택을 선택하는 것이 가능할까?

이와 관련된 예규를 살펴보면 「소득세법 시행령」 제155조 제20항에 따른 특례 요건을 갖춘 장기임대주택과 거주주택을 보유한 1세대가 거주주택을 양도하는 경우 양도하는 거주주택은 양도가액 12억원 범위 내에서 당연 비과세되는 것으로 비과세 적용 여부의 임의적 선택은 불가능하다고 해석하고 있다(예규 사전-2023-법규재산-393, 2023.7.26., 사전2019법령해석재산-201, 2019.9.23.).

(2) 장기임대주택 요건

장기임대주택이란 양도일 현재 소득세법에 따라 관할 세무서에 사업자등록을 하고, 「민간임대주택에 관한 특별법」에 따라 민간임대주택으로 지방자치단체에 등록하여 임대하고 있으며, 임대보증금 또는 임대료(임대료 등)의 증가율이 5%를 초과하지 않는 주택을 말한다.

아래에서는 장기임대주택 요건을 장기임대주택의 범위, 임대의무기간, 임대의무기간 산정 특례, 기준시가, 임대료 등 5% 증액 제한 요건으로 나누어 살펴보기로 한다.

1) 장기임대주택의 범위

장기임대주택이란 소득세법 시행령 제167조의3(1세대 3주택 이상에 해당하는 주택의 범위) 제1항 제2호에 열거된 임대주택을 말한다. 다만, 아래 장기임대주택 중 가)의 민간매입임대주택 및 다)의 건설임대주택에 해당하는 주택의 경우에는 단서에서 정하는 기한의 제한은 적용하지 않되, 2020년 7월 10일 이전에 「민간임대주택에 관한 특별법」 제5조에 따른 임대사업자등록 신청(임대할 주택을 추가하기 위해 등록사항의 변경 신고를 한 경우를 포함한다)을 한 주택으로 한정한다.

아래 마)의 장기일반민간임대주택에 해당하는 주택의 경우에는 ① 1세대가 국내에 1주택 이상을 보유한 상태에서 2018.9.14. 이후 새로 취득한 조정대상지역에 있는 「민간임대주택에 관한 특별법」에 따른 장기일반민간임대주택은 포함하고 ② 2020년 7월 11일 이후 임대사업자등록 신청한 아파트, ③ 종전의 단기민간임대주택을 2020년 7월 11일 이후 장기일반민간임대주택으로 변경 신고한 주택은 포함하지 않는다.

아래에서는 소득세법 시행령 제167조의3 제1항 2호의 장기임대주택 종류를 살펴보기로 한다.

가) 민간매입임대주택

「민간임대주택에 관한 특별법」에 따른 민간매입임대주택을 1호 이상 임대하고 있는 거주자가 5년 이상 임대한 주택으로서 해당 주택의 기준시가가 해당 주택의 임대개시일 당시 6억원(수도권 밖의 지역인 경우에는 3억원)을 초과하지 않고 임대보증금 또는 임대료(임대료등)의 증가율이 5%를 초과하지 않는 주택. 다만, 2018.3.31.까지 사업자등록 등을 한 주택으로 한정한다(소령 제167조의3 제1항 제2호 가목).

| 참고 | 임대료 등의 증액 청구 제한

임대료 등의 증액 청구는 임대차계약의 체결 또는 약정한 임대료 등의 증액이 있은 후 1년 이내에는 하지 못하고, 임대사업자가 임대료 등의 증액을 청구하면서 임대보증금과 월임대료를 상호 간에 전환하는 경우에는 「민간임대주택에 관한 특별법」 제44조 제4항의 전환 규정을 준용한다.

나) 기존매입임대주택

2003.10.29.(기존사업자기준일) 이전에 사업자등록 등을 하고 「주택법」에 따른 국민주택규모에 해당하는 「민간임대주택에 관한 특별법」에 따른 민간매입임대주택을 2호 이상 임대하고 있는 거

주자가 5년 이상 임대한 주택으로서 당해 주택의 기준시가가 해당 주택의 취득 당시 3억원을 초과하지 아니하는 주택

다) 건설임대주택

「민간임대주택에 관한 특별법」에 따라 대지면적이 298제곱미터 이하이고 주택의 연면적(공동주택의 경우에는 전용면적을 말한다)이 149제곱미터 이하인 건설임대주택을 2호 이상 임대하는 거주자가 5년 이상 임대하거나 분양전환(같은 법에 따라 임대사업자에게 매각하는 경우를 포함한다)하는 주택으로서 해당 주택의 기준시가가 해당 주택의 임대개시일 당시 6억원을 초과하지 않고 임대료등의 증가율이 5%를 초과하지 않는 주택. 다만, 2018. 3. 31. 까지 사업자등록등을 한 주택으로 한정한다(소령 제167조의3 제1항 제2호 다목).

|참고| **건설임대주택이 되기 위한 요건**

국토해양부 예규에서는 임대주택법에 의한 건설임대주택을 소유권보존등기 전까지 임대사업자로 등록할 것을 요건으로 하고 있는바, 이 요건을 충족하지 못한 임대주택은 임대주택법에 의한 건설임대주택에 해당하지 않는다(판례 조심 2008서-1422, 2008. 8. 18.). 따라서 건설임대주택이 되기 위해서는 소유권보존등기일 이전에 지방자치단체에 임대사업자 등록을 하여야 한다. 소유권보존등기일 이후에 등록하면 건설임대주택이 아니라 매입임대주택으로 본다.

라) 수도권 밖 미분양매입임대주택

2008. 6. 10. 까지 분양계약이 체결되지 아니하여 선착순 방법으로 공급하는 주택으로서 2008. 6. 11. 부터 2009. 6. 30. 까지 최초로 분양계약을 체결하고 계약금을 납부한 주택 중 일정한 요건을 갖춘 주택

마) 장기일반민간임대주택

「민간임대주택에 관한 특별법」에 따른 민간매입임대주택 중 장기일반민간임대주택으로 10년 이상 임대하는 주택으로서, 해당 주택의 기준시가가 해당 주택의 임대개시일 당시 6억원(수도권 밖의 지역인 경우에는 3억원)을 초과하지 않고, 임대료등의 증가율이 5%를 초과하지 않는 주택. 다만, 다음 중 어느 하나에 해당하는 주택은 제외한다(소령 제167조의3 제1항 제2호 마목).

① 1세대가 국내에 1주택 이상을 보유한 상태에서 2018.9.14. 이후 새로 취득한 조정대상지역에 있는 「민간임대주택에 관한 특별법」에 따른 장기일반민간임대주택

② 2020.7.11. 이후 임대사업자등록 신청한 아파트

③ 종전의 단기민간임대주택을 2020.7.11. 이후 장기일반민간임대주택으로 변경 신고한 주택

💡 **생각정리 노트**

앞에서 살펴보았듯이 장기임대주택의 특례가 적용되는 범위에 마목의 장기일반민간임대주택의 경우 ①은 포함한다고 규정하고 있으므로 2018.9.14. 이후 조정대상지역에 취득한 장기일반민간임대주택의 경우에는 중과대상에는 해당되지만 거주주택 비과세 특례 규정의 적용은 가능하다. 하지만 ② 및 ③의 장기임대주택은 포함하지 않는다고 규정하고 있음으로 ② 및 ③의 장기일반민간임대주택은 중과대상에 해당하고 거주주택 비과세 특례 규정도 적용되지 않는다.

바) 장기일반민간건설임대주택

「민간임대주택에 관한 특별법」에 따른 민간건설임대주택 중 장기일반민간임대주택으로서 대지면적이 298제곱미터 이하이고, 주택의 연면적(공동주택의 경우에는 전용면적을 말한다)이 149제곱미터 이하인 건설임대주택을 2호 이상 임대하는 거주자가, 10년 이상 임대하거나 분양전환(같은 법에 따라 임대사업자에게 매각하는 경우를 포함한다)하는 주택으로서, 해당 주택의 기준시가가 해당 주택의 임대개시일 당시 6억원을 초과하지 않고, 임대료등의 증가율이 5%를 초과하지 않는 주택. 다만, 종전의 단기민간임대주택을 2020.7.11. 이후 장기일반민간임대주택으로 변경 신고한 주택은 중과 규정을 적용한다(소령 제167조의3 제1항 제2호 바목).

2) 임대의무기간 요건

거주주택 비과세 특례가 적용되는 장기임대주택이란 10년 이상 임대하는 주택을 말한다. 임대기간 요건은 여러 번 개정이 있었는데 그 변천 과정을 살펴보면 다음과 같다.

[임대의무기간 변천 과정]

구분	~2018.3.31.	2018.4.1.~2020.7.10.	2020.7.11.~2020.8.17.	2020.8.18.~
임대의무기간	5년	5년	8년	10년

아래에서는 임대의무기간 요건과 관련된 내용을 추가적으로 살펴보기로 한다.

가) 임대의무기간 요건을 충족하기 전에 거주주택을 양도하는 경우 특례 적용 여부

1세대가 장기임대주택의 임대의무기간 요건을 충족하기 전에 거주주택을 양도하는 경우에도 해당 거주주택에 대해 1세대 1주택 비과세 규정을 적용하고 사후관리를 한다.

나) 거주주택 선양도 후 임대의무기간 요건 미충족 시 양도소득세 신고 · 납부 방법

1세대가 장기임대주택 특례를 적용받은 후에 임대기간요건을 충족하지 못하게 된 때에는 그 사유가 발생한 날이 속하는 달의 말일부터 2개월 이내에 양도소득세를 신고 · 납부해야 한다. 이 경우 임대기간요건을 충족하지 못하게 된 때에는 장기임대주택의 임대의무호수를 임대하지 않은 기간이 6개월을 지난 경우를 포함한다. 다만, 아래 3)의 임대기간요건 산정특례에 해당하는 경우에는 해당 규정에 따라 임대기간 요건 충족 여부를 판단한다(소령 제155조 제22항 제2호).

3) 임대의무기간 산정특례

가) 자진말소 및 자동말소

장기임대주택이 폐지되는 민간임대주택 유형에 해당하여 자진말소 또는 자동말소로 등록이 말소되어 임대기간요건을 갖추지 못하게 된 때에는 그 등록이 말소된 날에 해당 임대기간요건을 갖춘 것으로 본다(소령 제155조 제22항 제2호 라목). 여기서 폐지되는 민간임대주택 유형이란 아파트를 임대하는 민간매입임대주택 및 단기민간임대주택을 말한다.

장기임대주택이 자진말소 또는 자동말소 중 어느 하나에 해당하여 등록이 말소된 경우에는 해당 등록이 말소된 이후(장기임대주택을 2호 이상 임대하는 경우에는 최초로 등록이 말소되는 장기임대주택의 등록 말소 이후를 말한다) 5년 이내에 거주주택을 양도하는 경우에 한정하여 임대기간요건을 갖춘 것으로 보아 거주주택 비과세 특례 규정을 적용한다(소령 제155조 제23항).

① 자진말소

자진말소란 임차인의 동의를 받아 임대사업자의 임대의무기간 내 등록 말소 신청으로 등록이 말소된 경우를 말하며, 민간임대주택에 관한 특별법에 따른 임대의무기간의 2분의 1 이상을 임대한 경우로 한정한다. 임대의무기간의 2분의 1 이상 임대한 시점을 산정하기 위한 기산일은 임대사업자의 임대사업자 등록일(임대사업자 등록 이후 임대가 개시되는 주택은 임대차계약서상의 실제 임대개시일)부터 기산한다(예규 서면2021부동산-7820, 2022.9.26.).

② 자동말소

자동말소란 민간임대주택에 관한 특별법에 따라 임대의무기간이 종료한 날 등록이 말소된 경우를 말한다.

나) 자진말소 및 자동말소 관련 생각지도

① 장기임대주택 자진말소 또는 자동말소 후 거주주택 특례 요건을 계속 준수해야 하는지 여부

장기임대주택이 자진말소 또는 자동말소된 후 장기임대주택을 임대하고 있지 않은 경우, 임대료 증액 상한(5%)을 준수하지 않은 경우, 세무서 사업자등록을 유지하지 않은 경우 거주주택 비과세 특례가 적용 가능한지 여부에 대해 쟁점이 될 수 있다. 이와 관련된 예규를 살펴보면 장기임대주택이 자진·자동말소된 이후 특례 요건을 준수하지 않더라도 5년 이내 거주주택을 양도하는 경우에는 특례 적용이 가능하다고 해석하고 있다(예규 기획재정부 재산세제과-151, 2022.1.24.).

② 거주주택을 먼저 양도하고 비과세를 받은 후 임대의무기간의 2분의 1 이상을 임대한 장기임대주택에 대하여 자진말소한 경우 거주주택 특례 적용 여부

거주주택(A)과 장기임대주택(B, C)을 보유한 1세대가 장기임대주택(B, C)의 임대기간요건을 충족하기 전에 거주주택(A)을 먼저 양도하고 비과세를 받은 경우로서, 이후 「민간임대주택에 관한 특별법」에 따라 민간임대주택법에 따른 임대의무기간의 2분의 1 이상을 임대한 장기임대주택(C)에 대하여 임대의무기간 내 등록 말소 신청으로 등록이 말소되는 경우 그 등록이 말소된 날에 장기임대주택(C)의 해당 임대기간요건을 갖춘 것으로 본다(예규 사전2021법령해석재산-1755, 2021.12.23.).

③ 자동말소된 장기임대주택 중 일부를 먼저 양도한 후 거주주택 양도 시 거주주택 특례 적용 여부

장기임대주택 임대등록이 2020.8.18. 「민간임대주택에 관한 특별법」에 따라 말소된 이후, 그 장기임대주택 중 일부를 양도하고 남은 장기임대주택과 거주주택을 보유한 상태에서 최초로 등록이 말소되는 장기임대주택의 등록말소 이후 5년 이내 거주주택을 양도하는 경우, 임대기간요건을 갖춘 것으로 보아 「소득세법 시행령」 제155조 제20항을 적용한다(예규 사전2021법령해석재산-710, 2021.6.30.).

④ 2채의 임대주택 중 1채의 임대주택이 먼저 자동말소되어 거주주택으로 전환한 후 다시 1채의 임대주택이 자동말소된 경우 거주주택 특례 적용기간

3채(A, B, C)의 장기임대주택 중 1채(B)가 자동말소되어 거주주택으로 전환한 경우로서, 이후 다시 1채(A)의 장기임대주택이 자동말소된 경우에는 해당 임대주택(A)의 등록이 말소된 이후 5년 이내에 거주주택(B)을 양도하는 경우에 한정하여 임대기간요건을 갖춘 것으로 본다(예규 서면2020법령해석재산-5916, 2021.10.28.).

다) 재개발·재건축사업 등으로 멸실된 주택과 신축주택

재개발·재건축사업 또는 소규모재건축사업 등으로 임대 중이던 당초의 장기임대주택이 멸실되어 새로 취득하거나 「주택법」에 따른 리모델링으로 새로 취득한 주택이 다음 중 어느 하나에 해당하여 임대기간요건을 갖추지 못하게 된 때에는 당초 주택(재건축 등으로 새로 취득하기 전의 주택을 말한다)에 대한 등록이 말소된 날 해당 임대기간요건을 갖춘 것으로 본다. 다만, 임대의무호수를 임대하지 않은 기간이 6개월을 지난 경우는 임대기간요건을 갖춘 것으로 보지 않는다(소령 제155조 제22항 제2호 마목).

① 새로 취득한 주택에 대해 2020.7.11. 이후 아파트를 임대하는 민간매입임대주택이나 단기민간임대주택으로 임대사업자등록 신청을 한 경우
② 새로 취득한 주택이 아파트(당초 주택이 단기민간임대주택으로 등록되어 있었던 경우에는 모든 주택을 말한다)인 경우로서 「민간임대주택에 관한 특별법」에 따른 임대사업자등록 신청을 하지 않은 경우

따라서 새로 취득하는 주택이 아파트인 경우에는 재건축으로 새로 취득하기 전 주택이 자진말소나 자동말소로 임대기간 요건을 갖추지 못한 경우에는 재건축 전 주택에 대한 등록이 자진말소 또는 자동말소된 날 임대기간요건을 갖춘 것으로 본다.

① 장기임대주택이 직권말소 전 거주주택을 먼저 양도한 경우

거주주택과 장기임대주택을 보유하던 중 거주주택을 양도하여 거주주택 특례를 적용받은 후 장기임대주택의 임대의무기간 사후관리기간 중 재개발·재건축사업으로 장기임대주택이 철거되어 임대등록이 말소되는 경우 특례적용이 가능한지 여부에 대하여 관련 예규에서는 임대의무기간의 1/2 이상이 경과하지 않은 장기임대주택이 재개발사업으로 멸실되는 경우로서 해당주택에 대한 시·군·구청의 등록말소 이전에 거주주택을 양도하는 경우 거주주택 비과세 특례를 적용받을 수 있다고 해석하고 있다(예규 서면2021법규재산-6402, 2022.3.28., 사전2020법령해석재산-1237, 2021.6.23.).

② 장기임대주택이 철거되어 등록이 말소되기 전 자진말소 또는 자동말소되는 경우

1세대가 장기임대주택(A, 임대의무기간의 2분의 1이상을 임대)을 「민간임대주택에 관한 특별법」에 따라 자진말소 신청하여 임대사업자등록이 말소된 경우로서, 해당 장기임대주택(A)이 「도시 및 주거환경정비법」에 따른 재건축사업의 관리처분계획인가에 따라 멸실된 상태(조합원입주권으로 전환) 또는 신축주택(A')으로 완공된 상태에서, 장기임대주택(A)의 등록이 말소된 날 이후 5년 이내에 거주주택(B)을 양도하는 경우에는 거주주택 비과세 특례를 적용받을 수 있다(예규 서면2022법규재산-1283, 2023.8.8., 서면법규재산2022-3819, 2022.3.28.).

③ 장기임대주택이 철거되어 등록이 말소된 후 거주주택을 양도하는 경우

재개발사업, 재건축사업 또는 소규모 재건축사업등으로 임대 중이던 당초의 장기임대주택이 멸실되어 새로 취득한 주택이 아파트에 해당하여 「민간임대주택에 관한 특별법」에 따른 임대사업자 등록을 할 수 없는 경우로서 당초의 장기임대주택에 대한 등록이 말소된 후에 거주주택을 양도하는 경우에는 거주주택 비과세 특례를 적용받을 수 없다(예규 서면2022부동산-709, 2023.4.13., 서면법규재산2020-4847, 2022.12.13).

라) 수용 등 부득이한 사유

「공익사업을 위한 토지 등의 취득 및 보상에 관한 법률」에 따른 수용 등 부득이한 사유로 해당 임대기간요건을 충족하지 못하게 되거나 임대의무호수를 임대하지 아니하게 된 때에는 해당 임대주택을 계속 임대하는 것으로 본다(소령 제155조 제22항 제2호).

마) 재개발·재건축사업 또는 소규모재건축사업 등 시행기간

재개발·재건축사업 또는 소규모재건축사업 등의 사유가 있는 경우에는 임대의무호수를 임대하지 아니한 기간을 계산할 때 해당 주택의 관리처분계획인가일 전 6개월부터 준공일 후 6개월까

지의 기간은 포함하지 아니한다.

바) 리모델링 시행기간

「주택법」에 따른 리모델링 사유가 있는 경우에는 임대의무호수를 임대하지 않은 기간을 계산할 때 해당 주택의 사업계획승인일 또는 리모델링허가일 전 6개월부터 준공일 후 6개월까지의 기간은 포함하지 않는다.

4) 기준시가 요건

거주주택 비과세 특례가 적용되는 장기임대주택이란 해당 주택 및 이에 부수되는 토지의 기준시가의 합계액이 해당 주택의 임대개시일 당시 6억원(수도권 밖의 지역인 경우에는 3억원)을 초과하지 않는 주택을 말한다. 다가구주택이 임대주택인 경우 임대개시일 현재 기준시가 6억원(수도권 밖의 지역 3억원) 요건 계산을 할 때에는 한 가구가 독립하여 거주할 수 있도록 구획된 부분을 각각 하나의 주택으로 보아 해당 주택 및 이에 부수되는 토지의 기준시가의 합계액이 임대개시일 당시 6억원(수도권 밖의 지역 3억원) 요건을 적용한다(예규 서면2015부동산-22301, 2015.3.11.).

임대개시일이란 지방자치단체에 임대주택 등록과 세무서에 사업자등록을 하고 실제로 임대를 개시한 날을 말한다(예규 부동산-689, 2020.6.10.).

임대개시일 = 늦은 날(① 자자체 등록일 ② 세무서 등록일 ③ 실제 임대개시일)

5) 임대료 등 5% 증액 제한 요건

거주주택 비과세 특례를 적용받기 위해서는 장기임대주택의 임대보증금 또는 임대료(임대료 등)의 증가율이 5%를 초과하지 않아야 한다. 이 경우 장기임대주택의 임대보증금 또는 임대료 상한 규정의 기준이 되는 최초의 임대차계약은 2019.2.12. 이후 최초로 체결(또는 갱신)한 표준임대차계약을 말한다(예규 서면2020부동산-3300, 2020.7.24.).

거주주택 비과세와 장기임대주택 특례 요건

1세대 2주택 이상		
거주주택		**장기임대주택**
거주주택 요건 ❶ 2년 이상 거주 · 취득시기 불문 · 취득 당시 조정대상지역 여부 불문 ❷ 생애 1회	+	장기임대주택 요건

핵심포인트 **장기임대주택 요건**

❶ 지자체 임대등록과 세무서 사업자등록
❷ 의무임대기간 준수

구분	~2018.3.31.	2018.4.1.~2020.7.10.	2020.7.11.~2020.8.17.	2020.8.18.~
의무임대기간	5년	5년	8년	10년

❸ 기준시가 요건
· 매입임대주택

구분	임대개시 당시 기준시가	임대 호수
수도권	6억원 이하	1호 이상
수도권 외	3억원 이하	

· 건설임대주택

구분	임대개시 당시 기준시가	주택면적	임대 호수
전국	6억원 이하	149㎡ 이하	2호 이상

❹ 임대료 등 5% 증액 제한 준수

 지금까지 살펴본 내용은 1세대 1주택 비과세 규정을 확장하여 1세대가 2주택을 보유하다 양도하는 경우 1세대 1주택 비과세 규정이 적용되는 특례주택에 대한 것이었다. 이러한 특례주택을 요약정리하면 다음과 같다.

핵심포인트 **1세대 1주택 특례주택**

특례주택 유형	비과세되는 주택	관련 시행령
❶ 일시적2주택 종전주택 + 신규주택	종전주택 양도	155조 1항
❷ 일반주택 + 상속주택	일반주택 양도	155조 2항
❸ 일반주택 + 공동상속주택	일반주택 양도	155조 3항
❹ 동거봉양합가주택 일반주택 + 일반주택	합가일로부터 10년 이내 먼저 양도하는 주택	155조 4항
❺ 혼인합가주택 일반주택 + 일반주택	합가일로부터 5년 이내 먼저 양도하는 주택	155조 5항
❻ 일반주택 + 문화재주택	일반주택 양도	155조 6항
❼ 일반주택 + 농어촌주택	일반주택 양도	155조 7항
❽ 일반주택 + 부득이한 비수도권 취득주택	일반주택 양도	155조 8항
❾ 거주주택 + 장기임대주택	거주주택 양도	155조 20항

지금까지 1세대 1주택의 특례가 적용되는 일시적 1세대 2주택 등 특례주택을 살펴보았다. 그러면 이러한 특례주택이 중첩되는 경우에 중복해서 특례를 적용할 수 있을까? 예를 들어 일시적 1세대 2주택과 상속주택을 동시에 보유하다 종전주택을 양도하는 경우 1세대가 3주택을 보유하다 양도하게 된다. 이 경우에도 양도하는 종전주택에 대해 비과세 적용을 받을 수 있는지가 쟁점이 될 수 있다. 이와 관련된 내용은 다음 절에서 다루기로 한다.

제4절 | 1세대 3주택 비과세

　1세대 3주택 이상이라 하더라도 일시적 2주택 등 특례주택(소득세법 시행령 제155조) 또는 조세특례제한법에 따른 다른 주택을 양도하는 경우 주택으로 보지 않는 감면주택 또는 과세특례주택과 관련되는 주택이 있는 경우에는 1세대 1주택 비과세 규정이 적용될 수 있다.

　소득세법 기본통칙 및 집행기준을 살펴보면 국내에 1세대 1주택을 소유한 거주자가 종전주택을 취득한 날부터 1년 이상이 지난 후 새로운 주택을 취득하여 일시 2개의 주택을 소유하고 있던 중 상속 또는 직계존속을 봉양하기 위하여 또는 혼인으로 세대를 합침으로써 1세대가 3개의 주택을 소유하게 되는 경우 새로운 주택을 취득한 날부터 3년 이내에 종전주택을 양도하는 경우에는 1세대 1주택의 양도로 보아 1세대 1주택 비과세 규정을 적용한다고 규정하고 있다(기본통칙 89-155…2, 집행기준 89-155-26). 아래에서는 이와 관련된 사례를 추가적으로 살펴보기로 한다.

1. 상속주택과 일시적 2주택

　상속받은 주택(A)이 「소득세법시행령」 제155조 2항에서 규정하는 상속주택에 해당되는 경우 상속받은 주택을 포함하여 1세대 3주택을 보유한 경우로서 상속받은 주택과 그 밖의 주택(일반주택B)을 소유하고 있는 1세대가 일반주택을 취득한 날부터 1년 이상이 지난 후 다른 주택(C)을 취득하고 다른 주택 취득한 날부터 3년 이내에 일반주택을 양도하는 때에는 1세대 1주택 비과세 규정을 적용한다(예규 서면2017부동산-2328, 2017. 12. 21.). 이 경우 양도하는 일반주택은 원칙적으로 상속개시일 현재 보유하는 주택으로서 2년 이상 보유하고 취득 당시 조정대상지역인 경우 2년 이상 거주한 주택이어야 한다.

2. 장기임대주택과 일시적 2주택 등

(1) 장기임대주택과 일시적 2주택

장기임대주택과 2년 이상 보유 및 거주한 거주주택 1개를 보유하는 1세대가 거주주택을 취득한 날로부터 1년 이상이 지난 후에 새로운 주택(대체주택)을 취득하고 대체주택을 취득한 날부터 3년 이내에 거주주택을 양도하는 경우에는 1세대 1주택 비과세 규정을 적용한다(예규 사전2019법 령해석재산-721, 2020.12.28., 사전2015법령해석재산-97, 2015.8.19.).

(2) 거주주택 과 장기임대주택 및 상속주택을 소유한 경우 비과세 적용 여부

장기임대주택 보유 시 거주주택 비과세 특례는 소득세법 시행령 제155조 제2항에 따른 상속주 택을 보유하고 있는 경우에도 적용된다(예규 부동산거래관리과-10, 2012.1.3.).

(3) 공동명의 임대주택의 경우 장기임대주택 특례와 일시적 2주택 특례의 중첩적용이 가 능한지 여부

공동명의 장기임대주택의 경우에도 1세대 1주택 비과세 판정 시 장기임대주택 특례와 일시적 2 주택 특례의 중첩 적용이 가능하다(예규 사전2020법령해석재산-317, 2020.11.30.).

(4) 장기임대주택이 자동 · 자진말소된 경우 장기임대주택 특례와 일시적 2주택 중첩적용 이 가능한지 여부

장기임대주택이 「민간임대주택특별법」에 따라 자동말소되어 소득세법 시행령 제155조 제20항 에 따른 장기임대주택이 임대기간요건을 갖춘 것으로 보는 경우로서 일시적 2주택 특례 요건을 갖춘 경우에는 중첩적용이 되어 1세대 1주택 비과세 규정이 적용될 수 있다(예규 사전2020법령해 석재산-928, 2021.8.9.).

거주주택(종전주택) + 장기임대주택(자동·자진말소) + 신규주택인 경우 거주주택 취득일로부터 1년 이상이 지난 후 신규주택을 취득하고 장기임대주택 자동·자진말소일로부터 5년 이내 그리고 신규주택 취득일로부터 3년 이내 거주주택(종전주택)을 양도하는 경우 1세대 1주택 비과세 규정을 적용할 수 있을 것으로 판단된다.

3. 조세특례제한법에 따른 다른 주택을 양도하는 경우 주택으로 보지 않는 감면 또는 과세특례주택과 일시적 2주택 등

(1) 농어촌주택과 일시적 2주택 중첩적용

종전주택을 취득하고 1년이 지난 후 신규주택을 취득하여 일시적 2주택을 보유한 1세대가 「조세특례제한법」 제99조의4에 따른 농어촌주택을 취득한 경우로서 일시적2주택 중 종전주택을 신규주택 취득일부터 3년 이내에 양도하는 경우에는 국내에 1개의 주택을 소유하고 있는 것으로 보아 1세대 1주택 비과세 규정을 적용한다(예규 서면2021부동산-6220, 2022.9.14.).

(2) 일반주택, 상속주택, 조세특례제한법에서 소유자의 주택으로 보지 않는 감면 또는 과세특례주택 중첩적용

일반주택, 상속주택, 조세특례제한법의 소유자 주택으로 보지 않는 감면주택을 보유한 거주자가 일반주택과 상속주택을 순차 양도하는 경우 감면주택은 소유주택으로 보지 않으므로 특례를 중첩 적용하여 1세대 1주택으로 보아 비과세 규정을 적용한다(예규 서면2021부동산-7235, 2022.4.21.). 이와 유사한 예규를 살펴보면 거주자가 주택(A)을 보유하고 있다가 별도세대인 부모로부터 주택(B)을 상속받고 「조세특례제한법」 제98조의3에 따른 양도소득세 과세특례 대상이 되는 주택(C)을 취득한 후 A주택을 양도하고 다시 B주택을 양도하는 경우, 해당 B주택에 대하여 1세대 1주택 비과세 규정을 적용함에 있어 C주택은 해당 거주자의 소유주택으로 보지 않는다고 해석하고 있다(예규 서면법규과-1299, 2013.11.29.).

[1세대 3주택 비과세 특례 적용 사례]

중첩 적용 사례	비과세 특례 적용 요건
일반주택(A) + 상속주택(B) + 다른 주택(C)	C주택 취득일부터 3년 이내 양도하는 A주택
일시적2주택(A, B) + 동거봉양합가주택(C) 또는 혼인합가주택(C)	① B주택 취득일부터 3년 이내 양도하는 A주택 ② A주택 양도 후 동거봉양 합가일부터 10년(혼인합가는 5년) 이내 양도하는 B주택 또는 C주택
동거봉양합가 2주택(A, B) 또는 혼인합가 2주택(A, B) + 다른 주택(C)	동거봉양 합가일부터 10년(혼인합가는 5년) 이내 및 C주택 취득일부터 3년 이내 양도하는 A주택 또는 B주택
거주주택(A) + 임대주택(B) + 다른 주택(C)	C주택 취득일부터 3년 이내 양도하는 2년 이상 거주한 A주택 양도
거주주택(A) + 임대주택(B) + 상속주택(C)	2년 이상 거주한 A주택 양도
일반주택(A) + 농어촌주택(B) + 다른 주택(C)	C주택 취득일부터 3년 이내 양도하는 A주택

지금까지 주택이 비과세되는 경우를 1세대 1주택, 1세대 2주택 특례주택, 1세대 2주택 특례주택 및 조세특례제한법의 감면 또는 과세특례주택이 중첩되는 경우 비과세 규정에 대한 내용을 살펴보았다. 그 외 양도소득세가 비과세되는 종류는 조합원입주권을 양도하는 경우, 재개발·재건축과 관련 주택을 양도하는 경우, 주택과 분양권을 보유하다 주택을 양도하는 경우가 있는데 이와 관련된 내용은 제3장과 제4장에서 다루기로 한다.

다음 절에서는 주택이 과세되는 경우 계산구조를 살펴보기로 한다. 그중에서도 1세대 1주택을 보유하다 양도하여 과세되는 경우 특히, 고가주택의 계산구조에 대해서 알아보기로 한다.

제5절 | 1세대 1주택 과세

1. 일반적인 계산구조

1세대 1주택이라 하더라도 비과세 요건을 충족하지 못하는 경우에는 양도소득세가 과세된다. 양도소득세가 과세되는 경우 계산구조는 제1장에서 이미 살펴보았듯이 양도가액에서 필요경비를 공제하여 양도차익을 계산하고 여기서 장기보유특별공제액을 차감하여 양도소득금액을 계산한다. 그런 후 양도소득금액에서 기본공제 금액을 차감한 과세표준에 세율을 적용하여 산출세액을 계산한다. 여기에 세액공제·감면을 차감하면 납부할 세액을 계산할 수 있다.

2. 고가주택의 계산구조

1세대 1주택 비과세 규정 적용 시 고가주택이란 주택 및 이에 딸린 토지의 양도 당시 실지거래 가액의 합계액이 12억원을 초과하는 주택을 말한다. 따라서 고가주택을 양도하는 경우에는 총양도차익 중에서 12억원이 양도가액에서 차지하는 비율에 해당하는 양도차익에 대해서는 양도소득세를 과세하지 않는다. 그러므로 고가주택에 대한 양도소득세 계산구조는 일반적인 경우와 다르게 계산한다. 고가주택에 해당하는 자산의 양도차익 및 장기보유특별공제액은 다음의 산식으로 계산한 금액으로 한다(소령 제160조).

(1) 양도차익의 계산

1세대 1주택 고가주택의 과세되는 양도차익은 총양도차익 중에서 양도가액에서 12억원을 초과하는 금액이 양도가액에서 차지하는 비율에 해당하는 금액을 말한다.

$$총양도차익 \times \frac{양도가액 - 12억원}{양도가액}$$

(2) 장기보유특별공제액의 계산

고가주택의 과세되는 양도차익에서 공제되는 장기보유특별공제액은 총장기보유특별공제액 중에서 양도가액에서 12억원을 초과하는 금액이 양도가액에서 차지하는 비율에 해당하는 금액을 말한다.

$$\text{총장기보유특별공제액} \times \frac{\text{양도가액} - 12\text{억원}}{\text{양도가액}}$$

(3) 실무적용 시 계산구조

고가주택의 과세되는 양도차익은 전체 양도차익 중에서 양도가액 중 12억이 차지하는 비율에 해당하는 양도차익에 대해서는 비과세되는 양도차익으로 하고 나머지 양도차익에 대해서 과세한다. 그리고 장기보유특별공제액은 과세양도차익에서 장기보유특별공제율을 적용하여 계산한다. 양도소득금액은 과세양도차익에서 장기보유특별공제액을 차감하여 계산할 수 있다. 위의 내용을 종합하여 실무에서 사용하는 고가주택의 계산구조를 살펴보면 다음과 같다.

[고가주택의 계산구조]

구분	계산구조
양도차익	· 양도가액 - 매입가격 - 매입부대비용 - 자본적지출액 - 양도비
(-) 비과세양도차익	· 양도차익 × (12억원 ÷ 양도가액)
(=) 과세양도차익	· 양도차익 - 비과세양도차익
(-) 장기보유특별공제액	· 과세양도차익 × 장기보유특별공제율
(=) 양도소득금액	· 과세양도차익 - 장기보유특별공제액
(-) 기본공제	· 250만원
(=) 과세표준	· 양도소득금액 - 기본공제
(×) 세율	· 기본세율
(=) 산출세액	· 과세표준 × 세율
(-) 세액공제 · 감면	· 조세특례제한법의 감면세액
(=) 납부할 세액	· 산출세액 - 세액공제 · 감면 + 가산세

3. 고가겸용주택의 계산구조

겸용주택(상가주택)이란 하나의 건물이 주택과 주택 외의 부분으로 복합되어 있는 경우와 주택에 딸린 토지에 주택 외의 건물이 있는 경우를 말한다. 고가겸용주택이란 토지와 건물가액을 합한 전체 양도가액이 12억원을 초과하는 겸용주택을 말한다. 2022년 1월 1일 이후 양도하는 고가겸용주택에서 주택 외의 부분은 주택으로 보지 않는다. 따라서 12억원을 초과하는 고가 겸용주택은 주택부분만 주택으로 보아 양도차익 및 장기보유특별공제액을 계산한다(집행기준 95-160-1). 다시 말해 고가겸용주택에 대해서는 주택의 면적이 상가 면적보다 크다 하더라도 주택부분과 상가부분으로 구분하여 양도차익을 계산하고 장기보유특별공제율을 각각 적용하여야 한다.

(1) 양도차익의 계산

1) 주택분 양도차익

고가겸용주택의 양도차익을 계산하기 위해서는 먼저 전체 양도가액을 기준시가 등을 이용하여 주택과 상가부분으로 안분계산해야 한다. 이렇게 안분한 주택부분의 양도가액이 12억원을 초과하지 않으면 주택의 양도차익은 비과세되고 12억원을 초과하면 앞에서 살펴본 고가주택의 양도소득세 계산구조를 이용하여 과세양도차익을 계산한다.

2) 상가분 양도차익

상가부분의 양도차익은 상가부분으로 안분된 양도가액 및 필요경비를 기준으로 계산한다.

(2) 장기보유특별공제액의 계산

1) 주택분 장기보유특별공제액

주택분 장기보유특별공제액은 주택분 과세양도차익에 장기보유특별공제율을 적용하여 계산한다. 주택부분에 적용되는 장기보유특별공제율은 주택부분의 과세양도차익에 [표1]의 일반공제율 또는 [표2]의 특례공제율을 적용한다.

2) 상가분 장기보유특별공제액

상가부분의 장기보유특별공제율은 위에서 안분한 상가부분의 양도차익에 [표1]의 일반공제율을 적용한다.

(3) 실무적용 시 계산구조

위의 내용을 종합하여 실무에서 적용할 수 있는 고가겸용주택의 계산구조를 살펴보면 다음과 같다.

[고가겸용주택의 계산구조]

구분	계산구조	
	고가주택	**상가**
양도가액	기준시가등으로 안분	기준시가등으로 안분
(-) 필요경비	기준시가등으로 안분	기준시가등으로 안분
(=) 양도차익	양도가액 - 필요경비	양도가액 - 필요경비
(-) 비과세양도차익	양도차익 × (12억원 ÷ 양도가액)	없음
(=) 과세양도차익	양도차익 - 비과세양도차익	양도차익 - 0
(-) 장기보유특별공제액	과세양도차익 × 장기보유특별공제율 [표1] 또는 [표2]	과세양도차익 × 장기보유특별공제율 [표1]
(=) 양도소득금액	과세양도차익 - 장기보유특별공제액	과세양도차익 - 장기보유특별공제액
양도소득금액 합계	고가주택 양도소득금액 + 상가 양도소득금액	
(-) 기본공제	250만원	
(=) 과세표준	양도소득금액 - 기본공제	
(×) 세율	기본세율 등	
(=) 산출세액	과세표준 × 세율	
(-) 세액공제·감면	조세특례제한법의 감면세액	
(=) 납부할 세액	산출세액 - 세액공제·감면 + 가산세	

|참고| 다주택 중과세

조정대상지역에 있는 주택을 보유한 다주택자가 해당 주택을 2022. 5. 9. 이전에 양도하는 경우에는 기본
세율에 20% 또는 30%를 가산하여 양도소득세가 부과되었다.
하지만 조정대상지역에 있는 주택을 2년 이상 보유한 다주택자가 해당 주택을 2022. 5. 10. 부터
2025. 5. 9. 까지 양도하는 경우에는 중과대상에서 배제하는 것으로 세법을 개정하였다. 따라서 다주택
자가 양도하는 주택이라 하더라도 위의 중과배제기간 또는 중과배제 지역에 소재한 주택을 양도하
는 경우에는 일반세율이 적용되고 장기보유특별공제도 적용된다. 또한 다주택자가 2009. 3. 16. 부터
2012. 12. 31. 까지의 기간 중 취득한 주택의 소재지가 추후 조정대상지역으로 지정된 경우로서, 해당 주
택을 2018. 4. 1. 이후 양도하는 경우에는 법률 제9270호 부칙 제14조 제1항에 따라 소득세법 제104조 제
1항 제1호에 따른 세율(기본세율)을 적용한다. 동 해석은 회신일 이후 결정·경정하는 분부터 적용한다
(예규 기획재정부재산-1422, 2023. 12. 26)

|참고| 조정대상지역 해제가 세법 등에 미치는 영향

구분	영향
양도소득세	· 해제 후 취득 시 1세대 1주택 비과세 요건 중 거주기간 요건 없음 · 일시적2주택 종전주택 처분기한 3년으로 통일 · 다주택자 중과세 없음 · 2018. 9. 14. 이후 취득·등록한 임대주택 중과세 없음
취득세	· 중과세율 적용 완화 · 증여취득 시 일반세율 적용 · 일시적 2주택 종전주택 처분기한 3년으로 통일
종합부동산세	· 중과세율 적용 완화 · 세부담상한율 150%로 적용 완화 · 2018. 9. 14. 이후 취득·등록한 임대주택 합산배제 가능
자금조달계획서	· 6억원 이상 거래의 경우 제출

◇　◇　◇

이번 장에서는 1세대 1주택 비과세 규정, 일시적2주택 등 1세대 1주택 비과세 특례주택, 1세대
1주택 특례주택과 조세특례제한법의 감면 또는 과세특례주택이 중첩 적용되어 비과세되는 경우
및 고가주택 등 양도소득세가 과세되는 경우 계산구조에 대해서 살펴보았다.

다음 장에서는 재개발·재건축 조합원입주권 양도 시 비과세 특례, 재개발·재건축 관련 주택의
양도 시 비과세 특례 및 조합원입주권 또는 재개발·재건축 완성주택을 양도하여 과세되는 경우
계산구조에 대해 살펴보기로 한다.

제3장

재개발·재건축과 양도소득세

제3장에서는 다음과 같은 내용을 살펴보기로 한다.

<table>
<tr><td>제1절</td><td># 재개발 · 재건축사업의 개요</td></tr>
</table>

1. 재개발 · 재건축사업 추진 절차

재개발 · 재건축 정비사업 진행 시 정비사업구역 내 토지 등 소유자는 재개발 · 재건축조합에 토지 등을 현물출자하고 조합은 출자받은 토지에 공동주택을 건축하여 조합원에게 먼저 분양하고 나머지는 일반분양한다. 그리고 사업이 완료되면 조합과 조합원은 정산하고 조합은 해산하는 과정을 거치게 된다. 「도시 및 주거환경정비법」에 따른 재개발 · 재건축사업은 일반적으로 다음과 같은 절차에 따라 진행된다.

정비구역지정
▼
재개발 · 재건축조합설립인가
▼
사업시행인가
▼
조합원분양신청
▼
관리처분계획인가
▼
조합원분양 및 동 · 호수 추첨
일반분양
▼
착공
▼
준공검사
입주
▼
소유권이전고시
권리확정 및 등기
▼
청산

2. 추진 절차와 양도소득세

위의 재개발·재건축사업 추진 절차 중에서 양도소득세와 관련된 내용을 살펴보면 다음과 같다.

(1) 현물출자와 양도

재개발·재건축사업의 사업구역 내 토지 등 소유자는 재개발·재건축조합에 토지 등을 현물출자하게 된다. 이러한 현물출자의 경우에도 자산을 유상으로 사실상 이전하는 것으로 보아 양도에 해당한다. 다만, 「도시개발법」이나 그 밖의 법률에 따른 환지처분으로 지목 또는 지번이 변경되거나 보류지保留地로 충당되는 경우에는 양도로 보지 않는다(소법 제88조 제1호 가목). 여기서 환지처분이란 「도시개발법」에 따른 도시개발사업, 「농어촌정비법」에 따른 농업생산기반 정비사업, 그밖의 법률에 따라 사업시행자가 사업완료 후에 사업구역 내의 토지 소유자 또는 관계인에게 종전의 토지 또는 건축물 대신 그 구역 내의 다른 토지 또는 사업시행자에게 처분할 권한이 있는 건축물의 일부와 그 건축물이 있는 토지의 공유지분으로 바꾸어 주는 것을 말한다(소령 제152조 제1항). 따라서 「도시 및 주거환경정비법」에 따른 재개발·재건축사업의 조합원이 조합에 현물출자하는 토지 등은 환지처분으로 보아 양도에 해당되지 않으므로 양도소득세가 과세되지 않는다. 그리고 재개발·재건축사업에서의 환지 개념은 입체환지에 가까워 재개발·재건축으로 완성되는 주택은 종전주택의 연장으로 본다.

(2) 사업시행인가일

사업시행인가일은 재개발·재건축 기간 중 거주하기 위하여 취득하는 대체주택의 비과세 규정에서 대체주택을 언제부터 취득해야 비과세를 적용받을 수 있는지에 대한 기산일이 된다.

(3) 관리처분계획인가일

관리처분계획인가일은 부동산이 조합원입주권으로 전환되는 권리변환일이 된다. 양도소득세에서는 권리변환일인 관리처분계획인가일이 중요한 의미를 가지므로 아래에서 추가적으로 살펴보기로 한다.

1) 부동산에서 조합원입주권으로의 권리전환 시기

재개발재·건축사업의 진행 과정에서 부동산이 부동산을 취득할 수 있는 권리인 조합원입주권으로 전환하게 된다. 양도소득세에서는 그 시기가 매우 중요하다. 왜냐하면 양도자는 부동산의 양도인지 부동산을 취득할 수 있는 권리인 조합원입주권의 양도인지, 매수자는 부동산의 매수인지 부동산을 취득할 수 있는 권리인 조합원입주권의 매수인지에 따라 양도소득세 비과세, 장기보유특별공제, 세율 등의 규정이 다르게 적용되기 때문이다.

부동산에서 조합원입주권으로 전환되는 시기, 즉 권리변환일은 「도시 및 주거환경정비법」에 따른 재개발사업이나 재건축사업의 경우는 관리처분계획인가일, 「빈집 및 소규모주택 정비에 관한 특례법」에 따른 정비사업의 경우에는 사업시행계획인가일을 말한다. 따라서 관리처분계획인가일부터 준공일까지는 조합원입주권이라는 부동산을 취득할 수 있는 권리를 보유하게 된다. 이 기간에 양도하는 것은 부동산이 아니라 조합원입주권이라는 부동산을 취득할 수 있는 권리를 양도하는 것이다. 또한 매수자는 부동산이 아니라 조합원입주권을 취득하는 것이다.

실무에서 관리처분계획인가일 이후 주택이 멸실되지 않은 상태에서 매매하는 경우 매매계약서는 부동산 매매계약서를 작성한다고 하더라도 양도나 취득하는 자산은 부동산이 아니라 조합원입주권이라는 것에 유의하여야 한다.

[권리변환일]

2) 관리처분계획인가일

관리처분계획이란 정비사업 시행구역에 있는 종전 토지 또는 건축물의 소유권과 지상권·전세권·임차권·저당권 등 소유권 이외의 권리를 사업시행계획에 따른 정비사업으로 조성한 토지와 축조한 건축시설에 관한 권리로 전환하여 배분하는 일련의 계획을 말한다.

관리처분계획인가란 사업시행자가 시장 또는 군수에게 신청한 관리처분계획 내용이 도시 및 주거환경정비법 및 조례에서 정한 관리처분계획의 기준 또는 정관에서 정한 분양 기준에 맞는지 여부를 해당 지방자치단체에서 결정하여 사업시행자에게 통보하는 절차를 말한다. 관리처분계획인가시에는 그 내용을 해당 지방자치단체의 공보에 고시하여야 한다.

관리처분계획인가일의 의미는 「도시 및 주거환경정비법」에 따른 조합원입주권의 권리가 확정된 날로서 지방자치단체의 공보에 고시한 날을 말한다(집행기준 89-156의2-1). 최초의 관리처분계획은 변경되기도 한다. 이 경우 조합원입주권의 취득시기는 최초 관리처분계획인가가 무효 또는 취소되지 않은 상태에서 주택재·개발재건축사업내용의 변경으로 관리처분계획이 변경 인가된 경우 최초 관리처분계획인가일에 당해 조합원입주권을 취득한 것으로 본다(예규 사전2020법령해석재산-612, 2020.8.26.).

3) 조합원입주권의 정의 및 범위

가) 조합원입주권의 정의

조합원입주권이란 「도시 및 주거환경정비법」에 따른 관리처분계획의 인가 및 「빈집 및 소규모주택 정비에 관한 특례법」에 따른 사업시행계획인가로 인하여 취득한 입주자로 선정된 지위를 말한다(소법 제88조 제9호).

나) 조합원입주권의 범위

조합원입주권의 범위는 「도시 및 주거환경정비법」에 따른 재개발사업, 재건축사업 또는 「빈집 및 소규모주택 정비에 관한 특례법」에 따른 가로주택정비사업, 자율주택정비사업, 소규모재개발사업 또는 소규모재건축사업을 시행하는 정비사업조합의 조합원으로서 취득한 것(그 조합원으로부터 승계취득한 것을 포함한다)으로 한정하며, 이에 딸린 토지를 포함한다(소법 제88조 제9호). 「빈집 및 소규모주택 정비에 관한 특례법」에 따른 가로주택정비사업, 자율주택정비사업, 소규모재개발사업의 시행에 따라 취득한 조합원입주권은 2022.1.1. 이후 취득하는 조합원입주권부터 포함된다.

| 참고 | 조합원입주권 전환시기 연혁

구분	2003.6.29. 이전	2003.6.30.~2005.5.30.	2005.5.31. 이후
재건축사업	사업계획승인일 (주택건설촉진법 제33조)	사업시행인가일 (도시정비법 제28조)	관리처분계획인가일 (도시정비법 제48조)
재개발사업	관리처분계획인가일 (도시재개발법 제34조)	관리처분계획인가일 (도시정비법 제48조)	관리처분계획인가일 (도시정비법 제48조)
소규모재건축사업	2018.2.9. 이후 사업시행계획인가일 (빈소주법)		
자율주택정비사업 가로주택정비사업 소규모재개발사업	2022.1.1. 이후 사업시행계획인가일 (빈소주법)		

* 도시정비법: 도시 및 주거환경정비법
* 빈소주법: 빈집 및 소규모주택정비에 관한 특례법

다) 원조합원과 승계조합원의 구분

양도소득세에서 원조합원이란 재개발·재건축의 관리처분계획인가일 이전에 부동산을 취득한 조합원을 말하며, 승계조합원이란 관리처분계획인가일 이후에 원조합원으로부터 조합원 지위를 양수받아 새롭게 지위를 취득한 조합원을 말한다. 원조합원과 승계조합원의 양도소득세 관련 적용 범위를 요약 정리하면 다음과 같다.

구분	원조합원	승계조합원
조합원입주권 비과세	적용 ○	적용 ×
조합원입주권 장기보유특별공제	적용 ○	적용 ×
조합원입주권 + 신규주택 ⇨ 조합원입주권 양도시 비과세	적용 ○	적용 ×
종전주택 + 조합원입주권 ⇨ 종전주택 양도시 비과세	적용 ×(주1)	적용 ○
완성주택 취득시기	종전주택 취득일	준공일(주2)
완성주택 장기보유특별공제 보유기간	종전주택 취득일 ~ 양도일	준공일 ~ 양도일

(주1) 상가 또는 토지를 소유한 원조합원이 주택조합원입주권을 받은 경우에는 가능
(주2) 빠른 날(① 사용승인서교부일 ② 임시사용승인일 ③ 사실상사용일)

(4) 준공일

사용승인서교부일(준공일)은 조합원입주권이 부동산으로 전환되는 시기에 해당한다. 그리고 승계조합원의 완성주택 취득시기가 된다. 이와 관련된 예규를 살펴보면 「소득세법」 제94조의 규정에 의한 양도소득세의 과세대상이 되는 자산의 종류를 판정함에 있어 「도시재개발법」에 의한 관리처분계획인가일 또는 주택건설촉진법에 의한 사업계획승인일(현재는 도시 및 주거환경정비법에 의한 관리처분계획인가일)부터 당해 재개발 또는 재건축아파트의 사용검사필증 교부일(사용검사 전에 사실상 사용하거나 사용승인을 얻은 경우에는 그 사실상의 사용일 또는 사용승인일)까지는 이를 부동산을 취득할 수 있는 권리로 보아 양도소득세를 과세한다고 해석하고 있다(예규 서면인터넷방문상담4팀-2135, 2007.7.11.). 따라서 준공일 이후에는 조합원입주권이 아니라 부동산으로 보아 양도소득세가 과세된다고 판단된다.

(5) 소유권이전고시일

소유권이전고시일의 다음날은 권리가액이 조합원분양가격 보다 큰 경우 수령하는 청산금에 대한 양도시기가 된다. 소유권이전고시일 이후 소유권에 관한 등기가 가능하다.

재개발·재건축과 관련한 양도소득세 규정은 크게 조합원입주권 양도 시 적용되는 비과세 및 과세에 대한 내용, 재개발·재건축 관련 주택의 양도 시 적용되는 비과세 및 과세에 대한 내용으로 나눌 수 있다. 다음 절부터는 재개발·재건축 관련 조합원입주권과 주택에 대한 비과세규정을 살펴본다. 그런 다음 조합원입주권과 재개발·재건축 관련 주택이 과세되는 경우 양도소득세 계산구조에 대해 살펴본다.

제2절 | 재개발·재건축 관련 비과세 개요

　주택, 조합원입주권, 분양권 관련 양도소득세 비과세 규정 중에서 이미 살펴본 내용은 1세대 1주택 비과세, 일시적 2주택 등 1세대 1주택 특례주택에 대한 비과세 규정이었다. 지금부터 살펴보는 내용은 재개발·재건축 관련 비과세 규정에 대한 것이다. 이번 절에서는 재개발·재건축 관련하여 비과세되는 유형을 살펴보고 다음 절 부터는 각 유형별 비과세 요건에 대해 살펴보기로 한다. 재개발·재건축 관련하여 비과세되는 유형은 크게 두 가지로 나누어 살펴볼 수 있다.

　첫째, 조합원입주권을 양도하는 경우 적용되는 비과세 유형이다. 조합원입주권을 양도하는 경우 적용되는 비과세 유형은 두 가지로 나누어 볼 수 있다.

　① 1세대 1조합원입주권 양도(소법 제89조 제1항 제4호 가목)

　　이 유형은 1세대 1주택 비과세 규정과 과세형평을 맞추기 위한 규정이다.

　② 1세대가 조합원입주권을 보유한 상태에서 신규주택을 취득한 후 조합원입주권 양도(소법 제89조 제1항 제4호 나목)

　　이 유형은 일시적 1세대 2주택 비과세 규정과 과세형평을 맞추기 위한 규정이다.

　둘째, 재개발·재건축 관련 주택을 양도하는 경우 적용되는 비과세 규정이다. 이 경우에도 비과세 유형은 두 가지 유형으로 나누어 볼 수 있다.

　① 1세대가 종전주택을 보유한 상태에서 조합원입주권을 취득한 후 종전주택 양도(소법 제89조 제2항, 소령 제156조의2 제3항 및 제4항)

　　이 유형은 일시적 1세대 2주택 비과세 규정과 과세형평을 맞추고 조합원입주권을 실거주 목적으로 취득한 경우 적용하는 비과세 특례 규정이다.

② 1주택을 소유한 1세대가 그 주택의 재개발·재건축사업의 시행기간 동안 거주하기 위해 취득한 대체주택 양도(소법 제89조 제2항, 소령 제156조의2 제5항)

2022.1.1. 이후부터는 「빈집 및 소규모주택 정비에 관한 특례법」에 따른 가로주택정비사업, 자율주택정비사업, 소규모재개발사업(소규모재건축사업은 2018.2.9.)과 관련된 조합원입주권 및 주택에 대한 양도세 규정은 「도시및주거환경정비법」의 재개발·재건축사업 관련 양도세 규정과 동일하게 적용된다. 따라서 이 책에서는 재개발·재건축의 범위에는 「빈집 및 소규모주택 정비에 관한 특례법」에 따른 가로주택정비사업, 자율주택정비사업, 소규모 재개발사업 및 소규모재건축사업을 포함하는 것으로 하여 설명하기로 한다.

[주택 및 조합원입주권 관련 비과세 유형]

비과세 원칙	비과세 특례			
	1세대 1주택 특례	조합원입주권 특례		
		유형	관련법령	조합원구분
1세대 1주택 주택 양도	일시적 2주택 주택 양도	❶ 1조합원입주권 ⇨ 조합원입주권 양도	소법 제89조 제1항 제4호 가목	원조합원
		❷ 조합원입주권 + 주택 ⇨ 조합원입주권 양도	소법 제89조 제1항 제4호 나목	원조합원
		❸ 주택 + 조합원입주권 ⇨ 주택 양도	소법 제89조 제2항 소령 제156조의2 제3항 및 제4항	승계조합원
		❹ 대체주택 + 조합원입주권 ⇨ 대체주택 양도	소법 제89조 제2항 소령 제156조의2 제5항	원조합원

<table>
<tr><td>제3절</td><td>조합원입주권 양도와 비과세</td></tr>
</table>

조합원입주권을 양도하는 경우 적용되는 1세대 1주택 비과세 특례유형은 조합원입주권을 1개 보유한 1세대가 그 조합원입주권을 양도하는 경우와 1조합원입주권 외에 1주택을 보유한 1세대가 조합원입주권을 양도하는 경우로 나누어 볼 수 있다.

[조합원입주권 비과세 특례]

유형	관련법령	조합원구분
❶ 1조합원입주권 ⇨ 조합원입주권 양도	소법 제89조 제1항 제4호 가목	원조합원
❷ 조합원입주권 + 주택 ⇨ 조합원입주권 양도	소법 제89조 제1항 제4호 나목	원조합원

1. 1세대 1조합원입주권

(1) 비과세 특례 요건

조합원입주권을 1개 보유한 1세대가 그 조합원입주권을 양도하는 경우에는 양도소득세를 과세하지 아니한다. 조합원입주권을 1개 보유한 1세대란 「도시 및 주거환경정비법」에 따른 관리처분계획인가일 및 「빈집 및 소규모주택 정비에 관한 특례법」에 따른 사업시행계획인가일(인가일 전에 기존주택이 철거되는 때에는 기존주택의 철거일) 현재 1세대 1주택 비과세 요건을 충족하는 기존주택을 소유한 세대를 말한다. 이 경우 1세대가 양도일 현재 다른 주택 또는 분양권을 보유하지 않아야 한다. 다만, 해당 조합원입주권의 양도 당시 실지거래가액이 12억원을 초과하는 경우에는 양도소득세를 과세한다(소법 제89조 제1항 제4호 가목).

이 규정은 1세대가 1주택을 양도하는 경우 비과세하는 규정과 과세형편을 맞추기 위한 규정으로 볼 수 있다.

핵심포인트 1세대 1조합원입주권 ⇨ 조합원입주권 양도 시 비과세 특례 요건

㈜ 관처일: 관리처분계획인가일

❶ 관리처분계획인가일 현재 1세대 1주택 비과세 요건을 충족한 기존주택이 조합원입주권으로 전환된 것일 것
❷ 양도일 현재 다른 주택 또는 분양권을 보유하지 아니할 것

(2) 비과세 특례 관련 생각지도

아래에서는 조합원입주권 양도 시 적용되는 비과세 특례 요건 중에서 쟁점이 될 수 있는 내용을 예규 및 판례를 통해 조금 더 살펴보기로 한다.

1) 관리처분계획인가일 현재 1주택이어야 하는지 여부

관리처분계획인가일 현재 1세대가 다주택을 소유하다 그 중 1주택이 조합원입주권으로 전환되고 나머지 주택은 모두 양도한 후 마지막 남은 조합원입주권을 양도하는 경우 조합원입주권 비과세 특례 규정을 적용할 수 있을까? 이와 관련된 예규를 살펴보면 관리처분계획인가일 현재 1주택이 아니어도 1조합원입주권 양도에 대한 비과세 특례 적용이 가능하다고 해석하고 있다(예규 기획재정부 조세법령운용과-590, 2021.7.6.). 따라서 관리처분계획인가일 현재 다주택이라 하더라도 조합원입주권 양도일 현재 다른 주택이나 분양권이 없다면 조합원입주권 비과세 특례를 적용받을 수 있을 것으로 판단된다.

2) 관리처분계획인가일 이후에도 철거되지 않고 주택으로 사용한 기존주택의 보유기간 산정방법

관리처분계획의 인가일 이후에도 기존주택이 철거되지 않고 사실상 주거용으로 사용되고 있는 경우에는 해당 기간을 1세대 1주택 비과세 특례 적용을 위한 보유기간 및 거주기간에 합산한다(예규 사전2019법령해석재산-739, 2021.7.23.).

| 참고 | 관리처분계획인가일 이후 기존주택 거주기간의 장기보유특별공제 [표2] 판정 시 포함여부

관리처분계획인가일 이후 철거하지 않는 기존주택에 거주하는 경우, 해당 거주기간은 장기보유특별공제 [표2] 적용대상 여부를 판정함에 있어서는 포함하여 판정하는 것이나, [표2]의 거주기간별 공제율 산정시에는 해당 거주기간을 제외한다(예규 사전법규재산2023-141, 2023.11.30.).

3) 다른 주택의 범위

앞에서 살펴본 비과세 특례 요건 중 양도일 현재 다른 주택 또는 분양권을 보유하지 않아야 한다는 요건이 있다. 그러면 조합원입주권과 일시적2주택 등 1세대 1주택 비과세 특례주택과 조세특례제한법에서 다른 주택 양도 시 주택으로 보지 않는 감면 또는 과세특례주택을 보유하는 경우 조합원입주권 양도 시 비과세 특례 규정을 적용할 수 있을까?

가) 다른 주택에서 제외되는 주택

먼저 일시적 1조합원입주권과 1주택은 다음에 살펴보는 비과세 특례 유형에서 알 수 있듯이 다른 주택의 범위에서 제외한다. 또한 관련 예규를 살펴보면 조세특례제한법에서 다른 주택 양도 시 주택으로 보지 않는 감면 또는 과세특례주택은 다른 주택의 범위에서 제외한다고 해석하고 있다(예규 서면법령해석재산2018-1129, 2019.10.25.).

나) 다른 주택에서 제외되지 않는 주택

상속주택(판례 조심2021인-3099, 2021.10.8., 조심2021서-1117, 2022.8.10.), 장기임대주택 등 1세대 1주택 특례주택은 다른 주택의 범위에서 제외하지 않는다.

장기임대주택과 관련된 판례를 살펴보면 양도일 현재 1조합원입주권을 1세대가 그 조합원입주권을 양도하는 경우 다른 주택을 보유하지 아니한 경우에만 양도소득세 비과세를 적용받을 수 있도록 규정하고 있는바, 설령 다른 주택의 범위에 관한 구체적인 규정이 없다 하더라도 조합원입주권의 양도 당시 보유한 장기임대주택을 다른 주택에서 제외되는 것으로 볼 수 없다고 판단하고 있다(판례 조심2021중-2683, 2021.7.14.).

여기서 생각을 조금 더 확장하여 거주주택이 조합원입주권으로 전환되어 그 조합원입주권을 양도하는 경우 비과세 특례 규정을 적용할 수 있을까?

장기임대주택과 그 밖의 1주택(거주주택)을 국내에 소유하고 있는 1세대가 소득세법 시행령 제

155조 제20항의 요건을 모두 충족하고 거주주택을 양도하는 경우에는 국내에 1개의 주택을 소유하고 있는 것으로 보아 1세대 1주택 비과세 규정을 적용하는 것이나, 거주주택이 관리처분계획인가 후 조합원입주권으로 전환되어 그 조합원입주권을 양도하는 경우에는 해당 규정이 적용되지 않는다(예규 서면2017법령해석재산-1581, 2018. 4. 18.).

| 참고 | 1+1 조합원입주권과 비과세

1세대 1주택자가 주택재건축정비사업으로 2개의 조합원입주권을 배정받아 동시에 양도하는 경우 양도소득세 비과세 판단은 어떻게 하여야할까? 이와 관련된 예규에서는 관리처분계획인가에 따라 취득한 조합원입주권 2개를 같은 날 1인에게 모두 양도하는 경우 당해 거주자가 선택하여 먼저 양도하는 조합원입주권 1개는 양도소득세가 과세되는 것이며, 나중에 양도하는 조합원입주권 1개는 1세대 1주택 비과세 특례가 적용된다고 해석하고 있다(예규 서면2016법령해석재산-2865, 2016. 2. 23.).

| 참고 | 1+1 입주권으로 완성된 주택의 전매제한

1+1 분양은 종전부동산 평가액의 범위 또는 종전 주택의 주거전용면적의 범위에서 2주택을 공급할 수 있고, 이 중 1주택은 주거전용면적을 60제곱미터 이하로 한다. 다만, 60제곱미터 이하로 공급받은 1주택은 제86조제2항에 따른 이전고시일 다음 날부터 3년이 지나기 전에는 주택을 전매(매매·증여나 그 밖에 권리의 변동을 수반하는 모든 행위를 포함하되 상속의 경우는 제외한다)하거나 전매를 알선할 수 없다(도시 및 주거환경정비법 제76조 제1항 제7호 라목).

---

2. 일시적 1세대 1조합원입주권과 1주택

(1) 비과세 특례 요건

양도일 현재 1조합원입주권 외에 1주택을 보유한 경우(분양권을 보유하지 아니하는 경우로 한정한다)로서 해당 1주택을 취득한 날부터 3년 이내에 해당 조합원입주권을 양도하는 경우 양도소득세를 과세하지 아니한다(소법 제89조 제1항 제4호 나목). 이 경우 양도하는 조합원입주권은 「도시 및 주거환경정비법」에 따른 관리처분계획인가일 및 「빈집 및 소규모주택 정비에 관한 특례법」에 따른 사업시행계획인가일(인가일 전에 기존주택이 철거되는 때에는 기존주택의 철거일) 현재 1세대 1주택 비과세 요건을 충족하는 기존주택이 조합원입주권으로 전환되어야 한다.

이 규정은 일시적 2주택 중 종전주택을 양도하는 경우 비과세 규정을 적용하는 것과 과세형평을 맞추기 위한 규정이다. 그런데 차이점은 일시적 2주택 규정에서는 종전주택을 취득한 날로부터 1년 이상이 지나 신규주택을 취득해야 하지만 일시적 1조합원입주권과 1주택 비과세 요건에서는 이러한 규정이 없다.

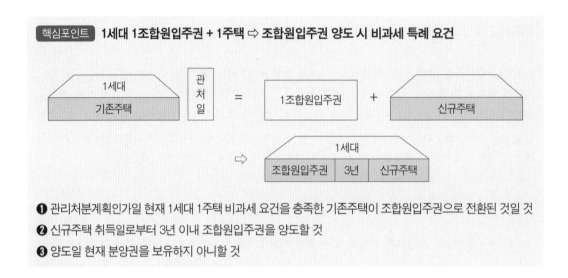

❶ 관리처분계획인가일 현재 1세대 1주택 비과세 요건을 충족한 기존주택이 조합원입주권으로 전환된 것일 것
❷ 신규주택 취득일로부터 3년 이내 조합원입주권을 양도할 것
❸ 양도일 현재 분양권을 보유하지 아니할 것

(2) 비과세 특례 관련 생각지도

1) 일시적 2주택 중 종전주택이 조합원입주권으로 전환된 경우

위에서 살펴본 내용은 관리처분계획인가일 현재 1세대 1주택 비과세 요건을 충족하는 기존주택이 조합원입주권으로 전환된 후 신규주택을 취득하고 신규주택 취득일로부터 3년 이내에 조합원입주권을 양도하는 경우 적용되는 비과세 특례 규정이다.

그러면 일시적 2주택 상태에서 종전주택이 조합원입주권으로 전환된 후 그 조합원입주권을 신규주택 취득일로부터 3년 이내에 양도하는 경우 비과세 적용이 가능할까? 이에 대해 관련 예규에서는 1세대가 종전주택과 신규주택을 보유한 상태에서 종전주택이 조합원입주권으로 전환된 이후 해당 조합원입주권을 양도하는 경우로서, 신규주택을 취득한 날부터 3년 이내에 해당 조합원입주권을 양도하는 경우 비과세 특례를 적용받을 수 있다고 해석하고 있다(예규 서면2021법규재산-2140, 2022.3.29.).

2) 조합원입주권 승계취득 후 주택을 취득한 경우

조합원입주권을 승계취득하고 주택을 취득한 후 조합원입주권을 양도하는 경우에는 조합원입주권 비과세 특례 규정을 적용할 수 없다. 왜냐하면 관리처분계획인가일 현재 1세대 1주택 비과세 요건을 충족하는 기존주택이 조합원입주권으로 전환된 경우가 아니기 때문이다.

3) 종전주택이 조합원입주권으로 전환된 후 조합원입주권을 승계취득하여 2개의 조합원입주권을 보유한 경우 비과세 특례 규정 적용 방법

1세대가 종전주택(A)이 관리처분계획인가에 따라 전환된 조합원입주권(A')의 양도일 현재 승계받은 조합원입주권(B)을 포함하여 2개의 조합원입주권(A', B)을 보유한 경우로서, 승계받은 조합원입주권(B)이 주택(B')으로 완성되기 전에 해당 조합원입주권(A')을 양도하는 경우, 「소득세법 시행령」 제156조의2(주택과 조합원입주권을 소유한 경우 1세대1주택의 특례 규정) 제3항 또는 제4항 및 「소득세법」 제89조 제1항 제4호(조합원입주권 양도)에 따른 비과세 특례를 적용받을 수 없다.

하지만 조합원입주권(A') 양도일 현재 승계받은 조합원입주권(B)이 주택(B')으로 완성된 경우로서 해당 주택(B')의 취득일(준공일)부터 3년 이내에 동 조합원입주권(A')을 양도하는 경우에는 「소득세법」 제89조 제1항 제4호 나목에 따른 조합원입주권 비과세 특례 규정을 적용한다(관련 예규 서면-2021-법규재산-6289, 2023. 1. 12.).

💡 생각정리 노트

위 예규에 따르면 원조합원 조합원입주권 + 승계조합원 조합원입주권을 보유한 상태에서 원조합원 조합원입주권을 양도하는 경우에는 비과세 특례 규정을 적용할 수 없고, 승계취득한 조합원입주권이 주택으로 완공되어 원조합원 조합원입주권 + 신규주택인 상태에서 신규주택 취득일(준공일)로부터 3년 이내에 양도하는 원조합원 조합원입주권은 「소득세법」 제89조 제1항 제4호 나목(조합원입주권과 주택을 보유한 상태에서 주택 취득일로부터 3년 이내에 조합원입주권을 양도하는 경우 적용되는 비과세 특례 규정)에 따른 비과세 특례를 적용할 수 있을 것으로 판단된다.

지금까지 양도일 현재 1세대가 1조합원입주권을 보유하는 상태에서 조합원입주권을 양도하는 경우, 1조합원입주권과 1주택을 보유한 상태에서 조합원입주권을 양도하는 경우 비과세 규정에 대해 살펴보았다. 다음 절에서는 재개발·재건축 관련 주택을 양도하는 경우 적용되는 비과세 특례 규정을 살펴보기로 한다.

제4절	재개발 · 재건축 관련 주택의 양도와 비과세

「도시 및 주거환경정비법」에 따른 재건축사업 또는 재개발사업, 「빈집 및 소규모주택 정비에 관한 특례법」에 따른 가로주택정비사업, 자율주택정비사업, 소규모재개발사업, 소규모재건축사업과 관련된 주택을 양도하는 경우 원칙적으로 비과세 규정을 적용하지 않는다. 다만, 재개발 · 재건축사업 또는 소규모재건축사업 등의 시행기간 중 거주를 위하여 주택을 취득하는 경우나 그 밖의 부득이한 사유가 있는 경우에는 1세대 1주택 비과세 규정을 적용한다(소법 제89조 2항).

그 유형을 살펴보면 1주택을 소유한 1세대가 그 주택(종전의 주택)을 양도하기 전에 조합원입주권을 취득함으로써 일시적으로 1주택과 1조합원입주권을 소유하게 된 경우 또는 1주택을 소유한 1세대가 그 주택에 대한 재개발사업, 재건축사업 또는 소규모재건축사업 등의 시행기간 동안 거주하기 위하여 다른 주택(대체주택)을 취득한 경우가 있다.

[재개발 · 재건축 관련 주택 비과세 특례]

유형	관련법령	조합원구분
❶ 종전주택 + 조합원입주권(완성주택) 　⇨ 종전주택 양도	소법 제89조 제2항 소령 제156조의2 제3항 및 제4항	승계조합원
❷ 대체주택 + 조합원입주권(완성주택) 　⇨ 대체주택 양도	소법 제89조 제2항 소령 제156조의2 제5항	원조합원

1. 주택과 조합원입주권을 소유한 경우 1세대 1주택 비과세 특례

(1) 비과세 특례 요건

1세대가 주택과 조합원입주권을 보유하다가 주택을 양도하는 것이 일시적 소유 목적 또는 실거주 목적에 해당하는 경우에는 1세대 1주택의 특례로서 비과세 규정을 적용한다.

1) 일시적 1주택과 1조합원입주권

국내에 1주택을 소유한 1세대가 그 주택(종전주택)을 양도하기 전에 조합원입주권을 취득함으로써 일시적으로 1주택과 1조합원입주권을 소유하게 된 경우 종전주택을 취득한 날부터 1년 이상이 지난 후에 조합원입주권을 취득하고, 그 조합원입주권을 취득한 날부터 3년 이내에 종전주택을 양도하는 경우에는 이를 1세대 1주택으로 보아 비과세 규정을 적용한다(소령 제156조의2 제3항).

이 규정은 일시적 2주택 비과세 규정과 과세형평을 맞추기 위한 규정으로 볼 수 있다.

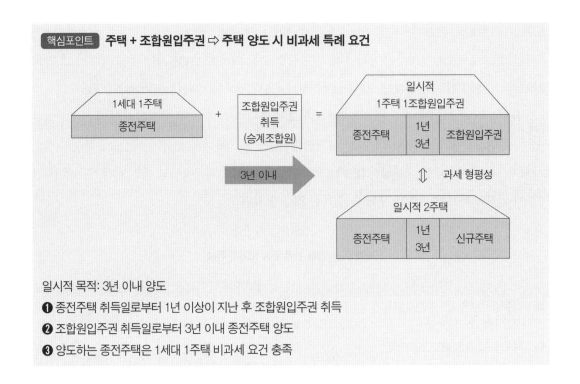

핵심포인트 **주택 + 조합원입주권 ⇨ 주택 양도 시 비과세 특례 요건**

일시적 목적: 3년 이내 양도
❶ 종전주택 취득일로부터 1년 이상이 지난 후 조합원입주권 취득
❷ 조합원입주권 취득일로부터 3년 이내 종전주택 양도
❸ 양도하는 종전주택은 1세대 1주택 비과세 요건 충족

2) 실거주 목적의 조합원입주권

국내에 1주택을 소유한 1세대가 그 주택을 양도하기 전에 조합원입주권을 취득하고 조합원입주권을 취득한 날부터 3년이 지나 종전주택을 양도하는 경우로서 다음의 요건(사후관리요건)을 모두 갖춘 때에는 이를 1세대 1주택으로 보아 비과세 규정을 적용한다(소령 제156조의2 제4항).

① 종전주택 취득 후 1년 이상이 지난 후에 조합원입주권 취득(2022. 2. 15. 이후 취득하는 조합원입주권부터 적용한다)
② 주택이 완성된 후 3년 이내 이사하여 1년 이상 계속 거주

재개발사업, 재건축사업 또는 소규모재건축사업 등의 관리처분계획 등에 따라 취득하는 주택이 완성된 후 3년 이내에 그 주택으로 세대 전원이 이사하여 1년 이상 계속하여 거주해야 한다. 여기서 거주하는 경우에는 취학, 근무상의 형편, 질병의 요양 그 밖의 부득이한 사유로 세대의 구성원 중 일부가 이사하지 못하는 경우를 포함한다.

③ 주택이 완성되기 전 또는 완성된 후 3년 이내에 종전주택 양도

재개발사업, 재건축사업 또는 소규모재건축사업 등의 관리처분계획 등에 따라 취득하는 주택이 완성되기 전 또는 완성된 후 3년 이내에 종전주택을 양도해야 한다.

따라서 종전주택을 조합원입주권 취득일로부터 3년이 지나 양도하는 경우라도 그 조합원입주권으로 완성되는 주택에 실거주하는 경우에는 비과세 특례를 적용받을 수 있다.

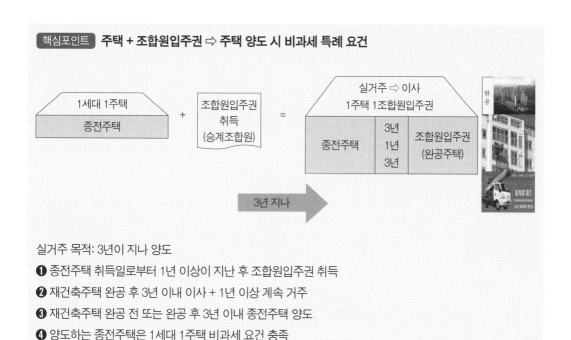

핵심포인트 주택 + 조합원입주권 ⇨ 주택 양도 시 비과세 특례 요건

실거주 목적: 3년이 지나 양도
❶ 종전주택 취득일로부터 1년 이상이 지난 후 조합원입주권 취득
❷ 재건축주택 완공 후 3년 이내 이사 + 1년 이상 계속 거주
❸ 재건축주택 완공 전 또는 완공 후 3년 이내 종전주택 양도
❹ 양도하는 종전주택은 1세대 1주택 비과세 요건 충족

(2) 비과세 특례 관련 생각지도

아래에서는 주택과 조합원입주권을 소유한 경우 1세대 1주택 비과세 특례 요건을 예규 및 판례

를 통하여 조금 더 살펴보기로 한다.

1) 1세대 2주택자의 신규주택이 조합원입주권으로 전환된 후 종전주택 양도 시 비과세 특례 적용 여부

종전주택과 신규주택이 일시적 2주택 상태에서 신규주택이 조합원입주권으로 전환되는 경우에는 비과세 특례를 적용받을 수 있을까? 예를 들어 2004년 5월 갑은 서울시 광진구 소재 A주택을 취득하여 거주 중에 있는 상태에서 2009년 11월 서울시 강동구 소재 B주택을 취득하였다. 그 후 B주택은 재건축지구로 지정되어 2014년 10월 관리처분계획인가에 따라 조합원입주권으로 전환되었다.

이런 상황에서 A주택을 B주택 취득일로부터 3년 이내 양도하는 경우 1세대 1주택 비과세 특례를 적용할 수 있을까? 이와 관련된 예규를 살펴보면 일시적으로 2주택이 된 상태에서 B주택이 「도시 및 주거환경정비법」에 따른 재건축사업의 관리처분계획인가로 조합원입주권을 취득한 경우, B주택을 취득한 날부터 3년 이내에 A주택을 양도하는 경우에는 「소득세법 시행령」 제155조 제1항에 따른 1세대 1주택 비과세 특례가 적용된다고 해석하고 있다(예규 서면2019부동산-1050, 2019.5.27.).

💡 생각정리 노트

위 예규를 살펴보면 비과세 특례 여부를 판단하는 세법의 규정이 소득세법 시행령 제156조의2 주택과 조합원입주권을 소유한 경우 1세대 1주택 비과세 특례 규정이 적용되는 것이 아니라 동 령 제155조 제1항 일시적 2주택 비과세 특례 규정이 적용된다고 해석하고 있다. 따라서 이 경우 유의할 것은 조합원입주권을 취득한 날로부터 3년이 아니라 신규주택을 취득한 날로부터 3년 이내에 종전주택을 양도하여야 비과세 특례를 적용받을 수 있을 것으로 판단된다.

2) 2주택과 1조합원입주권 소유 상태에서 1주택을 양도하고 그 후에 입주권 취득일로부터 3년이 지나 종전주택을 양도하는 경우 비과세 특례 적용 여부

예를 들어 A주택과 B주택을 취득한 상태에서 1년 이상이 지난 2017년 5월 C조합원입주권을 승계취득하고 B주택을 양도한 후, C조합원입주권이 2022년 10월 주택으로 준공되어 그 주택으로 2022년 12월 입주하여 거주하던 중 C조합원입주권 취득일로부터 3년이 지나 A주택을 양도하는 경우 소득세법 시행령 제156조의2 제4항의 비과세 특례 규정을 적용할 수 있을까? 이와 관련된 예규를 살펴보면 양도일 현재 기준으로 소득세법 시행령 제156조의2 제4항 각호의 요건을 모두 갖춘 때에는 이를 1세대 1주택으로 보아 비과세 특례 규정을 적용하는 것으로 해석하고 있다(예규 사전2020법령해석재산-357, 2020.6.4., 서면2017부동산-1277, 2017.11.13.).

3) 1주택 보유 세대가 1주택과 1조합원입주권을 상속받은 후 상속받은 1주택 처분 후 종전주택 양도 시 비과세 여부

1세대가 국내에 1주택(A)을 소유한 상태에서 1주택(B)과 1조합원입주권(C)을 상속받은 경우로서 B주택을 먼저 양도하고, 조합원입주권(C)을 취득한 날로부터 3년이 지나 A주택을 양도하는 경우「소득세법 시행령」제156의2 제4항 각 호의 요건을 모두 갖춘 때에는 이를 1세대 1주택으로 보아 비과세 특례 규정을 적용한다(예규 서면2022부동산-3075, 2023.08.09.).

4) 1주택과 상가 또는 토지를 소유한 1세대가 상가 또는 토지가 조합원입주권으로 전환된 상태에서 주택을 양도하는 경우 비과세 특례 적용 여부

1주택 소유 중 상가건물의 재개발로 조합원입주권을 취득함으로써 일시적으로 1주택과 1조합원입주권을 소유하게 된 경우 소득세법 시행령 제156조의2 제3항 또는 제4항의 요건을 충족하면 1세대 1주택으로 본다(예규 재산-1708, 2008.7.16.).

또한 1주택 소유자가 나대지를 취득한 후 나대지가 주택재개발사업이 시행되어 조합원입주권으로 변경된 경우 소득세법 시행령 제156조의2 제3항 또는 제4항의 요건을 충족하면 1세대 1주택으로 본다(예규 재산-4030, 2008.12.1.).

2. 대체주택 비과세 특례

대체주택이란 재개발사업, 재건축사업 또는 소규모재건축사업 등의 시행기간 동안 거주하기 위하여 취득한 주택을 말한다. 이처럼 국내에 1주택을 소유한 1세대가 그 주택에 대한 재개발사업, 재건축사업 또는 소규모재건축사업 등의 시행기간 동안 거주하기 위하여 대체주택을 취득한 경우로서 아래의 요건을 모두 갖추어 대체주택을 양도하는 때에는 이를 1세대 1주택으로 보아 비과세 규정을 적용한다. 이 경우에는 보유기간 및 거주기간의 제한을 받지 아니한다. 「빈집 및 소규모주택 정비에 관한 특례법」에 따른 가로주택정비사업, 자율주택정비사업, 소규모재개발사업의 경우에는 2022년 1월 1일 이후 취득하는 조합원입주권부터 적용한다.

(1) 비과세 특례 요건

1) 사업시행인가일 이후 대체주택을 취득하여 1년 이상 거주

재개발사업, 재건축사업 또는 소규모재건축사업 등의 사업시행인가일 이후 대체주택을 취득하여 1년 이상 거주하여야 한다.

2) 주택이 완성된 후 3년 이내 이사하여 1년 이상 계속 거주

재개발사업, 재건축사업 또는 소규모재건축사업 등의 관리처분계획 등에 따라 취득하는 주택이 완성된 후 3년 이내에 그 주택으로 세대 전원이 이사하여 1년 이상 계속하여 거주(취학, 근무상의 형편, 질병의 요양, 그 밖에 부득이한 사유로 세대원 중 일부가 이사하지 못하는 경우를 포함)하여야 한다.

3) 주택이 완성되기 전 또는 완성된 후 3년 이내에 대체주택 양도

재개발사업, 재건축사업 또는 소규모재건축사업 등의 관리처분계획 등에 따라 취득하는 주택이 완성되기 전 또는 완성된 후 3년 이내에 대체주택을 양도하여야 한다.

핵심포인트 대체주택 양도 시 비과세 특례 요건

❶ 사업시행인가일 이후 대체주택 취득 + 1년 이상 거주
❷ 재건축주택이 완공된 후 3년 이내 이사 + 1년 이상 계속 거주
❸ 재건축주택이 완공되기 전 또는 완공된 후 3년 이내 대체주택 양도

(2) 대체주택 관련 생각지도

아래에서는 대체주택 비과세 특례 관련 쟁점이 될 수 있는 내용을 예규 및 판례를 통하여 조금 더 살펴보기로 한다.

1) 재개발·재건축 시행기간 전에 기존주택에서 거주하지 않은 경우

재개발·재건축사업시행기간 중 거주하기 위하여 취득한 대체주택의 비과세 특례 규정을 적용함에 있어 재개발·재건축 시행기간 전에 기존주택에서 거주하지 않은 경우에도 적용된다(예규 재산세과-2069, 2008.7.31.).

2) 조합원입주권을 승계취득한 후 대체주택을 취득하는 경우

조합원입주권을 승계취득한 경우는 대체주택 비과세 특례 적용 대상에 해당하지 않는다(판례 조심2021서-2348, 2021.12.7.).

3) 분양받은 주택을 재건축주택 공사기간 중 거주한 대체주택으로 사용한 경우

사업시행인가일 전에 분양받은 주택을 사업시행인가일 이후에 취득하여 대체주택의 실거주요

건을 충족한 경우 1세대 1주택 비과세 특례 규정을 적용받을 수 있다(집행기준 89-156의2-12).

4) 재건축사업 시행기간 중에 다른 재건축조합원입주권으로 대체주택을 취득한 경우

재건축사업시행기간 중에 조합원입주권으로 주택을 취득한 경우 이를 대체주택을 취득한 경우로 볼 수 있다(판례 조심2008서-2973, 2009. 1. 19.).

5) 사업시행인가일 현재 다주택자인 경우

대체주택에 대한 비과세 특례 규정은 국내에 1주택을 소유한 1세대가 그 주택에 대한 재개발사업 또는 재건축사업의 시행기간 동안 거주하기 위하여 대체주택을 사업시행인가일 이후 취득한 경우 적용되는 규정이다. 그러면 사업시행인가일 현재 다주택자인 경우에는 대체주택 비과세 특례를 적용할 수 없는 것일까?

이에 대해 관련 판례에서는 대체주택에 대하여 사업시행인가일 이후 취득할 것을 요건으로 하고 있을 뿐 소득세법령 어디에도 사업시행인가일에 1세대가 2주택 이상을 보유한 경우 비과세대상 대체주택에서 제외한다는 규정이 없음을 감안하면, 사업시행인가일에 1세대 2주택인 경우는 비과세대상에서 제외된다고 해석하는 것은 조세법률주의에 부합하는 해석으로 보기 어렵다고 판단하고 있다(판례 조심2021서-5174, 2022. 11. 07.).

하지만 기존 예규에서는 재건축대상 주택 사업시행인가일 현재 2주택 이상인 상태에서 취득하는 대체주택은 특례 규정을 적용하지 않는다고 해석하였으나 위의 판례를 반영하여 예규를 변경하였다. 그 내용을 살펴보면 대체주택 비과세 특례 규정은 대체주택 취득일을 기준으로 1주택을 소유한 1세대인 경우에 적용되는 것으로 대체주택 취득일 현재 2주택 이상을 소유한 경우에는 해당 특례 규정이 적용되지 않으며, 동 해석은 회신일 이후 결정·경정하는 분부터 적용된다고 해석하고 있다(예규 기획재정부재산-1270, 2023. 10. 23.).

6) 재건축사업 시행기간 동안 거주하기 위하여 대체주택을 취득한 상태에서 주택을 상속받은 경우

1주택을 소유하고 있는 1세대가 재건축사업 시행기간 동안 거주하기 위하여 대체주택을 취득한 상태에서 「소득세법 시행령」 제155조 제2항에 따른 주택을 상속받은 경우로서 대체주택 요건을 충족하고 양도하는 경우에는 1세대 1주택 비과세 규정을 적용받을 수 있다(집행기준 89-156의2-16).

7) 사업시행인가일 이후 주택 2채를 취득하고 1채를 양도한 후 나머지 1주택을 양도한 경우

「소득세법 시행령」 제156조의2 제5항에 규정된 대체주택에 대한 비과세 특례를 적용함에 있어 사업시행인가일 이후 취득한 주택이 2개 이상인 경우 먼저 양도하는 주택은 양도소득세가 과세되는 것이며, 나머지 주택이 양도일 현재 대체주택에 대한 비과세 요건을 갖춘 경우 이를 1세대 1주택으로 보아 양도소득세가 비과세된다(예규 재산세과-191, 2009. 9. 11.).

3. 재개발 · 재건축으로 완성된 1세대 1주택의 비과세

(1) 준공 후 소유권이전고시 전 양도 시 미등기 여부

준공일 이후 소유권이전고시일 전 소유권보존등기를 하지 않는 상태에서 양도한 경우 미등기 양도자산에 해당하는 것일까? 이와 관련된 예규를 살펴보면 재건축아파트의 경우 준공 후 이전고시 후에 등기가 가능한 바 재건축아파트의 조합원 명의를 매수자로 변경하여 추후 매수인 명의로 보존등기하는 경우 1세대1주택 비과세를 판단함에 있어 미등기전매에 해당하는지 여부에 대한 질의에 대해 준공된 재건축아파트를 이전고시 전에 양도하는 경우에는 법률의 규정 또는 법원의 결정에 의하여 양도당시 그 자산의 취득에 관한 등기가 불가능한 자산에 해당하므로 미등기 양도 자산으로 보지 않는다고 해석하고 있다(부동산거래관리-10, 2010. 1. 5.).

이와 유사한 예규를 살펴보면 사용승낙이 허용되고, 전세입주를 시킨 조합아파트가 보존등기가 나지 않는 아파트 양도 시 보존등기가 되지 않은 조합아파트를 양도한 경우 부동산에 대한 권리의 양도로 보는지에 대해 미등기 제외 자산에는 법률의 규정에 의하여 양도 당시 그 자산의 취득에 관한 등기가 불가능한 자산을 포함하는 것으로, 재개발조합 아파트의 준공검사가 완료되고 당해 사업인가 기관의 촉탁등기 미이행으로 취득등기가 안된 경우는 미등기 제외 자산으로 보는 것이며, 1세대 1주택 비과세요건 판정 시 주택으로 보는 것이라고 해석하고 있다(예규 재일46014-502, 1995. 3. 4.).

(2) 완성주택의 1세대 1주택 비과세 요건

1) 원조합원인 경우

「도시 및 주거환경정비법」에 의한 재개발·재건축한 주택 또는 「빈집 및 소규모주택 정비에 관한 특별법」의 정비사업에 따라 완성된 주택을 양도하는 경우로서 그 주택이 1세대 1주택 비과세 요건을 충족하는 경우에는 비과세 규정을 적용한다. 이 경우 비과세 요건은 원칙적인 1세대 1주택 비과세 요건인 보유기간 2년 이상, 취득 당시 조정대상지역인 경우 거주기간 2년 이상 요건을 말한다. 보유기간의 계산은 멸실된 종전주택의 보유기간과 재건축공사기간 및 재건축한 완성주택의 보유기간을 합산하여 계산한다. 거주기간의 계산은 멸실된 종전주택에서의 거주기간과 완성주택에서의 거주기간을 통산하여 계산한다(예규 부동산거래관리과-447, 2010.3.23.).

핵심포인트 **보유기간 및 거주기간의 계산 방법**

구분	종전주택	공사기간	재건축주택
보유기간	포함	포함	포함
거주기간	포함	포함하지 않음	포함

한편, 재개발·재건축사업 등의 조합원이 당해 조합에 기존주택과 부수토지를 이전하고 청산금을 납부하여 새로 주택을 분양받은 경우로서 해당 재개발·재건축주택의 부수토지 면적이 기존주택의 부수토지 면적보다 증가하거나 건물의 면적이 증가할 수 있다. 이 경우 그 증가된 부수토지는 재개발·재건축사업 등에 따라 새로 취득한 것으로 보아 1세대 1주택 비과세 규정을 적용하며, 기존주택의 보유기간과 거주기간을 통산하지 않는다(예규 사전2021법규재산-1049, 2022.3.29.). 즉, 증가된 부수토지는 재개발·재건축주택의 사용검사필증 교부일(사용검사 전에 사실상 사용하거나 사용승인을 받은 경우에는 그 사실상 사용일 또는 사용승인일)부터 양도일까지 보유기간을 계산한다.

장기보유특별공제 규정의 보유기간도 동일하게 계산한다(예규 재산-1913, 2008.07.25.). 따라서 재개발·재건축으로 부수토지가 증가하는 경우 준공일부터 양도일까지의 기간이 2년 미만인 경우 증가한 부수토지의 양도차익에 대해서는 비과세 및 장기보유특별공제 규정이 적용되지 않을 수 있으므로 주의하여야 한다.

하지만 건물 면적이 증가한 경우에는 기존주택의 보유기간과 거주기간을 통산하여 1세대 1주택 비과세 요건과 장기보유특별공제 규정을 적용한다.

|참고| 부수토지 면적이 증가한 경우 양도차익 계산

1세대1주택 비과세 요건을 충족한 주택을 소유하던 자가 재건축사업계획에 따라 추가로 환지청산금을 납부하고 종전주택과 그 부수토지의 면적보다 증가된 면적의 주택과 부수토지를 취득하여 양도하는 경우 증가된 부수토지의 양도차익의 계산은 청산금납부분 양도차익에 증가된 토지의 기준시가가 증가된 토지와 건물의 기준시가에서 차지하는 비율을 곱하여 계산한다(재산-3438, 2008. 10. 23.).

2) 승계조합원인 경우

관리처분계획인가일 이후에 조합원의 지위를 승계취득한 승계조합원이 완성된 1세대 1주택을 양도하는 경우 비과세 요건 중 보유기간의 계산은 해당 주택의 사용승인서 교부일(사용승인 전에 사실상 사용하거나 임시사용승인을 받은 경우에는 그 사실상의 사용일 또는 임시사용승인일)부터 계산한다. 다시 말해 승계조합원은 사용승인서 교부일(준공일), 임시사용승인일, 사실상 사용일 중 빠른 날부터 보유기간을 계산한다. 거주기간은 완성주택의 보유기간 중 전입일부터 전출일까지 계산한다.

핵심포인트 **원조합원, 승계조합원, 일반분양자의 취득시기**

구분		취득시기
조합원분양	원조합원	재건축 전 종전주택 취득일
	승계조합원	빠른 날 [❶ 사용승인서 교부일(준공일) ❷ 임시사용승인일 ❸ 사실상 사용일]
일반분양		준공후 잔금시: 빠른 날(❶ 잔금일 ❷ 등기접수일)

지금까지 재개발·재건축 관련 주택에 대한 비과세 규정을 주택과 조합원입주권을 보유한 상태에서 주택을 양도하는 경우 비과세 특례, 대체주택을 양도하는 경우 비과세 특례, 재개발·재건축으로 완성된 1세대 1주택을 양도하는 경우 비과세 규정에 대해 살펴보았다. 다음 절에서는 조합원입주권을 양도하여 과세되는 경우 및 재개발·재건축 등으로 완성된 주택을 양도하여 과세되는 경우 양도소득세 계산구조에 대해 살펴보기로 한다.

제5절 | 조합원입주권 양도와 과세

「도시 및 주거환경정비법」에 의한 재개발·재건축사업 또는 「빈집 및 소규모주택 정비에 관한 특별법」의 정비사업과 관련하여 양도소득세가 과세되는 자산 종류를 살펴보면 조합원입주권, 환급받은 청산금, 완성주택으로 나누어 볼 수 있다. 재개발·재건축사업 등과 관련하여 양도소득세가 과세되는 경우 납부할 세액은 제1장에서 살펴본 일반적인 계산구조와 다르게 계산한다.

이번 절에서는 먼저 원조합원이 조합원입주권을 양도하여 과세(양도가액이 12억원을 초과하는 고가입주권 포함)되는 경우 양도소득세 계산구조를 청산금을 납부한 경우와 청산금을 지급받은 경우로 나누어 살펴보고 승계조합원이 조합원입주권을 양도한 경우 계산구조에 대해 알아보기로 한다.

다음 절에서 완성주택을 양도하여 과세되는 경우 납부할 세액을 계산하는 구조에 대해 살펴보기로 한다.

| 참고 | 청산금 납부와 환급

재개발·재건축 정비사업의 관리처분계획에 따라 기존건물과 부수토지를 평가한 가액(권리가액)과 조합원분양가와 다른 경우 그 차액을 청산금이라 한다. 기존건물과 부수토지의 평가액이 조합원분양가에 미달하는 경우 조합에 청산금을 납부하고, 기존건물과 부수토지의 평가액이 조합원분양가를 초과하는 경우 조합으로부터 청산금을 지급받는다.

---

1. 청산금을 납부한 경우

(1) 양도차익의 계산

일반적인 경우의 양도차익 계산은 이미 살펴본 바와 같이 양도가액에서 필요경비를 차감하여 계산한다. 하지만 재개발·재건축사업 등을 시행하는 정비사업조합의 조합원이 청산금을 납부하여 관리처분계획 등에 따라 취득한 조합원입주권을 양도하는 경우 양도차익은 관리처분계획인가 후 양도차익과 관리처분계획인가 전 양도차익으로 구분하여 계산한다(소령 제166조 제1항 제1호).

1) 관리처분계획인가 후 양도차익

관리처분계획인가 후 양도차익은 다음과 같이 계산한다.

$$양도가액 - (기존건물과 부수토지의 평가액 + 납부한 청산금) - 필요경비$$

가) 양도가액

조합원입주권의 양도가액에는 양도일 이후 납입기일이 도래하여 양수자가 부담하는 추가 분담금액은 포함하지 아니하는 것이나, 양도자가 받은 이주비 및 대출금은 양도가액에서 차감하지 않는다(예규 서면인터넷방문상담4팀-1380, 2008.6.10.).

실무에서 조합원입주권 거래를 다음과 같이 진행한 경우 양도가액은 얼마로 해야 할까?

〈입주권 양도 내역〉

· 권리가액(종전 부동산 평가액): 7억원
· 조합원 공급계약 약정 시 분담금(청산금) 총액: 4억원
· 양도일(2023년 10월)까지 실제 납부한 청산금: 2억원
· 양도당시 프리미엄 약정가액: 3억원
· 양수자로부터 수령한 총금액: 12억원

이와 관련된 예규를 살펴보면 양도가액을 실지거래가액에 의하는 경우 실지거래가액이란 양도자와 양수자간에 실제로 거래한 가액(위 사례의 경우 12억원)을 말한다고 해석하고 있다(예규 재산-661, 2009.11.5.).

💡 **생각정리 노트**

조합원입주권 양도가액 = 기존건물과 부수토지의 평가액(권리가액) + 실제 납부한 청산금 + 프리미엄

나) 필요경비

필요경비의 예를 들면 옵션비용 지출액, 양도 관련 중개수수료, 양도세 신고 수수료 등이 있다.

앞의 산식을 살펴보면 관리처분계획인가 후 양도차익은 대부분 입주프리미엄으로 구성되어 있다는 것을 알 수 있다.

| 참고 | **기존건물과 그 부수토지의 평가액(권리가액 또는 종전부동산 평가액)**

권리가액이란 조합원이 제공한 종전부동산의 가격(주로 감정평가액)에 비례율을 적용하여 계산한 금액으로서 「도시 및 주거환경정비법」에 따른 관리처분계획에 의하여 정하여진 가격을 말하며, 그 가격이 변경된 때에는 변경된 가격으로 한다.
비례율이란 재개발·재건축 등 사업완료 후 총수입에서 총사업비를 차감한 총이익을 분양신청한 조합원이 제공한 종전부동산의 평가 총액으로 나눈 것을 말한다. 개발이익률이라고도 한다.

---

2) 관리처분계획인가 전 양도차익

관리처분계획인가 전 양도차익은 종전부동산분 양도차익으로서 다음과 같이 계산한다.

> 기존건물과 그 부수토지의 평가액 - 기존건물과 부수토지의 취득가액 - 필요경비

기존건물과 부수토지의 취득가액에는 매입가격과 매입부대비용이 있다. 매입부대비용 및 필요경비의 예를 들면 기존부동산의 취득세·등록세, 법무사 수수료, 취득 시 중개수수료, 자본적지출액 등이 있다.

양도차익을 위에서 살펴본 것처럼 구분하여 계산하는 이유는 관리처분계획인가 후 양도차익과 관리처분계획인가 전 양도차익에 적용되는 장기보유특별공제에 대한 세법의 내용이 다르기 때문이다.

(2) 장기보유특별공제

1) 적용대상

장기보유특별공제는 3년 이상 보유한 토지 · 건물을 양도하는 경우에만 적용되고 부동산을 취득할 수 있는 권리에는 적용되지 않는다. 하지만 재개발 · 재건축 관리처분계획인가 승인시점에서 부동산을 보유한 자가 추후 조합원입주권 양도 시 멸실 전 부동산분 양도차익에 대해서는 부동산이 조합원입주권으로 전환된 것으로 보아 장기보유특별공제를 적용한다(집행기준 95-166-1). 따라서 조합원입주권을 양도하는 경우 장기보유특별공제는 관리처분계획인가 후 양도차익에 대해서는 적용되지 않고, 관리처분계획인가 전 양도차익에 대해서만 적용한다.

승계조합원이 조합원입주권을 양도하는 경우에는 장기보유특별공제가 적용되지 않는다.

2) 공제율

조합원입주권을 양도하는 경우에는 「도시 및 주거환경정비법」에 따른 관리처분계획인가 및 「빈집 및 소규모주택 정비에 관한 특례법」에 따른 사업시행계획인가 전 3년 이상 보유한 토지분 또는 건물분의 양도차익에 [표1]에 따른 보유기간별 공제율을 곱하여 계산한 금액을 말한다. 다만, 소득세법 시행령 제159조의4에서 규정하는 1세대 1주택(이에 딸린 토지를 포함한다)에 해당하는 자산의 경우에는 그 자산의 양도차익에 [표2]에 따른 보유기간별 공제율을 곱하여 계산한 금액과 거주기간별 공제율을 곱하여 계산한 금액을 합산한 것을 말한다(소법 제95조 제2항).

3) 보유기간 및 거주기간의 계산

보유기간은 기존건물과 그 부수토지의 취득일부터 관리처분계획인가일까지의 기간으로 계산하고(소령 제166조 제5항 제1호). 거주기간은 기존주택의 전입일부터 전출일까지의 기간으로 계산한다.

그러면 관리처분계획인가일 이후 철거되지 않은 기존주택에 거주하는 경우 장기보유특별공제 적용 시 거주기간에 포함할 수 있는 것일까? 이와 관련된 예규를 살펴보면 1주택을 보유한 1세대가 해당 1주택의 「도시 및 주거환경정비법」에 따른 관리처분계획인가로 취득한 조합원입주권의 장기보유특별공제 [표2] 적용대상 여부를 판정함에 있어 「도시 및 주거환경정비법」에 따른 관리처분계획의 인가일 이후 철거되지 않은 기존주택에 거주하는 경우, 해당 거주기간을 포함하여 판정하는 것이나, [표2]의 거주기간별 공제율 산정시에는 해당 거주기간을 포함하지 않는다고 해석하고 있다(예규 사전2023법규재산-141, 2023. 11. 30.).

💡 **생각정리 노트**

위 예규에 따르면 [표2]의 특례공제율 적용대상인지 여부를 판단하기 위해 거주기간을 계산하는 경우에는 관리처분계획인가일 이후 철거되지 않은 기존주택에 거주한 기간을 포함하여 2년 이상인지 여부를 판정한 후 2년 이상이어서 장기보유특별공제율 [표2]를 적용하는 경우 거주기간 계산은 기존건물과 그 부수토지의 취득일부터 관리처분계획인가일까지의 기간 중 거주기간으로 한다는 것을 알 수 있다.

핵심포인트 **조합원입주권 양도 시 장기보유특별공제**

❶ 적용대상: 관리처분계획인가 전 기존부동산분 양도차익(승계취득은 제외)
❷ 보유기간: 기존부동산의 취득일 ~ 관리처분계획인가일
❸ 거주기간: 기존주택의 전입일 ~ 전출일

---

(3) 실무적용 시 계산구조

위의 내용을 종합하여 저자가 실무에서 사용하는 조합원입주권 양도 시 납부할 세액을 계산하는 구조를 살펴보면 다음과 같다.

1) 관리처분계획인가 후 양도차익 및 양도소득금액 계산

계산구조	비고
양도가액	권리가액 + 실제 납부한 청산금 + 프리미엄
(-) 기존부동산 평가액	권리가액
(-) 필요경비	관리처분계획인가 후 지출 비용
· 납부한 청산금	· 양도자가 실제 납부한 청산금
· 기타필요경비	· 납부한 옵션비용, 매도 중개수수료 등
(=) 양도차익	**양도가액 - 기존부동산평가액 - 필요경비**
(-) 비과세양도차익	양도차익 × (12억 ÷ 양도가액)
(=) 과세양도차익	**양도차익 - 비과세양도차익**
(-) 장기보유특별공제액	장기보유특별공제 적용하지 않음
(=) 양도소득금액(A)	**과세양도차익 - 0**

2) 관리처분계획인가 전 기존부동산 양도차익 및 양도소득금액 계산

계산구조	비고
기존부동산평가액	권리가액
(-) 필요경비	기존부동산의 필요경비
· 취득가액	기존부동산에 대한 매입가격, 매입부대비용
· 기타필요경비	기존부동산에 대한 자본적지출액
(=) 양도차익	**기존부동산평가액 - 필요경비**
(-) 비과세양도차익	양도차익 × (12억 ÷ 양도가액)
(=) 과세양도차익	**양도차익 - 비과세양도차익**
(-) 장기보유특별공제액	과세양도차익 × 장기보유특별공제율 · 보유기간: 기존부동산 취득일 ~ 관리처분계획인가일 · 거주기간: 기존부동산 전입일 ~ 전출일 · 장기보유특별공제율: 일반공제율[표1] 또는 특례공제율[표2]
(=) 양도소득금액(B)	**과세양도차익 - 장기보유특별공제액**

3) 납부할 세액 계산

계산구조	비고
양도소득금액 합계	A + B
(-) 기본공제	250만원
(=) 과세표준	**양도소득금액 합계 - 기본공제**
(×) 세율	주택과 동일한 기본세율 및 단기양도세율
(=) 산출세액	**과세표준 × 세율**
(-) 세액감면	조세특례제한법 세액감면
(=) 납부할 세액	**산출세액 - 세액감면 + 가산세**

[조합원입주권에 적용되는 세율]

구분	보유기간	세율
조합원입주권	2년 이상	기본세율
	2년 미만	60%
	1년 미만	70%

2. 청산금을 지급받은 경우

재개발·재건축사업 등의 관리처분계획에 따라 청산금을 지급받은 경우에는 지급받은 청산금에 대한 양도소득세 과세문제부터 먼저 살펴보기로 한다. 그런 후 조합원입주권을 양도하여 과세되는 경우 납부할 세액의 계산구조를 살펴보기로 한다. 이렇게 해야 이후에 살펴볼 청산금을 지급받은 조합원입주권에 대한 양도소득세 계산구조를 쉽게 이해할 수 있다.

(1) 지급받은 청산금에 대한 양도소득세

1) 과세대상 판단

재개발·재건축사업 등의 시행으로 조합원이 소유한 기존부동산을 조합에 현물출자하고 관리처분계획인가에 따라 조합원입주권, 상가분양권을 취득하는 것은 환지로 보아 양도에 해당하지 않는다. 그러나 청산금을 지급받은 경우 그 청산금은 기존부동산의 유상이전에 해당하여 양도로 본다. 즉, 기존부동산의 분할양도에 해당한다. 따라서 지급받은 청산금은 원칙적으로 과세대상이다. 다만, 지급받은 청산금의 양도시기 현재 1세대 1주택 비과세 요건을 충족한 주택 및 부수토지에 대한 청산금은 비과세 규정을 적용한다.

2) 1세대 1주택 비과세 요건

「도시 및 주거환경정비법」에 따라 재개발·재건축사업을 시행하는 정비사업조합의 조합원이 종전주택을 당해 조합에 제공하고 종전주택의 평가액과 신축건물 분양가액의 차이에 따른 청산금을 수령한 경우 그 청산금에 대한 1세대 1주택 비과세는 양도일 현재를 기준으로 적용하는 것이나(사전-2022-법규재산-1282, 2023.2.17.), 정비사업조합의 조합원이 3년(현재는 2년) 미만 보유하던 종전주택을 당해 조합에 제공한 경우 그 청산금은 1세대 1주택 비과세 요건을 충족하지 아니하여 양도소득세가 과세된다(예규 부동산거래관리과-380, 2012.7.20., 부동산거래관리과-631, 2012.11.20.).

청산금 양도시기인 소유권이전고시일 다음날 현재 다주택자인 경우에는 비과세가 적용되지 않는다. 다만, 일시적 2주택 등 특례주택에 해당하는 경우에는 비과세가 적용된다.

청산금을 지급받은 경우 청산금에 대하여 기존주택의 양도로 보아 1세대 1주택 비과세 규정을 적용하고, 관리처분계획에 따라 정하여진 가격(권리가격)이 12억원을 초과하는 부분에 대하여 과세한다(법규재산2012-358, 2012.11.9.).

3) 양도시기

재건축조합으로부터 청산금을 교부받은 부분의 양도시기는 당해 부동산의 소유권이전 고시일의 다음 날이다(소득세 집행기준 98-162-14, 예규 사전2021법령해석재산-280, 2021.4.21.).

4) 양도차익 계산 방법

가) 양도가액

청산금을 지급받아 양도소득세가 과세되는 경우 양도가액은 지급받은 청산금이 된다.

나) 필요경비

지급받은 청산금의 기존건물과 부수토지에 대한 필요경비는 다음과 같이 지급받은 청산금에 해당하는 금액으로 안분하여야 한다.

$$청산금에 대한 필요경비 = (기존건물과 그 부수토지의 취득가액 + 기타필요경비) \times \frac{지급받은 청산금}{기존건물과 부수토지의 평가액}$$

기존건물과 부수토지에 대한 필요경비에서 지급받은 청산금으로 안분한 금액을 제외한 금액은 조합원입주권이나 완성주택으로 안분되는 금액이 된다.

다) 양도차익

청산금을 지급받은 경우 양도차익은 위 양도가액에서 필요경비를 공제하여 계산하지만 다음과 같이 계산할 수도 있다.

$$관리처분계획인가\ 전\ 양도차익_{(주1)} \times \frac{지급받은\ 청산금}{기존건물과\ 부수토지의\ 평가액}$$

(주1) 관리처분계획인가 전 양도차익 = 기존건물과 부수토지의 평가액 - 기존건물과 부수토지의 취득가액 - 기존건물과 부수토지의 기타필요경비

5) 장기보유특별공제 적용 시 보유기간 계산 방법

장기보유특별공제 적용 시 보유기간은 당해 자산의 취득일부터 양도일까지로 한다(예규 부동산거래관리과-380, 2012.7.20.).

6) 납세의무자

지급받은 청산금의 납세의무자는 기존부동산 소유자이다(예규 재산세과-628, 2009.2.23.). 즉, 원조합원이 지급받은 청산금에 대한 납세의무자가 된다.

(2) 조합원입주권 양도 시 계산구조

1) 양도차익의 계산

재개발·재건축사업 등을 시행하는 정비사업조합의 조합원이 청산금을 지급받고 관리처분계획 등에 따라 취득한 조합원입주권을 양도하는 경우 양도차익은 관리처분계획인가 후 양도차익과 관리처분계획인가 전 양도차익으로 구분하여 계산한다(소령 제166조 제1항 제2호).

가) 관리처분계획인가 후 양도차익

관리처분계획인가 후 양도차익은 다음과 같이 계산한다.

양도가액 - (기존건물과 부수토지의 평가액 - 지급받은 청산금) - 필요경비

필요경비의 예를 들면 납부한 옵션비용, 양도 관련 중개수수료, 양도세 신고 수수료 등이 있다. 관리처분계획인가 후 지출하는 필요경비는 지급받은 청산금 해당 금액과 조합원입주권 해당 금액으로 안분할 필요가 없다.

나) 관리처분계획인가 전 양도차익

관리처분계획인가 전 양도차익은 다음과 같이 계산한다.

$$(\text{기존건물과 부수토지의 평가액} - \text{기존건물과 부수토지의 취득가액} - \text{필요경비})$$
$$\times \frac{(\text{기존건물과 부수토지의 평가액} - \text{지급받은 청산금})}{\text{기존건물과 부수토지의 평가액}}$$

기존건물과 부수토지의 취득가액에는 매입가격과 매입부대비용이 있다. 매입부대비용 및 필요경비의 예를 들면 기존부동산의 취득세·등록세, 법무사 수수료, 취득 시 중개수수료, 자본적지출액 등이 있다.

관리처분계획인가전 지출한 필요경비는 지급받은 청산금 해당 금액과 조합원입주권 해당 금액으로 안분하여 조합원입주권 해당 금액만 필요경비로 공제된다.

양도차익을 위에서 살펴본 것처럼 구분하여 계산하는 이유는 관리처분계획인가 후 양도차익과 관리처분계획인가 전 양도차익에 적용되는 장기보유특별공제에 대한 세법의 내용이 다르기 때문이다.

2) 장기보유특별공제

가) 적용대상

장기보유특별공제는 3년 이상 보유한 토지·건물을 양도하는 경우에만 적용되고 부동산을 취득할 수 있는 권리에는 적용되지 않는다. 하지만 재개발·재건축 관리처분계획인가 승인시점에서 부동산을 보유한 자가 추후 조합원입주권 양도 시 멸실 전 부동산분 양도차익에 대해서는 부동산이 조합원입주권으로 전환된 것으로 보아 장기보유특별공제를 적용한다(집행기준 95-166-1). 따라서 조합원입주권을 양도하는 경우 장기보유특별공제는 관리처분계획인가 후 양도차익에 대해서는 적용되지 않고, 관리처분계획인가 전 양도차익에 대해서만 적용한다.

승계조합원이 조합원입주권을 양도하는 경우에는 장기보유특별공제가 적용되지 않는다.

나) 공제율

조합원입주권을 양도하는 경우에는 「도시 및 주거환경정비법」에 따른 관리처분계획인가 및 「빈집 및 소규모주택 정비에 관한 특례법」에 따른 사업시행계획인가 전 3년 이상 보유한 토지분 또는 건물분의 양도차익에 [표1]에 따른 보유기간별 공제율을 곱하여 계산한 금액을 말한다. 다만, 소득세법 시행령 제159조의4에서 규정하는 1세대 1주택(이에 딸린 토지를 포함한다)에 해당하는 자산의 경우에는 그 자산의 양도차익에 [표2]에 따른 보유기간별 공제율을 곱하여 계산한 금액과 거주기간별 공제율을 곱하여 계산한 금액을 합산한 것을 말한다(소법 제95조 제2항).

다) 보유기간 및 거주기간의 계산

보유기간은 기존건물과 그 부수토지의 취득일부터 관리처분계획인가일까지의 기간으로 계산하고(소령 제166조 제5항 제1호). 거주기간은 기존주택의 전입일부터 전출일까지의 기간으로 계산한다.

핵심포인트 **조합원입주권 양도 시 장기보유특별공제**

❶ 적용대상
관리처분계획인가 전 기존부동산 양도차익 부분(승계취득은 제외)
❷ 보유기간
기존부동산의 취득일 ~ 관리처분계획인가일
❸ 거주기간
기존주택의 전입일 ~ 전출일

---

3) 실무적용 시 계산구조

위의 내용을 종합하여 저자가 실무에서 사용하는 조합원입주권 양도 시 납부할 세액을 계산하는 구조를 살펴보면 다음과 같다.

가) 관리처분계획인가 후 양도차익 및 양도소득금액 계산

계산구조	비고
양도가액	실지거래가액
(-) (기존부동산 평가액 - 지급받은 청산금)	권리가액 - 지급받은 청산금
(-) 기타필요경비	납부한 옵션비용, 매도중개수수료 등
(=) 양도차익	**양도가액 - (기존부동산평가액 - 지급받은 청산금) - 기타필요경비**
(-) 비과세양도차익	양도차익 × (12억 ÷ 양도가액)
(=) 과세양도차익	**양도차익 - 비과세양도차익**
(-) 장기보유특별공제액	장기보유특별공제 적용하지 않음
(=) 양도소득금액(A)	**과세양도차익 - 0**

나) 관리처분계획인가 전 양도차익 및 양도소득금액 계산

계산구조	총금액	조합원입주권 해당금액
기존부동산평가액		
(-) 취득가액		
(-) 기타필요경비		
(=) 양도차익	B	**B × [(기존건물과 부수토지의 평가액 - 지급받은 청산금) ÷ 기존건물과 부수토지의 평가액](C)**
(-) 비과세양도차익		C × (12억 ÷ 양도가액)(D)
(=) 과세양도차익		C - D
(-) 장기보유특별공제액		과세양도차익 × 장기보유특별공제율
		· 보유기간: 기존부동산 취득일 ~ 관리처분계획인가일
		· 거주기간: 기존부동산 전입일 ~ 전출일
		· 장기보유특별공제율: 일반공제율[표1] 또는 특례공제율[표2]
(=) 양도소득금액(E)		**과세양도차익 - 장기보유특별공제액**

다) 납부할 세액 계산

계산구조	비고
양도소득금액 합계	A + E
(-) 기본공제	250만원
(=) 과세표준	**양도소득금액 합계 - 기본공제**
(×) 세율	주택과 동일한 기본세율 및 단기양도세율
(=) 산출세액	**과세표준 × 세율**
(-) 세액감면	조세특례제한법 세액감면
(=) 납부할 세액	**산출세액 - 세액감면 + 가산세**

3. 승계조합원의 조합원입주권양도 시 양도소득세 계산 방법

(1) 양도차익의 계산

1) 양도가액

승계조합원의 조합원입주권 양도 시 양도가액은 매도자와 매수자간의 실제거래가액으로 권리가액에 실제 납부한 청산금과 양도 시 매수자에게서 받는 프리미엄을 합계한 금액이 된다(예규 재산-661, 2009.11.5.).

양도가액 = 권리가액 + 실제 납부한 청산금 + 매도 시 프리미엄

2) 필요경비

승계조합원이 조합원입주권을 승계취득한 경우 취득가액은 권리가액에 실제 납부한 청산금과 취득 시 매도자에게 지급한 프리미엄을 합한 금액이 된다.

취득가액 = 권리가액 + 실제 납부한 청산금 + 매수 시 프리미엄

승계조합원이 납부한 토지에 대한 취득세, 법무사 수수료, 조합원입주권 취득 시 중개수수료, 양도 시 중개수수료, 실제 납부한 옵션비용 등이 필요경비에 해당한다.

3) 양도차익

승계조합원이 입주권을 양도한 경우 양도차익은 양도 시 수령한 프리미엄에서 취득 시 지급한 프리미엄의 차액에 필요경비를 차감하여 계산한 금액이 된다.

(2) 장기보유특별공제

승계조합이 조합원입주권을 양도하는 경우 장기보유특별공제는 적용하지 않는다.

(3) 세율

승계조합원의 조합원입주권 양도 시 적용되는 세율은 앞에서 살펴본 원조합원이 양도하는 조합원입주권에 적용되는 세율과 동일하다.

구분	보유기간	세율
조합원입주권	2년 이상	기본세율
	2년 미만	60%
	1년 미만	70%

지금까지 조합원입주권을 양도하여 과세되는 경우 양도소득세 계산구조를 청산금을 납부한 경우와 청산금을 지급받은 경우로 나누어 살펴보고 추가로 승계조합원이 조합원입주권을 양도하는 경우에 대해 살펴보았다. 다음 절에서는 재개발·재건축사업으로 완성된 주택을 양도하여 과세되는 경우 양도소득세 계산구조에 대해 다루기로 한다.

제6절 | 재개발 · 재건축 완성주택의 양도와 과세

재개발·재건축사업 또는 소규모재건축사업 등을 시행하는 정비사업조합의 조합원이 해당 조합에 기존건물과 그 부수토지를 제공하고 관리처분계획 등에 따라 취득한 신축주택 및 그 부수토지를 양도하는 경우 실지거래가액에 의한 양도소득세 계산구조를 청산금을 납부한 경우와 청산금을 지급받은 경우로 나누어 살펴보기로 한다.

1. 청산금을 납부한 경우

(1) 양도차익의 계산

일반적인 경우의 양도차익 계산은 이미 살펴본 바와 같이 양도가액에서 필요경비를 차감하여 계산한다. 하지만 재개발사업, 재건축사업 또는 소규모재건축사업 등을 시행하는 정비사업조합의 조합원이 청산금을 납부하여 관리처분계획 등에 따라 취득한 신축주택 및 그 부수토지를 양도하는 경우 실지거래가액에 의한 양도차익은 관리처분계획인가 후 양도차익과 관리처분계획인가 전 양도차익으로 구분하여 계산한다.

1) 관리처분계획인가 후 양도차익
관리처분계획인가 후 양도차익은 다음과 같이 계산한다.

> 양도가액 - (기존건물과 부수토지의 평가액 + 납부한 청산금) - 필요경비

필요경비의 예를 들면 완성주택 옵션비용, 소유권보존등기 시 취득세·등록세, 법무사 수수료, 양도 시 중개수수료, 양도세 신고수수료 등이 있다.

그런데 청산금을 납부하여 완성된 주택을 양도하는 경우 적용되는 장기보유특별공제 규정에 따르면 양도차익을 청산금납부분 양도차익과 기존부동산분 양도차익으로 구분하여 다르게 적용하도록 하고 있다. 따라서 위에서 계산한 관리처분계획인가 후 양도차익은 다시 관리처분계획인가 후 청산금납부분 양도차익과 관리처분계획인가 후 기존부동산분 양도차익으로 구분하여야 한다(소령 제166조 제2항 제1호).

가) 관리처분계획인가 후 청산금납부분 양도차익

$$\text{관리처분계획인가 후 양도차익} \times \frac{\text{납부한 청산금}}{(\text{기존건물과 부수토지의 평가액} + \text{납부한 청산금})}$$

나) 관리처분계획인가 후 기존부동산분 양도차익

$$\text{관리처분계획인가 후 양도차익} \times \frac{\text{기존건물과 부수토지의 평가액}}{(\text{기존건물과 부수토지의 평가액} + \text{납부한 청산금})}$$

2) 관리처분계획인가 전 양도차익

관리처분계획인가 전 양도차익은 다음과 같이 계산한다.

$$\text{기존건물과 부수토지의 평가액} - \text{기존건물과 부수토지의 취득가액} - \text{필요경비}$$

기존건물과 부수토지의 취득가액에는 매입가격과 매입부대비용이 있다. 매입부대비용 및 필요경비의 예를 들면 기존부동산의 취득세·등록세, 법무사 수수료, 취득 시 중개수수료, 자본적지출액 등이 있다.

💡 생각정리 노트

위의 내용을 종합하여 원조합원이 청산금을 납부한 완성주택을 양도하는 경우 양도차익을 청산금납부분 양도차익과 기존부동산분 양도차익으로 정리하면 다음과 같다.

① 관리처분계획인가 후 청산금 납부분 양도차익

청산금 납부분 양도차익으로서 관리처분계획인가 후 양도차익에 납부한 청산금이 조합원분양가에서 차지하는 비율을 곱한 금액

② 관리처분계획인가 후 기존부동산분 양도차익

기존부동산분 양도차익으로서 관리처분계획인가 후 양도차익에 권리가액이 조합원분양가에서 차지하는 비율을 곱한 금액

③ 관리처분계획인가 전 기존부동산분 양도차익

기존부동산분 양도차익으로서 관리처분계획인가 전 기존부동산의 양도차익

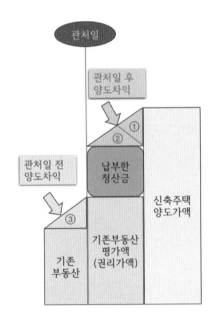

(2) 장기보유특별공제

청산금을 납부하여 관리처분계획 등에 따라 취득한 신축주택 및 그 부수토지를 양도하는 경우 장기보유특별공제 적용 시 보유기간(소령 제166조 제5항 제2호)과 거주기간을 관리처분계획인가 후 청산금 납부분 양도차익에 적용되는 규정과 기존건물분 양도차익에 적용되는 규정으로 나누어 살펴보기로 한다.

1) 청산금 납부분 양도차익에서 장기보유특별공제액을 공제하는 경우

가) 보유기간의 계산

청산금납부분 양도차익, 즉 위 생각정리 노트의 양도차익 구성에서 살펴본 ①의 양도차익에 적용되는 장기보유특별공제 규정의 보유기간은 관리처분계획인가일부터 신축주택과 그 부수토지의 양도일까지의 기간으로 계산한다.

나) 거주기간의 계산

청산금납부분 양도차익, 즉 위 생각정리 노트의 양도차익 구성에서 살펴본 ①의 양도차익에 적용되는 장기보유특별공제 [표2]의 특례공제율을 적용하기 위한 거주기간의 계산은 준공일부터 양도일까지의 기간 중 전입일부터 전출일까지로 계산한다.

이 경우 장기보유특별공제율을 적용함에 있어서 재건축 전 기존주택에서는 2년 이상 거주하였으나 재건축 후 신축주택에서 2년 이상 거주하지 않은 경우 [표2]의 특례공제율을 적용할 수 있는지 여부가 쟁점이 될 수 있다. 이와 관련된 예규를 살펴보면 기존주택에서 2년 이상 거주하였으나 신축주택에서는 2년 이상 거주하지 않은 경우에도 「소득세법」 제95조 제2항 [표2]에 따른 특례공제율을 적용한다. 다만, 신축주택에서 2년 이상 거주하지 않은 경우 청산금납부분양도차익에 대해서는 [표2]에 따른 보유기간별 공제율을 적용하지 않고 [표1]의 일반공제율을 적용한다고 해석하고 있다(예규 서면2021부동산-1042, 2021. 3. 11.).

2) 기존부동산분 양도차익에서 장기보유특별공제액을 공제하는 경우

가) 보유기간의 계산

「도시 및 주거환경정비법」에 의한 재건축한 주택을 양도하는 경우로서 「소득세법」 제95조 제2항의 장기보유특별공제율을 적용하는 보유기간의 계산은 멸실된 종전주택의 보유기간과 재건축기간 및 재건축한 완성주택의 보유기간을 통산하여 계산한다(예규 부동산거래관리과-447, 2010. 3. 23.). 기존부동산분 양도차익, 즉 위 생각정리 노트의 양도차익 구성에서 살펴본 ② 및 ③의 양도차익에 적용되는 장기보유특별공제 규정에서 보유기간은 기존건물과 그 부수토지의 취득일부터 신축주택과 그 부수토지의 양도일까지의 기간으로 계산한다.

나) 거주기간의 계산

기존부동산분 양도차익 즉, 위 생각정리 노트의 양도차익 구성에서 살펴본 ② 및 ③의 양도차익에 적용되는 장기보유특별공제 규정에서 특례공제율 [표2]를 적용하기 위한 거주기간의 계산은 재건축 전 기존주택에서의 전입일부터 전출일과 신축주택에서의 전입일과 전출일을 통산하여 계산한다.

| 참고 | 재개발·재건축 완성주택의 비과세 및 장기보유특별공제 적용 시 보유기간·거주기간

도시 및 주거환경정비법에 의한 재건축한 주택을 양도하는 경우 1세대 1주택의 비과세 판정 및 장기보유특별공제율을 적용하는 보유기간의 계산은 멸실된 구주택의 보유기간과 재건축기간 및 재건축한 신주택의 보유기간을 합산하는 것이며, 거주기간은 멸실된 구주택에서 실제거주기간과 신주택에서의 거주기간을 합산하는 것이다(서면4팀-179, 2006. 2. 2.).

핵심포인트 기존부동산분 양도차익에 적용할 장기보유특별공제 보유기간 및 거주기간 계산

구분	종전주택	공사기간	재건축주택
보유기간	포함	포함	포함
거주기간	포함	포함하지 않음	포함

(3) 실무적용 시 계산구조

위의 내용을 종합하여 저자가 실무에서 사용하는 완성주택 양도 시 납부할 세액을 계산하는 구조를 살펴보면 다음과 같다.

1) 관리처분계획인가 후 청산금 납부분 양도차익 및 양도소득금액 계산

구분	관리처분계획인가후 총양도차익	관리처분계획인가후 청산금납부분 양도차익(①)	관리처분계획인가후 기존부동산분 양도차익(②)
양도가액			
(-) 기존부동산평가액(A)			
(-) 납부한 청산금(B)			
(-) 기타필요경비			
(=) 양도차익	C	C × [B ÷ (A + B)] (D)	C × [A ÷ (A + B)] (G)
(-) 비과세양도차익		D × (12억 ÷ 양도가액)	
(=) 과세양도차익		E(양도차익 - 비과세양도차익)	
(-) 장기보유특별공제액		E × 장기보유특별공제율	
· 보유기간		· 관리처분계획인가일 ~ 양도일	
· 거주기간		· 완성주택 전입일 ~ 전출일	
· 장기보유특별공제율		· 일반공제율[표1] 또는 특례공제율[표2]	
(=) 양도소득금액		F	

2) 기존부동산분 양도차익 및 양도소득금액 계산

관리처분계획인가전 기존부동산분 양도차익(③)	기존부동산분 양도차익 합계	
기존부동산평가액(A)		
(-) 취득가액		
(-) 기타필요경비		
(=) 양도차익(H)	[인가 전 양도차익(H) + 인가 후 양도차익(G)] 합계(K)	
	(-) 비과세양도차익	K × (12억 ÷ 양도가액)
	(=) 과세양도차익(L)	K - 비과세양도차익
	(-) 장기보유특별공제액	L × 장기보유특별공제율
	· 보유기간	· 기존부동산 취득일 ~ 양도일
	· 거주기간	· 기존주택 거주기간 + 완성주택 거주기간
	· 장기보유특별공제율	· 일반공제율[표1] 또는 특례공제율[표2]
	(=) 양도소득금액	M

3) 납부할 세액 계산

계산구조	비고
(=) 양도소득금액 합계	F + M
(-) 기본공제	250만원
(=) 과세표준	**양도소득금액 합계 - 기본공제**
(×) 세율	기본세율 및 단기양도세율
(=) 산출세액	**과세표준 × 세율**
(-) 세액감면	조세특례제한법 세액감면
(=) 납부할 세액	**산출세액 - 세액감면 + 가산세**

|참고| **승계조합원의 완성주택 양도 시 계산구조**

승계조합원 취득한 조합원입주권으로 완성된 주택을 양도하는 경우 양도소득세 계산구조는 일반적인 경우와 동일하다. 즉, 양도가액에서 필요경비를 공제하여 양도차익을 계산한다. 장기보유특별공제 적용 시 보유기간은 사용승인서 교부일(준공일), 임시사용승인일, 사실상 사용일 중 빠른 날부터 계산한다. 거주기간은 완성주택의 보유기간 중 전입일부터 전출일까지 계산한다.

---

2. 청산금을 지급받은 경우

재개발·재건축사업 등을 시행하는 정비사업조합의 조합원이 청산금을 지급받고 관리처분계획 등에 따라 취득한 신축주택 및 그 부수토지를 양도하는 경우 실지거래가액에 의한 양도차익 및 장기보유특별공제는 다음과 같이 계산한다.

(1) 양도차익의 계산

재개발·재건축사업 등을 시행하는 정비사업조합의 조합원이 청산금을 지급받고 관리처분계획 등에 따라 취득한 신축주택 및 그 부수토지를 양도하는 경우 실지거래가액에 의한 양도차익은 관리처분계획인가 후 양도차익과 관리처분계획인가 전 양도차익을 합한 금액으로 계산한다(소령 제166조 제2항 제2호).

1) 관리처분계획인가 후 양도차익

양도가액 - (기존건물과 그 부수토지의 평가액 - 지급받은 청산금) - 필요경비

필요경비의 예를 들면 완성주택 옵션비용, 소유권보존등기 시 취득세·등록세, 법무사 수수료, 양도 관련 중개수수료, 양도세 신고수수료 등이 있다. 관리처분계획인가 후 지출하는 필요경비는 지급받은 청산금 해당 금액과 완성주택 해당 금액으로 안분할 필요가 없다.

2) 관리처분계획인가 전 양도차익

$$(기존건물과\ 그\ 부수토지의\ 평가액 - 기존건물과\ 그\ 부수토지의\ 취득가액 - 필요경비)$$
$$\times \frac{(기존건물과\ 그\ 부수토지의\ 평가액 - 지급받은\ 청산금)}{기존건물과\ 그\ 부수토지의\ 평가액}$$

기존건물과 부수토지의 취득가액에는 매입가격과 매입부대비용이 있다. 매입부대비용 및 필요경비의 예를 들면 기존부동산의 취득세·등록세, 법무사 수수료, 취득 시 중개수수료, 자본적지출액 등이 있다. 이러한 관리처분계획인가 전 지출한 필요경비는 지급받은 청산금 해당 금액과 완성주택 해당 금액으로 안분하여 완성주택 해당 금액만 필요경비로 공제된다.

(2) 장기보유특별공제

1) 보유기간의 계산

청산금을 지급받은 경우는 기존부동산분 양도차익에서 장기보유특별공제액을 공제하는 경우이므로 보유기간은 기존건물과 그 부수토지의 취득일부터 신축주택과 그 부수토지의 양도일까지의 기간으로 계산한다.

2) 거주기간의 계산

[표2]의 특례공제율 적용을 위한 거주기간은 기존주택의 거주기간과 완성주택의 거주기간을 통산하여 계산한다.

(3) 실무적용 시 계산구조

위의 내용을 종합하여 저자가 실무에서 사용하는 완성주택 양도 시 납부할 세액을 계산하는 구조를 살펴보면 다음과 같다.

1) 관리처분계획인가 후 양도차익 및 양도소득금액 계산

계산구조	비고
양도가액	실지거래가액
(-) (기존부동산 평가액 - 지급받은 청산금)	권리가액 - 지급받은 청산금
(-) 기타필요경비	완성주택 옵션비용, 취 · 등록세 등
(=) 양도차익	**양도가액 - (기존부동산평가액 - 지급받은 청산금) - 기타필요경비**
(-) 비과세양도차익	양도차익 × (12억 ÷ 양도가액)
(=) 과세양도차익	**양도차익 - 비과세양도차익**
(-) 장기보유특별공제액	과세양도차익 × 장기보유특별공제율
· 보유기간	· 기존부동산 취득일 ~ 양도일
· 거주기간	· 기존부동산 거주기간 + 완성주택 거주기간
· 장기보유특별공제율	· 일반공제율[표1] 또는 특례공제율[표2]
(=) 양도소득금액(A)	**과세양도차익 - 장기보유특별공제액**

2) 관리처분인가 전 양도차익 및 양도소득금액 계산

계산구조	총금액	완성주택 해당금액
기존부동산평가액		
(-) 취득가액		
(-) 기타필요경비		
(=) 양도차익	(B)	B × [(기존건물과 부수토지의 평가액 - 지급받은 청산금) ÷ 기존건물과 부수토지의 평가액](C)
(-) 비과세양도차익		C × (12억 ÷ 양도가액)(D)
(=) 과세양도차익		C - D
(-) 장기보유특별공제액		과세양도차익 × 장기보유특별공제율
· 보유기간		· 기존부동산 취득일 ~ 양도일
· 거주기간		· 기존부동산 거주기간 + 완성주택 거주기간
· 장기보유특별공제율		· 일반공제율[표1] 또는 특례공제율[표2]
(=) 양도소득금액(E)		**과세양도차익 - 장기보유특별공제액**

3) 납부할 세액 계산

계산R	비고
양도소득금액 합계	A + E
(-) 기본공제	250만원
(=) 과세표준	**양도소득금액 합계 - 기본공제**
(×) 세율	기본세율 및 단기양도세율
(=) 산출세액	**과세표준 × 세율**
(-) 세액감면	조세특례제한법 세액감면
(=) 납부할 세액	**산출세액 - 세액감면 + 가산세**

이번 장에서는 조합원입주권, 환급받은 청산금, 재개발·재건축 완성주택을 양도하여 과세되는 경우 계산구조에 대한 내용에 대하여 살펴보았다. 다음 장에서는 부동산을 취득할 수 있는 권리 중 분양권에 대한 양도소득세 내용을 다루기로 한다.

분양권과 양도소득세

제4장에서는 다음과 같은 내용을 살펴보기로 한다.

제1절 | 분양권의 개요

분양권이란「주택법」등 대통령령으로 정하는 법률에 따른 주택에 따른 공급계약을 통하여 주택을 공급받는 자로 선정된 지위(해당 지위를 매매 또는 증여 등의 방법으로 취득한 것을 포함한다)를 말한다(소법 제88조 제10호).

1. 분양권의 범위

위에서「주택법」등 대통령령으로 정하는 법률이란 다음의 법률을 말한다(소령 제152조의4).

(1)「건축물의 분양에 관한 법률」
(2)「공공주택 특별법」
(3)「도시개발법」
(4)「도시 및 주거환경정비법」
(5)「빈집 및 소규모주택 정비에 관한 특례법」
(6)「산업입지 및 개발에 관한 법률」
(7)「주택법」
(8)「택지개발촉진법」

2. 분양권이 주택 수에 포함되는 시기

분양권은 2021년 1월 1일 이후 공급계약, 매매 또는 증여 등의 방법으로 취득한 것부터 비과세 및 중과세를 적용할 때 주택 수에 포함된다(부칙 법률 제17477호, 2020.8.18.).

3. 주택분양권과 업무용시설분양권

실무에서 분양권은 주택분양권과 오피스텔 등 업무용시설분양권으로 나누어 볼 수 있다. 위에서 살펴본 소득세법 제88조 제10호 및 소득세법 시행령 제152조의4에서 말하는 분양권은 주택분양권을 말한다. 따라서 업무용시설분양권은 주택 수에 포함되지 않는다.

제2절 | 주택과 주택분양권을 소유한 경우 비과세 특례

주택분양권을 양도하는 경우에는 조합원입주권과는 달리 비과세 규정을 적용하지 않는다. 다만, 2021.1.1. 이후 취득하는 주택분양권이 주택 수에 포함됨에 따라 주택과 분양권을 보유하다 주택을 양도하는 경우 비과세 특례 규정을 두고 있다. 이는 주택과 조합원입주권을 보유한 상태에서 주택을 양도하는 경우 비과세하는 특례 규정과 과세형평을 맞추기 위한 규정으로 볼 수 있다. 아래에서는 그 내용을 살펴보기로 한다.

1. 비과세 특례 유형

(1) 일시적 1주택과 1주택분양권

국내에 1주택을 소유한 1세대가 그 주택(종전주택)을 양도하기 전에 분양권을 취득함으로써 일시적으로 1주택과 1분양권을 소유하게 된 경우 종전주택을 취득한 날부터 1년 이상이 지난 후에 분양권을 취득하고 그 분양권을 취득한 날부터 3년 이내에 종전주택을 양도하는 경우에는 이를 1세대 1주택으로 보아 비과세 규정을 적용한다(소령 제156조의3 제2항).

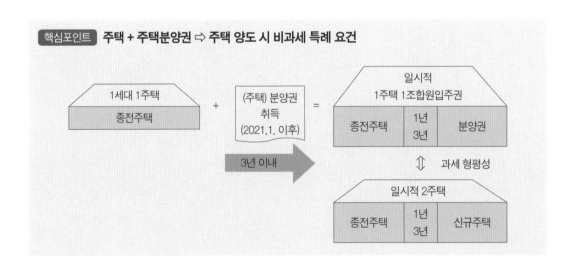

일시적 목적: 3년 이내 양도
❶ 종전주택 취득일로부터 1년 이상이 지난 후 분양권 취득
❷ 분양권 취득일로부터 3년 이내 종전주택 양도
❸ 양도하는 종전주택은 1세대 1주택 비과세 요건 충족

(2) 실거주 목적의 분양권

국내에 1주택을 소유한 1세대가 그 주택을 양도하기 전에 분양권을 취득함으로써 1주택과 1분양권을 소유하게 된 경우로서 분양권을 취득한 날부터 3년이 지나 종전주택을 양도하는 경우로서 다음의 요건(사후관리요건)을 모두 갖춘 때에는 이를 1세대 1주택으로 보아 비과세 규정을 적용한다(소령 제156조의3 제3항).

1) 종전주택 취득 후 1년 이상이 지난 후에 분양권 취득(2022. 2. 15. 이후 취득하는 분양권부터 적용한다)
2) 주택이 완성된 후 3년 이내 이사하여 1년 이상 계속 거주

분양권에 따라 취득하는 주택이 완성된 후 3년 이내에 그 주택으로 세대 전원이 이사하여 1년 이상 계속하여 거주할 것. 거주하는 경우에는 취학, 근무상의 형편, 질병의 요양 그 밖의 부득이한 사유로 세대의 구성원 중 일부가 이사하지 못하는 경우를 포함한다.

3) 주택이 완성되기 전 또는 완성된 후 3년 이내에 종전주택 양도

분양권에 따라 취득하는 주택이 완성되기 전 또는 완성된 후 3년 이내에 종전주택을 양도할 것

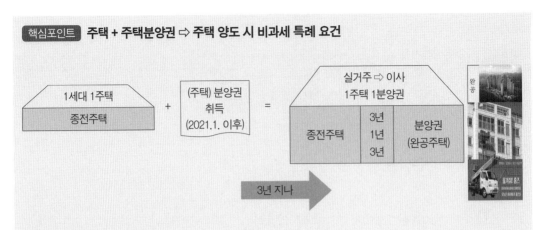

핵심포인트 주택 + 주택분양권 ⇨ 주택 양도 시 비과세 특례 요건

실거주 목적: 3년이 지나 양도

❶ 종전주택 취득일로부터 1년 이상이 지난 후 분양권 취득

❷ 분양주택 완공 후 3년 이내 이사 + 1년 이상 계속 거주

❸ 분양주택 완공 전 또는 완공 후 3년 이내 종전주택 양도

❹ 양도하는 종전주택은 1세대 1주택 비과세 요건 충족

2. 분양권의 취득시기

2021년 1월 1일 이후 취득한 주택분양권부터 주택 수에 포함된다. 분양권의 취득은 최초로 분양 신청하여 취득할 수 있고, 승계취득(전매)할 수도 있다.

부동산의 분양계약을 체결한 자의 그 권리에 대한 취득시기는 해당 부동산을 분양받을 수 있는 권리가 확정되는 날(아파트 당첨권은 당첨일)이고 타인으로부터 그 권리를 인수받은 때에는 전매 잔금청산일이 취득시기가 된다(관련 집행기준 98-162-16). 따라서 2021.1.1. 이후 취득한 분양권 인지 여부를 판단할 때 분양권에 당첨된 경우의 취득시기는 당첨일이고, 전매로 취득한 경우는 전 매취득대금의 잔금일이 취득시기가 된다. 아래에서는 이와 관련된 내용을 예규 및 판례 등을 통해 조금 더 살펴보기로 한다.

(1) 입주자 모집 공고에 따른 청약이 당첨되어 취득하는 아파트 분양권

입주자 모집 공고에 따른 청약이 당첨되어 분양계약한 경우 「소득세법」 제88조 제10호에 따른 분양권의 취득시기는 청약당첨일이다(관련 예규 기획재정부 재산세제과-85, 2022.1.14.).

(2) 「주택공급에 관한 규칙」에 따른 선착순 방법으로 취득한 분양권

「주택공급에 관한 규칙」에 따른 선착순의 방법으로 취득하는 분양권의 취득시기는 당해 부동산을 분양받을 수 있는 권리가 확정된 날이며, 선착순의 방법으로 동·호수 등을 지정하고 당일날에 사업주체와 공급계약을 체결한 경우 당해 일자가 취득시기가 된다(서면-2021-법규재산-7612, 2022.6.15.).

(3) 분양가액의 잔금청산 전에 명의변경으로 취득한 경우

분양계약서의 분양가액에 대한 잔금청산 전에 명의변경(전매)으로 취득하는 경우 매수자는 전매계약한 매매금액을 지급하고 매도자가 불입하지 않은 분양가액의 나머지 분양대금을 불입한 후 아파트를 취득하게 된다.

이미 살펴보았듯이 자산의 취득시기는 원칙적으로 대금을 청산한 날이 되며 대금을 청산하기 전에 소유권이전등기를 한 경우에는 등기부·등록부 또는 명부 등에 기재된 등기접수일 또는 명의개서일이 된다. 하지만 아파트 분양권의 경우에는 등기·등록·명의개서를 요하는 자산에 해당하지 않는다(서면-2022-부동산-2704, 2022.7.7.). 따라서 분양권을 전매로 취득하는 경우 취득시기는 전매대금을 청산한 날, 즉 전매잔금일이 된다.

아래에서는 전매로 취득하는 경우 각 상황별로 취득시기를 살펴보기로 한다. 매수자의 취득시기는 매도자의 양도시기가 된다.

1) 분양아파트가 완공된 후 소유권보존등기 전에 분양대금을 완납하지 않은 상태에서 취득하는 경우

아파트는 완공되었지만 소유권보존등기 전이고 분양계약을 체결한 자가 분양대금도 완납하지 않은 상태인 경우에는 부동산의 취득시기가 도래하기 전이다. 이런 상황에서 매수자가 취득하는 것은 부동산이 아니라 부동산을 취득할 수 있는 권리인 분양권이다. 따라서 이 경우의 취득시기는 전매대금 잔금일이 된다.

2) 소유권보존등기 후 분양대금 완납 전에 취득하는 경우

아파트가 완공되어 분양회사 명의로 소유권보존등기도 되었지만 분양계약을 체결한 자가 분양대금을 완납하지 않은 상태인 경우에는 부동산의 취득시기가 도래하기 전이다. 이런 상황에서 매수자가 취득하는 것은 부동산이 아니라 부동산을 취득할 수 있는 권리인 분양권이다. 따라서 이경우의 취득시기는 전매대금 잔금일이 된다.

3) 분양받은 주택이 완공되고 분양대금 완납 후 취득하는 경우

분양계약을 체결한 자가 아파트가 완공되어 분양회사에 분양대금을 완납한 상태에서 취득하는 경우에는 부동산의 취득시기가 도래하였으므로 이런 상황에서 매수자가 취득하는 것은 부동산이다. 따라서 이 경우에는 분양권을 취득하는 것이 아니라 부동산을 취득하는 것이므로 취득시기는 매매대금 잔금일과 소유권이전등기접수일 중 빠른 날이 된다.

💡 생각정리 노트

위에서 살펴보았듯이 분양권의 취득시기가 언제인지에 따라 분양권의 취득인지 부동산의 취득인지가 결정된다. 분양권의 취득인지 부동산의 취득인지, 그리고 분양권의 취득이라면 그 취득시기가 언제인지에 따라 적용되는 비과세 요건 등 세법의 규정이 다르게 적용된다. 그러므로 실무에서 적용하는 경우 이러한 구분에 유의하여야 한다.

3. 주택분양권이 과세되는 경우 적용되는 세율

주택분양권을 양도하는 경우 1년 미만 보유 시 70%, 1년 이상 보유 시 60%의 세율을 적용한다. 그리고 지방소득세 10%가 추가로 과세된다.

4. 분양권 관련 생각지도

아래에서는 분양권 관련하여 실무상 쟁점이 될 수 있는 내용을 예규 및 판례를 통하여 추가로 살펴보기로 한다.

(1) 오피스텔 분양권이 주택 수에 포함되는지 여부

업무용으로 취득한 오피스텔의 분양권인 경우 「소득세법」 제88조 제10호의 분양권에 해당하지 않고, 1세대 1주택 비과세 및 중과세율 적용 시 주택 수에 포함되지 않으며, 그 분양권을 1년 이상 2년 미만 보유하고 양도할 경우 부동산을 취득할 수 있는 권리로 보아 40%의 세율을 적용한다(관련 예규 사전-2021-법령해석재산-1326, 2021.9.30.). 1년 미만 보유하고 양도하는 경우 50%의 세율을 적용하고, 2년 이상 보유하고 양도하는 경우에는 기본세율을 적용한다.

(2) 비과세 및 중과세율 판정 시 2021.1.1. 이후 취득한 생활형 숙박시설 분양권을 주택 수에 포함하는지 여부

생활숙박시설을 공급받는 자로 선정된 지위는 「소득세법」 제88조 제10호에 따른 주택분양권에 해당하지 않는다(관련 예규 서면-2021-법규재산-5635, 2022.2.25.).

(3) 2020.12.31. 이전에 취득한 분양권 지분 일부를 배우자에게 증여한 경우 주택 수 포함 여부

2020.12.31. 이전에 취득한 분양권의 지분을 2021.1.1. 이후 동일세대원인 배우자에게 증여하는 경우 해당 분양권은 주택 수에 포함하지 않는다(예규 서면2021법령해석재산-918, 2021.7.23.).

(4) 동거봉양합가로 2주택이 된 후 분양권을 취득하고 종전주택을 양도하는 경우 1세대 1주택 특례 적용 여부

국내에 1주택을 보유하는 1세대가 1주택을 보유하는 60세 이상의 직계존속을 동거봉양하기 위하여 세대를 합침으로써 1세대 2주택이 된 후 종전주택을 취득한 날부터 1년 이상 지난 상태에서 분양권을 취득(2021.1.1. 이후 취득)하고 그날로부터 3년 이내에 그리고 세대합가일부터 10년 이내에 합가 전 보유하던 종전주택을 양도할 때에는 같은 영 제156조의3 제2항(주택과 분양권을 소유한 경우 1세대 1주택의 특례 규정) 및 같은 영 제155조 제4항(동거봉양합가주택 비과세 특례 규정)에 따라 이를 1세대 1주택으로 보아 1세대 1주택 비과세 규정을 적용한다(서면-2021-부동산-5364, 2022.7.4.). 즉, 비과세 특례의 중첩적용이 가능하다.

|참고| 조합원입주권 또는 주택분양권과 취득세

조합원입주권 또는 주택분양권에 의하여 취득하는 주택의 경우에는 조합원입주권 또는 주택분양권의 취득일(분양사업자로부터 주택분양권을 취득하는 경우에는 분양계약일)을 기준으로 해당 주택 취득 시의 세대별 주택 수를 산정한다(지방세법 시행령 제28조의4).

[주택·조합원입주권·분양권의 양도소득세 규정 비교]

구분		주택	조합원입주권	주택분양권	업무용시설분양권
비과세		적용가능	적용가능	없음	없음
1세대 1주택 비과세 판단시 주택 수		포함	포함	포함 (2021.1.1. 이후 취득)	포함하지 않음
다주택 중과시 주택 수		포함	포함	포함 (2021.1.1. 이후 취득)	포함하지 않음
중과세율		적용	미적용	미적용	미적용
세율	2년 이상	기본세율		60%	기본세율
	1년 이상	60%			40%
	1년 미만	70%		70%	50%

지금까지 제1장에서는 양도소득세의 납부할 세액을 계산하는 구조 및 각 단계별 세법의 내용, 제2장에서는 1세대 1주택 비과세 요건, 일시적2주택 등 1세대 1주택 비과세 특례주택에 대한 내용을 살펴보았다. 제3장에서는 재개발·재건축 관련 조합원입주권 양도 시 비과세 특례 규정, 종전주택과 조합원입주권을 소유한 상태에서 종전주택을 양도하는 경우 비과세 특례 규정, 대체주택을 양도하는 경우 비과세 특례 규정, 재개발·재건축 완성주택의 비과세 내용 및 조합원입주권 또는 완성주택을 양도하여 과세되는 경우 계산구조에 대해서 살펴보았다. 제4장에서는 주택과 분양권을 소유한 상태에서 주택을 양도하는 경우 비과세 특례 규정에 대해 살펴보았다.

양도소득세에서는 납세자의 세금 부담을 줄여 주는 제도로 비과세 제도와 감면 또는 과세특례 제도를 두고 있다. 비과세는 과세권자가 과세권을 포기하는 것이고, 감면 또는 과세특례는 소득금액이나 산출세액을 줄여 주는 제도를 말한다. 양도소득세의 비과세는 소득세법에서 규정하고 있으나 감면 또는 과세특례는 조세특례제한법(조특법)에서 규정하고 있다. 다음 장에서는 주택의 양도소득세와 관련된 감면 또는 과세특례에 대한 내용을 요약정리하기로 한다.

조세특례제한법의 감면 및 과세특례주택

제5장에서는 다음과 같은 내용을 살펴보기로 한다.

제1절 | 임대주택에 대한 감면 및 과세특례

1. 장기임대주택에 대한 감면(조특법 제97조)

감면 요건 및 특례 내용			
· 거주자가 아래 기간에 신축한 국민주택을 5호 이상 임대개시			
취득기간	임대주택 유형	임대기간	감면율
· 1986.1.1.~2000.12.31. 기간 중 신축된 주택 (1985.12.31. 이전에 신축된 공동주택으로서 1986.1.1. 현재 입주사실 이 없는 주택 포함)	일반 임대주택	5년 이상	50%
		10년 이상	100%
	건설 임대주택	5년 이상	100%
· 1995.1.1. 이후 취득 및 임대를 개시한 국민주택으로서 5호 이상의 주택 (취득 당시 입주사실이 없는 경우에 한함)	매입 임대주택	5년 이상	100%
· 다른 주택의 1세대 1주택 비과세 판정 시 주택 수에서 제외함 · 농어촌특별세 과세(감면세액의 20%)			

▷ 일반임대주택: 민간임대주택에 관한 특별법 또는 공공주택 특별법 적용대상이 아닌 주택

▷ 건설임대주택, 매입임대주택: 민간임대주택에 관한 특별법 또는 공공주택 특별법 적용대상인 주택

(1) 지방자치단체 및 세무서 임대사업자등록과 감면 요건

다가구주택이 임대주택법에 의한 임대사업자등록이 불가하여 관할 지방자치단체에 임대사업 자등록을 하지 못한 경우에도 5호 이상 임대한 사실을 관할세무서장에게 신고하고 5년 이상 임대 하는 경우에는 동 법령을 적용받을 수 있다(서면5팀-823, 2006.11.15.).

(2) 임대주택을 지분형태로 소유하는 경우의 임대주택 수 계산방법

임대주택을 지분형태로 소유하는 공동사업자의 경우에는 임대주택의 호수에 지분비율을 곱하 여 5호 이상(예: 임대주택 10호를 공유하는 공동사업자 1인의 지분이 50%인 경우 5호를 보유하는

것으로 인정)이어야 감면규정이 적용된다(집행기준 97-97-4).

(3) 다가구주택에서 다세대주택으로 전환된 경우 주택임대기간 계산

임대 중이던 다가구주택을 당초 독립하여 거주할 수 있도록 구획된 각 가구에 대한 구조 및 지분의 변동 없이 다세대주택으로 전환한 경우 해당 임대주택의 임대기간 기산일은 당초 주택 임대를 개시한 날로 본다(집행기준 97-97-6).

(4) 장기임대주택이 조합원입주권으로 전환되어 양도하는 경우

장기임대주택의 감면요건을 갖춘 임대주택이 재건축 등으로 조합원입주권으로 전환되어 양도하는 경우 장기임대주택의 재건축사업계획승인일 현재의 양도차익에 대하여 양도소득세 감면규정이 적용된다(집행기준 97-97-7).

2. 신축임대주택에 대한 감면 특례[조특법 제97조의2]

감면 요건	
취득기간	① 건설임대주택 · 1999.8.20.~2001.12.31. 기간 중 신축주택 · 1999.8.19 이전 신축된 공동주택 · 1999.8.20. 현재 입주사실이 없는 주택 ② 매입임대주택 · 1999.8.20.~2001.12.31. 기간 중 신축주택 · 1999.8.19 이전 신축된 공동주택 · 1999.8.20. 현재 입주사실이 없는 주택 · 매매계약을 체결하고 계약금을 납부(완납)한 경우 포함
신축 임대주택	· 국민주택규모 이하 · 2호 이상의 임대주택을 5년 이상 임대 · 임대사업자로 등록할 것
감면 내용	
· 다른 주택의 1세대 1주택 비과세 판정 시 주택 수에서 제외함 · 양도소득세 면제(감면율 100%) · 농어촌특별세 과세(감면세액의 20%)	

3. 장기일반민간임대주택에 대한 양도소득세 과세특례(조특법 제97조의3)

(1) 과세특례 요건 및 특례 내용

과세 특례 요건	
특례 적용 기한	· 2020.12.31.까지 등록(지자체 + 세무서) (2020.7.11. 이후 아파트 등록 및 단기를 장기로 변경 신고한 주택 제외) 다만, 민간건설임대주택의 경우 2022.12.31.까지 등록
장기일반민간임대주택	· 면적기준: 국민주택규모 이하 · 가액기준: 임대개시일 당시 기준시가 6억원(수도권 밖 3억원) 이하 · 의무임대기간: 8년 · 임대료 등 5% 증액 제한 준수 · 1호 이상 임대

특례 내용
· 장기보유특별공제 특례공제율 적용 　8년 이상 계속 임대 시: 50% 　10년 이상 계속 임대 시: 70%

(2) 자동 · 자진말소와 과세특례

　　장기일반민간임대주택이 자동말소 또는 자진말소되는 경우 과세특례를 적용할 수 있을까? 이와 관련된 예규에서는 장기일반민간임대주택 중 아파트를 임대하는 민간매입임대주택이 자동말소되는 경우 해당 주택은 8년 동안 등록 및 임대한 것으로 보아 과세특례를 적용한다고 해석하고 있다(예규 서면2020법령해석재산-3286, 2021.5.11.). 다만, 의무임대기간이 8년인 장기일반민간임대주택이 자동말소되는 경우 10년 이상 계속하여 임대한 후 양도하는 경우에도 70%의 공제율 규정은 적용하지 않는다. 그리고 자진말소하는 경우에는 과세특례적용이 불가능하다(서면법규재산2021-8176, 2023.7.21.).

4. 장기임대주택에 대한 양도소득세의 과세특례(조특법 제97조의4)

과세 특례 요건	
특례적용기한	· 2018.3.31.까지 임대등록(지자체 + 세무서)하여 임대할 것
장기임대주택	· 가액기준: 임대개시일 당시 기준시가 6억원(수도권 밖 3억원) 이하 · 의무임대기간: 6년 이상 임대한 후 양도

특례 내용	
임대기간	장기보유특별공제율 추가
6년~7년	2%
7년~8년	4%
8년~9년	6%
9년~10년	8%
10년 이상	10%

임대의무기간이 종료한 날 자동말소된 경우로서 해당 자동말소된 장기임대주택을 양도하는 경우, 「조세특례제한법」 제97조의4에 따른 추가공제율 적용 시 임대기간은 임대개시일부터 자동말소일까지의 기간에 따라 산정하는 것으로, 자동말소된 장기임대주택을 자동말소일 이후에도 계속하여 임대하더라도 자동말소일까지 6년 이상 임대기간요건을 충족하지 못하는 경우에는 특례를 적용받을 수 없다(예규 사전법규재산2023-43, 2023. 3. 8.).

5. 장기일반민간임대주택 등에 대한 감면(조특법 제97조의5)

과세 특례 요건	
특례 적용 기한	· 2018년 12월 31일까지 민간매입임대주택 등을 취득(2018년 12월 31일까지 매매계약을 체결하고 계약금을 납부한 경우를 포함)하고, 취득일로부터 3개월 이내에 지자체와 세무서에 임대사업자등록
장기일반민간임대주택 (준공공임대주택)	· 의무임대기간: 10년 이상 계속하여 임대한 후 양도 · 임대료등 5% 증액 제한 준수
특례 내용	
임대기간 중 발생한 양도소득에 대한 양도소득세의 100%에 상당하는 세액 감면	

장기일반민간임대주택 중 아파트를 임대하는 민간매입임대주택이 「민간임대주택에 관한 특별법」에 따라 등록이 말소되는 경우에는 「조세특례제한법」 제97조의5 규정을 적용받을 수 없다(관련 예규 서면-2021-법령해석재산-2824, 2021. 12. 20.).

<table>
<tr><td colspan="2" align="center">제2절</td><td colspan="2" align="center">미분양주택에 대한 감면 및 과세특례</td></tr>
</table>

1. 미분양주택에 대한 과세특례(조특법 제98조)

	과세 특례 요건
취득기간	· 1995.10.31. 현재 미분양주택으로서 1995.11.1.~1997.12.31. 기간에 취득한 주택 · 1998.2.28. 현재 미분양주택으로서 1998.3.1.~1998.12.31. 기간에 취득한 주택 · 매매계약을 체결하고 계약금을 납부(완납)한 경우 포함
미분양주택 요건	· 지역요건: 서울시 외의 지역 · 면적요건: 국민주택규모 이하 · 의무임대기간: 5년 이상 보유·임대 후 양도 　① 주택법에 따라 사업계획승인을 받아 건설한 주택 　② 주택건설사업자로부터 최초로 분양받은 주택(미입주 주택) · 미분양주택임을 확인하는 날인을 받은 매매계약서 사본 제출
	특례 내용
	양도소득세(20%)와 종합소득세 계산 방법 중 선택 적용 가능

2. 지방미분양주택 취득에 대한 과세특례(조특법 제98조의2)

	과세 특례 요건
취득기간	· 2008.11.3.~2010.12.31. 　매매계약을 체결하고 계약금을 납부한 경우를 포함
미분양주택 요건	· 지역요건: 아래 ①, ②의 요건을 모두 갖춘 수도권 밖에 소재한 주택 　① 주택법에 따라 사업계획승인을 받아 건설한 주택으로서 주택 소재지를 관할하는 시 　　장·군수·구청장이 2008.11.3. 현재 미분양주택임을 확인한 주택 　② 주택건설사업자로부터 최초로 분양받은 주택(미입주 주택) · 면적요건: 제한 없음 · 미분양주택임을 확인하는 날인을 받은 매매계약서 사본 제출
	특례 내용

· 다른 주택의 1세대 1주택 비과세 판정 시 주택 수에서 제외함
· 장기보유특별공제액
　양도차익에 「소득세법」 제95조 제2항 [표2]에 따른 보유기간별 특례공제율을 곱하여 계산한 금액
· 세율
　보유기간 불문하고 「소득세법」 제104조 제1항 제1호에 따른 기본세율 적용

3. 미분양주택의 취득자에 대한 과세특례(조특법 제98조의3)

과세 특례 요건	
취득기간	· 2009.2.12.~2010.2.11. 매매계약을 체결하고 계약금을 납부한 경우를 포함한다.
미분양주택 요건	· 지역요건 서울시 밖의 지역 수도권과밀억제권역 안의 지역인 경우에는 대지면적이 660제곱미터 이내이고, 주택의 연면적이 149제곱미터(공동주택의 경우에는 전용면적 149제곱미터) 이내인 주택 · 미분양주택의 범위 ① 주택법에 따라 주택을 공급하는 사업주체가 공급하는 미분양주택 ② 주택법에 따른 사업계획승인(건축법에 따른 건축허가를 포함한다)을 받아 해당 사업계획과 주택법에 따라 사업주체가 공급하는 신규분양주택 ③ 주택건설사업자(20호 미만의 주택을 공급하는 자를 말한다)가 공급하는 주택 ④ 자기가 건설한 신축주택으로서 2009년 2월 12일부터 2010년 2월 11일까지의 기간 중에 공사에 착공하고, 사용승인 또는 사용검사(임시사용승인을 포함한다)를 받은 주택 · 최초로 매매계약을 체결 · 미입주주택 · 미분양주택임을 확인하는 날인을 받은 매매계약서 사본 제출

특례 내용

· 다른 주택의 1세대 1주택 비과세 판정 시 주택 수에서 제외함
· 취득일부터 5년 이내에 양도
 100% 감면(수도권과밀억제권역인 경우에는 60%)
· 취득일부터 5년이 지난 후에 양도
 취득일부터 5년간 발생한 양도소득금액(수도권과밀억제권역인 경우에는 양도소득금액의 60%에 상당하는 금액)을 과세대상 소득금액에서 차감
· 장기보유특별공제액
 양도차익에 소득세법 제95조 제2항 [표1](같은 조 제2항 단서에 해당하는 경우에는 [표2])에 따른 보유기간별 공제율을 곱하여 계산한 금액 적용(다주택자인 경우에도 적용)
· 세율
 소득세법 제104조 제1항 제1호에 따른 세율 적용(단기 양도, 다주택자 불문)

4. 수도권 밖의 지역에 있는 미분양주택 취득자에 대한 과세특례 (조특법 제98조의5)

과세 특례 요건	
취득기간	· 2010.5.14.~2011.4.30. 매매계약을 체결하고 계약금을 납부한 경우를 포함한다.
미분양주택 요건	· 지역요건: 수도권 밖의 지역 · 주택법에 따라 주택을 공급하는 사업주체가 공급하는 주택 등 · 최초로 매매계약을 체결 · 미입주주택 · 미분양주택임을 확인하는 날인을 받은 매매계약서 사본 제출
특례 내용	
· 다른 주택의 1세대 1주택 비과세 판정 시 주택 수에서 제외함 · 취득일부터 5년 이내에 양도 분양가격 인하율에 따른 감면율을 곱하여 계산한 세액을 감면 · 취득일부터 5년이 지난 후에 양도 취득일부터 5년간 발생한 양도소득금액에 분양가격 인하율에 따른 감면율을 곱하여 계산한 금액을 감면	

5. 준공후미분양주택의 취득자에 대한 과세특례(조특법 제98조의6)

과세 특례 요건	
취득기간	· 2011.3.29. 현재 미분양주택으로 2011.12.31.까지 취득·임대계약 체결 매매계약을 체결하고 계약금을 납부한 경우를 포함한다.
미분양주택 요건	· 거주자 또는 비거주자가 주택법에 따라 주택을 공급하는 사업주체 등이 준공후미분양주택을 2011년 12월 31일까지 임대계약을 체결하여 2년 이상 임대한 주택으로서 해당 사업주체 등과 최초로 매매계약을 체결하고 취득한 주택 · 거주자 또는 비거주자가 준공후미분양주택을 사업주체 등과 최초로 매매계약을 체결하여 취득하고 5년 이상 임대한 주택(소득세법에 따른 사업자등록과 민간임대주택에 관한 특별법에 따른 임대사업자등록을 하고 2011년 12월 31일 이전에 임대계약을 체결한 경우에 한정) 다만, 취득 당시 기준시가가 6억원을 초과하거나 주택의 연면적(공동주택의 경우에는 전용면적)이 149제곱미터를 초과하는 주택은 제외 · 최초로 매매계약을 체결 · 미분양주택임을 확인하는 날인을 받은 매매계약서 사본 제출
특례 내용	
· 다른 주택의 1세대 1주택 비과세 판정 시 주택 수에서 제외함 · 장기보유특별공제액 다주택자인 경우에도 양도차익에 소득세법 제95조 제2항 [표1]의 일반공제율(1세대 1주택에 해당하는 경우에는 [표2]의 특례공제율)을 곱하여 계산한 금액 적용 · 세율: 단기양도, 다주택자 불문하고 기본세율 적용	

6. 미분양주택의 취득자에 대한 과세특례(조특법 제98조의7)

과세 특례 요건	
취득기간	· 2012.9.24.~2012.12.31. 매매계약을 체결하고 계약금을 납부한 경우를 포함한다.
미분양주택 요건	· 가액기준: 취득가액이 9억원 이하인 주택 · 주택법에 따라 주택을 공급하는 사업주체가 공급하는 미분양주택 · 최초로 매매계약을 체결 · 미입주주택 · 미분양주택임을 확인하는 날인을 받은 매매계약서 사본 제출

특례 내용

· 다른 주택의 1세대 1주택 비과세 판정 시 주택 수에서 제외함
· 취득일부터 5년 이내에 양도
  100% 감면
· 취득일부터 5년이 지난 후에 양도
  취득일부터 5년간 발생한 양도소득금액을 과세대상소득금액에서 공제
· 농어촌특별세 과세(감면세액의 20%)

7. 준공후미분양주택의 취득자에 대한 과세특례(조특법 제98조의8)

과세 특례 요건	
취득기간	· 2015.1.1.~2015.12.31. 매매계약을 체결하고 계약금을 납부한 경우를 포함한다.
미분양주택 요건	· 취득 당시 취득가액이 6억원 이하이고 주택의 연면적(공동주택의 경우에는 전용면적) 이 135제곱미터 이하 · 주택법에 따라 주택을 공급하는 사업주체가 공급하는 미분양주택 · 최초로 매매계약을 체결 · 의무임대기간: 5년 이상 임대한 주택(지자체등록 + 세무서사업자등록) · 미분양주택임을 확인하는 날인을 받은 매매계약서 사본 제출

특례 내용
· 다른 주택의 1세대 1주택 비과세 판정 시 주택 수에서 제외함 · 취득일부터 5년간 발생하는 양도소득금액의 50% 감면 · 농어촌특별세 과세(감면세액의 20%)

제3절 | 신축주택 등에 대한 감면 및 과세특례

1. 신축주택의 취득자에 대한 감면(조특법 제99조)

감면 요건	
취득기간	· 다음의 기간까지 사용승인 도는 사용검사(임시사용승인 포함)를 받은 신축주택 1998.5.22.~1999.6.30. 국민주택은 1998.5.22.~1999.12.31.
신축주택 요건	① 자기가 건설한 주택 　(주택법에 따른 주택조합 또는 도시 및 주거환경정비법에 따른 정비사업조합을 통하여 조합원이 취득하는 주택을 포함한다) ② 주택건설사업자로부터 취득하는 주택 　· 최초로 매매계약을 체결 　　매매계약을 체결하고 계약금을 납부한 경우 포함 　· 주택조합 등이 그 조합원에게 공급하고 남은 주택으로서 주택조합 등과 직접 매매계약을 체결하고 계약금을 납부한 자가 취득하는 주택 　· 조합원이 주택조합 등으로부터 취득하는 주택으로서 신축주택 취득기간 경과 후에 사용승인 또는 사용검사를 받는 주택. 다만, 주택조합 등이 조합원 외의 자와 신축주택 취득기간 내에 잔여주택에 대한 매매계약(매매계약이 다수인 때에는 최초로 체결한 매매계약을 기준으로 한다)을 직접 체결하여 계약금을 납부받은 사실이 있는 경우에 한한다. ③ 고가주택은 제외
감면 내용	
	· 취득한 날부터 5년 이내에 양도하는 경우 　신축주택을 취득한 날부터 양도일까지 발생한 양도소득금액공제 · 취득한 날부터 5년이 지난 후에 양도하는 경우 　신축주택을 취득한 날부터 5년간 발생한 양도소득금액공제 · 농어촌특별세 과세(감면세액의 20%)

2. 신축주택 등 취득자에 대한 과세특례(조특법 제99조의2)

감면 요건	
취득기간	· 거주자 또는 비거주자가 2013.4.1.~2013.12.31. 기간에 취득한 주택 · 매매계약을 체결하고 계약금을 납부한 경우 포함
신축주택 미분양주택 1세대 1주택자의 주택 요건	· 취득가액이 6억원 이하이거나 국민주택규모 이하인 주택 · 신축주택 · 미분양주택 · 최초로 매매계약을 체결 　① 주택법에 따라 주택을 공급하는 사업주체가 공급하는 주택 　② 주택법에 따른 사업계획승인(건축법에 따른 건축허가를 포함)을 받아 해당 사업계획과 주택법에 따라 사업주체가 공급하는 주택 　③ 주택건설사업자로부터 취득하는 주택 　④ 자기가 건설한 주택 　⑤ 오피스텔 · 1세대 1주택자의 기존주택 · 지자체로부터 감면대상주택임을 확인하는 날인을 받은 매매계약서 사본 제출

특례 내용
· 다른 주택의 1세대 1주택 비과세 판정 시 주택 수에서 제외함 · 취득한 날부터 5년 이내에 양도하는 경우 　100% 세액 감면 · 취득한 날부터 5년이 지난 후에 양도하는 경우 　해당 주택 취득일로부터 5년간 발생한 양도소득금액을 과세대상소득금액에서 공제 · 농어촌특별세 과세(감면세액의 20%)

(1) 조세특례제한법 제99조의2에 따른 감면주택과 상속주택을 소유하는 1세대가 상속주택을 양도하는 경우 1세대 1주택 비과세 적용 여부

「조세특례제한법」 제99조의2 제1항에 따른 과세특례 대상이 되는 주택과 별도세대인 母로부터 상속받은 주택을 보유하는 거주자가 상속주택을 양도하는 경우, 해당 상속주택에 대하여 「소득세법」 제89조 제1항 제3호(1세대 1주택 비과세 규정)를 적용함에 있어 과세특례 대상이 되는 주택은 해당 거주자의 소유주택으로 보지 않는다(예규 서면2023부동산-197, 2023.06.22.).

(2) 조세특례제한법 제99조의2 적용을 받는 감면대상 주택을 소유한 상태에서 일반주택을 양도하여 비과세를 적용받은 후 감면대상 주택을 보유하다가 양도할 때 양도차익 전체에 대하여 비과세되는 것인지 여부

감면대상 주택의 양도 당시 1세대 1주택 비과세 요건에 해당하는 경우에는 「소득세법」 제89조 제1항 제3호에 따라 비과세를 적용하는 것이고, 양도하는 감면대상 주택이 1세대 1주택이면서 고가주택에 해당하는 경우에는 고가주택의 양도차익을 계산(소득세법 제95조 제3항 및 같은 법 시행령 제160조를 적용)한 후 「조세특례제한법」 제99조의2 규정을 적용한다(예규 서면2015법령해석재산-2017, 2015. 12. 7.). 다시 말해 비과세 규정과 감면 규정을 동시에 적용한다.

(3) 일반주택을 양도하면서 비과세를 받은 후 특례주택을 양도할 때 비과세 보유기간 기산일

일반주택과 조세특례제한법 제99조의2에 따른 특례주택을 보유하다 일반주택을 먼저 비과세 양도한 후 남은 조세특례제한법 제99조의2 특례주택을 양도할 때 비과세 보유기간은 특례주택 취득일부터 기산한다(예규 기획재정부 재산세제과-236, 2023. 2. 10.).

| 참고 | 신축주택등 감면대상 기존주택임을 확인하는 날인

■ 조세특례제한법 시행규칙 [별지 제63호의14서식] 〈신설 2013. 5. 14〉

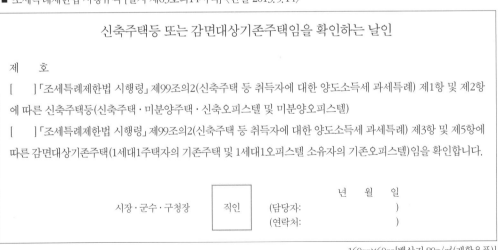

3. 신축주택 취득자에 대한 과세특례(조특법 제99조의3)

과세 특례 요건	
취득기간	① 2000.11.1.~2001.5.22. 비수도권(국민주택 이하) ② 2001.5.23.~2002.12.31. 전국(고급주택 제외) ③ 2003.1.1.~2003.3.30. 서울, 과천, 5대 신도시 제외(양도 당시 고가주택 제외) ④ 2002.12.31. 이전에 착공하여 2003.6.30. 이전에 완공한 서울, 과천, 5대 신도시의 　 자가건설주택 　·매매계약을 체결하고 계약금을 납부한 경우 포함
신축주택 요건	① 주택건설사업자로부터 취득한 신축주택 　·주택법에 따른 주택조합 또는 도시 및 주거환경정비법에 따른 정비사업조합을 통하 　 여 취득하는 주택 포함 ② 자기가 건설한 신축주택 　·주택법에 따른 주택조합 또는 도시 및 주거환경정비법에 따른 정비사업조합을 통하 　 여 조합원(관리처분계획인가일 또는 주택법에 따른 사업계획의 승인일 현재의 조합 　 원)이 취득하는 주택을 포함 ③ 그 주택에 딸린 토지로서 해당 건물 연면적의 2배 이내의 것을 포함

특례 내용
·취득한 날부터 5년 이내에 양도하는 경우 　신축주택을 취득한 날부터 양도일까지 발생한 양도소득금액공제 ·취득한 날부터 5년이 지난 후에 양도하는 경우 　해당 주택 취득일로부터 5년간 발생한 양도소득금액공제 ·농어촌특별세 과세(감면세액의 20%)

제4절 | 농어촌주택에 대한 과세특례

1. 농어촌주택 취득자에 대한 과세특례(조특법 제99조의4)

과세 특례 요건	
취득시기	· 2003.8.1.~2025.12.31. · 매매계약을 체결하고 계약금을 납부한 경우 포함
지역 요건	· 「지방자치분권 및 지역균형발전에 관한 특별법」 제2조 제13호에 따른 기회발전특구 · 「지방자치법」 제3조 제3항 및 제4항에 따른 읍·면 또는 인구 규모 등을 고려하여 대통령령으로 정하는 동에 소재할 것. 다만, 다음의 지역은 제외한다. ① 수도권지역. 다만, 접경지역은 과세특례를 적용한다. ② 국토의 계획 및 이용에 관한 법률에 따른 도시지역. 다만, 인구감소지역은 과세특례를 적용한다. ③ 조정대상지역 ④ 부동산 거래신고 등에 관한 법률에 따른 허가구역 ⑤ 관광진흥법에 따른 관광단지
농어촌주택 요건	· 유상 또는 무상 취득한 경우, 자기가 건설하여 취득한 경우, 기존에 취득한 토지에 신축하여 취득하는 경우 및 농어촌주택 취득기간 내에 취득하여 해당 기간 경과 후 멸실하고 재건축한 경우를 포함한다. · 가액기준: 기준시가가 해당 주택 취득 당시 3억원(한옥은 4억원)을 초과하지 아니할 것 · 취득 후 3년 이상 보유할 것
양도 요건	· 농어촌주택 취득 전에 보유하던 다른 주택(일반주택) 양도
특례 내용	
농어촌주택을 해당 1세대의 소유주택이 아닌 것으로 보아 1세대 1주택 비과세 규정을 적용한다.	

2. 농어촌주택 취득 특례 가능 지역

농어촌주택에 해당하기 위해서는 다음의 지역에서 취득하는 주택을 말한다.

(1) 「지방자치분권 및 지역균형발전에 관한 특별법」에 따른 기회발전특구

취득 당시 「지방자치분권 및 지역균형발전에 관한 특별법」 제2조 제13호에 따른 기회발전특구(수도권과밀억제권역 안의 기회발전특구 중 같은 법 제2조 제12호에 따른 인구감소지역, 「접경지역 지원 특별법」 제2조 제1호에 따른 접경지역이 아닌 지역은 제외)에 소재할 것.

(2) 읍·면 또는 인구 20만명 이하의 시의 동지역

「지방자치법」 제3조 제3항 및 제4항에 따른 읍·면 또는 조세특례제한법 별표 12에 따른 인구 20만명 이하의 시의 동지역에 소재할 것. 다만, 다음 중 어느 하나에 해당하는 지역은 제외한다.

1) 수도권지역. 다만, 「접경지역 지원 특별법」 제2조에 따른 접경지역 중 부동산가격동향 등을 고려하여 대통령령으로 정하는 지역을 제외한다. 여기서 대통령령으로 정하는 지역이란 「접경지역 지원 특별법」 제2조 제1호에 따른 접경지역, 「지방자치분권 및 지역균형발전에 관한 특별법」 제2조 제12호에 따른 인구감소지역을 말한다. 「접경지역 지원 특별법」 제2조 제1호에 따른 접경지역으로는 인천광역시의 강화군, 옹진군, 경기도의 연천군이 있다.

2) 「국토의 계획 및 이용에 관한 법률」 제6조에 따른 도시지역. 다만, 「지방자치분권 및 지역균형발전에 관한 특별법」 제2조 제12호에 따른 인구감소지역 중 부동산가격동향 등을 고려하여 대통령령으로 정하는 지역은 제외한다. 여기서 대통령령으로 정하는 지역이란 「지방자치분권 및 지역균형발전에 관한 특별법」 제2조 제12호에 따른 인구감소지역과 「기업도시개발 특별법」 제2조 제2호에 따른 기업도시개발구역을 말한다. 기업도시개발구역에 해당하는 지역으로는 충남 태안군, 전남 영암군 및 해남군이 있다.

| 참고 | 「지방자치분권 및 지역균형발전에 관한 특별법」 제2조 제12호에 따른 인구감소 지역

이 책의 원고작성일 현재 조세특례제한법 제99조의4 농어촌주택 특례가 적용되는 「지방자치분권 및 지역균형발전에 관한 특별법」 제2조 제12호에 따른 인구감소지역이 확정되지 않았으므로 차후 세법의 내용을 확인하여야 한다.

---

3) 「주택법」 제63조의2에 따른 조정대상지역

4) 「부동산 거래신고 등에 관한 법률」 제10조에 따른 허가구역

5) 그 밖에 관광단지 등 부동산가격안정이 필요하다고 인정되어 대통령령으로 정하는 지역

3. 개정 연도별 취득 당시 가액기준

(1) 2009. 1. 1. ~2022. 12. 31: 2억원(한옥은 4억원)

(2) 2008. 1. 1. ~2008. 12. 31: 1억5천만원

(3) 2003. 8. 1. ~2007. 12. 31: 7천만원

|참고| 다른 주택 양도 시 조세특례제한법 감면 또는 과세특례주택의 주택 수 포함 여부

구분	관련법령	포함여부
장기임대주택에 대한 감면	제97조	×
신축임대주택에 대한 감면 특례	제97조의2	×
장기일반민간임대주택 등에 대한 과세특례	제97조의3	○
장기임대주택에 대한 과세특례	제97조의4	○
장기일반민간임대주택등에 대한 감면	제97조의5	○
미분양주택에 대한 과세특례	제98조	○
지방미분양주택 취득에 대한 과세특례	제98조의2	×
미분양주택의 취득자에 대한 과세특례	제98조의3	×
비거주자의 주택 취득에 대한 과세특례	제98조의4	○
수도권 밖의 지역에 있는 미분양주택의 취득자에 대한 과세특례	제98조의5	×
준공후미분양주택의 취득자에 대한 과세특례	제98조의6	×
미분양주택의 취득자에 대한 과세특례	제98조의7	×
준공후미분양주택의 취득자에 대한 과세특례	제98조의8	×
신축주택의 취득자에 대한 양도소득세의 감면	제99조	○
신축주택 등 취득자에 대한 과세특례	제99조의2	×
신축주택의 취득자에 대한 과세특례	제99조의3	○
농어촌주택등 취득자에 대한 과세특례	제99조의4	×

토지와 양도소득세

제6장에서는 다음과 같은 내용을 살펴보기로 한다.

제1절 │ 비사업용토지

토지란 인간이 삶을 영위하는 데 있어서 반드시 필요한 근본적인 생존기반이라 할 수 있다. 생존기반의 기초 자원 중 하나인 토지가 투기적 목적이 아니라 생산적이고 효율적으로 사용·관리될 수 있도록 정책적으로 뒷받침할 수 있는 제도들이 마련되어야 한다. 세법적 측면에서 보면 생산적이고 효율적으로 사용되는 토지를 사업용토지라 하고 그렇지 않은 토지를 비사업용토지라 하고 비사업용토지인 경우 중과세율을 적용하여 규제하고 있다. 따라서 토지의 양도에서는 사업용인지 비사업용인지의 구분이 중요하다. 소득세법에서는 비사업용토지가 어떤 토지인지에 대한 요건을 규정하고 있다. 하지만 이 책에서는 실무상 적용의 편의를 위해 사업용토지가 어떤 토지인지에 대해 설명하기로 한다.

사업용토지인지 여부는 크게 세 가지로 나누어 판단할 수 있다.

첫째, 무조건 사업용토지로 보는 토지다. 둘째, 일정한 기간 동안 사업용으로 사용한 토지를 사업용토지로 인정해주는 기간기준요건을 충족한 토지다. 마지막으로 기간기준 요건을 충족한 토지라 하더라도 일정한 면적이내의 토지만 사업용토지로 인정하는 면적기준이 있는 토지다. 아래에서는 무조건 사업용토지로 보는 토지를 살펴보고 기간기준요건과 면적기준 요건은 기간기준요건을 설명할 때 함께 살펴보기로 한다.

1. 무조건 사업용토지로 보는 토지

다음 중 어느 하나에 해당하는 토지는 사업용토지로 사용한 기간 요건을 충족했는지 여부와 관계없이 사업용토지로 본다(소법 제104조의3 제2항, 소령 제168조의14 제3항).

(1) 직계존속 등이 8년 이상 자경한 농지·임야·목장용지를 상속·증여받은 토지

직계존속 또는 배우자가 8년 이상 토지 소재지에 거주하면서 직접 경작한 농지·임야 및 목장용지로서 이를 해당 직계존속 또는 해당 배우자로부터 상속·증여받은 토지. 다만, 양도 당시 「국토의 계획 및 이용에 관한 법률」에 따른 도시지역(녹지지역 및 개발제한구역은 제외한다) 안의 토지는 제외한다(소령 제168조의14 제3항 제1의2호).

│참고│ 8년 이상 토지소재지에 거주하면서 직접 경작한 농지·임야 및 목장용지의 범위

8년 이상 토지소재지에 거주하면서 직접 경작한 농지·임야 및 목장용지란 다음의 토지를 말한다(소칙 제83조의5 제3항)

① 농지의 소재지와 같은 시·군·구(자치구를 말한다), 연접한 시·군·구 또는 농지로부터 직선거리 30킬로미터 이내에 있는 지역에 사실상 거주하는 자가 자경한 농지

② 임야의 소재지와 같은 시·군·구, 연접한 시·군·구 또는 임야로부터 직선거리 30킬로미터 이내에 있는 지역에 사실상 거주하면서 주민등록이 되어 있는 자가 소유한 임야

③ 축산업을 영위하는 자가 소유하는 목장용지로서 가축별 기준면적과 가축두수를 적용하여 계산한 토지의 면적 이내의 목장용지

---

(2) 수용되는 토지

「공익사업을 위한 토지 등의 취득 및 보상에 관한 법률」 및 그 밖의 법률에 따라 협의매수 또는 수용되는 토지로서 다음 중 어느 하나에 해당하는 토지(소령 제168조의14 제3항 제3호)

1) 취득일(상속받은 토지는 피상속인이 해당 토지를 취득한 날을 말하고, 배우자 등 증여에 대한 이월과세 규정을 적용받는 경우에는 증여한 배우자 또는 직계존비속이 해당 자산을 취득한 날을 말한다)이 사업인정고시일부터 5년(2021.5.4. 전에 사업인정고시된 경우 2년) 이전인 토지

2) 사업인정고시일이 2006년 12월 31일 이전인 토지

(3) 농지로서 다음 중 어느 하나에 해당하는 토지

1) 상속에 의하여 취득한 농지로서 그 상속개시일부터 5년 이내에 양도하는 토지

2) 종중이 소유한 농지(2005년 12월 31일 이전에 취득한 것에 한한다)

2. 기간기준 요건을 충족하는 토지

양도소득세에서 사업용토지로 사용되는 경우 취득일부터 양도일 까지 전체 기간을 사업용으로 사용하지 않는다 하더라도 일정기간 동안 사업용으로 사용하는 경우 중과세율을 적용하지 않는다.

다음의 ①, ②, ③ 기간 중 어느 하나가 사업용토지로 사용한 기간에 해당하는 경우 그 토지는 사업용토지로 본다(소법 제104조의3 제1항, 소령 제168조의6).

① 양도일 직전 5년 중 3년 이상의 기간
② 양도일 직전 3년 중 2년 이상의 기간
③ 토지 소유기간의 60%에 상당하는 기간 이상의 기간(일수 계산, 초일불산입 말일산입)

아래에 해당하는 경우에는 사업용토지로 사용한 것으로 보아 사업용토지 사용기간에 포함하여 기간기준을 적용한다. 토지의 종류를 지목별로 농지, 임야, 목장용지, 기타토지인 경우로 나누어 살펴보기로 한다.

(1) 농지

소유자가 농지 소재지에 거주하(재촌)면서 자기가 경작(자경)한 기간은 사업용토지로 사용한 기간에 포함한다(소법 제104조의3 제1항 제1호, 소령 제168조의8). 이러한 농지가 위의 기간기준 요건을 충족하면 사업용토에 해당한다. 소유자가 농지소재지에 재촌하면서 자경하는 농지란 농지소재지와 동일한 시·군·구(자치구인 구를 말한다), 연접한 시·군·구(행정구역상 동일한 경계선을 사이에 두고 서로 붙어 있는 시·군·구를 말하는 것으로 국립지리원이 발간한 지형도상의 해상경계선으로 연접되는 경우도 포함) 또는 농지로부터 직선거리 30킬로미터 이내의 지역에 사실상 거주(재촌)하는 자가 직접 경작(자경)하는 농지를 말한다. 다만, 앞에서 살펴본 소득세법 제104조의3 제1항 제1호 나목에 해당하는 농지 즉, 시지역(읍·면지역 제외) 중 도시지역(녹지지역 및 개발제한구역은 제외)에 있는 농지는 비사업용토지로 본다. 다만, 소유자가 농지 소재지에 거주하며 스스로 경작하던 농지로서 특별시·광역시·특별자치시·특별자치도 및 시 지역의 도시지역에 편입된 날부터 3년이 지나지 아니한 농지의 자경기간은 사업용토지로 사용한 기간으로 본다.

1) 재촌의 지역기준

① 농지가 소재하는 시·군·구 안의 지역

② 농지소재지와 연접한 시·군·구 안의 지역

③ 농지소재지로부터 직선거리 30킬로미터 이내의 지역

2) 자경의 기준

직접 경작(자경)한 농지란 다음 중 어느 하나에 해당하는 것을 말한다(소령 제168조의8 제2항, 조특령 제66조 제13항)

① 거주자가 그 소유농지에서 농작물의 경작 또는 다년생식물의 재배에 상시 종사하는 것

② 거주자가 그 소유농지에서 농작업의 2분의 1 이상을 자기의 노동력에 의하여 경작 또는 재배하는 것

3) 재촌·자경하지 않는 경우에도 자경기간에 포함하는 경우

「농지법」이나 그 밖의 법률에 따라 소유할 수 있는 농지로서 다음 중 어느 하나에 해당하는 경우에는 사업용토지로 사용한 기간으로 인정한다.

가) 상속에 의하여 취득한 농지로서 그 상속개시일부터 3년이 경과하지 아니한 토지

나) 이농 당시 소유하고 있던 농지로서 그 이농일부터 3년이 경과하지 아니한 토지

다) 종중이 소유한 농지(2005년 12월 31일 이전에 취득한 것에 한한다)

라) 소유자(생계를 같이하는 자 중 소유자와 동거하면서 함께 영농에 종사한 자를 포함한다)가 질병, 고령, 징집, 취학, 선거에 의한 공직 취임, 그 밖에 부득이한 사유로 인하여 자경할 수 없는 경우로서 다음의 요건을 모두 갖춘 토지

① 해당 사유 발생일부터 소급하여 5년 이상 계속하여 재촌하면서 자경한 농지로서 해당 사유 발생 이후에도 소유자가 재촌하고 있을 것. 이 경우 해당 사유 발생 당시 소유자와 동거하고 생계를 같이하는 자가 농지 소재지에 재촌하고 있는 경우에는 그 소유자가 재촌하고 있는 것으로 본다.

② 「농지법」에 따라 농지를 임대하거나 사용대할 것

③ 「지방세특례제한법」에 따른 사회복지법인 등, 학교 등, 종교·제사 단체 및 정당이 그 사업에 직접 사용하는 농지

4) 사업용토지로 인정하는 기간에서 제외하는 기간

피상속인(그 배우자를 포함) 또는 거주자의 근로소득(총급여), 사업소득(농업·축산업·임업 및 비과세 농가부업소득, 부동산임대소득 제외)의 합계액이 3,700만원 이상인 과세기간 또는 복식부기의무자 수입금액 기준 이상의 수입금액이 있는 과세기간은 해당 피상속인 또는 거주자가 경작한 기간에서 제외한다. 업종별 복식부기의무자의 기준수입금액은 제15장에서 살펴보기로 한다.

(2) 임야

다음에 해당하는 임야의 경우에는 사업용토지 사용기간에 포함하여 기간기준 요건 충족 여부를 판단한다(소법 제104조의3 제1항 제2호, 소령 제168조의9).

1) 재촌 임야의 소유기간

재촌 임야란 임야의 소재지와 동일한 시·군·구, 그와 연접한 시·군·구 또는 임야로부터 직선거리 30킬로미터 이내에 있는 지역에 주민등록이 되어 있고 사실상 거주하는 자가 소유하는 임야를 말한다. 이러한 재촌 임야의 소유기간은 사업용토지로 사용한 기간으로 본다.

2) 공익 또는 산림의 보호·육성을 위하여 필요한 임야

공익을 위하여 필요하거나 산림의 보호·육성을 위하여 필요한 임야로서 다음 중 어느 하나에 해당하는 임야로 사용한 기간은 사업용토지로 사용한 기간으로 본다.

가) 「산림보호법」에 따른 산림보호구역, 「산림자원의 조성 및 관리에 관한 법률」에 따른 채종림採種林 또는 시험림

나) 「산지관리법」에 따른 산지 안의 임야로서 다음 중 어느 하나에 해당하는 임야. 다만, 「국토의 계획 및 이용에 관한 법률」에 따른 도시지역(보전녹지지역을 제외한다) 안의 임야로서 도시지역으로 편입된 날부터 3년이 경과한 임야를 제외한다.

① 「산림자원의 조성 및 관리에 관한 법률」에 따른 산림경영계획인가를 받아 시업施業 중인 임야

② 「산림자원의 조성 및 관리에 관한 법률」에 따른 특수산림사업지구 안의 임야

다) 사찰림 또는 동유림洞有林

라) 「자연공원법」에 따른 공원자연보존지구 및 공원자연환경지구 안의 임야

마) 「도시공원 및 녹지 등에 관한 법률」에 따른 도시공원 안의 임야

바) 「문화재보호법」에 따른 문화재보호구역 안의 임야

사) 「전통사찰의 보존 및 지원에 관한 법률」에 따라 전통사찰이 소유하고 있는 경내지

아) 「개발제한구역의 지정 및 관리에 관한 특별조치법」에 따른 개발제한구역 안의 임야

자) 「군사기지 및 군사시설 보호법」에 따른 군사기지 및 군사시설 보호구역 안의 임야

차) 「도로법」에 따른 접도구역 안의 임야

카) 「철도안전법」에 따른 철도보호지구 안의 임야

타) 「하천법」에 따른 홍수관리구역 안의 임야

파) 「수도법」에 따른 상수원보호구역 안의 임야

3) 거주 또는 사업과 직접 관련이 있다고 인정할 만한 사유가 있는 임야

토지의 소유자, 소재지, 이용 상황, 보유기간 및 면적 등을 고려하여 거주 또는 사업과 직접 관련이 있다고 인정할 만한 상당한 이유가 있는 임야로서 다음 중 어느 하나에 해당하는 임야로 사용한 기간은 사업용토지로 사용한 기간으로 본다.

① 「임업 및 산촌 진흥촉진에 관한 법률」에 따른 임업후계자가 산림용 종자, 산림용 묘목, 버섯, 분재, 야생화, 산나물 그 밖의 임산물의 생산에 사용하는 임야

② 「산림자원의 조성 및 관리에 관한 법률」에 따른 종·묘생산업자가 산림용 종자 또는 산림용 묘목의 생산에 사용하는 임야

③ 「산림문화·휴양에 관한 법률」에 따른 자연휴양림을 조성 또는 관리·운영하는 사업에 사용되는 임야

④ 「수목원·정원의 조성 및 진흥에 관한 법률」에 따른 수목원을 조성 또는 관리·운영하는 사업에 사용되는 임야

⑤ 산림계가 그 고유 목적에 직접 사용하는 임야

⑥ 「지방세특례제한법」 제22조·제41조·제50조 및 제89조에 따른 사회복지법인 등, 학교 등, 종교·제사 단체 및 정당이 그 사업에 직접 사용하는 임야

⑦ 상속받은 임야로서 상속개시일부터 3년이 경과하지 아니한 임야

⑧ 종중이 소유한 임야(2005년 12월 31일 이전에 취득한 것에 한한다)

(3) 목장용지

특별시·광역시·특별자치시·특별자치도 및 시지역의 도시지역(녹지지역 및 개발제한구역은 제외) 외의 지역(도시지역에 편입된 날부터 3년이 지나지 아니한 경우 포함)에서 축산업을 경영하는 자가 소유하는 목장용지는 사업용토지로 사용한 기간으로 보아 기간기준 요건 여부를 판단하고 가축별 기준면적과 가축두수를 적용하여 계산한 축산용토지의 기준면적 이내의 토지는 사업용토지로 본다(소법 제104조의3 제1항 제3호, 소령 제168조의10).

토지의 소유자, 소재지, 이용 상황, 보유기간 및 면적 등을 고려하여 거주 또는 사업과 직접 관련이 있다고 인정할 만한 상당한 이유가 있는 목장용지로서 다음 중 어느 하나에 해당하는 것은 사업용토지로 사용한 기간으로 본다.

1) 상속받은 목장용지로서 상속개시일부터 3년이 경과하지 아니한 것

2) 종중이 소유한 목장용지(2005년 12월 31일 이전에 취득한 것에 한한다)

(4) 농지·임야 및 목장용지 외의 토지

농지, 임야 및 목장용지 외의 토지로서 다음 중 어느 하나에 해당하는 토지는 사업용토지로 사용한 기간으로 보아 기간기준 요건 충족 여부를 판단한다(소법 제104조의3 제1항 제4호, 소령 제168조의11).

1) 「지방세법」 또는 관계 법률에 따라 재산세가 비과세되거나 면제되는 토지

2) 「지방세법」 제106조 제1항 제2호 및 제3호에 따른 재산세 별도합산과세대상 또는 분리과세대

상이 되는 토지

3) 토지의 이용 상황, 관계 법률의 의무 이행 여부 및 수입금액 등을 고려하여 거주 또는 사업과 직접 관련이 있다고 인정할 만한 상당한 이유가 있는 토지로서 다음 중 어느 하나에 해당하는 것(소령 제168조의11)

가) 주차장용토지로서 다음 중 어느 하나에 해당하는 것

① 「주차장법」에 따른 부설주차장으로서 동법에 따른 부설주차장 설치기준면적 이내의 토지

② 주차장운영업용토지

주차장운영업을 영위하는 자가 소유하고, 「주차장법」에 따른 노외주차장으로 사용하는 토지로서 토지의 가액에 대한 1년간의 수입금액의 비율이 3% 이상인 토지

| 참고 | **수입금액의 비율 계산 방법**

수입금액비율은 과세기간별로 계산하되, 다음의 비율 중 큰 것으로 한다. 이 경우 당해 토지에서 발생한 수입금액을 토지의 필지별로 구분할 수 있는 경우에는 필지별로 수입금액비율을 계산한다(소령 제168조의11 제2항).

a. 당해 과세기간의 연간수입금액을 당해 과세기간의 토지가액으로 나눈 비율

b. (당해 과세기간의 연간수입금액 + 직전 과세기간의 연간수입금액) ÷ (당해 과세기간의 토지가액 + 직전 과세기간의 토지가액)

나) 하치장용 등의 토지

다) 화훼판매시설업용토지 등

화훼판매시설업용토지, 조경작물식재업용토지, 자동차정비·중장비정비·중장비운전 또는 농업에 관한 과정을 교습하는 학원용토지, 그 밖에 이와 유사한 토지로서 토지의 가액에 대한 1년간의 수입금액의 비율이 일정 비율(조경작물식재업용토지 및 화훼판매시설업용토지는 7%) 이상인 토지

라) 무주택 1세대가 소유하는 주택을 신축할 수 있는 토지

주택을 소유하지 아니하는 1세대가 소유하는 1필지의 나지裸地로서 법령의 규정에 따라 주택의 신축이 금지 또는 제한되는 지역에 소재하지 아니하고, 그 지목이 대지이거나 실질적으로 주택을 신축할 수 있는 토지(660제곱미터 이내에 한한다)

(5) 주택부속토지

「지방세법」제106조 제2항에 따른 주택부속토지 중 주택이 정착된 면적에 지역별로 적용배율을 곱하여 산정한 면적 이내에 해당하는 토지는 사업용토지로 사용한 기간으로 본다. 다만, 일정한 면적을 초과하는 토지는 비사용토지로 본다(소법 제104조의3 제1항 제5호).

[적용배율]

구분			적용배율
도시지역 내	수도권 내	주거·상업·공업지역	3배
		녹지지역	5배
	수도권 밖		5배
도시지역 밖			10배

(6) 법령에 따라 사용이 금지 또는 제한된 토지 등

다음 중 어느 하나에 해당하는 토지는 해당 기간 동안 사업용토지로 사용한 기간으로 보아 기간 기준 요건 충족 여부를 판단한다(소령 제168조의14).

1) 토지를 취득한 후 법령에 따라 사용이 금지 또는 제한된 토지로서 사용이 금지 또는 제한된 기간

2) 토지를 취득한 후 「문화재보호법」에 따라 지정된 보호구역 안의 토지로서 보호구역으로 지정된 기간

3) 위 1) 및 2)에 해당되는 토지로서 상속받은 토지는 상속개시일부터 위 1) 및 2)에 따라 계산한 기간

4) 그 밖에 공익, 기업의 구조조정 또는 불가피한 사유로 인한 법령상 제한, 토지의 현황·취득 사유 또는 이용 상황 등을 고려하여 다음의 부득이한 사유에 해당되는 토지로서 부득이한 사유로 정하는 기간(소칙 제83조의5 제1항)

① 토지를 취득한 후 법령에 따라 당해 사업과 관련된 인가·허가(건축허가를 포함한다)·면허 등을 신청한 자가 「건축법」 제18조 및 행정지도에 따라 건축허가가 제한됨에 따라 건축을 할

수 없게 된 토지로서 건축허가가 제한된 기간

② 토지를 취득한 후 법령에 따라 당해 사업과 관련된 인가·허가·면허 등을 받았으나 건축자재의 수급조절을 위한 행정지도에 따라 착공이 제한된 토지로서 착공이 제한된 기간

③ 사업장(임시 작업장을 제외한다)의 진입도로로서 「사도법」에 따른 사도 또는 불특정다수인이 이용하는 도로로서 사도 또는 도로로 이용되는 기간

④ 「건축법」에 따라 건축허가를 받을 당시에 공공공지公共空地로 제공한 토지로서 당해 건축물의 착공일부터 공공공지로의 제공이 끝나는 날까지의 기간

⑤ 지상에 건축물이 정착되어 있지 아니한 토지를 취득하여 사업용으로 사용하기 위하여 건설에 착공(착공일이 불분명한 경우에는 착공신고서 제출일을 기준으로 한다)한 토지로서 당해 토지의 취득일부터 2년 및 착공일 이후 건설이 진행 중인 기간(천재지변, 민원의 발생, 그 밖의 정당한 사유로 인하여 건설을 중단한 경우에는 중단한 기간을 포함한다)

⑥ 저당권의 실행 그 밖에 채권을 변제받기 위하여 취득한 토지 및 청산절차에 따라 잔여재산의 분배로 인하여 취득한 토지로서 취득일부터 2년

⑦ 당해 토지를 취득한 후 소유권에 관한 소송이 계속 중인 토지로서 법원에 소송이 계속되거나 법원에 의하여 사용이 금지된 기간

⑧ 「도시개발법」에 따른 도시개발구역 안의 토지로서 환지방식에 따라 시행되는 도시개발사업이 구획단위로 사실상 완료되어 건축이 가능한 토지로서 건축이 가능한 날부터 2년

⑨ 건축물이 멸실·철거되거나 무너진 토지로서 당해 건축물이 멸실·철거되거나 무너진 날부터 2년

⑩ 거주자가 2년 이상 사업에 사용한 토지로서 사업의 일부 또는 전부를 휴업·폐업 또는 이전함에 따라 사업에 직접 사용하지 아니하게 된 토지로 휴업·폐업 또는 이전일부터 2년

⑪ 천재지변, 그 밖에 이에 준하는 사유의 발생일부터 소급하여 2년 이상 계속하여 재촌하면서 자경한 자가 소유하는 농지로서 농지의 형질이 변경되어 황지荒地가 됨으로써 자경하지 못하는 토지로 당해 사유의 발생일부터 2년

⑫ 당해 토지를 취득한 후 ① 내지 ⑪의 사유 외에 도시계획의 변경 등 정당한 사유로 인하여 사업에 사용하지 아니하는 토지로서 당해 사유가 발생한 기간

4. 기간 기준 판정 사례

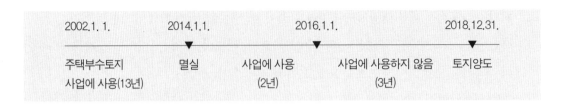

2002.1.1.	2014.1.1.	2016.1.1.		2018.12.31.
주택부수토지 사업에 사용(13년)	멸실	사업에 사용 (2년)	사업에 사용하지 않음 (3년)	토지양도

(1) 양도일 직전 5년 중 3년 이상인지 여부

양도일 전 5년 중 2년을 사업용에 사용하였으므로 사업용으로 사용한 기간이 3년 이상이 아니라서 사업용토지 아님(비사업용토지에 해당)

(2) 양도일 직전 3년 중 2년 이상인지 여부

양도일 전 3년 중 사업용에 사용한 기간이 없으므로 사업용토지 아님(비사업용토지에 해당)

(3) 총보유기간의 60% 이상인지 여부

총보유기간 18년 중 15년을 사업용토지로 사용하였으므로 사업용토지 사용 기간은 83%에 해당함(6,570일 중 5,475일). 따라서 총보유기간 중 60% 이상의 기간을 사업용토지로 사용함

▷ 보유기간 계산: 일수 계산, 초일불산입 말일산입

(4) 최종 판정: 사업용토지에 해당함

제2절 | 자경농지 감면

농지를 보유한 기간 중 8년 이상 농지소재지에 거주(재촌)하면서 직접 경작(자경)한 경우로서 양도일 현재 농지이면 자경농지 양도로 인하여 발생하는 소득에 대해서는 양도소득세의 100%에 상당하는 세액을 감면한다(조특법 제69조).

1. 재촌의 지역기준

농지소재지에 거주하는 거주자란 8년 이상 다음 중 어느 하나에 해당하는 지역에 거주하면서 경작한 자를 말한다(조특령 제66조 제1항).

① 농지가 소재하는 시·군·구 안의 지역
② 농지소재지와 연접한 시·군·구 안의 지역
③ 농지소재지로부터 직선거리 30킬로미터 이내의 지역

다만, 다음의 지역에 소재하는 농지는 제외한다(조특령 제66조 제4항).

① 양도일 현재 특별시·광역시(광역시에 있는 군을 제외한다) 또는 시(「지방자치법」 제3조 제4항에 따라 설치된 도농都農 복합형태의 시의 읍·면 지역 및 「제주특별자치도 설치 및 국제자유도시 조성을 위한 특별법」 제10조 제2항에 따라 설치된 행정시의 읍·면 지역은 제외한다)에 있는 농지 중 「국토의 계획 및 이용에 관한 법률」에 의한 주거지역·상업지역 및 공업지역 안에 있는 농지로서 이들 지역에 편입된 날부터 3년이 지난 농지
② 「도시개발법」 또는 그 밖의 법률에 따라 환지처분 이전에 농지 외의 토지로 환지예정지를 지정하는 경우에는 그 환지예정지 지정일로부터 3년이 지난 농지

2. 자경의 기준

(1) 자경의 범위

직접 경작(자경)이란 다음 중 어느 하나에 해당하는 것을 말한다(조특령 제66조 제13항).

1) 거주자가 그 소유농지에서 농작물의 경작 또는 다년생식물의 재배에 상시 종사하는 것
2) 거주자가 그 소유농지에서 농작업의 2분의 1 이상을 자기의 노동력에 의하여 경작 또는 재배하는 것

(2) 자경의 증빙자료

자경감면은 자경을 주장하는 납세자에게 그 입증책임이 있다. 따라서 재촌·자경하였다는 사실을 입증할 수 있는 서류를 준비하여야 한다. 이러한 서류에는 일반적으로 토지 등기부등본, 토지대장, 토지이용계획확인서, 주민등록등·초본, 농지원부와 자경증명(시·군·읍·면장이 교부 및 발급), 농업경영체등록확인서, 농산물 판매·출하내역서, 묘종·묘목구입비용 영수증, 농기계구입비 및 농약구입비용 영수증 등이 있다. 그 외에도 농협 등의 조합원인 경우 조합원증명원, 농지소재지 농지위원장이 있는 경우 농지위원장이 확인한 자경농지사실확인서, 인우보증서 등이 있다.

3. 경작기간 기준

8년 이상 자경기간 계산의 원칙은 농지 소유기간 동안 자경한 기간을 통산한다. 거주자가 농지를 취득하여 농지소재지에 거주하면서 8년 이상 자경한 사실이 확인되는 경우에는 양도당시 농지소재지에 거주하지 아니한 경우에도 감면 규정을 적용한다.

(1) 상속으로 인한 자경기간의 통산

상속인이 상속받은 농지를 1년 이상 계속하여 경작하는 경우 다음의 기간은 상속인이 이를 경

작한 기간으로 본다(조특령 제66조 제11항).

1) 피상속인이 취득하여 경작한 기간

피상속인이 8년 이상 재촌·자경(직전 피상속인의 경작기간으로 한정한다)한 토지를 상속받아 상속인이 1년 이상 계속하여 경작하는 경우 양도소득세를 감면한다.

자경기간 = 피상속인의 자경기간 + 상속인의 자경기간

상속인이 1년 이상 재촌하면서 직접 경작했는지 여부는 그와 같은 사실을 주장하는 양도자가 각종 증빙 자료로 입증해야 한다. 다만, 피상속인(그 배우자를 포함) 또는 거주자의 근로소득(총 급여), 사업소득(농업·축산업·임업 및 비과세 농가부업소득, 부동산임대소득 제외)의 합계액이 3,700만원 이상인 과세기간 또는 복식부기의무자 수입금액 기준 이상의 수입금액이 있는 과세기간은 해당 피상속인 또는 거주자가 경작한 기간에서 제외한다(조특령 제66조 제14항).

2) 피상속인이 배우자로부터 상속받아 경작한 사실이 있는 경우에는 피상속인의 배우자가 취득하여 경작한 기간

자경기간 = 피상속인의 자경기간 + 피상속인 배우자의 자경기간 + 상속인의 자경기간

(2) 상속인이 1년 이상 자경하지 않은 경우 통산 특례

다음의 경우에 해당하는 경우에는 상속인이 상속받은 농지를 1년 이상 계속하여 경작하지 아니하더라도 피상속인의 경작기간을 상속인의 경작기간으로 본다(조특령 제66조 제12항).

1) 상속받은 날부터 3년이 되는 날까지 양도하는 경우

상속인이 상속받은 농지를 1년 이상 계속하여 경작하지 아니하더라도 상속받은 날부터 3년이 되는 날까지 양도하는 경우에는 피상속인의 경작기간을 상속인의 경작기간으로 본다.

2) 협의매수 또는 수용되는 경우

2009. 1. 1. 이후 협의매수 또는 수용되는 경우로서 상속받은 날부터 3년이 되는 날까지 택지개발 예정지구 등으로 지정(상속받은 날 전에 지정된 경우 포함)되는 경우에는 상속인이 자경하지 않은 경우에도 피상속인의 자경기간을 통산한다.

4. 양도일 현재 농지

농지의 판정은 양도일 현재를 기준으로 하는 것이나, 양도일 이전에 매매계약조건에 따라 매수 자가 형질변경, 건축착공 등을 한 경우에는 매매계약일 현재의 농지를 기준으로 판정하며, 환지처 분 전에 해당 농지가 농지 외의 토지로 환지예정지 지정이 되고 그 환지예정지 지정일부터 3년이 경과되기 전의 토지로서 토지조성공사의 시행으로 경작을 못 하게 된 경우에는 토지조성공사 착 수일 현재의 농지를 기준으로 판단한다(집행기준 69-66-21, 판례 조심 2022중-6511, 2022. 10. 26.).

5. 감면 한도

자경농지의 감면은 감면한도가 적용되는 다른 종류의 감면을 포함하여 과세기간별 1억원을 한 도로 하며, 5개 과세기간의 감면합계액이 2억원을 초과하는 경우에는 2억원을 한도로 한다(조특 법 제133조 제1항). 이 경우 토지를 분할(해당 토지의 일부를 양도한 날부터 소급하여 1년 이내에 토지를 분할한 경우를 말한다)하여 그 일부를 양도하거나 토지의 지분을 양도한 후 그 양도한 날 로부터 2년 이내에 나머지 토지나 그 지분의 전부 또는 일부를 동일인이나 그 배우자에게 양도하 는 경우에는 1개 과세기간에 해당 양도가 모두 이루어진 것으로 본다.

[별첨 1] 양도소득세 신고 시 필요한 서류 목록(일반적인 경우)

1. 매도 관련 서류
(1) 매도 시 매매계약서
(2) 매도 시 공인중개사 수수료 영수증
(3) 양도세 신고수수료 영수증

2. 취득 관련 서류
(1) 취득 당시 매매계약서
　　　상속 취득 시 상속세신고서(분실 혹은 무신고 시 상속세결정내역서 발급)
　　　증여 취득 시 증여세신고서(분실 혹은 무신고 시 증여세결정내역서 발급)
(2) 취득 당시 취득세·등록세영수증
　　　(분실 시 주민센터에서 취득연도 지방세세목별과세증명서 발급)
(3) 취득 당시 법무사 수수료 영수증
(4) 취득 당시 공인중개사 수수료 영수증
(5) 증축, 확장, 인테리어 등의 경우 관련 서류 및 통장지급내역
(6) 기타 필요경비 자료

3. 기타 필요 서류
(1) 주민등록등본
(2) 주민등록초본
(3) 주택임대사업자인 경우 지자체등록증, 세무서사업자등록증, 임대차계약서
(4) 부동산 등기부등본
(5) 토지대장
(6) 건축물관리대장
(7) 멸실된 건축물이 있는 경우 폐쇄 등기부등본
(8) 멸실된 건축물이 있는 경우 폐쇄 건축물관리대장

실무에서 소유권이전등기 시 매도자가 매수자에게 넘겨주는 등기권리증에는 양도 대상 자산의 매수 시 매매계약서, 취득세·등록세 영수증, 법무사 영수증 등 자료가 함께 첨부되어 있는 경우가 있는데 이러한 자료는 양도자가 양도소득세 신고 시 필요한 서류이므로 확인하여야 한다.

[별첨 2] 양도소득세 신고 시 필요한 서류 목록(재개발·재건축 완성주택인 경우)

1. 매도 관련 서류

(1) 매도 시 매매계약서

(2) 매도 시 공인중개사 수수료 영수증

(3) 양도세 신고수수료 영수증

2. 조합원 관련 서류

(1) 조합원공급계약서

(2) 조합원 개인별 분담금 통지서

(3) 완성주택 취득세·등록세 영수증, 법무사 영수증

(4) 완성주택 옵션비용 계약서 및 지급내역

(5) 승계조합원의 조합원입주권 취득 시 취득세·등록세 영수증, 법무사 영수증

(5) 관리처분계획인가고시 공고문

3. 재개발·재건축 전 기존주택 취득 관련 서류

(1) 취득 당시 매매계약서

　　상속 취득 시 상속세신고서(분실 또는 무신고 시 상속세결정내역서 발급)

　　증여 취득 시 증여세신고서(분실 또는 무신고 시 증여세결정내역서 발급)

(2) 취득 당시 취득세·등록세영수증

　　(분실 시 주민센터에서 취득연도 지방세세목별과세증명서 발급)

(3) 취득 당시 법무사 수수료 영수증

(4) 취득 당시 공인중개사 수수료 영수증

(5) 증축, 확장, 인테리어 등의 경우 관련 서류 및 통장지급내역

(6) 기타 필요경비 자료

4. 기타 필요 서류

(1) 주민등록등본

(2) 주민등록초본

(3) 주택임대사업자인 경우 지자체등록증, 세무서사업자등록증, 임대차계약서

(4) 부동산 등기부등본

(5) 토지대장

(6) 건축물관리대장

(7) 멸실된 건축물이 있는 경우 폐쇄 등기부등본

(8) 멸실된 건축물이 있는 경우 폐쇄 건축물관리대장

법령 명칭 요약

- 지방세법: 지법
- 지방세법 시행령: 지령
- 지방세법 시행규칙: 지칙

취득세에 대하여

제7장에서는 다음과 같은 내용을 살펴보기로 한다.

제1절 | 납세의무자 및 취득 유형

1. 납세의무자

취득세는 부동산, 차량, 기계장비, 항공기, 선박, 입목, 광업권, 어업권, 양식업권, 골프회원권, 승마회원권, 콘도미니엄 회원권, 종합체육시설 이용회원권 또는 요트회원권을 취득한 자가 납부하는 세금이다(지법 제7조 제1항).

2. 취득 유형

취득이란 매매, 교환, 상속, 증여, 기부, 법인에 대한 현물출자, 건축, 개수, 공유수면의 매립, 간척에 의한 토지의 조성 등과 그 밖에 이와 유사한 취득으로서 원시취득, 승계취득 또는 유상·무상의 모든 취득을 말한다. 또한 토지의 지목변경, 과점주주의 주식취득, 선박·차량·기계장비의 종류 변경, 건축물 개수 등의 간주취득에도 취득세를 과세한다.

(1) 사실상의 취득

부동산을 취득하는 경우 취득세가 과세될 수 있는 유형을 살펴보면 부동산을 매매로 유상승계 취득하는 경우뿐만 아니라 교환, 현물출자 등으로 유상 승계취득하는 경우에도 취득세가 과세된다. 그리고 부동산을 상속이나 증여로 무상 승계취득하거나 신축하여 소유권보존등기를 하는 경우에도 과세된다.

(2) 간주취득

간주취득이란 위의 사실상의 취득은 아니지만 토지의 지목변경, 과점주주의 주식취득, 선박·차량·기계장비의 종류 변경, 건축물 개수 등으로 가치가 증가하는 경우 그 가치증가분을 취득한 것으로 보아 취득세를 과세하는 것을 말한다.

토지의 지목이 변경되는 경우 토지의 지목이 사실상 변경된 때를 기준으로 지목변경 전의 시가표준액과 지목변경 후의 시가표준액의 차액을 과세표준으로 하여 지목변경일로부터 30일 이내에 취득세를 자진신고·납부하여야 한다(예규 세무과-1179, 2009.8.25).

부동산법인의 과점주주가 주식을 추가 취득하는 경우에도 취득세가 과세된다. 과점주주란 주주 1명과 그의 특수관계인의 소유주식의 합계가 해당 법인의 발행주식 총수의 50%를 초과하면서 그에 관한 권리를 실질적으로 행사하는 자들을 말한다(지방세기본법 제46조 제2호). 이 경우에는 주식을 취득하는 그 자체에 취득세를 과세하는 것이 아니라 주식을 통하여 부동산을 간접적으로 취득하는 것에 대해 과세하는 것이다.

[취득 유형]

사실상의 취득	승계취득	유상취득	매매, 교환, 현물출자 등
		무상취득	상속, 증여
	원시취득	건축물 신축, 재축 등	
간주취득	토지의 지목변경		
	건축물의 개수		
	차량, 기계장비, 선박의 종류 변경		
	과점주주의 주식취득		

제2절 | 과세표준

취득세의 납부할 세액은 과세표준에 세율을 적용하여 계산한다.

$$납부할 세액 = 과세표준 × 세율$$

취득세 과세표준은 취득당시가액으로 한다(지법 제10조). 취득당시가액이란 2023.1.1. 이후 납세의무가 성립하는 분부터 개인·법인 모두 유상 승계취득 및 원시취득하는 경우 사실상취득가격을 말한다. 무상 승계취득의 경우에는 시가인정액을 취득 당시의 가액으로 한다. 다만, 상속으로 취득하는 경우에는 시가표준액으로 한다.

아래에서는 과세표준을 유상으로 승계취득하는 경우와 무상으로 승계취득하는 경우로 나누어 살펴보기로 한다.

1. 유상 승계취득

부동산 등을 유상거래(매매 또는 교환 등 취득에 대한 대가를 지급하는 거래를 말한다)로 승계취득하는 경우 과세표준은 사실상취득가격으로 한다(지법 제10조의3 제1항).

(1) 사실상취득가격

사실상의 취득가격이란 취득시기 이전에 해당 물건을 취득하기 위하여 거래 상대방이나 제3자에게 지급하였거나 지급하여야 할 일체의 비용으로서 직접비용과 간접비용의 합계액을 말한다. 다만, 취득대금을 일시급 등으로 지급하여 일정액을 할인받은 경우에는 그 할인된 금액으로 한다(지령 제18조).

1) 사실상의 취득가격에 포함되는 비용

① 건설자금에 충당한 차입금의 이자 또는 이와 유사한 금융비용(개인은 제외)

② 할부 또는 연부年賦 계약에 따른 이자 상당액 및 연체료(개인은 제외)

③ 「농지법」에 따른 농지보전부담금, 「문화예술진흥법」에 따른 미술작품의 설치 또는 문화예술진흥기금에 출연하는 금액, 「산지관리법」에 따른 대체산림자원조성비 등 관계 법령에 따라 의무적으로 부담하는 비용

④ 취득에 필요한 용역을 제공받은 대가로 지급하는 용역비, 수수료(건축 및 토지조성공사로 수탁자가 취득하는 경우 위탁자가 수탁자에게 지급하는 신탁수수료를 포함한다)

⑤ 취득대금 외에 당사자의 약정에 따른 취득자 조건 부담액과 채무인수액

⑥ 부동산을 취득하는 경우 「주택도시기금법」에 따라 매입한 국민주택채권을 해당 부동산의 취득 이전에 양도함으로써 발생하는 매각차손

⑦ 「공인중개사법」에 따른 공인중개사에게 지급한 중개보수(개인은 제외)

⑧ 붙박이 가구·가전제품 등 건축물에 부착되거나 일체를 이루면서 건축물의 효용을 유지 또는 증대시키기 위한 설비·시설 등의 설치비용

⑨ 정원 또는 부속시설물 등을 조성·설치하는 비용

2) 사실상의 취득가격에 포함되지 않는 비용

① 취득하는 물건의 판매를 위한 광고선전비 등의 판매비용과 그와 관련한 부대비용

② 이주비, 지장물 보상금 등 취득물건과는 별개의 권리에 관한 보상 성격으로 지급되는 비용

③ 부가가치세

(2) 부당행위계산 부인

앞에서 살펴본 과세표준에 대한 세법의 내용에도 불구하고 지방자치단체의 장은 특수관계인 간의 거래로 그 취득에 대한 조세부담을 부당하게 감소시키는 행위 또는 계산을 한 것으로 인정되는 경우에는 시가인정액을 취득당시가액으로 결정할 수 있다(지법 제10조의3 제2항). 이를 부당행위계산 부인이라 한다. 부당행위계산 부인의 유형으로는 특수관계인으로부터 시가인정액보다 낮은 가격으로 부동산을 취득한 경우로서 시가인정액과 사실상취득가격의 차액이 3억원 이상이거나

시가인정액의 5%에 상당하는 금액 이상인 경우에는 시가인정액을 과세표준으로 한다는 규정이 있다(지령 제18조의2). 이 내용은 이미 살펴본 양도소득세의 부당행위계산 부인 유형 중 저가양도 규정과 유사하다. 시가인정액에 대한 내용은 무상 승계취득에서 살펴보기로 한다.

[양도소득세 저가양도와 취득세 저가양수 비교]

구분	양도소득세 저가양도	취득세 저가양수
시가	상증세법 60조 ~ 66조에 의하여 평가한 가액 (양도일 또는 취득일 전후 3개월)	시가인정액
차액	시가 - 대가	시가인정액 - 사실상취득가격
기준금액	Min(① 3억원 ② 시가 × 5%)	Min(① 3억원 ② 시가인정액 × 5%)
판단기준	차액 ≥ 기준금액	차액 ≥ 기준금액
양도가액 및 과세표준	시가	시가인정액
납세의무자	양도자	양수자
관련 법령	소득세법 제101조, 시행령 제167조	지방세법 시행령 제18조의2

|참고| 배우자 또는 직계존비속의 부동산을 취득하는 경우

배우자 또는 직계존비속의 부동산을 취득하는 경우에는 증여로 취득한 것으로 본다. 다만, 다음 중 어느 하나에 해당하는 경우에는 유상으로 취득한 것으로 본다(지법 제7조 제11항).
1) 해당 부동산의 취득을 위하여 그 대가를 지급한 사실이 다음의 어느 하나에 의하여 증명되는 경우
   ① 그 대가를 지급하기 위한 취득자의 소득이 증명되는 경우
   ② 소유재산을 처분 또는 담보한 금액으로 해당 부동산을 취득한 경우
   ③ 이미 상속세 또는 증여세를 과세(비과세 또는 감면받은 경우를 포함한다)받았거나 신고한 경우로서 그 상속 또는 수증 재산의 가액으로 그 대가를 지급한 경우
2) 권리의 이전이나 행사에 등기 또는 등록이 필요한 부동산 등을 서로 교환한 경우

2. 무상 승계취득

부동산 등을 무상으로 승계취득하는 경우 취득 당시의 가액이란 취득시기 현재 불특정 다수인 사이에 자유롭게 거래가 이루어지는 경우 통상적으로 성립된다고 인정되는 시가를 말한다. 시가에는 매매사례가액, 감정가액, 경매·공매가액 등 시가로 인정되는 시가인정액을 포함한다(지법 제10조의2 제1항). 다만, 상속 등으로 무상 승계취득하는 경우에는 시가표준액을 취득 당시의 가

액으로 한다. 아래에서는 무상승계취득의 과세표준을 상속이외 무상 승계취득과 상속의 경우로 나누어 살펴보기로 한다.

(1) 상속 이외 무상승계취득

상속 이외 무상 승계취득 시 과세표준은 시가인정액으로 한다. 예를 들어 증여로 부동산을 취득하는 경우 과세표준은 시가인정액으로 한다. 다만, 시가표준액이 1억원 이하인 부동산 등을 무상취득(상속은 제외한다)하는 경우에는 시가인정액과 시가표준액 중에서 납세자가 정하는 가액으로 하고 시가인정액을 산정하기 어려운 경우에는 시가표준액을 과세표준으로 한다.

1) 시가인정액의 산정
시가인정액이란 취득일 전 6개월부터 취득일 후 3개월 이내의 기간(평가기간)에 취득 대상이 된 부동산 등에 대하여 매매, 감정, 경매 또는 공매(매매 등)한 사실이 있는 경우의 가액으로서 다음의 구분에 따라 정하는 가액을 말한다(지령 제14조 제1항).

가) 매매가액이 있는 경우
취득한 부동산 등의 매매사실이 있는 경우 그 거래가액을 시가인정액으로 한다. 다만, 특수관계인과의 거래 등으로 그 거래가액이 객관적으로 부당하다고 인정되는 경우는 제외한다.

나) 감정가액이 있는 경우
취득한 부동산 등에 대하여 둘 이상의 감정기관이 평가한 감정가액이 있는 경우에는 그 감정가액의 평균액을 시가인정액으로 한다. 다만, 시가표준액이 10억원 이하인 부동산의 경우에는 하나의 감정기관으로 한다.

다) 경매 또는 공매가액이 있는 경우
취득한 부동산 등의 경매 또는 공매 사실이 있는 경우에는 그 경매가액 또는 공매가액을 시가인정액으로 한다.

라) 유사매매사례가액

위의 가)부터 다)까지의 규정에 따라 시가인정액으로 인정된 가액이 없는 경우에는 취득한 부동산등의 면적, 위치, 종류 및 용도와 시가표준액이 동일하거나 유사하다고 인정되는 다른 부동산등의 위의 가)부터 다)에 따른 가액(취득일 전 1년부터 신고·납부기한의 만료일까지의 가액으로 한정한다)을 해당 부동산등의 시가인정액으로 본다(지령 제14조 제3항). 시가표준액이 동일하거나 유사하다고 인정되는 다른 부동산등에 대한 판단기준을 살펴보면 다음과 같다(지칙 제4조의3)

① 공동주택

「부동산 가격공시에 관한 법률」에 따른 공동주택가격(새로운 공동주택가격이 고시되기 전에는 직전의 공동주택가격을 말한다)이 있는 공동주택의 경우 다음의 요건을 모두 충족하는 다른 공동주택은 유사성이 있다고 본다. 다만, 다음의 요건을 모두 충족하는 다른 공동주택이 둘 이상인 경우에는 산정대상 공동주택과 공동주택가격 차이가 가장 적은 다른 공동주택으로 한다.

㉮ 산정대상 공동주택과 동일한 공동주택단지 내에 있을 것

㉯ 산정대상 공동주택과의 주거전용면적 차이가 산정대상 공동주택의 주거전용면적을 기준으로 5% 이내일 것

㉰ 산정대상 공동주택과의 공동주택가격 차이가 산정대상 공동주택의 공동주택가격을 기준으로 5% 이내일 것

② 공동주택 이외 부동산

공동주택 외의 부동산등의 경우 다음의 요건을 모두 충족하는 부동산등은 유사성이 있다고 본다.

㉮ 산정대상 부동산등과 면적·위치·용도가 동일 또는 유사할 것

㉯ 산정대상 부동산등과의 시가표준액 차이가 산정대상 부동산등의 시가표준액을 기준으로 5% 이내일 것

3) 평가기간의 판단 기준일

시가인정액이 평가기간 이내의 가액인지에 대한 판단은 다음의 구분에 따른 날을 기준으로 하

며, 시가인정액이 둘 이상인 경우에는 취득일 전후로 가장 가까운 날의 가액(그 가액이 둘 이상인 경우에는 평균액을 말한다)을 적용한다(지령 제14조 제7항).

① 취득한 부동산 등의 매매사실이 있는 경우: 매매계약일
② 감정가액의 경우: 가격산정기준일과 감정가액평가서 작성일
③ 경매·공매의 경우: 경매가액 또는 공매가액이 결정된 날

4) 평가기간 이외의 시가인정액

납세자 또는 지방자치단체의 장은 취득일 전 2년 이내의 기간 중 평가기간에 해당하지 않는 기간에 매매 등이 있거나 평가기간이 지난 후에도 취득세 신고·납부기한의 만료일부터 6개월 이내의 기간 중에 매매 등이 있는 경우에는 지방세심의위원회에 해당 매매 등의 가액을 시가인정액으로 인정하여 줄 것을 심의요청할 수 있다.

심의요청을 받은 지방세심의위원회는 취득일부터 평가기간 판단의 기준일까지의 기간 중에 시간의 경과와 주위환경의 변화 등을 고려할 때 가격 변동의 특별한 사정이 없다고 인정하는 경우에는 매매 등의 가액을 시가인정액으로 심의·의결할 수 있다(지령 제14조 제5항).

|참고| **취득세의 시가인정액과 상속세 및 증여세법의 시가**

취득세의 시가인정액 개념은 상속세 및 증여세법의 상속·증여재산 평가 방법의 시가에 포함되는 가액의 개념과 유사하다. 상속세 및 증여세법은 다음 장에서 다루기로 한다.

---

(2) 상속

상속에 따른 무상취득의 경우에는 시가표준액을 과세표준으로 한다(지법 제10조의2 제2항 제1호).

시가표준액이란 시가 그 자체는 아니지만 지방세 세목별 과세표준의 기준이 되는 물건의 적정가액으로서 지방자치단체의 장이 결정한 가액을 말한다. 부동산의 경우에는 다음의 가액을 시가표준액으로 한다(지법 제4조).

① 토지

　「부동산 가격공시에 관한 법률」에 따라 공시된 개별공시지가

② 단독주택

　「부동산 가격공시에 관한 법률」에 따라 공시된 개별단독주택공시가격

③ 공동주택

　「부동산 가격공시에 관한 법률」에 따라 공시된 공동주택공시가격

④ 기타건축물

　기타건축물(새로 건축하여 건축 당시 개별주택가격 또는 공동주택가격이 공시되지 아니한 주택으로서 토지부분을 제외한 건축물을 포함한다) 시가표준액은 신축가격 기준가격에 종류, 구조, 용도, 경과연수 등 과세대상별 특성을 고려하여 지방자치단체의 장이 결정한 가액으로 한다.

○ 오피스텔의 시가표준액 계산 산식

> 표준가격기준액 × 용도지수 × 층지수 × 가감산율 × 면적

○ 오피스텔 외 기타건물의 시가표준액 계산 산식

> 건물신축가격기준액 × 구조·용도·위치지수 × 잔가율 × 가감산율 × 면적

▷ 개별공시지가 및 주택공시가격 조회 방법

　국토교통부 부동산공시가격 알리미(www.realtyprice.kr)

▷ 기타건물시가표준액 조회 방법

　· 서울시 소재 부동산

　　서울시 이택스 사이트 ETAX 이용안내 조회·발급 주택외건물시가표준액조회

　· 서울시 외 소재 부동산

　　위택스 사이트 지방세정보 시가표준액조회

3. 원시취득

부동산 등을 원시취득하는 경우 과세표준은 사실상취득가격으로 한다. 법인이 아닌 자가 건축물을 건축하여 취득하는 경우로서 사실상취득가격을 확인할 수 없는 경우의 과세표준은 시가표준액으로 한다(지법 제10조의4)

핵심포인트 **취득 유형별 취득세 과세표준**

취득 유형				과세표준
사실상의 취득	승계 취득	유상 취득	매매, 교환, 현물출자 등	사실상취득가격
		무상 취득	증여	시가인정액
			상속	시가표준액
			기타	시가표준액
	원시취득		소유권보존	사실상취득가격
간주취득	토지의 지목변경			증가한 가액
	건축물의 개수			
	차량, 기계장비, 선박의 종류 변경			
	과점주주의 주식취득			

제3절 │ 세율

1. 취득세와 등록세의 통합

취득세는 2011.1.1. 이후부터 등록세와 통합하여 운용되고 있다. 따라서 현재의 취득세 세율은 2010.12.31. 이전까지 분리하여 운용되던 등록세 세율이 합쳐진 세율을 말한다. 2010.12.31. 이전 취득세와 등록세의 일반적인 표준세율은 2%였으며 국민주택규모(85㎡, 수도권을 제외한 읍·면 지역은 100㎡, 다가구주택은 가구당 면적 기준) 이하인 주택을 취득하여 등기하는 경우에는 취득세와 등록세를 50% 감면하여 각각 1%를 적용하였다. 그리고 취득세율의 10%를 적용한 농어촌특별세(농특세)와 등록세율의 20%를 적용한 지방교육세를 부가하여 과세하였다. 국민주택규모 이하의 주택 취득에 대해서는 농어촌특별세를 비과세한다.

2010.12.31.까지 분리되어 운용되던 취득세와 등록세의 기본세율을 살펴보면 다음과 같다.

[통합 전 취득세와 등록세의 기본세율]

구분			취득세	농특세	등록세	교육세	합계
매매 등	주택	85㎡ 이하	1%	비과세	1%	0.2%	2.2%
		85㎡ 초과	1%	0.5%	1%	0.2%	2.7%
	주택 외		2%	0.2%	2%	0.4%	4.6%
증여			2%	0.2%	1.5%	0.3%	4.0%
상속	농지		2%	0.2%	0.3%	0.06%	2.56%
	농지 외		2%	0.2%	0.8%	0.16%	3.16%
신축			2%	0.2%	0.8%	0.16%	3.16%

2. 취득세와 등록세 통합 후 세율

위와 같이 운용되던 취득세와 등록세를 2011.1.1. 이후에는 통합하여 취득세로 과세하고 있다. 이 책에서는 현재 지방세법에서 규정하고 있는 취득세 세율 중 유상으로 취득하는 첫 번째 주택 또는 조정대상지역이 아닌 곳에서 취득하는 두 번째 주택에 적용되는 세율을 기본세율이라 하고, 조정대상지역에서 취득하는 두 번째 주택 또는 3주택 이상 취득 시 적용되는 세율을 중과세율이라 하여 설명하기로 한다. 아래의 세율 중 주택에 대한 취득세 세율은 제8장에서 구체적으로 살펴보기로 한다.

[통합 후 취득세의 기본세율]

구분				취득세		농어촌 특별세		지방 교육세		합계	
유 상 취 득	주택 세대 합산	6억원 이하	85㎡ 이하	1%		비과세		0.1%		1.1%	
			85㎡ 초과			0.2%		0.1%		1.3%	
		6억원 초과 9억원 이하	85㎡ 이하	1~3%		비과세		0.2%		1.2~3.4%	
			85㎡ 초과			0.2%		0.2%			
		9억원 초과	85㎡ 이하	3%		비과세		0.3%		3.3%	
			85㎡ 초과			0.2%		0.3%		3.5%	
		중과세율		조정	비조정	조정	비조정	조정	비조정	조정	비조정
		2주택		8%	1~3%	0.6%	0.2%	0.4%	0.1~0.3%	9.0%	1.1~3.3%
		3주택		12%	8%	1%	0.6%	0.4%	0.4%	13.4%	9.0%
		4주택		12%		1%		0.4%		13.4%	
	주택 외			4.0%		0.2%		0.4%		4.6%	
무 상 취 득	증여	주택 중과		12.0%	3.5%	1.0%	0.2%	0.4%	0.3%	13.4%	4.0%
		그 외		3.5%		0.2%		0.3%		4.0%	
	상속	농지		2.3%		0.2%		0.06%		2.56%	
		농지 외		2.8%		0.2%		0.16%		3.16%	
신축				2.8%		0.2%		0.16%		3.16%	

제4절 | 신고·납부

1. 신고·납부기한

(1) 일반적인 경우

취득세 과세물건을 취득한 자는 그 취득한 날부터 60일 이내에 신고하고 납부하여야 한다. 다만, 상속을 제외한 무상취득(증여등)으로 인한 경우는 취득일이 속하는 달의 말일부터 3개월, 상속으로 인한 경우는 상속개시일이 속하는 달의 말일부터 6개월(외국에 주소를 둔 상속인이 있는 경우에는 9개월) 이내에 신고·납부하여야 한다.

(2) 일반세율 신고·납부 후에 중과세율 적용대상이 되는 경우

취득세 과세물건을 취득한 후에 그 과세물건이 중과세율의 적용대상이 되었을 때에는 그 사유 발생일부터 60일 이내에 중과세율을 적용하여 산출한 세액에서 이미 납부한 세액(가산세는 제외한다)을 공제한 금액을 세액으로 하여 신고·납부하여야 한다.

(3) 비과세, 과세면제 또는 경감받은 후에 부과대상 또는 추징 적용대상이 되는 경우

취득세를 비과세, 과세면제 또는 경감받은 후에 해당 과세물건이 취득세 부과대상 또는 추징대상이 되었을 때에는 그 사유 발생일부터 60일 이내에 부과대상에 해당하는 세액을 신고·납부하여야 한다.

(4) 일시적 2주택자가 처분기한 내 종전주택을 처분하지 못한 경우

일시적 2주택자가 처분기한 내 종전주택을 처분하지 못하여 중과세율의 적용대상이 되었을 때에는 그 사유 발생일부터 60일 이내에 중과세율을 적용하여 산출한 세액에서 이미 납부한 세액 공제한 금액을 세액으로 하여 신고·납부하여야 한다.

2. 가산세

(1) 무신고가산세

무신고납부세액 × 20%(부당무신고는 40%)

(2) 과소신고가산세

과소신고납부세액 × 10%(부당과소신고는 40%)

(3) 납부지연가산세

납부하지 아니한 세액 또는 과소납부한 세액 × 법정납부기한의 다음 날부터 납부일까지의 기간 × 0.022%

2023.1.1. 이후 취득세 과세표준에 시가인정액이 도입됨에 따라 납세의무자가 신고기한까지 취득세를 시가인정액으로 신고한 후 지방자치단체의 장이 세액을 경정하기 전에 그 시가인정액을 수정신고한 경우에는 무신고 및 과소신고가산세를 부과하지 않는다. 다만, 납부지연가산세는 적용된다(지법 제21조 제3항).

◇ ◇ ◇

지금까지 취득세 과세대상 및 취득 유형, 과세표준, 세율, 신고·납부에 대하여 살펴보았다. 다음 장에서는 주택 취득과 관련된 취득세 내용을 다루고 그 후 참고에서 주택 외의 부동산을 취득하는 경우 취득세에 대한 내용을 살펴보기로 한다.

주택의 취득과 취득세

제8장에서는 다음과 같은 내용을 살펴보기로 한다.

개인이 주택을 취득하는 경우 적용되는 취득세는 유상거래로 취득하는지 무상거래로 취득하는지 또는 1세대가 보유하는 주택 수가 몇 채인지에 따라 세율이 다르게 적용된다. 아래에서는 개인이 주택을 취득하는 경우에 적용되는 1세대, 1주택, 주택 수의 산정에 대한 내용을 살펴보기로 한다.

1. 1세대

(1) 1세대의 개념

1세대란 주택을 취득하는 사람과 「주민등록법」에 따른 세대별 주민등록표 또는 「출입국관리법」에 따른 등록외국인기록표 및 외국인등록표에 함께 기재되어 있는 가족(동거인은 제외한다)을 말한다. 다만, 주택을 취득하는 사람의 배우자, 취득일 현재 미혼인 30세 미만의 자녀 또는 부모는 주택을 취득하는 사람과 같은 세대별 주민등록표에 기재되어 있지 않더라도 1세대에 속한 것으로 본다(지령 제28조의3 제1항).

위 세법의 내용에 따르면 1세대란 주택을 취득하는 사람과 세대별 주민등록표에 함께 기재되어 있는 가족으로 구성된 세대를 말한다고 규정하고 있으므로 1세대인지의 여부는 「주민등록법」상 세대별 주민등록표의 기재에 따라 획일적으로 판단하는 것으로서 생계를 같이하는지 여부는 고려대상이 아니라고 할 수 있다(조심2021지-2723, 2022.6.22., 조심2020지-3312, 2021.6.24.).

> 💡 **생각정리 노트**
>
> 위의 판례에 따르면 취득세에서 1세대 판단 시 주민등록표에 함께 기재되어 있으면 생계를 같이 하는지 여부와 관계없이 동일세대로 본다. 반면에 양도소득세에서는 주민등록표에는 함께 기재되어 있지만 실제 생계를 함께하지 않는 경우에는 동일세대로 보지 않는다.

(2) 1세대의 범위

1) 배우자

주택을 취득하는 사람의 배우자는 주택을 취득하는 사람과 같은 세대별 주민등록표에 기재되어 있지 않더라도 1세대에 속한 것으로 본다. 배우자에는 사실혼은 제외하며, 법률상 이혼을 했으나 생계를 같이하는 등 사실상 이혼한 것으로 보기 어려운 관계에 있는 사람은 포함한다.

2) 미혼인 30세 미만의 자녀

취득일 현재 미혼인 30세 미만의 자녀는 원칙적으로 그 자녀가 주택을 취득하는 경우 또는 부모가 주택을 취득하는 경우 주택을 취득하는 사람과 같은 세대별 주민등록표에 기재되어 있지 않더라도 1세대에 속한 것으로 본다. 다만, 아래의 별도세대로 보는 경우에 해당하는 경우에는 그러하지 아니한다.

(3) 별도세대로 보는 경우

다음 중 어느 하나에 해당하는 경우에는 각각 별도의 세대로 본다(지령 제28조의3 제2항).

1) 미혼인 30세 미만의 자녀가 소득이 있고 주민등록이 분리된 경우

부모와 같은 세대별 주민등록표에 기재되어 있지 않은 미혼인 30세 미만의 자녀로서 주택 취득일이 속하는 달의 직전 12개월 동안 발생한 소득으로서 그 소득이 「국민기초생활 보장법」에 따른 기준 중위소득을 12개월로 환산한 금액의 40% 이상이고, 소유하고 있는 주택을 관리·유지하면서 독립된 생계를 유지할 수 있는 경우에는 각각 별도의 세대로 본다. 다만, 미성년자인 경우는 제외한다.

미혼인 30세 미만 자녀의 독립된 세대 적용 시 소득요건 판단 기준은 주택을 관리·유지하면서 독립된 생계를 유지할 수 있는 소득의 계속성 여부, 생활의 독립성 등 다양한 사항을 종합적으로 고려하여 사실상 독립된 세대의 구성 여부를 판단하여야 한다. 이 경우 소득의 종류는 소득세법 제4조에 따른 소득으로서 일시적·非경상적 소득 및 현금 유입을 동반하지 않는 소득을 제외한 계속적·반복적(경상적)인 소득에 해당하여야 한다(예규 부동산세제과-3301, 2022.10.7., 행정안전부 부동산세제과-2469호, 2020.9.17.).

| 참고 | 2024년 기준중위소득

구분	1인가구	2인가구	3인가구	4인가구	5인가구
금액(월)	2,228,445	3,682,609	4,714,657	5,729,913	6,695735

2) 동거봉양 세대합가한 경우

취득일 현재 65세 이상의 직계존속(배우자의 직계존속을 포함하며, 직계존속 중 어느 한 사람이 65세 미만인 경우를 포함한다)을 동거봉양하기 위하여 30세 이상의 지계비속, 혼인한 직계비속 또는 위 1)에 따른 소득요건을 충족하는 성년인 직계비속이 합가한 경우에는 각각 별도의 세대로 본다.

| 참고 | 동거봉양합가주택 관련 세금

구분	취득세	양도소득세	종합부동산세
연령 기준	65세 이상	60세 이상	60세 이상
기준일	취득일	합가일	과세기준일(6월 1일)
특례	취득일 현재 각각 1주택	합가일로부터 10년 이내 양도주택 비과세	합가일로부터 10년 동안 각각 1주택

3) 취학 또는 근무상의 형편 등으로 세대 전원이 출국하는 경우

취학 또는 근무상의 형편 등으로 세대 전원이 90일 이상 출국하는 경우로서 「주민등록법」에 따라 해당 세대가 출국 후에 속할 거주지를 다른 가족의 주소로 신고한 경우에는 각각 별도의 세대로 본다.

4) 주택을 취득한 날부터 60일 이내에 주소를 이전하는 경우

별도의 세대를 구성할 수 있는 사람이 주택을 취득한 날부터 60일 이내에 세대를 분리하기 위하여 그 취득한 주택으로 주소지를 이전하는 경우에는 각각 별도의 세대로 본다.

(4) 1세대의 판정 시기

취득세에서 1세대에 해당하는지 여부는 주택 취득일 현재를 기준으로 주민등록표에 함께 기재되어 있는지에 따른다.

2. 1주택

(1) 주택의 개념

취득세에서 주택이란「주택법」제2조 제1호에 따른 주택으로서「건축법」에 따른 건축물대장·사용승인서·임시사용승인서 또는「부동산등기법」에 따른 등기부에 주택으로 기재된 주거용 건축물과 그 부속토지를 말한다(지법 제11조 제1항 제8호). 주택법 제2조 제1호의 주택이란 세대의 구성원이 장기간 독립된 주거생활을 할 수 있는 구조로 된 건축물의 전부 또는 일부 및 그 부속토지를 말한다.

이때 주택의 공유지분이나 부속토지만을 소유하거나 취득하는 경우에도 주택을 소유하거나 취득한 것으로 본다(지법 제13조의2 제1항). 따라서 주택 부속토지를 취득하는 경우에도 주택의 취득으로 보아 해당 세율을 적용하고, 다른 주택을 취득할 때 해당 세대가 보유하고 있는 주택 부속토지도 주택 수에 포함된다. 이와 관련된 판례에서도 주택의 부속토지만을 취득한 경우에도 주택을 취득한 것으로 본다고 판단하고 있다(판례 조심2021지-596, 2021.4.6., 조심2021지-1576, 2021.11.2.).

(2) 주택 수의 판단 범위

다음 어느 하나에 해당하는 경우에는 세대별 소유 주택 수에 가산한다(지법 제13조의3). 다만, 조합원입주권, 주택분양권, 재산세를 주택으로 부과하는 오피스텔은 2020.8.12. 이후 취득하는 분부터 적용한다.

1) 신탁주택

「신탁법」에 따라 신탁된 주택은 위탁자의 주택 수에 가산한다.

2) 조합원입주권

「도시 및 주거환경정비법」에 따른 재건축사업 또는 재개발사업, 「빈집 및 소규모주택 정비에 관한 특례법」에 따른 소규모재건축사업을 시행하는 정비사업조합의 조합원으로서 취득한(그 조합원으로부터 취득한 것을 포함한다) 조합원입주권은 해당 주거용 건축물이 멸실된 경우라도 해당 조합원입주권 소유자의 주택 수에 가산한다.

3) 주택분양권

「부동산 거래신고 등에 관한 법률」에 따른 부동산에 대한 공급계약을 통하여 주택을 공급받는 자로 선정된 지위인 주택분양권은 해당 주택분양권을 소유한 자의 주택 수에 가산한다. 주택분양권에는 매매 또는 증여 등의 방법으로 취득한 것을 포함한다.

4) 재산세를 주택으로 과세하는 오피스텔

재산세를 주택으로 과세하는 오피스텔은 해당 오피스텔을 소유한 자의 주택 수에 가산한다. 아래에서는 재산세를 주택으로 과세하는 오피스텔을 오피스텔이라 하여 설명한다.

|참고| 주거용 오피스텔과 취득세

법문에서는 재산세가 주택분으로 과세되는 오피스텔의 경우 주택 수에 포함된다고 하고 있으나 오피스텔이 업무용으로 재산세가 과세된다고 하더라도 임차인이 전입신고를 하는 등 사실상 주거용으로 사용되고 있는 것이 확인되는 경우에는 실무에서 주택 수에 포함되는 경우가 있을 수 있으므로 유의하여야 한다.

---

(3) 주택 수의 산정 방법

취득세 중과세율 적용 기준이 되는 1세대의 주택 수는 주택 취득일 현재 취득하는 주택을 포함하여 1세대가 국내에 소유하는 주택, 조합원입주권, 주택분양권 및 오피스텔의 수를 말한다. 이 경우 조합원입주권 또는 주택분양권에 의하여 취득하는 주택의 경우에는 조합원입주권 또는 주택분양권의 취득일(분양사업자로부터 주택분양권을 취득하는 경우에는 분양계약일)을 기준으로 해당 주택 취득 시의 세대별 주택 수를 산정한다(지령 제28조의4 제1항).

그러면 아래와 같은 사례에서 주택분양권으로 완성주택을 취득하는 경우 취득세 적용을 위한 주택 수는 몇 채로 보아야할까?

① 갑은 2017. 8. 16. A주택(비조정대상지역)을 취득하였다.
② 을은 2019. 7. 16. B주택(조정대상지역)을 취득하였다.
③ 갑은 2021. 3. 9. C주택분양권을 취득하였다.
④ 갑은 2021. 6. 25. A주택을 매각하였다.
⑤ 갑은 2022. 7. 18. 을과 혼인신고를 하였다.
⑥ 갑은 2022. 11. 25. C주택분양권의 완성된 주택(D 비조정대상지역)을 취득하였다.

이와 관련된 판례를 살펴보면 갑은 2021. 3. 9. 주택분양권(C)을 취득하였고, 그 당시 갑은 단독세대로서 A주택까지 포함하여 1세대 2주택이 되었다고 보는 것이 타당하다고 판단하고 있다(판례 조심2023지-456, 2024. 1. 31.).

아래에서는 주택 수를 산정할 때 취득하는 주택을 제외하고 주택 수를 판정하는 주택에는 어떤 종류가 있고 공동소유 주택 등 특수한 주택의 경우에는 어떻게 주택 수를 산정하는지에 대해 살펴보기로 한다.

1) 취득하는 주택을 제외하고 주택 수를 판정하는 주택

다음의 어느 하나에 해당하는 주택을 취득하는 경우 세율 적용의 기준이 되는 1세대의 주택 수는 주택 취득일 현재 취득하는 주택을 제외하고 1세대가 국내에 소유하는 주택, 조합원입주권, 주택분양권 및 오피스텔의 수를 말한다(지령 제28조의4 제2항).

가) 소형주택

① 소형 신축주택

2024. 1. 10.부터 2025. 12. 31까지 「주택법」에 따른 사용검사 또는 「건축법」에 따른 사용승인(임시 사용승인을 포함한다)을 받은 신축 다가구주택, 연립주택, 다세대주택, 도시형 생활주택을 같은 기간 내에 최초로 유상승계취득하는 경우로서 전용면적이 60㎡ 이하이고 취득당시가액이 수도권 은 6억원(그 외 지역은 3억원) 이하인 주택

② 소형 기축임대주택

2024. 1. 10.부터 2025. 12. 31.까지 유상승계취득하는 다가구주택, 연립주택, 다세대주택 또는 도 시형 생활주택으로서 전용면적이 60㎡ 이하, 취득당시가액이 수도권은 6억원(그 외 지역은 3억 원) 이하이고 임대사업자가 해당 주택을 취득한 날부터 60일 이내에 「민간임대주택에 관한 특별 법」에 따라 임대주택으로 등록하거나 임대사업자가 아닌 자가 해당 주택을 취득한 날부터 60일 이 내에 임대사업자로 등록한 임대주택

나) 지방미분양아파트

2024. 1. 10.부터 2025. 12. 31.까지 최초로 유상승계취득하는 「주택법」에 따른 사업주체가 사용검 사를 받은 후 분양되지 않은 수도권 외의 지역에 있는 전용면적 85㎡ 이하이고 취득당시가액이 6 억원 이하인 아파트

2) 특수한 주택

가) 공동소유

1세대 내에서 1개의 주택, 조합원입주권, 주택분양권 또는 오피스텔을 세대원이 공동으로 소유 하는 경우에는 1개의 주택, 조합원입주권, 주택분양권 또는 오피스텔을 소유한 것으로 본다(지령 제28조의4 제4항). 따라서 동일세대가 공동으로 소유하는 경우에는 1개로 보지만 동일세대가 아 닌 경우에는 각자 소유한 것으로 본다.

나) 공동상속

상속으로 여러 사람이 공동으로 1개의 주택, 조합원입주권, 주택분양권 또는 오피스텔을 소유하는 경우에는 다음의 순서에 따라 그 주택, 조합원입주권, 주택분양권 또는 오피스텔의 소유자를 판정한다(지령 제28조의4 제5항).

① 지분이 가장 큰 상속인
② 그 주택 또는 오피스텔에 거주하는 사람
③ 나이가 가장 많은 사람

3) 동시에 2개 이상 취득하는 경우

주택, 조합원입주권, 주택분양권 또는 오피스텔을 동시에 2개 이상 취득하는 경우에는 납세의무자가 정하는 바에 따라 순차적으로 취득하는 것으로 본다(지령 제28조의4 제3항).

지금까지 주택 수 산정 시 적용되는 1세대, 1주택 및 주택 수 산정방법에 대해서 살펴보았다. 다음 절에서는 주택 수를 산정할 때 제외되는 주택에 대해 알아보기로 한다.

<table>
<tr><td>제2절</td><td>주택 수의 산정에서 제외되는 주택</td></tr>
</table>

1세대의 주택 수를 산정할 때 다음 중 어느 하나에 해당하는 주택, 조합원입주권, 오피스텔은 소유 주택 수에서 제외한다(지령 제28조의4 제5항). 다시 말해 다음에 해당하는 주택은 다른 주택 취득 시 없는 것으로 보아 주택 수를 산정한다.

1. 취득 시 중과에서 제외되는 주택 중 다음에 해당하는 주택

아래의 취득 시 중과에서 제외되는 주택은 다른 주택 취득 시 주택 수에서 제외될 뿐만 아니라 그 주택을 취득하는 경우 중과에서도 제외된다. 취득 시 중과에서 제외되는 주택은 다음 절에서 구체적으로 살펴보기로 한다.

(1) 저가주택

주택 수 산정일 현재 해당 주택의 시가표준액 1억원 이하인 주택은 소유 주택 수에서 제외한다. 다만, 「도시 및 주거환경정비법」에 따른 정비구역으로 지정·고시된 지역 또는 「빈집 및 소규모주택 정비에 관한 특례법」에 따른 사업시행구역에 소재하는 주택은 제외한다.

(2) 노인복지주택, 공공지원민간임대주택, 가정어린이집, 사원 임대용 주택

노인복지주택, 공공지원민간임대주택, 가정어린이집주택, 사원용주택에 해당하는 주택으로서 주택 수 산정일 현재 해당 용도에 직접 사용하고 있는 주택은 소유 주택 수에서 제외한다.

(3) 문화재주택

「문화재보호법」에 따른 지정문화재 또는 등록문화재에 해당하는 주택은 다른 주택 취득 시 소유 주택 수에서 제외한다.

(4) 주택법에 따라 등록한 주택건설사업자 등이 멸실시킬 목적으로 취득하는 주택 또는 주택의 시공자가 공사대금으로 취득한 미분양주택

주택법에 따라 등록한 주택건설사업자 등이 멸실시킬 목적으로 취득하는 주택 또는 주택의 시공자가 공사대금으로 취득한 미분양주택은 소유 주택 수에서 제외한다.

(5) 농어촌주택

농어촌주택은 다른 주택 취득 시 소유 주택 수에서 제외한다.

2. 주거용 건물 건설업을 영위하는 자가 신축하여 보유하는 주택

주거용 건물 건설업을 영위하는 자가 신축하여 보유하는 주택은 주택 수에서 제외한다. 다만, 자기 또는 임대계약 등 권원을 불문하고 타인이 거주한 기간이 1년 이상인 주택은 제외한다.

3. 상속으로 취득한 주택, 조합원입주권, 주택분양권 또는 오피스텔

상속을 원인으로 취득한 주택, 조합원입주권, 주택분양권 또는 오피스텔로서 상속개시일부터 5년이 지나지 않은 주택, 조합원입주권, 주택분양권 또는 오피스텔은 주택 수에서 제외한다. 다만, 2020.8.12. 전에 상속을 원인으로 취득한 주택, 조합원입주권, 주택분양권 또는 오피스텔에 대해서는 2020.8.12. 이후 5년 동안 주택 수 산정 시 소유주택 수에서 제외한다.

4. 저가 오피스텔

주택 수 산정일 현재 시가표준액(지분이나 부속토지만을 취득한 경우에는 전체 건축물과 그 부속토지의 시가표준액을 말한다)이 1억원 이하인 오피스텔은 주택 수에서 제외한다.

5. 저가 주택부수토지

주택 수 산정일 현재 시가표준액이 1억원 이하인 부속토지만을 소유한 경우 해당 부속토지는 주택 수에서 제외한다.

6. 혼인 전에 소유한 주택분양권으로 취득하는 주택

혼인한 사람이 혼인 전 소유한 주택분양권으로 주택을 취득하는 경우 다른 배우자가 혼인 전부터 소유하고 있는 주택은 주택 수에서 제외한다.

7. 소형주택 및 지방미분양아파트

앞에서 살펴본 세율 적용 시 취득하는 주택을 제외하고 주택 수를 판정하는 주택에 해당하는 소형신축주택 및 소형기축임대주택, 지방미분양아파트는 주택 수에서 제외한다.

8. 소형 신축오피스텔

2024. 1. 10. 부터 2025. 12. 31. 까지 「건축법」에 따른 사용승인(임시사용승인을 포함한다)을 받은 신축 오피스텔을 같은 기간 내에 최초로 유상승계취득하는 경우로서 전용면적이 60제곱미터 이하이고 취득당시가액이 수도권은 6억원(그 외 지역은 3억원) 이하에 해당하는 오피스텔은 주택 수에서 제외한다.

9. 소형 기축임대오피스텔

2024. 1. 10. 부터 2025. 12. 31. 까지 유상승계취득하는 오피스텔(신축 후 최초로 유상승계취득한 오피스텔은 제외한다)로서 다음의 요건을 모두 갖춘 오피스텔은 주택 수에서 제외한다. 다만, 임대사업자가 「민간임대주택에 관한 특별법」에 따른 임대의무기간에 임대 외의 용도로 사용하는 경우 또는 매각·증여하는 등의 경우에는 주택 수에 포함한다.

① 전용면적이 60제곱미터 이하이고 취득당시가액이 수도권은 6억원(그 외 지역은 3억원) 이하일 것

② 임대사업자가 해당 오피스텔을 취득한 날부터 60일 이내에 「민간임대주택에 관한 특별법」에 따라 임대주택으로 등록하거나 임대사업자가 아닌 자가 해당 오피스텔을 취득한 날부터 60일 이내에 임대사업자로 등록하고 그 오피스텔을 임대주택으로 등록할 것

제3절 │ 취득 시 중과에서 제외되는 주택

취득세 중과세율을 적용할 때 다음 중 어느 하나에 해당하는 주택을 취득하는 경우에는 중과대상으로 보지 않는다(지령 제28조의2).

1. 저가주택

시가표준액 1억원 이하인 주택은 취득 시 중과에서 제외한다. 다만, 「도시 및 주거환경정비법」에 따른 정비구역으로 지정·고시된 지역 또는 「빈집 및 소규모주택 정비에 관한 특례법」에 따른 사업시행구역에 소재하는 주택은 제외한다.

2. 공공매입임대주택

「공공주택 특별법」에 따라 지정된 공공주택사업자가 같은 법에 따라 공공매입임대주택으로 공급하기 위하여 취득하는 주택은 취득 시 중과에서 제외한다. 다만, 정당한 사유 없이 그 취득일부터 2년이 경과할 때까지 공공매입임대주택으로 공급하지 않거나 공공매입임대주택으로 공급한 기간이 3년 미만인 상태에서 매각·증여하거나 다른 용도로 사용하는 경우는 제외한다.

3. 노인복지주택

「노인복지법」에 따른 노인복지주택으로 운영하기 위하여 취득하는 주택은 취득 시 중과에서 제외한다. 다만, 정당한 사유 없이 그 취득일부터 1년이 경과할 때까지 해당 용도에 직접 사용하지 않거나 해당 용도로 직접 사용한 기간이 3년 미만인 상태에서 매각·증여하거나 다른 용도로 사용하는 경우는 제외한다.

4. 문화재주택

「문화재보호법」에 따른 지정문화재 또는 등록문화재에 해당하는 주택은 취득 시 중과에서 제외한다.

5. 공공지원민간임대주택

「민간임대주택에 관한 특별법」에 따른 임대사업자가 공공지원민간임대주택으로 공급하기 위하여 취득하는 주택은 취득 시 중과에서 제외한다.

6. 가정어린이집

「영유아보육법」에 따른 가정어린이집으로 운영하기 위하여 취득하는 주택. 다만, 정당한 사유 없이 그 취득일부터 1년이 경과할 때까지 해당 용도에 직접 사용하지 않거나 해당 용도로 직접 사용한 기간이 3년 미만인 상태에서 매각·증여하거나 다른 용도로 사용하는 경우는 제외하되, 가정어린이집을 「영유아보육법」에 따른 국공립어린이집으로 전환한 경우는 당초 용도대로 직접 사용하는 것으로 본다.

7. 부동산투자회사가 취득하는 주택

「주택도시기금법」에 따른 주택도시기금과 「한국토지주택공사법」에 따라 설립된 한국토지주택공사가 공동으로 출자하여 설립한 부동산투자회사 또는 「한국자산관리공사 설립 등에 관한 법률」에 따라 설립된 한국자산관리공사가 출자하여 설립한 부동산투자회사가 취득하는 주택으로서 취득 당시 일정한 요건을 모두 갖춘 주택은 취득 시 중과에서 제외한다.

8. 멸실 목적으로 취득하는 주택

다음 중 어느 하나에 해당하는 주택으로서 멸실시킬 목적으로 취득하는 주택은 취득 시 중과에서 제외한다(지령 제28조의2 제8호).

(1) 공익사업을 위하여 취득하는 주택

「공공기관의 운영에 관한 법률」에 따른 공공기관 또는 「지방공기업법」에 따른 지방공기업이 「공익사업을 위한 토지 등의 취득 및 보상에 관한 법률」에 따른 공익사업을 위하여 취득하는 주택은 취득 시 중과에서 제외한다.

(2) 주택건설사업을 위하여 취득하는 주택

다음 중 어느 하나에 해당하는 자가 주택건설사업을 위하여 취득하는 주택은 취득 시 중과에서 제외한다.

1) 「도시 및 주거환경정비법」에 따른 사업시행자
「도시 및 주거환경정비법」에 따른 사업시행자가 주택건설사업을 위하여 취득하는 주택은 취득 시 중과에서 제외한다. 다만, 정당한 사유 없이 그 취득일부터 3년이 경과할 때까지 해당 주택을 멸실시키지 않거나 그 취득일부터 7년이 경과할 때까지 주택을 신축하지 않은 경우는 제외한다.

2) 「빈집 및 소규모주택 정비에 관한 특례법」에 따른 사업시행자
「빈집 및 소규모주택 정비에 관한 특례법」에 따른 사업시행자가 주택건설사업을 위하여 취득하는 주택은 취득 시 중과에서 제외한다. 다만, 정당한 사유 없이 그 취득일부터 3년이 경과할 때까지 해당 주택을 멸실시키지 않거나 그 취득일부터 7년이 경과할 때까지 주택을 신축하지 않은 경우는 제외한다.

3) 「주택법」에 따른 주택조합
「주택법」에 따른 주택조합(같은 법에 따른 주택조합설립인가를 받으려는 자를 포함한다)이 주택건설사업을 위하여 취득하는 주택은 취득 시 중과에서 제외한다. 다만, 정당한 사유 없이 그 취득일부터 3년이 경과할 때까지 해당 주택을 멸실시키지 않거나 그 취득일부터 7년이 경과할 때까지 주택을 신축하지 않은 경우는 제외한다.

4) 「주택법」에 따라 등록한 주택건설사업자

「주택법」에 따라 등록한 주택건설사업자가 주택건설사업을 위하여 취득하는 주택은 취득 시 중과에서 제외한다. 다만, 정당한 사유 없이 그 취득일부터 3년이 경과할 때까지 해당 주택을 멸실시키지 않거나 그 취득일부터 7년이 경과할 때까지 주택을 신축하지 않은 경우는 제외한다.

5) 「민간임대주택에 관한 특별법」에 따른 공공지원민간임대주택 개발사업 시행자

「민간임대주택에 관한 특별법」에 따른 공공지원민간임대주택 개발사업 시행자가 주택건설사업을 위하여 취득하는 주택은 취득 시 중과에서 제외한다. 다만, 정당한 사유 없이 그 취득일부터 2년이 경과할 때까지 해당 주택을 멸실시키지 않거나 그 취득일부터 6년이 경과할 때까지 주택을 신축하지 않은 경우는 제외한다.

6) 주택신축판매업을 영위할 목적으로 「부가가치세법」에 따라 사업자등록을 한 자

주택신축판매업[한국표준산업분류에 따른 주거용 건물 개발 및 공급업과 주거용 건물 건설업(자영건설업으로 한정한다)을 말한다]을 영위할 목적으로 「부가가치세법」에 따라 사업자등록을 한 자가 주택건설사업을 위하여 취득하는 주택은 취득 시 중과에서 제외한다. 다만, 정당한 사유 없이 그 취득일부터 1년이 경과할 때까지 해당 주택을 멸실시키지 않거나 그 취득일부터 3년이 경과할 때까지 주택을 신축하여 판매하지 않은 경우는 제외한다.

9. 대물변제주택

주택의 시공자가 해당 주택의 공사대금으로 취득한 미분양주택. 다만, 「건축법」 제11조에 따른 허가를 받은 자로부터 취득한 주택으로서 자기 또는 임대계약 등 권원을 불문하고 타인이 거주한 기간이 1년 이상인 경우는 제외한다.

10. 저당권의 실행 또는 채권변제로 취득하는 주택

11. 농어촌주택

농어촌주택이란 다음의 요건을 갖춘 농어촌주택과 그 부속토지를 말한다(지령 제28조의2 제11항).

(1) 읍 또는 면에 있을 것
(2) 다음의 어느 하나에 해당하는 지역에 있지 아니할 것
    1) 광역시에 소속된 군 지역 또는 수도권 지역
    2) 「국토의 계획 및 이용에 관한 법률」에 따른 도시지역 및 「부동산 거래신고 등에 관한 법률」
       에 따른 허가구역
    3) 조정대상지역
    4) 관광단지 등 부동산가격안정이 필요하다고 인정되는 지역
(3) 대지면적이 660제곱미터 이내이고 건축물의 연면적이 150제곱미터 이내일 것
(3) 건축물의 시가표준액이 6천500만원 이내일 것

12. 사원 임대용 주택

사원에 대한 임대용으로 직접 사용할 목적으로 취득하는 주택으로서 1구의 건축물의 전용면적이 60제곱미터 이하인 공동주택

13. 물적분할로 취득하는 미분양주택

물적분할로 인하여 분할신설법인이 분할법인으로부터 취득하는 미분양주택

14. 리모델링주택조합이 취득하는 주택

[해당 주택 취득 시 중과 제외 주택과 다른 주택 취득 시 주택 수 제외 주택]

해당 주택 취득 시 중과 제외	다른 주택 취득 시 주택 수 제외 여부
저가주택	○
공공매입임대주택	×
노인복지주택	○
문화재주택	○
공공지원민간임대주택	○
가정어린이집	○
한국토지주택공사 등이 출자한 부동산투자회사가 취득하는 주택	×
주택신축판매업자 등이 멸실 목적으로 취득하는 주택	○
대물변제주택	○
저당권의 실행 또는 채권변제로 취득하는 주택	×
농어촌주택	○
사원 임대용 주택	○
물적분할로 취득하는 미분양주택	×
리모델링주택조합이 취득하는 주택	×
	주택신축판매업자가 신축하여 보유하는 주택
	상속으로 취득한 주택 등
	저가 오피스텔
	저가 주택부수토지
	혼인 전 소유 주택분양권으로 취득하는 주택
	소형 신축주택
	소형 기축임대주택
	지방미분양아파트
	소형 신축오피스텔
	소형 기축임대오피스텔
	일시적2주택의 종전주택

제4절 │ 주택 수와 취득세의 세율

주택을 유상거래로 취득하는 경우 취득세 세율은 1세대가 취득하는 주택 수와 취득하는 주택이 조정대상지역에 소재하는지 여부에 따라 다르게 적용된다. 조정대상지역 지정고시일 이전에 주택에 대한 매매계약(공동주택분양계약을 포함한다)을 체결한 경우에는 조정대상지역으로 지정되기 전에 주택을 취득한 것으로 본다. 이 경우 계약을 체결한 경우란 계약금을 지급한 사실 등이 증빙서류에 의하여 확인되는 경우에 한정한다(지법 제13조의2 제4항). 아래에서는 취득하는 주택이 몇 번째 주택인지 그리고 소재하는 지역이 조정대상인지 여부로 구분하여 일반세율이 적용되는 경우와 중과세율이 적용되는 경우에 대해 살펴보기로 한다.

1. 1세대 1주택

무주택자가 1주택을 취득하는 경우에는 다음 표의 세율을 적용한다.

구분				취득세	농특세	지방교육세	합계
유상취득	1세대 1주택	6억원 이하	85㎡ 이하	1%	비과세	0.1%	1.1%
			85㎡ 초과		0.2%	0.1%	1.3%
		6억원 초과 9억원 이하	85㎡ 이하	1~3%	비과세	0.2%	1.2~3.4%
			85㎡ 초과		0.2%	0.2%	
		9억원초과	85㎡ 이하	3%	비과세	0.3%	3.3%
			85㎡ 초과		0.2%	0.3%	3.5%

[6~9억원 구간 주택 유상거래(지방교육세 및 농어촌특별세 별도)]

취득가격	세율	취득가격	세율	취득가격	세율	취득가격	세율
6억원	1.00%	7억원	1.67%	8억원	2.33%	9억원	3.00%
6.1억원	1.07%	7.1억원	1.73%	8.1억원	2.40%		
6.2억원	1.13%	7.2억원	1.80%	8.2억원	2.47%		
6.3억원	1.20%	7.3억원	1.87%	8.3억원	2.53%		
6.4억원	1.27%	7.4억원	1.93%	8.4억원	2.60%		
6.5억원	1.33%	7.5억원	2.00%	8.5억원	2.67%		
6.6억원	1.40%	7.6억원	2.07%	8.6억원	2.73%		
6.7억원	1.47%	7.7억원	2.13%	8.7억원	2.80%		
6.8억원	1.53%	7.8억원	2.20%	8.8억원	2.87%		
6.9억원	1.60%	7.9억원	2.27%	8.9억원	2.93%		

※ 국민주택 규모 이하의 주택을 취득하는 경우 농어촌특별세는 비과세된다.

|참고| 출산·양육을 위한 주택 취득에 대한 취득세 감면

2025.12.31.까지 자녀를 출산한 부모(미혼모 또는 미혼부를 포함한다)가 해당 자녀와 상시 거주할 목적으로 출산일부터 5년 이내에 「지방세법」 제10조(과세표준의 기준)에 따른 취득당시의 가액이 12억원 이하인 1주택을 취득하는 경우(출산일 전 1년 이내에 주택을 취득한 경우를 포함한다)로서 다음의 요건을 모두 충족하는 경우 그 산출세액이 500만원 이하인 경우에는 취득세를 면제하고, 500만원을 초과하는 경우에는 산출세액에서 500만원을 공제한다.
① 가족관계등록부에서 자녀의 출생 사실이 확인될 것
② 해당 주택이 1가구 1주택에 해당할 것(해당 주택을 취득한 날부터 3개월 이내에 1가구 1주택이 되는 경우를 포함한다)
다만, 취득세를 감면받은 사람이 다음의 어느 하나에 해당하는 경우에는 감면된 취득세를 추징한다.
① 정당한 사유 없이 주택의 취득일(출산일 전에 취득한 경우에는 출산일)부터 3개월 이내에 해당 자녀와 상시 거주를 시작하지 아니하는 경우
② 해당 자녀와의 상시 거주 기간이 3년 미만인 상태에서 주택을 매각·증여(배우자에게 지분을 매각·증여하는 경우는 제외한다)하거나 다른 용도(임대를 포함한다)로 사용하는 경우

2. 1세대 2주택

1주택을 보유한 1세대가 1주택을 추가 취득하여 1세대가 2주택(일시적 2주택은 제외한다)에 해당하는 주택을 취득하는 경우에는 다음 표의 세율을 적용한다.

구분	취득세		농어촌특별세		지방교육세		합계	
	조정	비조정	조정	비조정	조정	비조정	조정	비조정
2주택	8%	1~3%	0.6%	0.2%	0.4%	0.1~0.3%	9.0%	1.1~3.3%

다만, 일시적 2주택에 해당하는 경우에는 1세대 1주택에 해당하는 기본세율을 적용한다. 일시적 2주택이란 국내에 주택, 조합원입주권, 주택분양권 또는 오피스텔을 1개 소유한 1세대가 그 주택, 조합원입주권, 주택분양권 또는 오피스텔(종전주택 등)을 소유한 상태에서 이사·학업·취업·직장이전 및 이와 유사한 사유로 다른 1주택(신규주택)을 추가로 취득한 후 3년 이내에 종전주택 등을 처분하는 경우 해당 신규주택을 말한다. 이 경우 처분하는 종전주택 등에는 신규주택이 조합원입주권 또는 주택분양권에 의한 주택이거나 종전주택 등이 조합원입주권 또는 주택분양권인 경우에는 신규주택을 포함한다(지법 시행령 28조의5).

3. 1세대 3주택 이상 및 법인이 취득하는 주택

2주택 이상을 보유한 1세대가 1주택을 추가 취득하여 3주택이 되거나 4주택 이상이 되는 경우, 법인이 주택을 취득하는 경우에는 다음 표의 세율을 적용한다.

구분	취득세		농특세		지방교육세		합계	
	조정	비조정	조정	비조정	조정	비조정	조정	비조정
3주택	12%	8%	1%	0.6%	0.4%	0.4%	13.4%	9.0%
4주택 이상	12%		1%		0.4%		13.4%	
법인	12%		1%		0.4%		13.4%	

※ 법인이 부동산을 취득하는 경우 적용되는 기본세율 및 중과세율에 대해서는 제17장에서 추가로 살펴보기로 한다.

제5절 | 주택의 증여 · 상속 · 신축과 취득세

1. 무상거래와 과세표준

앞에서 살펴보았듯이 2023.1.1. 이후 납세의무가 성립되는 경우부터는 부동산 등을 무상취득하는 경우 취득세 과세표준은 매매사례가액, 감정가액, 공매가액 등 시가인정액으로 하되, 시가인정액을 산정하기 어려운 경우에는 시가표준액으로 한다. 다만, 상속으로 취득하는 경우에는 시가표준액, 취득물건에 대한 시가표준액이 1억원 이하인 부동산의 무상취득은 시가인정액과 시가표준액 중에서 납세자가 정하는 가액으로 한다.

2. 주택의 증여와 취득세

주택을 증여로 무상취득하는 경우에는 과세표준에 아래의 세율을 적용한다. 조정대상지역에 있는 주택으로서 취득 당시 공시가격이 3억원 이상인 주택을 증여로 무상 취득하는 경우에는 12% 중과세율을 적용한다. 다만, 1세대 1주택자가 소유한 주택을 배우자 또는 직계존비속이 증여로 취득하는 경우는 중과에서 제외한다(지법 제13조의2, 지령 제28조의6).

구분	취득세		농특세		지방교육세		합계	
	조정	비조정	조정	비조정	조정	비조정	조정	비조정
주택 증여	12%	3.5%	1%	0.2%	0.4%	0.3%	13.4%	4.0%

3. 부담부증여와 취득세

부담부증여란 부동산을 증여할 때 해당 부동산의 담보대출금 또는 전세보증금 등의 부채를 포함하여 이전하는 것을 말한다. 배우자 또는 직계존비속 간에 주택을 부담부증여 시 증여받는 사람이 소득이 있음을 증명하는 경우 부담부분에 대해 유상거래 세율을 적용할 수 있고, 증여재산가액에서 부담하는 채무액을 제외한 증여부분에 대해서는 무상거래로 보아 증여 취득세율을 적용한다.

(1) 부담부증여의 과세표준

증여자의 채무를 인수하는 부담부증여의 경우 유상으로 취득한 것으로 보는 채무액에 상당하는 부분(채무부담액)에 대해서는 유상 승계취득에서의 과세표준을 적용하고, 취득물건의 시가인정액에서 채무부담액을 뺀 잔액에 대해서는 무상취득에서의 과세표준을 적용한다(지법 제10조의2 제6항).

(2) 채무부담액의 범위

부담부증여의 경우 유상으로 취득한 것으로 보는 채무부담액에 상당하는 부분의 범위는 시가인정액을 그 한도로 한다(지령 제14조의4). 채무부담액은 취득자가 부동산 등의 취득일이 속하는 달의 말일부터 3개월 이내에 인수한 것을 입증한 채무액으로서 다음의 금액으로 한다.

1) 등기부등본으로 확인되는 부동산 등에 대한 저당권, 가압류, 가처분 등에 따른 채무부담액
2) 금융기관이 발급한 채무자 변경 확인서 등으로 확인되는 금융기관의 금융채무액
3) 임대차계약서 등으로 확인되는 부동산 등에 대한 임대보증금액
4) 그 밖에 판결문, 공정증서 등 객관적 입증 자료로 확인되는 취득자의 채무부담액

(3) 부담부증여의 세율 적용 방법

1) 채무액이 시가인정액보다 적은 경우
채무액에 대하여는 유상취득에 적용하는 취득세 세율을 적용하고 시가인정액에서 채무액을 차감한 금액에 대해서는 무상취득에 적용하는 취득세 세율을 적용한다.

주택의 부담부증여 시 유상취득에 적용하는 세율의 결정기준

주택을 부담부증여받는 유상취득에 적용하는 세율을 결정하는 기준이 되는 취득당시가액이란 유상으로 취득하는 부분의 가액인 채무인수액만을 의미하는 것일까 아니면 주택 전체의 가액을 의미하는 것일까? 예를 들어 무주택자가 부담부증여받는 주택의 시가인정액이 10억원이고 유상취득으로 보는 인수하는 채무액이 5억원인 경우 5억원에 해당하는 기본세율인 1%를 적용해야 할까? 아니면 10억원에 해당하는 기본세율인 3%를 적용해야 할까? 이와 관련된 판례를 살펴보면 취득당시가액이란 취득하려는 부동산 전체의 가액을 의미한다고 판단하고 있다(판례 조심 2023지-4991, 2024. 1. 30.). 따라서 판례에 따르면 3%의 기본세율을 적용해야 한다.

2) 채무액이 시가인정액과 동일한 경우

채무액에 대하여 유상취득에 적용하는 취득세 세율을 적용한다.

3) 채무액이 시가인정액보다 큰 경우

채무액에 대하여 유상취득에 적용하는 취득세 세율을 적용한다.

4. 주택의 상속과 취득세 세율

주택을 상속으로 무상취득하는 경우에는 과세표준에 아래의 세율을 적용한다. 다만, 무주택자가 상속으로 취득하는 1가구 1주택(고급주택은 제외)에 대해서는 2%를 차감한 세율을 적용한다(지법 제15조 제1항 제2호 가목). 예를 들어 국민주택규모 이하의 상속주택을 무주택자인 상속인이 취득하는 경우 취득세는 0.96%(3.16% - 취득세 2% - 농특세 0.2%)가 된다.

공동상속주택은 지분이 가장 큰 상속인을 그 주택의 소유자로 본다. 이 경우 지분이 가장 큰 상속인이 두 명 이상일 때에는 그 주택에 거주하는 사람, 최연장자 순서에 따라 그 주택의 소유자를 판정한다(지령 제29조 제3항). 따라서 공동상속주택의 경우 무주택자인 상속인의 지분비율이 1%라도 높은 경우 공동상속주택은 무주택자가 상속받은 주택으로 보아 다른 상속인들도 2%가 감면된 세율을 적용할 수 있다.

구분	취득세	농어촌특별세	지방교육세	합계
주택 상속	2.8%	0.2%	0.16%	3.16%

▷ 국민주택규모 이하의 주택을 취득하는 경우 농어촌특별세는 비과세된다.

5. 주택의 신축과 취득세

주택을 신축하여 소유권보존등기를 하는 경우 적용되는 취득세 세율은 2.8%, 농어촌특별세 0.2%, 지방교육세 0.16% 합계 3.16%로 한다.

「도시 및 주거환경정비법」에 따른 재건축사업의 원조합원이 소유권보존등기를 하는 경우에도 동일한 세율이 적용된다. 즉, 총 공사비에서 신축되는 주택 중 본인이 받는 주택의 면적만큼 취득세를 부담하게 된다.

「도시 및 주거환경정비법」에 따른 재개발사업의 원조합원인 경우 종전에는 분담금만큼만 취득세를 부담하였으나 2023.3.14. 지방세법 시행령과 지방세특례제한법 시행령을 개정하여 재건축주택과 동일하게 총 공사비에서 신축되는 주택 중 본인이 받는 주택의 면적만큼 취득세를 부담하게 된다. 이 규정은 「도시 및 주거환경정비법」에 따른 관리처분계획인가를 2023.1.1. 이후 받은 재개발사업의 원조합원인 경우에 적용된다.

따라서 재개발사업이나 재건축사업의 원조합원이 완성주택에 대한 소유권보존등기를 하는 경우 총 건물신축공사비에 건물 전체면적에서 조합원 분양면적에 해당하는 과세표준에 총 3.16%의 세율을 적용하여 취득세를 납부해야 한다. 다만, 국민주택 규모이하인 주택은 농어촌특별세를 비과세하여 2.96%의 세율을 적용한다.

|참고| 주택 외 부동산의 과세표준과 취득세율

주택 외 오피스텔, 상가, 토지 등의 부동산을 취득하는 경우 과세표준은 앞에서 살펴본 주택을 취득하는 경우에 적용되는 내용과 동일하다. 아래에서는 과세표준에 적용되는 세율을 요약하여 살펴보기로 한다.

[주택 외 취득세 세율]

구분			취득세	농어촌특별세	지방교육세	합계
유상취득			4.0%	0.2%	0.4%	4.6%
무상취득	증여		3.5%	0.2%	0.3%	4.0%
	상속	농지	2.3%	0.2%	0.06%	2.56%
		농지 외	2.8%	0.2%	0.16%	3.16%
신축(소유권보존)			2.8%	0.2%	0.16%	3.16%

재개발·재건축 승계조합원이 취득하는 멸실된 주택의 부속토지와 취득세

재개발·재건축사업의 승계조합원은 멸실된 주택의 부속토지에 대하여는 기존조합원으로부터 승계취득한 것이므로 승계조합원이 기존조합원으로부터 토지를 취득한 것을 원시취득으로 볼 수 없고, 토지에 대하여 「지방세법」 제11조 제1항 제7호 나목의 세율(4%)을 적용한 취득세를 납부하여야 한다(조심2021 지-2304, 2022. 5. 18.).

[별첨] 부동산소유권이전등기 시 필요한 서류

1. 매매로 소유권이전등기 시 필요 서류

◆ 매도인 준비 서류
① 매도용 인감증명서
② 인감도장
③ 주민등록초본(주소변동내역 포함)
④ 등기권리증
⑤ 신분증 사본

◆ 매수인 준비 서류
① 주민등록등본
② 가족관계증명서(매수인이 2인 이상인 경우 각 중심으로 각 1통)
③ 매매계약서 원본
④ 신분증 사본
※ 모든 서류는 발행일로부터 3개월 이내의 것
◆ 생애최초 취득세 감면이 적용되는 경우
소득금액증명원, 원천징수영수증 추가
☞ 등본상 세대원도 같이 준비, 소득이 없으면 무소득 증명원으로 대체
① 3개월 이내 전입신고 및 상시거주 시작
② 3년 이내에 매매, 증여, 임대하면 가산금을 포함하여 추징

2. 증여로 소유권이전등기 시 필요 서류

◈ 증여자 준비 서류

① 인감증명서(본인이 발급한 것. 대리인 발급X)

② 인감도장

③ 주민등록등본(주소변동내역 포함)

④ 가족관계증명서

⑤ 등기권리증

⑥ 신분증 사본

◈ 수증자 준비 서류

① 주민등록등본

② 가족관계증명서

③ 도장

④ 신분증 사본

※ 모든 서류는 발행일로부터 3개월 이내의 것

3. 협의분할상속으로 소유권이전등기 시 필요 서류

◈ 피상속인(망자)준비 서류

① 기본증명서

② 가족관계증명서

③ 말소자초본(주소변동내역 포함)

④ 혼인관계증명서

⑤ 입양관계증명서

⑥ 친양자입양관계증명서

⑦ 제적등본

⑧ 전제적등본

◈ 상속인 준비 서류

① 기본증명서

② 가족관계증명서

③ 주민등록등본

④ 신분증 사본

⑤ 인감도장

⑥ 인감증명서

▷ 모든 서류는 발행일로부터 3개월 이내의 것

법령 명칭 요약

- 상속세 및 증여세법: 상증법
- 상속세 및 증여세법 시행령: 상증령
- 상속세 및 증여세법 시행규칙: 상증칙

부동산의 무상이전과 증여세

제9장에서는 다음과 같은 내용을 살펴보기로 한다.

제1절 | 증여세의 개요 및 계산구조

1. 증여세의 개요

(1) 증여세의 개념

증여세란 증여자로부터 재산이나 이익을 무상 또는 현저히 낮은 대가로 증여받은 경우 그 재산이나 이익을 증여받은 자(수증자)가 부담하는 세금을 말한다. 여기서 증여란 그 행위 또는 거래의 명칭·형식·목적 등과 관계없이 직접 또는 간접적인 방법으로 타인에게 무상으로 유형·무형의 재산 또는 이익을 이전(현저히 낮은 대가를 받고 이전하는 경우를 포함한다)하거나 타인의 재산 가치를 증가시키는 것을 말한다. 다만, 유증, 사인증여, 유언대용신탁 및 수익자연속신탁은 제외한다(상증법 제2조 제6호).

(2) 증여세와 상속세의 관계

재산이 무상으로 이전되는 경우 관련된 세금은 증여세 이외에도 상속세가 있다. 증여세는 증여자가 생전에 재산을 무상으로 이전시키는 경우 그 재산을 취득한 수증자에게 부과하는 세금이며, 상속세는 피상속인의 사망으로 상속재산이 무상으로 이전되는 경우 그 재산을 취득한 상속인 등에게 부과되는 세금을 말한다.

증여세나 상속세는 재산이 무상으로 이전되는 것에 대해서 부과되는 세금이라는 공통점이 있으며, 세율은 동일한 초과누진세율이 적용된다. 우리나라 세법은 상속세와 증여세를「상속세 및 증여세법」에서 함께 규정하고 있다.

과세방법에서는 차이가 있다.

증여세는 수증자별로 자기가 증여받은 재산을 기준으로 세금을 계산한다.

상속세는 피상속인의 모든 상속재산을 합산하여 세금을 계산한다. 그리고 피상속인이 상속인에게 10년 이내(상속인 외의 자인 경우에는 5년 이내) 증여한 재산(사전증여재산)이 있는 경우에는 사전증여재산을 상속재산에 가산하여 상속세를 계산한다. 이 경우 증여세로 납부한 금액은 상속세계산 시 상속세액에서 차감한다. 따라서 사전증여재산이 상속재산에 다시 합산되지 않기 위해서는 미리 증여계획을 세워서 증여하여야 한다.

(3) 증여재산의 범위

증여재산이란 증여로 인하여 수증자에게 귀속되는 모든 재산 또는 이익을 말하며, 금전으로 환산할 수 있는 경제적 가치가 있는 모든 물건, 재산적 가치가 있는 법률상 또는 사실상의 모든 권리, 금전으로 환산할 수 있는 모든 경제적 이익을 포함한다(상증법 제2조 제7호). 증여세를 부과하는 증여재산의 주요 유형을 살펴보면 다음과 같다(상증법 제4조).

1) 무상으로 이전받는 재산 또는 이익
2) 현저히 낮은 대가나 높은 대가로 이전받는 재산 또는 이익

현저히 낮은 대가를 주고 재산 또는 이익을 이전받음으로써 발생하는 이익이나 현저히 높은 대가를 받고 재산 또는 이익을 이전함으로써 발생하는 이익에 대해서는 증여세를 부과한다. 다만, 특수관계인이 아닌 자 간의 거래인 경우에는 거래의 관행상 정당한 사유가 없는 경우로 한정한다.

3) 재산취득자금 등의 증여 추정
4) 부동산의 저가양수 또는 고가양도에 따른 이익의 증여
5) 금전 무상대출 등에 따른 이익의 증여
6) 명의신탁재산의 증여 의제
7) 증여자가 대신 납부하는 수증자의 증여세
8) 상속재산의 지분이 확정된 후 재협의분할로 상속지분이 변경된 상속재산

상속개시 후 상속재산에 대하여 등기·등록·명의개서 등으로 각 상속인의 상속분이 확정된 후, 그 상속재산에 대하여 공동상속인이 협의하여 분할한 결과 특정 상속인이 당초 상속분을 초과하

여 취득하게 되는 재산은 그 분할에 의하여 상속분이 감소한 상속인으로부터 증여받은 것으로 보아 증여세를 부과한다. 다만, 상속세 과세표준 신고기한까지 분할에 의하여 당초 상속분을 초과하여 취득한 경우 또는 당초 상속재산의 분할에 대하여 무효 또는 취소 등 일정한 사유가 있는 경우에는 증여세를 부과하지 아니한다.

(4) 증여재산의 반환과 과세 방법

수증자가 증여재산(금전은 제외한다)을 당사자 간의 합의에 따라 증여세 과세표준 신고기한까지 증여자에게 반환하는 경우(반환하기 전에 과세표준과 세액을 결정받은 경우는 제외한다)에는 처음부터 증여가 없었던 것으로 보며, 증여세 과세표준 신고기한이 지난 후 3개월 이내에 증여자에게 반환하거나 증여자에게 다시 증여하는 경우에는 그 반환하거나 다시 증여하는 것에 대해서는 증여세를 부과하지 아니한다(상증법 제4조 제4항).

[증여재산의 반환과 과세 방법]

구분	반환시기	당초증여	반환증여
금전	시기 불문	과세	과세
금전 외	증여일이 속하는 달의 말일로부터 3개월 이내(신고기한 내) 반환	과세 제외	과세 제외
	신고기한 경과 후 3개월 이내 반환	과세	과세 제외
	신고기한 경과 후 3개월 경과 반환	과세	과세

▷ 증여재산이 취득세 과세대상인 경우 취득세는 시기와 관계없이 당초증여와 반환 모두 과세된다.

금전의 경우에는 그 시기에 관계없이 당초증여 및 반환에 대해 모두 과세한다. 증여재산의 반환과 관련하여 현금을 증여한 후 3개월 이내에 그 현금을 돌려받은 것을 재증여로 보아 증여세를 과세한 판례가 있으므로 유의하여야 한다(판례 조심2014전-4866, 2014. 12. 4.).

2. 증여세 계산구조

증여세 계산구조에서 납부할 세액의 계산은 네 단계를 거치게 된다. 첫 번째 단계는 증여세 과세가액을 계산하는 단계다. 두 번째 단계에서 과세표준을 계산하고, 세 번째 단계에서 과세표준에 세율을 곱하여 산출세액을 계산한다. 마지막 단계에서 납부할 세액을 계산하여 신고·납부한다. 다음 절부터 각각의 단계와 관련된 세법의 내용에 대해 살펴보기로 한다.

[증여세 계산구조]

증여재산가액	·시가평가
(-) 비과세증여재산	·사회통념상 인정되는 치료비, 피부양자의 생활비, 교육비 등
(-) 부담부증여 시 인수한 채무액	·증여재산에 담보된 임대보증금, 금융기관 채무 등 인수한 금액
(+) 증여재산가산액 (사전증여재산)	·해당 증여일 전 동일인으로부터 10년 이내에 증여받은 재산 (증여자가 직계존속인 경우 그 배우자 포함)
(=) 증여세 과세가액	**·증여재산가액 - 비과세 등 - 채무인수액 + 사전증여재산**
(-) 증여재산공제	수증자가 다음의 증여자로부터 증여받는 경우(10년간 누적액) ·배우자 6억원 ·직계존속 5천만원(수증자가 미성년자인 경우 2천만원) 결혼이나 자녀 출생시 1억원 추가 ·직계비속 5천만원 ·기타 친족 1천만원
(-) 감정평가수수료	·500만원 한도
(=) 과세표준	**·증여세 과세가액 - 증여재산공제 - 감정평가수수료**
(×) 세율	·10%~50% 5단계초과누진세율
(=) 산출세액	**·과세표준 × 세율**
(+) 세대생략할증세액	·수증자가 증여자의 자녀가 아닌 직계비속이면 30% 할증 (미성년자가 20억원을 초과하여 증여받는 경우에는 40% 할증)
(-) 신고세액공제 등	·(산출세액 + 세대생략할증세액) × 3%
(=) 납부할 세액	**·산출세액 + 세대생략할증세액 - 신고세액공제 등**

제2절 │ 증여세 과세가액

증여세 계산의 목적지인 납부할 세액을 계산하기 위해 첫 번째 할 일은 증여세 과세가액을 확인하는 것이다. 증여세 과세가액은 증여재산가액에서 비과세 증여재산 및 부담부증여의 경우 인수한 채무액을 공제하고 10년 이내 사전증여재산가액을 가산하여 계산한다.

> 증여세 과세가액
> = 증여재산가액 - 비과세 등 - 부담부증여 시 인수하는 채무액 + 사전증여재산

아래에서는 증여세 과세가액을 계산하기 위한 구성 항목들에 대해 순서대로 살펴보기로 한다.

1. 증여재산가액

증여재산가액이란 증여재산의 가치에 상당하는 금액을 말한다(상증법 제31조). 재산 또는 이익을 무상으로 이전받은 경우에는 증여재산의 시가상당액으로 계산한다. 증여재산 시가상당액이란 증여재산의 평가액을 말한다. 이에 대한 내용은 뒤에서 구체적으로 설명하기로 한다.

재산 또는 이익을 현저히 낮은 대가를 주고 이전받거나 현저히 높은 대가를 받고 이전한 경우에는 시가와 대가의 차액을 증여재산가액으로 한다. 다만, 시가와 대가의 차액이 3억원 이상이거나 시가의 30% 이상인 경우로 한정한다.

「상속세 및 증여세법」에 별도의 규정이 있는 경우에는 해당 규정에 따라 증여재산가액을 계산한다.

2. 비과세되는 증여재산

다음 중 어느 하나에 해당하는 금액에 대해서는 증여세를 부과하지 아니한다(상증법 제46조, 상증령 제35조).

(1) 국가 또는 지방자치단체로부터 증여받은 재산의 가액

(2) 사회통념상 인정되는 이재구호금품·치료비·피부양자의 생활비·교육비, 기타 이와 유사한 것으로서 다음의 어느 하나에 해당하는 가액

　① 학자금 또는 장학금 기타 이와 유사한 금품

　② 기념품·축하금·부의금 기타 이와 유사한 금품으로서 통상 필요하다고 인정되는 금품

　③ 혼수용품으로서 통상 필요하다고 인정되는 금품

　④ 불우한 자를 돕기 위하여 언론기관을 통하여 증여한 금품

(3) 장애인을 수익자로 한 보험의 보험금으로서 연간 4천만원 이하의 보험금

| 참고 | **생활비·교육비·혼수용품· 결혼축하금과 증여**

○ 생활비·교육비

생활비 또는 교육비의 명목으로 받은 후 당해 재산을 예·적금하거나 주식, 토지, 주택 등의 매입자금 등으로 사용하는 경우에는 증여세가 과세된다(집행기준46-35-2).

이 경우 부양의무가 없는 조부가 손자의 생활비 또는 교육비를 부담한 경우는 비과세되는 증여재산에 해당하지 않는 것으로 조부가 손자를 부양할 의무가 있는지 여부는 부모의 부양능력 등 구체적인 사실을 확인하여 판단할 사항이다(예규 재산세과-292, 2011.6.17.).

○ 혼수용품

혼수용품은 일상생활에 필요한 가사용품에 한하며, 호화·사치용품이나 주택·차량 등은 포함되지 않는다(집행기준46-35-2).

○ 결혼축하금

결혼축하금은 혼사가 있을 때 일시에 많은 비용이 소요되는 혼주인 부모의 경제적 부담을 덜어주려는 목적에서 그들과 친분 관계에 있는 하객들이 부모에게 성의의 표시로 조건 없이 무상으로 건네는 금품을 가리킨다고 볼 수 있으므로, 그 중 결혼 당사자의 친분 관계에 기초하여 결혼 당사자에게 직접 건네진 것이라고 볼 부분을 제외한 나머지는 혼주인 부모에게 귀속된다고 보는 것이 알맞고, 혼주인 부모에게 귀속되는 금액을 결혼 당사자가 사용하였다면 결혼 당사자가 부모로부터 해당 금액을 증여받은 것이므로 증여세 과세대상에 해당된다(판례 조심2016서-1353, 2017.2.8.).

---

3. 부담부증여 시 인수한 채무

(1) 부담부증여의 개념 및 관련 세금

부담부증여란 증여재산에 담보된 증여자의 채무를 수증자가 인수한 경우를 말한다. 부담부증여에서 수증자가 인수한 채무는 증여재산의 가액에서 차감되며, 증여자는 채무액만큼 재산을 유상으로 양도한 것으로 본다. 따라서 인수한 채무상당액에 대해서는 양도소득세가 과세되고 증여재산가액에서 인수한 채무상당액을 차감한 금액에 대해서는 증여세가 과세된다.

[부담부증여 관련 세금]

구분	채무인수액	증여재산가액 - 채무인수액
거래유형	유상거래	무상거래
관련세금	양도소득세	증여세
납세의무자	증여자	수증자

부담부증여로 양도소득세가 과세되는 경우는 양도소득세 부분에서 이미 살펴보았으므로 여기에서는 증여재산가액에서 채무인수액을 차감한 무상거래에 대해서 수증자에게 과세되는 증여세에 대한 내용을 살펴보기로 한다.

(2) 공제되는 채무의 범위

증여재산가액에서 공제할 수 있는 채무란 해당 증여재산에 담보된 증여자의 채무(증여자가 해당 재산을 타인에게 임대한 경우의 해당 임대보증금 포함)로서 수증자가 인수한 채무를 말한다.

배우자 또는 직계존비속 간의 부담부증여에 대해서는 수증자가 증여자의 채무를 인수한 경우에도 그 채무액은 수증자에게 인수되지 아니한 것으로 추정한다. 다만, 그 채무액이 국가 및 지방자치단체에 대한 채무 등으로 객관적으로 인정되는 것인 경우에는 그러하지 아니하다(상증법 제47조, 상증령 제36조).

(3) 채무의 입증 방법

위에서 말하는 객관적으로 인정되는 채무란 다음 중 어느 하나의 서류로 입증되는 것을 말한다 (상증법 제10조).

1) 국가·지방자치단체 및 금융회사 등에 대한 채무는 해당 기관에 대한 채무임을 확인할 수 있는 서류
2) 위 외의 자에 대한 채무는 채무부담계약서, 채권자확인서, 담보설정 및 이자지급에 관한 증빙 등에 의하여 그 사실을 확인할 수 있는 서류

💡 생각정리 노트

위의 서류로 입증되는 채무를 수증자가 사실상 인수하고 수증자의 이자 및 원금 지급 사실이 확인되는 경우에는 증여계약서 등에 채무인수 약정이 없는 경우 또는 부담부증여 조건이 없는 경우에도 부담부증여가 성립할 것으로 판단된다. 하지만 증여계약서에 인수하는 채무액 등 부담부증여 조건을 기재하여 사실관계를 정확히 하는 것이 채무를 입증하기에 유리할 것으로 판단된다.

(4) 수증자의 채무 상환 능력

증여재산가액에서 공제되는 채무는 수증자가 인수한 채무이어야 한다. 이 말은 수증자가 채무를 인수한 후 이자를 납부하고 원금 또는 보증금을 수증자의 자금원천으로 상환할 능력이 있어야 한다는 것이다(판례 조심2018부-3058, 2019.7.3.).

(5) 인수한 채무의 사후관리

국세청에서는 증여재산에서 공제되는 채무가 있는 경우 전산시스템(NTIS)에 입력하여 사후관리를 하게 된다. 수증자가 인수한 채무에 대한 이자를 수증자가 납부하는지, 원금 또는 보증금을 수증자의 자금으로 상환하는지 여부 등을 사후관리 한다. 만약 수증자가 부담해야 할 이자나 원금 또는 보증금을 수증자외의 자가 대신 부담하거나 반환하는 경우에는 가공채무로 보아 공제를 부

인하고 추가적으로 증여세를 과세할 수 있다. 그러므로 수증자가 이자 및 원금, 보증금 등 공제된 채무를 상환하는 경우에는 금융거래내역과 상환자금의 출처에 대한 자료를 미리 준비하여 소명요청에 대비하여야 한다.

4. 증여재산가산액

해당 증여일 전 10년 이내에 동일인으로부터 받은 증여재산(사전증여재산)가액의 합계액이 1천만원 이상인 경우에는 그 가액을 증여세 과세가액에 합산하여 신고하여야 한다. 이 경우 동일인에는 증여자가 직계존속인 경우에는 그 직계존속의 배우자를 포함한다(상증법 제47조 제2항). 다만, 생부와 이혼한 생모로부터 증여받은 재산가액은 생부의 증여재산가액에 합산하지 않는다(예규 서면인터넷방문상담4팀-3535, 2007.12.11.).

부모와 조부모 또는 외조부모는 직계존속이라 하더라도 동일인에 해당되지 않는다(예규 서면4팀 -731, 2007.2.27.).

|참고| **사전증여가 상속세에 미치는 영향**

증여자가 사망한 경우 사전증여재산은 다음과 같이 상속세에 영향을 미치게 된다.

첫째, 사전증여재산은 상속재산에 가산될 수 있다
피상속인이 사전증여한 재산이 다음에 해당하는 경우에는 상속재산에 가산하여 상속세를 계산한다(상증법 제13조).
① 상속개시일 전 10년 이내에 피상속인이 상속인에게 증여한 재산가액
② 상속개시일 전 5년 이내에 피상속인이 상속인이 아닌 자에게 증여한 재산가액
따라서 사전증여재산이 상속재산에 합산되지 않기 위해서는 생전에 10년이나 5년의 장기 계획으로 증여를 고려하여야 한다.
둘째, 상속재산에 합산되는 사전증여재산은 증여당시의 가액으로 평가하여 합산된다
사전증여재산은 증여 당시의 시가로 평가하여 상속재산에 합산된다(상증법 제60조 제4항). 따라서 증여 후 재산가치가 상승할 것이 예상되는 재산의 경우 가능한 빠른 시기에 사전증여하는 것을 고려하여야 한다.
셋째, 사전증여재산으로 상속재산공제가 줄어들 수 있다
상속재산에 합산되는 사전증여재산 과세표준은 상속공제 한도 계산 시 차감되므로 상속공제 금액이 줄어들어 상속세가 증가할 수 있다.

이처럼 사전증여는 동일인으로부터 재차 증여를 받는 경우 합산될 뿐만 아니라 상속세에도 영향을 미쳐 상속세를 줄이는 효과와 더불어 증가시키는 효과가 있으므로 증여자의 연령이나 재산구성 등을 고려하여 증여계획을 세워야 한다.

지금까지 증여세의 납부할 세액을 계산하기 위한 첫 번째 단계인 증여세 과세가액을 계산하기 위해서 증여재산의 범위, 비과세되는 증여재산, 증여재산가액에서 공제하는 채무액 그리고 사전증여재산에 대해서 살펴보았다. 다음 단계는 증여세 과세표준을 계산하는 단계이다.

증여세 납부할 세액을 계산하기 위한 두 번째 단계는 과세표준을 계산하는 것이다. 증여세 과세표준은 증여세 과세가액에서 증여재산공제와 감정평가수수료를 차감하여 계산한다.

> 증여세 과세표준 = 증여세 과세가액 - 증여재산공제 - 감정평가수수료

아래에서는 증여세 과세가액에서 차감되는 증여재산공제를 일반적인 증여재산공제와 혼인·출산 시 증여재산공제로 나누어 살펴보고 증여자의 범위와 증여재산공제 방법을 추가로 살펴보기로 한다.

1. 일반적인 증여재산공제

거주자가 배우자, 직계존비속, 기타친족 중 어느 하나에 해당하는 사람으로부터 증여를 받은 경우에는 아래의 구분에 따른 금액을 증여세 과세가액에서 공제한다. 증여재산공제는 거주자에게 적용하는 것으로 수증자가 비거주자인 경우에는 적용하지 않는다.

증여를 받는 자(수증자)를 기준으로 그 증여를 받기 전 10년 이내에 공제받은 금액이 아래의 구분에 따른 금액을 초과하는 경우에는 그 초과하는 부분은 공제하지 않는다(상증법 제53조).

① 배우자로부터 증여를 받은 경우: 6억원

② 직계존속으로부터 증여를 받은 경우: 5천만원

　　다만, 미성년자가 직계존속으로부터 증여를 받은 경우에는 2천만원으로 한다.

③ 직계비속으로부터 증여를 받은 경우: 5천만원

④ 기타친족으로부터 증여를 받은 경우: 1천만원

▷ 기타친족: 6촌 이내의 혈족, 4촌 이내의 인척

2. 혼인 · 출산 시 증여재산공제

(1) 혼인증여재산공제

거주자가 직계존속으로부터 혼인일(「가족관계의 등록 등에 관한 법률」에 따른 혼인관계증명서상 신고일) 전후 2년 이내에 증여를 받는 경우에는 위의 일반적인 증여재산공제와 별개로 1억원을 증여세 과세가액에서 공제한다(상증법 제53조의2).

혼인증여재산공제를 받은 후 약혼자의 사망, 「민법」의 약혼해제 사유, 그 밖에 혼인할 수 없는 중대한 사유가 발생하여 해당 증여재산을 그 사유가 발생한 달의 말일부터 3개월 이내에 증여자에게 반환하는 경우에는 처음부터 증여가 없었던 것으로 본다.

또한 혼인 전에 혼인증여재산공제를 받은 거주자가 증여일부터 2년 이내에 혼인하지 아니한 경우로서 증여일부터 2년이 되는 날이 속하는 달의 말일부터 3개월이 되는 날까지 수정신고 또는 기한 후 신고를 한 경우에는 가산세의 전부 또는 일부를 부과하지 아니하되, 이자상당액을 증여세에 가산하여 부과한다.

그리고 증여재산공제를 받은 거주자가 혼인이 무효가 된 경우로서 혼인무효의 소에 대한 판결이 확정된 날이 속하는 달의 말일부터 3개월이 되는 날까지 수정신고 또는 기한 후 신고를 한 경우에는 가산세의 전부 또는 일부를 부과하지 아니하되, 이자상당액을 증여세에 가산하여 부과한다.

(2) 출산증여재산공제

거주자가 직계존속으로부터 자녀의 출생일(「가족관계의 등록 등에 관한 법률」에 따른 출생신고서상 출생일) 또는 입양일(「가족관계의 등록 등에 관한 법률」에 따른 입양신고일)부터 2년 이내에 증여를 받는 경우에는 결혼증여재산공제 및 일반적인 증여재산공제(5,000만원, 미성년자는 2,000만원)공제와 별개로 1억원을 증여세 과세가액에서 공제한다. 이 경우 출산증여재산공제로서 증여세 과세가액에서 공제받을 금액과 수증자가 이미 혼인증여재산공제에 따라 공제받은 금액을 합한 금액이 1억원을 초과하는 경우에는 그 초과하는 부분은 공제하지 아니한다.

(3) 공제한도

혼인증여재산공제와 출산증여재산공제로 증여세 과세가액에서 공제받았거나 받을 금액을 합한 금액이 1억원을 초과하는 경우에는 그 초과하는 부분은 공제하지 아니한다.

3. 증여자의 범위

(1) 배우자

증여재산공제 대상이 되는 배우자는 민법의 혼인으로 인정되는 혼인관계에 있는 자를 말한다. 즉, 법률혼을 기준으로 공제대상자를 판정한다.

(2) 직계존비속

직계존비속은「민법」에 의한 수증자의 직계존속과 직계비속인 혈족으로서 직계존속은 부모, 조부모 및 외조부모를 말한다. 계부·계모와 자식 간의 증여 시에도 직계존비속으로 보아 기타친족이 아닌 직계존비속 공제액이 적용된다.

(3) 기타친족

기타친족은 배우자 및 직계존비속을 제외하고 수증자를 기준으로 6촌 이내의 혈족, 4촌 이내의 친족을 말한다. 예를 들어 며느리가 시아버지로부터 증여받은 경우 또는 사위가 장인이나 장모로부터 증여받은 경우에도 기타친족으로 보아 1천만원을 공제한다.

4. 증여재산공제 방법

(1) 동일인으로부터 증여받은 경우

증여재산공제는 수증자를 기준으로 배우자, 직계존속, 직계비속, 기타친족의 그룹별로 적용한다. 이처럼 구분된 그룹 내의 증여자를 동일인이라 한다. 예를 들어 직계비속이 부모와 조부모 또는 외조부모로부터 증여받은 경우 부모와 조부모 또는 외조부모는 직계존속 그룹에 해당함으로 이들은 동일인에 해당한다.

증여재산공제는 수증자를 기준으로 증여를 받기 전 10년 이내에 공제받은 금액과 해당 증여가액에서 공제받을 금액을 합친 금액이 그룹별 공제한도액을 초과하는 경우 초과하는 부분은 공제하지 않는다. 즉, 동일인 그룹으로부터 증여받는 경우 10년 이내 공제 금액을 합산하여 증여재산공제 한도를 적용한다. 다만, 혼인증여재산공제 또는 출산증여재산공제는 이에 해당하지 않는다.

(2) 둘 이상의 증여를 받은 경우

1) 증여시기가 다른 경우
둘 이상의 증여가 그 증여시기를 달리하는 경우 증여재산공제는 둘 이상의 증여 중 최초의 증여세 과세가액에서부터 순차로 공제한다.

2) 동시에 증여받은 경우
둘 이상의 증여가 동시에 있는 경우에는 각각의 증여세 과세가액에 대하여 안분하여 공제한다. 예를 들어 미성년자가 아닌 갑이 2024.3.10. 아버지로부터 9천만원, 어머니로부터 4천만원, 할아버지로부터 7천만원을 동시에 증여받은 경우 증여재산공제액은 다음과 같다.

구분	부·모	할아버지
증여재산 공제액	50,000,000 × [130,000,000 ÷ (130,000,000 + 70,000,000)] = 32,500,000	50,000,000 - 32,500,000 = 17,500,000

증여재산공제를 적용할 때 부·모와 할아버지는 직계존속으로서 동일인 그룹으로 본다. 따라서 둘 이상의 증여가 동시에 있는 경우이므로 증여재산공제 금액을 부·모의 증여세 과세가액과 할아버지의 증여세 과세가액 비율로 안분하여 공제한다.

하지만 증여자가 동일인이라 하더라도 수증자가 다른 경우 수증자별로 증여재산공제 금액을 각각 적용한다. 예를 들어 아버지가 자녀인 갑, 을, 병에게 동시에 5천만원씩 증여한 경우 증여재산공제액은 수증자별로 계산하므로 자녀 갑, 을, 병 모두 5천만원씩 각각 공제 가능하다.

지금까지 증여세의 납부할 세액을 계산하기 위해서 증여세 과세가액에서 공제하는 증여재산공제에 대한 내용을 살펴보았다. 증여세 과세가액에서 증여재산공제액을 차감하고 감정평가수수료를 공제하면 증여세 과세표준을 구할 수 있다. 감정평가수수료는 지출금액을 공제하되 한도는 5백만원으로 한다. 이렇게 구한 증여세 과세표준에 세율을 적용하면 산출세액을 계산할 수 있다. 다음 절에서는 과세표준에 적용되는 세율 및 증여세의 신고·납부 등에 대해서 알아보기로 한다.

제4절 │ 세율 및 신고·납부

　증여세의 납부할 세액은 과세표준에 세율을 곱하여 구한 산출세액에 세대생략할증세액을 가산하고 신고세액공제 등을 차감하여 계산한다.

　　　납부할 세액 = 증여세 과세표준 × 세율 + 세대생략할증세액 - 신고세액공제 등

1. 세율

　증여세 산출세액은 증여세 과세표준에 다음의 세율을 적용하여 계산한 금액으로 한다(상증법 제26조). 아래의 세율은 상속세 과세표준에도 동일하게 적용된다.

[증여세 및 상속세 세율]

과세표준	세율	누진공제
1억원 이하	10%	
1억원 초과　5억원 이하	20%	10,000,000
5억원 초과　10억원 이하	30%	60,000,000
10억원 초과　30억원 이하	40%	160,000,000
30억원 초과	50%	460,000,000

2. 세대생략할증세액

　수증자가 증여자의 자녀가 아닌 직계비속인 경우에는 증여세 산출세액에 30%(수증자가 증여자의 자녀가 아닌 직계비속이면서 미성년자인 경우로서 증여재산가액이 20억원을 초과하는 경우에는 40%)에 상당하는 금액을 가산한다. 다만, 증여자의 최근친最近親인 직계비속이 사망하여 그 사망자의 최근친인 직계비속이 증여받은 경우에는 할증세액을 가산하지 않는다(상증법 제57조). 예

를 들어 아버지가 있는 손자나 손녀가 할아버지로부터 증여받는 경우에는 세대생략할증세액을 가산하지만 아버지가 사망한 경우에는 할아버지로부터 증여받는다 하더라도 할증세액을 가산하지 않는다.

3. 신고세액공제

증여세 과세표준을 신고기한 내에 신고한 경우에는 증여세 산출세액의 3%에 상당하는 금액을 공제한다. 공제대상 증여세 산출세액은 세대생략할증세액을 포함한 금액으로 한다(상증법 제69조 제2항).

4. 증여세의 신고 · 납부

(1) 신고 · 납부기한

증여세 납부의무가 있는 자는 증여받은 날이 속하는 달의 말일부터 3개월 이내에 납세지 관할 세무서장에게 신고 · 납부하여야 한다.

(2) 분납

증여세로 납부할 금액이 1천만원을 초과하는 경우에는 납부할 금액의 일부를 납부기한이 지난 후 2개월 이내에 분할납부할 수 있다. 연부연납을 허가받은 경우에는 분납할 수 없다(상증법 제70조).

(3) 연부연납

납세지 관할 세무서장은 증여세 납부세액이 2천만원을 초과하는 경우에는 납세의무자의 신청을 받아 연부연납을 허가할 수 있다. 연부연납의 기간은 연부연납 허가일부터 5년의 범위에서 해당 납세의무자가 신청한 기간으로 한다. 따라서 신고 · 납부기한의 납부분을 포함하면 6회로 나누어 납부할 수 있다. 다만, 각 회분의 분할납부 세액이 1천만원을 초과하도록 연부연납기간을 정하여야 한다(상증법 제71조).

$$연부연납\ 금액 = 연부연납\ 대상금액 \div (연부연납기간 + 1)$$

연부연납을 신청하는 경우 납세의무자는 납세담보를 제공하여야 하며 각 회분의 분할납부세액에 3.5%의 가산율을 곱한 연부연납가산금을 가산하여 납부하여야 한다.

5. 가산세

(1) 무신고가산세

무신고납부세액 × 20%(부당무신고는 40%)

(2) 과소신고가산세

과소신고납부세액 × 10%(부당과소신고는 40%)

(3) 납부지연가산세

납부하지 아니한 세액 또는 과소납부분 세액 × 법정납부기한의 다음 날부터 납부일까지의 기간 × 0.022%

6. 과세관청의 법정결정기한

증여세는 납세의무자가 신고하는 때 납세의무가 확정되는 세금이 아니라 과세관청에서 조사하여 결정하는 때 납세의무가 확정된다. 과세관청은 증여세 과세표준 신고기한부터 6개월 이내에 과세표준과 세액을 결정하여야 한다.

◇　◇　◇

　지금까지 증여세의 납부할 세액을 어떻게 계산하고 증여세는 언제까지 신고·납부하는지에 대한 내용을 살펴보았다. 다음 절부터는 증여재산의 유형 중 부동산 취득자금 등의 증여 추정, 금전 무상대출 등에 따른 이익의 증여와 가족 간 차입거래, 가족 간 부동산거래 시 발생하는 저가양수에 따른 이익의 증여에 대한 내용을 살펴보고 마지막으로 증여재산의 평가방법에 대해 다루기로 한다.

제5절 | 재산취득자금 등의 증여 추정

부동산 등 재산의 취득 또는 채무상환과 관련된 자금을 어떻게 조달하는지에 따라 증여세 과세 문제가 나타날 수 있다. 예를 들어 부동산의 취득자금을 취득자의 자기자금을 재원으로 하는 것이 아니라 배우자나 직계존비속으로부터 증여를 받는 경우 또는 배우자나 직계존비속으로부터 차입 하는 경우가 있을 수 있다. 이번 절에서 이와 관련된 재산취득자금 및 채무상환자금의 증여 추정 규정을 살펴보고 다음 절에서 가족간 차입거래와 증여에 대한 내용을 살펴보기로 한다.

1. 증여 추정의 범위

재산취득자의 직업, 연령, 소득 및 재산 상태 등으로 볼 때 재산을 자력으로 취득하였다고 인정 하기 어려운 경우 또는 채무를 자력으로 상환하였다고 인정하기 어려운 경우에는 그 재산을 취득 한 때 또는 채무를 상환한 때에 그 재산의 취득자금 또는 상환자금을 그 재산취득자 또는 채무자 가 증여받은 것으로 추정하여 이를 그 재산취득자 또는 채무자의 증여재산가액으로 한다. 재산취 득자금 등의 증여 추정 규정은 재산취득 또는 채무상환이 있을 때마다 그 해당 여부를 판단한다.

2. 입증책임

재산의 취득자금 또는 채무상환자금을 그 재산취득자 또는 채무자가 증여받은 것으로 추정하는 경우 이러한 추정을 번복하기 위해서는 증여받은 것으로 추정되는 납세자가 당해 재산의 취득자 금 또는 채무상환자금의 출처를 밝혀야 할 입증책임이 있다(판례 조심2021서-1104, 2021. 5. 20.).

3. 자금출처로 인정되기 위한 자금의 원천

재산취득자금 및 채무상환자금이 증여 추정에서 제외되기 위해서 자금출처를 입증해야 하는 경우, 그 원천에는 어떤 종류가 있는지 살펴보면 다음과 같다(상증령 제34조 제1항).

① 신고하였거나 과세(비과세 또는 감면받은 경우를 포함한다)받은 소득금액
② 신고하였거나 과세받은 상속 또는 수증재산의 가액
③ 재산을 처분한 대가로 받은 금전이나 부채를 부담하고 받은 금전으로 당해 재산의 취득 또는 당해 채무의 상환에 직접 사용한 금액

그 외 자금출처로 인정되는 사례를 살펴보면 다음과 같다(기본통칙 45-34…1).

① 본인 소유재산의 처분사실이 증빙에 따라 확인되는 경우 그 처분금액에서 양도소득세 등 공과금 상당액을 뺀 금액
② 기타 신고하였거나 과세받은 소득금액은 그 소득에 대한 소득세 등 공과금 상당액을 뺀 금액
③ 농지경작소득
④ 재산취득일 이전에 차용한 부채로서 입증된 금액. 다만, 원칙적으로 배우자 및 직계존비속 간의 소비대차(차입거래)는 인정하지 아니한다.
⑤ 재산취득일 이전에 자기재산의 대여로서 받은 전세금 및 보증금
⑥ ① 내지 ⑤ 이외의 경우로서 자금출처가 명백하게 확인되는 금액

4. 증여 추정의 배제

재산취득자금 또는 채무상환금액의 증여 추정 규정은 취득자금 또는 상환자금의 출처에 관한 충분한 소명이 있는 경우와 취득자금 또는 상환자금이 직업, 연령, 소득, 재산 상태 등을 고려하여 자금출처 증여 추정 배제 기준금액 이하인 경우에는 적용하지 않는다(상증법 제45조). 다만, 재산 취득자금 또는 채무상환금액이 타인으로부터 증여받은 사실이 확인될 경우에는 증여세 과세대상 이 된다.

(1) 자금의 출처에 관한 충분한 소명이 있는 경우

재산취득자금 또는 채무상환자금이 재산취득자나 채무상환자의 자기자금으로 취득하거나 상환하였다는 것을 충분히 소명하는 경우에는 증여 추정이 배제된다. 재산취득자금 또는 채무상환자금이 충분히 소명된 경우란 입증되지 아니하는 금액이 취득재산의 가액 또는 채무상환금액의 20%에 상당하는 금액과 2억원 중 적은 금액에 미달하는 경우를 말한다.

증여 추정 배제요건: 입증하지 못한 금액 < Min(① 재산취득가액 × 20% ② 2억원)

충분히 소명하지 못한 경우, 즉 입증되지 아니하는 금액이 취득재산의 가액 또는 채무상환금액의 20%에 상당하는 금액과 2억원 중 적은 금액 이상인 경우에는 입증하지 못한 금액을 증여재산가액으로 한다.

증여 추정 제외 요건과 증여 추정 재산가액에 대한 사례를 살펴보면 다음과 같다.

재산취득자금 (채무상환)	입증 금액	미입증금액 vs 증여 추정 제외 요건	증여 추정여부
8억원	7억원	1억원 < Min(8억 × 20%, 2억원) = 1.6억원	제외
9억원	6.5억원	2.5억원 > Min(9억 × 20%, 2억원) = 1.8억원	2.5억원
15억원	13.5억원	1.5억원 < Min(15억 × 20%, 2억원) = 2억원	제외
19억원	16.5억원	2.5억원 > Min(19억 × 20%, 2억원) = 2억원	2.5억원

위에서 살펴본 세법의 내용을 다르게 표현하면 부동산 취득자금이 10억원 미만이면 취득자금의 80% 초과금액을 입증하는 경우 증여 추정이 배제되고, 부동산 취득자금이 10억원 이상이면 취득자금에서 2억원을 차감한 금액을 초과하는 금액을 입증하는 경우 증여 추정이 배제된다는 것이다.

(2) 자금출처 증여 추정 배제 기준금액 이하인 경우

재산취득자금의 재산취득일 전 또는 채무상환자금의 채무 상환일 전 10년 이내에 해당 재산취득자금 또는 채무상환자금의 합계액이 5천만원 이상으로서 연령·직업·재산상태·사회경제적

지위 등을 고려하여 재산취득일 전 또는 채무 상환일 전 10년 이내에 주택과 기타재산의 취득가액 및 채무상환금액이 각각 아래 기준에 미달하고, 주택취득자금, 기타재산취득자금 및 채무상환자금의 합계액이 총액한도 기준에 미달하는 경우에는 자금출처 증여 추정을 적용하지 않는다. 다만, 아래 금액과 관계없이 재산취득자금 또는 채무상환금액이 타인으로부터 증여받은 사실이 확인될 경우에는 증여세 과세대상이 된다(상증령 제34조 제2항, 상증법 사무처리규정 제42조).

[증여 추정 배제 기준금액]

구분	취득재산		채무상환	총액한도
	주택	기타재산		
30세 미만	5천만원	5천만원	5천만원	1억원
30세 이상	1억 5천만원	5천만원	5천만원	2억원
40세 이상	3억원	1억원	5천만원	4억원

[별첨] 주택취득자금조달 및 입주계획서

재산취득자금의 출처와 관련하여 실무에서 검토하여야 할 것이 주택을 취득하는 경우 지방자치단체에 제출하는 주택취득자금조달 및 입주계획서(주택취득자금조달계획서)라 할 수 있다. 제출한 주택취득자금조달계획서는 국세청 등 관계기관에 통보되어 신고내역 조사 및 관련 세법에 따른 조사 시 참고 자료로 활용되기 때문이다.

1. 제출 대상

주택취득자금조달계획서 제출 대상은 개인의 경우 규제지역(투기과열지구·조정대상지역)에서 거래하는 주택은 모두 제출 대상이며, 비규제지역은 6억원 이상 주택 거래인 경우 제출 대상이다. 규제지역인 경우 자금조달 증빙서류를 함께 제출해야 한다. 비규제지역인 경우 주택취득자금조달계획서만 제출하면 된다. 조합원입주권이나 분양권의 공급계약이나 전매계약도 제출 대상에 해당한다. 매수인이 여러 명일 경우에는 인별로 작성해야 한다. 오피스텔은 제출 대상이 아니다. 법인이 매수한 주택의 경우에는 지역이나 금액에 불구하고 모든 주택에 대해 제출하여야 한다.

2. 제출시기

주택취득자금조달계획서는 거래계약 체결일로부터 30일 이내에 부동산거래신고서와 함께 지방자치단체에 제출하여야 한다. 부동산거래신고서와 주택취득자금조달계획서가 모두 제출되어야 소유권이전등기 신청 시 필요한 부동산거래신고필증이 발급된다.

3. 서식 및 작성방법

주택취득자금조달계획서의 서식 및 작성방법은 아래에 수록한 부동산 거래신고 등에 관한 법률 시행규칙 별지 제1호의3 서식을 참고하면 될 것으로 보인다.

주택취득자금조달계획서의 자기자금 ④란에 증여·상속 항목이 있으며 증여하는 자와 증여받는 자의 관계를 기재하게 되어 있고, 차입금 등 ⑪란에 그 밖의 차입금 항목이 있어 자금을 빌려주는 자와 차용하는 자의 관계를 기재하게 되어 있다. 따라서 주택의 취득 및 주택취득자금조달계획서 작성 시 재산취득자금 출처에 대한 증여 추정 및 가족 간 차입거래 등과 관련된 증여세에 유의하여야 한다.

■ 부동산 거래신고 등에 관한 법률 시행규칙 [별지 제1호의3서식] <개정 2022. 2. 28.> 부동산거래관리시스템(rtms.molit.go.kr)에 서도 신청할 수 있습니다.

주택취득자금 조달 및 입주계획서

※ 색상이 어두운 난은 신청인이 적지 않으며, [ ]에는 해당되는 곳에 √표시를 합니다. (앞쪽)

접수번호		접수일시		처리기간	
제출인 (매수인)	성명(법인명)		주민등록번호(법인 · 외국인등록번호)		
	주소(법인소재지)		(휴대)전화번호		

① 자금 조달계획	자기 자금	② 금융기관 예금액 원		③ 주식 · 채권 매각대금 원	
		④ 증여 · 상속 원		⑤ 현금 등 그 밖의 자금 원	
		[ ] 부부 [ ] 직계존비속(관계:) [ ] 그 밖의 관계( )		[ ] 보유 현금 [ ] 그 밖의 자산(종류:)	
		⑥ 부동산 처분대금 등 원		⑦ 소계 원	
	차입금 등	⑧ 금융기관 대출액 합계	주택담보대출		원
			신용대출		원
		원	그 밖의 대출	(대출 종류:)	원
		기존 주택 보유 여부 (주택담보대출이 있는 경우만 기재) [ ] 미보유 [ ] 보유 (건)			
		⑨ 임대보증금 원		⑩ 회사지원금 · 사채 원	
		⑪ 그 밖의 차입금 원		⑫ 소계	
		[ ] 부부 [ ] 직계존비속(관계:) [ ] 그 밖의 관계( )		원	
	⑬ 합계			원	

⑭ 조달자금 지급방식	총 거래금액	원
	⑮ 계좌이체 금액	원
	⑯ 보증금 · 대출 승계 금액	원
	⑰ 현금 및 그 밖의 지급방식 금액	원
	지급 사유 ( )	

⑱ 입주 계획	[ ] 본인입주 [ ] 본인 외 가족입주 (입주 예정 시기: 년 월)	[ ] 임대 (전 · 월세)	[ ] 그 밖의 경우 (재건축 등)

「부동산 거래신고 등에 관한 법률 시행령」 별표 1 제2호나목, 같은 표 제3호가목 전단, 같은 호 나목 및 같은 법 시행규칙 제2조제6항·제7항·제9항·제10항에 따라 위와 같이 주택취득자금 조달 및 입주계획서를 제출합니다.

년   월   일

제출인   (서명 또는 인)

시장 · 군수 · 구청장 귀하

유의사항

1. 제출하신 주택취득자금 조달 및 입주계획서는 국세청 등 관계기관에 통보되어, 신고내역 조사 및 관련 세법에 따른 조사 시 참고 자료로 활용됩니다.
2. 주택취득자금 조달 및 입주계획서(첨부서류 제출대상인 경우 첨부서류를 포함합니다)를 계약체결일부터 30일 이내에 제출하지 않거나 거짓으로 작성하는 경우 「부동산 거래신고 등에 관한 법률」 제28조제2항 또는 제3항에 따라 과태료가 부과되오니 유의하시기 바랍니다.
3. 이 서식은 부동산거래계약 신고서 접수 전에는 제출이 불가하오니 별도 제출하는 경우에는 미리 부동산거래계약 신고서의 제출여부를 신고서 제출자 또는 신고관청에 확인하시기 바랍니다.

210mm×297mm[백상지(80g/㎡) 또는 중질지(80g/㎡)]

첨부서류	투기과열지구에 소재하는 주택의 거래계약을 체결한 경우에는 다음 각 호의 구분에 따른 서류를 첨부해야 합니다. 이 경우 주택취금자금 조달 및 입주계획서의 제출일을 기준으로 주택취득에 필요한 자금의 대출이 실행되지 않았거나 본인 소유 부동산의 매매계약이 체결되지 않은 경우 등 항목별 금액 증명이 어려운 경우에는 그 사유서를 첨부해야 합니다. 1. 금융기관 예금액 항목을 적은 경우: 예금잔액증명서 등 예금 금액을 증명할 수 있는 서류 2. 주식·채권 매각대금 항목을 적은 경우: 주식거래내역서 또는 예금잔액증명서 등 주식·채권 매각 금액을 증명할 수 있는 서류 3. 증여·상속 항목을 적은 경우: 증여세·상속세 신고서 또는 납세증명서 등 증여 또는 상속받은 금액을 증명할 수 있는 서류 4. 현금 등 그 밖의 자금 항목을 적은 경우: 소득금액증명원 또는 근로소득 원천징수영수증 등 소득을 증명할 수 있는 서류 5. 부동산 처분대금 등 항목을 적은 경우: 부동산 매매계약서 또는 부동산 임대차계약서 등 부동산 처분 등에 따른 금액을 증명할 수 있는 서류 6. 금융기관 대출액 합계 항목을 적은 경우: 금융거래확인서, 부채증명서 또는 금융기관 대출신청서 등 금융기관으로부터 대출받은 금액을 증명할 수 있는 서류 7. 임대보증금 항목을 적은 경우: 부동산 임대차계약서 8. 회사지원금·사채 또는 그 밖의 차입금 항목을 적은 경우: 금전을 빌린 사실과 그 금액을 확인할 수 있는 서류

작성방법

1. ① "자금조달계획"에는 해당 주택의 취득에 필요한 자금의 조달계획(부동산 거래신고를 하기 전에 부동산 거래대금이 모두 지급된 경우에는 조달방법)을 적고, 매수인이 다수인 경우 각 매수인별로 작성해야 하며, 각 매수인별 금액을 합산한 총 금액과 거래신고된 주택거래금액이 일치해야 합니다.
2. ② ~ ⑥에는 자기자금을 종류별로 구분하여 중복되지 않게 적습니다.
3. ② "금융기관 예금액"에는 금융기관에 예치되어 있는 본인명의의 예금(적금 등)을 통해 조달하려는 자금을 적습니다.
4. ③ "주식·채권 매각대금"에는 본인 명의 주식·채권 및 각종 유가증권 매각 등을 통해 조달하려는 자금을 적습니다.
5. ④ "증여·상속"에는 가족 등으로부터 증여 받거나 상속받아 조달하는 자금을 적고, 자금을 제공한 자와의 관계를 해당 난에 √표시를 하며, 부부 외의 경우 해당 관계를 적습니다.
6. ⑤ "현금 등 그 밖의 자금"에는 현금으로 보유하고 있는 자금 및 자기자금 중 다른 항목에 포함되지 않는 그 밖의 본인 자산을 통해 조달하려는 자금(금융기관 예금액 외의 각종 금융상품 및 간접투자상품을 통해 조달하려는 자금 포함)을 적고, 해당 자금이 보유하고 있는 현금일 경우 "보유 현금"에 √표시를 하고, 현금이 아닌 경우 "그 밖의 자산"에 √표시를 하고 자산의 종류를 적습니다.
7. ⑥ "부동산 처분대금 등"에는 본인 소유 부동산의 매도, 기존 임대보증금 회수 등을 통해 조달하려는 자금 또는 재건축, 재개발시 발생한 종전 부동산 권리가액 등을 적습니다.
8. ⑦ "소계"에는 ② ~ ⑥의 합계액을 적습니다.
9. ⑧ ~ ⑪에는 자기자금을 제외한 차입금 등을 종류별로 구분하여 중복되지 않게 적습니다.
10. ⑧ "금융기관 대출액 합계"에는 금융기관으로부터 대출을 통해 조달하려는 자금 또는 매도인의 대출금 승계 자금을 적고, 주택담보대출·신용대출인 경우 각 해당 난에 대출액을 적으며, 그 밖의 대출인 경우 대출액 및 대출 종류를 적습니다. 또한 주택담보 대출액이 있는 경우 "기존 주택 보유 여부"의 해당 난에 √표시를 합니다. 이 경우 기존 주택은 신고하려는 거래계약 대상인 주택은 제외하고, 주택을 취득할 수 있는 권리와 주택을 지분으로 보유하고 있는 경우는 포함하며,"기존 주택 보유 여부" 중 "보유"에 √표시를 한 경우에는 기존 주택 보유 수(지분으로 보유하고 있는 경우에는 각 건별로 계산합니다)를 적습니다.
11. ⑨ "임대보증금"에는 취득 주택의 신규 임대차 계약 또는 매도인으로부터 승계한 임대차 계약의 임대보증금 등 임대를 통해 조달하는 자금을 적습니다.
12. ⑩ "회사지원금·사채"에는 금융기관 외의 법인, 개인사업자로부터 차입을 통해 조달하려는 자금을 적습니다.
13. ⑪ "그 밖의 차입금"에는 ⑧ ~ ⑩에 포함되지 않는 차입금 등을 적고, 자금을 제공한 자와의 관계를 해당 난에 √표시를 하고 부부 외의 경우 해당 관계를 적습니다.
14. ⑫에는 ⑧ ~ ⑪의 합계액을, ⑬에는 ⑦과 ⑫의 합계액을 적습니다.
15. ⑭ "조달자금 지급방식"에는 조달한 자금을 매도인에게 지급하는 방식 등을 각 항목별로 적습니다.
16. ⑮ "계좌이체 금액"에는 금융기관 계좌이체로 지급했거나 지급 예정인 금액 등 금융기관을 통해서 자금지급 확인이 가능한 금액을 적습니다.
17. ⑯ "보증금·대출 승계 금액"에는 종전 임대차계약 보증금 또는 대출금 승계 등 매도인으로부터 승계했거나 승계 예정인 자금의 금액을 적습니다.
18. ⑰ "현금 및 그 밖의 지급방식 금액"에는 ⑮, ⑯ 외의 방식으로 지급했거나 지급 예정인 금액을 적고 계좌 이체가 아닌 현금(수표) 등의 방식으로 지급하는 구체적인 사유를 적습니다.
19. ⑱ "입주 계획"에는 해당 주택의 거래계약을 체결한 이후 첫 번째 입주자 기준(다세대, 다가구 등 2세대 이상인 경우에는 해당 항목별 중복하여 적습니다)으로 적으며, "본인입주"란 매수자 및 주민등록상 동일 세대원이 함께 입주하는 경우를, "본인 외 가족입주"란 매수자와 주민등록상 세대가 분리된 가족이 입주하는 경우를 말하며, 이 경우에는 입주 예정 시기 연월을 적습니다. 또한 재건축 추진 또는 멸실 후 신축 등 해당 주택에 입주 또는 임대하지 않는 경우 등에는 "그 밖의 경우"에 √표시를 합니다.

제6절 | 가족 간 차입거래와 증여

1. 가족 간 차입거래

앞에서 살펴본 자금출처로 인정되기 위한 자금 원천 내용의 상속세 및 증여세법 기본통칙 45-34…1에서 배우자 및 직계존비속 간의 소비대차(차입거래)는 원칙적으로 인정하지 않는다는 것을 알 수 있었다.

이와 관련된 판례에서도 취득자가 재산을 자력으로 취득하였다고 인정하기 어려운 때에 증여사실을 추정하고 원칙적으로 긴밀한 친족관계에 있는 당사자들은 조세부담의 회피라는 공통된 이해관계하에서 외형적인 형식만을 임의로 만들어 낼 우려가 있기 때문에 배우자 및 직계존비속 사이에 소비대차관계를 입증하는 듯한 문서가 작성되었다고 하더라도 그러한 문서의 존재 외에 그 내용이 진실하다는 점이 객관적인 자료를 통하여 추가적으로 입증될 필요가 있다고 보고 있다.

또한 외형적으로 직계존비속 간의 금전소비대차계약이 존재한다는 이유로 이를 인정하게 된다면 증여세를 회피하기 위해 악용할 여지가 상당하므로 원칙적으로 자금출처 인정에 있어 배우자 및 직계존비속 간의 금전소비대차계약은 특별한 사정이 있지 아니하는 한 이를 인정하기 어렵다고 판단하고 있다(판례 서울고법2020누-55178, 2021. 4. 21., 조심2021서-6614, 2022. 6. 22.).

과세관청에서 배우자 및 직계존비속 간의 차입(금전소비대차)거래에 대해 소명을 요구하는 경우가 있다. 이때 납세자는 증여거래가 아니라 차입거래라는 것을 입증하여야 한다. 차입거래로 인정받지 못하는 경우 원금 전체에 대해 증여세가 과세될 수 있다.

가족 간의 자금거래가 증여가 아니라 차입거래라는 것을 주장하기 위해서는 어떤 자료로 입증해야 하는지 예규 및 판례를 통하여 살펴보기로 한다.

(1) 예규를 통해서 살펴보는 가족 간 차입거래

가족 간에 자금거래를 하는 경우 금전소비대차계약(차용증)을 체결하지 않으면 해당 거래가 차입거래라는 것을 입증하기가 쉽지 않다. 그러면 차용증을 작성하면 항상 차입거래로 인정하는 것일까? 예를 들어 부모와 자식 간에 아래와 같은 금전소비대차계약(차용증)을 체결하고자 한다.

〈금전소비대차 계약〉

· 계약종류: 금전대차계약 공정증서
· 대출금액: 7억원
· 대출기간: 360개월(30년)
· 대출금리: 3%(시중 대출금리)
· 상환주기: 1개월
· 상환방법: 원리금균등상환
· 총이자: 315,875,000원
· 월평균상환금: 2,821,875원 = 1,944,444원(납입원금) + 877,431(월평균이자액)

위 조건으로 공증을 통한 계약과 상환내역이 존재한다면, 부모 자식 간 금전거래를 증여로 간주하지 않는 것일까? 이와 관련된 예규를 살펴보면 배우자 또는 직계존비속 간의 금전거래가 금전소비대차 또는 증여에 해당되는지 여부는 당사자 간 계약, 이자지급사실, 차입 및 상환 내역, 자금출처 및 사용처 등 당해 자금거래의 구체적인 사실을 종합하여 판단할 사항이라고 해석하고 있다(예규 서면2016상속증여-4496, 2016. 7. 26.).

(2) 판례를 통해서 살펴보는 가족 간 차입거래

1) 차입거래로 인정하지 않은 사례

가족 간 차입거래를 인정하지 않은 판례의 사실관계 중 차용증의 내용을 살펴보면 원금의 경우 차용일부터 10년이 지난 시점부터 15년간 변제하기로 되어 있고, 이자는 10년간 지급하기로 한 것으로 나타나는데, 이는 사인 간의 통상적인 금전소비대차거래와 비교하여 원금상환이나 이자지급의 시기 및 방법에 있어 차이가 있다. 또한 차용인의 소득 현황을 보면 소비지출 금액이 소득금액보다 더 큰 것으로 나타나고 있다. 따라서 이와 관련된 판례에서는 아파트 취득 당시 차용인의 소득 정도나 다른 재산 상황에 비추어 아파트를 자기 자금으로 취득하기는 어려웠다고 판단하고 있다(판례 조심2021중-2986, 2021. 10. 13., 조심2021서-6614, 2022. 6. 22.).

2) 차입거래로 인정한 사례

가족 간 차입거래를 인정한 판례의 사실관계 중 차용증, 원리금 상환 내역 등을 살펴보면 대여인으로부터 차용하기로 약정하면서 연 3%의 이자를 매월 초(1일~5일) 지급하기로 한 것으로 나타나며, 차용인 명의 예금계좌 거래내역에는 실제로 매월 초(1일~5일)에 이자를 대여인 계좌에 지급한 것으로 확인되고 있다. 따라서 이와 관련된 판례에서는 차용인이 대여인으로부터 차용하였다는 사실을 충분히 인정할 수 있어 보인다고 판단하고 있다(판례 조심2019인-4125, 2019.12.24.).

💡 생각정리 노트

위의 예규 및 판례를 살펴보면 가족 간 차입거래를 통하여 재산취득자금이나 채무상환자금을 조달하는 경우 다음과 같은 내용에 유의해야 할 것으로 판단된다.

❶ 차용인의 소득이나 재산상황 등 변제능력을 고려한다.

❷ 차용증은 차용일에 작성한 후 확정일자 또는 공증을 받아두어야 한다.

❸ 이자율은 가능하면 무상으로 하지 않도록 한다.

❹ 이자율은 법정이자(4.6%)와 금융기관 이자율을 고려하여 약정한다.

❺ 이자금액은 차용증에 기재된 이자지급일에 빠지지 않고 지급하고 금융거래 증빙 등 지급 근거를 남겨둔다.

❻ 원금에 대한 상환 근거를 남겨둔다.

❼ 차입기간은 너무 장기로 하지 않는다.

2. 금전 무상대출 등에 따른 이익의 증여

가족 간 차입거래를 하여 과세관청으로부터 차입거래로 인정받은 경우에도 이자를 무상이나 적정이자율보다 낮은 이자율로 차입한 경우 그 이자의 차액에 대해 증여세를 과세할 수 있다.

타인으로부터 금전을 무상으로 또는 적정 이자율보다 낮은 이자율로 대출받은 경우에는 그 금전을 대출받은 날에 다음의 구분에 따른 이자금액을 그 금전을 대출받은 자의 증여재산가액으로 한다.

(1) 무상으로 대출받은 경우: 대출금액에 적정 이자율을 곱하여 계산한 금액

(2) 적정 이자율보다 낮은 이자율로 대출받은 경우: 대출금액에 적정 이자율을 곱하여 계산한
금액에서 실제 지급한 이자 상당액을 뺀 금액

다만, 위의 구분에 따른 이자금액이 1천만원 미만인 경우는 제외한다(상증법 제41조의4, 상증령
제31조의4). 즉, 세법에서 정한 이자율(4.6%)로 계산한 이자금액과 실제로 주고받은 이자금액의
차이가 연 1천만원을 넘지 않으면 이자차액에 대한 증여세는 과세되지 않는다.

이러한 세법의 규정은 타인 간의 직접증여에 따른 증여세 부담을 회피하기 위하여 금전을 무상
대여하거나 낮은 이자율로 대여하는 경우 적정 이자율과의 차액에 대해 증여세를 과세하려는 데
그 취지가 있다. 특수관계인이 아닌 자 간의 거래인 경우 거래의 관행상 정당한 사유가 있다고 인
정되는 경우에는 제외한다. 해당 규정을 요약정리하면 다음과 같다.

[금전 무상대출에 따른 이익의 증여]

구분	내용
과세요건	① 타인으로부터 1년 내 증여이익이 1천만원 이상이 되는 금전을 대출받을 것 ② 대출조건이 무상 혹은 적정 이자율보다 낮은 이자율일 것
납세의무자	금전을 대출받은 자
증여시기	금전 대출일
증여세 과세가액	① 무상 금전대출 　증여재산가액 = 대출금액 × 적정 이자율 ② 적정 이자율 미만의 금전대부 　증여재산가액 = 대출금액 × 적정 이자율 - 실제 지급한 이자 상당액

※ 적정 이자율: 4.6%

금전소비대차계약서(차용증 예시)

대여인 　　을(를) '갑'이라 하고, 차용인 　　을(를) '을'이라 하여 다음과 같은 내용의 금전소비대차계약을 체결한다.

제1조 [거래조건]

① 대여금액: 　　　　원 (₩　　　　　　　　)

② 대여기간: 20　년　월　일부터 20　년　월　일까지

③ 대여이자율: 대여금액에 대한 이자는 원금에 대하여 연　%의 비율에 의하여 지급하기로 한다.

제2조 [대여금액 상환방법] 대여금액은 대여기간 만료일에 전액 상환한다.

제3조 [이자지급방법] 이자지급은 매월　일로 한다.

제4조 [기한의 이익 상실]

다음의 경우 차용인은 변제기일(갚기로 정한 날) 이전이라도 원금과 이자를 갚으라는 대여인의 요구를 거절하지 못한다.

① 이자를 2개월 이상 지급하지 않았을 때

② 차용인이 제3자로부터 압류 또는 가압류를 받거나 파산선고를 받았을 때

[특약사항]

- 차용인은 위 차용원금 및 이자를 대여인이 지정하는 아래 계좌에 송금하여 지급한다.

　지정은행 : 　　　　　　계좌번호 : 　　　　　　　　　　예금주 :

위 계약을 확실히 하기 위하여 이 증서를 작성하고 인감도장을 날인하고 인감증명서를 첨부하여 각각 1부씩 보관하기로 한다.

20　년　월　일

대여인(갑) 성　　　명: 　　　　　　(인)

　　　　　주　　　소:

　　　　　주민등록번호:

차용인(을) 성　　　명: 　　　　　　(인)

　　　　　주　　　소:

　　　　　주민등록번호:

※ 위 양식은 예시이므로 일반적인 차용증 양식과 다를 수 있음

제7절 │ 가족 간 부동산거래와 증여

1. 배우자 또는 직계존비속에게 양도한 재산의 증여 추정

배우자 또는 직계존비속에게 양도한 재산은 양도자가 그 재산을 양도한 때에 그 재산의 가액을 배우자 등이 증여받은 것으로 추정하여 이를 배우자 등의 증여재산가액으로 한다(상증법 제44조 제1항). 다만, 배우자 등에게 대가를 받고 양도한 사실이 명백히 인정되는 경우로서 다음의 경우에는 증여 추정을 배제한다(상증령 제33조 제3항).

① 권리의 이전이나 행사에 등기 또는 등록을 요하는 재산을 서로 교환한 경우
② 당해 재산의 취득을 위하여 이미 과세(비과세 또는 감면받은 경우를 포함한다)받았거나 신고한 소득금액 또는 상속 및 수증재산의 가액으로 그 대가를 지급한 사실이 입증되는 경우
③ 당해 재산의 취득을 위하여 소유재산을 처분한 금액으로 그 대가를 지급한 사실이 입증되는 경우

2. 저가양수에 따른 이익의 증여

배우자나 직계존비속 또는 일정한 친족을 포함하여 특수관계인 간에 재산을 시가보다 낮은 가액으로 양수(저가양수)한 경우로서 그 대가와 시가의 차액이 기준금액 이상인 경우에는 해당 재산의 양수일을 증여일로 하여 그 대가와 시가의 차액에서 기준금액을 뺀 금액을 그 이익을 얻은 자의 증여재산가액으로 한다(상증법 제35조 제1항). 여기서 기준금액이란 다음 중 적은 금액을 말한다(상증령 제26조 제2항).

① 시가(상증법 제60조부터 제66조까지의 규정에 따라 평가한 가액)의 30%에 상당하는 가액
② 3억원

특수관계인 간에 부동산을 시가보다 저가로 양도하는 경우 저가양수인에게는 상속세 및 증여세법의 저가양수에 따른 이익의 증여 규정이 적용되고, 저가양도인에게는 소득세법의 부당행위계산 부인 규정이 적용된다. 이러한 내용은 양도소득세에서 이미 살펴보았다. 두 세법의 내용을 비교 정리하면 다음과 같다.

[증여세의 저가양수와 양도소득세의 부당행위계산 부인 규정의 비교]

구분	증여세 저가양수	양도소득세 저가양도
시가	상증세법 60조 ~ 66조에 의하여 평가한 가액 (증여일 전 6개월~후 3개월)	상증세법 60조 ~ 66조에 의하여 평가한 가액 (양도일 또는 취득일 전후 3개월)
차액	시가 - 대가	시가 - 대가
기준금액	Min(① 3억원 ② 시가 × 30%)	Min(① 3억원 ② 시가 × 5%)
판단기준	차액 ≥ 기준금액	차액 ≥ 기준금액
과세가액	(시가 - 대가) - 기준금액	(시가 - 대가)
납세의무자	양수자	양도자
관련 법령	상증세법 제35조, 시행령 제26조	소득세법 제101조, 시행령 제167조

💡 생각정리 노트

위 세법의 내용에 따르면 배우자 또는 직계존비속에게 부동산을 양도하는 경우 먼저 배우자 또는 직계존비속에게 양도한 재산의 증여 추정 규정을 적용하여 대가를 받았는지 입증하게 된다. 대가에 대한 입증이 되지 않는 경우 양수한 배우자 또는 직계존비속에게 증여세가 과세된다. 대가의 수수에 대해 입증되었다고 하더라도 저가양수에 따른 이익의 증여 규정을 적용하여 증여세 및 양도소득세의 과세 여부를 판단하여야 한다.

지금까지 부동산 취득자금 등의 증여 추정, 가족 간 차입거래와 증여, 가족 간 부동산거래 시 발생하는 증여 추정에 따른 이익의 증여 및 저가양수에 따른 증여의제에 대한 내용을 살펴보았다. 다음 절에서는 상속·증여재산의 평가와 시가의 범위에 대해 다루기로 한다.

제8절 | 상속·증여재산의 평가

상속세나 증여세는 재산을 무상으로 이전하는 경우 그 재산을 이전받는 자에게 과세되는 세금이다. 그 재산이 무상으로 이전되기 때문에 당사자 간에 형성되는 가액이 없다. 그런데 상속세와 증여세는 상속받거나 증여받은 재산이 가지고 있는 경제적 가치를 화폐액으로 결정하고 이를 기초로 과세하는 세금이다. 그러므로 상속받거나 증여받은 재산이 가지고 있는 경제적 가치를 화폐액으로 결정해야 한다. 이를 상속·증여재산의 평가라 한다.

상속세 및 증여세법에서는 동법 제60조 제1항에서 상속·증여재산 시가평가의 대원칙을 규정하고, 동법 제2항에서 시가의 정의 및 범위를 기술하고 있다. 그런 다음 동법 제3항에서 시가를 산정하기 어려운 경우에는 해당 재산의 종류, 규모, 거래 상황 등을 고려하여 동법 제61조부터 제65조까지에 규정된 방법으로 평가한 가액을 시가로 보도록 하는 시가의 보충적 평가에 대해 규정하고 있다. 마지막으로 제66조에서는 저당권 등이 설정된 재산의 평가특례에 대해 규정하고 있다.

[상속·증여재산 평가 관련 상속세 및 증여세법 체계]

제60조	제1항 시가평가 원칙	
	제2항 시가의 정의 및 범위	
	제3항 보충적 평가	제61조 부동산 등의 평가 제62조 선박 등 그 밖의 유형자산 평가 제63조 유가증권 등의 평가 제64조 무채재산권의 가액 제65조 그 밖의 조건부권리 등의 평가
제66조 저당권 등이 설정된 재산의 평가 특례		

아래에서 살펴보는 상속세 및 증여세법의 시가에 대한 내용은 상속세 및 증여세뿐만 아니라 법인세, 소득세, 취득세 등 여러 세금에 영향을 미친다. 특히 양도소득세에서는 상속이나 증여로 취득한 재산에 대한 취득가액, 부담부증여 시 취득가액, 부당행위계산 부인, 저가양도 등에 영향을 미친다. 그리고 취득세에서는 시가인정액 개념이 상속세 및 증여세법 규정의 시가 개념과 유사하다.

1. 평가의 원칙: 시가 평가

상속·증여재산의 평가는 상속개시일 또는 증여일(평가기준일) 현재의 시가에 따른다(상증법 제60조 제1항). 시가란 불특정 다수인 사이에 자유로이 거래가 이루어지는 경우에 통상 성립된다고 인정되는 가액을 말하는 것으로서 수용가격·공매가격 및 감정가격 등 시가로 인정되는 것을 포함한다(상증법 제60조 제2항). 그러면 시가로 인정되는 수용가격·공매가격 및 감정가격 등이란 구체적으로 무엇을 말하는 것일까? 아래에서는 시가로 인정되는 가액이 평가기간 이내 존재하는 경우와 평가기간 이외 존재하는 경우로 나누어 살펴보기로 한다.

(1) 평가기간 이내인 경우

평가기간 이내라 함은 상속재산의 경우 상속개시일(평가기준일) 전후 6개월까지의 기간을 말하고, 증여재산의 경우 증여일(평가기준일) 전 6개월부터 평가기준일 후 3개월까지의 기간을 말한다(상증령 제49조 제1항 본문).

평가기간 이내의 기간 중 매매·감정·수용·경매 또는 공매(매매 등)가 있는 경우에 다음 중 어느 하나에 따라 확인되는 가액은 시가로 인정한다(상증령 제49조 제1항 본문).

1) 해당 재산에 대한 시가의 범위

가) 해당 재산의 매매가액 등

① 해당 재산의 매매가액

해당 재산에 대해 매매사실이 있는 경우 그 거래가액은 시가에 포함한다. 다만, 특수관계인과의 거래 등으로 그 거래가액이 객관적으로 부당하다고 인정되는 경우는 제외한다(상증령 제49조 제1항 제1호).

② 해당 재산의 감정가액

해당 재산에 대하여 둘 이상의 공신력 있는 감정기관이 평가한 감정가액이 있는 경우 그 감정가액의 평균액은 시가로 인정한다. 다만, 해당 재산의 기준시가가 10억원 이하인 경우에는 하나 이상의 감정기관의 감정가액도 가능하다(상증법 제60조 제5항, 상증령 제49조 제1항 제2호).

실무에서 금융회사 등에서 대출을 담보할 목적으로 평가한 감정가액이 시가에 포함되는지 여부가 쟁점이 될 수 있다. 이와 관련된 판례를 살펴보면 상속세 및 증여세법에서는 시가로 인정하는 감정가격에 대하여 특정한 목적으로 평가한 가액으로 한정한다는 등의 명문규정은 두고 있지 않고 있으므로 금융기관이 부동산에 대한 담보가치를 평가할 목적으로 감정평가기관에 의뢰하여 감정평가를 받은 가액은 시가로 인정된다고 판단하고 있다(판례 조심 2023부-7877, 2023.9.12.).

③ 해당 재산의 수용 · 경매 또는 공매가액

해당 재산에 대하여 수용 · 경매 또는 공매 사실이 있는 경우 그 보상가액 · 경매가액 또는 공매가액은 시가로 인정한다(상증령 제49조 제1항 제3호).

나) 시가 적용 시 판단 기준일

해당재산의 매매 등 가액이 평가기준일 전후 6개월(증여재산의 경우에는 평가기준일 전 6개월부터 평가기준일 후 3개월) 이내에 해당하는지는 다음의 구분에 따른 날을 기준으로 하여 판단하며, 시가로 보는 가액이 둘 이상인 경우에는 평가기준일을 전후하여 가장 가까운 날에 해당하는 가액(그 가액이 둘 이상인 경우에는 그 평균액)을 적용한다.

① 매매가액: 매매계약일
② 감정가액: 감정가액평가서의 작성일(가격산정기준일과 감정가액평가서 작성일이 모두 평가기간 이내이어야 한다)
③ 수용 · 보상 · 경매 또는 공매가액: 가액 결정일

💡 생각정리 노트

위에서 살펴본 시가의 범위는 상속재산 또는 증여재산에 해당하는 재산의 매매가액, 감정가액, 수용 · 경매 또는 공매가액에 대한 규정이다. 해당 재산의 매매 등의 가액이 있는 경우에는 아래의 유사사례 가액은 적용하지 아니한다(상증령 제49조 제2항).

2) 동일하거나 유사한 재산의 매매 등 사례가액

시가로 인정되는 것의 범위에는 해당 재산과 면적·위치·용도·종목 및 기준시가가 동일하거나 유사한 다른 재산에 대한 매매가액·감정가액·수용·경매 또는 공매가액 등이 있는 경우 해당 가액을 시가로 본다. 이 책에서는 동일하거나 유사한 다른 재산에 대한 매매가액·감정가액·수용·경매 또는 공매가액을 유사사례가액이라 하여 그 내용을 살펴보기로 한다.

평가기간 이내인 경우 유사사례가액은 평가기준일 전 6개월부터 평가기간 이내의 신고일까지의 가액을 말한다(상증법 시행령 제49조 제4항).

위 세법의 내용에서 동일하거나 유사하다는 것에 대한 기준은 무엇일까? 그 내용을 공동주택인 경우와 공동주택 외의 재산인 경우로 살펴보면 다음과 같다(상증칙 제15조 제3항).

가) 공동주택

동일하거나 유사한 공동주택이란 공동주택가격(새로운 공동주택가격이 고시되기 전에는 직전의 공동주택 가격을 말한다)이 있는 공동주택으로 다음의 요건을 모두 충족하는 주택을 말한다.

① 평가대상 주택과 동일한 공동주택단지 내에 있을 것
② 평가대상주택과 주거전용면적의 차이가 평가대상주택의 주거전용면적의 5% 이내일 것
③ 평가대상주택과 공동주택가격의 차이가 평가대상주택의 공동주택가격의 5% 이내일 것

위에 해당하는 주택이 둘 이상인 경우에는 평가대상 주택과 공동주택가격 차이가 가장 작은 주택을 말한다. 평가대상 주택과 공동주택가격 차이가 가장 작은 주택이 둘 이상인 경우 평가기준일을 전후하여 가장 가까운 날에 해당하는 가액을 시가로 적용한다(판례 조심 2023중6852, 2023.6.19.).

❶ 동일 단지 내

❷ 전용면적 5% 이내

❸ 공동주택가격 5% 이내

❹ 둘 이상인 경우 적용 순서

   공시가격 차이가 가장 작은 것 ▷ 평가기준일과 가장 가까운 것

|참고| **유사매매사례가액 확인방법 및 주의사항**

실무에서 유사매매사례가액을 확인하는 방법은 일반적으로 두 가지가 있다.

첫째, 국세청 홈택스에서 확인하는 방법이다.

국세청홈택스 세금신고란 ▷증여세 혹은 상속세 신고 ▷상속·증여재산 평가하기에서 조회하는 방법이다. 이때 유사매매사례가액에 대한 주의사항을 확인할 수 있는데 그 내용은 다음과 같다.

① 조회일 전 약 2개월 내 유사재산 매매사례가액은 시간제약상 부득이 제공되지 못하며, 이에 따라 과세관청의 상속·증여세 처리 시 다른 사례가액 등으로 결정될 수 있다.

② 아울러, 본 시스템을 이용하여 유사재산 매매사례를 확인한 경우 등기부등본을 열람하여 매매가액 등의 확인을 권장한다.

③「상속증여세법 시행규칙」제15조 개정에 따라 2019. 3. 20. 이후 공동주택에 대한 상속·증여분부터는 반드시 평가대상주택과 공동주택가격 차이가 가장 작은 주택이 있는지 추가 확인하여야 한다.

④ 위 ③번에 따른 시가가 둘 이상인 경우 평가기준일을 전후하여 가장 가까운 날에 해당하는 가액을 시가로 적용한다.

둘째, 국토교통부 실거래가 공개시스템에서 조회하는 방법이다.

여기에서 공개되는 실거래가 자료도 실거래가 신고와 자료공개에 시차가 존재하기 때문에 완전성을 담보하는 자료라 할 수는 없다.

나) 공동주택 외의 재산

평가대상 재산과 면적·위치·용도·종목 및 기준시가가 동일하거나 유사한 다른 재산을 말한다.

(2) 평가기간 이외의 기간인 경우

평가기간 이외의 기간이란 평가기간에 해당하지 않는 기간으로서 평가기준일 전 2년 이내의 기간 중에 매매 등이 있거나 평가기간이 경과한 후부터 상속세 또는 증여세 결정기한(상속은 신고기

한 종료일로부터 9개월, 증여는 신고기한 종료일로부터 6개월)까지의 기간을 말한다.

1) 시가 인정 방법

평가기간 이외의 기간 중에 매매 등이 있는 경우에도 평가기준일부터 위의 시가 적용 시 판단기준일 중 어느 하나에 해당하는 날까지의 기간 중에 주식발행회사의 경영 상태, 시간의 경과 및 주위 환경의 변화 등을 고려하여 가격 변동의 특별한 사정이 없다고 보아 납세자, 지방국세청장 또는 관할 세무서장이 신청하는 때에는 평가심의위원회의 심의를 거쳐 해당 매매 등의 가액을 시가에 포함시킬 수 있다(상증령 제49조 제1항 단서).

2) 재산평가심의위원회

재산평가심의위원회란 매매 등의 가액에 대한 시가 인정 여부, 비상장주식 가액의 평가 및 평가의 적정성 여부 등을 심의하기 위하여 법에 의해 국세청, 각 지방국세청에 설치한 심의기구를 말한다(상증법 시행령 제49조의2).

상속세 및 증여세법뿐만 아니라 타 세목 과세 목적 또는 타 법령에 의한 재산평가에 있어 상속세 및 증여세법 시행령 제49조의 규정을 준용하는 경우 재산평가심의위원회의 심의를 통해 재산의 평가를 할 수 있고, 심의결과에 따라 상속세 및 증여세 등 세금 신고를 할 수 있다.

가) 심의 대상 기간

① 증여의 경우

평가기간(증여일 전 6개월, 후 3개월)에 해당하지 아니하는 기간으로서 증여일 전 2년 이내의 기간과 평가기간이 경과한 후부터 증여세 신고기한 후 6개월까지의 기간

② 상속의 경우

평가기간(상속개시일 전후 6개월)에 해당하지 아니하는 기간으로서 상속개시일 전 2년 이내의 기간과 평가기간이 경과한 후부터 상속세 신고기한 후 9개월까지의 기간

나) 신청시기

상속·증여받은 재산의 시가에 대한 평가위원회의 평가 심의를 받고자 하는 납세자는 상속세 과세표준 신고기한 만료 4월 전(증여의 경우 증여세 과세표준 신고기한 만료 70일 전)까지 납세지 관할 지방청 국세청장에게 신청하여야 한다. 다만 평가기간이 경과한 후부터 상속세 또는 증여세 과세표준 신고기한 후 9개월(증여는 6개월)까지의 기간(결정기간) 중에 매매 등이 있는 경우에는 해당 매매 등이 있는 날부터 6개월 이내에 납세지 관할 지방청 국세청장에게 신청하여야 한다.

| 참고 | 국세청 감정평가사업 관련 사무처리 규정

제72조 [감정평가 대상 및 절차]

① 지방국세청장 또는 세무서장은 상속세 및 증여세가 부과되는 재산에 대해 시행령 제49조 제1항에 따라 둘 이상의 감정기관에 의뢰하여 평가할 수 있다. 다만, 비주거용 부동산 감정평가 사업의 대상은 비주거용부동산등(「소득세법」제94조 제1항 제4호 다목에 해당하는 부동산과 다보유법인이 보유한 부동산 포함)으로 한다.

② 지방국세청장 또는 세무서장은 다음 각 호의 사항을 고려하여 비주거용부동산 감정평가 대상을 선정할 수 있으며, 이 경우 대상 선정을 위해 5개 이상의 감정평가법인에 의뢰하여 추정시가(최고값과 최소값을 제외한 가액의 평균값)를 산정할 수 있다.

1. 추정시가와 법 제61조부터 제66조까지 방법에 의해 평가한 가액(보충적 평가액)의 차이가 10억원 이상인 경우

2. 추정시가와 보충적 평가액 차이의 비율이 10%이상[(추정시가-보충적평가액)÷추정시가]인 경우

③ 지방국세청장 또는 세무서장은 제1항에 따라 감정평가를 실시하는 경우 「감정평가 실시에 따른 협조 안내(별지 제34호 서식)」를 작성하여 납세자에게 안내하고, 감정평가가 완료된 후에는 감정평가표(명세서포함)를 납세자에게 송부하여야 한다. 다만, 납세자의 요청이 있는 경우 감정평가서 사본을 세무조사 결과 통지시 함께 송부하여야 한다.

④ 지방국세청장 또는 세무서장은 둘 이상의 감정기관에 의뢰하여 산정된 감정가액에 대하여 시행령 제49조 제1항 단서에 따라 평가심의위원회에 시가 인정 심의를 신청하여야 하며, 시가 인정 심의에 관한 사항은 「평가심의위원회 운영규정」에 따른다.

[표1] 부동산 평가 시 시가 적용 순서

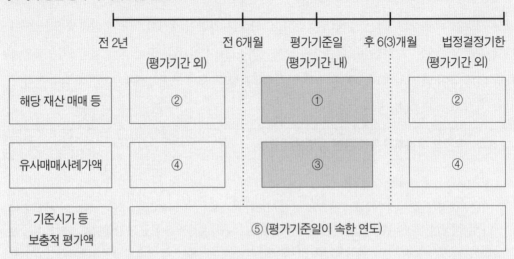

※ 주: ②④는 평가심의위원회 심의를 거쳐 시가로 인정, ③은 전 6개월 ~ 신고일

[표2] 공동주택 상속 · 증여재산가액 적용 순서

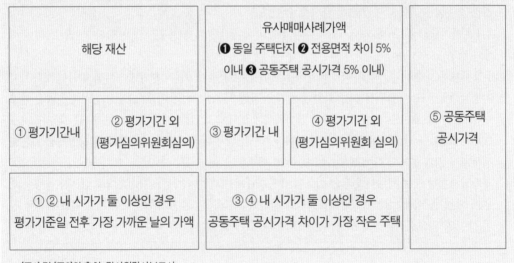

※ [표1] 및 [표2]의 출처: 감사원감사보고서

2. 예외: 보충적 평가

앞에서 살펴본 방법으로 시가를 산정하기 어려운 경우에는 당해 재산의 종류·규모·거래 상황 등을 감안하여 상속세 및 증여세법에서 규정된 방법(보충적 평가 방법)에 따라 평가한 가액을 시가로 본다(상증법 제60조 제3항). 아래에서는 부동산의 보충적 평가 방법에 대해 알아보기로 한다.

(1) 기준시가

부동산에 대한 기준시가는 다음 중 어느 하나에서 정하는 방법으로 한다(상증법 제61조, 상증령 제50조).

1) 토지
「부동산 가격공시에 관한 법률」에 의한 개별공시지가

2) 주택
「부동산 가격공시에 관한 법률」에 의한 개별주택가격 및 공동주택가격

3) 일반건물
일반건물은 신축가격기준액·구조·용도·위치·신축연도·개별건물의 특성 등을 참작하여 매년 1회 이상 국세청장이 산정·고시하는 가액

4) 오피스텔 및 상업용 건물
국세청장이 지정하는 지역에 소재하면서 국세청장이 토지와 건물에 대하여 일괄하여 산정·고시한 가액이 있는 경우 그 고시한 가액

(2) 임대료 등 환산가액

사실상 임대차계약이 체결되거나 임차권이 등기된 재산의 경우에는 임대료 등을 기준으로 하여 평가한 가액(임대보증금 환산가액)과 기준시가에 따라 평가한 가액 중 큰 금액을 그 재산의 가액으로 한다(상증법 제61조 제5항, 상증령 제50조 제7항).

Max(① 기준시가 평가가액 ② 임대보증금 환산가액)

▷ 임대보증금 환산가액: 임대보증금 + (1년간 임대료 합계액 ÷ 12%)
▷ 1년간 임대료 합계액 계산: 평가기준일이 속하는 월의 임대료에 12월을 곱하여 계산

|참고| 조합원입주권 증여 시 증여재산 평가방법

증여재산의 가액은 증여일 현재의 시가에 의하는 것이나, 시가를 산정하기 어려운 경우에는 「상속세 및 증여세법」 제61조부터 제65조까지에 규정된 방법으로 평가하는 것으로서, 부동산을 취득할 수 있는 권리는 같은 법 제61조 제3항 및 같은 법 시행령 제51조 제2항에 따라 평가기준일까지 불입한 금액과 평가기준일 현재의 프리미엄에 상당하는 금액을 합한 금액으로 평가한다.

재개발·재건축 조합원입주권을 증여하는 경우 평가기준일까지 불입한 금액은 조합원으로서 출자한 토지와 건물의 감정가액 등을 감안하여 재개발조합이 산정한 조합원의 권리가액과 평가기준일까지 불입한 계약금, 중도금 등을 합한 금액이며, 평가기준일 현재의 프리미엄에 상당하는 금액은 그 당시 불특정 다수인간의 거래에 있어서 통상 지급되는 프리미엄을 말한다(재산세과-202, 2012.5.24.). 따라서 조합원입주권 증여시 증여재산가액은 증여일 현재의 시가에 의하는 것이나, 시가를 산정하기 어려운 경우에는 권리가액 및 추가 불입금액, 프리미엄의 합계액으로 계산한다.

① 원칙: 시가(유사매매사례가액 포함)
② 시가 산정이 어려운 경우: 권리가액 + 불입액 + 프리미엄

---

3. 저당권 등이 설정된 재산의 평가 특례

저당권 등이 설정된 재산의 평가는 시가 또는 보충적 평가 방법에 따라 평가한 가액과 다음의 규정에 의한 평가액 중 큰 금액을 평가가액으로 한다(상증법 제66조, 상증령 제63조).

(1) 저당권(공동저당권 및 근저당권을 제외함)이 설정된 재산의 가액은 당해 재산이 담보하는 채권액.

(2) 공동저당권이 설정된 재산의 가액은 당해 재산이 담보하는 채권액을 공동저당된 재산의 평가기준일 현재의 가액으로 안분하여 계산한 가액

(3) 근저당권이 설정된 재산의 가액은 평가기준일 현재 당해 재산이 담보하는 채권액

(4) 질권이 설정된 재산 및 양도담보재산의 가액은 당해 재산이 담보하는 채권액

(5) 전세권이 등기된 재산의 가액은 등기된 전세보증금(임대보증금을 받고 임대한 경우에는 임대보증금)

위에서 담보하는 채권액이란 상속개시일 또는 증여일 현재 실제 채권잔액을 말한다. 이와 관련된 예규를 살펴보면 근저당권이 설정된 재산을 평가할 때 평가기준일 현재 당해 재산이 담보하는 채권액이란 평가기준일 현재 남아 있는 채권액을 말하는 것이며, 같은 법 시행령 제63조 제2항의 규정에 의하여 수 개의 근저당권이 설정된 재산은 평가기준일 현재 그 재산이 담보하는 채권액의 합계액과 같은 법 제60조의 규정에 의하여 평가한 가액 중 큰 금액을 말한다고 해석하고 있다(예규 재산상속46014-152, 2000.2.2.).

저당권 등이 설정된 재산 평가액
Max (① 시가 ② 보충적 평가액 ③ 그 재산이 담보하는 채권의 합계액)

(현금)증여계약서

증여인   을(를) '갑'이라 하고, 수증인   을(를) '을'이라 하여 다음과 같은 내용의 증여계약을 체결한다.

증여재산의 표시

1. 현금: 일금   정(₩   원)

위 현금은 증여인의 소유인 바 이를 수중인   에게 증여할 것을 약정하고, 수증자는 이를 수락하였으므로 이를 증명하기 위해 이 계약서를 작성하고 기명날인하여 각자 1부씩 보관하기로 한다.

20   년   월   일

증여인(갑)
　　주　　　소:
　　주민등록번호:
　　성　　　명: (인)
　　연　락　처:

수중인(을)
　　주　　　소:
　　주민등록번호:
　　성　　　명: (인)
　　연　락　처:

※ 위 양식은 예시이므로 일반적인 증여계약서와 다를 수 있음

제10장

부동산의 무상이전과 상속세

제10장에서는 다음과 같은 내용을 살펴보기로 한다.

1. 상속세의 개요

(1) 상속세의 개념 및 과세방법

상속세란 피상속인의 사망으로 상속재산이 무상으로 이전되는 경우 그 재산을 취득한 상속인 등에게 부과되는 세금을 말한다. 상속세를 과세하는 방식은 피상속인의 상속재산 전체를 기준으로 과세하는 유산세 과세방식과 상속인이 실제 취득하는 상속재산에 대해 과세하는 유산취득세 과세방식이 있다. 현재 우리나라의 상속세 과세방식은 유산세 과세방식을 취하고 있다.

(2) 납세의무자

상속인 또는 수유자는 상속재산 중 각자가 받았거나 받을 재산을 기준으로 상속세 납부의무가 있다. 수유자란 유언이나 증여계약 후 증여자의 사망으로 재산을 취득하는 자를 말한다. 상속세는 상속인 또는 수유자 각자가 받았거나 받을 재산을 한도로 연대하여 납부할 의무를 진다(상증법 제3조의2). 따라서 상속세 납세의무자 등 일부가 상속세를 납부하지 아니한 경우에는 다른 상속세 납세의무자들이 미납된 상속세에 대하여 자기가 받았거나 받을 재산을 한도로 연대 납부할 책임이 있다.

또한 상속인 중 상속순위가 선순위인 단독상속인 또는 동 순위의 공동상속인 전원이 「민법」에 따라 상속을 포기함으로써 그 다음 순위에 있는 상속인(후순위상속인)이 재산을 상속받게 되는 경우에는 후순위상속인이 받았거나 받을 상속재산의 점유비율에 따라 상속세를 납부할 의무를 지며, 증여세는 과세하지 아니한다(상증법 기본통칙 3의2-0…1).

(3) 상속인의 범위

상속인이란 혈족인 법정상속인과 대습상속인, 사망자(피상속인)의 배우자 등을 말하며, 납세의무가 있는 상속포기자, 특별연고자도 포함된다(상증법 제2조 제4호).

1) 법정상속인

법정상속인은 다음과 같은 순위로 정해지고(민법 제1000조), 피상속인의 법률상 배우자는 직계비속과 같은 순위로 공동상속인이 되며, 직계비속이 없는 경우에는 2순위 상속인인 직계존속과 공동상속인이 된다. 직계비속과 직계존속이 없는 경우에는 단독 상속인이 된다(민법 제1003조).

[상속인의 순위]

순위	피상속인과의 관계	상속인 해당 여부
1순위	직계비속과 배우자	항상 상속인
2순위	직계존속과 배우자	직계비속이 없는 경우 상속인
3순위	형제자매	1, 2순위가 없는 경우 상속인
4순위	4촌 이내의 방계혈족	1, 2, 3순위가 없는 경우 상속인

위 내용에 따르면 피상속인의 자녀와 배우자가 있는 경우 피상속인의 자녀와 배우자가 상속인이 되며, 그 외의 자는 상속인 외의 자가 된다.

2) 대습상속인

대습상속인이란 상속인이 될 직계비속 또는 형제자매(피대습인)가 상속개시 전에 사망하거나 결격자가 된 경우에 사망하거나 결격된 사람의 순위에 갈음하여 상속인이 되는 피대습인의 직계비속 또는 배우자를 말한다(민법 제1001조).

(4) 법정상속비율

동 순위의 상속인이 수인인 때에는 그 상속분은 균분으로 한다. 다만, 피상속인의 배우자의 상속분은 직계비속과 공동으로 상속하는 때에는 직계비속 상속분의 5할을 가산하고, 직계존속과 공동으로 상속하는 때에는 직계존속 상속분의 5할을 가산한다(민법 제1009조). 예를 들어 상속인으로 피상속인의 배우자 및 자녀가 2명인 경우 배우자의 법정상속비율은 1.5 ÷ 3.5이며, 자녀는 각각 1 ÷ 3.5가 된다. 그리고 대습상속인의 상속분은 사망 또는 결격된 자의 상속분에 의한다(민법 제1010조).

(5) 유류분

유류분遺留分이란 상속재산 가운데 상속받은 사람이 마음대로 처리하지 못하고 상속인을 위하여 법률상 반드시 남겨 두어야 할 일정 부분을 말한다.

「민법」은 유언을 통한 재산처분의 자유를 인정하고 있으므로 피상속인이 유언으로 타인이나 상속인 일부에게만 유증을 하면 그 외 상속인에게 상속재산이 이전되지 않을 수 있다. 따라서 상속재산처분의 자유를 무제한적으로 인정하게 되면 가족생활의 안정을 해치고, 피상속인 사망 후 상속인의 생활보장이 침해될 수 있다. 이러한 이유로「민법」은 유류분제도를 인정하고 있다.

유류분을 가지는 사람인 유류분 권리자는 피상속인의 직계비속, 피상속인의 직계존속, 피상속인의 형제자매 또는 배우자인 상속인이다(민법 제1112조). 대습상속인도 유류분 권리자가 될 수 있다. 그러나 상속을 포기한 사람은 상속인이 아니므로 유류분반환청구를 할 수 없다. 유류분 권리자의 유류분 비율을 살펴보면 다음과 같다.

[유류분 비율]

순위	유류분 권리자	유류분 비율
1순위	피상속인의 직계비속	법정상속분 × 1 ÷ 2
2순위	피상속인의 직계존속	법정상속분 × 1 ÷ 3
3순위	형제자매	법정상속분 × 1 ÷ 3

※ 피상속인의 배우자가 있는 경우에는 1순위 또는 2순위 유류분 권리자와 함께 유류분 권리를 갖게 되며, 그의 유류분율은 법정상속분의 1 ÷ 2이다.

(6) 상속재산 분할

공동상속인이 있는 경우 원칙적으로 상속이 개시되면 상속재산은 공동상속인의 공유가 된다. 이 경우 상속재산을 상속인 각자의 재산으로 분할할 필요가 있는데 이를 상속재산의 분할이라고 한다. 상속재산의 분할에는 공동상속인 전원이 참여해야 한다. 상속재산 분할 방법에는 지정분할, 협의분할, 심판분할이 있다.

1) 지정분할

지정분할이란 피상속인이 상속재산의 분할 방법을 유언으로 정하거나 또는 유언으로 상속인 이외의 제3자에게 분할 방법을 정할 것을 위탁하는 경우에 그에 따라 행해지는 분할을 말한다(민법 제1012조).

2) 협의분할

협의분할이란 피상속인의 분할금지의 유언이 없는 경우에 공동상속인이 협의로 분할하는 것을 말한다(민법 제1013조). 협의분할을 할 때에는 당사자 전원의 합의가 있으면 되고, 그에 관한 특별한 방식은 필요 없다. 상속재산의 협의분할은 일종의 계약으로 상속인 사이에 구두로 할 수도 있지만, 분쟁을 피하기 위해 협의분할서를 작성하는 것이 좋다. 배우자가 상속받은 재산에 대해 배우자상속공제를 받는 경우 상속재산협의분할서를 작성하는 것이 과세관청과 분쟁을 줄일 수 있는 방법이다.

3) 심판분할

심판분할이란 공동상속인 사이에 분할의 협의가 이루어지지 않은 경우에 가정법원에 청구하는 분할 방법을 말한다(민법 제269조). 상속재산의 심판분할을 위해 반드시 조정을 거쳐야 하며 조정이 성립하지 않은 경우에만 가정법원의 심판분할절차가 진행된다.

| 참고 | 상속의 승인과 포기

상속인은 피상속인의 재산뿐만 아니라 채무도 상속을 받아야 한다. 이 경우 상속재산과 상속채무를 비교하여 상속의 승인 또는 포기 여부를 결정하여야 한다. 상속의 승인 포기의 종류에는 상속의 단순승인, 상속의 한정승인, 상속의 포기가 있다.

상속의 단순승인이란 상속의 효과를 거부하지 않는다는 의사표시를 말한다. 상속인이 상속의 단순승인을 한 때에는 제한 없이 피상속인의 권리의무를 승계한다. 이러한 단순승인은 상속인이 한정승인도, 포기도 하지 않은 상태에서 3개월의 고려기간이 경과하면 모두 단순승인을 한 것으로 본다. 즉, 단순승인의 의사표시는 특별한 형식을 필요로 하지 않으며, 법원에 대한 신고를 필요로 하지 않는다.

상속의 한정승인이란 상속인이 상속으로 취득하게 될 재산의 한도에서 피상속인의 채무를 변제할 것을 조건으로 상속을 승인하려는 의사표시를 말한다. 상속인이 상속의 한정승인을 한 때에는 상속채무가 상속재산을 초과하는 경우에도 상속인 본인의 재산으로 이를 변제할 의무가 없다. 한정승인은 상속개시 있음을 안 날로부터 3개월 이내에 법원에 신청해야 한다. 상속의 한정승인이 되면 상속재산의 한도에서 상속채무를 변제하면 되지만, 상속인은 여전히 상속인으로 남는다. 따라서 한정승인자도 단순승인을 한 상속인과 마찬가지로 상속세를 부담한다. 그러나 한정승인자가 상속재산의 한도에서 상속채무를 변제하고 나면 변제하지 못한 채무가 있다 하더라도 그 청산절차의 종료로 한정승인자는 상속채무에 대해서 더 이상 책임지지 않아도 된다.

상속의 포기란 상속개시에 따라 피상속인에게 속하던 재산상의 권리·의무의 일체가 상속인에게 당연히 이전되는 상속의 효과를 거부하는 행위를 말한다. 상속인이 상속의 포기를 한 때에는 그는 처음부터 상속인이 아니었던 것이 된다. 상속을 포기하면 그 상속인은 더 이상 상속인이 되지 않는다. 그러나 상속재산은 다음 순위의 상속인에게 넘어가게 된다. 따라서 자신이 상속을 포기했다고 해서 피상속인의 채무가 모두 소멸하는 것은 아니고, 후순위의 상속인이 이를 상속받을 수 있음을 주의해야 한다. 즉, 상속을 포기할 때에는 후순위 상속인까지 모두 상속을 포기하는 것이 좋다.

2. 계산구조

상속세 계산구조에서 납부할 세액의 계산은 네 단계를 거치게 된다. 첫 번째 단계는 상속세 과세가액을 계산하는 단계다. 두 번째 단계에서 과세표준을 계산하고, 세 번째 단계에서 과세표준에 세율을 곱하여 산출세액을 계산한다. 마지막 단계에서 납부할 세액을 계산하여 신고·납부한다. 다음 절부터 각각의 단계와 관련된 세법의 내용에 대해 살펴보기로 한다.

[상속세 계산구조]

상속재산가액	· 본래의 상속재산 · 상속재산으로 보는 보험금 · 신탁재산 · 퇴직금 등(간주상속재산) · 추정상속재산 · 시가평가
(-) 비과세 등	· 금양임야 · 공익법인 등에 출연한 재산 등
(-) 공과금 · 장례비용 · 채무	· 장례비용 500만원~1,000만원 · 봉안시설 · 자연장지 비용 한도 500만원
(+) 사전증여재산	· 상속인 10년 이내 · 상속인 외 5년 이내
(=) 상속세 과세가액	**· 상속재산가액 - 비과세 등 - 공과금 등 + 사전증여재산**
(-) 상속공제	· 기초공제 등과 일괄공제(5억) 중 큰 금액 · 배우자 상속공제 · 금융재산 상속공제 · 동거주택 상속공제
(-) 감정평가수수료	· 500만원 한도
(=) 과세표준	**· 상속세 과세가액 - 상속공제 - 감정평가수수료**
(×) 세율	· 증여세와 동일
(=) 산출세액	**· 과세표준 × 세율**
(+) 세대생략할증세액	· 증여세와 동일
(-) 신고세액공제 등	· (산출세액 + 세대생략할증세액) × 3%
(=) 납부할 세액	**· 산출세액 + 세대생략할증세액 - 신고세액공제 등**

제2절 | 상속재산의 범위 및 평가

1. 상속세 과세가액

상속세 계산구조의 목적지는 상속세의 납부할 세액을 계산하여 신고·납부하는 것이다. 그러기 위해서는 먼저 상속세 과세가액을 계산해야 한다. 상속세 과세가액은 상속재산가액에서 비과세 상속재산 등과 공과금·장례비·채무를 공제하고 피상속인이 상속인이나 상속인 외의 자에게 사전에 증여한 재산가액을 합하여 계산한다. 따라서 상속세 과세가액을 계산하기 위해서는 먼저 상속재산가액을 알아야 한다. 그러자면 피상속인의 상속재산에 포함되는 것이 무엇이 있는지 범위를 파악하고, 상속재산을 평가하여 그 가액을 측정해야 한다.

2. 상속재산의 범위

상속세는 피상속인이 거주자인 경우에는 국내외 모든 상속재산, 비거주자인 경우에는 국내에 있는 모든 상속재산에 대하여 부과한다(상증법 제3조). 유증, 사인증여, 특별연고자 상속재산 분여, 유언대용신탁, 수익자연속신탁으로 인하여 상속받은 재산을 포함한다(상증법 제2조). 여기서 상속재산이란 피상속인에게 귀속되는 재산으로서 금전으로 환산할 수 있는 경제적 가치가 있는 모든 물건과 재산적 가치가 있는 법률상 또는 사실상의 모든 권리를 포함한다. 다만 피상속인의 일신에 전속하는 것으로서 피상속인의 사망으로 인하여 소멸되는 것은 제외한다(상증법 제2조 제3호).

상속세 및 증여세법에서는 상속재산을 크게 세 가지로 나누고 있다. 민법에서 규정하는 상속재산을 본래의 상속재산이라 하고 그 외 간주상속재산과 추정상속재산으로 구분하고 있다. 이러한 상속재산의 범위를 구체적으로 살펴보면 다음과 같다.

(1) 본래의 상속재산

피상속인이 사망할 당시 소유하고 있는 동산, 부동산 및 주식 등의 재산으로 채권, 특허권 · 실용신안권 · 의장권 · 상표권 · 저작물에 관한 권리 등의 무체재산권, 물건에 대한 소유권 · 점유권 · 지상권 · 지역권 · 전세권 · 유치권 · 질권 · 저당권 등의 물권과 같은 권리도 포함된다.

|참고| 매도 계약 이행 중인 부동산이 상속재산을 구성할 경우 상속세 과세가액 산정 방식

피상속인이 부동산에 대한 매도 계약을 맺고 계약금 및 중도금만 지급받은 상태로 사망하여 상속이 개시되었고 당해 계약이 유효하다면, 기수령한 계약금 및 중도금은 쟁점부동산 이외의 다른 상속재산을 구성하는 등의 형태로 총상속재산가액 산정에 반영되어 있을 것이므로, 상속재산은 잔금 상당액이라고 보는 것이 타당하다(판례 심사상속2021-0004, 2021.8.18.).

---

(2) 간주상속재산

간주상속재산이란 보험금, 신탁재산 및 퇴직금 등 본래의 상속재산은 아니지만 재산취득의 결과가 상속과 동일한 경제적 이익이 발생하므로 실질과세를 위해 상속재산으로 간주하는 것을 말한다.

1) 보험금

피상속인의 사망으로 인하여 받는 생명보험 또는 손해보험의 보험금으로서 피상속인이 보험계약자인 보험계약에 의하여 받는 것은 상속재산으로 본다. 보험계약자가 피상속인이 아닌 경우에도 피상속인이 실질적으로 보험료를 납부하였을 때에는 피상속인을 보험계약자로 보아 상속재산에 포함한다(상증법 제8조, 판례 조심2022서-1444, 2022.7.20.).

2) 신탁재산

피상속인이 신탁한 재산은 상속재산으로 본다. 피상속인이 신탁으로 인하여 타인으로부터 신탁의 이익을 받을 권리를 소유하고 있는 경우에는 그 이익에 상당하는 가액을 상속재산에 포함한다(상증법 제9조).

3) 퇴직금 등

피상속인에게 지급될 퇴직금, 퇴직수당, 공로금, 연금 또는 이와 유사한 것이 피상속인의 사망으로 인하여 지급되는 경우 그 금액은 상속재산으로 본다. 다만, 다음 중 어느 하나에 해당하는 것은 상속재산으로 보지 아니한다(상증법 제10조).

① 「국민연금법」에 따라 지급되는 유족연금 또는 사망으로 인하여 지급되는 반환일시금

② 「공무원연금법」, 「공무원재해보상법」 또는 「사립학교교직원연금법」에 따라 지급되는 퇴직유족연금, 장해유족연금, 순직유족연금, 직무상유족연금, 위험직무순직유족연금, 퇴직유족연금부가금, 퇴직유족연금일시금, 퇴직유족일시금, 순직유족보상금, 직무상유족보상금 또는 위험직무순직유족보상금

③ 「군인연금법」 또는 「군인재해보상법」에 따라 지급되는 퇴역유족연금, 상이유족연금, 순직유족연금, 퇴역유족연금부가금, 퇴역유족연금일시금, 순직유족연금일시금, 퇴직유족일시금, 장애보상금 또는 사망보상금

④ 「산업재해보상보험법」에 따라 지급되는 유족보상연금·유족보상일시금·유족특별급여 또는 진폐유족연금

⑤ 근로자의 업무상 사망으로 인하여 「근로기준법」 등을 준용하여 사업자가 그 근로자의 유족에게 지급하는 유족보상금 또는 재해보상금과 그 밖에 이와 유사한 것

(3) 추정상속재산

추정상속재산이란 피상속인이 상속개시일 전 일정 기간 내에 소유재산 처분, 예금인출 또는 채무를 부담한 경우로서 다음 중 어느 하나에 해당하는 경우에는 이를 상속인이 상속받은 것으로 추정하여 상속세 과세가액에 산입하는 것을 말한다(상증법 제15조). 따라서 상속세가 과세되지 않기 위해서는 사용처의 용도를 상속인이 입증하여야 한다.

1) 추정상속재산의 범위

가) 상속개시일 전 재산을 처분하여 받은 금액 또는 재산에서 인출한 금액

피상속인이 재산을 처분하여 받은 금액이나 피상속인의 재산에서 인출한 금액이 상속개시일 전 1년 이내에 재산종류별로 계산하여 2억원 이상인 경우와 상속개시일 전 2년 이내에 재산종류별로 계산하여 5억원 이상인 경우로서 용도가 객관적으로 명백하지 아니한 경우에는 상속세 과세가액에 가산한다. 이 경우 피상속인이 재산을 처분하여 받은 금액이나 인출한 금액이란 재산종류별로 다음의 구분에 따라 계산한 금액을 말한다(상증령 제11조 제1항).

① 피상속인이 재산을 처분한 경우에는 그 처분가액 중 상속개시일 전 1년 또는 2년 이내에 실제 수입한 금액
② 피상속인이 금전 등의 재산을 인출한 경우에는 상속재산 중 상속개시일 전 1년 또는 2년 이내에 실제 인출한 금전 등. 이 경우 당해 금전 등이 통장 또는 위탁자계좌 등을 통하여 예입된 경우에는 상속개시일 전 1년 또는 2년 이내에 인출한 금전의 합계액에서 당해 기간 중 예입된 금전 등의 합계액을 차감한 금전 등으로 하되, 그 예입된 금전 등이 당해 통장 또는 위탁자계좌 등에서 인출한 금전이 아닌 것을 제외한다.

위에서 재산종류별이란 다음의 구분에 따른 것을 말한다.

① 현금·예금 및 유가증권
② 부동산 및 부동산에 관한 권리
③ 기타재산

나) 상속개시일 전 부담한 채무
피상속인이 부담한 채무를 합친 금액이 상속개시일 전 1년 이내에 2억원 이상인 경우와 상속개시일 전 2년 이내에 5억원 이상인 경우로서 용도가 객관적으로 명백하지 아니한 경우에는 상속세 과세가액에 가산한다. 용도가 객관적으로 명백하지 아니한 경우란 다음 중 어느 하나에 해당하는 경우를 말한다(상증령 제11조 제2항).

① 피상속인이 재산을 처분하여 받은 금액이나 피상속인의 재산에서 인출한 금전 등 또는 채무를 부담하고 받은 금액을 지출한 거래 상대방이 거래증빙의 불비 등으로 확인되지 아니하는

경우

② 거래 상대방이 금전 등의 수수 사실을 부인하거나 거래 상대방의 재산 상태 등으로 보아 금전 등의 수수 사실이 인정되지 아니하는 경우

③ 거래 상대방이 피상속인의 특수관계인으로서 사회통념상 지출 사실이 인정되지 아니하는 경우

④ 피상속인이 재산을 처분하거나 채무를 부담하고 받은 금전 등으로 취득한 다른 재산이 확인되지 아니하는 경우

⑤ 피상속인의 연령·직업·경력·소득 및 재산 상태 등으로 보아 지출 사실이 인정되지 아니하는 경우

2) 추정상속재산가액의 계산

추정상속재산에 해당하는 경우에는 사용처의 용도를 상속인이 소명해야 한다. 하지만 피상속인이 생전에 처분한 재산 등의 사용처를 상속인이 정확하게 밝히는 것이 현실적으로 쉽지 않다. 따라서 소명하지 못한 금액을 전액 상속재산으로 보는 것이 아니라 다음의 금액을 상속재산가액에 가산한다(상증령 제11조 제4항).

추정상속재산가액 = 미소명금액 - Min(① 재산처분·채무부담·인출가액 × 20% ② 2억)

입증되지 아니한 금액(미소명금액)이 재산처분·채무부담·인출가액의 20%와 2억원 중 적은 금액에 미달하는 경우에는 상속세로 과세되는 금액은 없다. 하지만 미소명금액이 재산처분·채무부담·인출가액의 20%와 2억원 중 적은 금액을 초과하는 경우에는 미소명금액에서 처분재산·채무부담·인출가액의 20%와 2억원 중 적은 금액을 차감한 금액을 상속재산가액에 포함한다. 예를 들어 피상속인의 통장에서 인출한 금액이 1년 이내 3억원인 경우 미소명금액이 6천만원 이하이면 추정상속재산가액은 없다. 하지만 만약 미소명금액이 8천만원이면 2천만원이 추정상속재산가액이 된다.

추정상속재산가액 = 8천만원 - Min(① 3억원 × 20% ② 2억원) = 2천만원

실무에서는 사용처의 용도를 소명할 때 거래와 관련되는 각종 증빙으로 소명하게 되는데 만약 상속개시일 전 2년 이내 인출된 사용처가 불분명한 금액을 객관적인 증빙 없이 추정상속재산에서 제외할 수 있을까? 이와 관련된 판례를 살펴보면 상속세 및 증여세법 제15조가 규정한 추정상속 재산의 산정과 관련하여 경험칙상 비용 발생이 명백하거나 채무의 존재나 재산출연의 원인관계 가 구체적으로 확인되며 사회통념상 그 지출 사실도 인정되는 경우라면 그와 같은 비용 상당의 예 금인출액은 용도가 객관적으로 명백하지 아니한 경우라고 보기 어렵다. 따라서 추정상속재산가 액에서 제외하는 것이 타당하다. 비록 위와 같은 금액에 관한 기초적 사실관계 대부분이 납세의무 자의 지배영역 안에 있는 것이기는 하나, 시일의 경과와 사정 변경 등으로 입증이 곤란한 경우가 충분히 생길 수가 있으므로 이러한 경우 납세의무자의 입증이 없거나 필요한 증빙서류가 불충실 하다 하여 이와 같은 비용 상당의 예금인출액을 모두 추정상속재산가액에 포함하여 상속세를 부 과하는 것은 부당하다고 판단하고 있다(판례 서울행정법원2019구합-54207, 2020. 7. 16.).

2. 비과세 상속재산

다음의 재산에 대해서는 상속세를 부과하지 않는다.

(1) 국가, 지방자치단체 또는 공공단체에 유증한 재산
(2) 제사를 주재하는 상속인을 기준으로 다음에 해당하는 재산

　　1) 피상속인이 제사를 주재하고 있던 선조의 분묘에 속한 9,900제곱미터 이내의 금양임야

　　2) 분묘에 속한 1,980제곱미터 이내의 묘토인 농지

　　3) 족보와 제구

　　다만, 1) 및 2)의 재산가액의 합계액이 2억원을 초과하는 경우에는 2억원을 한도로 하고, 3) 의 재산가액의 합계액이 1천만원을 초과하는 경우에는 1천만원을 한도로 한다.

(3) 「정당법」에 따른 정당에 유증등을 한 재산
(4) 「근로복지기본법」에 따른 사내근로복지기금이나 우리사주조합, 공동근로복지기금 및 근로 복지진흥기금에 유증등을 한 재산
(5) 사회통념상 인정되는 이재구호금품, 치료비 및 불우한 자를 돕기위하여 유증한 재산
(6) 상속재산 중 상속인이 상속세 신고기한까지 국가, 지방자치단체 또는 공공단체에 증여한 재산

3. 상속재산의 평가

상속재산의 평가 방법은 증여세 부분에서 살펴본 상속·증여재산의 평가 내용과 동일하다. 즉, 상속재산가액은 원칙적으로 시가로 평가한다. 시가로 인정하는 범위에는 해당 상속재산의 매매가액, 감정가액, 수용가액, 공매·경매가액을 포함하고, 해당 상속재산과 동일하거나 유사한 재산의 매매가액, 감정가액, 수용가액, 공매·경매가액을 포함한다. 이러한 시가를 산정하기 어려운 경우에는 부동산의 기준시가 등 보충적 평가 방법으로 평가한다. 자세한 내용은 증여세의 상속·증여재산의 평가에서 설명하였으므로 여기에서는 생략하기로 한다.

💡 생각정리 노트

상속재산의 평가와 관련하여 실무에서 유의할 것은 상속세 신고 후 결정기간 이내에 상속받은 재산을 처분하는 경우, 대출을 받기 위해 또는 그 밖의 이유로 감정평가를 받는 경우, 수용되는 경우, 공매·경매가 있는 경우, 새로운 유사매매사례가액이 있는 경우에는 당초 신고한 상속재산가액이 변경될 수 있다는 점이다.

|참고| 상속재산의 평가와 양도소득세 취득가액

상속으로 취득한 부동산을 양도하는 경우 양도차익 계산 시 양도가액에서 공제하는 취득가액은 상속세 및 증여세법에 따라 평가한 가액으로 한다. 따라서 양도차익이 많이 발생할 것으로 예상되는 상속받는 부동산은 상속재산 평가액이 높은 것이 유리할 수 있다. 하지만 상속재산가액의 증가로 상속세가 증가할 수 있으므로 상속세 증가 효과와 양도소득세 절세 효과를 비교하여 의사결정하여야 한다.

제3절 | 공과금·장례비용·채무

상속재산에서 공과금 및 채무를 공제하여 상속세 과세가액을 계산하는 이유는 상속세는 피상속인의 상속재산을 기초로 하여 과세되는 세금인데 공과금이나 채무는 피상속인이 상속재산으로 납부하거나 상환할 것을 상속인에게 승계되어 순상속재산가액을 감소시키는 방향으로 영향을 미친다. 따라서 이를 상속재산에서 공제하지 않으면 상속인이 상속세를 부담하는 능력이 감소하게 되는데 이를 해소하기 위해서 상속재산가액에서 공제한다. 장례비용을 공제하는 이유는 상속에 수반하여 지출하는 직접비용에 해당하기 때문이다.

1. 공과금

공과금이라 함은 상속개시일 현재 피상속인이 납부할 의무가 있는 것으로서 상속인에게 승계된 조세·공공요금 기타 이와 유사한 것을 말한다(상증법 제14조 제1항 제1호, 상증령 제9조 제1항).

2. 장례비용

상속재산에서 공제되는 장례비용은 다음의 구분에 의한 금액을 합한 금액으로 한다(상증법 제14조 제1항 제2호, 상증령 제9조 제2항).

(1) 피상속인의 사망일부터 장례일까지 장례에 직접 소요된 금액

이 경우 그 금액이 500만원 미만인 경우에는 500만원으로 하고 그 금액이 1천만원을 초과하는 경우에는 1천만원으로 한다. 장례에 직접 소요된 금액에는 시신의 발굴 및 안치에 직접 소요된 비용과 묘지구입비(공원묘지 사용료를 포함한다), 비석, 상석 등 장례에 직접 소요된 비용을 포함한다. 봉안시설 또는 자연장지의 사용에 소요된 금액은 이 항목에는 포함하지 않고 아래의 항목으로 하여 추가로 공제한다.

(2) 봉안시설 또는 자연장지의 사용에 소요된 금액

이 경우 그 금액이 500만원을 초과하는 경우에는 500만원으로 한다.

3. 채무

상속재산가액에서 공제하는 채무는 명칭 여하에 불구하고 상속개시 당시 확정된 피상속인의 채무로서 상속인이 실제로 부담하는 사실이 입증되는 모든 부채를 말한다. 다만, 상속개시일 전 10년 이내에 피상속인이 상속인에게 진 증여채무와 상속개시일 전 5년 이내에 피상속인이 상속인이 아닌 자에게 진 증여채무는 제외한다(상증법 제14조 제1항 제3호).

(1) 채무의 입증 방법

상속인이 실제로 부담하는 사실이 입증되는 채무란 다음 중 어느 하나의 방법으로 증명되는 것을 말한다(상증법 제14조 제4항, 상증령 제10조).

1) 국가·지방자치단체 및 금융회사 등에 대한 채무는 해당 기관에 대한 채무임을 확인할 수 있는 서류
2) 위 외의 자에 대한 채무는 채무부담계약서, 채권자확인서, 담보설정 및 이자지급에 관한 증빙 등에 의하여 그 사실을 확인할 수 있는 서류

(2) 임대보증금

피상속인의 임대보증금은 상속재산가액에서 공제한다. 이 경우 사실상 임대차계약이 체결된 건물에 있어서 토지와 건물의 소유자가 다른 경우에는 실지 임대차계약 내용에 따라 임대보증금의 귀속을 판정하며, 건물소유자만이 임대차계약을 체결한 경우 당해 임대보증금은 건물소유자에게

귀속되는 것으로 한다(집행기준 14-9-8).

(3) 채무의 사후관리

과세관청에서는 상속재산에서 공제되는 채무가 있는 경우에 국세청 전산시스템(NTIS)에 입력하여 사후관리를 하게 된다. 그리고 상속 후 상속인에게 부채상환금액과 상환자금출처에 대한 해명자료 제출 안내문을 발송한다. 그러므로 상속채무의 이자지급 및 원금상환, 보증금을 상환하는 경우에는 금융거래내역과 상환자금의 출처에 대한 자료를 미리 준비하여 소명요청에 대비하여야 한다. 그리고 상속개시일 현재의 임대차계약서와 그 후 갱신되는 임대차계약서도 잘 보관하여야 한다. 채무를 승계한 상속인 외의 자가 상속채무를 상환하는 경우 추가적으로 증여세가 과세될 수 있으므로 유의하여야 한다.

제4절 | 사전증여재산

피상속인이 상속인이나 상속인이 아닌 자에게 상속이 개시되기 전에 미리 증여한 재산은 상속세 과세가액에 가산한다. 그 이유는 상속될 재산을 사전에 증여함으로써 고율의 누진세율인 상속세를 경감 또는 회피하는 것을 방지하기 위한 취지이다.

1. 사전증여재산의 범위

피상속인이 상속개시 전 다음의 기간 이내에 증여한 재산은 상속세 과세가액에 가산한다(상증법 제13조).

(1) 상속개시일 전 10년 이내에 피상속인이 상속인에게 증여한 재산가액
(2) 상속개시일 전 5년 이내에 피상속인이 상속인이 아닌 자에게 증여한 재산가액

여기서 상속인의 범위는 제1절에서 살펴본 상속인과 동일하다. 따라서 상속개시일 현재 자녀와 배우자가 있는 경우에는 그 자녀와 배우자가 상속인이고 그 외의 자는 상속인이 아닌 자에 해당한다. 따라서 손자, 손녀, 사위나 며느리는 상속인이 아니다. 그러므로 피상속인이 손자, 손녀, 사위나 며느리에게 사전증여한 재산은 상속개시일 전 5년 이내에 증여한 재산만 상속세 과세가액에 가산된다.

상속재산에 가산되는 사전증여재산은 증여 당시에 증여재산가액이 증여재산공제 금액에 미달하여 증여세는 과세되지 않는다 하더라도 상속재산에는 가산하여야 한다.

2. 사전증여재산가액의 기준

상속재산가액에 가산하는 증여재산은 증여일 현재의 시가에 따른다(상증법 제60조 제4항). 상

속개시 전 증여가 부담부증여인 경우에는 증여재산가액에서 수증자가 인수한 채무를 차감한 금액을 가산한다(집행기준 13-0-7).

3. 가족 간 금융거래와 사전증여재산

실무에서 상속세 신고 또는 과세관청의 상속세 조사 시 쟁점이 되는 내용 중 하나가 피상속인의 10년 간 금융거래내역에 대한 사용처를 소명하는 과정에서 발생하는 사전증여재산에 대한 것이다. 이때 상속개시 전 상속인 명의로 인출한 거래가 사전증여재산에 해당하는 경우 이는 증여세와 상속세에 동시에 영향을 미치게 된다. 1차로 상속인에게 증여세 과세 문제가 발생한다. 증여세가 과세되는 경우 본세뿐만 아니라 무신고가산세와 납부지연가산세도 함께 과세된다.

2차로 피상속인의 상속세 계산 시 사전증여재산으로 상속세 과세가액에 가산하여 상속세를 계산하고, 1차로 증여세가 과세되어 납부한 증여세 산출세액은 상속세 산출세액에서 공제하여 정산하게 된다(상증법 제28조).

아래에서는 피상속인이 생전에 가족에게 송금하거나 현금으로 지급한 것에 대해 사전증여재산인지 여부에 대한 쟁점을 판례를 통하여 조금 더 살펴보기로 한다.

(1) 피상속인이 상속인의 계좌로 입금한 경우 입증책임

피상속인이 상속인의 계좌로 입금한 거래와 관련된 판례를 살펴보면 과세관청에 의하여 증여자로 인정된 자(피상속인) 명의의 예금이 인출되어 상속인 명의의 예금계좌 등으로 예치된 사실이 밝혀진 이상, 그 예금은 상속인에게 증여된 것으로 추정되고, 해당 이체액이 증여가 아닌 다른 목적으로 행하여진 것이라는 등 특별한 사정이 있다면 이에 대한 입증의 필요는 상속인에게 있다고 할 것인바, 상속인이 피상속인과 공동생활을 하였고, 수차례 빈번한 자금거래가 이루어졌다는 사정만으로 증여가 아닌 다른 목적으로 행한 것이라고 입증되었다고 보기 어렵다고 판단하고 있다(판례 조심2021서-0959, 2022. 1. 26., 대법원 99두4082, 2001. 11. 13.).

(2) 피상속인과 직계존비속 간 입금과 출금의 금융거래

피상속인과 직계존비속 간 입금과 출금의 금융거래가 있는 경우 자금의 입·출금 대응관계가 비교적 명확하고 금융거래 자료로 입증되고 있는 경우에는 사전증여재산으로 보지 않는다(판례 조심2017서-422, 2017.5.25., 조심2020서-1087, 2020.12.29.). 한편 피상속인의 계좌에서 상속인에게 입금 거래와 출금 거래가 함께 있는 경우 쌍방 증여(재차 증여)로 볼 수 있는데 증여가 아닌 다른 목적으로 이체되었다는 것을 납세자가 입증하는 경우에는 증여재산에서 제외한다는 판례도 있으므로 유의하여야 한다(판례 조심2010전-1418, 2011.5.19.).

(3) 피상속인과 배우자의 금융거래

부부는 생활과 소비의 공동체이어서 부부 간 자금이체는 경험칙상 증여 외에 공동생활비 및 간병비 등 다양한 원인이 존재하므로 부부 간에 자금이 이체되었다는 사정만으로 이체된 자금 전체를 곧바로 증여라고 단정하는 것은 합리적이지 않다. 이와 관련된 판례를 살펴보면 피상속인의 통장금액 중 일부가 매월 생활비 명목으로 별도 관리해 온 배우자의 생활비계좌로 이체되고 그 금액등이 이후 실제로 배우자의 통신비·신용카드대금·공과금 납부에 사용된 것으로 확인되는 이상, 이 부분은 배우자 간 공동생활비 등의 목적으로 지급된 것으로 보아 사전증여재산가액에서 제외하는 것이 타당하다 판단하고 있다(판례 조심 2022서-5251, 2022.9.13.).

💡 생각정리 노트
위의 판례를 살펴보면 피상속인이 상속개시 전에 배우자나 직계존비속 등 상속인에게 송금한 금액이나 현금으로 지급한 금액은 사전증여재산으로 증여세와 상속세가 과세되는 경우가 있을 수 있으므로 가족 간의 자금거래는 통장의 거래내역 정리와 관련 증빙 자료들을 잘 준비해 놓아야 상속세 신고나 조사 시 어려움을 겪지 않을 수 있다.

4. 사전증여가 상속세에 미치는 영향

(1) 사전증여재산은 상속재산에 가산될 수 있다

피상속인이 상속인에게 상속개시일로부터 10년 이내 증여한 재산이나 피상속인이 상속인 외의 자에게 상속개시일로부터 5년 이내 증여한 재산은 상속재산에 가산된다. 따라서 사전증여재산이 상속재산에 합산되지 않기 위해서는 생전에 10년이나 5년의 장기 계획으로 차근차근 증여를 고려하여야 한다.

(2) 상속재산에 합산되는 사전증여재산은 증여당시의 가액으로 평가하여 합산된다

사전증여재산은 증여당시의 시가로 평가하여 상속재산에 합산된다. 따라서 증여 후 재산가치가 상승할 것이 예상되는 재산의 경우에는 가능한 빠른 시기에 사전증여하는 것을 고려하여야 한다.

(3) 사전증여재산으로 상속재산공제가 줄어들 수 있다

상속재산에 합산되는 사전증여재산은 상속공제 한도 계산 시 차감되므로 상속공제 금액이 줄어들어 상속세가 증가할 수 있다.

이처럼 사전증여는 상속세를 줄이는 효과와 더불어 상속세를 증가시키는 효과가 있으므로 증여자의 연령이나 재산구성 등을 고려하여 장기적인 관점에서 상속 대비 증여계획을 세워야 한다.

지금까지 상속세의 납부할 세액을 계산하는 단계에서 상속세 과세가액을 계산하는 단계를 살펴보았다. 다음 단계는 상속세 과세표준을 계산하는 단계이다. 상속세 과세표준은 상속세 과세가액에서 상속재산공제와 감정평가수수료를 차감하여 계산한다. 다음 절에서는 상속공제에 대한 내용을 살펴보기로 한다.

제5절 | 상속공제

　상속세는 피상속인이 일생 동안 일구어 놓은 상속개시 당시의 총재산을 기초로 하여 최고세율이 50%에 해당하는 고율로 과세하는 세금이다. 따라서 고율에 해당하는 상속세를 과세하는 경우 상속인의 생활에 곤란을 초래하는 경우가 생길 수 있으므로 상속세 과세표준을 낮추어 상속세를 감소시켜 주어야 상속인이 안정적인 생활을 유지할 수 있다. 이런 취지로 상속세 과세가액에서 공제해 주는 항목들이 있다. 이를 상속공제라 한다.

　상속공제는 기초공제와 상속인의 상황에 따라 공제하는 인적공제로 구분한다. 기초공제와 인적공제 금액은 상속공제의 실효성을 높이기 위해 일괄공제금액과 비교하여 일괄공제금액보다 적은 경우 일괄공제금액을 공제해 준다. 그 밖에도 피상속인의 배우자가 있는 경우 배우자공제와 금융재산이 있는 경우 금융재산공제 그리고 피상속인과 직계비속이 동거한 주택이 있는 경우 동거주택 상속공제제도가 있다. 아래에서는 이러한 내용을 구체적으로 살펴보기로 한다.

1. 기초공제

　거주자나 비거주자의 사망으로 상속이 개시되는 경우에는 상속세 과세가액에서 2억원을 공제한다(상증법 제18조 제1항).

2. 인적공제

　거주자의 사망으로 상속이 개시되는 경우로서 다음 중 어느 하나에 해당하는 경우에는 해당 금액을 상속세 과세가액에서 공제한다(상증법 제20조).

　(1) 자녀 1명에 대해서는 5천만원
　(2) 상속인(배우자는 제외한다) 및 동거가족 중 미성년자에 대해서는 1천만원에 19세가 될 때까

지의 연수를 곱하여 계산한 금액

(3) 상속인(배우자는 제외한다) 및 동거가족 중 65세 이상인 사람에 대해서는 5천만원

(4) 상속인 및 동거가족 중 장애인에 대해서는 1천만원에 상속개시일 현재 「통계법」 제18조에 따라 통계청장이 승인하여 고시하는 통계표에 따른 성별·연령별 기대여명期待餘命의 연수를 곱하여 계산한 금액

3. 일괄공제

거주자의 사망으로 상속이 개시되는 경우에 상속인이나 수유자는 기초공제와 인적공제를 합친 금액과 5억원 중 큰 금액으로 공제받을 수 있다. 다만, 신고가 없는 경우에는 5억원을 공제한다(상증법 제21조 제1항). 하지만 피상속인의 배우자가 단독으로 상속받는 경우에는 기초공제와 인적공제를 합친 금액으로만 공제하고 일괄공제는 적용하지 않는다(상증법 제21조 제2항). 피상속인의 배우자가 단독으로 상속받는 경우라 함은 피상속인의 상속인이 배우자 외에는 존재하지 않는 경우를 말한다.

4. 배우자 상속공제

거주자의 사망으로 상속이 개시되어 배우자가 실제 상속받은 금액은 배우자법정상속분으로 계산한 금액과 30억원 중 작은 금액을 한도로 상속세 과세가액에서 공제한다(상증법 제19조 제1항). 이 경우 배우자가 실제 상속받은 금액이 없거나 상속받은 금액이 5억원 미만이면 5억원을 공제한다.

(1) 공제금액의 계산

1) 배우자가 실제 상속받은 금액의 계산

배우자의 총상속재산가액
- 10년 이내 배우자가 사전증여받은 재산가액
- 배우자의 추정상속재산가액
- 배우자가 승계하기로 한 공과금 및 채무액
- 배우자 상속재산 중 비과세 재산가액
- 배우자 상속재산 중 과세가액불산입액

2) 배우자 법정상속분의 계산

총상속재산가액(주1)

+ 상속인에게 증여한 사전증여재산가액(주2)

- 상속인이 아닌 자가 유증·사인증여 받은 재산가액(주3)

- 공과금·채무액(주4)

- 비과세되는 상속재산가액

- 과세가액 불산입액

= A

A × 배우자의 법정상속비율

- 배우자가 10년 이내 사전증여받은 재산에 대한 증여세 과세표준

(주1) 총상속재산가액에는 본래의 상속재산, 유증·사인증여한 재산뿐만 아니라 간주상속재산, 추정상속재산도 포함한다.

(주2) 상속개시 전 5년 이내 상속인이 아닌 자에게 증여한 재산가액은 합산하지 않는다.

(주3) 상속인에게 유증·사인증여한 재산은 차감하지 않는다.

(주4) 장례비는 차감하지 않는다.

핵심포인트 **배우자상속공제액**

Max [Min (❶ 배우자가 실제 상속받은 금액 ❷ 배우자 법정 상속분 ❸ 30억), 5억]

(2) 배우자상속공제 요건

배우자 상속공제 요건으로 배우자상속재산분할기한까지 ① 상속재산분할협의 ② 등기·등록·명의개서 등이 필요한 상속재산인 경우 상속재산분할협의에 따른 등기·등록·명의개서 ③ 상속재산 분할사실을 신고하여야 한다(판례 서울고등법원2017나-2052963, 2018. 2. 1.).

(3) 배우자상속재산분할기한

배우자 상속공제는 상속세 과세표준신고기한의 다음 날부터 9개월이 되는 날(배우자상속재산분할기한)까지 배우자의 상속재산을 분할(등기·등록·명의개서 등이 필요한 경우에는 그 등기·등록·명의개서 등이 된 것에 한정한다)한 경우에 적용한다. 이 경우 상속인은 상속재산의 분할 사실을 배우자상속재산분할기한까지 납세지 관할 세무서장에게 신고하여야 한다. 다만, 부득

이한 사유로 배우자상속재산분할기한까지 배우자의 상속재산을 분할할 수 없는 경우에는 부득이한 사유를 입증할 수 있는 서류와 함께 배우자상속재산미분할신고서를 관할 세무서에 제출하면 배우자상속재산분할기한의 다음 날부터 6개월이 되는 날(배우자상속재산분할기한의 다음 날부터 6개월이 지나 과세표준과 세액의 결정이 있는 경우에는 그 결정일)까지 상속재산을 분할하여 신고하는 경우 배우자상속재산분할기한까지 분할한 것으로 본다.

5. 금융재산 상속공제

거주자의 사망으로 상속이 개시되는 경우로서 상속개시일 현재 상속재산가액 중 금융재산의 가액에서 금융채무를 뺀 가액(순금융재산의 가액)이 있으면, 순금융재산의 가액이 2천만원 이하인 경우 순금융재산가액 전액, 순금융재산의 가액이 2천만원을 초과하는 경우 순금융재산가액의 20% 또는 2천만원 중 큰 금액을 공제한다. 다만, 그 금액이 2억원을 초과하면 2억원을 공제한다(상증법 제22조). 여기서 금융재산이란 금융회사 등이 취급하는 예금·적금·부금·계금·출자금·신탁재산(금전신탁재산에 한한다)·보험금·공제금·주식·채권·수익증권·출자지분·어음 등의 금전 및 유가증권을 말한다(상증령 제19조).

6. 동거주택 상속공제

동거주택 상속공제는 부모와의 동거봉양을 장려하기 위하여 마련한 제도로서 거주자의 사망으로 상속이 개시되는 경우 다음의 요건을 모두 갖춘 경우에는 상속주택가액(상속개시일 현재 해당 주택 및 주택부수토지에 담보된 피상속인의 채무액을 뺀 가액을 말한다)의 100%에 상당하는 금액을 상속세 과세가액에서 공제한다. 다만, 그 공제할 금액은 6억원을 한도로 한다(상증법 제23조의2, 상증령 제20조의2).

(1) 피상속인과 직계비속 또는 직계비속의 사망 등으로 대습상속을 받은 직계비속의 배우자가 상속개시일부터 소급하여 10년 이상(상속인이 미성년자인 기간은 제외한다) 계속하여 하나의 주택에서 동거할 것
(2) 피상속인과 상속인이 상속개시일부터 소급하여 10년 이상 계속하여 1세대를 구성하면서 1

세대 1주택에 해당할 것. 이 경우 무주택인 기간이 있는 경우에는 해당 기간은 1세대 1주택에 해당하는 기간에 포함한다.

(3) 상속개시일 현재 무주택자이거나 피상속인과 공동으로 1세대 1주택을 보유한 자로서 피상속인과 동거한 상속인이 상속받은 주택일 것

7. 상속공제 적용의 한도

상속세 과세가액에서 공제하는 기초공제, 가업·영농상속공제, 배우자상속공제, 기타 인적공제, 일괄공제, 금융재산 상속공제, 재해손실공제, 동거주택 상속공제 등의 합계액은 다음의 금액을 한도로 공제한다. 다만 ③은 상속세 과세가액이 5억원을 초과하는 경우만 적용한다(상증법 제 24조).

상속세 과세가액
- ① 선순위인 상속인이 아닌 자에게 유증 또는 사인증여한 재산가액
- ② 선순위인 상속인의 상속포기로 그 다음 순위의 상속인이 상속받은 재산가액
- ③ 사전증여재산가액(증여재산공제 차감한 금액)

지금까지 상속세 과세표준을 계산하기 위해 상속세 과세가액에서 차감하는 상속공제에 대해서 살펴보았다. 상속세의 납부할 세액은 과세표준에 세율을 적용하여 산출세액을 구하고 여기에 세대생략할증세액을 가산한 후 신고세액공제 등을 차감하면 계산할 수 있다. 다음 절에서는 상속세의 세율과 신고·납부 방법에 대해서 살펴보기로 한다.

제6절 | 세율 및 신고 · 납부

1. 세율(증여세와 동일)

과세표준	세율	누진공제
1억원 이하	10%	
1억원 초과 5억원 이하	20%	10,000,000
5억원 초과 10억원 이하	30%	60,000,000
10억원 초과 30억원 이하	40%	160,000,000
30억원 초과	50%	460,000,000

|참고| 세대생략할증세액

상속인이나 수유자가 피상속인의 자녀를 제외한 직계비속인 경우에는 상속세 산출세액에 상속재산(상속재산에 가산한 증여재산 중 상속인이나 수유자가 받은 증여재산을 포함한다) 중 그 상속인 또는 수유자가 받았거나 받을 재산이 차지하는 비율을 곱하여 계산한 금액의 30%(피상속인의 자녀를 제외한 직계비속이면서 미성년자에 해당하는 상속인 또는 수유자가 받았거나 받을 상속재산의 가액이 20억원을 초과하는 경우에는 40%)에 상당하는 금액을 가산한다. 다만, 「민법」 제1001조에 따른 대습상속의 경우에는 그러하지 아니하다(상증법 제57조).

2. 신고세액공제

상속세 과세표준을 신고기한 내에 신고한 경우에는 상속세 산출세액(세대를 건너뛴 상속에 대한 할증세액 포함)의 3%에 상당하는 금액을 공제한다.

3. 상속세의 신고 · 납부

(1) 신고 · 납부기한

상속세 납부의무가 있는 상속인 또는 수유자는 상속개시일이 속하는 달의 말일부터 6개월 이내에 납세지 관할 세무서장에게 신고 · 납부하여야 한다. 다만, 피상속인이나 상속인이 외국에 주소를 둔 경우에는 9개월로 한다.

(2) 분납

상속세로 납부할 금액이 1천만원을 초과하는 경우에는 납부할 금액의 일부를 납부기한이 지난 후 2개월 이내에 분할납부할 수 있다.

(3) 연부연납

납세지 관할 세무서장은 상속세 납부세액이 2천만원을 초과하는 경우에는 납세의무자의 신청을 받아 연부연납을 허가할 수 있다(상증법 제71조). 연부연납의 기간은 연부연납 허가일부터 10년의 범위에서 해당 납세의무자가 신청한 기간으로 한다. 다만, 각 회분의 분할납부 세액이 1천만원을 초과하도록 연부연납기간을 정하여야 한다.

$$연부연납\ 금액 = 연부연납\ 대상금액 \div (연부연납기간 + 1)$$

연부연납을 신청하는 경우 납세의무자는 납세담보를 제공하여야 하며, 각 회분의 분할납부세액에 3.5%의 가산율을 곱한 연부연납가산금을 가산하여 납부하여야 한다.

(4) 물납

납세지 관할 세무서장은 다음의 요건을 모두 갖춘 경우에는 납세의무자의 신청을 받아 물납을 허가할 수 있다. 다만, 물납을 신청한 재산의 관리·처분이 적당하지 아니하다고 인정되는 경우에는 물납허가를 하지 아니할 수 있다(상증법 제73조).

1) 상속재산(상속재산에 가산하는 증여재산 중 상속인 및 수유자가 받은 증여재산을 포함한다) 중 부동산과 유가증권의 가액이 해당 상속재산가액의 2분의 1을 초과할 것
2) 상속세 납부세액이 2천만원을 초과할 것
3) 상속세 납부세액이 상속재산가액 중 금융재산의 가액을 초과할 것

(5) 가산세

1) 무신고가산세
무신고납부세액 × 20%(부당무신고는 40%)

2) 과소신고가산세
과소신고납부세액 × 10%(부당과소신고는 40%)

3) 납부지연가산세
납부하지 아니한 세액 또는 과소납부분 세액 × 법정납부기한의 다음 날부터 납부일까지의 기간 × 0.02%

(6) 과세관청의 법정결정기한

상속세는 납세의무자가 신고하는 때 납세의무가 확정되는 세금이 아니라 과세관청에서 조사하여 결정하는 때 납세의무가 확정된다. 과세관청은 상속세과세표준 신고기한부터 9개월 이내에 과세표준과 세액을 결정하여야 한다.

법령 명칭 요약

- 종합부동산세법: 종부법
- 종합부동산세법 시행령: 종부령
- 종합부동산세법 시행규칙: 종부칙

재산세와 종합부동산세

제11장에서는 다음과 같은 내용을 살펴보기로 한다.

제1절 | 재산세의 개요

부동산을 보유할 때 납부하는 세금을 보유세라 한다. 대표적으로 재산세와 종합부동산세가 있다. 이번 절에서는 재산세의 개요에 대해 살펴보고 다음 절에서는 재산세와 종합부동산세의 유사점과 차이점에 대해 알아보기로 한다.

1. 과세대상 및 납세의무자

(1) 과세대상

재산세는 토지, 건축물, 주택, 항공기 및 선박을 과세대상으로 한다. 주택은 토지와 건물을 통합하여 주택분 재산세로 부과하고, 주택외의 건축물에 대하여는 건물분 재산세로, 나대지나 일반건축물 부속토지 등에 대하여는 토지분 재산세로 부과한다. 선박 및 항공기에 대하여는 기타 재산세로 부과한다. 토지에 대한 재산세 과세대상은 다음과 같이 분리과세대상, 별도합산과세대상, 종합합산과세대상으로 구분하여 과세한다(지법 제106조).

1) 분리과세대상 토지
분리과세대상 토지란 과세기준일 현재 납세의무자가 소유하고 있는 토지 중 국가의 보호·지원이 필요한 것은 저율로 과세하고 규제가 필요한 것은 고율로 과세하는 토지로서 다음 중 어느 하나에 해당하는 토지를 말한다.

① 전·답·과수원·공장용지 및 목장용지
② 산림의 보호육성을 위하여 필요한 임야 및 종중 소유 임야
③「산업집적활성화 및 공장설립에 관한 법률」에 따른 공장의 부속토지로서 개발제한구역의 지정이 있기 이전에 그 부지 취득이 완료된 토지

④ 국가 및 지방자치단체 지원을 위한 특정 목적 사업용토지

⑤ 에너지·자원의 공급 및 방송·통신·교통 등의 기반시설용토지

⑥ 국토의 효율적 이용을 위한 개발사업용토지

⑦ 골프장용토지와 고급오락장용토지

2) 별도합산과세대상 토지

별도합산과세대상 토지란 과세기준일 현재 납세의무자가 소유하고 있는 토지로서 다음 중 어느 하나에 해당하는 토지를 말한다.

① 공장용 건축물의 부속토지

② 차고용토지, 보세창고용토지, 시험·연구·검사용토지, 물류단지시설용토지 등 공지상태空地 狀態나 해당 토지의 이용에 필요한 시설 등을 설치하여 업무 또는 경제활동에 활용되는 토지

③ 철거·멸실된 건축물 또는 주택의 부속토지

3) 종합합산과세대상 토지

종합합산과세대상 토지란 과세기준일 현재 납세의무자가 소유하고 있는 토지로서 분리과세대상 또는 별도합산과세대상 토지를 제외한 토지를 말한다.

(2) 납세의무자

과세기준일(매년 6월 1일) 현재 사실상 재산을 소유하고 있는 자는 재산세 납세의무자가 된다. 이때 주택의 건물과 부속토지의 소유자가 다른 경우에는 그 주택에 대한 산출세액을 건축물과 그 부속토지의 시가표준액 비율로 안분계산하여 각 부분에 대해 그 소유자를 납세의무자로 한다. 따라서 주택의 부속토지를 소유하고 있는 자는 주택분으로 재산세가 부과된다.

과세기준일이 6월 1일이므로 부동산 매매계약 시 매매잔금을 6월 1일 이전으로 하는 경우에는 부동산을 취득한 매수자가 납세의무자가 되며, 6월 2일 이후로 하는 경우에는 6월 1일 현재 소유자인 매도자(전 소유자)가 납세의무자가 된다.

상속이 개시된 재산으로서 상속등기가 이행되지 아니하고 사실상의 소유자를 신고하지 아니하

였을 때에는 상속지분이 가장 높은 사람을 납세의무자로 하되, 상속지분이 가장 높은 사람이 두 명 이상이면 그중 나이가 가장 많은 사람을 납세의무자로 한다.

2. 계산구조

시가표준액	· 주택 공시가격, 토지 개별공시지가, 건축물 시가표준액
(×) 공정시장가액비율	· 주택 60%, 토지 · 건축물 70%
(=) 과세표준	**· 시가표준액 × 공정시장가액비율**
(×) 세율	· 과세대상별 상이
(=) 산출세액	**· 과세표준 × 세율**
(-) 세부담상한초과액	· 세부담 상한 주택 3억원 이하 105%, 3억원~6억원 110%, 6억원 초과 130% 토지 · 건축물 150%
(-) 감면세액	
(=) 납부할 세액	**· 산출세액 - 세부담상한초과액 - 감면세액**

3. 세율

(1) 주택

과세표준	세율	누진공제
6천만원 이하	0.1%	-
6천만원 초과 1억 5천만원 이하	0.15%	30,000
1억 5천만원 초과 3억원 이하	0.25%	180,000
3억원 초과	0.4%	630,000

(2) 토지

구분		과세표준	세율	누진공제
분리과세대상	농지·목장용지·임야	단일저율	0.1%	-
	공장용지	단일저율	0.2%	-
	골프장·고급오락장용	단일고율	4%	-
별도합산과세대상		2억원 이하	0.2%	-
		2억원 초과 10억원 이하	0.3%	50,000
		10억원 초과	0.4%	250,000
종합합산과세대상		5,000만원 이하	0.2%	-
		5,000만원 초과 1억원 이하	0.3%	200,000
		1억원 초과	0.5%	1,200,000

(3) 건축물

구분	세율
골프장 및 고급오락장용 건축물	4%
공장용건축물	0.5%
기타건축물	0.25%

4. 납부기간

재산세는 지방자치단체에서 고지서를 발송하면 다음의 기간에 납부한다.

1) 주택분 재산세의 50%와 건축물분 재산세: 7월 16일~7월 31일

2) 주택분 재산세의 50%와 토지분 재산세: 9월 16일~9월 30일

제2절 │ 재산세와 종합부동산세의 관계

재산세와 종합부동산세는 보유세로서 선행적으로 지방자치단체에서 재산세가 과세되고 재산세 과세대상 중에서 주택과 토지에 대해 국가에서 종합부동산세를 과세한다. 재산세와 종합부동산세의 이중과세를 완화하기 위해 종합부동산세의 과세대상 중 재산세로 납부한 금액은 공제해준다. 이런 구조 때문에 재산세와 종합부동산세는 유사점을 가지고 있으나 과세권자가 다른 이유 등으로 차이점도 존재한다. 아래에서는 재산세와 종합부동산세의 유사점과 차이점에 대해 살펴보기로 한다.

1. 유사점

(1) 과세기준일 및 납세의무자

재산세와 종합부동산세의 과세기준일은 매년 6월 1일이고, 종합부동산세의 납세의무자도 재산세 납세의무자를 기준으로 한다(종부법 제7조 제1항). 따라서 종합부동산세는 재산세의 후행세목이라고 할 수 있다. 1차로 부동산 소재지 관할 시·군·구에서 관내 부동산을 과세유형별로 구분하여 재산세를 부과하고, 2차로 각 유형별 공제액을 초과하는 부분에 대하여 주소지 관할 세무서에서 종합부동산세를 부과한다.

(2) 과세대상

부동산 중 재산세의 과세대상은 주택, 토지, 건축물로 하고 종합부동산세에서는 그 중에서 과세기준금액을 초과하는 주택 및 토지를 과세대상으로 한다.

(3) 공정시장가액비율 및 세부담 상한 적용

재산세와 종합부동산세 모두 과세대상금액에 공정시장가액비율을 적용하여 과세표준을 산정한다는 점도 동일하다. 또한 세부담 상한의 적용을 받는다.

2. 차이점

(1) 과세관할

재산세는 부동산 소재지 관할 지방자치단체에서 부과하는 세금인 지방세이다. 종합부동산세는 부동산 소유자의 주소지 관할 세무서에서 부과하는 국세에 해당한다.

(2) 과세방법

재산세의 과세 방법은 주택과 건축물은 물건별로 과세하고 토지는 지방자치단체 내의 토지를 합산하여 과세한다. 종합부동산세는 주택 및 토지에 대해 인별로 합산하여 과세한다.

(3) 세율

재산세의 세율은 주택, 종합합산토지 및 별도합산토지에 대해 누진세율체계를 갖고 있으며, 분리과세대상 토지에 대해서는 단일 세율을 적용한다. 종합부동산세의 세율은 주택에 대해서는 주택 수에 따라 다른 누진세율을 적용하고 1세대 1주택을 보유한 고령자 및 장기보유자에 대한 세액공제제도를 두고 있다. 토지는 종합합산토지와 별도합산토지 각각에 대해 다른 누진세율을 적용하고 있다.

다음 장에서는 종합부동산세 과세대상 중에서 주택에 대한 종합부동산세의 계산구조, 과세표준의 계산, 세율 및 납부 방법에 대해 살펴보기로 한다.

제12장

주택의 보유와 종합부동산세

제12장에서는 다음과 같은 내용을 살펴보기로 한다.

제1절 종합부동산세의 개요

제2절 합산배제주택과 합산배제 신고

제1절 │ 종합부동산세의 개요

　종합부동산세란 과세기준일(매년 6월 1일) 현재 국내에 소재한 재산세 과세대상인 주택 및 토지를 유형별로 구분하여 인별로 공시가격을 합산하여 그 합계액이 각 유형별 공제금액을 초과하는 경우 그 초과분에 대하여 과세하는 세금을 말한다.

　부동산 유형별 종합부동산세 과세대상 및 공제금액을 살펴보면 다음과 같다. 다만, 법인이 보유하는 주택은 2021. 1. 1. 이후부터 공제되는 금액이 없다.

[부동산 유형별 기본공제금액]

부동산 유형별 과세대상	공제금액
주택(부수토지 포함)	9억원 다만, 1세대 1주택자 또는 부부공동명의 1주택 신청자는 12억원 법인이 보유하는 주택은 공제금액 없음
별도합산대상토지(상가부속토지 등)	80억원
종합합산대상토지(나대지 등)	5억원

1. 납세의무자

　과세기준일 현재 주택 또는 토지분 재산세의 납세의무자로서 부동산 유형별 공제금액을 초과하는 자는 종합부동산세를 납부할 의무가 있다(종부법 제7조). 따라서 과세기준일이 6월 1일이므로 부동산 매매계약 시 매매잔금을 6월 1일 이전으로 하는 경우에는 부동산을 취득한 매수자가 납세의무자가 되며, 6월 2일 이후로 하는 경우에는 6월 1일 현재 소유자인 매도자(전 소유자)가 납세의무자가 된다. 과세기준일 이전에 상속이 개시되었으나 상속등기하지 아니한 경우 납세의무자는 상속지분이 가장 높은 자, 연장자를 순차적으로 적용한다.

　이 책에서는 종합부동산세 납세의무자 중에서 주택에 대한 종합부동산세 납세의무자에게 적용되는 세법의 내용에 대해서 살펴보기로 한다.

2. 계산구조

주택에 대한 종합부동산세 계산구조에서 납부할 세액의 계산은 네 단계를 거치게 된다. 첫 번째 단계는 과세표준을 계산하는 단계다. 두 번째 단계에서 과세표준에 세율을 곱하여 종합부동산세액을 계산한다. 세 번째 단계에서 산출세액을 계산하고, 마지막 단계에서 납부할 세액을 계산하여 신고·납부한다. 아래에서는 각각의 단계와 관련된 세법의 내용에 대해 살펴보기로 한다.

[주택분 종합부동산세 계산구조]

공시가격 합계	· 소유자별 공시가격 합산
(-) 기본공제	· 9억원 1세대 1주택자 또는 부부공동명의 1주택자 12억원
(×) 공정시장가액비율	· 60%
(=) 과세표준	**· (공시가격 합계 - 기본공제) × 공정시장가액비율**
(×) 세율	· 기본세율 · 중과세율: 3주택 이상이고 공시가격 12억원 이상
(=) 종합부동산세액	**· 과세표준 × 세율**
(-) 공제할 재산세액	· 주택분 재산세 부과액의 합계액 중 주택분 과세표준에 해당하는 재산세액
(=) 산출세액	**· 종합부동산세액 - 공제할 재산세액**
(-) 세액공제	· 고령자세액공제, 장기보유세액공제
(-) 세부담상한초과세액	· 100분의 150
(=) 납부할 세액	**· 산출세액 - 세액공제 - 세부담상한초과액**

3. 과세표준의 계산

주택에 대한 종합부동산세의 과세표준은 납세의무자별로 주택의 공시가격을 합산한 금액에서 기본공제금액(9억원)을 차감한 금액에 공정시장가액비율을 곱한 금액으로 계산한다. 다만, 과세 기준일 현재 세대원 중 1인이 해당 주택을 단독으로 소유한 경우로서 1세대 1주택자 또는 공동명의 1주택자로 신청한 경우에는 기본공제금액에 3억원을 추가하여 12억원을 공제한다(종부법 제8조 제1항).

> 과세표준 = [소유자별 주택공시가격 합계 - 9억원(1세대 1주택자 또는 부부공동명의 1주택 선택자 12억원)] × 공정시장가액비율

아래에서는 과세표준 계산 시 합산하지 않는 주택의 종류, 1세대 1주택자, 공정시장가액비율에 대한 내용을 차례로 살펴보기로 한다.

(1) 과세표준 계산 시 합산하지 않는 주택

다음 중 어느 하나에 해당하는 주택은 과세표준 계산 시 합산대상 주택의 범위에 포함하지 않는다(종부법 제8조 제2항).

1) 합산배제 임대주택

「민간임대주택에 관한 특별법」에 따른 민간임대주택, 「공공주택 특별법」에 따른 공공임대주택 또는 다가구 임대주택으로서 임대기간, 주택의 수, 가격, 규모 등을 고려하여 정하는 주택(종부법 제8조 제2항 제1호, 종부령 제3조).

2) 합산배제 사원용주택 등

제1호의 주택 외에 종업원의 주거에 제공하기 위한 기숙사 및 사원용주택, 주택건설사업자가 건축하여 소유하고 있는 미분양주택, 가정어린이집용 주택, 수도권 외 지역에 소재하는 1주택 등 종합부동산세를 부과하는 목적에 적합하지 아니한 주택(종부법 제8조 제2항 제2호, 종부령 제4조).

위에 해당하는 주택을 보유한 납세의무자는 9월 16일부터 9월 30일까지 관할 세무서에 해당 주택의 보유 현황을 신고하여야 한다. 합산배제주택 및 합산배제 신고에 대해서는 뒤에서 구체적으로 살펴보기로 한다.

(2) 1세대 1주택자

1세대 1주택자란 세대원 중 1명만이 주택분 재산세 과세대상인 1주택만을 소유한 경우로서 그 주택을 소유한 거주자를 말한다. 이러한 1세대 1주택자는 종합부동산세의 과세표준을 계산할 때 기본공제금액인 9억원을 공제하는 것이 아니라 12억원을 공제한다.

1) 1세대의 개념

1세대라 함은 주택 또는 토지의 소유자 및 그 배우자와 그들과 생계를 같이하는 가족을 말한다 (종부법 제2조 제8호). 이 경우 가족이라 함은 주택 또는 토지의 소유자와 그 배우자의 직계존비속(그 배우자를 포함한다) 및 형제자매를 말하며, 취학, 질병의 요양, 근무상 또는 사업상의 형편으로 본래의 주소 또는 거소를 일시퇴거한 자를 포함한다. 다음의 어느 하나에 해당하는 경우에는 배우자가 없는 때에도 1세대로 본다(종부령 제1조의2).

① 30세 이상인 경우

② 배우자가 사망하거나 이혼한 경우

③ 「소득세법」 제4조에 따른 소득이 「국민기초생활 보장법」 제2조 제11호에 따른 기준중위소득의 100분의 40 이상으로서 소유하고 있는 주택 또는 토지를 관리·유지하면서 독립된 생계를 유지할 수 있는 경우. 다만, 미성년자의 경우를 제외한다.

2) 1세대의 특례

가) 동거봉양합가

동거봉양하기 위하여 합가함으로써 과세기준일 현재 60세 이상의 직계존속(직계존속 중 어느 한 사람이 60세 미만인 경우를 포함한다)과 1세대를 구성하는 경우에는 합가한 날부터 10년 동안(합가한 날 당시는 60세 미만이었으나, 합가한 후 과세기준일 현재 60세에 도달하는 경우는 합가한 날부터 10년의 기간 중에서 60세 이상인 기간 동안) 주택 또는 토지를 소유하는 자와 그 합가한 자별로 각각 1세대로 본다.

나) 혼인합가

혼인함으로써 1세대를 구성하는 경우에는 혼인한 날부터 5년 동안은 주택 또는 토지를 소유하는 자와 그 혼인한 자별로 각각 1세대로 본다.

3) 1세대 1주택자 여부를 판단할 때 주택 수에서 제외되는 주택

1세대 1주택자 여부를 판단할 때 다음의 주택은 1세대가 소유한 주택 수에서 제외한다(종부령 제2조의3 제2항).

① 합산배제 임대주택의 어느 하나에 해당하는 주택으로서 합산배제 신고를 한 주택. 다만, 합산배제 임대주택 외의 주택을 소유하는 자가 과세기준일 현재 그 주택에 주민등록이 되어 있고 실제로 거주하고 있는 경우에 한정하여 적용한다. 합산배제 임대주택은 뒤에서 구체적으로 살펴보기로 한다.
② 국가등록문화재에 해당하는 주택

4) 1세대 2주택 특례주택

1주택을 소유한 1세대가 다음 중 어느 하나에 해당하는 경우에는 1세대 1주택자로 본다(종부법 제8조 제4항).

가) 1주택과 다른 주택의 부속토지를 소유한 경우

1주택(주택의 부속토지만을 소유한 경우는 제외한다)과 다른 주택의 부속토지(주택의 건물과 부속토지의 소유자가 다른 경우의 그 부속토지를 말한다)를 함께 소유하고 있는 경우

나) 일시적2주택

일시적2주택이란 1세대 1주택자가 보유하고 있는 1주택(종전주택)을 양도하기 전에 다른 1주택(신규주택)을 대체취득(자기가 건설하여 취득하는 경우를 포함한다)하여 일시적으로 2주택이 된 경우로서 과세기준일 현재 신규주택을 취득한 날부터 3년이 경과하지 않은 경우를 말한다.

다) 상속주택

1주택과 상속받은 주택(조합원입주권 또는 분양권을 상속받아 사업시행 완료 후 취득한 신축주택을 포함한다)을 함께 소유하고 있는 경우로서 다음 중 어느 하나에 해당하는 주택을 말한다.

① 과세기준일 현재 상속개시일부터 5년이 경과하지 않은 주택

② 지분율이 40% 이하인 주택(기간제한 없음)

③ 지분율에 상당하는 공시가격이 6억원(수도권 밖의 지역에 소재하는 주택의 경우에는 3억원) 이하인 주택(기간제한 없음)

라) 지방 저가주택

지방 저가주택이란 1주택과 지방 저가주택을 함께 소유하고 있는 경우로서 다음의 요건을 모두 충족하는 1주택을 말한다.

① 공시가격이 3억원 이하일 것

② 수도권 밖의 지역으로서 다음의 어느 하나에 해당하는 지역에 소재하는 주택일 것

    ㉮ 광역시 및 특별자치시가 아닌 지역

    ㉯ 광역시에 소속된 군

    ㉰ 「세종특별자치시 설치 등에 관한 특별법」에 따른 읍·면

💡 생각정리 노트

위의 일시적 2주택 등 1세대 1주택자 판단 시 주택 수 산정에서 제외하는 주택의 의미는 1세대가 1주택과 위의 특례주택을 보유하고 있는 경우 주택 수에서 제외하여 1주택으로 보아 공시가격의 합계에서 12억원을 공제한다는 것이다. 따라서 공시가격은 특례주택을 포함하여 합산하여야 한다. 이런 측면에서 과세표준 계산 시 합산되지 않는 주택과 차이가 있다. 즉, 임대주택 등 과세표준 계산 시 합산되지 않는 주택은 그 공시가격은 제외하고 과세표준을 계산한다.

5) 주택부속토지 소유와 1세대 1주택자 판단

종합부동산세의 과세표준 계산 시 소유자별 주택공시가격 합계에서 12억원을 공제할 수 있는 1

세대 1주택자란 세대원 중 1명만이 주택분 재산세 과세대상인 1주택만을 소유한 거주자를 말한다(종부령 제2조의3 제1항). 이 경우 재산세 납세의무자에서 이미 살펴보았듯이 주택의 부속토지를 소유하고 있는 경우에는 그 부속토지도 주택분으로 재산세가 부과된다. 따라서 주택 건물 소유자와 부속토지 소유자가 다른 경우 부속토지 소유자도 원칙적으로 1주택을 소유하고 있는 것으로 보아야 한다. 이에 대한 내용을 본인이 1주택과 다른 주택의 부속토지를 소유한 경우와 본인이 1주택을 소유하고 동일세대원이 다른 주택의 부속토지만 소유한 경우로 나누어 살펴보기로 한다.

가) 본인이 1주택과 다른 주택의 부속토지를 소유한 경우

앞의 1세대 2주택 특례주택에서 살펴보았듯이 1주택(주택의 부속토지만을 소유한 경우는 제외한다)과 다른 주택의 부속토지(주택의 건물과 부속토지의 소유자가 다른 경우의 그 부속토지를 말한다)를 함께 소유하고 있는 경우에는 1세대 1주택자로 본다고 규정하고 있다(종부법 제8조 제4항).

나) 본인이 1주택을 소유하고 동일세대원이 다른 주택의 부속토지만 소유한 경우

해당 주택의 소유자가 속한 세대의 다른 세대원이 다른 주택의 부속토지를 소유하고 있는 경우 그 부속토지는 주택분 재산세의 과세대상인 주택에 포함된다고 보아야 하므로 그 주택의 소유자는 종합부동산세법상 1세대 1주택자에 해당하지 않는다(판례 대법원2010두-23910, 2012.6.28, 예규 종부-6, 2011.2.25.).

💡 생각정리 노트

위 세법의 규정과 예규 및 판례를 살펴보면 주택의 소유자가 속한 세대의 다른 세대원이 다른 주택의 부속토지를 소유하고 있는 경우에는 주택 수에 포함되므로 세대원 중 1명만이 주택분 재산세 과세대상인 1주택만을 소유하는 경우에 해당하지 않게 된다. 예를 들어 1주택은 본인이 소유하고 다른 주택의 부수토지는 배우자가 소유하는 경우는 1세대 1주택자에 해당하지 않는다. 따라서 과세표준을 산정함에 있어서 1세대 1주택자로서의 공제혜택을 받을 수 없을 것으로 판단된다.

| 참고 | 1세대 1주택 적용 사례

2022년 국세청 발간 책자에서 1세대 1주택 적용 사례로 제시하고 있는 내용을 수정하여 살펴보면 다음과 같다.

사례	본인A 일반	본인A 임대	세대원B 일반	세대원B 임대	1세대 1주택 (본인)	공제금액 본인A	공제금액 세대원B
1	주택1				○	12억원	-
2	주택1		주택1		×	9억원	9억원
3	주택1/2				○	12억원	-
4	주택1/2		주택1/2		신청 가능	9억원	9억원
						12억원	
5	주택1		부속1		×	9억원	9억원
6	부속2				×	6억원	-
7	주택1 부속1				○	12억원(주1)	-
8	주택2 부속1				×	9억원	-
9	주택1	주택1			○	12억원(주2)	-
10	주택1			주택1	○	12억원(주2)	-

※ 부속: 주택부속토지, 일반: 일반주택, 임대: 합산배제 임대주택

(주1) 세액공제(연령별, 보유기간별) 적용 시 부속토지분은 공제 제외

(주2) 본인이 일반주택에 주민등록 및 실제 거주하는 경우에만 1세대 1주택 적용

6) 1세대 1주택자 판단 시 주택 수 산정 제외 신청

1세대 1주택자의 적용을 신청하려는 납세의무자는 1세대 1주택자 판단 시 주택 수 산정 제외 신청서를 해당 연도 9월 16일부터 9월 30일까지 관할 세무서에 제출해야 한다.

(3) 공정시장가액비율

공정시장가액비율이란 재산세 또는 종합부동산세를 부과할 때 주택가격의 시세와 지방재정 여건, 납세자의 세금부담 능력 등을 고려하여 과세표준을 계산하기 위하여 시가표준액 또는 공시가격에 곱하는 비율을 말한다. 주택에 대한 종합부동산세 과세표준을 계산하기 위해서 적용하는 공정시장가액비율은 60%를 말한다(종부령 제2조의4).

4. 세율 및 납부

(1) 세율

주택분 종합부동산세액은 납세의무자가 소유한 주택 수에 따라 과세표준에 다음의 세율을 적용하여 계산한 금액을 그 세액으로 한다(종부법 제9조).

과세표준	2주택 이하		3주택 이상	
	세율	누진공제	세율	누진공제
3억원 이하	0.5%		0.5%	
3억원 초과 6억원 이하	0.7%	600,000	0.7%	600,000
6억원 초과 12억원 이하	1%	2,400,000	1%	2,400,000
12억원 초과 25억원 이하	1.3%	6,000,000	2%	14,400,000
25억원 초과 50억원 이하	1.5%	11,000,000	3%	39,400,000
50억원 초과 94억원 이하	2%	36,000,000	4%	89,400,000
94억원 초과	2.7%	101,800,000	5%	183,400,000
법인	2.7%		5%	

▷ 농어촌특별세: 납부할 종합부동산세액의 20%

▷ 2023.1.1. 개정세법: 과세표준 12억원 이하 및 조정대상지역 2주택에 대한 중과 폐지

1) 중과세율 적용대상

3주택 이상을 소유한 경우로서 과세표준이 12억원을 초과하는 경우에는 중과세율을 적용한다. 따라서 3주택 이상이라 하더라도 공시가격 합계액이 39억원 이하이면 과세표준이 12억원 이하가 되어 중과세율이 적용되지 않는다.

2) 세율 적용 시 주택 수 산정 방법

세율 적용 시 주택 수는 다음과 같이 계산한다(종부령 제4조의3 제3항)

가) 공동소유주택

1주택을 여러 사람이 공동으로 소유한 경우 공동소유자 각자가 그 주택을 소유한 것으로 본다.

나) 다가구주택

「건축법 시행령」별표 1 제1호 다목에 따른 다가구주택은 1주택으로 본다.

3) 세율 적용 시 주택 수에서 제외하는 주택

세율 적용 시 다음의 주택은 주택 수에 포함하지 않는다(종부령 제4조의3 제3항 제3호)

가) 합산배제 임대주택

나) 합산배제 사원용임대주택 등

다) 상속주택

상속을 원인으로 취득한 주택(조합원입주권 또는 분양권을 상속받아 사업시행 완료 후 취득한 신축주택을 포함한다)으로서 다음 중 어느 하나에 해당하는 주택은 세율 적용 시 주택 수에 포함하지 않는다.

① 과세기준일 현재 상속개시일부터 5년이 경과하지 않은 주택

② 지분율이 40% 이하인 주택

③ 상속지분율에 상당하는 공시가격이 6억원(수도권 밖의 지역에 소재한 주택의 경우에는 3억원) 이하인 주택

라) 일시적2주택

마) 지방 저가주택

바) 소형 신축주택

2024. 1. 10.부터 2025. 12. 31.까지 취득하는 주택으로서 다음의 요건을 모두 갖춘 소형 신축주택은 세율 적용 시 주택 수에 포함하지 않는다.

① 2024. 1. 10.부터 2025. 12. 31.까지의 기간 중에 준공된 것일 것

② 전용면적이 60제곱미터 이하일 것

③ 취득가액이 6억원(수도권 밖의 지역에 소재하는 주택의 경우에는 3억원) 이하일 것

④ 아파트에 해당하지 않을 것

⑤ 양도자가 「주택법」에 따른 사업주체, 「건축물의 분양에 관한 법률」에 따른 분양사업자, 사업주체 또는 분양사업자로부터 주택의 공사대금으로 해당 주택을 받은 시공자에 해당할 것

⑥ 양수자가 해당 주택에 대한 매매계약(주택공급계약 및 분양계약을 포함한다)을 최초로 체결한 자일 것

⑦ 양도자와 양수자가 해당 주택에 대한 매매계약을 체결하기 전에 다른 자가 해당 주택에 입주한 사실이 없을 것

사) 지방 준공 후 미분양주택

2024. 1. 10.부터 2025. 12. 31.까지 취득하는 주택으로서 다음의 요건을 모두 갖춘 준공 후 미분양주택은 세율 적용 시 주택 수에 포함하지 않는다.

① 전용면적이 85제곱미터 이하일 것

② 취득가액이 6억원 이하일 것

③ 수도권 밖의 지역에 소재할 것

④ 양도자가 「주택법」에 따른 사업주체, 「건축물의 분양에 관한 법률」에 따른 분양사업자, 사업주체 또는 분양사업자로부터 주택의 공사대금으로 해당 주택을 받은 시공자에 해당할 것

⑤ 양수자가 해당 주택에 대한 매매계약(주택공급계약 및 분양계약을 포함한다)을 최초로 체결한 자일 것

⑥ 양도자와 양수자가 해당 주택에 대한 매매계약을 체결하기 전에 다른 자가 해당 주택에 입주한 사실이 없을 것

⑦ 입주자 모집공고에 따른 입주자의 계약일 또는 분양 광고에 따른 입주예정일까지 분양계약이 체결되지 않아 선착순의 방법으로 공급하는 주택(준공후미분양주택)일 것

⑧ 해당 주택의 소재지를 관할하는 시장·군수·구청장으로부터 해당 주택이 준공후미분양주택이라는 확인을 받은 주택일 것

세율 적용 시 주택 수에서 제외 적용을 받으려는 자는 해당 연도 9월 16일부터 9월 30일까지 세율 적용 시 주택 수 산정 제외 신청서를 관할 세무서장에게 제출해야 한다.

합산배제임대주택 등의 규정별 주택 수 포함 여부 정리

구분	과세표준	1세대 1주택	중과세율	세액공제
합산배제임대주택	제외	제외	제외	제외
일시적2주택	포함	제외	제외	포함
상속주택	포함	제외	제외	포함
지방 저가주택	포함	제외	제외	포함

(2) 재산세액공제

종합부동산세는 재산세와 더불어 보유세로서 선행적으로 지방자치단체에서 재산세가 과세되고 재산세 과세대상 중에서 공제금액을 초과하는 주택과 토지에 대해 국가에서 종합부동산세를 과세한다. 따라서 공제금액을 초과하는 일정한 가액에 대해서는 재산세와 종합부동산세가 이중과세된다. 이러한 이중과세를 완화하기 위해 주택분 재산세 부과액의 합계 중 주택분 과세표준에 해당하는 재산세액을 종합부동산세액에서 공제해준다.

(3) 세액공제

1) 고령자세액공제

1세대 1주택자 또는 공동명의 1주택 신청자로서 과세기준일 현재 만 60세 이상인 자는 다음 표에 따른 연령별 공제율을 적용하여 세액공제 한다(종부법 제9조 제6항).

연령	공제율
만 60세 이상~만 65세 미만	20%
만 65세 이상~만 70세 미만	30%
만 70세 이상	40%

2) 장기보유자세액공제

1세대 1주택자 또는 공동명의 1주택 신청자로서 해당 주택을 과세기준일 현재 5년 이상 보유한 자는 다음 표에 따른 보유기간별 공제율을 적용하여 세액공제 한다(종부법 제9조 제8항).

보유기간	공제율
5년 이상~10년 미만	20%
10년 이상~15년 미만	40%
15년 이상	50%

※ 고령자 및 장기보유자 세액공제는 80% 범위 내에서 중복하여 적용 가능

(4) 세부담의 상한

종합부동산세의 납세의무자가 해당 연도에 납부하여야 할 주택에 대한 총세액상당액으로서 직전년도에 해당 주택에 부과된 주택에 대한 총세액상당액에 100분의 150의 비율을 곱하여 계산한 금액을 초과하는 경우에는 그 초과하는 세액에 대해서는 이를 없는 것으로 본다(종부법 제10조).

(5) 신고·납부기간 및 분납

1) 신고·납부기간

국세청에서 세액을 계산하여 납세고지서를 발부(신고납부도 가능)하여 매년 12월 1일부터 12월 15일까지 납부한다.

2) 분납

세액의 납부는 일시납부가 원칙이나 분할납부도 가능하다. 납부할 세액이 250만원을 초과하는 경우에는 납부할 세액의 일부를 납부기한 경과 후 6개월 이내에 납부한다. 분할납부세액은 다음과 같다.

① 250만원 초과 500만원 이하: 250만원 초과 금액
② 500만원 초과: 납부할 세액의 50% 이하의 금액

제2절 | 합산배제주택과 합산배제 신고

1. 합산배제주택

과세표준 계산, 1세대 1주택자 여부 판단, 세율 적용 시 주택 수에서 제외하는 주택의 종류를 임대주택, 다가구임대주택, 기타주택으로 나누어 살펴보기로 한다.

(1) 임대주택

임대주택이란 「공공주택 특별법」에 따른 공공주택사업자 또는 「민간임대주택에 관한 특별법」에 따른 임대사업자로서 과세기준일 현재 「소득세법」 또는 「법인세법」에 따른 주택임대업 사업자 등록을 한 자가 과세기준일 현재 임대하거나 소유하고 있는 다음 중 어느 하나에 해당하는 주택을 말한다. 이 경우 과세기준일 현재 임대를 개시한 자가 합산배제 신고기간 종료일까지 임대사업자로서 사업자등록을 하는 경우에는 해당 연도 과세기준일 현재 임대사업자로서 사업자등록을 한 것으로 본다(종부령 제3조 제1항).

1) 건설임대주택

「민간임대주택에 관한 특별법」에 따른 민간건설임대주택과 「공공주택 특별법」에 따른 공공건설임대주택으로서 다음의 요건을 모두 갖춘 주택이 2호 이상인 경우 그 주택. 다만, 「민간임대주택에 관한 특별법」에 따른 민간건설임대주택의 경우에는 2018.3.31. 이전에 같은 법에 따른 임대사업자 등록과 사업자등록을 한 주택으로 한정한다(종부령 제3조 제1항 제1호). 2018.4.1. 이후 임대등록한 경우에는 아래 7)의 장기일반민간건설임대주택 규정을 따른다.

① 전용면적이 149제곱미터 이하로서 2호 이상의 주택의 임대를 개시한 날 또는 최초로 합산배제 신고를 한 연도의 과세기준일의 공시가격이 9억원 이하일 것

② 5년 이상 계속하여 임대하는 것일 것

③ 임대보증금 또는 임대료(임대료 등)의 증가율이 5%를 초과하지 않을 것

임대료 등 증액 청구는 임대차계약의 체결 또는 약정한 임대료 등의 증액이 있은 후 1년 이내에는 하지 못하고, 임대사업자가 임대료 등의 증액을 청구하면서 임대보증금과 월임대료를 상호 간에 전환하는 경우에는 「민간임대주택에 관한 특별법」 제44조 제4항 및 「공공주택 특별법 시행령」 제44조 제3항에 따라 정한 기준을 준용한다. 임대료 등 증액 5% 상한 규정은 2019. 2. 12. 이후 최초 체결하는 표준임대차계약을 기준으로 이후 임대차계약을 갱신하거나 체결하는 분부터 적용한다.

이러한 건설임대주택이 되기 위해서는 소유권보존등기일 이전에 임대사업자 등록을 하여야 한다. 그 이후에 등록하는 경우에는 매입임대주택으로 본다.

2) 매입임대주택

「민간임대주택에 관한 특별법」에 따른 민간매입임대주택과 「공공주택 특별법」에 따른 공공매입임대주택으로서 다음의 요건을 모두 갖춘 주택. 다만, 「민간임대주택에 관한 특별법」에 따른 민간매입임대주택의 경우에는 2018. 3. 31. 이전에 사업자등록 등을 한 주택으로 한정한다(종부령 제3조 제1항 제2호). 2018. 4. 1. 이후 임대등록한 경우에는 아래 8)의 장기일반민간매입임대주택 규정을 따른다.

① 해당 주택의 임대개시일 또는 최초로 합산배제 신고를 한 연도의 과세기준일의 공시가격이 6억원(수도권 밖의 지역인 경우에는 3억원) 이하일 것

② 5년 이상 계속하여 임대하는 것일 것

③ 임대료 등의 증가율이 5%를 초과하지 않을 것

3) 2005. 1. 5. 이전부터 임대한 기존임대주택

임대사업자가 2005. 1. 5. 이전부터 임대하고 있던 임대주택으로서 다음의 요건을 모두 갖춘 주택이 2호 이상인 경우 그 주택

① 국민주택규모 이하로서 2005년도 과세기준일의 공시가격이 3억원 이하일 것

② 5년 이상 계속하여 임대하는 것일 것

4) 미임대 민간건설임대주택

「민간임대주택에 관한 특별법」에 따른 민간건설임대주택으로서 다음의 요건을 모두 갖춘 주택

① 전용면적이 149제곱미터 이하일 것
② 합산배제 신고를 한 연도의 과세기준일 현재의 공시가격이 9억원 이하일 것
③ 「건축법」에 따른 사용승인을 받은 날 또는 「주택법」에 따른 사용검사 후 사용검사필증을 받은 날부터 과세기준일 현재까지의 기간 동안 임대된 사실이 없고, 임대되지 아니한 기간이 2년 이내일 것

5) 부동산투자회사의 매입임대주택

「부동산투자회사법」에 따른 부동산투자회사 또는 「간접투자자산 운용업법」에 따른 부동산간접투자기구가 2008.1.1.부터 2008.12.31.까지 취득 및 임대하는 매입임대주택으로서 일정 요건을 갖추고 5호 이상 임대하는 경우의 그 주택

6) 미분양매입임대주택

미분양주택으로서 2008.6.11.부터 2009.6.30.까지 최초로 분양계약을 체결하고 계약금을 납부한 주택 중 일정한 요건을 모두 갖춘 매입임대주택

7) 장기일반민간건설임대주택

건설임대주택 중 「민간임대주택에 관한 특별법」에 따른 공공지원민간임대주택 또는 같은 법에 따른 장기일반민간임대주택으로서 다음의 요건을 모두 갖춘 주택이 2호 이상인 경우 그 주택. 다만, 종전의 「민간임대주택에 관한 특별법」에 따른 단기민간임대주택으로서 2020.7.11. 이후 같은 법에 따라 공공지원민간임대주택 또는 장기일반민간임대주택으로 변경신고한 주택은 제외한다 (종부령 제3조 제1항 제7호).

① 전용면적이 149제곱미터 이하로서 2호 이상 주택의 임대를 개시한 날 또는 최초로 합산배제

신고를 한 연도 과세기준일의 공시가격이 9억원 이하일 것

② 10년 이상 계속하여 임대하는 것일 것

③ 임대료 등의 증가율이 5%를 초과하지 않을 것

이러한 건설임대주택이 되기 위해서는 소유권보존등기일 이전에 임대사업자 등록을 하여야 한다. 그 이후에 등록하는 경우에는 매입임대주택으로 본다.

8) 장기일반민간매입임대주택

매입임대주택 중 장기일반민간임대주택으로서 다음의 요건을 모두 갖춘 주택은 합산배제주택으로 한다(종부령 제3조 제1항 제8호).

① 해당 주택의 임대개시일 또는 최초로 합산배제 신고를 한 연도 과세기준일의 공시가격이 6억원(수도권 밖의 지역인 경우에는 3억원) 이하일 것

② 10년 이상 계속하여 임대하는 것일 것

③ 임대료 등의 증가율이 5%를 초과하지 않을 것

다만, 다음에 해당하는 주택에 대해서는 종합부동산세를 합산과세한다.

① 1주택 이상을 보유한 상태에서 2018.9.14. 이후 새로 취득한 조정대상지역에 있는 장기일반민간임대주택

1세대가 국내에 1주택 이상을 보유한 상태에서 2018.9.14. 이후 세대원이 새로 취득한 조정대상지역에 있는 장기일반민간임대주택은 합산과세한다. 다만, 2018.9.13. 이전에 취득하거나 취득하기 위하여 매매계약을 체결하고 계약금을 지급한 사실이 증빙서류에 의하여 확인되는 경우는 합산배제를 적용한다(부칙 제29243호, 2018.10.23.). 또한 조정대상지역의 공고가 있는 날 이전에 주택(주택을 취득할 수 있는 권리를 포함한다)을 취득하거나 취득하기 위하여 매매계약을 체결하고 계약금을 지급한 사실이 증빙서류에 의하여 확인되는 경우 합산배제를 적용한다.

② 2020.7.11. 이후 등록 신청한 아파트

③ 단기민간임대주택으로서 2020. 7. 11. 이후 장기일반민간임대주택으로 변경신고한 주택

합산과세하는 주택

❶ 2018.9.14. 이후 조정대상지역 소재 취득·등록한 주택
❷ 2020.7.11. 이후 등록 신청한 아파트
❸ 2020.7.11. 이후 단기에서 장기로 변경 신고한 주택

(2) 다가구임대주택

다가구임대주택이란 시장·군수 또는 구청장에게 임대사업자 등록 및 「소득세법」에 따른 사업자 등록을 한 자가 임대하는 「건축법 시행령」 별표 1 제1호 다목에 따른 다가구주택을 말한다(종부법 제8조 제2항 제1호, 종부령 제3조 제2항). 다만, 2020. 2. 11. 전 까지 다가구임대주택은 세무서 사업 자등록만으로도 종합부동산세 합산배제 임대주택에 해당한다(판례 심사종부2020-8, 2021. 3. 10.).

합산배제 임대주택 요건

❶ 지자체 등록 + 세무서 사업자등록
❷ 임대료 등 5% 증액 제한 준수
❸ 등록시기에 따른 의무임대기간

2018.3.31. 이전	2018.4.1.~2020.8.17.	2020.8.18. 이후
5년	8년	10년

❹ 2018.9.14. 이후 취득·등록

구분	조정대상지역	이외지역
매입임대주택	과세	합산배제
건설임대주택	합산배제	

❺ 임대개시일 또는 최초 합산배제 신고한 연도의 과세기준일 현재 기준시가 요건

구분	수도권	이외지역
매입임대주택	6억원	3억원
건설임대주택	9억원	

❻ 면적요건

구분	면적요건
매입임대주택	없음
건설임대주택	전용면적 149㎡, 대지면적 298㎡

❼ 임대호수 1호, 건설임대는 2호 이상
❽ 등록말소

구분	합산과세 여부
자동말소	말소일 이후 합산과세
자진말소	소급 추징 배제

(3) 합산배제 기타주택

다음 중 어느 하나에 해당하는 주택은 과세표준 합산의 대상이 되는 주택의 범위에 포함되지 아니하는 것으로 본다(종부법 제8조 제2항 제2호, 종부령 제4조).

1) 사원용임대주택 및 기숙사

종업원에게 무상이나 저가로 제공하는 사용자 소유의 주택으로서 국민주택규모 이하이거나 과세기준일 현재 공시가격이 3억원 이하인 주택, 기숙사

2) 미분양주택

과세기준일 현재 사업자등록을 한 자 중 다음 중 어느 하나에 해당하는 자가 건축하여 소유하는 주택으로서 기획재정부령이 정하는 미분양주택

① 「주택법」 제15조에 따른 사업계획승인을 얻은 자
② 「건축법」 제11조에 따른 허가를 받은 자

기획재정부령이 정하는 미분양주택이란 주택을 신축하여 판매하는 자가 소유한 다음의 어느 하나에 해당하는 미분양주택을 말한다.

❶ 「주택법」에 따른 사업계획승인을 얻은 자가 건축하여 소유하는 미분양주택으로서 2005.1.1. 이후에 주택분 재산세의 납세의무가 최초로 성립하는 날부터 5년이 경과하지 아니한 주택

❷ 「건축법」에 따른 허가를 받은 자가 건축하여 소유하는 미분양주택으로서 2005.1.1. 이후에 주택분 재산세의 납세의무가 최초로 성립하는 날부터 5년이 경과하지 아니한 주택

3) 어린이집

어린이집으로 사용하는 주택으로서 세대원이 「소득세법」에 따른 고유번호를 부여받은 후 과세기준일 현재 5년 이상 계속하여 어린이집으로 운영하는 주택

4) 주택의 시공자가 공사대금으로 받은 미분양주택

주택의 시공자가 해당 주택의 공사대금으로 받은 미분양주택으로서 해당 주택을 공사대금으로 받은 날 이후 해당 주택의 주택분 재산세의 납세의무가 최초로 성립한 날부터 5년이 경과하지 아니한 주택만 해당한다.

5) 등록문화재주택 및 노인복지주택

6) 주택건설사업용 멸실 목적 주택

다음에 해당하는 자가 주택건설사업을 위하여 멸실시킬 목적으로 취득하여 그 취득일부터 3년 이내에 멸실시키는 주택. 다만, 정당한 사유로 3년 이내에 멸실시키지 못한 주택을 포함한다(종부령 제4조 제1항 제21호).

① 「공공주택 특별법」에 따라 지정된 공공주택사업자

② 「도시 및 주거환경정비법」에 따른 사업시행자

③ 「도시재생 활성화 및 지원에 관한 특별법」에 따라 지정된 혁신지구재생사업의 시행자

④ 「빈집 및 소규모주택 정비에 관한 특례법」에 따른 사업시행자

⑤ 「주택법」에 따른 주택조합 및 같은 법에 따라 등록한 주택건설사업자

💡 **생각정리 노트**

위의 주택건설사업용 멸실 목적으로 보유하는 주택이 합산배제주택이 되기 위한 법률을 살펴보면 주택법에 따라 등록한 주택건설사업자는 열거되어 있지만 단독주택 29호 이하, 공동주택 29세대 이하를 건축할 수 있는 건축법상의 주택건설사업자는 열거되어 있지 않다. 따라서 건축법상의 주택건설사업자가 주택을 신축하기 위해서 멸실 목적으로 보유하는 주택은 합산배제하지 않는다.

2. 합산배제 신고

합산배제주택을 보유한 납세의무자는 해당 연도 9월 16일부터 9월 30일까지 납세지 관할 세무서장에게 해당 주택의 보유 현황을 신고하여야 한다(종부법 제8조 제3항). 다만, 신고기간에 신고하지 못한 경우에는 12월 정기신고 기간에 신고할 수 있다. 최초의 합산배제 신고를 한 연도의 다음 연도부터는 그 신고한 내용 중 변동이 없는 경우에는 신고하지 아니할 수 있다.

(1) 대상 물건

합산배제 신고 대상은 앞에서 살펴본 임대주택, 다가구임대주택, 기타주택과 주택건설 사업자가 주택 건설을 위해 취득한 토지이다.

(2) 신고 유형

1) 추가 신고

최초로 합산배제 신고를 하거나, 추가로 합산배제 대상에 포함하려는 물건이 있는 경우에는 대상 물건을 추가(과세대상 제외)하는 신고를 하면 된다.

2) 변동 신고

기존에 합산배제 신고서를 제출한 사실이 있는 납세자는 기존 신고 내용에 변동사항(소유권·면적)이 없는 경우에는 별도로 신고할 필요가 없으나, 과세대상 물건에 변동사항이 있는 경우 변동내역을 반영하여 합산배제 신고를 하여야 한다.

3) 제외 신고

기존 합산배제 신고된 임대주택이 「민간임대주택에 관한 특별법」에 따라 자동말소 또는 자진말소한 경우 합산배제 제외(과세대상 포함) 신고를 하여야 한다. 또한 5%를 초과하여 임대료를 갱신하는 등 합산배제 요건을 충족하지 못하게 된 경우에는 제외(과세대상 포함) 신고를 하여야 한다. 합산배제 제외신고를 하지 않은 경우 추후 가산세를 포함하여 경감된 세액이 추징될 수 있다.

3. 부부공동명의 1주택자 신청

부부공동명의 1주택자란 과세기준일인 6월 1일 현재 거주자인 부부가 1주택만을 공동으로 소유하고, 다른 세대원은 주택을 소유하지 않은 경우를 말한다. 과세기준일 현재 세대원 중 1인이 그 배우자와 공동으로 1주택을 소유하고 다른 주택을 소유하지 아니한 경우에는 공동명의 1주택자를 해당 1주택에 대한 납세의무자로 신청할 수 있다(종부법 제10조의2 제1항).

(1) 공동명의 1주택자 납세의무자

이 경우 납세의무자는 해당 1주택을 소유한 세대원 1명과 그 배우자 중 주택에 대한 지분율이 높은 사람을 말하며, 지분율이 같은 경우에는 공동소유자 간 합의에 따른 사람을 말한다(종부령 제5조의2 제3항).

(2) 부부공동명의 1주택자에 대한 특례

1) 과세표준 계산에 관한 특례
부부공동명의 1주택자를 신청한 경우에는 공동명의 1주택자를 1세대 1주택자로 보아 주택의 공시가격을 합산한 금액에서 12억원을 공제한다.

2) 세액공제 적용에 관한 특례
부부공동명의 1주택자를 신청한 경우에는 공동명의 1주택자를 1세대 1주택자로 보아 고령자세액공제 및 장기보유자세액공제를 적용한다.

특례 적용과 미적용 시 차이점

구분	특례 적용	특례 미적용
납세의무자	지분율이 큰 자(같은 경우 선택)	각각 납세의무자
공제금액	12억원	각각 9억원
세액공제	가능 납세의무자 연령 및 보유기간 기준	불가능

(3) 부부공동명의 1주택자의 신청 기간

부부공동명의 1주택자 적용을 받으려는 납세의무자는 당해 연도 9월 16일부터 9월 30일까지 관할 세무서장에게 신청하여야 한다. 다만, 최초 신청한 연도의 다음 연도부터는 신청한 내용 중 변동이 없는 경우에는 신청하지 아니할 수 있다.

부동산과 부가가치세

법령 명칭 요약

- 부가가치세법: 부가법
- 부가가치세법 시행령: 부가령
- 부가가치세법 시행규칙: 부가칙

부가가치세에 대하여

제13장에서는 다음과 같은 내용을 살펴보기로 한다.

제1절 | 부가가치세의 개요

부가가치세란 재화 또는 용역이 생산되거나 유통되는 모든 거래단계에서 생기는 부가가치를 과세대상으로 하여 과세하는 세금을 말한다. 우리나라에서는 매출세액에서 매입세액을 공제하여 부가가치세를 계산한다. 이러한 부가가치세는 모든 재화 또는 용역에 대하여 제조 · 도매 · 소매업 등 각 거래단계마다 과세하는 세금이다. 상품이나 서비스를 제공하는 사업자는 거래금액에 일정액의 부가가치세를 포함하여 징수하고 징수한 세금을 관할 세무서에 신고 · 납부한다. 따라서 부가가치세는 사업자가 아니라 최종소비자가 부담한다. 아래에서는 이러한 부가가치세의 특징과 납세의무자에 대해 살펴보기로 한다.

1. 부가가치세의 특징

(1) 유통세

부가가치세는 재화 또는 용역이 유통되는 단계에서 각 거래단계마다 과세하는 다단계 거래세로서 유통세에 해당한다.

(2) 일반소비세

부가가치세는 부가가치세법상 면제된다는 특별한 규정이 없는 한 모든 재화와 용역의 소비에 대하여 과세되므로 일반소비세에 해당한다.

(3) 간접세

부가가치세는 사업자가 조세의 징수를 대행해 주는 세금이다. 다시 말해 국가가 소비자로부터 직접 징수하는 것이 아니라 사업자가 재화 또는 용역을 공급할 때 국가를 대신하여 징수하여 일정 기간 내에 국가에 신고·납부하는 세금이다. 따라서 부가가치세를 실제 부담하는 자는 최종소비자다. 이처럼 세금을 납부하는 자와 부담하는 자가 다른 세금을 간접세라 한다. 반면 소득세는 소득이 귀속되는 자가 자기 자금으로 납부한다. 이러한 세금을 직접세라 한다.

(4) 세금계산서 수수

부가가치세는 유통세로서 재화 또는 용역을 공급하는 사업자는 상대방 사업자로부터 부가가치세를 거래징수한다. 이때 세금을 얼마나 받아야 하는지 계산하여 증빙을 발급하게 된다. 그 증빙을 세금계산서라 한다. 재화 또는 용역을 공급하는 사업자는 세금계산서를 발급하여 매입자에게 전달해야 한다. 매입자는 부가가치세를 지급했거나 지급할 것이라는 증빙 자료로 세금계산서를 수취하게 된다.

(5) 전단계세액공제법

우리나라에서 부가가치세 납부(환급)할 세액은 매출부가가치세(매출세액)에서 매입부가가치세(매입세액)를 공제하여 계산한다. 즉, 재화 또는 용역을 공급하는 사업자가 재화 또는 용역을 공급하면서 거래징수한 매출세액에서 공급자가 재화 또는 용역을 매입하면서 전 단계 사업자에게 지급하였거나 지급할 매입세액공제하고 나머지 금액만 사업장 관할 세무서에 신고·납부한다. 이런 구조로 납부(환급)할 세액을 계산하는 방법을 전단계세액공제법이라고 한다. 우리나라 부가가치세법에서는 전단계세액공제법으로 부가가치세의 납부할 세액 또는 환급받을 세액을 계산한다.

2. 납세의무자

부가가치세를 납부할 의무가 있는 자는 사업자 및 재화를 수입하는 자이다. 사업자란 사업 목적이 영리이든 비영리이든 관계없이 사업상 독립적으로 재화 또는 용역을 공급하는 자를 말한다. 즉, 부가가치를 창출해 낼 수 있는 정도의 사업형태를 갖추고 계속적·반복적으로 재화 또는 용역을 공급하는 자는 사업자로 본다. 이에 해당하는 자는 개인, 법인(국가·지방자치단체와 지방자치단체조합을 포함한다), 법인격이 없는 사단·재단 또는 그 밖의 단체를 불문하고 부가가치세를 납부할 의무가 있다(부가법 제3조 제1항). 따라서 부가가치세법상 사업자가 아닌 개인의 경우 부동산 또는 분양권을 양도하더라도 부가가치세를 납부할 의무가 없다.

| 제2절 | 과세대상 및 재화 또는 용역의 공급 |

1. 과세대상

부가가치세는 사업자가 행하는 재화 또는 용역의 공급과 재화의 수입 거래에 대하여 과세한다(부가법 제4조). 아래에서는 부가가치세가 과세되는 재화 또는 용역의 범위에 대해 살펴보고 그후 재화 또는 용역의 공급에 대해 다루기로 한다.

(1) 재화의 범위

재화란 재산 가치가 있는 물건 및 권리를 말한다(부가법 제2조 제1호).

1) 물건의 범위

부가가치세 과세대상이 되는 물건이란 상품, 제품, 원료, 기계, 건물 등 모든 유체물과 전기, 가스, 열 등 관리할 수 있는 자연력을 말한다(부가령 제2조 제1항).

2) 권리의 범위

부가가치세 과세대상이 되는 권리란 광업권, 특허권, 저작권 등 물건 외에 재산적 가치가 있는 모든 것을 말한다(부가령 제2조 제2항). 영업권(권리금)도 여기에 해당한다.

(2) 용역의 범위

용역이란 재화 외에 재산 가치가 있는 모든 역무役務와 그 밖의 행위를 말한다(부가법 제2조 제2호). 건설업, 부동산업, 숙박 및 음식점업 등의 사업에 해당하는 모든 역무와 그 밖의 행위는 용역의 범위에 해당한다(부가령 제3조 제1항).

2. 재화 또는 용역의 공급

부가가치세는 재화 또는 용역의 공급에 대하여 과세하는 세금이다. 재화 또는 용역의 공급을 과세대상거래라 한다.

(1) 재화의 공급

재화의 공급이란 사업자가 계약상 또는 법률상의 모든 원인에 따라 재화를 인도하거나 양도하는 거래를 말한다(부가법 제9조 제1항). 재화의 공급은 실질공급과 간주공급으로 구분한다.

1) 실질공급

재화의 실질공급이란 계약상 또는 법률상의 모든 원인에 의하여 재화를 사용 또는 소비할 수 있는 소유권을 이전하는 거래를 말한다. 계약유형별로 재화의 실질공급을 살펴보면 다음과 같다(부가령 제18조 제1항).

가) 매매계약

현금판매, 외상판매, 할부판매, 장기할부판매, 조건부 및 기한부 판매, 위탁판매와 그 밖의 매매계약에 따라 재화를 인도하거나 양도하는 것을 말한다.

나) 가공계약

자기가 주요 자재의 전부 또는 일부를 부담하고 상대방으로부터 인도받은 재화를 가공하여 새로운 재화를 만드는 가공계약에 따라 재화를 인도하는 것을 말한다. 이러한 가공계약은 용역의 공급이 아니라 재화의 실질공급에 해당한다.

다) 교환계약

재화의 인도 대가로서 다른 재화를 인도받거나 용역을 제공받는 교환계약에 따라 재화를 인도하거나 양도하는 것을 말한다.

라) 기타 계약상 또는 법률상 원인

경매, 수용, 현물출자와 그 밖의 계약상 또는 법률상의 원인에 따라 재화를 인도하거나 양도하는 것도 재화의 실질공급에 해당한다.

2) 간주공급

위에서 살펴본 바와 같이 계약상 또는 법률상 모든 원인으로 재화를 공급하는 거래는 대가를 수수하는 거래를 말한다. 따라서 부가가치세가 과세되는 거래는 원칙적으로 사업자가 외부거래에서 유상으로 재화를 공급하는 거래이다. 하지만 무상거래이거나 내부거래인 경우에도 공급으로 보아 부가가치세를 과세하는 규정이 있다. 이러한 거래를 간주공급이라 한다. 간주공급의 유형에는 자가공급, 개인적 공급, 사업상증여, 폐업시잔존재화가 있다. 다만, 공급하는 재화를 생산하거나 취득하는 단계에서 매입세액이 매출세액에서 공제되지 아니하는(매입세액불공제) 재화인 경우에는 과세하지 않는다.

가) 자가공급

사업자가 자기의 과세사업과 관련하여 생산하거나 취득한 재화를 자기의 사업을 위하여 직접 사용하거나 소비하는 것은 과세대상으로 보지 않는다. 다만, 면세전용, 비영업용 승용자동차와 그 유지를 위한 재화 및 판매목적의 다른 사업장(직매장) 반출에 해당하는 경우에는 자기에게 재화를 공급하는 것으로 보아 부가가치세를 과세한다.

① 면세전용

사업자가 자기의 과세사업과 관련하여 생산하거나 취득한 재화를 자기의 면세사업을 위하여 직접 사용하거나 소비하는 것은 재화의 공급으로 보아 부가가치세를 과세한다(부가법 제10조 제1항).

② 비영업용소형승용차와 그 유지를 위한 재화

다음과 같이 사업자가 자기의 사업과 관련하여 생산 또는 취득한 재화를 매입세액이 공제되지 아니하는 자동차의 유지 등을 위하여 사용 또는 소비하는 것은 재화의 공급으로 보아 부가가치세를 과세한다(부가법 제10조 제2항).

③ 직매장반출

사업장이 둘 이상인 사업자가 자기의 사업과 관련하여 생산 또는 취득한 재화를 판매할 목적으로 자기의 다른 사업장에 반출하는 것은 재화의 공급으로 본다. 다만, 사업자가 사업자 단위 과세사업자로 적용을 받는 과세기간에 자기의 다른 사업장에 반출하는 경우, 사업자가 주사업장 총괄 납부의 적용을 받는 과세기간에 자기의 다른 사업장에 반출하는 경우(세금계산서를 발급하고 관할 세무서장에게 신고한 경우는 제외한다)는 재화의 공급으로 보지 아니한다(부가법 제10조 제3항).

나) 개인적 공급

사업자가 자기생산·취득재화를 사업과 직접적인 관계없이 자기의 개인적인 목적이나 그 밖의 다른 목적을 위하여 사용·소비하거나 그 사용인 또는 그 밖의 자가 사용·소비하는 것으로서 사업자가 그 대가를 받지 아니하거나 시가보다 낮은 대가를 받는 경우는 재화의 공급으로 보아 부가가치세를 과세한다. 다만, 사업자가 실비변상적이거나 복리후생적인 목적으로 그 사용인에게 대가를 받지 아니하거나 시가보다 낮은 대가를 받고 제공하는 것으로서 다음의 경우는 재화의 공급으로 보지 아니한다(부가법 제10조 제4항, 부가령 제19조의2). 이 경우 시가보다 낮은 대가를 받고 제공하는 것은 시가와 받은 대가의 차액에 한정한다.

① 사업을 위해 착용하는 작업복, 작업모 및 작업화를 제공하는 경우
② 직장 연예 및 직장 문화와 관련된 재화를 제공하는 경우
③ 경조사와 관련된 재화, 설날·추석, 창립기념일 및 생일 등과 관련된 재화를 제공하는 경우. 이 경우 각각 사용인 1명당 연간 10만원을 한도로 하며, 10만원을 초과하는 경우 해당 초과액에 대해서는 재화의 공급으로 본다.

다) 사업상증여

사업자가 자기생산·취득재화를 자기의 고객이나 불특정 다수에게 증여하는 경우(증여하는 재화의 대가가 주된 거래인 재화의 공급에 대한 대가에 포함되는 경우는 제외한다)는 재화의 공급으로 보아 부가가치세를 과세한다. 다만, 사업자가 사업을 위하여 증여하는 것으로서 다음의 것은 재화의 공급으로 보지 아니한다(부가법 제10조 제5항, 부가령 제20조).

① 사업을 위하여 대가를 받지 아니하고 다른 사업자에게 인도하거나 양도하는 견본품

② 특별재난지역에 공급하는 물품

③ 자기적립마일리지 등으로만 전부를 결제받고 공급하는 재화

④ 광고선전물의 배포

　사업자가 자기생산·취득재화를 광고선전 목적으로 불특정다수인에게 무상으로 배포하는 경우(직매장·대리점을 통하여 배포하는 경우를 포함한다)에는 재화의 공급으로 보지 아니한다(관련 집행기준 10-20-2).

라) 폐업시잔존재화

　사업자가 폐업할 때 자기생산·취득재화 중 남아 있는 재화는 자기에게 공급하는 것으로 보아 부가가치세를 과세한다(부가법 제10조 제6항). 다만, 남아 있는 재화의 취득 당시 매입세액공제를 받지 않았거나 건물을 취득한 후 10년이 지나 폐업하는 경우에는 부가가치세가 과세되지 않는다. 그러나 폐업하기 전에 건물을 매매하는 경우에는 재화의 실질공급으로 보아 부가가치세가 과세된다.

핵심포인트 **사업용건물과 재화의 공급**

① 폐업 시: 간주공급 폐업시잔존재화
② 폐업 전 매매: 재화의 실질공급

3) 재화의 공급으로 보지 않는 경우: 사업의 포괄양도

　위 내용에도 불구하고 사업을 양도하는 경우, 법률에 따라 조세를 물납하는 등의 경우에는 재화의 공급으로 보지 않는다(부가법 제10조 제9항). 아래에서는 사업의 포괄양도에 대한 내용을 살펴보기로 한다.

가) 사업의 포괄양도 개념 및 취지

　사업의 포괄양도란 사업장별로 그 사업에 관한 모든 권리와 의무(미수금 및 미지급금 제외)를 포괄적으로 승계시키는 것을 말한다(부가법 제10조 제9항 제2호, 부가령 제23조). 다시 말해 사업장별로 사업용 재산을 비롯한 물적·인적 시설 및 권리의무 등을 포괄적으로 양도하여 사업의 동

일성을 유지하면서 경영 주체만을 교체시키는 것을 말한다. 다만, 대리납부제도에 따라 그 사업을 양수받는 자가 대가를 지급하는 때에 그 대가를 받은 자로부터 부가가치세를 징수하여 납부한 경우는 제외한다.

이러한 사업의 포괄양도를 재화의 공급으로 보지 않는 취지는 사업의 양도는 일반적으로 거래금액과 부가가치세액이 커서 양수자가 거의 예외 없이 매입세액을 공제받을 것이 예상된다. 그럼에도 불구하고 매출세액을 징수하도록 하는 것은 사업양수자에게 불필요한 자금압박이 생기게 되므로 이를 덜어주자는 데 있다.

나) 사업의 포괄 양도 효과

사업의 포괄양도 요건에 해당하면 재화의 공급으로 보지 아니하여 세금계산서 발급 및 부가가치세 거래징수 의무가 없다. 따라서 사업의 포괄양도 요건을 충족하지 못하고 양도하는 경우에는 세금계산서를 발급하고 부가가치세를 거래징수하여 신고 · 납부하여야 한다.

다) 대리납부제도

대리납부제도란 사업을 양수받는 자가 대가를 지급하는 때에 그 대가를 받은 자로부터 부가가치세를 징수하여 납부한 경우는 사업의 양도로 보지 않는 제도를 말한다(부가법 제10조 제9항 제2호). 사업양도에 해당하는지 여부가 불분명한 경우 대리납부제도를 이용하면 과세관청과 다툼을 방지할 수 있다.

대리납부하는 경우 사업양도자는 사업양수자에게 세금계산서를 발급하여야 하며, 사업양수자는 자기의 사업을 위하여 사용하였거나 사용할 목적으로 부담한 매입세액인 경우 자기의 매출세액에서 공제받을 수 있다(관련 집행기준 10-23-3).

대리납부하는 방법을 살펴보면, 사업의 양도(이에 해당하는지 여부가 분명하지 아니한 경우를 포함한다)에 따라 그 사업을 양수받는 자는 그 대가를 지급하는 때에 그 대가를 받은 자로부터 부가가치세를 징수하여 그 대가를 지급하는 날이 속하는 달의 다음 달 25일까지 부가가치세 대리납부신고서와 함께 사업장 관할 세무서장에게 납부할 수 있다(부가법 제52조 제4항, 부가령 제95조).

양도자는 부가가치세 신고서상 사업양수자의 대리납부 기납부세액란에 기재하여 매출세액에서 공제받는다.

라) 사업의 포괄양도 관련 생각지도

아래에서는 사업의 포괄양도 관련 내용을 예규 및 판례를 통하여 조금 더 살펴보기로 한다.

① 사업양도양수계약서 없이 매매계약서만으로 양도하는 경우

거래당사자 간 사업양도양수계약서를 작성하지 않았거나 폐업신고 시 폐업 사유에 사업양도라고 표기하지 않았더라도 실질적으로 사업장별로 모든 권리와 의무를 포괄적으로 이전하는 경우에는 사업양도에 해당한다(예규 법규부가2014-408, 2014.8.25.).

② 사업 양도자 또는 양수자가 미등록사업자인 경우

부가가치세 과세사업이 사업장별로 포괄적으로 승계된 경우 양도자 또는 양수자가 미등록사업자인 경우에도 사업양도에 해당한다(예규 법규부가2014-202, 2014.6.2.).

③ 사업 양수자가 과세유형을 달리하여 사업자등록을 한 경우

일반과세자로부터 양수한 사업을 영위하는 자는 간이과세 적용이 배제된다(예규 서면인터넷방문상담3팀-986, 2007.4.2.). 따라서 사업양도자와 양수자 간 사업자 유형(간이과세자 또는 일반과세자)에 관계없이 사업을 포괄적으로 승계하였다면 포괄양수도에 해당한다.

④ 면세사업자에게 양도하는 경우

부가가치세 과세사업자가 해당 사업장을 면세사업자에게 양도하는 경우에는 사업양도에 해당하지 않아 부가가치세가 과세된다(예규 사전2015법령해석부가-454, 2016.1.4.).

⑤ 임대건물을 양수하여 자가사용하는 경우

임대용 부동산을 양수하여 자가사용하는 경우 부동산임대업에 관한 권리와 의무를 포괄적으로 승계받은 것으로 볼 수 없으므로 사업양도에 해당되지 않는다(예규 법규부가2011-517, 2011.12.19.).

⑥ 일부의 사업만 승계하는 경우

사업의 양도는 사업장별로 그 사업에 관한 모든 권리와 의무를 포괄적으로 승계시키는 것을 말하는 것이므로, 한 사업장 내에서 여러 사업을 영위하는 법인이 일부의 사업만을 승계하는 경우에는 사업의 양도에 해당되지 않는다(예규 부가46015-1678, 2000.7.15.).

⑦ 종업원을 승계하지 않는 경우

종업원을 제외하고 양도하는 경우 사업양도에 해당되지 않는다(예규 서면인터넷방문상담3팀-1450, 2007.5.11.).

⑧ 임대보증금을 제외하고 증여하는 경우

부동산임대업을 영위하던 사업자가 사업장별로 부동산임대업에 관련된 인적·물적 시설 및 모든 권리와 의무 등을 아들에게 증여하면서 부동산임대업과 관련된 임대보증금을 제외하는 경우에는 사업의 양도에 해당하지 않아 부가가치세가 과세된다(예규 부가가치세과-1752, 2009.12.3.). 이 경우 타인이 아닌 특수관계자에게 대가를 받지 아니하고 재화를 공급한 것이므로 증여한 부동산의 시가를 과세표준으로 하여 세금계산서를 수수하여야 한다(예규 사전법령해석부가2016-145, 2016.4.18.).

(2) 용역의 공급

용역의 공급은 계약상 또는 법률상의 모든 원인에 따른 역무(노동력에 의한 활동 또는 서비스) 제공 및 시설물, 권리 등 재화를 사용하게 하는 것을 말한다(부가법 제11조). 용역의 공급 범위에는 다음의 것을 포함한다.

1) 건설업의 경우 건설사업자가 건설자재의 전부 또는 일부를 부담하는 것
2) 자기가 주요자재를 전혀 부담하지 아니하고 상대방으로부터 인도받은 재화를 단순히 가공만 해 주는 것
3) 산업상·상업상 또는 과학상의 지식·경험 또는 숙련에 관한 정보를 제공하는 것
4) 사업자가 특수관계인에게 대가를 받지 아니하고 사업용 부동산의 임대용역을 공급하는 것

(3) 재화 또는 용역의 공급 관련 생각지도

아래에서는 재화 또는 용역의 공급 중 부동산 관련된 내용을 추가로 살펴보기로 한다.

1) 과세사업에 사용하던 건축물을 매각하는 경우

과세사업에 사용하던 사업용고정자산인 건축물을 매각하는 경우 재화의 공급에 해당하여 부가가치세가 과세된다(부가가치세법 제9조). 따라서 부동산임대를 하다가 폐업 전에 매도하는 부동산은 재화의 실질공급으로 보아 부가가치세가 과세된다. 폐업 후에 매도하는 부동산은 재화의 간주공급 중 폐업시 잔존재화에 해당될 수 있다.

2) 건설업과 부동산업 중 재화를 공급하는 부동산매매업으로 보는 사업

건설업과 부동산업 중 다음의 어느 하나에 해당하는 사업은 재화를 공급하는 사업으로 본다(부가령 제3조 제2항, 부가칙 제2조 제2항, 집행기준 2-4-5 제1항).

가) 부동산 매매 또는 그 중개를 사업 목적으로 나타내어 부동산을 판매하는 사업

부동산의 매매(주거용 또는 비거주용 건축물 및 그 밖의 건축물을 자영건설하여 분양·판매하는 경우를 포함한다) 또는 중개를 목적으로 나타내어 부동산을 판매하는 경우에는 부동산의 취득과 매매 횟수에 관계없이 부동산매매업에 해당한다. 따라서 부동산매매업을 영위하는 사업자가 분양 목적으로 신축한 건축물이 분양되지 아니하여 일시적·잠정적으로 임대하다가 양도하는 경우에는 부동산매매업에 해당한다.

나) 사업상 목적으로 1과세기간 중 1회 이상 부동산을 취득하고 2회 이상 판매하는 사업

사업상의 목적으로 1과세기간에 1회 이상 부동산을 취득하고 2회 이상 판매하는 경우와 과세기간별 취득 횟수나 판매 횟수에 관계없이 부동산의 규모, 횟수, 태양 등에 비추어 사업활동으로 볼 수 있는 정도의 계속성과 반복성이 있는 때에는 부동산매매업에 해당한다.

3) 주택신축판매업 및 건물신축판매업

주거용 또는 비주거용 및 기타 건축물을 직접 또는 총괄적인 책임을 지고 건설하여 분양·판매하는 주택신축판매업과 건물신축판매업은 재화를 공급하는 사업에 해당한다(집행기준 2-4-5 제2항). 다만, 「주택법」에 따른 국민주택(다가구주택의 경우에는 가구당 전용면적을 기준으로 한 면적을 말한다) 이하인 주택의 공급에 대해서는 부가가치세를 면제한다(조세특례제한법 시행령 제106조 제4항).

4) 영업권

사업자가 사업장을 임차하여 사업을 영위하던 중 임차건물을 양수한 자가 임대차계약을 해지함에 따라 사업을 폐업하고 그에 대하여 양수자로부터 이주비 명목으로 금전을 지급받은 경우, 해당 금전이 사업 폐업에 따른 자기의 사업과 관련이 있는 권리금 및 시설투자비에 의하여 형성된 영업권의 대가에 해당하는 경우에는 부가가치세법 제2조의 규정에 의하여 부가가치세가 과세되는 것이나, 당해 금전이 재화 또는 용역의 공급 없이 잔여임대기간에 대한 보상 성격으로 지급받는 손실보상금에 해당하는 경우에는 부가가치세 과세대상에 해당하지 않는다(예규 부가-813, 2009.6.15.).

지금까지 부가가치세의 특징, 납세의무자 및 과세대상에 대해 살펴보았다. 다음 절에서는 부가가치세 납세의무자인 사업자의 유형과 그에 따른 부가가치세 계산구조에 대해 다루기로 한다.

제3절 | 사업자의 유형과 부가가치세 계산구조

1. 사업자의 유형

부가가치세법에서 사업자는 부가가치세가 과세되는 재화·용역을 공급하는 과세사업자를 말한다. 이 책에서는 사업자를 과세사업자와 면세사업자로 나누고 과세사업자는 다시 일반과세자와 간이과세자로 나누어 설명하기로 한다. 아래에서는 일반과세자와 간이과세자의 구분 및 부가가치세 계산구조, 면세사업자가 공급하는 면세 재화 또는 용역에 대해 살펴보기로 한다.

2. 과세사업자

(1) 일반과세자

일반과세자란 간이과세자가 아닌 사업자를 말한다. 일반과세자는 재화 또는 용역을 공급하는 경우에는 공급가액에 세율을 적용하여 계산한 부가가치세를 재화 또는 용역을 공급받는 자로부터 거래징수하여야 한다(부법 제31조).

일반과세자의 부가가치세 계산구조에서 차가감 납부(환급)할 세액의 계산은 두 단계를 거치게 된다. 먼저 매출세액에서 매입세액을 차감하여 납부(환급)할 세액을 계산하고 여기에 경감·공제세액 및 예정고지세액을 공제하고 가산세를 가산하여 차가감 납부(환급)할 세액을 계산하여 신고·납부한다.

[일반과세자의 부가가치세 계산구조]

매출세액	· 공급가액(부가세 제외금액) × 세율(10%) · 세금계산서 · 신용카드매출전표 · 현금영수증 발급
(-) 매입세액	· 세금계산서 · 신용카드매출전표 · 지출증빙 현금영수증수취분 · 의제매입세액 · 재고매입세액
(=) 납부(환급)세액	**· 매출세액 - 매입세액**
(-) 경감 · 공제세액	· 신용카드매출전표 등 발행세액공제
(-) 예정고지세액	· 50만원 미만은 예정고지 생략
(+) 가산세	· 무신고 및 과소신고가산세 · 납부지연가산세
(=) 차가감 납부(환급)세액	**· 납부(환급)세액 - 경감 · 공제세액 - 예정고지세액 + 가산세**

(2) 간이과세자

간이과세자란 직전 연도의 재화와 용역의 공급대가(부가가치세가 포함된 대가를 말한다)의 합계액이 1억400만원에 미달하는 개인사업자를 말한다. 직전연도가 1년 미만인 경우는 연환산한 공급대가를 기준으로 판단한다. 간이과세자는 세금계산서미발급간이과세자와 세금계산서발급간이과세자로 나누어진다.

개정세법

2024.7.1.부터 자영업자의 부담을 경감하기 위해 간이과세가 적용되는 직전 연도 공급대가의 합계액 기준을 현행 8천만원에서 1억400만원으로 확대하여 적용한다.

1) 세금계산서미발급간이과세자

직전연도의 공급대가(부가세 포함 금액)가 4천800만원 미만인 간이과세자를 말한다. 이러한 간이과세자는 세금계산서를 발급할 수 없다. 이 경우 간이과세자가 부가가치세를 상대방으로부터 거래징수할 수 있을까? 이와 관련된 예규를 살펴보면 「부가가치세법」의 거래징수 규정은 간이과세자에게는 적용되지 아니하나 간이과세자의 부가가치세 과세표준은 부가가치세가 포함된 공급대가이므로 간이과세자는 거래상대방과 협의하여 부가가치세를 수령할 수 있다고 판단하고 있다

(예규 기획재정부부가-415, 2016.8.30., 유사예규 부가 46015-2376, 1996.11.12.).

2) 세금계산서발급간이과세자

직전연도의 공급대가(부가세 포함 금액)가 4천800만원 이상 1억400만원 미만인 간이과세자를 말한다. 이러한 간이과세자는 세금계산서를 발급할 수 있다. 그러면 세금계산서를 발급하고 상대방으로부터 10%의 부가가치세를 징수할 수 있을까? 위에서 살펴본 것처럼 「부가가치세법」의 거래징수 규정은 간이과세자에게는 적용되지 아니하나 거래상대방과 협의하여 부가가치세를 수령할 수 있다.

거래상대방인 매입자는 세금계산서발급간이과세자가 발급하는 세금계산서, 신용카드매출전표, 현금영수증을 수취하는 경우 10% 매입세액공제가 가능하다.

[간이과세자의 부가가치세 계산구조]

매출세액	· 공급대가(부가세 포함 금액) × 업종별부가가치율 × 세율(10%)
(-) 매입세금계산서 등 수취세액공제	· 매입액(공급대가) × 0.5% · 세금계산서 · 신용카드매출전표 · 지출증빙 현금영수증수취분
(-) 경감 · 공제세액	· 신용카드매출전표 등 발행세액공제
(-) 예정고지세액	· 50만원 미만은 예정고지 생략
(+) 가산세	· 무신고 및 과소신고가산세 · 납부지연가산세
(=) 차가감 납부세액	· 매출세액 - 매입세금계산서 등 수취세액공제 - 경감 · 공제세액 - 예정고지세액 + 가산세

|참고| 업종별 부가가치율

구분	부가가치율
❶ 소매업, 재생용 재료수집 및 판매업, 음식점업	15%
❷ 제조업, 농업 · 임업 및 어업, 소화물 전문 운송업	20%
❸ 숙박업	25%
❹ 건설업, 운수 및 창고업(소화물 전문 운송업 제외), 정보통신업	30%
❺ 금융 및 보험 관련 서비스업, 전문 · 과학 및 기술 서비스업(인물사진 및 행사용 영상 촬영업 제외), 사업시설관리 · 사업지원 및 임대 서비스업, 부동산 관련 서비스업, 부동산임대업	40%
❻ 그 밖의 서비스업	30%

따라서 간이과세자인 부동산 관련 서비스업(예: 공인중개사) 또는 부동산임대업의 매출세액은 다음과 같이 계산된다.

$$\text{매출세액} = \text{공급대가(부가세 포함)} \times 40\% \times 10\% = \text{공급대가(부가세 포함)} \times 4\%$$

(3) 간이과세자와 일반과세자의 비교

구분	간이과세자		일반과세자
	세금계산서 미발급	세금계산서 발급	
직전연도 공급대가 (연환산)	4천800만원 미만	4천800만원 이상 1억400만원 미만(주1) (부동산임대업은 일반과세자)	1억400만원(주1) 이상
세금계산서 발급의무	없음	있음 세금계산서 양식은 일반과세자와 동일	있음
부가세 징수	징수할 수 있음(협의)	징수할 수 있음(협의)	10% 징수 의무
매출세액	공급대가(주2) × 업종별부가가치율 × 10%		공급가액(주3) × 10%
매입세액공제	공급대가 × 0.5%		공급가액 × 10%
의제매입세액공제	없음		있음
신용카드 등 발행세액공제율	1.3%		1.3%
환급여부	환급불가능		환급가능
과세기간	1.1.~12.31.		제1기 1.1.~6.30. 제2기 7.1.~12.31.
신고·납부기간	다음연도 1.1.~1.25. (연 1회)	다음연도 1.1.~1.25.(연 1회) 다만, 매출세금계산서 발행시 7.1.~7.25. 신고의무 있음	제1기 7.1.~7.25. 제2기 다음 연도 1.1.~1.25.
납부의무 면제	해당 연도 공급대가 합계액 4,800만원 미만(연환산)		없음

(주1) 2024.7.1. 이후 1억400만원

(주2) 공급대가: 부가가치세 포함금액

(주3) 공급가액: 부가가치세 제외금액

(4) 간이과세와 일반과세의 적용기간

간이과세자에 관한 규정이 적용되거나 적용되지 아니하게 되는 기간은 1역년의 공급대가의 합계액이 1억400만원에 미달하거나 그 이상이 되는 해의 다음 해의 7월 1일부터 그 다음 해의 6월 30일까지로 한다(부가법 제62조). 따라서 1년의 부가가치세 신고결과 간이과세자 기준금액 이상이거나 미달한 경우 과세유형 전환은 신고한 부가가치세 과세기간의 다음연도 하반기부터 적용된다.

(5) 간이과세의 포기 및 재적용

간이과세자가 자기의 의사에 따라 일반과세자로 전환하고자 하는 경우에는 그 적용을 받고자 하는 달의 전 달 마지막 날까지 관할세무서장에게 간이과세 포기신고를 하여야 한다(부가법 제70조). 간이과세 포기신고를 한 사업자는 일반과세자로 전환되는 달의 1일부터 3년이 되는 날이 속하는 과세기간까지 일반과세자에 관한 규정을 적용받아야 한다. 다만, 간이과세 재적용신고를 한 날이 속하는 연도의 직전 연도 공급대가의 합계액이 4천8백만원 이상 1억400만원 미만인 개인사업자로서 간이과세 포기신고 시 납부의무가 면제되는 간이과세자(4,800만원 미만)는 간이과세자에 관한 규정을 다시 적용받을 수 있다(부가령 제116조 제3항). 간이과세자재적용을 적용받으려는 개인사업자는 적용받으려는 과세기간 개시 10일 전까지 간이과세재적용신고서를 납세지 관할세무서장에게 제출해야 한다.

3. 면세사업자

면세사업자란 부가가치세가 면제되는 재화 또는 용역을 공급하는 사업자를 말한다. 면세사업자는 부가가치세법에서는 사업자가 아니다. 따라서 부가가치세 거래징수 및 신고·납부의무가 없다. 실무에서 증빙으로 계산서를 발급한다. 부가가치세가 면제되는 사업과 과세되는 사업을 동시에 운영하는 사업자를 겸영사업자라 한다.

아래에서는 부가가치세가 면제되는 재화 또는 용역을 일반적인 경우와 부동산인 경우로 나누어 살펴보기로 한다.

(1) 일반적인 면세대상 재화·용역

다음의 재화 또는 용역의 공급에 대하여는 부가가치세를 면제한다(부가법 제26조 제1항).

① 미가공식료품

가공되지 아니한 식료품(식용으로 제공되는 농산물, 축산물, 수산물과 임산물을 포함한다)
및 우리나라에서 생산되어 식용으로 제공되지 아니하는 농산물, 축산물, 수산물과 임산물

② 수돗물

③ 의료보건용역

④ 교육용역

주무관청의 허가 또는 인가를 받거나 주무관청에 등록되거나 신고된 학교, 학원, 강습소, 훈
련원, 교습소 또는 그 밖의 비영리단체 등에서 학생, 수강생, 훈련생, 교습생 또는 청강생에게
지식, 기술 등을 가르치는 교육용역. 다만, 무도학원, 자동차운전학원은 제외한다.

⑤ 여객운송용역

시내버스, 철도 등의 여객운송용역. 다만, 항공기, 고속버스, 전세버스, 택시, 특수자동차, 특
종선박 또는 고속철도에 의한 여객운송용역은 제외한다.

⑥ 금융·보험용역

⑦ 인적용역

개인이 물적 시설 없이 근로자를 고용하지 아니하고 독립된 자격으로 용역을 공급하고 대가
를 받는 인적 용역

(2) 부동산 관련 면세대상 재화·용역

부동산 관련 면세대상 재화 또는 용역은 부가가치세법뿐만 아니라 조세특례제한법에서도 규정
하고 있다. 그 내용에 대해 살펴보면 다음과 같다.

1) 토지의 공급(부가법 제26조 제1항 제14호)
2) 주택과 이에 부수되는 토지의 임대 용역(부가법 제26조 제1항 제12호)

3) 국민주택 및 그 주택의 건설용역의 공급(조특법 시행령 제106조 제4항)

① 「주택법」에 따른 국민주택(다가구주택의 경우에는 가구당 전용면적을 기준으로 한 면적을 말한다) 이하인 주택의 공급. 따라서 주택신축판매업자나 부동산매매사업자가 국민주택규모를 초과하는 주택을 공급하는 경우에는 부가가치세가 과세된다.

② 국민주택의 건설용역으로서 「건설산업기본법」, 「전기공사업법」, 「소방시설공사업법」, 「정보통신공사업법」, 「주택법」, 「하수도법」 및 「가축분뇨의 관리 및 이용에 관한 법률」에 의하여 등록을 한 자가 공급하는 것. 다만, 「소방시설공사업법」에 따른 소방공사감리업은 제외한다.

③ 국민주택의 설계용역으로서 「건축사법」, 「전력기술관리법」, 「소방시설공사업법」, 「기술사법」 및 「엔지니어링산업 진흥법」에 따라 등록 또는 신고를 한 자가 공급하는 것

핵심포인트 부동산임대와 공급의 과세 · 면세 구분

구분		임대	공급
주택	토지	면세	면세
	건물	면세	면세 (국민주택규모 초과는 과세)
주택 외	토지	과세	면세
	건물	과세	과세

지금까지 과세사업자의 유형과 그에 따른 세금계산구조 및 면세대상 재화 · 용역에 대해 살펴보았다. 다음 절부터는 일반과세자의 세금계산구조에서 각 단계별 세법의 내용에 대해 다루기로 한다.

제4절 │ 매출세액과 세금계산서 발급

일반과세자의 부가가치세 계산구조에서 차가감 납부 또는 환급세액의 계산은 두 단계를 거치게
된다. 첫 번째 단계는 납부 또는 환급세액의 계산 단계로서 매출세액에서 매입세액을 공제하여 계
산한다. 두 번째 단계에서는 납부 또는 환급세액에서 경감·공제세액 및 예정고지세액을 차감하
고 가산세를 가산하여 차가감 납부 또는 환급세액을 계산하게 된다. 아래에서는 이러한 계산구조
에 대한 내용을 살펴보기로 한다.

1. 매출세액의 계산

부가가치세의 매출세액은 과세표준에 세율을 곱하여 계산한다.

> 매출세액 = 과세표준(공급가액) × 세율

재화 또는 용역의 공급에 대한 부가가치세의 과세표준은 해당 과세기간에 공급한 재화 또는 용
역의 공급가액을 합한 금액으로 한다(부가법 제29조 제1항). 과세표준에 적용되는 세율은 10%로
한다. 다만, 수출하는 재화 등인 경우에는 0%의 세율(영세율)을 적용한다. 아래에서는 과세표준
에 해당하는 공급가액에 대한 내용을 살펴보기로 한다.

(1) 공급가액의 계산

공급가액은 거래 상대방으로부터 받은 대금, 요금, 수수료, 그 밖에 어떤 명목이든 상관없이 재
화 또는 용역을 공급받는 자로부터 받는 금전적 가치가 있는 모든 것을 포함한다. 다만, 부가가치
세는 포함하지 아니한다. 금전으로 대가를 받는 경우에는 그 대가를 말하며, 금전 외의 대가를 받
는 경우에는 자기가 공급한 재화·용역의 시가를 말한다.

(2) 토지와 함께 공급한 건물의 공급가액 안분계산

토지의 공급은 부가가치세가 면제되는 재화이고 건물은 부가가치세가 과세되는 재화이다. 이처럼 부가가치세가 면제되는 재화와 과세되는 재화를 일괄공급하는 경우에는 토지와 건물의 공급가액을 안분하여야 한다(부가법 제29조 제9항, 부가령 제64조). 이에 대한 내용은 이미 양도소득세의 양도차익 계산 원칙에서 살펴보았다. 여기서는 안분기준을 요약하여 살펴보기로 한다.

[토지·건물 일괄공급 시 안분기준]

구분	안분기준
① 실거래가액이 모두 있는 경우	·구분된 건물 등의 실지거래가액 ·구분한 실지거래가액이 아래(① ~ ⑤) 방법으로 안분계산한 금액과 30% 이상 차이가 있는 경우 아래의 방법으로 안분계산
② 감정평가액이 모두 있는 경우	·감정평가업자가 평가한 감정평가액에 비례하여 안분계산
③ 기준시가가 모두 있는 경우	·공급계약일 현재 기준시가에 비례하여 안분계산
④ 기준시가가 일부 있는 경우	·먼저 장부가액(장부가액이 없는 경우 취득가액)에 비례하여 안분계산 ·기준시가가 있는 자산에 대하여는 그 합계액을 다시 기준시가에 비례하여 안분계산
⑤ 기준시가가 모두 없는 경우	·장부가액(장부가액이 없는 경우 취득가액)에 비례하여 안분계산

> **핵심포인트** **부동산의 일괄공급 시 안분하는 경우**
>
> ❶ 실지거래가액 중 토지·건물 가액의 구분이 불분명한 경우
> ❷ 납세자가 구분한 토지·건물의 실지거래가액이 감정가액, 기준시가 등에 따라 안분계산한 금액과 30% 이상 차이가 있는 경우

다만, 다음의 어느 하나에 해당하는 경우에는 안분계산하지 않고 납세자가 구분기장한 건물 등의 실지거래가액을 공급가액으로 한다(부가법 제29조 제9항 제2호, 부가령 제64조 제2항). 이 규정은 양도소득세에서 안분계산하는 경우에는 적용되지 않는다.

① 다른 법령에서 정하는 바에 따라 토지와 건물 등의 가액을 구분한 경우
② 토지와 건물 등을 함께 공급받은 후 건물 등을 철거하고 토지만 사용하는 경우

(3) 부동산임대용역의 공급가액 계산

1) 임대료를 선불이나 후불로 받는 경우
사업자가 둘 이상의 과세기간에 걸쳐 부동산임대용역을 공급하고 그 대가를 선불이나 후불로 받는 경우에는 해당 금액을 계약기간의 개월 수로 나눈 금액의 각 과세대상기간의 합계액을 공급가액으로 한다(부가법 제29조 제10항 제3호, 부가령 제65조 제5항).

$$\text{(선불 또는 후불로 받은 총임대료} \div \text{계약기간 월수)} \times \text{과세기간 월수}$$

이 경우 개월 수의 계산에 관하여는 해당 계약기간의 개시일이 속하는 달이 1개월 미만이면 1개월로 하고, 해당 계약기간의 종료일이 속하는 달이 1개월 미만이면 산입하지 아니한다.

2) 전세금이나 임대보증금을 받는 경우
부동산임대사업자가 전세금이나 임대보증금을 받는 경우에는 다음 계산식에 따라 계산한 금액을 공급가액으로 한다(부가법 제29조 제10항 제1호, 부가령 제65조 제2항). 이를 간주임대료라 한다.

$$\text{간주임대료} = \frac{\text{해당 기간의 전세금}}{\text{또는 임대보증금}} \times \frac{\text{과세대상}}{\text{기간의 일수}} \times \frac{\text{계약기간 1년의 정기예금 이자율}^{(주1)}}{365(\text{윤년에는 366})}$$

(주1) 해당 예정신고기간 또는 과세기간 종료일 현재 이자율 3.5%

(4) 재화의 간주공급에 해당하는 자산이 감가상각자산인 경우

이미 살펴본 재화의 간주공급, 예를 들어 면세전용한 재화 또는 폐업시잔존재화가 감가상각자산인 경우 부가가치세가 과세되는데 이때 공급가액은 다음과 같이 계산한다(부가법 제29조 제11항, 부가령 제66조 제2항).

1) 건물 또는 구축물

$$공급가액 = 해당\ 재화의\ 취득가액 \times (1 - 5\% \times 경과된\ 과세기간의\ 수)$$

2) 그 밖의 감가상각자산

$$공급가액 = 해당\ 재화의\ 취득가액 \times (1 - 25\% \times 경과된\ 과세기간의\ 수)$$

이 경우 경과된 과세기간의 수는 과세기간 단위로 계산하되, 건물 또는 구축물의 경과된 과세기간의 수가 20(10년)을 초과할 때에는 20(10년)으로, 그 밖의 감가상각자산의 경과된 과세기간의 수가 4(2년)를 초과할 때에는 4(2년)로 한다. 따라서 건물의 경우 취득일로부터 10년이 경과하면 공급가액은 영(0)이 되어 폐업시잔존재화 등에 따른 부가가치세는 과세되지 않는다.

2. 세금계산서

일반과세자가 재화 또는 용역을 공급하는 경우에는 앞에서 살펴본 방법에 따라 계산한 과세표준(공급가액)에 세율(10%)을 적용하여 산출한 매출세액을 재화 또는 용역을 공급받는 자로부터 거래징수하여야 한다(부가법 제31조). 이때 재화·용역을 공급한 사업자(공급자)는 공급가액과 세액 등 세금계산 내용을 기재한 증빙을 재화·용역을 공급받는 자에게 발급하여야 하는데 이 증빙을 세금계산서라 한다. 아래에서는 세금계산서에 대해서 살펴보기로 한다.

(1) 기재사항

사업자가 재화 또는 용역을 공급하는 경우에는 다음의 사항을 적은 세금계산서를 그 공급을 받는 자에게 발급하여야 한다(부가법 제32조 제1항).

1) 필요적 기재사항
① 공급하는 사업자의 등록번호와 성명 또는 명칭
② 공급받는 자의 등록번호. 다만, 공급받는 자가 사업자가 아니거나 등록한 사업자가 아닌 경우에는 대통령령으로 정하는 고유번호 또는 공급받는 자의 주민등록번호

③ 공급가액과 부가가치세액

④ 작성 연월일

2) 임의적 기재사항

위 필요적 기재사항 이외에도 공급하는 자의 주소, 공급받는 자의 상호·성명·주소, 공급하는 자와 공급받는 자의 업태와 종목, 공급품목, 단가와 수량 등을 기재할 수 있다.

(2) 세금계산서 발급방법

세금계산서 발급방법에는 수기로 작성한 종이세금계산서로 발급하는 방법과 전자적 방법(전자세금계산서)으로 발급하는 방법이 있다.

1) 종이세금계산서 발급방법

종이세금계산서는 직전 연도의 사업장별 재화 및 용역의 공급가액(면세공급가액을 포함한다)의 합계액이 1억원(2024.7.1. 이후는 8천만원) 미만인 개인사업자만 발급할 수 있다. 종이세금계산서 양식에 위에서 살펴본 필요적 기재사항과 임의적 기재사항을 수기로 기재하여 공급받는 자에게 전달하여야 한다.

2) 전자세금계산서 발급방법

법인사업자와 직전 연도의 사업장별 재화 및 용역의 공급가액(면세공급가액을 포함한다)의 합계액이 1억원 이상인 개인사업자(전자세금계산서 의무발급 개인사업자)가 세금계산서를 발급하는 경우에는 전자세금계산서를 발급하여 전자세금계산서 발급일의 다음 날까지 국세청에 전송하여야 한다(부가법 제32조 제3항). 2024.7.1. 이후부터는 공급가액이 8천만원 이상인 개인사업자도 전자세금계산서를 발급하여야 한다.

발급방법으로는 국세청 홈택스를 이용한 발급(공동인증서 또는 보안카드·지문 등 생체인증으로 발급), 전자세금계산서 발급대행사업자의 시스템을 이용한 발급(공동인증서로 발급), 세무서에서 보안카드 수령 후 전화 ARS(Tel 26-1-2-1)를 이용하여 발급하는 방법이 있다.

전자세금계산서의 발급기한은 원칙적으로 다음에 살펴보는 공급시기에 발급하여 다음날까지

국세청에 전송하여야 한다. 다만, 월합계세금계산서 등의 경우에는 공급시기가 속하는 달의 다음
달 10일까지 발급하여 11일까지 국세청에 전송하여야 한다.

3) 수정세금계산서

세금계산서 또는 전자세금계산서의 기재사항을 착오로 잘못 적거나 세금계산서 또는 전자세금
계산서를 발급한 후 그 기재사항에 관하여 수정사유가 발생하면 수정한 세금계산서(수정세금계산
서) 또는 수정한 전자세금계산서(수정전자세금계산서)를 발급할 수 있다(부가법 제32조 제7항).

가) 수정세금계산서 발급사유 및 방법

구분			작성·발급 방법			발급기한
			방법	작성연월	비고란	
당초작성일자	기재사항 등이 잘못 적힌 경우	착오	당초발급 건 음(-)의 세금계산서 1장과 정확한 세금계산서 1장 발급	당초 세금계산서 작성일자		착오사실을 인식한 날
		착오 외				확정신고 기한까지 발급
	세율을 착오로 잘못 작성한 경우					착오사실을 인식한 날
	착오에 의한 이중발급		당초발급 건 음(-)의 세금계산서 1장 발급			착오사실을 인식한 날
	면세 등 발급 대상이 아닌 거래					착오사실을 인식한 날
	내국신용장 등 사후발급		음(-)의 세금계산서 1장과 영세율 세금계산서 1장 발급		내국신용장 개설일	내국신용장 개설일 다음 달 10일까지 발급(과세기간 종료 후 25일 이내에 개설된 경우 25일까지 발급)
새로운작성일자	공급가액 변동		증감되는 분에 대하여 정(+) 또는 음(-)의 세금계산서 1장 발급	변동사유 발생일	처음 세금계산서 작성일	변동사유 발생일 다음 달 10일까지 발급
	계약의 해제		음(-)의 세금계산서 1장 발급	계약해제일	처음 세금계산서 작성일	계약해제일 다음 달 10일까지 발급
	환입		환입 금액분에 대하여 음(-)의 세금계산서 1장 발급	환입된 날	처음 세금계산서 작성일	환입된 날 다음 달 10일까지 발급

나) 수정세금계산서 발급에 따른 부가가치세 수정신고 대상 여부

구분	사유	부가가치세 수정신고 대상 여부		
		작성연월	대상	사유
당초 작성일자	신고기한 내 수정사유 발생	당초 작성일자	대상 아님	신고기한 내 당초 및 수정세금계산서가 발급된 경우 합산 신고
	신고기한 경과 후 수정사유 발생		대상	신고기한 경과 후 수정세금계산서 발급한 경우 합산 신고 불가로 수정신고 대상임
새로운 작성일자	공급가액 변동	변동사유 발생일	대상 아님	환입 등 수정사유가 발생한 시기가 공급시기이므로 사유가 발생한 과세기간에 신고 대상임
	계약의 해제	계약해제일		
	환입	환입된 날		

(3) 세금계산서와 신용카드매출전표 등

사업자가 신용카드매출전표, 현금영수증을 발급한 경우에는 세금계산서를 발급하지 아니한다. 그러나 세금계산서를 먼저 발급한 경우에는 신용카드매출전표를 발급할 수 있다. 신용카드는 대금결제 수단이기 때문이다. 세금계산서와 신용카드매출전표를 모두 발급한 경우에는 부가가치세 신고 시 세금계산서를 우선하여 신고하고 신용카드매출전표등발행집계표의 세금계산서 교부내역란에 그 내용을 기재하여 신고한다.

3. 세금계산서 발급시기와 재화 · 용역의 공급시기

세금계산서는 사업자가 재화 또는 용역의 공급시기에 재화 또는 용역을 공급받는 자에게 발급하여야 한다(부가법 제34조 제1항). 재화 또는 용역의 공급시기는 세금계산서 발급시기, 부가가치세의 거래징수 시기, 신고 · 납부시기 등을 결정하는 요소가 된다.

세금계산서 발급시기 = 재화 · 용역의 공급시기

(1) 재화의 공급시기

아래에서는 재화의 공급시기를 일반적인 공급시기, 거래형태별 공급시기, 부동산거래의 경우 공급시기로 나누어 살펴보기로 한다.

1) 일반적인 공급시기
재화의 일반적인 공급시기는 다음과 같다(부가법 제15조 제1항).

① 재화의 이동이 필요한 경우: 재화가 인도되는 때
② 재화의 이동이 필요하지 아니한 경우: 재화가 이용 가능하게 되는 때
③ 그 외의 경우: 재화의 공급이 확정되는 때

2) 거래 형태별 공급시기
구체적인 거래 형태에 따른 재화의 공급시기를 살펴보면 다음과 같다(부가법 제15조 제2항, 부가령 제28조).

가) 현금판매, 외상판매 또는 할부판매
재화가 인도되거나 이용 가능하게 되는 때를 공급시기로 본다.

나) 장기할부판매
장기할부판매란 재화를 공급하고 그 대가를 월부, 연부 또는 그 밖의 할부의 방법에 따라 받는 것 중 2회 이상으로 분할하여 대가를 받고, 해당 재화의 인도일의 다음 날부터 최종 할부금 지급기일까지의 기간이 1년 이상인 것을 말한다(부가칙 제17조). 이 경우에는 대가의 각 부분을 받기로 한 때를 공급시기로 본다.

다) 조건부 판매 및 기한부 판매
반환조건부 판매, 동의조건부 판매, 그 밖의 조건부 판매 및 기한부 판매의 경우 그 조건이 성취되거나 기한이 지나 판매가 확정되는 때를 공급시기로 본다.

라) 완성도기준지급조건부 또는 중간지급조건부로 공급하는 재화

완성도기준지급조건부란 공급자가 일의 완성도를 측정하여 기성금을 청구하면 공급받는 자가 완성도를 확인하여 대가를 확정하는 계약을 말한다.

중간지급조건부로 재화를 공급하는 경우란 계약금을 받기로 한 날의 다음 날부터 재화를 인도하는 날 또는 재화를 이용 가능하게 하는 날까지의 기간이 6개월 이상인 경우로서 그 기간 이내에 계약금 외의 대가를 분할(계약금 포함 3회)하여 받는 경우를 말한다(부가칙 제18조).

이러한 완성도기준지급조건부 또는 중간지급조건부로 공급하는 재화는 대가의 각 부분을 받기로 한 때를 공급시기로 본다. 다만, 재화가 인도되거나 이용 가능하게 되는 날 이후에 받기로 한 대가의 부분에 대해서는 재화가 인도되거나 이용 가능하게 되는 날을 그 재화의 공급시기로 본다.

마) 간주공급

자가공급, 개인적공급, 사업상증여, 폐업시잔존재화의 공급시기는 다음과 같다. 이러한 간주공급의 경우에는 세금계산서 발급의무가 없다.

① 자가공급 및 개인적 공급: 재화를 사용하거나 소비하는 때
② 사업상증여: 재화를 증여하는 때
③ 폐업시잔존재화: 폐업일

| 참고 | 폐업과 공급시기

사업자가 폐업 전에 공급한 재화의 공급시기가 폐업일 이후에 도래하는 경우에는 그 폐업일을 공급시기로 본다.

바) 수출하는 재화

수출재화의 선(기)적일을 공급시기로 본다. 사업자가 소포우편에 의하여 재화를 수출하는 경우에는 해당 재화에 대한 소포수령증의 발급일을 공급시기로 본다.

사) 재화의 공급으로 보는 가공

가공된 재화를 인도하는 때를 공급시기로 본다.

아) 상품권에 의한 재화의 공급

상품권을 판매한 후 해당 상품권에 의하여 재화를 공급하는 경우 재화가 실제로 인도되는 때를 공급시기로 본다.

3) 부동산 양도에 따른 공급시기

부동산을 양도하는 경우 공급시기를 살펴보면 다음과 같다(집행기준 15-28-3). 즉, 아래의 날에 세금계산서를 발급하여야 한다.

가) 일반적인 경우

부동산을 양도하는 경우의 공급시기는 해당 부동산이 이용 가능하게 되는 때이며, 이용 가능하게 되는 때란 원칙적으로 소유권이전등기일을 말하지만, 당사자 간 특약에 따라 소유권이전등기일 전에 실제 양도하여 사용·수익하거나 잔금 미지급 등으로 소유권이전등기일 이후에도 사용·수익할 수 없는 사실이 객관적으로 확인되는 때에는 실제로 사용·수익이 가능한 날을 말한다.

나) 잔금을 받기 전에 폐업하는 경우

사업자가 부동산임대사업에 사용하던 건물을 매각하는 계약을 체결하여 계약금과 중도금을 받고 잔금을 받지 않은 상태에서 폐업한 경우 그 폐업일을 해당 건물의 공급시기로 본다.

다) 건축 중인 건물

건축 중인 건물을 양도하는 경우 양수인이 그 건축 중인 건물을 이용 가능하게 된 때를 공급시기로 본다.

(2) 용역의 공급시기

아래에서는 용역의 공급시기를 일반적인 공급시기, 거래형태별 공급시기로 나누어 살펴보기로 한다.

1) 일반적인 공급시기

용역이 공급되는 시기는 다음의 어느 하나에 해당하는 때로 한다(부가법 제16조 제1항).

① 역무의 제공이 완료되는 때
② 시설물, 권리 등 재화가 사용되는 때

2) 거래 형태별 공급시기

가) 장기할부조건 등

다음 중 어느 하나에 해당하는 경우에는 대가의 각 부분을 받기로 한 때를 용역의 공급시기로 본다(부가령 제29조 제1항).

① 장기할부조건부 또는 그 밖의 조건부로 공급하는 용역
② 완성도기준지급조건부 또는 중간지급조건부로 공급하는 용역

　역무의 제공이 완료되는 날 이후 받기로 한 대가의 부분에 대해서는 역무의 제공이 완료되는 날을 그 용역의 공급시기로 본다.

③ 공급단위를 구획할 수 없는 용역을 계속적으로 공급하는 경우

나) 부동산임대용역

사업자가 부동산임대용역을 공급하는 경우 부동산임대용역의 공급시기는 아래와 같다(부가령 제29조 제2항 제2호, 집행기준 16-29-5)

① 임대료를 기일을 정하여 받는 경우

부동산임대업자가 부동산임대용역을 계속적으로 공급하고 그 대가를 월별, 분기별 또는 반기별로 기일을 정하여 받기로 한 경우 그 대가의 각 부분을 받기로 한 때를 공급시기로 본다.

② 임대료를 선불 또는 후불로 받는 경우

부동산임대업자가 2 과세기간 이상에 걸쳐 부동산임대용역을 공급하고 그 대가를 선불 또는 후

불로 받는 경우 예정신고기간 또는 과세기간의 종료일을 공급시기로 본다. 따라서 임대료를 선불 또는 후불로 받는 경우에는 분기별이나 반기별로 세금계산서를 발급할 수 있다. 다만, 부동산임대 사업자가 공급시기가 도래하기 전에 선불로 받은 대가에 대하여 임차인에게 세금계산서를 발급 하는 때에는 그 발급한 때를 공급시기로 본다.

③ 부동산임대료를 임차인의 각 반기별 사업실적에 따라 확정하는 경우

부동산임대료를 임차인의 각 반기별 사업실적에 따라 확정하는 경우에는 임대료가 확정되는 해 당 반기 말일(매년 6월 30일 및 12월 31일)을 공급시기로 본다. 예를 들어 스타벅스 매장을 임대하 고 있는데 반기 매출액의 일정 비율로 임대료를 정한 경우가 이에 해당할 수 있다.

④ 전세금 또는 임대보증금을 받는 경우

사업자가 부동산임대용역을 공급하고 전세금 또는 임대보증금을 받는 경우 이자상당액(간주임 대료)에 대한 공급시기는 예정신고기간 또는 과세기간의 종료일로 한다. 다만, 간주임대료에 대 해서는 세금계산서 발급의무가 없다.

(3) 공급시기의 특례

다음의 경우에는 앞에서 살펴본 일반적인 공급시기 및 거래 행태별 공급시기가 되기 전에 세금 계산서를 발급할 수 있다(부가법 제17조).

1) 대가의 전부 또는 일부를 받은 경우

사업자가 재화 또는 용역의 공급시기가 되기 전에 재화 또는 용역에 대한 대가의 전부 또는 일 부를 받고, 그 받은 대가에 대하여 세금계산서 또는 영수증을 발급하면 그 세금계산서 등을 발급 하는 때를 각각 그 재화 또는 용역의 공급시기로 본다.

2) 세금계산서 발급일부터 7일 이내에 대가를 받는 경우

사업자가 재화 또는 용역의 공급시기가 되기 전에 세금계산서를 발급하고 그 세금계산서 발급일 부터 7일 이내에 대가를 받으면 해당 세금계산서를 발급한 때를 재화 또는 용역의 공급시기로 본다.

3) 세금계산서 발급일부터 7일 이후 대가를 받는 경우

다음 중 어느 하나에 해당하는 경우에는 재화 또는 용역을 공급하는 사업자가 그 재화 또는 용역의 공급시기가 되기 전에 세금계산서를 발급하고 그 세금계산서 발급일부터 7일이 지난 후 대가를 받더라도 해당 세금계산서를 발급한 때를 재화 또는 용역의 공급시기로 본다.

① 거래 당사자 간의 계약서·약정서 등에 대금 청구시기(세금계산서 발급일을 말한다)와 지급시기를 따로 적고, 대금 청구시기와 지급시기 사이의 기간이 30일 이내인 경우
② 재화 또는 용역의 공급시기가 세금계산서 발급일이 속하는 과세기간 내(공급받는 자가 조기 환급을 받은 경우에는 세금계산서 발급일부터 30일 이내)에 도래하는 경우

(4) 세금계산서 발급시기 특례

다음의 어느 하나에 해당하는 경우에는 재화 또는 용역의 공급일이 속하는 달의 다음 달 10일(그날이 공휴일 또는 토요일인 경우에는 바로 다음 영업일을 말한다)까지 세금계산서를 발급할 수 있다.

1) 거래처별로 1역월曆月의 공급가액을 합하여 해당 달의 말일을 작성 연월일로 하여 세금계산서를 발급하는 경우
2) 거래처별로 1역월 이내에서 사업자가 임의로 정한 기간의 공급가액을 합하여 그 기간의 종료일을 작성 연월일로 하여 세금계산서를 발급하는 경우
3) 관계 증명서류 등에 따라 실제 거래사실이 확인되는 경우로서 해당 거래일을 작성 연월일로 하여 세금계산서를 발급하는 경우

4. 전자세금계산서 관련 가산세

전자세금계산서를 발급·전송하지 않는 경우 공급가액에 아래 가산세율을 곱한 가산세를 부과한다. 아래의 내용 중 미발급 및 지연발급에 대한 내용은 종이세금계산서의 경우에도 동일하게 적용된다.

[전자세금계산서 관련 가산세]

구분		내용	발급자	수취자
발급	미발급	발급시기가 지난 후 공급시기가 속하는 과세기간에 대한 확정신고기한 내에 발급하지 않은 경우	2%	매입세액불공제(주1)
	지연발급	발급시기가 지난 후 공급시기가 속하는 과세기간에 대한 확정신고기한 내에 발급한 경우	1%	매입세액공제 가산세율 0.5%
	종이발급	발급시기에 전자세금계산서 외의 세금계산서 발급	1%	매입세액공제 가산세 해당 없음
전송	미전송	발급일의 다음 날이 지난 후 공급시기가 속하는 과세기간에 대한 확정신고기한까지 미전송	0.5%	
	지연전송	발급일의 다음 날이 지난 후 공급시기가 속하는 과세기간에 대한 확정신고기한까지 전송	0.3%	

(주1) 예외: 확정신고기한이 지난 후 1년 이내 발급분은 수정신고 및 경정청구서를 세금계산서와 함께 제출하는 경우 또는 거래사실이 확인되어 관할 세무서장 등이 결정 또는 경정하는 경우 매입세액의 공제가 가능하다. 다만, 수취자는 가산세 0.5%를 부담한다.

지금까지 매출세액 계산단계와 관련하여 공급가액의 계산, 세금계산서, 세금계산서 발급시기와 재화·용역의 공급시기에 대해 살펴보았다. 부가가치세의 차가감 납부 또는 환급세액을 계산하기 위해서는 매출세액에서 매입세액을 공제하여 계산한다. 다음 절에서는 매입세액과 관련된 내용을 살펴보기로 한다.

제5절 | 매입세액공제와 세금계산서 등 수취

1. 전단계세액공제법

우리나라 부가가치세의 차가감 납부할 세액 또는 환급받을 세액은 전단계세액공제법에 따라 계산한다. 즉, 사업자가 거래징수한 매출세액에서 그 사업자가 매출 전 단계에서 부담한 매입세액을 공제하여 계산한다. 이는 거래의 매 단계마다 세금계산서등 증빙을 발급하고 수취하여 사업장 관할 세무서에 신고하기 때문에 과세자료를 양성화시킨다는 장점이 있다. 이번 절에서는 매출세액에서 공제하는 매입세액과 공제받지 못하는 매입세액에는 어떤 것이 있는지 살펴보기로 한다.

2. 공제하는 매입세액

사업자가 자기의 사업을 위하여 사용하였거나 사용할 목적으로 공급받은 재화 또는 용역에 대한 매입세액과 수입하는 재화에 대한 부가가치세액은 재화 또는 용역을 공급받는 시기 또는 수입시기가 속하는 과세기간의 매출세액에서 공제한다(부가법 제38조).

매출세액에서 공제되는 매입세액은 원칙적으로 세금계산서, 신용카드매출전표, 지출증빙용 현금영수증 등에 의해 매입세액을 부담하였거나 부담할 것이라는 것이 증명되는 것만 공제한다. 따라서 매입세액공제를 받기 위해서는 세금계산서, 신용카드매출전표, 지출증빙용 현금영수증을 반드시 수취하여야 한다.

3. 공제하지 아니하는 매입세액

다음의 매입세액은 사업자가 부가가치세를 부담하고 세금계산서, 신용카드매출전표, 지출증빙용 현금영수증을 수취하였다 하더라도 매출세액에서 공제하지 않는다(부가법 제39조).

(1) 매입처별 세금계산서합계표 미제출·부실기재 및 사실과 다르게 기재된 매입세액

(2) 세금계산서 미수취·부실기재 및 사실과 다르게 기재된 매입세액

세금계산서 또는 수입세금계산서를 발급받지 아니한 경우, 발급받은 세금계산서 또는 수입세금계산서에 필요적 기재사항의 전부 또는 일부가 적히지 아니하였거나 사실과 다르게 적힌 경우의 매입세액은 매출세액에서 공제하지 않는다. 다만, 다음의 매입세액은 공제가 가능하다(부가령 제75조).

1) 사업자등록을 신청한 사업자가 사업자등록증 발급일까지의 거래에 대하여 해당 사업자 또는 대표자의 주민등록번호를 적어 발급받은 경우

2) 재화 또는 용역의 공급시기 이후에 발급받은 세금계산서로서 해당 공급시기가 속하는 과세기간에 대한 확정신고기한까지 발급받은 경우

3) 재화 또는 용역의 공급시기가 속하는 과세기간에 대한 확정신고기한이 지난 후 세금계산서를 발급받았더라도 그 세금계산서의 발급일이 확정신고기한 다음 날부터 1년 이내인 경우

4) 재화 또는 용역의 공급시기 전에 세금계산서를 발급받았더라도 재화 또는 용역의 공급시기가 그 세금계산서의 발급일부터 6개월 이내에 도래하고 해당 거래사실이 확인되어 납세지 관할 세무서장 등이 결정 또는 경정하는 경우

(3) 사업과 직접 관련 없는 지출에 대한 매입세액

(4) 비영업용 승용자동차의 구입·임차·유지에 관련된 매입세액

사업과 관련된 비영업용 승용자동차의 구입·임차·유지 관련 매입세액은 공제하지 아니한다. 매입세액이 공제되지 않는 승용자동차는 개별소비세가 과세되는 승용자동차를 말한다. 다만, 운수업, 자동차판매업, 자동차임대업, 운전학원업, 「경비업법」에 따른 기계경비업무를 하는 경비업 및 이와 유사한 업종에 직접 영업으로 사용하는 승용자동차는 공제된다.

우리나라의 자동차 관리법상 자동차는 크게 승용차, 승합차, 화물차, 특수차, 이륜차로 구분한다. 여기에서 개별소비세가 과세되는 승용자동차란 배기량이 1,000cc를 초과하는 승용자동차, 캠핑용자동차, 전기승용자동차를 말한다. 따라서 개별소비세가 과세되지 아니하는 정원 9명 이상 승용자동차, 배기량 1,00cc 이하의 소형 일반승용차 및 소형 전기승용차, 승합차, 화물차량, 배기

량 125cc 이하의 이륜자동차(오토바이)는 규제대상에 해당하지 않는다. 이러한 차량에 대해서는 부가가치세 매입세액공제가 가능하고 지출비용의 규제가 없다.

비영업용 승용자동차의 구분

구분	개별소비세 과세대상	개별소비세 비과세
매입세액공제 여부	불공제	공제
종류	❶ 정원 8인 이하 승용자동차 ❷ 배기량 125cc 초과 이륜자동차 ❸ 캠핑용 자동차	❶ 정원 9인 이상 승용자동차 ❷ 배기량 1,000cc 이하 경차 ❸ 승합자동차 ❹ 화물자동차 ❺ 배기량 125cc 이하 이륜자동차

(5) 기업업무추진비(접대비) 및 이와 유사한 비용의 지출에 관련된 매입세액
(6) 면세사업과 관련된 매입세액
(7) 토지 관련 매입세액

토지에 관련된 매입세액이란 토지의 조성 등을 위한 자본적지출에 관련된 매입세액으로서 다음 중 어느 하나에 해당하는 경우는 공제하지 않는다(부가법 제39조 제1항 제7호, 부가령 제80조).

1) 토지의 취득 및 형질 변경, 공장부지 및 택지의 조성 등에 관련된 매입세액
2) 건축물이 있는 토지를 취득하여 그 건축물을 철거하고 토지만 사용하는 경우에는 철거한 건축물의 취득 및 철거 비용과 관련된 매입세액
3) 토지의 가치를 현실적으로 증가시켜 토지의 취득원가를 구성하는 비용에 관련된 매입세액
4) 토지의 취득을 위하여 지급한 중개수수료, 감정평가비, 컨설팅비, 명의이전비용에 관련된 매입세액

(8) 사업자등록 전 매입세액

사업자등록을 신청하기 전의 매입세액은 공제하지 아니한다. 다만, 공급시기가 속하는 과세기

간이 끝난 후 20일 이내에 등록을 신청한 경우 등록신청일부터 공급시기가 속하는 과세기간 기산일까지 역산한 기간 내의 것은 공제한다.

4. 공통매입세액 안분계산

공통매입세액의 안분계산이란 과세사업과 면세사업을 겸영하는 사업자가 과세사업과 면세사업에 공통으로 사용되어 그 실지귀속을 구분할 수 없는 매입세액을 과세사업에 관련된 매입세액과 면세사업에 관련된 매입세액으로 안분계산하는 일련의 과정을 말한다. 이렇게 안분계산해야 하는 이유는 면세사업과 관련된 매입세액은 공제받을 수 없기 때문이다.

(1) 실지귀속의 원칙

사업자가 과세사업과 면세사업을 겸영하면서 발생된 매입세액이더라도 발생된 모든 매입세액이 안분계산 대상이 되는 것이 아니라 그 발생 건별로 세분하여 과세사업에 실지귀속되면 자기의 매출세액에서 전액 공제하고, 면세사업에 실지귀속되면 면세사업 관련 매입세액으로 전액 불공제한다. 다만, 실지귀속을 구분할 수 없는 매입세액(공통매입세액)은 총공급가액에 대한 면세공급가액 비율 등의 안분기준(공통매입세액 안분기준)을 적용하여 안분하여 계산한다(부가법 제40조, 집행기준 40-81-1).

(2) 공통매입세액의 안분 요건

공통매입세액의 안분계산 규정을 적용하여야 할 사업자는 다음의 요건을 모두 충족하여야 한다.

1) 과세사업과 면세사업을 겸영하는 사업자일 것
2) 과세사업과 면세사업에 공통으로 사용되거나 사용될 것
3) 실지귀속이 불분명한 매입세액일 것
4) 불공제대상 매입세액이 아닐 것

(3) 안분계산 방법

공통매입세액 중에서 면세사업에 관련된 매입세액은 다음 계산식에 따라 안분하여 계산한다 (부가법 제81조 제1항).

$$면세사업\ 등에\ 관련된\ 매입세액\ =\ 공통매입세액\ \times\ \frac{면세공급가액}{총공급가액}$$

1) 안분계산 기준

예정신고를 할 때에는 예정신고기간에 있어서 총공급가액에 대한 면세공급가액의 비율에 따라 안분하여 계산하고 확정신고할 때 정산한다.

2) 안분계산의 배제

다음 중 어느 하나에 해당하는 경우에는 해당 재화 또는 용역의 매입세액은 전액 공제되는 매입세액으로 한다.

① 해당 과세기간의 총공급가액 중 면세공급가액이 5% 미만인 경우의 공통매입세액. 다만, 공통매입세액이 5백만원 이상인 경우는 제외한다.
② 해당 과세기간 중의 공통매입세액이 5만원 미만인 경우의 매입세액
③ 재화를 공급하는 날이 속하는 과세기간에 신규로 사업을 시작하여 직전 과세기간이 없는 경우가 적용되는 재화에 대한 매입세액

3) 공통매입세액의 정산

공통매입세액의 안분계산에 있어 예정신고를 하는 때에는 예정신고기간의 총공급가액에 대한 면세공급가액의 비율에 따라 안분계산한다. 그 후 확정신고하는 때에 과세기간의 총공급가액(예정신고분과 확정신고분)에 대한 면세공급가액비율에 따라 정산한다. 다만, 총공급가액에 대한 면세공급가액비율을 계산할 수 없어 매입가액비율, 예정공급가액비율 또는 예정사용면적비율로 공

통매입세액을 안분계산한 경우 과세사업과 면세사업의 공급가액 또는 사용면적이 확정되는 과세기간의 확정신고를 하는 때에 정산한다(부가령 제81조 제6항).

4) 공통사용 건물의 안분 및 정산

과세사업과 면세사업에 함께 사용할 목적으로 신축하거나 취득한 건물인 경우 공통사용 건물에 해당한다. 이러한 공통사용 건물에 지출하는 매입세액은 실지귀속에 따라 구분하고 실지귀속이 불분명한 매입세액은 공통매입세액에 해당하여 안분계산한다.

과세사업과 면세사업에 제공할 예정면적을 구분할 수 있어 예정사용면적비율로 안분계산하였을 때는 그 후 과세사업과 면세사업의 공급가액이 모두 있게 되어 총공급가액비율에 따라 공통매입세액을 계산할 수 있는 경우에도 과세사업과 면세사업의 사용면적이 확정되기 전의 과세기간까지는 예정사용면적비율을 적용하고, 과세사업과 면세사업의 사용면적이 확정되는 과세기간의 총사용면적에 따라 공통매입세액을 정산한다(부가령 제81조 제5항).

💡 **생각정리 노트**

공통사용건물은 우선 과세사업과 면세사업에 대한 예정사용 면적비율로 안분하고 사용면적이 확정되는 과세기간에 확정된 면적으로 정산한다.

핵심포인트 **공통사용재화 안분기준**

과세사업과 면세사업에 공통으로 사용하는 재화는 다음의 순서에 따라 안분계산한다. 다만, 건물을 신축 또는 취득하여 과세사업과 면세사업에 제공할 예정면적을 구분할 수 있는 경우에는 ❹를 우선 적용한다.
❶ 총공급가액에 대한 면세사업에 관련된 공급가액의 비율
❷ 총매입가액(공통매입가액 제외)에 대한 면세사업에 관련된 매입가액의 비율
❸ 총예정공급가액에 대한 면세사업에 관련된 예정공급가액의 비율
❹ 총예정사용면적에 대한 면세사업에 관련된 예정사용면적의 비율

5. 의제매입세액공제

의제매입세액공제란 부가가치세가 면제되는 농산물·축산물·수산물 또는 임산물을 공급받아 이를 원재료로 하여 제조 또는 가공한 재화 또는 창출한 용역의 공급이 과세되는 경우 면세로 공급받은 농산물 등의 가액의 일부를 매입세액으로 보아 매출세액에서 공제하는 것을 말한다(부가법 제42조). 의제매입세액은 다음과 같이 계산한다.

의제매입세액 = 면세농산물 등 가액 × 공제율

(1) 면세농산물 등 가액의 공제 한도

2026.12.31.까지 사업자별로 매입세액으로서 공제할 수 있는 금액의 한도는 다음의 구분에 따라 계산한 금액으로 한다.

구분	과세표준	공제 한도
음식업	1억원 이하	과세표준 × 75%
	1억원 초과 2억원 이하	과세표준 × 70%
	2억원 초과	과세표준 × 60%
음식업 외	2억원 이하	과세표준 × 65%
	2억원 초과	과세표준 × 55%

과세표준이란 해당 과세기간에 해당 사업자가 면세농산물 등과 관련하여 공급한 금액을 말한다 (부가령 제84조 제2항).

(2) 공제율

의제매입세액공제율은 다음 표와 같이 구분한다.

구분		공제율
음식점업	① 과세유흥장소	102분의 2
	② 위 ① 외의 개인사업자	108분의 8 과세표준 2억원 이하 109분의 9
	③ 위 ①, ② 외	106분의 6
제조업	① 과자점업 등	106분의 6
	② 위 ① 외 중 중소기업 및 개인사업자	104분의 4
	③ 위 ①, ② 외	102분의 2
기타		102분의 2

6. 재고매입세액공제

재고매입세액공제란 간이과세자가 일반과세자로 과세유형이 전환되는 경우 그 전환일 현재 해당 사업장에서 보유하고 있는 재고품 및 감가상각자산에 대하여 그 재고품, 감가상각자산의 가액에 포함되어 있다고 추정되는 부가가치세 상당액을 매입세액으로 하여 일반과세자로 전환된 후에 납부하여야 할 세액에서 공제하도록 하는 것을 말한다(부가법 제44조).

(1) 상품·제품·재료

$$재고매입세액 \ = \ 재고금액 \ \times \ \frac{10}{110} \ \times \ (1 - 0.5\% \times \frac{110}{10})$$

(2) 감가상각자산

건물 또는 구축물의 경우에는 취득, 건설 또는 신축 후 10년 이내의 것, 그 밖의 감가상각자산의 경우에는 취득 또는 제작 후 2년 이내의 것으로 한정한다.

1) 건물

$$재고매입세액 \ = \ 취득가액 \ \times \ (1 - 10\% \times 경과된 \ 과세기간 \ 수) \ \times \ \frac{10}{110} \ \times \ (1 - 0.5\% \times \frac{110}{10})$$

2) 그 밖의 감가상각자산

$$재고매입세액 \ = \ 취득가액 \ \times \ (1 - 50\% \times 경과된\ 과세기간\ 수) \ \times \ \frac{10}{110} \ \times \ (1 - 0.5\% \times \frac{110}{10})$$

7. 재고납부세액 가산

　일반과세자가 간이과세자로 변경되면 부가가치세 납부세액 계산 방식이 변경되므로 일반과세자로 매입세액을 공제받은 재고품, 감가상각자산에 대한 재고매입세액을 납부세액에 가산하여 납부하여야 한다(부가령 제112조 제3항).

(1) 상품·제품·재료

$$재고납부세액 \ = \ 재고금액 \ \times \ 10\% \ \times \ (1 - 0.5\% \times \frac{110}{10})$$

(2) 감가상각자산

1) 건물

$$재고납부세액 \ = \ 취득가액 \ \times \ (1 - 5\% \times 경과된\ 과세기간\ 수) \ \times \ 10\% \ \times \ (1 - 0.5\% \times \frac{110}{10})$$

2) 그 밖의 감가상각자산

$$재고납부세액 \ = \ 취득가액 \ \times \ (1 - 25\% \times 경과된\ 과세기간\ 수) \ \times \ 10\% \ \times \ (1 - 0.5\% \times \frac{110}{10})$$

8. 대손세액공제

　사업자가 부가가치세가 과세되는 재화 또는 용역을 공급하고 파산·강제집행 등의 대손세액공제 사유로 외상매출금, 그 밖에 매출채권의 전부 또는 일부가 대손되어 회수할 수 없는 경우에는 다음 산식에 의한 대손세액을 그 대손이 확정된 날이 속하는 과세기간의 매출세액에서 차감할 수 있다. 다만, 그 사업자가 대손되어 회수할 수 없는 금액(대손금액)의 전부 또는 일부를 회수한 경우에는 회수한 대손금액에 관련된 대손세액을 회수한 날이 속하는 과세기간의 매출세액에 더한다(부가법 제45조).

$$대손세액 \;=\; 대손금액 \times \frac{10}{110}$$

9. 신용카드매출전표 등 발행 세액공제

주로 사업자가 아닌 자에게 재화 또는 용역을 공급하는 사업으로서 부가가치세가 과세되는 재화 또는 용역을 공급하고 신용카드매출전표(결제대행업체를 통한 신용카드매출전표 포함), 현금영수증(부가통신사업자가 통신판매업자를 대신하여 발급하는 현금영수증을 포함)을 발급하거나 전자적 결제수단에 의하여 대금을 결제받는 경우에는 다음의 금액을 납부세액에서 공제한다. 다만, 법인사업자와 직전연도 공급가액의 합계액이 10억원을 초과하는 개인사업자는 제외한다(부가법 제46조).

$$공제할 \; 금액 = 발행금액 \; 또는 \; 결제금액 \times 1.3\%$$

공제금액은 2026. 12. 31. 까지는 연간 1천만원을 한도로 한다. 그리고 공제율 또한 2026. 12. 31. 까지는 발급금액 또는 결제금액의 1.3%로 한다.

◇　◇　◇

지금까지 부가가치세의 차가감 납부 또는 환급세액을 계산하기 위해 매출세액에서 공제하는 매입세액 등에 대해 살펴보았다. 부가가치세의 차가감납부(환급)할세액은 납세의무자인 사업자가 사업장 관할 세무서에 신고 · 납부하게 된다. 다음 절에서는 과세기간 및 신고 · 납부와 관련된 내용을 살펴보기로 한다.

제6절 | 과세기간 및 신고 · 납부

1. 과세기간

과세기간이란 부가가치세의 납세의무 성립시기, 과세표준 및 납부세액의 계산기간, 신고 · 납부기간을 정하는 기준을 말한다. 부가가치세의 과세기간을 사업자 유형에 따라 살펴보면 다음과 같다(부가법 제5조 제1항).

(1) 일반과세자

1) 과세기간 및 신고 · 납부기간

구분	과세기간	신고 · 납부기간
제1기	1.1.~6.30.	7.1.~7.25.
제2기	7.1.~12.31.	다음 연도 1.1.~1.25.

2) 예정신고 · 납부기간

구분	신고기간	신고 · 납부기간
제1기	1.1.~3.31.	4.1.~4.25.
제2기	7.1.~9.30.	10.1.~10.25.

납세지 관할 세무서장은 예정신고 · 납부 규정에도 불구하고 개인사업자와 직전 과세기간 공급가액의 합계액이 1억5천만원 미만인 법인사업자에 대하여는 각 예정신고기간마다 직전과세기간에 대한 납부세액의 50%를 예정고지세액으로 결정하여 예정신고기간이 끝난 후 25일까지 징수한다. 다만, 다음 중 어느 하나에 해당하는 경우에는 징수하지 아니한다(부가법 제48조 제3항).

① 징수하여야 할 금액이 50만원 미만인 경우

② 간이과세자에서 해당 과세기간 개시일 현재 일반과세자로 변경된 경우

③ 납세자가 경영하는 사업에 현저한 손실이 발생하거나 부도 또는 도산의 우려가 있는 경우 등의 사유로 관할 세무서장이 징수하여야 할 금액을 사업자가 납부할 수 없다고 인정되는 경우

|참고| **예정신고 · 납부 사유**

휴업 또는 사업 부진 등으로 인하여 각 예정신고기간의 공급가액 또는 납부세액이 직전 과세기간의 공급가액 또는 납부세액의 3분의 1에 미달하는 자 또는 각 예정신고기간분에 대하여 조기환급을 받으려는 사업자는 예정신고를 하고 예정신고 · 납부할 수 있다. 이 경우 예정고지세액은 없었던 것으로 본다.

---

(2) 간이과세자

1) 과세기간 및 신고 · 납부기간

구분	과세기간	신고 · 납부기간
연 1회	1.1.~12.31.	다음 연도 1.1.~1.25.

2) 예정신고 · 납부기간

구분	신고기간	신고 · 납부기간
연 1회	1.1.~6.30.	7.1.~7.25.

납세지 관할 세무서장은 각 예정신고기간마다 직전과세기간에 대한 납부세액의 50%를 예정고지세액으로 결정하여 예정신고기간이 끝난 후 25일까지 징수한다. 다만, 징수하여야 할 금액이 50만원 미만인 경우에는 징수하지 아니한다. 또한 간이과세자에게도 위에서 살펴본 예정신고 · 납부 사유가 적용된다.

2. 가산세

(1) 무신고가산세

무신고납부세액 × 20%(부당무신고는 40%)

(2) 과소신고가산세

과소신고납부(초과환급)세액 × 10%(부당과소신고는 40%)

(3) 납부지연가산세

과소납부(초과환급)세액 × 법정납부기한의 다음 날부터 납부일까지의 기간 × 0.022%

지금까지 부가가치세의 과세기간과 신고·납부에 대한 내용을 살펴보았다. 다음 장에서는 부동산을 취득·임대·양도하는 단계에서 발생하는 부가가치세에 대해 다루기로 한다.

부동산의 취득 · 임대 · 양도와 부가가치세

제14장에서는 다음과 같은 내용을 살펴본다.

| 제1절 | 부동산의 취득 · 임대와 부가가치세 |

사업자가 부가가치세 과세대상 사업에 사용할 목적으로 과세사업자로부터 업무용 부동산을 취득하는 경우 토지분 취득가액에 대해서는 부가가치세가 면제되고 건물분 취득가액에 대해 부가가치세를 부담하게 된다.

주택을 사업자로부터 분양 등으로 취득하면 국민주택규모 이하인 경우에는 부가가치세를 면제하지만 국민주택규모를 초과하는 경우 토지분 취득가액에는 부가가치세가 면제되고 건물분 취득가액에 대해서는 부가가치세를 부담하게 된다.

이 책에서는 주택을 취득하는 경우 부가가치세에 대한 내용은 설명을 생략하고 상가, 오피스텔 등 업무용 시설 또는 분양권을 취득 · 임대 · 양도하는 경우에 대해 살펴보기로 한다.

이번 절에서는 부동산을 취득하는 단계에서의 부가가치세 환급에 대한 내용과 부동산을 보유하는 단계에서 임대하는 경우 부가가치세에 대한 내용을 다루고 다음 절에서는 업무용 부동산을 양도하는 경우 관련된 부가가치세의 내용을 살펴보기로 한다.

1. 부동산의 취득과 부가가치세 환급

업무용부동산의 취득단계에서 부담하는 부가가치세는 일반적으로 매출세액보다 매입세액이 크므로 환급을 받을 수 있다. 아래에서는 그 내용을 살펴보기로 한다.

(1) 사업자등록

부가가치세 신고 · 납부의무자는 사업자이다. 따라서 부가가치세 신고 · 납부나 환급을 받기 위해서는 사업장 소재지 관할 세무서에 사업자등록을 해야 한다. 부동산임대업의 사업장은 부동산 소재지를 말한다. 과세사업자로부터 업무용 시설인 상가나 오피스텔 등을 최초로 분양받거나, 업무용시설분양권을 전매로 취득하거나, 기존 과세사업자 소유의 부동산을 매매로 취득하는 경우 부가가치세 환급을 받기 위해서는 계약일로부터 20일 이내에 부동산 소재지 관할 세무서에 일반과세자로 사업자등록 신청을 해야 한다. 간이과세자나 면세사업자는 부가가치세를 부담하더라도 환급받을 수 없다.

(2) 부가가치세 환급신고

사업용 고정자산의 매입으로 인한 환급은 조기환급에 해당하므로 세금계산서를 받은 달의 다음 달 25일까지 매월별로 조기환급신고를 하거나 세금계산서를 받은 달에 대한 신고기한이 도래하는 때의 예정신고 또는 확정신고 시 조기환급신고를 할 수 있다.

(3) 환급받은 부가가치세를 납부해야 하는 경우

부가가치세를 환급받은 업무용시설을 주거용으로 사용하는 경우에는 면세로 전용한 것으로 보아 전용하는 때가 속하는 예정신고 또는 확정신고 시 다음의 산식으로 계산한 공급가액에 대한 부가가치세를 신고 · 납부하여야 한다(부가령 제66조).

$$\text{공급가액} = \text{해당 재화의 취득가액} \times (1 - 5\% \times \text{경과된 과세기간 수})$$

경과된 과세기간의 수는 과세기간 단위로 계산하되, 건물의 경과된 과세기간의 수가 20과세기간(10년)을 초과할 때에는 20(10년)으로 한다. 다만, 과세사업에 사용되지 아니한 재화가 공급으로 의제된 경우 또는 공실 상태에 있었던 기간은 경과된 과세기간의 수에 포함되지 않는다(판례 광주고법2021누-12533, 2022.6.9.). 따라서 과세사업에 1개의 과세기간도 사용하지 않고 면세로 전용하는 경우라면 환급받은 전체 금액을 납부하게 된다. 예를 들어 오피스텔을 분양받고 건물분 부가가치세를 환급받은 후 업무용으로 임대하지 않고 처음부터 주거용으로 임대하는 경우 환급받은 부가가치세 전체 금액을 납부하여야 한다.

2. 부동산의 임대와 부가가치세

부동산을 보유하는 중에는 임대를 하게 된다. 부동산 중에서 주택과 이에 부수되는 토지의 임대용역은 부가가치세를 면제한다(부가법 제26조 제1항 제12호). 아래에서는 일반과세자가 상가나 오피스텔 등 업무용부동산을 임대하는 경우 부가가치세에 대한 내용을 살펴보기로 한다.

일반과세자의 매출세액은 앞에서 살펴보았듯이 공급가액에 세율(10%)을 적용하여 계산한다. 부동산임대업의 공급가액은 임대료, 관리비, 간주임대료의 합계로 구성되어 있다.

공급가액 = 임대료 + 관리비 + 간주임대료

(1) 임대료와 세금계산서

부동산임대업을 영위하는 사업자가 부동산임대용역을 제공하고 그 대가로 임대료를 받는 경우 임차인을 공급받는 자로 하여 임대료를 받기로 한 때 세금계산서를 발급하여 임차인으로부터 부가가치세를 거래징수하여야 한다. 임차인은 부가가치세가 과세되는 사업을 영위하는 경우 세금계산서의 매입세액을 자기의 매출세액에서 공제받을 수 있다.

임대사업자가 둘 이상의 과세기간에 걸쳐 부동산임대용역을 공급하고 총임대료를 선불이나 후불로 받는 경우에는 해당 금액을 계약기간의 개월 수로 나눈 금액의 각 과세대상기간의 합계액을 공급가액으로 한다(부가법 제29조 제10항, 부가령 제65조).

(선불 또는 후불로 받은 총임대료 ÷ 계약기간 월수) × 과세기간 월수

세금계산서는 예정신고기간 또는 과세기간의 종료일을 공급시기로 하여 발급할 수 있다. 다만, 공급시기가 도래하기 전에 임대용역에 대한 대가의 전부 또는 일부를 받고 이와 동시에 그 받은 대가에 대하여 세금계산서를 교부하는 경우에는 그 교부하는 때를 당해 임대용역의 공급시기로 본다(예규 서면인터넷방문상담3팀-2538, 2004.12.14.).

위 예규에 따르면 선불 또는 후불로 총임대료를 받는 경우에는 예정신고기간의 종료일(3월 31일, 9월 30일) 또는 과세기간 종료일(6월 30일, 12월 31일)에 세금계산서를 발급하거나 총임대료를 받은 때 받은 금액에 대하여 세금계산서를 발급할 수 있다.

(2) 관리비

사업자가 부가가치세가 과세되는 부동산임대료와 해당 부동산을 관리해 주는 대가로 받는 관리비등을 구분하지 아니하고 영수하는 때에는 전체 금액에 대하여 과세하는 것이나, 임차인이 부담하여야 할 보험료·수도료 및 공공요금 등을 별도로 구분징수하여 납입을 대행하는 경우 해당 금액은 부동산임대관리에 따른 대가에 포함하지 아니한다(기본통칙 29-61-3).

(3) 전세금 또는 임대보증금과 간주임대료

임대사업자가 전세금이나 임대보증금을 받는 경우에는 다음 계산식에 따라 계산한 금액을 공급가액으로 한다. 이를 간주임대료라 한다(부가령 제65조). 간주임대료에 대해서는 세금계산서 발급의무가 없다.

$$\text{간주임대료} = \frac{\text{해당 기간의 전세금}}{\text{또는 임대보증금}} \times \text{과세대상 기간의 일수} \times \frac{\text{계약기간 1년의 정기예금 이자율}}{365(\text{윤년에는 }366)}$$

제2절 | 부동산의 양도와 부가가치세

    사업자가 부동산을 양도하는 경우 부동산 중에서 주택신축판매업자나 부동산매매업자가 국민주택규모 이하의 주택을 공급하는 경우에는 부가가치세가 면제된다. 또한 주택임대사업자가 면세대상인 주택임대에 사용하던 주택을 양도하는 경우에는 국민주택을 초과한다고 하더라도 부가가치세가 면제된다. 반면에 주택신축판매업자나 부동산매매업자가 국민주택규모를 초과하는 주택을 판매하거나 부동산 중에서 상가, 오피스텔 등 업무용 부동산을 양도하는 경우 부가가치세가 과세된다. 아래에서는 부동산 중에서 상가, 오피스텔 등 업무용 부동산을 양도하는 경우 관련된 부가가치세 내용을 살펴보기로 한다.

    과세사업자가 사업용 부동산을 양도하는 경우 재화의 실질공급으로 과세하는지 간주공급인 폐업시잔존재화로 과세하는지 쟁점이 될 수 있다. 이와 관련된 예규를 살펴보면 사업자가 사업용 건물을 매각한 후 폐업하는 경우에는 건물의 매각대금이 과세표준이 되는 것이며, 사업자가 실질적으로 폐업하는 날까지 사업용 건물이 잔존하는 때에는 폐업시잔존재화 규정에 의하여 과세표준을 계산한다고 해석하고 있다(예규 서면인터넷방문상담3팀-276, 2005. 2. 24.). 아래에서는 업무용 부동산을 폐업 전에 양도하는 경우와 폐업 후 양도하는 경우에 대해 살펴보기로 한다.

1. 폐업 전 양도하는 경우

    사업자가 과세사업에 사용하던 부동산을 폐업 전에 양도하는 경우 토지의 양도가액에 대해서는 부가가치세를 면제하지만 건물의 양도가액에 대해서는 부가가치세법 제9조의 재화의 실질공급에 해당함으로 원칙적으로 세금계산서를 발급하고 부가가치세를 거래징수하여야 한다. 다만, 포괄양수도에 해당하는 경우에는 세금계산서 발급의무와 부가가치세 거래징수의무가 없다.

    업무용 부동산을 일괄양도하는 경우 토지는 면세대상이고 건물은 과세대상이다. 따라서 매매가액을 토지와 건물가액으로 안분해야 하는 문제가 발생한다. 이에 대해서는 이미 살펴보았으므로 여기에서는 그 내용을 요약하기로 한다.

(1) 일괄양도 시 안분하는 경우

① 실질거래가액 중 토지, 건물 가액의 구분이 불분명한 경우

② 납세자가 구분한 토지, 건물의 실지거래가액이 기준시가 등에 따라 안분계산한 금액과 30% 이상 차이가 있는 경우

다만, 2022.2.15. 이후 공급하는 부동산부터는 다음 중 어느 하나에 해당하는 경우 납세자가 구분한 실지거래가액을 인정한다(부가령 제64조 제2항).

① 다른 법령에서 토지와 건물의 양도가액을 정한 경우

② 건물이 있는 토지를 취득하여 건물을 철거하고 토지만 사용하는 경우

(2) 일괄양도 시 안분 순서

구분	공급가액 계산 방법
① 실거래가액이 모두 있는 경우	·구분된 건물 등의 실지거래가액 ·구분한 실지거래가액이 아래(②~⑤) 방법으로 안분계산한 금액과 30% 이상 차이가 있는 경우 아래의 방법으로 안분계산
② 감정평가액이 모두 있는 경우	·감정평가업자가 평가한 감정평가액에 비례하여 안분계산
③ 기준시가가 모두 있는 경우	·공급계약일 현재 기준시가에 비례하여 안분계산
④ 기준시가가 일부 있는 경우	·먼저 장부가액(장부가액이 없는 경우 취득가액)에 비례하여 안분계산 ·기준시가가 있는 자산에 대하여는 그 합계액을 다시 기준시가에 비례하여 안분계산
⑤ 기준시가가 모두 없는 경우	·장부가액(장부가액이 없는 경우 취득가액)에 비례하여 안분계산

2. 폐업 후 양도하는 경우

과세사업자가 폐업일 현재 부동산을 양도하지 않은 경우 건물 취득 시 매입세액공제를 받은 경우로서 취득일로부터 10년이 경과하지 않은 경우에는 부가가치세법 제10조 제6항의 폐업시잔존재화로 과세된다. 폐업시잔존재화의 공급가액은 다음과 같이 계산한다.

$$공급가액 = 해당 건물의 취득가액 \times (1 - 5\% \times 경과된 과세기간의 수)$$

경과된 과세기간의 수는 과세기간 단위로 계산한다. 따라서 건물은 취득 후 10년이 지나면 경과된 과세기간의 수가 20이 되어 공급가액이 없게 되므로 부가가치세는 과세되지 않는다.

위 세법의 내용을 살펴보면 업무용 부동산을 폐업 전에 양도하는 경우와 폐업 이후에 양도하는 경우에는 부가가치세의 공급가액 계산 방법이 달라진다. 따라서 폐업일을 언제로 볼 것인지에 따라 폐업 전에 양도한 것인지 폐업 후에 양도한 것인지가 결정된다. 아래에서는 폐업일의 기준과 공급시기에 대해 살펴보기로 한다.

3. 폐업일의 기준과 공급시기

폐업과 관련하여 재화의 공급시기는 폐업일로 본다. 폐업일은 사업장별로 그 사업을 실질적으로 폐업하는 날을 말한다. 다만, 폐업한 날이 분명하지 아니한 경우에는 폐업신고서의 접수일을 폐업일로 본다(부가령 7조). 그리고 재화의 공급계약체결은 폐업 전에 이루어지고 당해 재화는 폐업일 이후 인도되는 경우 그 재화의 공급시기는 폐업일로 본다(부가령 제28조 9항). 이와 관련된 집행기준을 살펴보면 사업자가 부동산임대사업에 사용하던 건물을 매각하는 계약을 체결하여 계약금과 중도금을 받고 잔금을 받지 않은 상태에서 폐업한 경우 그 폐업일을 해당 건물의 공급시기로 본다고 규정하고 있다(집행기준 15-28-3). 예를 들어 부동산임대업을 운영하는 사업자 나진실은 임대하던 부동산을 20억원을 받고 아래와 같이 매각하였다.

- 계약금: 2억원(2023.6.20.)   · 중도금: 8억원(2023.7.20.)
- 잔금: 10억원(2023.9.20.)   · 폐업일: 2023.8.20.

이 경우 나진실이 매각한 부동산에 대한 공급시기는 언제일까? 통상의 공급시기는 2023.9.20. 이지만 폐업일 이전에 매매계약을 체결하고 폐업일 이후 통상의 공급시기가 도래하는 때에는 그 폐업일인 2023.8.20.을 공급시기로 보아야 한다. 따라서 나진실은 폐업시잔존재화로 과세되는 것이 아니라 재화의 공급으로 보아 과세된다(유사판례 인천지방법원2006구합3685, 2007.5.17.).

법령 명칭 요약

- 소득세법: 소법
- 소득세법 시행령: 소령
- 소득세법 시행규칙: 소칙

소득세에 대하여

제15장에서는 다음과 같은 내용을 살펴보기로 한다.

제1절 | 소득세의 개요 및 계산구조

1. 소득세의 개요

(1) 납세의무자

소득세란 개인의 소득에 대해 과세하는 세금을 말한다. 거주자는 국내외에서 발생하는 소득에 대해 소득세 납세의무가 있다(소법 제2조 제1항). 그리고 공동사업으로 보는 단체의 경우 즉, 구성원 간 이익의 분배비율이 정하여져 있고 해당 구성원별로 이익의 분배비율이 확인되는 경우에는 각 구성원별로 소득세 납세의무를 진다(소법 제2조 제3항).

(2) 소득의 구분 및 과세기간

1) 소득의 구분

소득세법에서는 개인의 소득을 크게 종합소득, 퇴직소득, 금융투자소득, 양도소득으로 분류한다(소법 제4조). 종합소득은 다시 이자소득·배당소득·사업소득·근로소득·연금소득·기타소득으로 구분한다. 이자소득과 배당소득을 합하여 금융소득이라 한다. 부동산임대소득은 사업소득에 포함한다. 부동산임대소득은 다시 주택임대소득과 주택외임대소득으로 구분한다.

2) 과세기간

소득세의 과세기간은 1월 1일부터 12월 31일까지 1년으로 한다. 다만, 거주자가 사망한 경우의 과세기간은 1월 1일부터 사망한 날까지로 한다.

(3) 과세 방법

소득세는 분리과세와 종합과세 방법으로 과세한다.

1) 분리과세

분리과세란 소득자에게 귀속될 모든 과세소득 중 특정한 소득에 대하여는 다른 소득과 합산하지 않고 해당 소득을 지급할 때마다 원천징수함으로써 납세의무가 종결되는 과세 방법을 말한다. 예를 들어 금융소득(이자소득 + 배당소득)으로서 2,000만원 이하이고 원천징수된 소득, 근로소득 중 일용근로자의 소득, 기타소득 중 소득금액이 300만원 이하인 소득 및 복권당첨금 등의 소득, 연금소득 중 연금저축 등 사적연금소득금액이 1,500만원 이하인 소득, 주택임대소득 중 총수입금액이 2,000만원 이하인 소득 등은 분리과세대상 소득에 해당한다(소법 제14조 제3항). 다만, 총수입금액이 2,000만원 이하인 주택임대소득은 원천징수대상은 아니고, 종합소득세 확정신고 시 납세자가 분리과세로 신고할지 또는 종합과세로 신고할지 선택할 수 있다.

| 참고 | 원천징수

원천징수란 소득의 지급자가 그 소득을 지급할 때 지급받는 자가 부담할 세금을 차감한 후 나머지를 지급하고, 차감한 세금은 관할 세무서에 신고·납부하는 제도를 말한다. 이에는 완납적원천징수와 예납적원천징수가 있다. 완납적원천징수는 원천징수로서 납세의무가 종결된다. 그 예로는 일용근로자에 대한 원천징수가 있다. 이에 반해 예납적원천징수는 원천징수하였더라도 납세의무가 종결되는 것이 아니라 확정신고에 의해 세금을 정산하고 원천징수된 세금은 기납부세액으로 공제하는 절차를 거쳐 납세의무가 종결된다. 그 예로는 사업소득에 대한 원천징수가 있다.

---

2) 종합과세

종합과세란 이자소득, 배당소득, 사업소득, 근로소득, 연금소득, 기타소득 중 비과세소득과 분리과세 소득을 제외한 소득을 합산하여 누진세율을 적용하여 과세하는 방법을 말한다. 예를 들어 부동산임대소득과 근로소득이 동일한 과세기간에 발생하였다면 이를 합산하여 신고·납부하여야 한다. 이 책에서는 종합과세 방법으로 과세하는 소득세에 대한 내용을 다루기로 한다.

2. 계산구조

종합소득세 계산구조에서 납부할 세액의 계산은 네 단계를 거치게 된다. 첫 번째 단계는 종합소득금액을 계산하는 단계다. 종합소득금액을 계산하기 위해서는 먼저 종합과세되는 소득의 종류별로 소득금액을 계산해야 한다. 예를 들어 사업소득의 경우 사업소득금액은 해당 과세기간의 총수입금액에서 필요경비를 공제한 금액으로 계산한다. 근로소득의 근로소득금액은 총급여액에서 사업소득의 필요경비에 해당하는 근로소득공제를 차감하여 계산한다. 이렇게 종합과세되는 소득 종류별로 계산한 각각의 소득금액을 합산한 금액을 종합소득금액이라 한다. 두 번째 단계에서는 종합소득금액에서 소득공제 금액을 공제하여 과세표준을 계산하고, 세 번째 단계에서 과세표준에 세율을 곱하여 산출세액을 계산한다. 마지막 단계에서 산출세액에서 공제·감면세액을 공제하고 가산세를 가산한 후 기납부세액을 차감하여 납부(환급)할 세액을 계산하여 신고·납부한다.

[종합소득세 계산구조]

총수입금액	· 소득종류별 총수입금액
(-) 필요경비	· 소득종류별 필요경비 · 사업소득은 기장 또는 추계(단순경비율·기준경비율) · 근로소득은 근로소득공제
(=) 종합소득금액	**· 종합과세되는 소득종류별 소득금액 합계**
(-) 소득공제	· 기본공제(본인·배우자·부양가족) · 추가공제(경로우대·장애인 등) · 연금보험료공제 · 특별소득공제 · 소기업·소상공인공제부금(노란우산공제)
(=) 과세표준	**· 종합소득금액 - 소득공제**
(×) 세율	· 6%~45% 초과누진세율 · 양도소득세의 기본세율과 동일
(=) 산출세액	**· 과세표준 × 세율**
(-) 세액공제·감면	· 특별세액공제 · 기장세액공제 등
(+) 가산세	· 무(과소)신고가산세 · 납부지연가산세
(-) 기납부세액	· 중간예납세액 · 원천징수세액
(=) 납부(환급)할 세액	**· 산출세액 - 세액공제·감면 + 가산세 - 기납부세액**

이 책에서는 소득종류 중에서 사업소득에 대한 종합소득세 납부할 세액의 계산구조에 대해 다루기로 한다. 다음 절부터 계산구조와 관련된 각 단계별 세법의 내용에 대해 살펴보기로 한다.

제2절 | 사업소득금액의 계산

종합소득세의 납부할 세액을 계산하는 첫 번째 단계는 소득금액을 계산하는 것이다. 소득금액은 소득종류별 총수입금액에서 소득종류별 필요경비를 공제하여 계산한다.

소득금액 = 총수입금액 - 필요경비

이 책에서는 소득 종류 중에서 사업소득에 대한 소득금액 계산과 관련된 세법의 내용을 살펴보기로 한다.

사업소득이란 제조업, 건설업, 부동산업, 개인서비스업 등 그 외 영리를 목적으로 자기의 계산과 책임 하에 계속적·반복적으로 행하는 사업활동을 통하여 얻는 소득을 말한다. 사업소득에는 부동산임대소득이 포함되며, 부동산임대소득은 주택임대소득과 주택외임대소득으로 구분할 수 있다. 이러한 사업소득금액은 해당 과세기간의 총수입금액에서 사업과 관련된 필요경비를 공제한 금액으로 하며, 필요경비가 총수입금액을 초과하는 경우 그 초과하는 금액을 결손금이라 한다.

1. 총수입금액 및 필요경비

(1) 총수입금액

사업소득에 대한 총수입금액은 해당 과세기간에 수입하였거나 수입할 금액의 합계액으로 한다(소법 제24조). 부동산 관련 사업소득 중 부동산임대소득에 대한 총수입금액은 다음 장에서 구체적으로 살펴보기로 한다.

(2) 필요경비

　사업소득금액을 계산할 때 필요경비에 산입할 금액은 해당 과세기간의 총수입금액에 대응하는 비용으로서 일반적으로 용인되는 통상적인 것의 합계액으로 한다(소법 제27조). 대표적인 필요경비의 예를 들면 판매한 상품 또는 제품에 대한 원료의 매입가액과 그 부대비용, 판매한 상품 또는 제품의 보관료, 포장비, 운반비, 판매장려금 및 판매수당 등 판매와 관련된 부대비용, 양도한 자산의 양도당시의 장부가액, 인건비, 차입금이자, 유형자산 수선비, 유형자산 및 무형자산의 감가상각비, 기업업무추진비(접대비), 자산의 임차료, 제세공과금, 불특정다수인에게 광고선전 목적으로 기증한 물품의 구입비용, 기부금 등이 있다. 이러한 필요경비의 지출이 사업과 관련성 있으면 원칙적으로 전액 인정한다. 다만, 필요경비로 인정하지 않는 항목도 있고, 일정한 한도 내의 금액은 필요경비로 인정하고 한도를 초과하는 금액은 인정하지 않는 항목도 있다.

　필요경비로 인정하지 않는 항목들에는 소득세 및 지방소득세, 가산세, 부가가치세매입세액, 벌금, 과태료 등이 있다.

　일정한 한도 내의 금액은 인정하고 한도를 초과하는 금액은 필요경비로 인정하지 않는 항목에는 초과인출금에 대한 지급이자, 감가상각비 한도초과액, 업무용승용차 관련 비용, 기업업무추진비(접대비) 한도초과액, 기부금한도 초과액 등의 필요경비불산입 규정이 있다. 이 중에서 초과인출금에 대한 지급이자, 업무용승용차 관련 비용, 기업업무추진비에 대한 필요경비불산입 규정은 다음 장에서 살펴보기로 하고 그 외 규정들은 제18장 가족법인과 법인세편의 손금불산입 규정에서 살펴보기로 한다.

2. 사업자와 기장의무

　소득세법에서 사업자란 사업소득이 있는 거주자를 말한다(소법 제1조의2 제1항 제5호). 사업자는 총수입금액과 필요경비 등 사업에 관한 모든 거래 사실이 객관적으로 파악될 수 있도록 증명서류에 따라 장부에 기록·관리하여야 한다. 이러한 장부 작성 절차를 기장이라고 한다. 기장유형에는 간편장부와 복식부기가 있다.

(1) 간편장부

간편장부란 일정한 기준 없이 가계부를 기록하듯이 사업에 관한 거래 내용을 기록하는 장부를 말한다(소법 제160조, 소령 제208조). 이러한 장부기록 내용을 토대로 종합소득세 신고 시 총수입금액 및 필요경비명세서, 간편장부소득금액계산서를 작성·제출하여야 한다.

(2) 복식부기

복식부기란 사업의 재산 상태와 그 손익거래 내용의 변동을 빠짐없이 일정한 기준(기업회계기준)에 따라 이중으로 대차평균하게 기록하여 계산하는 장부를 말한다. 복식부기의 원리에 따라 장부 작성을 하고 결산을 통하여 손익계산서와 재무상태표를 작성한다. 그 후 소득세법의 규정에 따라 세무조정을 하여 사업소득금액을 계산한다. 세무조정 원리는 제18장 가족법인과 법인세 편에서 살펴보기로 한다.

(3) 간편장부대상자와 복식부기의무자

개인사업자 중 복식부기로 장부작성하는 것에 대한 어려움을 해소하기 위해서 업종·규모 등을 고려하여 업종별 일정 규모 미만의 사업자는 간편장부를 작성할 수 있다. 이를 간편장부대상자라 하고, 그 외 사업자를 복식부기의무자라 한다. 다만, 변호사, 의사, 세무사, 공인회계사 등 전문직 사업자는 수입규모에 관계없이 복식부기의무자로 본다. 간편장부대상자로 보는 기준은 다음과 같다.

1) 해당 과세기간에 신규로 사업을 개시한 사업자
2) 직전 과세기간의 수입금액(결정 또는 경정으로 증가된 수입금액을 포함하며, 사업용 유형자산을 양도함으로써 발생한 수입금액은 제외한다)의 합계액이 다음의 금액에 미달하는 사업자.

① 농업·임업 및 어업, 광업, 도매 및 소매업(상품중개업을 제외한다), 부동산매매업, 그 밖에 아래 ② 및 ③에 해당되지 아니하는 사업: 3억원
② 제조업, 숙박 및 음식점업, 전기·가스·증기 및 공기조절 공급업, 수도·하수·폐기물처

리·원료재생업, 건설업(비주거용 건물 건설업은 제외한다), 부동산 개발 및 공급업(주거용 건물 개발 및 공급업에 한정한다), 운수업 및 창고업, 정보통신업, 금융 및 보험업, 상품중개업: 1억5천만원

③ 부동산임대업, 부동산업(공인중개사 포함), 전문·과학 및 기술서비스업, 사업시설관리·사업지원 및 임대서비스업, 교육서비스업, 보건업 및 사회복지서비스업, 예술·스포츠 및 여가 관련 서비스업, 협회 및 단체, 수리 및 기타 개인서비스업, 가구 내 고용활동: 7천500만원

핵심포인트 **간편장부 대상자와 복식부기의무자 구분 기준(직전연도 수입금액)**

업종별	간편장부 대상자	복식부기 의무자
① 농업·임업 및 어업, 광업, 도매 및 소매업(상품중개업을 제외한다), 부동산매매업, 그 밖에 아래 ② 및 ③에 해당되지 아니하는 사업	3억원 미만	3억원 이상
② 제조업, 숙박 및 음식점업, 전기·가스·증기 및 공기조절 공급업, 수도·하수·폐기물처리·원료재생업, 건설업(비주거용 건물 건설업은 제외한다), 부동산 개발 및 공급업(주거용 건물 개발 및 공급업에 한정한다), 운수업 및 창고업, 정보통신업, 금융 및 보험업, 상품중개업	1억5천만원 미만	1억5천만원 이상
③ 부동산임대업, 부동산업(공인중개사 포함), 전문·과학 및 기술서비스업, 사업시설관리·사업지원 및 임대서비스업, 교육서비스업, 보건업 및 사회복지서비스업, 예술·스포츠 및 여가 관련 서비스업, 협회 및 단체, 수리 및 기타 개인서비스업, 가구 내 고용활동	7천5백만원 미만	7천5백만원 이상

(4) 필요경비 지출 증명서류의 수취 및 보관

장부기장에 의하여 필요경비를 계상하는 경우에는 그 비용의 지출에 대한 증명서류를 받아 이를 확정신고기간 종료일부터 5년간 보관하여야 한다(소법 제160조의2). 사업소득이 있는 자가 사업과 관련하여 다른 사업자로부터 재화 또는 용역을 공급받고 그 대가를 지출하는 경우에는 세금계산서, 계산서, 신용카드매출전표, 지출증빙용 현금영수증 중 어느 하나에 해당하는 증명서류를 받아야 한다. 이를 정규증빙이라고 한다.

사업과 관련하여 필요경비로 계상하였으나 정규증빙을 수취하지 아니한 경우에는 미수취 또는 사실과 다른 증빙수취금액의 2%에 상당하는 증명서류수취불성실 가산세를 부과한다(소규모사업자 및 추계신고자는 제외). 다만, 다음의 경우에는 정규증빙 외 증빙을 수취할 수 있다(소령 제208

조의2, 소칙 제95조의3).

1) 공급받은 재화 또는 용역의 거래 건당 금액(부가가치세 포함)이 3만원 이하인 경우

2) 거래 상대방이 읍·면 지역에 소재하는 간이과세자로서 신용카드가맹점이 아닌 경우

3) 금융·보험용역을 제공받은 경우

4) 농어민(법인은 제외한다)으로부터 재화 또는 용역을 직접 공급받은 경우

5) 국가·지방자치단체 또는 지방자치단체조합으로부터 재화 또는 용역을 공급받은 경우

6) 비영리법인(수익사업과 관련된 부분은 제외)으로부터 재화 또는 용역을 공급받은 경우

7) 원천징수대상 사업소득자로부터 용역을 공급받은 경우(원천징수한 경우에 한한다)

8) 다음 중 어느 하나에 해당하는 경우로서 공급받은 재화 또는 용역의 거래금액을 금융회사 등을 통하여 지급한 경우로서 과세표준확정신고서에 송금사실을 기재한 경비 등의 송금명세서를 첨부하여 납세지 관할 세무서장에게 제출하는 경우

① 간이과세자로부터 부동산임대용역을 공급받은 경우

② 임가공용역을 공급받은 경우(법인과의 거래를 제외한다)

③ 간이과세자인 운수업을 영위하는 자가 제공하는 운송용역을 공급받은 경우

④ 광업권, 어업권, 산업재산권, 산업정보, 산업상비밀, 상표권, 영업권, 토사석의 채취허가에 따른 권리, 지하수의 개발·이용권, 기타 이와 유사한 자산이나 권리를 공급받는 경우

⑤ 공인중개사에게 수수료를 지급하는 경우

⑥「전자상거래 등에서의 소비자보호에 관한 법률」에 따른 통신판매에 따라 재화 또는 용역을 공급받은 경우

3. 소득금액의 추계

(1) 추계신고 사유

추계란 아래와 같은 사유로 장부 등이 미비하여 장부나 그 밖의 증명서류에 의하여 소득금액을 계산할 수 없는 경우 일정 금액을 필요경비로 인정하여 소득금액을 계산하는 것을 말한다(소법 제80조, 소령 제143조).

1) 과세표준을 계산할 때 필요한 장부와 증빙서류가 없거나 한국표준산업분류에 따른 동종업종 사업자의 신고내용 등에 비추어 수입금액 및 주요 경비 등 중요한 부분이 미비 또는 허위인 경우

2) 기장 내용이 시설규모 · 종업원수 · 원자재 · 상품 또는 제품의 시가 · 각종 요금 등에 비추어 허위임이 명백한 경우

3) 기장 내용이 원자재사용량 · 전력사용량 기타 조업상황에 비추어 허위임이 명백한 경우

(2) 추계신고 유형

추계신고유형은 단순경비율 적용대상자와 기준경비율 적용대상자로 나누고 있다. 단순경비율 적용대상자란 해당 과세기간에 신규로 사업을 개시한 사업자 또는 계속사업자의 경우 직전 과세기간의 수입금액의 합계액이 아래 표의 금액에 미달하는 사업자를 말한다. 그 외의 사업자는 기준경비율 적용대상자에 해당한다. 다만, 해당 과세기간의 수입금액이 앞에서 살펴본 복식부기의무자의 기준금액 이상인 경우에는 단순경비율 적용대상자가 아니라 기준경비율 적용대상자에 해당한다.

| 참고 | 사업개시일

사업개시일은 부가가치세법에서 정하고 있는 재화의 공급을 시작하는 날로 한다. 주택신축판매업자의 사업개시일은 주택의 분양을 개시한 시점을 말한다(판례 서울행정법원2018구합-89015, 2019.07.18.).

위의 세법 내용에 따르면 해당 과세기간에 신규사업자 또는 계속사업자로서 직전과세기간의 수입금액이 단순경비율 적용대상자 기준금액 미만이라고 하더라도 해당 과세기간의 수입금액이 복식부기의무자의 기준금액 이상인 경우에는 기준경비율 적용대상자에 해당한다는 것을 알 수 있다.

업종별	전기수입금액기준		당기수입금액기준	
	단순경비율	기준경비율	단순경비율	기준경비율
① 농업·임업 및 어업, 광업, 도매 및 소매업(상품중개업을 제외한다), 부동산매매업, 그 밖에 아래 ② 및 ③에 해당되지 아니하는 사업	6천만원 미만	6천만원 이상	3억원 미만	3억원 이상
② 제조업, 숙박 및 음식점업, 전기·가스·증기 및 공기조절 공급업, 수도·하수·폐기물처리·원료재생업, 건설업(비주거용 건물 건설업은 제외한다), 부동산 개발 및 공급업(주거용 건물 개발 및 공급업에 한정한다), 운수업 및 창고업, 정보통신업, 금융 및 보험업, 상품중개업	3천6백만원 미만	3천6백만원 이상	1억5천만원 미만	1억5천만원 이상
③ 부동산임대업, 부동산업(공인중개사 포함), 전문·과학 및 기술서비스업, 사업시설관리·사업지원 및 임대서비스업, 교육서비스업, 보건업 및 사회복지서비스업, 예술·스포츠 및 여가 관련 서비스업, 협회 및 단체, 수리 및 기타 개인서비스업, 가구 내 고용활동	2천4백만원 미만(주1)	2천4백만원 이상	7천5백만원 미만	7천5백만원 이상

(주1) 영세인적용역사업자 중 퀵서비스배달원, 대리운전기사등 플랫폼종사자 및 학습지 방문강사는 3천6백만원

(3) 추계소득금액의 계산 방법

1) 단순경비율 적용대상자

소득금액 = 수입금액 - (수입금액 × 단순경비율)

2) 기준경비율 적용대상자

기준경비율 적용대상자의 소득금액은 아래의 ①과 ② 중 적은 금액으로 계산한다.

① 수입금액 - 주요경비(주1) - (수입금액 × 기준경비율(주2))

(주1) 주요경비는 매입비용, 임차료, 인건비로 증빙에 의하여 확인되는 금액을 말한다.

(주2) 복식부기의무자는 기준경비율의 50%를 인정한다.

② [수입금액 - (수입금액 × 단순경비율)] × 배율(주1)

(주1) 배율: 복식부기의무자 3.4배, 간편장부대상자 2.8배

다만, 현금영수증 가맹점 가입의무자 중 현금영수증 가맹점으로 가입하지 아니한 사업자(가입하지 아니한 해당 과세기간에 한한다)는 단순경비율 적용이 배제된다.

위 세법의 내용에 따르면 계속사업자인 공인중개사의 경우 추계신고 유형 ③군의 업종에 해당하여 직전연도 수입금액이 2천4백만원 미만이고 해당 연도 수입금액이 7천5백만원 미만이면 단순경비율 적용대상자에 해당한다. 따라서 장부 내용이 미비하여 기장 내용이 없다 하더라도 국세청에서 정하는 단순경비율(업종코드 702001, 202년 기준 77.2%)을 수입금액에 곱한 금액을 필요경비로 하여 소득금액을 계산할 수 있다.

기준경비율 적용대상자에 해당하는 경우에는 수입금액에서 주요비용과 국세청에서 정하는 기준경비율(2023년 기준 24.6%)을 수입금액에 곱하여 산출한 필요경비를 공제하여 소득금액을 계산할 수 있다. 다만, 단순경비율로 계산한 소득금액에 복식부기의무자 3.4배, 간편장부대상자 2.8배를 한도로 한다.

따라서 개인사업자인 경우 종합소득세 신고 시 기장의무가 간편장부대상자인지 복식부기의무자인지 판단하고, 신고 유형을 장부에 의한 신고인지 추계에 의한 신고인지 구분하여 신고하여야 한다.

4. 공동사업장에 대한 소득금액계산 특례

공동사업장이란 사업소득이 발생하는 사업을 공동으로 경영하고 그 손익을 분배하는 공동사업의 경우에는 해당 사업을 경영하는 장소를 말한다. 그리고 해당 공동사업을 경영하는 각 거주자를 공동사업자라 한다(소법 제43조, 소법 제87조). 공동사업자가 사업자등록을 할 때에는 손익분배비율 등을 기재한 동업계약서를 사업장 소재지 관할 세무서장에게 제출하여야 한다.

공동사업장은 1거주자로 보아 기장의무 및 신고유형을 판단하고, 공동사업장별로 그 소득금액을 계산한다. 그리고 공동사업에서 발생한 소득금액은 해당 공동사업을 경영하는 각 거주자 간에 약정된 손익분배비율(약정된 손익분배비율이 없는 경우에는 지분비율을 말한다)에 의하여 분배되었거나 분배될 소득금액에 따라 각 공동사업자별로 분배한다.

이 경우 대표공동사업자는 과세표준확정신고를 하는 때 당해 공동사업장에서 발생한 소득금액과 가산세액 및 원천징수된 세액의 각 공동사업자별 분배명세서를 제출하여야 한다.

따라서 공동사업자는 공동사업장에서 분배받은 소득과 그 외 종합과세되는 소득을 합산하여 종합소득세신고를 하여야 한다.

지금까지 종합소득세의 납부할 세액을 계산하기 위한 첫 번째 단계인 소득금액을 계산하기 위해서 총수입금액, 필요경비, 사업자와 기장의무 및 추계에 대한 내용을 살펴보았다. 다음 단계는 과세표준을 계산한 후 세율을 적용하여 산출세액을 계산하는 단계이다. 과세표준은 소득금액에서 소득공제를 차감하여 계산한다. 다음 절에서는 소득공제 및 세율에 대한 내용을 살펴보기로 한다.

제3절 | 소득공제 및 세율

종합소득세 납부할 세액을 계산하는 두 번째 단계는 과세표준을 계산하는 것이고, 세 번째는 산출세액을 계산하는 단계다. 이번 절에서는 종합소득금액에서 차감되는 소득공제에 대한 내용과 과세표준에 적용되는 세율에 대해 살펴보기로 한다.

1. 소득공제

종합소득세 과세표준은 종합소득금액에서 소득공제를 차감하여 계산한다.

$$과세표준 = 종합소득금액 - 소득공제$$

소득공제는 인적공제, 연금보험료공제, 기타공제로 구분할 수 있다.

(1) 인적공제

인적공제는 기본공제와 추가공제로 나누어진다. 실무에서는 일반적으로 부양가족공제라고 한다.

1) 기본공제

가) 기본공제대상자

종합소득이 있는 거주자에 대해서는 본인, 배우자, 부양가족에 해당하는 사람의 수에 1명당 연 150만원을 곱하여 계산한 금액을 그 거주자의 해당 과세기간의 종합소득금액에서 공제한다(소법 제50조 제1항). 기본공제대상자는 소득금액 요건과 연령 요건을 충족하여야 한다.

나) 소득금액 요건 및 연령 요건

배우자나 부양가족의 연간 소득금액 합계액이 100만원 이하인 경우 기본공제대상자에 해당한다. 연간소득금액이란 총수입금액에서 비과세소득이나 분리과세소득 및 필요경비를 차감한 금액을 말한다. 예를 들어 일용근로소득만 있는 자는 분리과세소득만 있기 때문에 소득금액은 없는 것으로 본다. 연간 소득금액 합계액에는 종합소득, 퇴직소득, 양도소득의 소득금액을 합하여 계산한다. 따라서 당해 연도에 양도소득만 있더라도 그 소득금액이 100만원을 초과하면 기본공제대상자에 해당하지 않는다. 총급여액 500만원 이하의 근로소득만 있는 배우자 및 부양가족은 소득금액이 100만원 이하인 자로 본다. 연령 요건은 아래의 표로 정리하기로 한다.

[기본공제]

대상자		소득금액요건	연령요건(주1)	공제금액
본인		없음	없음	1명당 150만원
배우자		100만원 이하	없음	
부양가족	직계존속(배우자의 직계존속 포함)	100만원 이하	60세 이상	
	직계비속(위탁아동 및 동거입양자 포함)	100만원 이하	20세 이하	
	형제 · 자매	100만원 이하	60세 이상 20세 이하	

(주1) 부양가족이 장애인에 해당되는 경우에는 나이의 제한을 받지 아니한다.

2) 추가공제

기본공제대상자가 경로우대자, 장애인, 부녀자, 한부모에 해당하는 경우에는 다음 표의 금액을 추가로 공제한다(소법 제51조).

[추가공제]

대상자	공제요건	공제금액
경로우대자	· 70세 이상	100만원
장애인	· 장애인증명서	200만원
부녀자(주1)	· 소득금액 3,000만원 이하 · 배우자가 있는 여성 · 배우자가 없는 여성 + 부양가족 + 세대주	50만원
한부모	· 배우자가 없는 사람 + 직계비속	100만원

(주1) 한부모와 중복 불가

3) 공제대상 판단시기

기본공제 또는 추가공제 대상인지의 판단은 과세기간 종료일인 12월 31일을 기준으로 판단한다. 다만, 12월 31일 전에 사망하거나 장애가 치유된 경우에는 사망일 전일 또는 치유일 전일을 기준으로 판단한다.

(2) 연금보험료공제

종합소득이 있는 거주자가 공적연금(국민연금, 공무원연금, 군인연금, 교직원연금 등)의 보험료를 납부한 경우 2002.1.1. 이후부터는 수령연도과세방식에 따라 불입한 연도에 과세하지 않기 위해 당해 연도에 납부한 보험료 전액을 공제한다(소법 제51조의3).

| 참고 | 사업자와 4대보험

위 세법의 내용에 따르면 사업자가 부담하는 국민연금은 소득공제 항목으로 공제됨을 알 수 있다. 그러면 사업자가 근로자를 위해 부담하는 4대보험 및 사업자 자신의 직장 건강보험료 또는 직장미가입자의 지역건강보험료는 어떻게 처리하는 것일까? 사업자가 해당 과세기간에 근로자를 위해 부담하는 사업장 사용자부담 건강보험료(장기요양보험료 포함), 국민연금보험료, 고용보험료, 산재보험료 및 사업자 자신의 직장 건강보험료 또는 직장미가입자의 지역건강보험료로 납부한 금액은 장부 기장에 의하여 필요경비에 산입한다.

---

(3) 소기업·소상공인공제부금 공제

거주자가 소기업·소상공인공제(노란우산공제)에 가입하여 납부하는 공제부금에 대해서는 해당 연도의 공제부금 납부액과 다음의 구분에 따른 금액 중 적은 금액을 해당 과세연도의 사업소득금액에서 공제한다(조특법 제86조의3 제1항). 다만, 부동산임대업의 소득금액에서는 공제하지 아니한다.

1) 사업소득금액이 4천만원 이하인 경우: 500만원
2) 사업소득금액이 4천만원 초과 1억원 이하인 경우: 300만원

3) 사업소득금액이 1억원 초과인 경우: 200만원

2. 세율

지금까지 소득세의 과세표준을 계산하기 위해 소득금액에서 차감하는 소득공제에 대한 내용을 살펴보았다. 소득세 산출세액은 과세표준에 세율을 적용하여 계산한다.

산출세액 = 과세표준 × 세율

아래에서는 과세표준에 적용되는 세율에 대해 살펴보기로 한다. 이러한 세율은 이미 살펴본 양도소득세의 기본세율과 동일하다.

[세율표]

과세표준	세율	누진공제
1,400만원 이하	6%	
1,400만원 초과 5,000만원 이하	15%	1,260,000
5,000만원 초과 8,800만원 이하	24%	5,760,000
8,800만원 초과 1억5천만원 이하	35%	15,440,000
1억5천만원 초과 3억원 이하	38%	19,940,000
3억원 초과 5억원 이하	40%	25,940,000
5억원 초과 10억원 이하	42%	35,940,000
10억원 초과	45%	65,940,000

세액공제 및 신고 · 납부

종합소득세 계산구조의 마지막 단계인 납부(환급)할 세액은 산출세액에서 공제·감면세액을 차감하고 가산세를 더한 금액에 기납부세액을 차감하면 계산된다.

납부할 세액 = 산출세액 - 세액공제 · 감면 + 가산세 - 기납부세액

위와 같이 계산한 납부(환급)할 세액을 신고·납부기한까지 신고하고 납부하면 종합소득세 신고·납부의무가 완료된다. 아래에서는 세액공제 항목과 신고·납부 방법에 대해 살펴보기로 한다.

1. 세액공제

(1) 기장세액공제

간편장부대상자가 과세표준확정신고를 할 때 복식부기에 따라 기장하여 소득금액을 계산하고 재무제표 및 조정계산서 등을 제출하는 경우에는 다음과 같이 계산한 금액을 공제한다. 다만, 100만원을 한도로 한다(소법 제56조의2).

$$\text{산출세액} \times \frac{\text{장부에 의하여 계산한 소득금액}}{\text{종합소득금액}} \times \text{공제율}(20\%)$$

(2) 자녀세액공제

종합소득이 있는 거주자의 기본공제대상자에 해당하는 자녀(입양자 및 위탁아동을 포함) 및 손자녀로서 8세 이상의 사람에 대해서는 다음의 구분에 따른 금액을 공제한다(소법 제59조의2 제1항).

1) 1명인 경우: 연 15만원
2) 2명인 경우: 연 35만원
3) 3명 이상인 경우: 연 35만원 + 2명을 초과하는 1명당 연 30만원

또한 해당 과세기간에 출산하거나 입양 신고한 공제대상자녀가 있는 경우 다음의 구분에 따른 금액을 공제한다(소법 제59조의2 제3항).

1) 출산하거나 입양 신고한 공제대상자녀가 첫째인 경우: 연 30만원
2) 출산하거나 입양 신고한 공제대상자녀가 둘째인 경우: 연 50만원
3) 출산하거나 입양 신고한 공제대상자녀가 셋째 이상인 경우: 연 70만원

(3) 연금계좌 세액공제

종합소득이 있는 거주자가 연금계좌에 납입한 경우 연금계좌 납입액의 12%에 해당하는 금액을 공제한다. 다만, 해당 과세기간의 종합소득과세표준을 계산할 때 합산하는 종합소득금액이 4천 500만원 이하인 거주자에 대해서는 15%에 해당하는 금액을 공제한다. 다만, 연금계좌 중 연금저축계좌에 납입한 금액이 연 600만원을 초과하는 경우에는 그 초과하는 금액은 없는 것으로 하고, 연금저축계좌에 납입한 금액 중 600만원 이내의 금액과 퇴직연금계좌에 납입한 금액을 합한 금액이 연 900만원을 초과하는 경우에는 그 초과하는 금액은 없는 것으로 한다(소법 제59조의3).

2. 신고·납부

(1) 신고·납부기간

해당 과세기간의 종합소득금액이 있는 거주자는 그 종합소득 과세표준을 그 과세기간의 다음 연도 5월 1일부터 5월 31일까지 납세지 관할 세무서에 신고·납부하여야 한다. 다만, 성실신고확인대상사업자인 경우에는 다음 연도 6월 1일부터 6월 30일까지 신고·납부하여야 한다.

| 참고 | 성실신고확인사업자 기준 수입금액

업종별	기준수입금액
① 농업·임업 및 어업, 광업, 도매 및 소매업(상품중개업을 제외한다), 부동산매매업, 그 밖에 아래 ② 및 ③에 해당되지 아니하는 사업	15억원 이상
② 제조업, 숙박 및 음식점업, 전기·가스·증기 및 공기조절 공급업, 수도·하수·폐기물처리·원료재생업, 건설업(비주거용 건물 건설업은 제외한다), 부동산 개발 및 공급업(주거용 건물 개발 및 공급업에 한정한다), 운수업 및 창고업, 정보통신업, 금융 및 보험업, 상품중개업	7억5천만원 이상
③ 부동산임대업, 부동산업(공인중개사 포함), 전문·과학 및 기술서비스업, 사업시설관리·사업지원 및 임대서비스업, 교육서비스업, 보건업 및 사회복지서비스업, 예술·스포츠 및 여가 관련 서비스업, 협회 및 단체, 수리 및 기타 개인서비스업, 가구 내 고용활동	5억원 이상

---

(2) 분할납부

납부할 세액이 1천만원을 초과하는 경우 아래의 구분에 따른 납부할 세액의 일부를 납부기한이 지난 후 2개월 이내에 분할납부할 수 있다.

1) 납부할 세액이 2천만원 이하인 때에는 1천만원을 초과하는 금액
2) 납부할 세액이 2천만원을 초과하는 때에는 그 세액의 50% 이하의 금액

(3) 가산세

1) 무신고가산세

무신고납부세액 × 20%(부당무신고는 40%)

2) 과소신고가산세

과소신고납부세액 × 10%(부당과소신고는 40%)

3) 납부지연가산세

납부하지 아니한 세액 또는 과소납부한 세액 × 법정납부기한의 다음 날부터 납부일까지의 기간 × 0.022%

4) 무기장가산세

사업자(소규모사업자는 제외한다)가 장부를 비치·기록하지 아니하였거나 비치·기록한 장부에 따른 소득금액이 기장하여야 할 금액에 미달한 경우에는 다음 계산식에 따라 계산한 금액을 가산세로 하여 해당 과세기간의 종합소득 결정세액에 더하여 납부하여야 한다. 소규모사업자 이외의 자가 기장에 의한 신고가 아니라 단순경비율이나 기준경비율을 적용하여 추계로 신고하는 경우에는 무기장가산세를 적용한다(소법 제81조의5). 다만, 무(과소)신고가산세와 무기장가산세는 중복하여 적용하지 않고 둘 중에서 큰 금액을 가산세로 한다.

무기장가산세 = A × (B ÷ C) × 20%
A: 종합소득산출세액
B: 기장하지 아니한 소득금액 또는 기장하여야 할 금액에 미달하는 소득금액
C: 종합소득금액

① 해당 과세기간에 신규로 사업을 개시한 사업자
② 직전 과세기간의 사업소득 수입금액이 4천800만원에 미달하는 사업자

5) 현금영수증미발급가산세

현금영수의무발급대상 사업자는 건당 거래금액(부가가치세액을 포함한다)이 10만원 이상인 재화 또는 용역을 공급하고 그 대금을 현금으로 받은 경우에는 상대방이 현금영수증 발급을 요청하지 아니하더라도 현금영수증을 발급하여야 한다. 현금영수증을 발급하지 아니한 경우에는 미발급금액의 20%를 가산세로 한다.

6) 사업용계좌 신고·사용 불성실 가산세

복식부기의무자는 사업과 관련하여 재화 또는 용역을 공급받거나 공급하는 거래의 경우로서 거래의 대금을 금융회사등을 통하여 결제하거나 결제받는 경우 또는 인건비 및 임차료를 지급하거나 지급받는 경우에는 사업용계좌를 사용하여야 한다. 사업용계좌를 신고하지 않거나 사용하지 않은 경우에는 미신고기간의 거래금액의 합계 또는 미사용금액의 0.2%를 가산세로 한다.

지금까지 일반적인 경우 종합소득세 납부할 세액을 계산하여 신고·납부하는 세법의 내용에 대해 살펴보았다. 다음 절에서는 특수하게 납부할 세액을 계산하여 신고·납부하는 사업자인 부동산매매업자에 대해 살펴보기로 한다.

제5절 | 부동산매매사업자에 대하여

1. 부동산매매업의 개념

(1) 부동산매매업의 판단 기준

다음의 어느 하나에 해당하는 사업은 부동산매매업으로 본다(부가세 집행기준 2-4-5 제1항).

1) 부동산 매매 또는 그 중개를 사업 목적으로 나타내어 부동산을 판매하는 사업

부동산의 매매 또는 중개를 목적으로 나타내어 부동산을 판매하는 경우에는 부동산의 취득과 매매 횟수에 관계없이 부동산매매업에 해당한다. 따라서 부동산매매업을 영위하는 사업자가 분양 목적으로 신축한 건축물이 분양되지 아니하여 일시적·잠정적으로 임대하다가 양도하는 경우에는 부동산매매업에 해당한다.

2) 사업상 목적으로 1과세기간 중 1회 이상 부동산을 취득하고 2회 이상 판매하는 사업

사업상의 목적으로 1과세기간에 1회 이상 부동산을 취득하고 2회 이상 판매하는 경우와 과세기간별 취득 횟수나 판매 횟수에 관계없이 부동산의 규모, 횟수, 태양 등에 비추어 사업활동으로 볼 수 있는 정도의 계속성과 반복성이 있는 때에는 부동산매매업에 해당한다.

(2) 부동산매매업의 범위

부동산매매업이란 한국표준산업분류에 따른 비주거용 건물건설업(건물을 자영건설하여 판매하는 경우만 해당한다)과 부동산 개발 및 공급업을 말한다. 다만, 한국표준산업분류에 따른 주거용 건물 개발 및 공급업(구입한 주거용 건물을 재판매하는 경우는 제외한다)은 제외한다(소령 제122조). 이 경우 주거용 건물에는 이에 딸린 토지로서 건물의 연면적과 건물이 정착된 면적에 5배

(「국토의 계획 및 이용에 관한 법률」 제6조 제1호에 따른 도시지역 밖의 토지의 경우에는 10배)를 곱하여 산정한 면적 중 넓은 면적 이내의 토지를 포함하는 것으로 한다.

주거용 건물의 일부에 설치된 점포 등 다른 목적의 건물 또는 같은 지번에 설치된 다른 목적의 건물이 해당 건물과 같이 있는 경우에는 다른 목적의 건물 및 그에 딸린 토지는 주거용 건물에서 제외하는 것으로 하고, 다음의 어느 하나에 해당하는 경우에는 그 전체를 주거용 건물로 본다.

① 주거용 건물과 다른 목적의 건물이 각각의 매매단위로 매매되는 경우로서 다른 목적의 건물 면적이 주거용 건물면적의 10% 이하인 경우

② 주거용 건물에 딸린 다른 목적의 건물과 주거용 건물을 하나의 매매단위로 매매하는 경우로서 다른 목적의 건물면적이 주거용 건물면적보다 작은 경우

|참고| **소득세법 집행기준 19-0-9에 따른 부동산 매매업**

가. 자기의 토지 위에 상가 등을 신축하여 판매할 목적으로 건축 중인 「건축법」에 따른 건물과 토지를 제3자에게 양도한 경우
나. 토지를 개발하여 주택지·공업단지·상가·묘지 등으로 분할 판매하는 경우
  토지의 개발이라 함은 일정한 토지를 정지·분합·조성·변경 등을 함으로써 해당 토지의 효용가치가 합리적이고 효율적으로 증진을 가져오게 되는 일체의 행위를 말한다.
다. 근린생활시설과 주택이 함께 있는 건물을 상속받아 그 건물 전체를 다세대주택으로 증·개축하여 판매함으로써 발생하는 소득은 부동산매매업에서 발생하는 소득에 해당한다.

---

2. 부동산매매사업자에게 적용되는 소득세법 특례

소득세법에서는 부동산매매사업자가 토지 또는 건물(토지등)을 양도하는 경우 양도소득세 규정을 준용하여 토지 등 매매차익예정신고를 하여야 하며, 종합소득세 확정신고 시 정산하여야한다.

또한 분양권, 비사업용토지, 미등기양도자산, 다주택자의 중과세율 적용대상 주택을 양도하는 경우 종합소득세와 양도소득세를 비교하여 많은 세금으로 신고·납부하는 비교과세를 적용하여야 한다.

이 책에서는 토지 등 매매차익예정신고, 주택 등 매매차익 비교과세라 하여 설명하기로 한다. 부동산매매법인의 경우 법인세법에서는 이러한 규정이 없다.

3. 토지 등 매매차익예정신고

토지 등 매매차익예정신고란 부동산매매사업자가 토지 또는 건물(토지 등)의 매매차익과 그 세액을 매매일이 속하는 달의 말일부터 2개월이 되는 날까지 납세지 관할 세무서장에게 하는 신고·납부하는 것을 말한다. 신고·납부기간은 양도소득세의 예정신고·납부기간과 동일하다. 토지 등의 매매차익이 없거나 매매차손이 발생하였을 때에도 신고하여야 한다(소법 제69조).

부동산매매사업자의 토지 등 매매차익에 대한 산출세액은 그 매매가액에서 필요경비를 공제한 매매차익에 세율을 곱하여 계산한 금액으로 한다.

(1) 토지 등 매매차익의 계산

토지 등 매매차익은 해당 자산의 매매가액에서 다음의 금액을 공제한 것으로 한다(소법 제69조 제3항, 소령 제128조). 공제되는 금액은 양도소득세 규정을 준용한다. 다만, 장기보유특별공제액은 공제하지만 양도소득 기본공제금액은 공제하지 않는다.

① 취득가액(매입가격 + 매입부대비용)
② 자본적지출액
③ 양도비
④ 장기보유특별공제액

(2) 세율의 적용

부동산매매사업자의 토지 등 매매차익에 대한 예정신고 시 매매차익에 적용하는 세율은 양도소득세의 세율을 적용한다. 다만, 토지 등의 보유기간이 2년 미만인 경우에는 단기양도세율이 아니라 기본세율을 적용한다(소법 제69조 제3항). 비사업용토지 및 중과세율이 적용되는 주택은 중과세율을 적용한다. 이 경우 주택 수의 계산은 부동산매매사업자가 보유하는 재고자산인 주택은 주택 수의 계산에 있어서 이를 포함한다(소령 제167조의3 제2항 제3호).

| 핵심포인트 | 부동산매매업자의 토지 등 매매차익예정신고 계산구조 |

매매가액(실지거래가액)

(-) 필요경비

(-) 장기보유특별공제

(=) 토지등 매매차익

(-) 기신고(결정)된 매매차익

(=) 토지등 매매차익

(×) 양도소득세 세율

(=) 산출세액

(+) 가산세

(-) 기납부세액

(=) 납부할 총세액

(-) 분납할 세액(2개월 이내)

(=) 신고기한 내 납부할 세액

4. 주택 등 매매차익 비교과세

주택 등 매매차익 비교과세란 부동산매매사업자가 종합소득세 확정신고 시 주택 등 매매차익에 대하여 일반적인 종합소득세 계산구조를 적용하여 계산한 세금과 양도소득세 계산구조를 적용하여 계산한 세금을 비교하여 많은 것으로 신고·납부하는 것을 말한다(소법 제64조).

(1) 비교과세 적용대상 자산

부동산매매업을 경영하는 거주자로서 다음에 해당하는 자산의 매매차익이 있는 자는 주택 등 매매차익 비교과세 규정을 적용한다. 다만, 주택신축판매업을 경영하는 거주자가 판매목적으로 신축한 주택의 매매차익에 대해서는 적용하지 않는다(집행기준 64-122-1).

① 분양권

② 비사업용토지

③ 미등기양도자산

④ 2주택자 또는 3주택 이상 자가 양도하는 조정지역대상 내 주택

(2) 비교산출세액의 계산

부동산매매사업자로서 주택 등 매매차익이 있는 자의 종합소득 산출세액은 종합소득 산출세액을 주택 등 매매차익에 양도소득세 세율을 적용하여 산출한 세액과 종합소득 과세표준에서 주택 등 매매차익의 해당 과세기간 합계액을 공제한 금액을 과세표준으로 하고 이에 종합소득세 세율을 적용하여 산출한 세액을 합계한 금액과 비교하여 많은 금액으로 한다.

비교산출세액 = Max(❶, ❷)
❶ 종합소득과세표준 × 기본세율
❷ (주택등매매차익 × 양도소득세율) + (종합소득과세표준 - 주택등매매차익) × 기본세율

위의 계산구조를 살펴보면 부동산매매사업자의 주택 등 매매차익 비교과세 규정은 부동사매매사업자가 중과대상인 주택 등을 양도하는 경우 종합소득세 규정이 적용되어 중과세를 회피하는 것을 방지하여 개인이 양도하는 경우 중과세되는 양도소득세 규정과 형평을 맞추기 위한 규정이라는 것을 알 수 있다.

1) 주택 등 매매차익의 계산

주택 등 매매차익은 해당 자산의 매매가액에서 다음의 금액을 차감한 것으로 한다(소령 제122조 제2항). 토지 등 매매차익 예정신고 시 공제되는 항목과 비교해 보면 양도소득 기본공제가 추가로 공제되는 것을 알 수 있다.

① 취득가액(매입가격 + 매입부대비용)
② 자본적지출액
③ 양도비
④ 장기보유특별공제
⑤ 양도소득 기본공제

2) 세율의 적용

부동산매매사업자의 주택 등 매매차익 비교과세 적용대상 자산에 대해서는 양도소득세 세율을 적용한다. 따라서 부동산매매사업자라 하더라도 비교과세 적용대상 자산이 아닌 자산을 양도한 경우에는 양도소득세 세율을 적용하는 것이 아니라 종합소득세 세율을 적용한다. 이 경우에는 부동산매매사업자가 부동산을 취득하여 2년 이내에 단기양도하는 경우에도 종합소득세 기본세율을 적용한다.

3) 비교과세 계산구조

아래에서는 비교과세대상 자산 중 중과세율 적용대상 주택만 있고 그 외 종합소득은 없는 경우 비교과세 계산구조를 살펴보기로 한다.

[비교과세 계산구조]

종합소득세	양도소득세
수입금액	매매가액
(-) 필요경비	(-) 필요경비
(=) 종합소득금액	(=) 양도차익
(-) 소득공제	(-) 장기보유특별공제
	(=) 양도소득금액
	(-) 기본공제
(=) 과세표준	(=) 과세표준
(×) 세율	(×) 세율
(=) 산출세액 ❶	(=) 산출세액 ❷
적용할 산출세액 = Max(❶, ❷)	

◇　　◇　　◇

지금까지 종합소득세를 신고·납부하기 위해 종합소득금액, 과세표준, 산출세액, 납부(환급)할 세액을 계산하는 각 단계에 대한 세법의 내용 및 부동산매매사업자에 대하여 살펴보았다. 다음 장에서는 부동산임대사업자에 대한 내용을 다루기로 한다.

제16장

부동산임대사업자에 대하여

제16장에서는 다음과 같은 내용을 다루기로 한다.

제1절 부동산임대사업자와 소득세
제2절 주택임대사업자와 민간임대주택에 관한 특별법
제3절 부동산임대사업자와 건강보험

부동산을 임대하여 소득이 발생하는 경우 소득세 과세대상이 된다. 이러한 부동산임대소득은 사업소득에 포함되는데 주택임대소득과 주택외(업무용부동산)임대소득으로 나누어 볼 수 있다. 이 책에서는 주택임대소득에 대한 내용을 살펴보고 주택외임대소득은 주택임대소득과 비교하여 설명하기로 한다.

1. 과세대상

주택임대사업자의 과세대상 소득은 월세, 관리비, 전세보증금에 대한 간주임대료가 있다. 주택임대소득은 모든 주택 소유자에 대해 과세하는 것이 아니라 다음과 같이 소유하는 주택 수에 따라 과세대상의 범위가 달라진다. 주택외임대소득은 월세, 관리비, 전세보증금에 대한 간주임대료 모두 과세대상에 해당한다.

(1) 1주택자

1주택자는 매년 12월 31일 현재 주택공시가격이 12억원을 초과하는 주택을 임대하여 월세 임대수입이 발생하는 경우 과세대상이다. 전세보증금에 대한 간주임대료는 과세하지 않는다.

(2) 2주택자

2주택자가 주택을 임대하여 월세 임대수입이 발생하는 경우 그 월세수입은 과세대상이다. 2주택자 이상은 매년 12월 31일 현재 주택공시가격이 12억원을 초과하는지 불문하고 월세수입에 대해 과세한다.

(3) 3주택 이상자

3주택 이상자가 주택을 임대하여 월세 임대수입이 있는 경우 또는 보증금 등의 합계액이 3억원을 초과하는 경우에는 간주임대료도 과세대상이다. 다만, 주거전용면적이 40㎡ 이하이면서 기준시가가 2억원 이하인 소형주택은 간주임대료 과세대상 주택에서 제외한다(소법 제25조 제1항, 소령 제53조).

핵심포인트 **주택임대소득 과세대상 판단 기준**

주택 수 (부부합산)	과세대상인 경우	과세대상이 아닌 경우
1주택	· 고가주택(주1) 월세수입	· 고가주택 이외 주택 월세수입 · 모든 전세보증금
2주택	· 모든 월세수입	· 전세보증금 합계 3억원 이하 전세보증금
3주택 이상	· 모든 월세수입 · 비소형주택 3채 이상 소유 & 전세보증금 합계 3억원 초과	· 소형주택의 전세보증금 · 비소형주택 3채 미만 소유한 경우 전세보증금 · 비소형주택 전세보증금 합계 3억 이하

(주1) 주택공시가격 12억 초과 주택

(4) 주택 수의 계산

1) 부부소유
본인과 배우자가 각각 주택을 소유하는 경우에는 이를 합산하여 주택 수를 계산한다.

2) 공동소유
공동소유주택은 다음과 같이 주택 수를 계산한다(소령 제8조의2 제3항).

① 지분이 가장 큰 자의 소유
② 지분이 가장 큰 자가 2인 이상인 경우에는 각각의 소유
③ 지분이 가장 큰 자가 2인 이상인 경우로서 그들이 합의하여 그들 중 1인을 당해 주택의 임대

수입의 귀속자로 정한 경우에는 그의 소유

3) 다가구주택

1개의 주택으로 보되 구분등기된 경우에는 각각을 1개의 주택으로 계산한다.

2. 기장의무와 신고유형의 판단

제15장에서 살펴보았듯이 사업자가 종합소득세 신고 시 기장의무와 신고유형을 판단해야 한다. 부동산임대사업자도 동일한 기준으로 판단한다.

[기장의무와 신고유형 판단기준]

구분	기장신고		추계신고				성실 신고 확인 대상
			전기수입금액기준		당기수입금액기준		
	간편장부	복식부기	단순경비율	기준경비율	단순경비율	기준경비율	
수입 금액(주1)	7천5백만원 미만	7천5백만원 이상	2천4백만원 미만	2천4백만원 이상	7천5백만원 미만	7천5백만원 이상	5억원 이상

(주1) 수입금액은 사업장별이 아닌 동일인의 수입금액을 합산한다. 다만, 공동사업장은 공동사업장의 수입금액으로 한다. 신규사업자 및 계속사업자의 당해 연도 수입금액이 복식부기 기준금액 이상이면 기준경비율 적용대상자에 해당한다.

3. 종합소득세 계산구조

부동산임대사업자의 종합소득세 계산구조는 소득세 개요에서 살펴본 바와 동일하다. 다만, 분리과세 주택임대소득이 있는 거주자는 분리과세와 종합과세를 선택하여 적용할 수 있다(소법 제64조의2). 분리과세를 선택한 경우 타소득과 합산하지 않는다. 주택이외임대소득은 분리과세 없이 종합과세 방법으로 과세한다.

[주택임대사업자의 종합소득세 계산구조]

계산구조	수입금액(2,000만원 이하)		수입금액(2,000만원 초과)
	분리과세		종합과세
	등록임대주택(주1)	미등록임대주택	
총수입금액	월세 등	월세 등	월세 등
(-) 필요경비	총수입금액 × 60%	총수입금액 × 50%	장부 혹은 추계
(=) 소득금액	총수입금액 - 필요경비		총수입금액 - 필요경비
(-) 소득공제	400만원(주2)	200만원(주2)	부양가족 등 공제
(=) 과세표준	소득금액 - 소득공제		소득금액 - 소득공제
(×) 세율	14%		초과누진세율
(=) 산출세액	과세표준 × 세율		과세표준 × 세율
(-) 세액공제 · 감면	소형주택임대사업자에 대한 세액 감면 등		소형주택임대사업자에 대한 세액 감면 등
(+) 가산세	무신고가산세 등		무신고가산세 등
(-) 기납부세액	없음		중간예납, 원천징수세액
(=) 납부(환급)할세액	산출세액 - 공제 · 감면세액 + 가산세		산출세액 - 공제 · 감면세액 + 가산세 - 기납부세액
타소득합산 여부	합산하지 않음		합산함

(주1) 등록임대주택이란 지방자치단체와 세무서에 모두 등록하고 임대료 등의 증가율이 5%를 초과하지 않는 주택을 말한다.
(주2) 타소득금액이 2,000만원 초과하는 경우에는 공제하지 않는다.

아래에서는 주택임대소득과 주택외임대소득이 종합과세되는 계산구조 중에서 총수입금액, 필요경비, 세액감면 등에 대한 내용을 살펴보기로 한다.

(1) 총수입금액

주택임대소득의 총수입금액은 임대료, 관리비 및 간주임대료로 구성되어 있다.

주택임대소득의 총수입금액 = 임대료 + 관리비 + 보증금 등에 대한 간주임대료

1) 임대료

부동산을 임대하거나 지역권 · 지상권을 설정 또는 대여하고 받은 임대료는 총수입금액에 해당

한다. 이 경우 선세금先貰金에 대한 총수입금액은 그 선세금을 계약기간의 월수로 나눈 금액의 각 과세기간의 합계액으로 한다(소령 제51조 제3항 제1호).

$$\text{총수입금액} \quad = \quad \frac{\text{선세금}}{\text{계약기간의 월수}} \times \text{해당 과세기간 임대기간 월수}$$

2) 관리비

사업자가 부동산을 임대하고 임대료 외에 유지비나 관리비 등의 명목으로 지급받는 금액이 있는 경우에는 전기료·수도료 등의 공공요금을 제외한 청소비·난방비 등은 부동산임대업에서 발생하는 소득의 총수입금액에 산입하는 것이며, 전기료·수도료 등의 공공요금의 명목으로 지급받은 금액이 공공요금의 납부액을 초과할 때 그 초과하는 금액은 총수입금액에 산입한다.

3) 간주임대료

보증금·전세금은 임대인의 임차인에 대한 채무이다. 하지만 소득세법에서는 보증금·전세금(보증금 등)에서 발생할 것으로 예상되는 이자상당액을 임대료로 보고 있다. 이를 간주임대료라 한다.

가) 주택의 간주임대료

주택과 주택부수토지를 임대하고 보증금 등을 받은 경우에는 아래와 같이 계산한 금액을 총수입금액에 산입한다. 다만, 3주택 이상을 소유하고 해당 주택의 보증금 등의 합계액이 3억원을 초과하면 간주임대료를 계산한다. 이 경우 3주택 이상인지 판단할 때 주거의 용도로만 쓰이는 면적이 1호 또는 1세대당 40㎡ 이하인 주택으로서 해당 과세기간의 기준시가가 2억원 이하인 주택은 주택 수에 포함하지 않는다(소법 제25조 제1항).

주택 간주임대료 = [(해당 과세기간의 보증금 등 - 3억원)의 적수(주1) × 60% × 1 ÷ 365(윤년의 경우에는 366) × 정기예금이자율(주2)] - 해당 과세기간의 해당 임대사업부분에서 발생한 수입이자와 할인료 및 배당금의 합계액

(주1) 적수積數: 일별 잔액의 합계액. 적수의 계산은 매월 말 현재 보증금 등의 잔액에 경과일수를 곱하여 계산할 수 있다.

(주2) 정기예금이자율은 3.5%로 한다.

보증금 등을 받은 주택이 2주택 이상인 경우에는 보증금 등의 적수가 가장 큰 주택의 보증금 등부터 순서대로 뺀다.

나) 주택외부동산의 간주임대료

주택외부동산의 간주임대료는 다음과 같이 계산한다.

> 주택외부동산 간주임대료 = [(해당 과세기간의 보증금 등의 적수 - 임대용 부동산의 건설비 상당액의 적수) × 1 ÷ 365(윤년의 경우에는 366) × 정기예금이자율] - 해당 과세기간의 해당 임대사업부분에서 발생한 수입이자와 할인료 및 배당금의 합계액

(2) 필요경비

필요경비는 해당 과세기간의 총수입금액에 대응하는 비용으로서 일반적으로 용인되는 통상적인 것의 합계액으로 한다(소법 제27조 제1항). 부동산임대사업의 경우 총수입금액에서 공제할 수 있는 주요 필요경비항목을 예시하면 다음과 같다. 다만, 사업과 관련 없는 항목은 공제되지 않는다.

1) 근로자의 인건비

인건비란 근로제공에 대한 대가로 지급하는 일체의 금품으로서 봉급, 급료, 보수, 임금, 상여, 수당, 퇴직금 등 이와 유사한 성질의 급여를 말한다. 사업과 관련된 근로제공의 대가로 지급하는 인건비는 전액 필요경비에 산입한다.

|참고| 가족에게 지급한 인건비

부동산임대사업자가 가족에게 지급하는 인건비를 필요경비로 인정받을 수 있을까? 이와 관련된 판례를 살펴보면 가족을 형식상 종업원으로 신고한 것이 아니라 실제로 부동산임대사업장에 근무하였다는 것이 입증되는 경우에는 필요경비로 산입할 수 있다고 판단하고 있다(판례 조심 2022서-8167, 2023. 8. 16.).

---

2) 근로자퇴직연금 사용자부담금

퇴직연금제도란 사용자(회사)가 퇴직급여 재원을 사외(금융기관)에 적립하여, 근로자 퇴직 시 안전하게 퇴직급여를 연금 또는 일시금으로 수령할 수 있도록 한 노후 소득보장 제도를 말한다. 퇴직연금의 종류에는 확정기여형퇴직연금(DC형), 확정급여형퇴직연금(DB형)제도가 있다. 회사가 불입한 퇴직연금은 필요경비로 산입할 수 있다. 퇴직연금제도에 대한 구체적인 내용은 제16장의 가족법인과 법인세에서 살펴보기로 한다.

3) 사용자부담 건강보험료, 국민연금, 고용보험, 산재보험

사업자가 근로자를 위해 부담하는 국민건강보험(노인장기요양보험 포함), 국민연금, 고용보험, 산재보험의 보험료 및 사업자가 직장가입자로서 부담하는 본인의 보험료는 사업소득 필요경비 산입이 가능하다. 또한 직장가입자가 아니라 지역가입자로 부담하는 지역건강보험료도 필요경비 산입이 가능하다.

| 참고 | 사업자 본인의 국민연금보험료

사용자 본인의 국민연금 불입액은 필요경비가 아니라 종합소득세 신고 시 소득공제 항목으로 반영한다.

4) 지급이자

사업용 자산과 관련하여 차입한 차입금에 대한 지급이자는 필요경비에 산입한다. 이 경우 건물을 신축하기 위하여 차입한 차입금의 지급이자는 준공된 날까지의 지급이자는 건물가액에 가산하며, 준공된 날 이후의 지급이자는 해당 과세기간의 필요경비에 산입한다(소법 제33조 제1항 제10호, 소령 제75조) 다만, 초과인출금에 대한 지급이자는 필요경비에 산입하지 않는다.

초과인출금이란 사업용자산의 합계액이 부채의 합계액에 미달하는 경우에 그 미달하는 금액에 상당하는 부채의 지급이자를 말한다(소령 제61조). 필요경비에 산입하지 아니하는 초과인출금 지급이자는 다음과 같이 계산한다.

$$\text{지급이자} \times \frac{\text{당해 과세기간중 부채의 합계액이 사업용자산의 합계액을}}{\text{당해과세기간 중 차입금의 적수}}$$

부동산을 공동소유로 취득하여 임대사업을 하는 경우 공동사업장에 해당한다. 이러한 공동사업장의 차입금에 대한 지급이자는 단독사업장처럼 필요경비에 산입할 수 있을까? 이와 관련된 예규를 살펴보면 공동사업에 출자하기 위하여 차입한 차입금의 지급이자는 당해 공동사업장의 필요경비에 산입할 수 없는 것이며 출자를 위한 차입금 외에 당해 공동사업을 위하여 차입한 차입금의 지급이자는 당해 공동사업장의 필요경비에 산입할 수 있는 것이나, 이에 해당하는지 여부는 공동사업 구성원 간에 정한 동업계약의 내용 및 출자금의 실제 사용내역 등에 따른다고 판단하고 있다 (기획재정부소득-149, 2011.4.22.). 따라서 공동사업장의 차입금에 대한 지급이자는 차입금이 출자금에 해당하는 것인지 공동사업을 위해 차입한 것인지에 따라 필요경비 산입 여부가 달라지므로 유의하여야 한다.

5) 사업용 유형자산의 감가상각비

사업용 유형자산의 감가상각비는 필요경비에 산입한다. 다만, 일정한 한도가 있다. 이에 대한 내용은 제16장의 가족법인과 법인세에서 살펴보기로 한다.

사업용 유형자산 중 건물의 감가상각비를 종합소득세 신고 시 총수입금액에서 공제하는 경우 해당 건물을 양도할 때 양도소득세 계산 시 취득가액에서 차감하여야 한다. 이중으로 비용이 공제되는 것을 방지하기 위해서다.

6) 업무용승용차 관련 비용

업무용승용차란 개별소비세가 과세되는 승용자동차를 말한다. 다만, 운수업, 자동차판매업, 자동차임대업(렌트회사), 시설대여업(리스회사), 운전학원업 등에서 사업상 수익창출을 위해 직접 사용하는 승용자동차와 경비업의 출동차량 등은 제외한다. 이에 대한 내용은 부가가치세에서 살펴본 내용과 동일하다.

복식부기의무자가 해당 과세기간에 업무용승용차를 취득하거나 임차하여 해당 과세기간에 지출한 업무용승용차 관련 비용 중 업무사용금액에 해당하지 아니하는 금액은 해당 과세기간의 필요경비에 산입하지 아니한다.

핵심포인트 **업무용승용차 규제대상 구분**

구분	개별소비세 과세대상	개별소비세 비과세
규제대상 여부	규제대상	비규제대상
종류	❶ 정원 8인 이하 승용자동차 ❷ 배기량 125cc 초과 이륜자동차 ❸ 캠핑용 자동차	❶ 정원 9인 이상 승용자동차 ❷ 배기량 1,000cc 이하 경차 ❸ 승합자동차 ❹ 화물자동차 ❺ 배기량 125cc 이하 이륜자동차

가) 업무용승용차 관련 비용

업무용승용차 관련 비용이란 업무용승용차에 대한 감가상각비, 임차료, 유류비, 보험료, 수선비, 자동차세, 통행료 및 금융리스부채에 대한 이자비용 등 업무용승용차의 취득·유지를 위하여 지출한 비용을 말한다.

나) 업무용사용금액

업무용승용차 관련 비용 중 필요경비로 인정하는 업무용사용금액의 범위는 업무전용자동차보험에 가입한 경우와 가입하지 않은 경우로 나누어 달리하고 있다. 업무전용자동차보험이란 해당 사업자 및 그 직원이 운전하는 경우에만 보상하는 자동차보험을 말한다.

① 업무전용자동차보험에 가입한 경우

업무전용자동차보험에 가입한 경우에는 업무용승용차 관련비용에 업무사용비율을 곱한 금액을 업무용사용금액으로 보아 필요경비로 인정한다(소령 제78조의3 제4항 제1호).

업무용사용금액 = 업무용승용차 관련 비용 × 업무사용비율

업무사용비율은 운행기록부를 작성했는지 여부에 따라 다르게 적용한다. 운행기록부는 업무용승용차별로 작성·비치하여야 한다.

운행기록부를 작성한 경우 운행기록부에 따라 확인되는 총 주행거리 중 업무용 사용거리가 차지하는 비율로 계산한다. 업무용 사용거리란 제조·판매시설 등 해당 법인의 사업장 방문, 거래처·대리점 방문, 회의 참석, 판촉 활동, 출·퇴근 등 직무와 관련된 업무수행을 위하여 주행한 거리를 말한다.

$$업무용사용비율 = 업무용사용거리 \div 총 주행거리$$

운행기록부를 작성·비치하지 않은 경우 해당 업무용승용차의 업무사용비율은 다음의 구분에 따른 비율로 한다(소령 제78조의3 제7항).

· 업무용승용차 관련비용이 1천5백만원 이하인 경우: 100%
· 업무용승용차 관련비용이 1천5백만원을 초과하는 경우: 1천5백만원 ÷ 업무용승용차 관련비용

따라서 업무전용자동차보험에 가입하였으나 운행기록부를 작성하지 않은 경우 업무용승용차 관련 비용으로 감가상각비 한도 800만원을 포함하여 1천5백만원까지는 필요경비로 산입할 수 있다.

② 업무전용자동차보험에 가입하지 않은 경우

업무전용자동차보험에 가입하지 않은 경우에는 사업자별(공동사업장의 경우는 1사업자로 본다) 업무용승용차 수에 따라 1대는 업무용사용금액을 필요경비로 한다. 1대 초과분은 전액 필요경비불산입한다. 다만, 직전 과세기간의 성실신고확인대상사업자 및 전문직사업자를 제외한 사업자의 경우에는 2024.1.1.부터 2025.12.31.까지 발생한 업무용승용차 관련비용에 대해서는 업무사용금액의 50%로 한다(소령 제78조의3 제4항 제2호).

다) 업무용승용차 감가상각비 특례

업무용승용차에 대한 감가상각비의 경우 해당 사업연도의 소득금액을 계산할 때 정액법을 상각방법으로 하고 내용연수를 5년으로 하여 계산한 금액을 필요경비에 산입하여야 한다. 업무용승용차에 대한 감가상각비는 의무적으로 계상하여야 한다.

감가상각비 해당 금액에 업무사용비율을 곱하여 계산한 금액이 800만원을 초과하는 경우 그 초

과하는 금액은 감가상각비한도초과액으로 해당 과세기간의 필요경비에 산입하지 아니한다. 이러한 감가상각비한도초과액은 이월하여 해당 과세기간의 다음 사업연도부터 해당 업무용승용차의 업무사용금액 중 감가상각비가 800만원에 미달하는 경우 그 미달하는 금액을 한도로 하여 필요경비로 추인한다.

아래에서는 업무용승용차를 사업자가 자가 소유한 경우와 임차(렌트 혹은 리스)하는 경우로 나누어 살펴보기로 한다.

① 자가 소유한 경우

업무용승용차를 자가 소유한 경우에는 업무용승용차별로 계산한 감가상각비에 업무사용비율을 곱한 금액을 감가상각비로 한다.

> 감가상각비 손금산입액 = Min(① 업무용승용차별 감가상각비 × 업무사용비율 ② 800만원)

② 「여신전문금융업법」에 따라 등록한 시설대여업자로부터 임차한 경우

「여신전문금융업법」에 따라 등록한 시설대여업자로부터 임차한 승용차란 리스한 승용차를 말한다. 임차료(리스료)에서 해당 임차료에 포함되어 있는 보험료, 자동차세 및 수선유지비를 차감한 금액을 감가상각비로 한다. 다만, 수선유지비를 별도로 구분하기 어려운 경우에는 임차료(보험료와 자동차세를 차감한 금액을 말한다)의 7%를 수선유지비로 할 수 있다(소칙 제42조 제6항 제1호).

> 감가상각비 손금산입액 = Min[① (임차료 - 보험료, 자동차세, 수선유지비) × 업무사용비율 ② 800만원]

③ 시설대여업자 외의 자동차대여사업자로부터 임차한 경우

「여신전문금융업법」에 따라 등록한 시설대여업자 외의 자로부터 임차한 승용차란 렌트한 승용차를 말한다. 이 경우에는 렌트료의 70%를 감가상각비로 본다(소칙 제42조 제6항 제2호).

> 감가상각비 손금산입액 = Min(① 임차료 × 70% × 업무사용비율 ② 800만원)

라) 업무용승용차 처분손실의 특례

업무용승용차를 처분하여 발생하는 손실로서 업무용승용차별로 800만원을 초과하는 금액은 해당 과세기간의 다음 과세기간부터 800만원을 균등하게 필요경비에 산입하되, 남은 금액이 800만원 미만인 과세기간에는 해당 잔액을 모두 필요경비에 산입한다.

핵심포인트 | 업무용승용차 감가상각비

❶ (감가상각비 해당금액 × 업무사용비율) ≤ 800만원 ⇨ 전액 필요경비산입
❷ (감가상각비 해당금액 × 업무사용비율) > 800만원 ⇨ 초과액 필요경비불산입
　☞ 이월하여 800만원에 미달하는 사업연도에 손금산입(미달하는 금액 한도)

마) 업무용승용차 관련 가산세

업무용승용차 관련 비용 등을 필요경비에 산입한 복식부기의무자가 업무용승용차 관련 비용 등에 관한 명세서를 제출하지 아니하거나 사실과 다르게 제출한 경우에는 업무용승용차 관련 비용 등으로 필요경비에 산입한 금액 또는 업무용승용차 관련 비용 등으로 필요경비에 산입한 금액 중 해당 명세서에 사실과 다르게 적은 금액의 1%를 가산세로 납부하여야 한다.

7) 기업업무추진비의 손금불산입

가) 기업업무추진비의 정의

기업업무추진비(접대비)란 접대, 교제, 사례 또는 그 밖에 어떠한 명목이든 상관없이 이와 유사한 목적으로 지출한 비용으로서 사업자가 직접 또는 간접적으로 업무와 관련이 있는 자와 업무를 원활하게 진행하기 위하여 지출한 금액을 말한다(소법 제35조 제1항).

나) 기업업무추진비와 정규증빙

한 차례의 접대에 지출한 기업업무추진비 중 경조금의 경우에는 20만원, 그 외의 경우에는 3만원을 초과하여 지출하는 경우에는 신용카드, 현금영수증, 세금계산서, 계산서 등 정규증빙을 수취하여야 한다. 정규증빙을 수취하지 못한 경우에는 손금에 산입하지 아니한다(법법 제25조 제2항).

다) 필요경비산입 범위

사업자가 각 사업연도에 지출한 기업업무추진비의 필요경비한도액은 다음의 금액을 합한 금액으로 한다. 따라서 필요경비한도액을 초과하는 금액은 해당 과세기간의 소득금액을 계산할 때 필요경비에 산입하지 아니한다(소법 제35조).

① 기본한도

1,200만원(중소기업의 경우에는 3,600만원) × 해당 사업연도의 월수 ÷ 12

② 수입금액 한도

(일반수입금액 × 적용률) + (특정수입금액 × 적용률 × 10%)

수입금액은 기업회계기준에 따라 계산한 매출액을 말하며, 특정수입금액은 특수관계인과의 거래에서 발생한 수입금액을 말한다.

[적용률]

수입금액	적용률
100억원 이하	0.3%
100억원 초과 500억원 이하	3천만원 + (수입금액 - 100억원) × 0.2%
500억원 초과	1억1천만원 + (수입금액 - 500억원) × 0.03%

③ 문화접대비 한도

2025. 12. 31. 이전에 문화비로 지출한 기업업무추진비에 대해서는 기본한도와 수입금액 한도를 합한 금액의 20%와 문화접대비 지출액 중 적은 금액을 한도로 한다.

핵심포인트 **기업업무추진비 필요경비 범위**

❶ 정규증빙을 수취하지 못한 경우 ⇨ 전액 필요경비불산입
❷ 지출액 ≤ 한도 ⇨ 전액 필요경비산입
❸ 지출액 > 한도 ⇨ 초과액 필요경비불산입

8) 기타 사업 관련 지출

사업용 부동산에 대한 재산세 등 제세공과금, 사업장 관련 전기·가스·수도요금, 통신요금, 경조사비, 협회비, 사업용 건물의 화재보험료, 기부금 등 기타 사업 관련 지출은 필요경비에 산입한다.

|참고| 부동산임대사업자의 추계신고에 따른 소득금액의 계산

부동산임대사업자 중 영세한 임대사업자의 경우 장부기장에 의한 필요경비가 아니라 정부가 인정하는 추계경비율(단순경비율 또는 기준경비율)에 따라 필요경비를 계산하여 부동산임대소득금액을 계산할 수 있다. 아래에서는 그 내용을 살펴보기로 한다.

1. 추계 유형

① 해당 과세기간에 신규로 사업을 개시한 사업자

② 직전 과세기간의 수입금액의 합계액이 다음의 금액에 미달하는 사업자

추계신고 유형			
전기수입금액기준		당기수입금액기준	
단순경비율	기준경비율	단순경비율	기준경비율
2천4백만원 미만	2천4백만원 이상	7천5백만원 미만	7천5백만원 이상

(주1) 신규사업자 및 계속사업자의 당해 연도 수입금액이 복식부기의무자의 기준금액 이상이면 단순경비율 적용대상자가 아니라 기준경비율 적용대상자에 해당한다.

2. 추계소득금액의 계산 방법

1) 단순경비율 적용대상자

소득금액 = 수입금액 - (수입금액 × 단순경비율)

2) 기준경비율 적용대상자

기준경비율 적용대상자의 소득금액은 아래의 ①과 ② 중 적은 금액으로 계산한다.

① 수입금액 - 주요경비(주1) - (수입금액 × 기준경비율(주2))

(주1) 주요경비는 매입비용, 임차료, 인건비로 증빙에 의하여 확인되는 금액을 말한다.

(주2) 복식부기의무자는 기준경비율의 50%를 인정한다.

② [수입금액 - (수입금액 × 단순경비율)] × 배율(주1)

(주1) 배율: 복식부기의무자 3.4배, 간편장부대상자 2.8배

---

3. 추계신고 시 임대주택 업종코드별 단순경비율 및 기준경비율

[업종코드 분류]

업종코드	분류
701101	1주택자의 기준시가가 9억원을 초과하는 주택
701102	기준시가가 9억원을 초과하지 않는 아파트, 공동주택, 다가구주택, 단독주택 등
701103	장기임대 국민주택(공동주택 및 단독주택) - 국민주택 5호 이상을 5년 이상 임대한 경우에 한하여 적용
701104	장기임대 국민주택(다가구주택) - 국민주택 5호 이상을 5년 이상 임대한 경우에 한하여 적용

[종업종코드별 단순경비율과 기준경비율]

업종코드	단순경비율	기준경비율
701101	37.4%	12.9%
701102	42.6%	17.2%
701103	61.6%	20.1%
701104	59.2%	19.1%

(3) 소형주택임대사업자에 대한 세액 감면

세무서에 사업자등록과 지방자치단체에 주택임대사업자 등록을 하고 임대료 등 증가율이 5%를 초과하지 않는 임대주택에 대해서는 아래의 요건을 충족하는 경우 세액을 감면한다(조특법 제96조).

[세액감면 요건]

· 등록시기에 따른 의무임대기간

2018.3.31. 이전	2018.4.1.~2020.8.17.	2020.8.18. 이후
4년	8년	10년

· 임대개시일 현재 기준시가: 전국 6억원
· 면적: 국민주택규모 이하
· 임대호수: 1호 이상
· 혜택적용 기한: 2025.12.31.

· 임대사업자 등록말소

자동말소	자진말소
적용 불가	적용 불가

· 감면율

임대주택 수	감면율	
	단기임대주택	장기일반민간임대주택
1호	30%	70%
2호 이상	20%	50%

소형주택임대사업자에 대한 세액감면은 분리과세를 선택한 임대사업자에게도 적용된다. 위 규정에 따라 소득세를 감면받는 경우에는 감가상각의제규정이 적용된다(예규 사전2020법령해석소득-233, 2021.3.9.). 즉, 감가상각비를 필요경비에 산입(감가상각의제되는 경우 포함)한 것으로 본다. 이 경우 해당 임대주택을 양도할 때 취득가액에서 감가상각비에 해당하는 금액을 차감하여야 한다. 따라서 양도소득세와 종합소득세의 절감세액 효과를 비교하여 감가상각비 장부계상 및 세액감면 여부를 선택하여야 할 것으로 보인다.

| 참고 | 주택임대사업자의 사업장현황신고

부가가치세가 면세되는 주택임대사업자는 연간 수입금액 및 사업장현황을 해당 과세기간의 다음 연도 2월 10일까지 사업장 소재지 관할 세무서장에게 신고하여야 한다(소법 제78조 제1항). 다만, 사업자가 「부가가치세법」상 과세사업과 면세사업 등을 겸영하여 면세사업 수입금액 등을 신고하는 경우에는 그 면세사업 등에 대하여 사업장 현황신고를 한 것으로 본다(소법 제78조 제1항 제2호). 수입금액을 미신고 및 과소신고하는 경우에는 신고하지 아니한 수입금액 또는 미달하게 신고한 수입금액의 0.5%에 해당하는 가산세가 부과된다.

---

(4) 종합소득세 신고·납부

1) 신고·납부기간

해당 과세기간의 종합소득금액이 있는 거주자(종합소득과세표준이 없거나 결손금이 있는 거주자를 포함한다)는 그 종합소득 과세표준을 그 과세기간의 다음 연도 5월 1일부터 5월 31일까지 납세지 관할 세무서장에게 신고·납부하여야 한다(소법 제70조 제1항). 다만, 해당 과세기간의 수입금액이 5억원 이상인 성실신고확인서 제출자는 다음 연도 6월 1일~6월 30일까지 신고·납부한다. 거주자가 사망한 경우에는 상속개시일(사망일)이 속하는 달의 말일부터 6개월이 되는 날까지 신고·납부한다.

2) 분납

납부할 세액이 1천만원을 초과하는 자는 다음과 같이 계산한 납부할 세액의 일부를 납부기한이 지난 후 2개월 이내에 분할납부할 수 있다.

① 납부할 세액이 2천만원 이하인 때에는 1천만원을 초과하는 금액
② 납부할 세액이 2천만원을 초과하는 때에는 그 세액의 50% 이하의 금액

| 제2절 | **주택임대사업자와 민간임대주택에 관한 특별법** |

민간임대주택에 관한 특별법에서 주택임대사업자란 「공공주택 특별법」 제4조 제1항에 따른 공공주택사업자가 아닌 자로서 1호 이상의 민간임대주택을 취득하여 임대하는 사업을 할 목적으로 민간임대주택에 관한 특별법 제5조에 따라 등록한 자를 말한다.

1. 민간임대주택의 종류

민간임대주택이란 임대 목적으로 제공하는 주택(토지를 임차하여 건설된 주택 및 오피스텔 등 준주택을 포함한다)으로서 임대사업자가 민간임대주택에 관한 특별법 제5조에 따라 등록한 주택을 말한다. 이러한 민간임대주택은 취득 유형에 따라 민간건설임대주택과 민간매입임대주택으로 구분되며, 임대의무기간에 따라 공공지원임대주택과 장기일반민간임대주택으로 구분된다.

(1) 민간건설임대주택

민간건설임대주택이란 다음의 어느 하나에 해당하는 민간임대주택을 말한다.

1) 임대사업자가 임대를 목적으로 건설하여 임대하는 주택
2) 「주택법」에 따라 등록한 주택건설사업자가 같은 법에 따라 사업계획승인을 받아 건설한 주택 중 사용검사 때까지 분양되지 아니하여 임대하는 주택

(2) 민간매입임대주택

민간매입임대주택이란 임대사업자가 매매 등으로 소유권을 취득하여 임대하는 민간임대주택을 말한다. 민간매입임대주택은 장기일반민간임대주택과 공공지원민간임대주택으로 구분한다.

1) 장기일반민간임대주택

장기일반민간임대주택이란 임대사업자가 공공지원민간임대주택이 아닌 주택을 10년 이상 임대할 목적으로 취득하여 임대하는 민간임대주택[아파트(「주택법」 제2조 제20호의 도시형 생활주택이 아닌 것을 말한다)를 임대하는 민간매입임대주택은 제외한다]을 말한다. 따라서 도시형 생활주택은 장기일반민간임대주택으로 등록이 가능하다.

2) 공공지원민간임대주택

공공지원민간임대주택이란 임대사업자가 주택도시기금 등 공공지원을 받아 건설 또는 매입하는 민간임대주택으로서 이에 해당하는 민간임대주택을 10년 이상 임대할 목적으로 취득하여 민간임대주택에 관한 특별법에 따른 임대료 및 임차인의 자격 제한 등을 받아 임대하는 민간임대주택을 말한다.

[민간임대주택의 구분]

구분	취득 유형	공공지원 여부
종류	민간건설임대주택 민간매입임대주택	장기일반민간임대주택(10년) 공공지원민간임대주택(10년)

2. 주택임대사업자의 등록

(1) 지자체 주택임대사업자 등록 신청

주택을 임대하려는 자는 임대사업자의 주소지 관할 시장·군수·구청장에게 등록을 신청할 수 있다. 즉, 지자체 주택임대사업자 등록은 선택사항이다. 등록한 자가 그 등록한 사항을 변경하고자 할 경우 시장·군수·구청장에게 신고하여야 한다. 다만, 임대주택 면적을 10퍼센트 이하의 범위에서 증축하는 등의 경미한 사항은 신고하지 아니하여도 된다.

1) 신청 시 필요 서류

구분	유형	필요 서류	
소유자	보유	· 건물등기부등본 · 건축물대장 · 공동(개별)주택가격확인서 · 임대차계약서	본인신분증 (위임 시 본인 도장, 대리인 신분증)
소유예정자	건축허가	· 건축허가서	
	매매계약	· 매매계약서 · 임대차계약서	
	분양계약	· 분양계약서	

2) 등록절차 요약

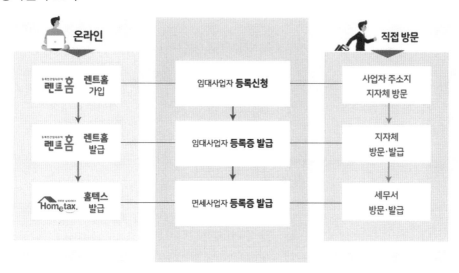

(2) 세무서 사업자등록 신청

주택임대소득 신고대상자는 임대사업 개시일부터 20일 이내에 사업자등록신청서를 관할 세무서장에게 제출하여야 한다. 세제혜택을 받기 위해서는 민간임대주택에 관한 특별법에 따른 임대사업자 등록과 함께 세무서에 사업자등록이 필요한데 지자체에 임대사업자 등록 신청 시 세무서 사업자등록증도 함께 신청이 가능하다. 이 경우 지자체의 임대사업자 등록 신청 시 신청서의 내용 중 아래의 참고사항 해당란에 반드시 체크 및 기재하여야 하며 신청 이후 관할 세무서에 사업자등록이 되었는지 확인하고 사업자등록증을 수령하여야 한다.

참고사항

「민간임대주택에 관한 특별법」 제5조 제1항에 따라 임대사업자로 등록하려는 자가 「소득세법」 제168조에 따른 사업자등록(개인사업자로 한정합니다)을 같이 하려는 경우 「부가가치세법 시행규칙」 별지 제4호서식의 사업자등록 신청서(개인사업자용)를 함께 제출할 수 있습니다. 이 경우 관할 특별자치시장, 특별자치도지사, 시장, 군수 또는 구청장은 함께 제출받은 사업자등록 신청서를 지체 없이 관할 세무서장에게 송부해야 합니다.

- 아래 사항을 적은 사업자등록 신청서를 함께 제출하시겠습니까?
  [ ] 예   [ ] 아니요   신청인   (서명 또는 인)

※ 「조세특례제한법」 제96조, 제97조의3부터 제97조의5까지의 규정 등에 따른 각종 감면 또는 특례를 적용받기 위해서는 「소득세법」 제168조에 따른 사업자등록을 해야 합니다.

- 주소지 이전 시 사업장 소재지 자동정정에 동의하시겠습니까?   [ ] 예   [ ] 아니요

※ 「부가가치세법 시행령」 제14조 제5항에 따라 사업장과 주소지가 동일한 사업자가 사업자등록 신청서 또는 사업자등록 정정신고서를 제출하면서 「주민등록법」에 따른 주소가 변경되면 사업장의 주소도 신고서를 제출한 것으로 봅니다.

1. 사업장 현황

	구분	업태	종목	업종 코드	개업일
업종	[ ]주 [ ]부	부동산업 및 임대업	주거용 건물 임대업(고가주택임대)	701101	
	[ ]주 [ ]부		주거용 건물 임대업(일반주택임대)	701102	
	[ ]주 [ ]부		주거용 건물 임대업(장기임대공동주택)	701103	
	[ ]주 [ ]부		주거용 건물 임대업(장기임대다가구주택)	701104	

2. 공동사업자 명세

출자금				원	성립일			
성명	주민등록번호	지분율	관계	성명		주민등록번호	지분율	관계

이하 생략

3. 등록 민간임대주택의 부기등기

임대사업자는 등록 후 지체 없이 등록한 임대주택이 임대의무기간과 임대료 증액기준을 준수해야 하는 재산임을 소유권등기에 부기등기해야 한다.

4. 임대보증금 보증보험 가입

임대사업자는 등록임대주택에 대해 임대의무기간 종료일까지 임대보증금에 대한 보증보험에 가입해야 한다. 2020.8.18. 이후 신규 등록하는 임대주택은 즉시 보증보험 가입이 적용되며, 종전에 등록한 임대주택은 법 시행 1년 후 계약 체결 시부터 적용한다.

(1) 보증보험 가입의무가 없는 경우 및 일부 가입 요건

1) 임대보증금이 없는 경우
임대보증금이 없는 경우에는 보증보험 가입의무가 없다.

2) 일정 요건을 모두 충족하여 지자체에 증명하는 경우
아래의 요건을 모두 충족하여 지자체에 증명하는 경우 (담보권 설정금액 + 보증금) - 주택가격의 60%를 보증대상금액으로 할 수 있고, 해당 보증대상금액이 0 이하인 경우 보증보험에 가입하지 않아도 된다.

$$보증대상금액 = (담보권 설정금액 + 보증금) - 주택가격 \times 60\%$$

① 근저당권이 세대별로 분리된 경우
② 임대보증금보다 선순위인 제한물권, 압류·가압류·가처분 등을 해소한 경우
③ 전세권이 설정된 경우 또는 임차인이 「주택임대차보호법」에 따른 대항요건과 확정일자를 갖춘 경우(임차인이 전세권 설정을 요구하지 않음에 대한 동의서 첨부)
④ 임차인이 일부 가입에 동의한 경우

지자체에 증명 시 확인 자료에는 주택(공시)가격확인원, 건물등기부등본, 표준임대차계약서(임대보증금 확인)가 있다.

(2) 주택가격

주택가격은 감정평가금액으로 한다. 다만, 고시 중인 주택공시가격 또는 기준시가가 있는 경우에는 주택공시가격 또는 기준시가에 국토교통부장관이 고시하는 보정비율을 적용한 금액을 주택가격으로 할 수 있다.

(3) 공시가격 또는 기준시가 보정비율

구분	9억원 미만	9~15억원	15억원 이상
공동(다세대·연립)주택	130%	130%	120%
단독·다가구주택	170%	160%	150%
오피스텔	120%		

(4) 계산 사례

다세대주택으로 근저당 등 설정이 없으며, 임차인이 전세권 설정을 요구하지 않음에 대한 동의서를 첨부하는 경우로서 임대보증금이 2억원이고, 고시된 공동주택가격이 5억원인 경우 보증대상금액은 다음과 같다.

보증대상금액 = 임대보증금 - (주택공시가격 × 보정비율) × 60%

보증대상금액 = 2억원 - (5억원 × 130%) × 60%

= 2억원 - 3.9억원

= (1.9억원)

따라서 보증대상금액이 0 이하인 경우에 해당하므로 보증보험에 가입하지 않아도 된다.

제3절 | 부동산임대사업자와 건강보험

1. 건강보험 적용대상의 구분

건강보험은 직장가입자와 지역가입자로 적용대상을 구분하는데, 직장가입자는 사업장의 근로자 및 사용자와 그 피부양자로 구성되고 지역가입자는 직장가입자를 제외한 자를 대상으로 한다. 가입자 및 피부양자의 자격취득(변동), 상실 신고는 사유발생일로부터 14일 이내에 신고하여야 한다.

2. 건강보험료 산정 방법

(1) 직장가입자

직장가입자의 건강보험료는 보수월액보험료와 소득월액보험료로 구분하여 산정한다.

1) 보수월액보험료

보수월액보험료는 가입자의 보수월액에 보험료율을 곱하여 보험료를 산정한 후 가입자 단위로 부과한다.

① 건강보험료 = 보수월액 × 건강보험료율[7.09%(근로자부담 3.545%, 회사부담 3.545%)]
※ 보수월액은 동일사업장에서 당해 연도에 지급받은 보수총액을 근무월수로 나눈 금액을 의미
② 장기요양보험료 = 건강보험료 × 장기요양보험료율(12.81%)

2) 소득월액보험료

보수월액의 산정에 포함된 보수를 제외한 직장가입자의 소득(보수 외 소득)이 연간 2,000만원

을 초과하는 직장가입자는 소득월액보험료 부과 대상자가 된다. 소득월액보험료는 보수 외 소득에서 2,000만원을 공제한 나머지 금액을 12로 나누어 소득 종류에 따른 금액비율을 곱해 산정하여 부과한다. 소득월액보험료는 직장가입자 본인이 별도의 고지서로 부담한다.

가) 소득월액의 계산

소득월액 = [(연간 보수 외 소득 - 2,000만원(공제금액)) × 1/12] × 소득평가율

※ 소득종류별 평가율

· 이자 · 배당 · 사업 · 기타소득: 100%

· 근로 · 연금소득: 50%

나) 소득월액보험료 산정 방법

· 소득월액 건강보험료 = 소득월액 × 보험료율(7.09%)

· 장기요양보험료 = 소득월액보험료 × 장기요양보험료율(12.81%)

(2) 지역가입자

지역가입자의 건강보험료는 가입자의 소득, 재산(전월세 포함), 자동차 등을 참작하여 정한 부과요소별 점수를 합산한 보험료 부과점수에 점수당 금액을 곱하여 보험료를 산정한 후 경감률 등을 적용하여 세대 단위로 부과한다.

1) 보험료 산정 방법

① 건강보험료 = 보험료부과점수 × 보험료부과점수당 금액(208.4원)

② 장기요양보험료 = 건강보험료 × 장기요양보험료율(12.81%)

2) 보험료 부과점수의 기준

① 소득 점수(97등급): 이자소득, 배당소득, 사업소득, 근로소득, 연금소득, 기타소득

② 재산 점수(60등급): 주택, 건물, 토지, 선박, 항공기, 전월세

③ 자동차 점수(7등급): 차량가액 4,000만원 이상인 경우 부과

3) 주택금융부채 공제

무주택 또는 1세대 1주택 세대에 속하는 지역가입자로서 일정한 요건을 갖춘 경우 주택을 구입 또는 임차하기 위하여 금융회사 등으로부터 대출을 받고 그 사실을 공단에 통보하는 경우에는 해당 대출금액을 평가하여 보험료부과점수 산정 시 제외한다.

3. 건강보험료 부과 절차

개인사업자의 경우 5월에 종합소득세 신고를 하면 건강보험공단에서는 국세청에서 통보된 소득금액으로 11월부터 다음 연도 10월까지 건강보험료를 부과한다. 따라서 건강보험료 고지를 받아 납부하는 건강보험료는 당해 연도의 소득이 아니라 직전 연도의 소득금액을 기준으로 부과된 금액이다.

4. 피부양자 자격요건

건강보험 대상자 중 피부양자는 직장가입자에 의하여 주로 생계를 유지하는 자로서 보수 또는 소득이 없는 자를 의미하며, 직장가입자의 배우자, 직계존속(배우자의 직계존속 포함), 직계비속(배우자의 직계비속 포함) 및 그 배우자, 형제·자매를 포함한다. 피부양자가 되려면 아래의 소득요건과 재산요건을 모두 충족하여야 한다(국민건강보험법 시행규칙 제2조 별표 1의2).

(1) 소득요건

1) 사업자등록이 되어 있지 않고(주택임대소득이 있는 경우는 제외) 사업소득의 합계액이 연간 500만원 이하인 경우
2) 사업자등록이 되어 있으나 사업소득금액이 없는 경우(사업소득금액이 0이거나 결손인 경우)
3) 이자, 배당, 사업, 근로, 연금, 기타소득의 합계액이 2,000만원 이하인 경우

💡 생각정리 노트

위 내용을 살펴보면 주택임대소득이 있는 경우에는 사업자등록 여부와는 관계없이 주택임대소득금액

이 영(0) 이하가 아닌 경우에는 피부양자가 될 수 없다.

(2) 재산요건

1) 재산세 과세표준 합계액이 5억4천만원 이하일 것
2) 재산세 과세표준 합계액이 5억4천만원을 초과하면서 9억원 이하이고, 소득금액의 합계액이 연간 1천만원 이하일 것

PART 7

부동산 관련 가족법인

법령 명칭 요약

- 법인세법: 법법
- 법인세법 시행령: 법령
- 법인세법 시행규칙: 법칙

가족법인에 대하여

제17장에서는 다음과 같은 내용을 살펴보기로 한다.

제1절 | 개인사업자와 법인사업자

1. 개인사업자와 법인사업자의 정의

표준국어대사전에 따르면 사업事業이란 어떤 일을 일정한 목적과 계획을 가지고 짜임새 있게 지속적으로 경영하는 일이라고 정의하고 있다. 그러한 사업을 영위하는 자를 사업자라고 한다. 개인사업자란 대표자인 개인이 경영하는 사업자를 말한다. 법인사업자란 상법에 따른 법인등기를 하여 단체의 명의로 경영하는 사업자를 말한다.

2. 개인사업자와 법인사업자의 비교

(1) 설립절차

개인사업자의 설립절차는 비교적 간단하다. 사업장의 임대차계약서(일부 업종의 경우 거주지 가능), 인허가·신고·등록 업종의 경우 인허가·신고·등록증 등의 서류로 세무서에 사업자등록 신청을 하면 된다.

법인사업자는 설립절차가 복잡하다. 자본금, 주주 및 이사 등의 구성원을 갖추어 상법에 따라 관할등기소에 법인설립등기를 한 후 세무서에 법인설립신고 및 사업자등록 신청을 하여야 한다.

(2) 사업의 주체 및 책임의 범위

개인사업자는 소유와 경영이 소유자 개인에게 종속되는 기업형태이다. 따라서 사업상 발생하는 모든 문제를 소유자 개인이 책임을 진다. 개인사업자의 대표가 바뀌는 경우에는 사업자등록증을 폐업하기 때문에 사업의 연속성이 없다.

법인사업자는 기업이 완전한 법인격을 가지고 스스로 권리와 의무의 주체가 된다. 따라서 법인의 주주는 출자한 지분 한도 내에서만, 대표이사는 권한의 범위 내에서만 책임을 진다. 법인사업자는 법인이 기업의 소유자(주주)로부터 분리되어 대표이사가 변경되더라도 법인의 연속성이 유지된다.

(3) 자금조달

개인사업자는 사업에 필요한 자금을 소유자 개인이 조달한다. 주식이나 회사채 등의 유가증권 발행을 통해 자금을 조달할 수 없다.

법인의 자금은 기본적으로 법인설립 시 주식을 발행하여 주주로부터 조달한다. 법인설립 후에는 주식이나 회사채 등 유가증권을 발행하여 자금을 조달할 수 있다.

그 외 개인사업자나 법인사업자 모두 금융기관으로부터 차입을 통하여 자금을 조달할 수 있다. 법인사업자는 대외신용도가 개인사업자보다 높아서 자금조달이 용이할 수 있다.

(4) 자금운용

개인사업자는 사업에서 창출한 자금을 개인의 사적인 용도로 거의 제한 없이 사용가능하다.

법인은 법인의 구성원과 독립된 별개의 인격체이므로 법인이 권리 · 의무 주체가 된다. 다시 말해 법인 명의로 자산을 구입하고 채무를 부담한다. 따라서 법인의 자금은 법인 구성원이 사적인 용도로 사용할 수 없다. 그래서 실무에서는 법인통장을 꼼꼼하게 수입과 지출의 용도를 밝혀 그 내용에 따라 기장을 하게 된다. 법인자금의 지출에 대한 증빙이 없거나 그 용도가 불분명한 경우에는 대표이사가 인출한 것으로 보아 가지급금으로 계상하게 된다. 법인의 가지급금은 여러 가지 곤란한 문제를 발생시키기 때문에 주의해서 관리해야 하는 항목이다.

(5) 장부작성 방법

개인사업자의 장부작성 방법은 간편장부 또는 복식부기로 구분한다. 하지만 법인사업자는 반드시 복식부기에 따라 장부를 작성하여야 한다.

(6) 비용의 범위

순이익을 계산하는 경우 비용의 범위에 차이가 있다. 예를 들어 개인사업자의 경우 대표자 인건비는 비용으로 인정되지 않는다. 하지만 법인사업자의 경우 대표자 인건비는 급여, 상여금, 퇴직금 등으로 비용처리할 수 있다.

(7) 조세부담

개인의 소득에 대해서는 소득세가 과세되고 법인의 소득에 대해서는 법인세가 과세된다. 소득세의 세율은 과세표준 1,400만원 이하인 경우 최저 6%에서 과세표준 10억원을 초과하는 경우 최고 45%의 8단계 초과누진세율 구조로 되어 있다.

법인세의 세율은 과세표준 2억 이하인 경우 최저 9%에서 과세표준 3,000억원 초과인 경우 24%의 4단계 초과누진세율 구조로 되어 있다. 따라서 세율만 단순히 비교해보면 법인사업자가 세금에서는 유리한 것으로 보인다. 하지만 법인의 자금을 구성원에게 배분하게 되면 그에 따른 과세문제가 추가로 발생한다. 구성원에게 배분하는 방법에 따라 근로제공에 대한 대가이면 근로소득, 주주에 대한 배당이면 배당소득에 대한 추가적인 과세문제가 발생한다.

사업자를 개인사업자로 운영할지 법인사업자로 운영할지를 세금측면에서 비교할 경우 개인사업자의 소득세와 비교해야 하는 법인사업자의 세금은 법인세뿐만 아니라 근로소득, 배당소득 등에 따른 세금도 함께 비교하여 절세효과를 살펴보아야 한다.

부가가치세는 개인사업자 및 법인사업자 모두 유사하게 적용한다. 다만, 법인사업자는 간이과세자로 등록할 수 없다.

(8) 건강보험

개인사업자의 대표자 개인에 대한 건강보험은 사업장에 직원이 없으면 직장가입자로 가입할 수 없고 지역가입자로 납부한다. 직원이 있는 경우에는 최초가입 시 직원의 급여액을 기준으로 가입하고 종합소득세 신고 후에는 종합소득금액을 기준으로 부과된다.

법인사업자의 대표자는 직원이 없는 경우에도 직장가입자로 가입하여 근로소득금액을 기준으로 부과된다.

[개인사업자와 법인사업자의 비교]

구분	개인사업자	법인사업자
설립절차	간단	복잡
사업의 주체	개인	법인
책임의 범위	사업주 개인의 무한 책임	출자지분 한도
자금운용	개인용도 사용 가능	개인용도 사용시 불이익
기장방법	간편장부 및 복식부기	복식부기
대표자 인건비 비용 여부	비용 아님	비용 해당
세율	최저 6%~최고 45%	최저 9%~최고 24%
건강보험	직원 없으면 직장가입 불가능	직원 없어도 직장가입 가능

3. 개인사업자와 법인사업자의 선택 기준

사업자를 개인사업자로 운영해야 할지 법인사업자로 운영해야 할지 그 기준을 앞에서 살펴본 개인사업자와 법인사업자의 비교 내용을 참고하여 정리해 보면 다음과 같다.

첫째, 대외신용도나 회사규모가 필요한 경우에는 법인사업자로 운영하는 것이 유리하다.

둘째, 세금측면에서 살펴보면 법인세와 법인대표자의 근로소득 및 배당소득에 대한 소득세를 합한 금액이 개인사업자의 소득세보다 유리한 순이익 규모가 되었을 경우 법인사업자로 운영하는 것이 유리하다. 4대보험은 동일한 것으로 가정하였다.

셋째, 사업자금을 개인 용도로 자유롭게 활용해야하는 경우에는 개인사업자가 유리하다.

마지막으로, 개인사업자에게 성실신고확인제도 적용이 예상되는 경우에도 하나의 기준이 될 수 있다.

<table>
<tr>
<td>제2절</td>
<td># 가족법인의 설립절차</td>
</tr>
</table>

　법인이란 개인, 즉 자연인自然人과 비교되는 법률용어로서 법률에 의해 인격法人格이 부여되어 법률상의 권리·의무의 주체가 된 단체를 말한다. 법인회사란 상행위나 그 밖의 영리를 목적으로 설립한 법인을 말한다. 상법에서는 법인회사의 종류를 합명회사, 합자회사, 유한책임회사, 주식회사, 유한회사로 구분한다(상법 제170조) 이 책에서는 주식회사에 대해서 살펴보기로 한다.

　가족법인이란 주식회사 설립 시 주주의 구성원을 본인, 배우자, 자녀등 가족으로 구성하는 회사를 말한다. 가족법인이라는 용어는 법률상 용어가 아니라 실무상 용어에 해당한다. 따라서 일반법인과 다른 절차를 거쳐 설립하는 것이 아니다. 상법상 일반법인과 동일한 설립절차와 방법을 따르면 된다.

　아래에서는 상법상 법인의 설립절차와 세법상 법인설립신고 및 사업자등록 신청 방법에 대해 살펴보기로 한다.

1. 상법상 법인설립절차

(1) 구성원의 조직

　주식회사란 주식의 발행을 통해 여러 사람으로부터 자본금을 조달받고 설립된 회사를 말한다. 주식을 매입한 주주는 주식의 인수한도 내에서만 출자의무를 부담하고 회사의 채무에 대해서는 직접책임을 부담하지 않는다. 주식회사는 주식, 자본금, 주주의 유한책임이라는 3가지 요소를 본질로 한다. 법인설립 시 법인 구성원에는 발기인, 주주, 이사, 감사가 있다. 아래에서는 이에 대해 살펴보기로 한다.

1) 발기인

　발기인發起人이란 주식회사의 설립행위자를 말한다. 주식회사를 설립할 때 발기인은 정관을 작성하여 다음의 사항을 적고 각 발기인이 기명날인 또는 서명하여야 한다(상법 제289조 제1항).

① 목적

② 상호

③ 회사가 발행할 주식의 총수

④ 액면주식을 발행하는 경우 1주의 금액

⑤ 회사의 설립 시에 발행하는 주식의 총수

⑥ 본점의 소재지

⑦ 회사가 공고를 하는 방법

⑧ 발기인의 성명·주민등록번호 및 주소

발기인의 주된 업무는 정관의 작성, 주주의 모집, 주식의 배정, 주식납입금의 수령, 창립총회의 소집 등이다(상법 제289조1항·제301조·제305조·제308조). 회사 설립 시 발기인은 1주 이상의 주식을 인수하여야 한다(상법 제293조).

회사 설립 시 발행하는 주식 전부를 발기인이 인수하여 설립하는 방법을 발기설립이라고 하고, 발기인이 일부를 인수하고 나머지 주식은 주주를 모집하여 설립하는 방법을 모집설립이라고 한다. 가족법인의 경우 발기설립의 경우가 대부분이다. 이 책에서는 발기설립의 경우에 대해 살펴보기로 한다.

2) 주주

주주株主란 기업의 주식을 가지고 직접 또는 간접으로 회사 경영에 참여하고 있는 개인이나 법인을 말한다. 주식은 회사의 자본을 구성하는 단위를 말한다.

│참고│ 주주의 제2차 납세의무

법인(상장법인은 제외한다)의 재산으로 그 법인에 부과되거나 그 법인이 납부할 국세에 충당하여도 부족한 경우에는 그 국세의 납세의무 성립일 현재 주주 및 주주의 특수관계인은 그들의 소유주식 합계가 해당 법인의 발행 주식 총수의 50%를 초과하면서 그 법인의 경영에 대하여 지배적인 영향력을 행사하는 자들(과점주주)에 해당하는 자는 그 부족한 금액에 지분율을 곱하여 산출한 금액을 한도로 제2차 납세의무를 진다.

---

3) 이사

이사理事란 법인의 사무를 처리하며 법인을 대표하여 법률 행위를 행하는 집행 기관 또는 그 직위에 있는 사람을 말한다. 주금납입이 완료된 때에는 발기인은 지체 없이 의결권의 과반수로 이사를 선임하여야 한다. 이사는 3명 이상이어야 한다. 다만, 자본금 총액이 10억원 미만인 회사는 1명 또는 2명으로 할 수 있다. 이사의 임기는 3년을 초과하지 못한다(상법 제383조 제1항, 제2항).

4) 감사

감사監事란 법인의 내부에서 재산상태나 이사의 업무집행 상태가 적정한가를 심사·감독하는 기관 또는 그 직위에 있는 사람을 말한다. 주금납입이 완료된 때에는 발기인은 지체 없이 의결권의 과반수로 감사를 선임하여야 한다. 감사는 1인 이상이어야 한다. 다만, 자본금의 총액이 10억원 미만인 회사의 경우에는 감사를 선임하지 아니할 수 있다(상법 제409조 제4항).

(2) 법인설립등기

등기란 일정한 법률관계를 널리 사회에 공시하기 위하여 일정한 권리관계를 공부公簿에 기재하는 것을 말한다. 회사는 본점소재지에서 설립등기를 함으로써 성립한다(상법 제172조). 법인설립등기는 다음의 어느 하나에 해당하는 방법으로 신청한다(「상업등기법」 제24조 제1항 및 「상업등기규칙」 제64조 제1항 본문).

1) 방문신청

신청인 또는 그 대리인이 등기소에 출석하여 신청정보 및 첨부정보를 적은 서면을 제출하는 방법으로 신청할 수 있다. 다만, 대리인이 변호사나 법무사인 경우에는 자격자 대리인의 사무소 소재지를 관할하는 지방법원장이 허가하는 1명을 등기소에 출석하게 하여 그 서면을 제출할 수 있다.

※ 전국 시·도별 등기소 위치 및 정보에 대한 자세한 내용은 대법원 인터넷등기소 사이트(www. iros.go.kr) → 서비스 소개 → 등기소 안내 → 등기소 찾기에서 확인할 수 있다.

2) 대법원 인터넷등기소 신청

「상업등기규칙」으로 정하는 바에 따라 전산정보처리조직을 이용하여 신청정보 및 첨부정보를 등기소에 보내는 방법으로 신청할 수 있다. 법인설립등기는 공인인증서를 발급받아 인터넷등기소에 접속 → 등기신청 → 법인란에서 기재사항 등을 입력하고 신청수수료 등을 전자결제하는 방법으로 전자신청할 수 있다.

법인설립등기신청서 및 첨부서면 양식 그리고 작성방법에 관한 설명은 대법원 인터넷등기소 사이트(www.iros.go.kr)에 접속 → 자료센터 → 법인등기란에서 확인할 수 있다. 첨부서면 및 작성방법의 자세한 내용은 등기신청양식 제65-1호 주식회사설립등기(발기설립)에서 살펴볼 수 있다.

[주식회사 설립절차]

발기인(상법 제288조)
▼
상호의 결정
▼
정관 작성(상법 제289조)
▼
주식 발행사항 결정(상법 제291조)
▼
발기설립
▼
발기인 주식인수(상법 제293조)
▼
주금납입(상법 제295조)
▼
임원선임(상법 제296조)
▼
설립경과조사
▼
등록세납부
▼
설립등기(상법 제317조)
▼
법인설립신고 및 사업자등록

2. 세법상 법인설립신고 및 사업자등록 신청

법인설립신고 및 사업자등록이란 납세의무를 지는 사업자에 관한 정보를 세무서의 대장에 수록하는 것을 말한다. 법인설립신고 및 사업자등록은 단순히 사업사실을 알리는 행위이므로 세무서장에게 법인설립신고 및 사업자등록신청서를 제출하는 것으로 성립한다.

(1) 신청방법

1) 방문신청

법인설립신고 및 사업자등록신청은 사업장마다 사업개시 전 또는 사업을 시작한 날로부터 20일 이내에 구비서류를 갖추어 세무서 민원봉사실을 방문하여 신청할 수 있다. 구비서류는 다음과 같다.

① 법인설립신고 및 사업자등록신청서
② 정관사본 1부
③ 임대차계약서 사본(사업장을 임차한 경우만 해당함) 1부
④ 주주명세서 사본 1부
⑤ 사업인허가·등록·신고필증 사본(해당 법인만 해당함) 1부
⑥ 현물출자명세서(현물출자법인의 경우만 해당함) 1부
⑦ 상가건물임대차보호법에 의한 확정일자를 받고자 하는 경우에는 임대차계약서 원본과 임차한 사업장이 건물의 일부인 경우 해당부분의 도면

법인설립신고 및 사업자등록 절차 및 제출서류는 국세청 홈페이지(www.nts.go.kr) → 국세정책·제도 → 사업자등록안내 → 제출서류 및 교부 → 사업자등록신청 제출서류에서 확인할 수 있다.
구비서류 중 임대차계약서는 법인설립등기 시에는 대표이사 개인 명의로 계약한 후 법인등기부등본이 나오면 법인상호와 법인등록번호로 다시 작성하여 첨부하여야 한다.

2) 국세청 홈택스 신청

국세청홈택스 국세증명·사업자등록·세금관련 신청·신고 → 사업자등록 신청·정정·휴폐업

→ 법인사업자등록신청란에서 신청할 수 있다. 구비서류는 방문신청 시 서류와 동일하다.

(2) 사업자미등록 시 불이익

사업자등록을 신청기한 내에 하지 않거나 사업자등록 없이 사업을 하는 경우에는 다음과 같은 불이익이 따른다.

1) 사업자미등록가산세

사업자등록을 신청기한 내에 신청하지 않은 경우에는 사업개시일부터 등록을 신청한 날의 직전일까지의 공급가액의 합계액에 1%가 가산세로 부과된다(부가법 제60조 제1항 제1호).

2) 매입세액불공제

사업자 등록을 하지 않으면 등록 전의 매입세액은 공제를 받을 수 없다. 다만, 공급시기가 속하는 과세기간이 끝난 후 20일 이내에 등록을 신청한 경우 등록신청일부터 공급시기가 속하는 과세기간 기산일까지 역산한 기간 이내의 매입세액은 공제받을 수 있다(부가법 제39조 제1항 제8호).

| 참고 | **부동산매매업과 부동산임대업의 사업자등록**

부동산매매업의 경우 법인의 등기부상 소재지를 사업장으로 하여 사업자등록을 한다. 부동산임대업의 경우에는 원칙적으로 부동산의 등기부상 소재지를 사업장으로 하여 사업자등록을 한다. 따라서 부동산이 둘 이상인 경우 부동산매매업의 경우에는 하나의 사업자등록을 하면 되지만 부동산임대업의 경우에는 원칙적으로 사업장별로 사업자등록을 해야 한다(예규 서면인터넷방문상담3팀-180, 2008. 1. 22.). 주택임대사업자의 경우에는 「민간임대주택에 관한 특별법」 제5조에 따라 임대사업자로 등록한 법인은 동 법에 따라 등록한 주사무소 소재지를 당해 주택임대사업자의 사업장으로 하여 「법인세법」의 규정에 의한 사업자등록을 할 수 있다(예규 서면2018법인-655, 2018. 3. 15).

제3절 | 가족법인의 부동산 취득·보유·양도 관련 세금

1. 부동산 취득 관련 세금

가족법인이 부동산을 취득하는 경우 관련된 세금에는 취득세와 부가가치세가 있다.

(1) 취득세

아래에서는 가족법인이 주택을 취득하는 경우, 주택외 부동산을 취득하는 경우, 과점주주가 주식을 취득하는 경우 부담하는 취득세에 대한 내용을 살펴보기로 한다.

1) 주택 취득과 중과세율

법인이 매매로 주택을 취득하는 경우 부담하는 취득세는 주택 수 및 조정대상지역 여부에 불문하고 12%의 취득세 세율을 적용한다. 그리고 농어촌특별세 1%(국민주택 규모 이하인 경우에는 비과세), 지방교육세 0.4%를 추가로 부담한다. 따라서 법인이 국민주택 규모 이하의 주택을 취득하는 경우 총 12.4%, 국민주택 규모를 초과하는 주택을 취득하는 경우에는 총 13.4%의 취득세 등을 부담하여야 한다.

2) 주택 외 부동산 취득과 기본세율 및 중과세율

법인이 주택 외 부동산을 취득하는 경우 부담하는 취득세는 기본세율이 적용되는 경우와 중과세율이 적용되는 경우로 나누어 볼 수 있다.

가) 기본세율

기본세율이 적용되는 경우는 개인에게 적용되는 세율과 동일하다. 즉, 매매로 취득하는 경우 4%의 취득세 세율을 적용한다. 그리고 농어촌특별세 0.2%, 지방교육세 0.4%를 추가로 부담한다.

따라서 총 4.6%의 취득세 등을 부담한다.

나) 중과세율

법인이 주택 외 부동산 취득 시 중과세율이 적용되는 경우는 과밀억제권역내 본점이나 주사무소의 사업용으로 신·증축하는 부동산 취득(지법 제13조 제1항), 과밀억제권역내 공장 신·증설에 따른 부동산 취득(지법 제13조 제1항), 대도시내 법인의 설립 등에 따른 부동산의 취득(지법 제13조 제2항 제1호), 대도시내 공장 신설·증설에 따른 부동산 취득(지법 제13조 제2항 제2호) 등이 있다. 이 중에서 대도시내 법인의 설립 등에 따른 부동산의 취득(지법 제13조 제2항 제1호)에 대한 중과세 내용을 살펴보기로 한다.

① 대도시 내 법인의 설립에 따른 부동산의 취득

대도시내에서 법인의 설립(휴면법인을 인수하는 경우를 포함한다), 지점의 설치 및 법인의 본점·지점을 대도시 밖에서 대도시로 전입(수도권의 경우 서울특별시 외의 지역에서 서울특별시로의 전입도 대도시로의 전입으로 본다) 후 5년 이내 대도시의 부동산을 취득하는 경우에는 취득세를 중과한다(지법 제13조 제2항 제1호). 예를 들어 대도시내에서 법인설립 후 5년 이내 부동산을 매매로 취득하는 경우 8%(구 취득세 2% + 구 등록세 2% × 3배 또는 4% × 3배 - 2% × 2배)의 취득세 세율을 적용한다. 그리고 농어촌특별세 0.2%와 지방교육세 1.2%를 추가로 부담한다. 따라서 총 9.4%의 취득세 등을 부담한다. 중과세율이 적용되는 대도시란 과밀억제권역 중에서 산업단지를 제외한 지역을 말한다.

| 참고 | **휴면休眠법인**

❶ 상법에 따라 해산한 법인
❷ 상법에 따라 해산한 것으로 보는 법인(해산간주법인)
❸ 부가가치세법시행령에 따라 폐업한 법인
❹ 법인 인수일 이전 1년 이내에 상법에 따른 계속등기를 한 해산법인 또는 해산간주법인
❺ 법인 인수일 이전 1년 이내에 다시 사업자등록을 한 폐업법인
❻ 법인 인수일 이전 2년 이상 사업실적이 없고, 인수일 전후 1년 이내에 인수법인 임원의 50% 이상을 교체한 법인

---

② 법인 본·지점의 대도시 내 전입에 따른 부동산의 취득

대도시내에서 법인의 설립, 지점의 설치 후 5년 이내 대도시의 부동산을 취득하는 경우뿐만 아니라 법인의 본점·지점을 대도시 밖에서 대도시로 전입(수도권의 경우 서울특별시 외의 지역에서 서울특별시로의 전입도 대도시로의 전입으로 본다) 후 5년 이내 대도시의 부동산을 취득하는 경우에도 위와 동일하게 취득세를 중과한다. 대도시내로의 전입 유형별 중과 여부를 요약 정리하면 다음 표와 같다.

[대도시내로의 전입과 중과 여부]

구분	중과여부
대도시 외 → 대도시 내	○
대도시 외 → 서울특별시	○
대도시 내 → 서울특별시	○
대도시 내 → 대도시 내	×
서울특별시 → 서울특별시	×
서울특별시 → 서울특별시 외 대도시	×
산업단지 → 서울특별시	○
산업단지 → 대도시 내	○
대도시 내 → 대도시 외 → 대도시 내	○
서울특별시 → 다른 대도시 → 서울특별시	○

핵심포인트

○ 중과 유형
❶ 대도시내에서 법인 설립, 지점 설치 후 5년 이내 대도시의 부동산 취득
❷ 법인의 본점·지점을 대도시 밖에서 대도시로 전입(수도권의 경우 서울특별시 외의 지역에서 서울특별시로의 전입도 대도시로의 전입으로 본다) 후 5년 이내 대도시의 부동산 취득
○ 대도시 내 법인설립 등에 따른 부동산 취득 시 세율 비교

구분	기본세율	중과세율
취득세	4%	8%
농어촌특별세	0.2%	0.2%
지방교육세	0.4%	1.2%
합계	4.6%	9.4%

| 참고 | **과밀억제권역(수도권정비계획법 시행령 제9조 별표 1)**

1. 서울특별시
2. 인천광역시
   강화군, 옹진군, 서구 대곡동·불로동·마전동·금곡동·오류동·왕길동·당하동·원당동, 인천경제
   자유구역 및 남동 국가산업단지는 제외

경기도
3. 의정부시
4. 구리시
5. 남양주시(호평동, 평내동, 금곡동, 일패동, 이패동, 삼패동, 가운동, 수석동, 지금동 및 도농동만 해당
   한다)
6. 하남시
7. 고양시
8. 수원시
9. 성남시
10. 안양시
11. 부천시
12. 광명시
13. 과천시
14. 의왕시
15. 군포시
16. 시흥시(반월특수지역은 제외)

3) 과점주주의 주식 취득과 간주취득세

과점주주란 주주 1명과 그의 특수관계인 소유주식의 합계가 해당 법인의 발행주식 총수의 50%
를 초과하는 자를 말한다(지령 제10조의2). 과점주주가 되면 그 주주가 해당 법인을 실질적으로
지배하여 법인의 재산을 사실상 임의처분하거나 관리 운용할 수 있는 지위에 서게 되어 실질적으
로 법인의 재산을 직접 소유하는 것과 크게 다를 바 없다. 이에 따라 법인의 주식을 취득함으로써
과점주주가 되었을 때에는 그 과점주주가 해당 법인의 부동산등을 취득한 것으로 보아 취득세를
과세하는데 이를 간주취득세라 한다. 다만, 법인설립 시에 발행하는 주식을 취득함으로써 과점주
주가 된 경우에는 취득으로 보지 않는다(지법 제7조 제5항).

부동산을 소유하는 가족법인의 주주가 주식을 매매 등으로 취득하거나 법인이 증자를 하는 경

우에는 과점주주의 주식취득에 대한 간주취득세 문제를 반드시 검토하여야 한다. 아래에서는 과점주주가 되는 유형에 따라 간주취득세 과세방법을 살펴보기로 한다.

가) 최초로 과점주주가 된 경우

법인의 과점주주가 아닌 주주가 다른 주주의 주식을 취득하거나 증자 등으로 최초로 과점주주가 된 경우에는 최초로 과점주주가 된 날 현재 해당 과점주주가 소유하고 있는 법인의 주식 등을 모두 취득한 것으로 보아 취득세를 부과한다(지령 제11조 제1항).

나) 과점주주가 주식을 추가 취득하는 경우

이미 과점주주가 된 주주가 해당 법인의 주식을 취득하여 해당 법인의 주식 총액에 대한 과점주주가 가진 주식의 비율이 증가된 경우에는 그 증가분을 취득으로 보아 취득세를 부과한다. 다만, 증가된 후 주식의 비율이 해당 과점주주가 이전에 가지고 있던 주식의 최고비율보다 증가되지 아니한 경우에는 취득세를 부과하지 아니한다(지령 제11조 제2항).

다) 과점주주였으나 과점주주가 아니었다가 다시 과점주주가 된 경우

과점주주였으나 주식의 양도, 해당 법인의 증자 등으로 과점주주에 해당되지 아니하는 주주가 된 자가 해당 법인의 주식을 취득하여 다시 과점주주가 된 경우에는 다시 과점주주가 된 당시의 주식 비율이 그 이전에 과점주주가 된 당시의 주식 비율보다 증가된 경우에만 그 증가분만을 취득으로 보아 취득세를 부과한다(지령 제11조 제3항).

(2) 부가가치세

법인이 사업자로부터 업무용부동산 및 국민주택 규모를 초과하는 주택을 취득하는 경우에는 부가가치세를 부담하여야 한다. 법인에게 과세되는 부가가치세는 부가가치세 편에서 살펴본 내용과 차이가 없으므로 여기에서는 설명을 생략하기로 한다.

2. 부동산 보유 관련 세금

법인이 부동산을 보유하는 경우 재산세, 종합부동산세, 부동산임대료 및 간주임대료에 대한 부가가치세(주택임대는 면세) 및 법인세를 부담하여야 한다. 법인의 재산세와 부가가치세는 개인사업자와 차이가 없으므로 설명을 생략하기로 한다. 여기에서는 종합부동산세에 대한 내용을 살펴보고 법인세는 다음 장에서 살펴보기로 한다.

법인이 주택이나 토지를 보유하는 경우 종합부동산세가 과세될 수 있다. 종합부동산세 납부할 세액을 계산하는 구조를 요약정리하면 다음과 같다.

[법인의 종합부동산세 계산구조]

구분	주택	종합합산대상 토지	별도합산대상 토지
공시가격 합계	주택공시가격 합계	개별공시지가 합계	개별공시지가 합계
(-) 기본공제	해당없음	5억원	80억원
(×) 공정시장가액비율	60%	100%	100%
(=) 과세표준	(Σ공시가격 - 0) × 60%	(Σ개별공시지가 - 5억원) × 100%	(Σ개별공시지가 - 80억원) × 100%
(×) 세율	2주택 이하 2.7% 3주택 이상 5%	1% ~ 3%	0.5% ~ 0.7%
(=) 종합부동산세액	과세표준 × 세율	과세표준 × 세율	과세표준 × 세율
(-) 공제할 재산세액	재산세로 부과된 세액 중 종합부동산세 과세표준금액에 부과된 재산세 상당액		
(=) 산출세액	종합부동산세액 - 공제할 재산세액		
(-) 세액공제	해당없음		
(-) 세부담상한초과세액	해당없음	150%	150%
(=) 납부할 세액	산출세액	산출세액 - 세부담상한초과세액	산출세액 - 세부담상한초과세액

[개인과 법인의 주택분 종합부동산세 비교]

구분	개인	법인
기본공제	9억원 1세대 1주택자 12억원	해당없음
공정시장가액비율	60%	좌동
세율	기본세율 중과세율: 3주택 이상이고 공시가격 12억원 이상	2주택 이하 2.7% 3주택 이상 5%
(-) 공제할 재산세액	주택분 재산세 부과액의 합계액 중 주택분 과세표준에 해당하는 재산세액	좌동
(-) 세액공제	고령자세액공제, 장기보유세액공제	해당없음
(-) 세부담상한초과세액	150%	해당없음

3. 부동산 양도 관련 세금

가족법인이 부동산을 양도하는 경우 부가가치세, 법인세 및 토지등 양도소득에 대한 특별법인세를 부담하여야 한다. 부가가치세는 개인의 경우와 동일함으로 생략하기로 한다. 법인세 및 토지등 양도소득에 대한 특별법인세는 다음 장에서 살펴보기로 한다.

◇　◇　◇

지금까지 개인사업자와 법인사업자의 비교, 가족법인의 설립절차, 가족법인이 부동산을 취득·보유·양도하는 단계에 관련된 세금에 대해 살펴보았다. 다음 장에서는 가족법인의 부동산 관련 법인세에 대해 알아보기로 한다.

가족법인과 법인세

제1절 | 법인세의 개요

1. 과세대상

법인세란 법인의 소득에 대해 과세하는 세금을 말한다. 내국법인에게 법인세가 과세되는 소득은 각사업연도소득, 청산소득, 토지등 양도소득으로 구분할 수 있다.

가족법인의 부동산 관련 법인세가 발생하는 상황은 부동산을 임대하는 경우와 부동산을 양도하는 경우로 나누어 볼 수 있다. 부동산을 임대하는 경우에는 각사업연도소득에 대한 법인세가 과세된다. 부동산 중 주택(조합원입주권, 주택분양권 포함)이나 비사업용토지를 양도하는 경우 각사업연도소득에 대한 법인세뿐만 아니라 토지등 양도소득에 대한 특별법인세가 추가로 과세될 수 있다.

2. 계산구조

법인세 계산구조에서 납부(환급)할 세액의 계산은 다섯 단계를 거치게 된다. 첫 번째 단계는 손익계산서의 당기순이익에 세무조정사항을 가감하여 차가감소득금액을 계산하는 단계다. 두 번째 단계에서 차가감소득금액에 기부금 세무조정사항을 가감하여 각사업연도소득금액을 계산한다. 세 번째 단계에서 각사업연도소득금액에 이월결손금을 공제하여 과세표준을 계산한다. 네 번째 단계에서 과세표준에 세율을 곱하여 산출세액을 계산한다. 마지막 단계에서 산출세액에 세액공제·감면을 공제하고 가산세를 가산한 후 기납부세액을 공제하여 납부(환급)할 세액을 계산하여 신고·납부한다.

[법인세 계산구조]

결산서상 당기순이익	· 손익계산서상 당기순이익
(+) 익금산입 · 손금불산입	· 가산 세무조정
(-) 손금산입 · 익금불산입	· 차감 세무조정
(=) 차가감소득금액	**· 결산서상 당기순이익 ± 세무조정**
(+) 기부금한도초과액	· 법인세과세표준 및 세액조정계산서
(-) 기부금한도초과이월액손금산입	· 법인세과세표준 및 세액조정계산서
(=) 각사업연도소득금액	**· 차가감소득금액 + 기부금한도초과액 - 기부금한도초과이월액손금산입**
(-) 이월결손금	· 15년 이내 결손금
(=) 과세표준	**· 각사업연도소득금액 - 이월결손금**
(×) 세율	· 9% ~ 24% 4단계 초과누진세율
(=) 산출세액	**· 과세표준 × 세율**
(-) 세액공제 · 감면	· 조세특례제한법 세액공제 · 감면
(+) 가산세	· 무(과소)신고가산세, 납부지연가산세 등
(-) 기납부세액	· 중간예납세액, 원천징수세액
(=) 납부할 세액	**· 산출세액 - 세액공제 · 감면 + 가산세 - 기납부세액**

이러한 계산구조를 반영하여 법인세 신고 시 작성하는 서식 중 하나가 법인세과세표준 및 세액 조정계산서이다.

사 업 연 도	. . ~ . .		법 인 명	
		법인세 과세표준 및 세액조정계산서	사업자등록번호	

①	⑩ 결산서상 당기순손익	01			⑬ 감면분추가납부세액	29		
각사업연도소득계산	소득조정금액 ⑩ 익 금 산 입	02			⑭ 차감납부할세액 (⑬-⑫+⑬)	30		
	⑩ 손 금 산 입	03						
	⑭ 차 가 감 소 득 금 액 (⑩+⑩-⑩)	04		⑤ 토지등양도소득에대한법인세계산	양도 차익 ⑬ 등 기 자 산	31		
	⑯ 기 부 금 한 도 초 과 액	05			⑯ 미 등 기 자 산	32		
	⑯ 기부금한도초과이월액 손금산입	54			⑰ 비 과 세 소 득	33		
	⑰ 각 사업연도소득금액 (⑭+⑯-⑯)	06			⑱ 과 세 표 준 (⑬+⑯-⑰)	34		
② 과세표준계산	⑱ 각 사업연도소득금액 (⑱=⑰)				⑲ 세 율	35		
	⑲ 이 월 결 손 금	07			⑭ 산 출 세 액	36		
	⑩ 비 과 세 소 득	08			⑭ 감 면 세 액	37		
	⑪ 소 득 공 제	09			⑭ 차 감 세 액 (⑭-⑭)	38		
	⑫ 과 세 표 준 (⑱-⑲-⑩-⑪)	10			⑭ 공 제 세 액	39		
	⑯ 선 박 표 준 이 익	55			⑭ 동업기업 법인세 배분액 (가산세 제외)	58		
③ 산출세액계산	⑬ 과 세 표 준(⑫+⑮)	56			⑭ 가 산 세 액 (동업기업 배분액 포함)	40		
	⑭ 세 율	11			⑭ 가 감 계(⑭-⑭+⑭+⑭)	41		
	⑮ 산 출 세 액	12		기납부세액	⑭ 수 시 부 과 세 액	42		
	⑯ 지 점 유 보 소 득 (「법인세법」제96조)	13			⑭ ( ) 세 액	43		
	⑰ 세 율	14			⑭ 계 (⑭+⑭)	44		
	⑱ 산 출 세 액	15			⑮ 차감납부할세액(⑭-⑭)	45		
	⑲ 합 계(⑮+⑱)	16						
④ 납부할세액계산	⑳ 산 출 세 액(⑳ = ⑲)			⑥ 미환류소득법인세	⑯ 과세대상 미환류소득	59		
	㉑ 최저한세 적용대상 공 제 감 면 세 액	17			⑯ 세 율	60		
	㉒ 차 감 세 액	18			⑯ 산 출 세 액	61		
	㉓ 최저한세 적용제외 공 제 감 면 세 액	19			⑯ 가 산 세 액	62		
	㉔ 가 산 세 액	20			⑯ 이 자 상 당 액	63		
	㉕ 가 감 계(㉒-㉓+㉔)	21			⑯ 납부할세액(⑯+⑯+⑯)	64		
	기한내납부세액 ㉖ 중 간 예 납 세 액	22						
	㉗ 수 시 부 과 세 액	23		⑦ 세액계	⑯ 차감납부할 세액 계 (⑭ + ⑮ + ⑯)	46		
	㉘ 원 천 납 부 세 액	24			⑯ 사실과 다른 회계처리 경정세액공제	57		
	㉙ 간접투자회사등의 외국납부세액	25			⑯ 분 납 세 액 계산 범위액 (⑯-㉔-⑬-⑭-⑯+⑰)	47		
	㉚ 소 계 (㉖+㉗+㉘+㉙)	26						
	㉛ 신고납부전가산세액	27			⑯ 분 납 할 세 액	48		
	㉜ 합 계(㉚+㉛)	28			⑯ 차 감 납 부 세 액 (⑯-⑯-⑯)	49		

210mm×297mm[백상지 80g/㎡ 또는 중질지 80g/㎡]

3. 각사업연도소득금액과 재무제표

각사업연도소득금액은 손익계산서의 당기순이익을 기준으로 법인세법에서 규정하고 있는 세법의 내용과 기업회계기준에 따라 작성된 재무제표 내용의 차이를 법인세법의 규정에 맞게 조정하여 계산한다. 따라서 각사업연도소득금액을 계산하기 위해서는 재무제표가 먼저 확정되어야한다. 재무제표는 주주총회에서 확정하게 된다. 아래에서는 재무제표의 종류와 재무제표를 확정하는 주주총회에 대해서 개략적으로 살펴보기로 한다.

(1) 재무제표

소득세편에서 살펴보았듯이 사업자는 사업에 관한 모든 거래 사실이 객관적으로 파악될 수 있도록 증명서류에 따라 장부에 기록·관리하여야 한다. 즉, 기장을 하여야 한다. 개인사업자는 간편장부 또는 복식부기에 의해서 기장을 한다. 하지만 법인사업자는 일반적으로 인정된 원칙인 기업회계기준에 따라 복식부기에 의하여 장부를 작성한다. 복식부기에 따라 기장을 하여 결산이라는 절차를 거쳐 재무제표를 작성한다.

재무제표란 기업의 경제적 사건이나 거래를 기간별로 측정·기록·분류·요약하여 전달하는 일정한 틀을 갖춘 재무보고서를 말한다. 이러한 재무제표는 법인의 재무적 또는 비재무적 정보를 정기적으로 회사의 이해관계자에게 전달하는 가장 핵심적인 재무보고수단으로 활용되고 있다.

재무제표의 종류를 주식회사의 외부감사에 관한 법률(외감법)에 따라 분류해보면 재무상태표, 손익계산서, 자본변동표, 현금흐름표, 주석 등이 있다. 상법에 따른 재무제표의 종류에는 외감법에 따른 재무제표에 이익잉여금처분계산서를 추가하고 있다. 이 책에서는 재무상태표, 손익계산서, 이익잉여금처분계산서에 대해서 살펴보기로 한다.

1) 재무상태표

재무상태표란 일정시점 현재 기업이 보유하고 있는 경제적 자원인 자산과 경제적 의무인 부채, 그리고 자본에 대한 정보를 제공하는 재무제표를 말한다. 재무상태표의 구성요소를 살펴보면 다음 표와 같다.

[재무상태표 구성요소]

자산	부채
I 유동자산	I 유동부채
① 당좌자산	II 비유동부채
② 재고자산	자본
II 비유동자산	I 자본금
① 투자자산	II 자본잉여금
② 유형자산	III 자본조정
③ 무형자산	IV 기타포괄손익누계액
④ 기타비유동자산	V 이익잉여금

▷ 회계등식: 자산 = 부채 + 자본

▷ 자본등식: 자산 - 부채 = 자본

2) 손익계산서

손익계산서란 일정기간 동안 기업의 경영활동에 대한 성과를 표시하는 재무제표를 말한다. 손익계산서는 기업의 성과를 발생원인별로 보고함으로써 일정기간 동안의 기업의 수익력에 관한 정보를 제공한다. 손익계산서의 구성요소를 살펴보면 다음 표와 같다.

[손익계산서 구성요소]

비용	수익
I 판매비와 관리비	
II 영업외비용	수익
III 법인세비용	I 매출액
	II 영업외수익
당기순이익	

▷ 손익계산서 등식: 당기순이익 = 수익 - 비용

3) 이익잉여금처분계산서

이익잉여금이란 이익을 원천으로 하는 잉여금을 말하는 것으로서 이익잉여금처분계산서란 기업의 이익잉여금의 처분사항을 명확히 보고하기 위하여 이익잉여금의 변동사항을 표시한 재무제표를 말한다. 이익잉여금처분계산서의 구성요소를 살펴보면 다음 표와 같다.

Ⅰ 미처분이익잉여금
  · 전기이월미처분이익잉여금
  · 중간배당액
  · 당기순이익
Ⅱ 임의적립금등의 이입액
Ⅲ 이익잉여금처분액
  · 이익준비금
  · 기타법정적립금
  · 주식할인발행차금상각액
  · 현금배당
  · 주식배당
Ⅳ 차기이월미처분이익잉여금(Ⅰ+Ⅱ-Ⅲ)

(2) 주주총회

1) 주주총회의 의의

주주총회란 정식절차에 따라 주주가 모인 회합會合이며, 회사가 대내적으로 회사의 의사를 결정하는 회사 최고의 기관을 말한다. 상법에서는 회사의 업무운영에 관한 결정은 원칙적으로 이사회에 위임하고 이에 대응하여 주주총회는 상법 또는 정관에 정하는 사항에 한하여 결의할 수 있게 하였다(상법 제361조).

2) 주주총회의 소집

주주총회에는 정기총회와 임시총회가 있다. 정기총회는 매년 1회 일정한 시기(매결산기)에 소집하고(상법 제365조), 임시총회는 필요할 때마다 수시로 소집한다. 총회의 소집은 상법에 다른 규정이 있는 경우(상법 제366조)를 제외하고는 이사회가 결정한다(상법 제362조). 총회는 정관에 다른 정함이 없으면 본점소재지 또는 이에 인접한 곳에서 소집하여야 한다(상법 제364조).

3) 총회의 의사록

주주총회의 의사의 경과요령과 그 결과를 기재한 서면을 의사록이라 한다. 주주총회의 의사에 대하여서는 의사록을 작성함을 요하며, 의사록에는 의사의 경과요령 및 그 결과를 기재하여 의장 및 출석한 이사의 기명날인 또는 서명을 요한다(상법 제373조)

4) 결의방법

가) 특별결의

주주총회 특별결의는 출석한 주주 의결권의 3분의 2 이상의 수와 발행주식총수의 3분의 1 이상의 수로 결의한다. 특별결의 사항은 다음과 같다.

① 정관의 변경
② 영업의 전부 또는 일부의 양도, 영업 전부의 임대 또는 경영 위임
③ 회사의 영업에 중대한 영향을 미치는 타 회사와의 영업 일부 또는 전부 양수
④ 주식매수선택권의 부여
⑤ 이사 또는 감사의 해임
⑥ 자본의 감소, 합병 및 분할, 사후 설립의 임의 해산
⑦ 주주 외의 자에 대한 전환사채 및 신주인수권부사채의 발행
⑧ 주식의 포괄적 교환, 이전, 주식의 할인발행, 주식분할

나) 보통결의

주주총회의 보통결의는 출석한 주주의 의결권의 과반수와 발행주식총수의 4분의 1 이상의 수로 결의한다. 보통결의 사항은 다음과 같다.

① 이사, 감사, 청산인의 선임
② 이사, 감사, 청산인의 보수 결정
③ 재무제표의 승인, 이익배당, 주식배당
④ 검사인의 선임, 청산인의 해임, 청산종료의 승인
⑤ 주주총회 의장의 선임
⑥ 자기주식 취득의 결의, 지배주주의 매도청구권

⑦ 결손보존을 위한 자본금의 감소, 법정준비금 감소

⑧ 상장회사의 주심매수선택권 부여에 대한 승인

5) 재무제표의 승인과 법인세신고서 작성

기업회계기준에 따라 작성한 각종 재무제표는 정기주주총회의 보통결의로 승인한다. 정기주주총회에서 재무제표를 승인한 날을 결산확정일이라 한다. 주주총회에서 기업회계기준에 따라 작성한 재무제표를 승인하고 배당 등을 결정하면 손익계산서의 당기순이익을 토대로 법인세법에 따른 세무조정사항을 반영하여 각사업연도소득금액을 계산한 후 법인세신고서 및 부속명세서를 작성하게 된다.

4. 세무조정

세무조정이란 기업회계기준에 따라 작성하여 주주총회에서 확정된 재무제표의 내용을 법인세법에서 규정하고 있는 세법의 내용과 비교하여 차이가 나는 항목을 법인세법 규정으로 조정하는 절차를 말한다. 기업회계와 세무회계의 차이 유형을 살펴보면 기업회계기준에서는 수익이 아니지만 세무회계상 수익(익금)으로 인정하는 익금산입, 기업회계기준에서는 수익이나 세무회계상 수익(익금)으로 보지 않는 익금불산입, 기업회계기준에서는 비용이 아니지만 세무회계상 비용(손금)으로 인정하는 손금산입, 기업회계기준에서는 비용이지만 세무회계상 비용(손금)으로 보지 않는 손금불산입 등 네 가지로 구분할 수 있다. 이에 대한 구체적인 내용은 다음 절에서 살펴보기로 한다.

[세무조정]

기업회계기준	⇨	법인세법	세무조정
수익	vs	익금	익금산입 · 익금불산입
(-) 비용	vs	(-) 손금	손금산입 · 손금불산입
(=) 결산서상 당기순이익	⇨	(=) 각사업연도 소득금액	가산조정: 익금산입 · 손금불산입 차감조정: 손금산입 · 익금불산입

손익계산서 당기순이익	(+) 가산조정 (-) 차감조정	= 각사업연도소득금액

5. 과세표준

손익계산서의 당기순이익에서 기부금을 제외한 세무조정사항을 반영하여 차가감소득금액을 계산한 후 기부금 세무조정사항을 가감하여 각사업연도소득금액을 계산하면 세 번째 단계의 과세표준을 계산해야 한다. 과세표준의 계산은 각사업연도소득금액에서 이월결손금을 공제하여 계산할 수 있다.

> 과세표준 = 각사업연도소득금액 - 이월결손금

결손금이란 그 사업연도에 속하는 손금의 총액이 익금의 총액을 초과하는 경우에 그 초과하는 금액을 말한다. 각 사업연도의 개시일 전 15년 이내에 개시한 사업연도에서 발생한 결손금은 이월하여 공제할 수 있다. 이를 이월결손금이라 한다. 다만, 각 사업연도 소득의 80%(중소기업의 경우는 100%)를 한도로 한다(법법 제13조 제1항).

6. 세율 및 납부할 세액

과세표준에 세율을 적용하면 산출세액이 계산된다. 그리고 산출세액에 세액공제·감면 및 기납부세액을 차감하고 가산세를 가산하면 법인세 납부할 세액을 계산할 수 있다. 산출세액을 계산하기 위해 과세표준에 적용할 법인세 세율은 다음과 같다.

> 산출세액 = 과세표준 × 세율

[법인세 세율]

과세표준	세율	누진공제
2억원 이하	9%	-
2억원 초과 200억원 이하	19%	2,000만원
200억원 초과 3,000억원 이하	21%	4억2,000만원
3,000억원 초과	24%	94억2,000만원

법인세 계산구조의 마지막 단계로서 각사업연도소득에 대한 법인세 납부(환급)할 세액은 산출세액에서 각종 세액공제·감면세액을 차감하고 가산세를 가산한 후 중간예납 및 원천징수세액 등을 차감하여 계산할 수 있다.

> 납부(환급)할 세액 = 산출세액 - 세액공제·감면 + 가산세 - 기납부세액

7. 토지 등 양도소득에 대한 법인세

내국법인이 주택, 주택을 취득할 수 있는 권리인 조합원입주권·분양권, 비사업용토지를 양도한 경우에는 토지등 양도소득에 대한 법인세로 하여 각사업연도소득에 대한 법인세에 추가하여 납부하여야 한다(법법 제55조의2 제1항). 다만, 일정한 요건을 충족하는 장기임대주택, 농어촌주택 및 사업용토지는 제외한다. 계산구조를 살펴보면 다음과 같다.

> 토지 등 양도소득에 대한 법인세 = 양도차익 × 세율

(1) 양도차익의 계산

토지 등 양도소득은 토지 등의 양도금액에서 양도 당시 장부가액을 차감한 금액으로 한다(법법 제55조의2 제6항). 양도 당시 장부가액의 범위는 양도소득세의 필요경비와 동일하다. 즉, 매입가격, 매입부대비용, 자본적지출액, 양도비를 합한 금액으로 한다.

(2) 세율

1) 주택 및 조합원입주권·분양권

주택(부수토지를 포함) 및 주택을 취득할 수 있는 권리인 조합원입주권·분양권을 양도한 경우에는 양도소득에 20%(미등기 주택의 경우 40%)를 곱하여 산출한 세액을 각사업연도소득에 대한 법인세에 추가하여 납부하여야 한다.

2) 비사업용토지

비사업용토지를 양도한 경우에는 토지 등의 양도소득에 10%(미등기 토지의 경우 40%)를 곱하여 산출한 세액을 각 사업연도소득에 대한 법인세에 추가하여 납부하여야 한다.

[토지 등 양도소득에 대한 법인세 세율]

구분	세율
주택 · 조합원입주권 · 분양권	20%
비사업용토지	10%

8. 신고 · 납부

(1) 신고 · 납부기간

법인세 납부(환급)할 세액은 각 사업연도의 종료일이 속하는 달의 말일부터 3개월 이내에 납세지 관할 세무서장에게 신고 · 납부하여야 한다. 다만, 성실신고확인서를 제출하는 법인(법법 제60조의2)의 경우에는 각 사업연도의 종료일이 속하는 달의 말일부터 4개월 이내에 납세지 관할 세무서장에게 신고 · 납부하여야 한다.

성실신고확인서를 제출하는 법인이란 다음의 어느 하나에 해당하는 내국법인으로서 성실한 납세를 위하여 법인세의 과세표준과 세액을 신고할 때 일반적인 법인세 신고서류에 더하여 장부와 증명서류에 의하여 계산한 과세표준금액의 적정성을 세무사 등으로 정하는 자가 확인하고 작성한 확인서(성실신고확인서)를 납세지 관할 세무서장에게 제출하여야 하는 법인을 말한다.

1) 부동산임대업을 주된 사업으로 하는 등 아래에서 정하는 요건에 해당하는 내국법인

가) 해당 사업연도 종료일 현재 내국법인의 지배주주 등이 보유한 주식 등의 합계가 해당 내국법인의 발행주식총수 또는 출자총액의 50%를 초과할 것

나) 해당 사업연도에 부동산임대업을 주된 사업으로 하거나 다음의 금액 합계가 기업회계기준에 따라 계산한 매출액의 50% 이상일 것

① 부동산 또는 부동산상의 권리의 대여로 인하여 발생하는 수입금액

② 「소득세법」에 따른 이자소득의 금액

③ 「소득세법」에 따른 배당소득의 금액

④ 해당 사업연도의 상시근로자 수가 5명 미만일 것

2) 「소득세법」에 따른 성실신고확인대상사업자가 내국법인으로 전환한 경우 그 내국법인 (사업연도 종료일 현재 법인으로 전환한 후 3년 이내의 내국법인으로 한정한다)

(2) 가산세

1) 무신고가산세

무신고납부세액 × 20%(부당무신고는 40%)

2) 과소신고가산세

과소신고납부세액 × 10%(부당과소신고는 40%)

3) 납부지연가산세

납부하지 아니한 세액 또는 과소납부한 세액 × 법정납부기한의 다음 날부터 납부일까지의 기간 × 0.022%

4) 업무용승용차 관련 비용명세서 제출 불성실 가산세

업무용승용차 관련비용 등으로 손금에 산입한 금액 또는 해당 명세서에 사실과 다르게 적은 금액의 1%

5) 주식등변동상황명세서 제출 불성실 가산세

사업연도 중에 주식등의 변동사항이 있는 법인은 법인세 신고기한까지 주식등변동상황명세서를 납세지 관할 세무서장에게 제출하여야 한다. 이 때 명세서를 제출하지 아니하거나 주주등 명세의 전부 또는 일부를 누락하여 제출한 경우에는 주식등 액면금액의 1%를 가산세로 납부하여야 한다.

6) 지급명세서등 제출 불성실 가산세

가) 지급명세서를 제출하지 않거나 불분명한 경우

제출하지 아니한 또는 불분명분 지급금액의 1%(제출기한이 지난 후 3개월 이내에 제출하는 경우에는 지급금액의 0.5%). 다만, 「소득세법」에 따른 일용근로소득에 대한 지급명세서의 경우에는 제출하지 아니한 분의 지급금액의 0.025%(제출기한이 지난 후 1개월 이내에 제출하는 경우에는 지급금액의 0.0125%)로 한다.

나) 간이지급명세서를 제출하지 않은 경우

제출하지 아니한 또는 불분명분 지급금액의 0.025%(제출기한이 지난 후 1개월 이내에 제출하는 경우에는 지급금액의 0.0125%)

(3) 분할납부

납부할 세액이 1천만원을 초과하는 경우 아래의 구분에 따른 납부할 세액의 일부를 납부기한이 지난 후 2개월 이내에 분할납부할 수 있다.

① 납부할 세액이 2천만원 이하인 때에는 1천만원을 초과하는 금액
② 납부할 세액이 2천만원을 초과하는 때에는 그 세액의 50% 이하의 금액

지금까지 법인세 납부(환급)할 세액을 계산하여 신고·납부하기 위한 각 단계의 절차와 관련된 세법의 내용을 살펴보았다. 다음 절부터는 세무조정사항인 익금 및 익금불산입과 손금 및 손금불산입에 대해서 다루기로 한다.

제2절 | 익금 및 익금불산입

이번 절부터는 각사업연도소득금액을 계산하기 위해서 손익계산서 당기순이익에 가감되는 세무조정사항에 대해서 살펴보기로 한다. 이러한 세무조정 사항들은 소득금액조정합계표에 집계되어 그 합계금액을 법인세과세표준 및 세액조정계산서 해당란에 기재한다.

사 업 연 도	· · · ~ · · ·	소득금액조정합계표	법인명	
			사업자등록번호	

익금산입 및 손금불산입				손금산입 및 익금불산입			
①과 목	②금 액	③소득처분		④과 목	⑤금 액	⑥소득처분	
		처분	코드			처분	코드
합 계				합 계			

사 업 연 도	· · · ~ · · ·	법인세 과세표준 및 세액조정계산서	법 인 명	
			사업자등록번호	

① 각 사 업 연 도 소 득 계 산		⑩ 결산서상 당기순손익	01	
	소득조정 금 액	⑩ 익 금 산 입	02	
		⑩ 손 금 산 입	03	
	⑩ 차 가 감 소 득 금 액(⑩ + ⑩ − ⑩)		04	
	⑩ 기부금한도초과액		05	
	⑩ 기부금한도초과이월액손금산입		54	
	⑩ 각 사업연도소득금액(⑩+⑩−⑩)		06	

1. 익금

익금이란 해당 법인의 순자산을 증가시키는 거래로 인하여 발생하는 수익(수입 또는 이익)의 금액을 말한다. 다만, 자본 또는 출자의 납입 및 법인세법에서 익금에서 제외하는 것으로 규정하고 있는 것은 제외한다. 여기서 순자산이란 재무상태표상의 자산의 합계에서 부채의 합계액을 공제한 잔액을 말한다. 수익이란 타인에게 재화 또는 용역을 제공하고 획득한 수입금액과 기타 해당 법인에게 귀속되는 일체의 경제적 이익을 말한다.

법인세법상 대표적인 수익의 예를 들면 각 사업에서 생기는 사업수입금액, 자산의 양도금액, 자산의 임대료, 무상으로 받은 자산의 가액, 채무의 면제 또는 소멸로 인하여 생기는 부채의 감소액, 이자수익(가지급금인정이자 포함) 등 기타 해당 법인에 귀속되는 일체의 경제적 이익을 포함한다.

그뿐만 아니라 의제익금도 익금의 범위에 포함한다. 의제익금이란 해당 법인의 순자산을 증가시키는 거래라기 보다는 법인세법에서 익금으로 규정한 항목을 말한다. 이러한 예로는 특수관계 있는 개인으로부터 유가증권을 저가로 매입한 경우 시가와 매입가액의 차액, 의제배당, 임대보증금에 대한 간주익금 등이 있다.

손익계산서 항목을 예로 들면 매출액, 영업외수익이 있다.

법인세법에서 규정하고 있는 익금 항목이 손익계산서의 매출액이나 영업외수익으로 계상되지 않아 당기순이익을 구성하지 않았을 경우 익금산입 세무조정하여 당기순이익에 가산한다. 아래에서는 가족법인의 부동산 관련 익금의 범위를 살펴보기로 한다.

(1) 부동산매매업의 수익 구분

부동산매매법인이 판매목적으로 구입한 부동산은 재고자산으로 분류하고 판매되었을 때는 사업수입금액인 매출액으로 계상한다. 판매목적으로 구입한 부동산을 일시적으로 임대하다가 양도하는 경우에도 부동산매매업에 해당한다. 또한 부동산매매업을 영위하는 사업자가 분양목적으로 신축한 건축물이 분양되지 아니하여 일시적·잠정적으로 임대하다가 양도하는 경우에는 부동산매매업에 해당한다. 다만, 주택신축판매업은 건설업으로 분류한다.

이러한 내용은 제15장에서 살펴본 개인 부동산매매사업자에 대한 내용과 동일하다. 다만, 차이점은 부동산매매법인에게는 개인 부동산매매사업자에게 적용되는 토지 등 매매차익예정신고와 주택 등 매매차익 비교과세 제도가 없으며 토지 등 양도차익에 대한 법인세를 추가로 과세하게 된다.

(2) 부동산임대업의 수익 구분

부동산임대업이란 토지와 주거용·비거주용 건물의 임대를 사업으로 하는 것을 말한다. 부동산임대업은 부동산을 대여하고 임대료를 받는 것을 목적으로 하기 때문에 부동산임대소득이 발생되며, 임대목적으로 구입한 부동산은 유형자산으로 분류하고 처분하는 경우 영업외수익 항목으로 분류한다.

1) 임대료 및 관리비

부동산을 임대하여 수령하는 임대료는 계약 등에 의하여 임대료의 지급일이 정하여진 경우에는 그 지급일, 계약 등에 의하여 임대료의 지급일이 정하여지지 아니한 경우에는 그 지급을 받은 날이 속하는 사업연도의 익금으로 한다. 다만, 임대료 지급기간이 1년을 초과하는 경우 이미 경과한 기간에 대응하는 임대료 상당액은 이를 당해 사업연도의 익금으로 한다.

건물관리비는 부동산 임차인이 부담하여야 할 전기료, 수도료를 관리비(청소료, 난방비 등)와 별도로 징수하여 납입을 대행하는 경우에는 부동산임대업의 수입 금액에 해당되지 않는 것이나 전기료, 수도료를 초과징수할 때에는 그 초과하는 금액은 부동산수입금액에 해당한다(예규 법인 1264-1476, 1984.4.30.).

2) 임대보증금 등의 간주익금

간주익금이란 부동산 또는 그 부동산에 관한 권리 등을 대여하고 보증금 또는 전세금을 받은 경우(주택은 제외)에는 일정한 금액을 계산하여 익금에 가산한 금액을 말한다(조특법 제138조).

가) 적용대상 법인

차입금을 과다하게 보유하고 있는 내국법인으로서 부동산임대업을 주업으로 하는 법인이 부동산 또는 그 부동산에 관한 권리 등을 대여하고 보증금 또는 전세금을 받은 경우에는 간주익금을 익금에 가산한다.

① 차입금과다보유법인

차입금과다보유법인이란 차입금이 자기자본의 2배를 초과하여 보유하고 있는 법인을 말한다.

② 부동산임대업을 주업으로 하는 법인

부동산임대업을 주업으로 하는 법인이란 당해 법인의 사업연도종료일 현재 자산총액 중 임대사업에 사용된 자산가액이 50% 이상인 법인을 말한다.

따라서 부동산임대법인이라 하더라도 차입금이 자기자본의 2배를 초과하지 않으면 보증금 또는 전세금에 대한 간주익금은 과세되지 않는다.

나) 간주익금

익금에 가산할 금액 = (당해 사업연도의 보증금등의 적수 − 임대용부동산의 건설비상당액의 적수) × [1 ÷ 365(윤년인 경우에는 366)] × 정기예금이자율(2.9%) − 당해 사업연도의 임대사업부분에서 발생한 수입이자와 할인료·배당금·신주인수권처분익 및 유가증권처분익의 합계액

(3) 업무무관 가지급금 및 가지급금 인정이자

세무상 가지급금이라 함은 명칭 여하에 불구하고 당해 법인의 업무와 관련이 없는 자금의 대여액을 말한다. 특수관계인에 대한 업무무관 가지급금 및 그 이자로서 다음에 해당하는 금액은 법인의 수익으로 한다.

1) 특수관계가 소멸되는 날까지 회수하지 아니한 가지급금 및 그 이자
2) 특수관계가 소멸되지 아니한 경우로서 가지급금의 이자를 이자발생일이 속하는 사업연도 종료일부터 1년이 되는 날까지 회수하지 아니한 경우 그 이자

세무상 가지급금은 가지급금 및 가지급금에 대한 인정이자를 익금에 산입하는 것 외에도 법인에 차입금이 있는 경우 그 차입금에 대해 지급하는 지급이자에 대한 손금불산입 규정 등의 불이익이 따른다.

2. 익금불산입

익금불산입이란 해당 법인의 순자산을 증가시키는 거래에는 해당하지만 익금에 산입하지 않는 항목을 말한다. 이러한 예로는 주식발행액면초과액, 감자차익, 손금에 산입하지 아니한 법인세·지방소득세의 환급액, 부가가치세 매출세액, 자산수증이익과 채무면제이익 중 이월결손금의 보전에 충당된 금액, 상법에 따라 자본준비금(의제배당으로 과세되는 자본준비금 제외)을 감액하여 받는 배당, 내국법인의 수입배당금 등이 있다.

법인세법에서 규정하고 있는 익금불산입 항목이 손익계산서의 매출액이나 영업외수익으로 계상되어 당기순이익을 구성하는 경우 익금불산입 세무조정하여 당기순이익에서 차감한다. 아래에서는 내국법인의 수입배당금의 익금불산입 규정에 대해 살펴보기로 한다.

내국법인이 출자한 다른 내국법인(피출자법인)으로부터 받은 수입배당금 중 아래 (1)의 금액에서 (2)의 금액을 뺀 금액은 각 사업연도의 소득금액을 계산할 때 익금에 산입하지 아니한다(법법 제18조의2).

(1) 피출자법인별로 수입배당금액에 다음 표의 구분에 따른 익금불산입률을 곱한 금액의 합계액

[수입배당금 익금불산입률]

피출자법인에 대한 출자비율	익금불산입률
50% 이상	100%
20% ~ 50% 미만	80%
20% 미만	30%

(2) 내국법인이 각 사업연도에 지급한 차입금의 이자가 있는 경우에는 차입금의 이자 중 위 (1)에 따른 익금불산입률 및 피출자법인에 출자한 금액이 내국법인의 자산총액에서 차지하는 비율 등을 고려하여 아래에서 정하는 방법에 따라 계산한 금액

차감금액 = A × (B ÷ C) × D
A: 내국법인의 차입금 이자
B: 해당 출자법인의 주식등의 장부가액 적수
C: 내국법인의 사업연도 종료일 현재 재무상태표상 자산총액의 적수
D: 익금불산입률

위와 같이 수입배당금에 대해 익금불산입하는 이유는 법인단계의 소득에서 법인세가 과세되고 그 후 법인세 차감후 당기순이익이 누적된 이익잉여금을 재원으로 주주들에게 배당하는 경우 주주에게 다시 소득세 또는 법인세가 과세되어 이중과세 문제가 발생하기 때문이다. 이를 해소하기 위해 법인주주에게 적용하는 제도가 수입배당금의 익금불산입제도이다. 한편 개인 주주의 종합소득세 이중과세 문제를 해소하기 위한 제도는 배당세액공제제도라 한다.

제3절 | 손금 및 손금불산입

1. 손금

손금이란 해당 법인의 순자산을 감소시키는 거래로 인하여 발생하는 손실 또는 비용(손비)의 금액을 말한다. 손비란 수익을 획득하기 위하여 소요된 모든 비용과 기타 해당 법인에게 귀속되는 일체의 경제적 손실을 말한다.

법인의 각 사업연도 소득금액 계산에 있어서 손금에 산입할 수 있는 손비는 해당 법인의 사업과 관련하여 발생하거나 지출된 손실 또는 비용으로서 일반적으로 용인되는 통상적인 것이거나 수익과 직접 관련된 것이어야 한다. 다만, 자본 또는 출자의 환급, 잉여금의 처분 및 법인세법에서 손금에서 제외하는 것으로 규정하고 있는 것은 제외한다.

법인세법상 대표적인 손금의 예를 들면 판매한 상품 또는 제품에 대한 원료의 매입가액과 그 부대비용, 판매한 상품 또는 제품의 보관료, 포장비, 운반비, 판매장려금 및 판매수당(사전약정 없이 지급하는 경우를 포함) 등 판매와 관련된 부대비용, 양도한 자산의 양도당시의 장부가액, 인건비, 차입금이자, 유형자산 수선비, 유형자산 및 무형자산의 감가상각비, 기업업무추진비(접대비), 자산의 임차료, 제세공과금, 영업자가 조직한 단체로서 법인이거나 주무관청에 등록된 조합 또는 협회에 지급한 회비, 불특정다수인에게 광고선전 목적으로 기증한 물품의 구입비용, 기부금 등이 있다.

이러한 손금 중 일부는 제한 없이 인정하는 것은 아니고 일정한 한도 내 금액은 인정하고 한도를 초과하는 금액은 인정하지 않는(손금불산입) 항목들이 있다.

손익계산서 항목을 예로 들면 매출원가, 판매비와 관리비, 영업외비용, 법인세 등이 있다.

법인세법에서 규정하고 있는 손금 항목이 손익계산서의 매출원가, 판매비와 관리비, 영업외비용으로 계상되지 않아 당기순이익을 구성하지 않았을 경우 손금산입 세무조정하여 당기순이익에서 차감한다.

2. 손금불산입

손금불산입이란 해당 법인의 순자산을 감소시키는 거래로 인하여 발생하는 손비에 해당하지만 법인세법 규정으로 손금에 산입하지 않는 항목을 말한다. 이러한 예로는 주식할인발행차금, 법인세 및 지방소득세, 가산세, 부가가치세매입세액, 벌금, 과태료 등이 있다. 또한 임원 상여금 한도 초과액, 임원 퇴직금 한도초과액, 업무무관자산 및 가지급금에 대한 지급이자, 감가상각비 한도초과액, 업무용승용차 관련 비용, 기업업무추진비(접대비) 한도초과액, 기부금한도 초과액 등의 손금불산입 규정이 있다.

법인세법에서 규정하고 있는 손금불산입 항목이 손익계산서의 매출원가, 판매비와 관리비, 영업외비용, 법인세등으로 계상되어 당기순이익을 구성하는 경우 손금불산입 세무조정하여 당기순이익에 가산한다. 아래에서는 이와 관련된 내용을 살펴보기로 한다.

(1) 인건비

인건비란 근로제공에 대한 대가로 지급하는 일체의 금품으로서 봉급, 급료, 보수, 임금, 상여, 수당, 퇴직금 등 이와 유사한 성질의 급여를 말한다.

1) 급여

근로제공의 대가로 지급하는 일반적인 급여는 사용인과 임원을 구분하지 아니하고 원칙적으로 전액 손금에 산입한다. 다만, 다음의 급여는 손금에 산입하지 아니한다.

가) 지배주주인 임원 또는 사용인에게 정당한 사유 없이 지급하는 초과 보수

지배주주(특수관계에 있는 자를 포함한다)인 임원 또는 사용인에게 정당한 사유없이 동일 직위에 있는 지배주주 외의 임원 또는 사용인에게 지급하는 금액을 초과하여 보수를 지급한 경우 그 초과금액은 손금에 산입하지 아니한다(법령 제43조 제3항). 여기에서 지배주주란 법인의 발행주식총수의 1% 이상을 소유한 주주로서 그와 특수관계에 있는 자와의 소유 주식 또는 출자지분의 합계가 해당 법인의 주주 중 가장 많은 경우의 해당 주주를 말한다(법령 제43조 제7항).

나) 법인의 비상근임원에게 지급하는 보수 중 부당행위계산 부인에 해당하는 경우

법인이 비상근임원에게 지급하는 보수는 손금산입하는 것이나, 법인의 규모, 영업내용, 근로의 제공 및 경영참여 사실여부 등에 비추어 비상근임원에게 급여를 지급하는 것이 부당하다고 인정되는 경우에는 손금에 산입하지 아니한다(예규 법인 46012-1394, 2000.6.19.).

2) 상여금

법인이 근로자에게 지급하는 상여금은 원칙적으로 손금에 산입한다. 다만, 다음의 상여금은 손금에 산입하지 아니한다.

가) 임원 또는 사용인에게 이익처분에 따라 지급하는 상여금

법인이 그 임원 또는 사용인(근로자)에게 이익처분에 의하여 지급하는 상여금은 이를 손금에 산입하지 아니한다(법령 제43조 제1항).

나) 임원에 대한 상여금 중 급여지급기준을 초과하여 지급한 경우 그 초과금액

법인이 임원에게 지급하는 상여금 중 정관·주주총회 또는 이사회의 결의에 의하여 결정된 급여지급기준에 의하여 지급하는 금액을 초과하여 지급한 경우 그 초과금액은 이를 손금에 산입하지 아니한다(법령 제43조 제2항).

핵심포인트 **임원상여금**

구분	손금	손금불산입
지급 규정이 있는 경우 (정관·주주총회·이사회의 결의)	기준금액	기준초과 금액
지급 규정이 없는 경우	없음	전액

다) 상여로 소득처분된 금액

상여로 소득처분된 금액이란 익금산입, 손금불산입 세무조정을 하면서 세무조정 금액이 사외로 유출되어 사용인 또는 임원에게 귀속된 경우 상여로 소득처분한 금액을 말한다. 이렇게 상여로 소득처분된 금액이 있다 하더라도 손금으로 인정하지 않는다.

3) 퇴직급여

퇴직급여란 임원 또는 근로자가 일정기간 근속하고 퇴직하는 경우 「근로자퇴직급여 보장법」에 따라 연금 또는 일시금으로 지급하는 인건비를 말한다. 법인이 임원 또는 근로자에게 지급하는 퇴직급여는 임원 또는 근로자가 현실적으로 퇴직하는 경우에 지급하는 것에 한하여 이를 손금에 산입한다(법령 제44조 제1항). 현실적으로 퇴직하지 아니한 임원 또는 근로자에게 지급한 퇴직급여는 이를 손금에 산입하지 아니하고 해당 임원 또는 근로자가 현실적으로 퇴직할 때까지 업무무관 가지급금으로 본다.

현실적인 퇴직은 법인이 퇴직급여를 실제로 지급한 경우로서 다음 중 어느 하나에 해당하는 경우를 포함한다.

① 법인의 직원이 해당 법인의 임원으로 취임한 때
② 법인의 임원 또는 직원이 그 법인의 조직변경·합병·분할 또는 사업양도에 의하여 퇴직한 때
③ 「근로자퇴직급여 보장법」에 따라 퇴직급여를 중간정산(종전에 퇴직급여를 중간정산하여 지급한 적이 있는 경우에는 직전 중간정산 대상기간이 종료한 다음 날부터 기산하여 퇴직급여를 중간정산한 것을 말한다)하여 지급한 때. 이 경우 미리 정산하여 지급한 후의 퇴직금 산정을 위한 계속근로기간은 정산시점부터 새로 계산한다.
④ 정관 또는 정관에서 위임된 퇴직급여지급규정에 따라 장기 요양 등의 사유로 그 때까지의 퇴직급여를 중간정산하여 임원에게 지급한 때

| 참고 | 근로자 퇴직금 중간정산 사유(근로자퇴직급여보장법 제8조 제2항, 동령 제3조)

❶ 무주택자인 근로자가 본인 명의로 주택을 구입하는 경우
❷ 무주택자인 근로자가 주거를 목적으로 전세금 또는 보증금을 부담하는 경우. 이 경우 근로자가 하나의 사업에 근로하는 동안 1회로 한정한다.
❸ 근로자가 6개월 이상 요양을 필요로 하는 근로자 본인, 근로자의 배우자, 근로자 또는 그 배우자의 부양가족에 해당하는 사람의 질병이나 부상에 대한 의료비를 해당 근로자가 본인 연간 임금총액의 12.5%를 초과하여 부담하는 경우
❹ 퇴직금 중간정산을 신청하는 날부터 거꾸로 계산하여 5년 이내에 근로자가 「채무자 회생 및 파산에 관한 법률」에 따라 파산선고를 받은 경우

---

❺ 퇴직금 중간정산을 신청하는 날부터 거꾸로 계산하여 5년 이내에 근로자가 「채무자 회생 및 파산에 관한 법률」에 따라 개인회생절차개시 결정을 받은 경우

❻ 사용자가 기존의 정년을 연장하거나 보장하는 조건으로 단체협약 및 취업규칙 등을 통하여 일정 나이, 근속시점 또는 임금액을 기준으로 임금을 줄이는 제도(임금피크제)를 시행하는 경우

❼ 사용자가 근로자와의 합의에 따라 소정근로시간을 1일 1시간 또는 1주 5시간 이상 단축함으로써 단축된 소정근로시간에 따라 근로자가 3개월 이상 계속 근로하기로 한 경우

❽ 법률 제15513호 근로기준법 일부개정법률(「관공서의 공휴일에 관한 규정」에 따른 공휴일을 유급휴일로 하는 법류)의 시행에 따른 근로시간의 단축으로 근로자의 퇴직금이 감소되는 경우

❾ 재난으로 피해를 입은 경우로서 고용노동부장관이 정하여 고시하는 사유에 해당하는 경우

임원퇴직금 중간정산 사유

❶ 중간정산일 현재 1년 이상 주택을 소유하지 아니한 세대의 세대주인 임원이 주택을 구입하려는 경우(중간정산일부터 3개월 내에 해당 주택을 취득하는 경우만 해당한다)

❷ 임원(임원의 배우자 및 생계를 같이 하는 부양가족을 포함한다)이 3개월 이상의 질병 치료 또는 요양을 필요로 하는 경우

❸ 천재 · 지변, 그 밖에 이에 준하는 재해를 입은 경우

대표이사의 근로자 해당여부

대표이사가 근로기준법상 근로자에 해당하는 것일까? 이와 관련된 판례를 살펴보면 주식회사의 대표이사는 대외적으로는 회사를 대표하고 대내적으로는 회사의 업무를 집행할 권한을 가지므로, 대표이사로서의 지위가 형식적 · 명목적인 것에 불과하여 실제 경영자로부터 구체적 · 개별적인 지휘 · 감독을 받아 근로를 제공하고 근로 자체의 대상적 성격으로 보수를 지급받았음에 그쳤다는 등의 특별한 사정이 없는 한, 근로기준법상의 근로자에 해당하지 아니한다고 판단하고 있다(판례 대법원2012다-98720, 2014. 5. 29.).

가) 근로자의 퇴직급여

근로자에게 지급하는 퇴직급여(퇴직급여지급규정이 있는 경우에는 동 규정에 따라 계산한 금액, 퇴직급여지급규정이 없는 경우에는 「근로자퇴직급여 보장법」에 따라 계산한 금액)는 전액 손금에 산입한다.

나) 임원의 퇴직급여

법인이 임원에게 지급한 퇴직급여는 정관 등에 지급규정에 정하여진 기준금액 이내의 금액만

손금에 산입하고 그 기준금액을 초과하는 금액은 손금에 산입하지 아니한다(법령 제44조 제4항).

① 정관 등에 지급규정이 있는 경우

정관에 퇴직급여(퇴직위로금 등을 포함한다)로 지급할 금액이 정하여진 경우에는 정관 등에 정하여진 금액은 손금에 산입한다. 이 경우 정관에 임원의 퇴직급여를 계산할 수 있는 기준이 기재된 경우를 포함하며, 정관에서 위임된 퇴직급여지급규정이 따로 있는 경우에는 해당 규정에 의한 금액에 의한다(법령 제44조 제5항). 여기서 정관에서 위임된 퇴직급여지급규정 관련 예규 및 판례를 살펴보면 법인이 모든 임원에게 일관성 있게 적용되는 퇴직급여지급규정을 정관에서 위임한 바에 따라 퇴직급여로 지급할 금액을 주주총회의 결의로 정한 경우에는 법인세법 시행령 제44조 제5항에 따른 정관에서 위임된 퇴직급여지급규정에 해당한다고 판단하고 있다(예규 법인-704, 2010. 7. 26., 판례 조심2015서-1179, 2016. 3. 9.).

② 정관 등에 지급규정이 없는 경우

정관 등에 지급규정이 없는 경우에는 그 임원이 퇴직하는 날부터 소급하여 1년 동안 해당 임원에게 지급한 총급여액(비과세소득과 손금불산입 상여 등은 제외한다)의 10%에 상당하는 금액에 근속연수를 곱한 금액은 손금에 산입한다.

핵심포인트 **임원퇴직급여**

구분	손금	손금불산입
지급 규정이 있는 경우 (정관·주주총회 결의)	기준금액	기준금액 초과액
지급 규정이 없는 경우	법인세법상 한도 퇴직 직전 1년간의 총급여액 × 10% × 근속연수	법인세법상 한도 초과액

|참고| 임원 퇴직금의 원천징수

법인에서 임원에 대한 퇴직금을 지급하는 경우 소득세법에 따라 원천징수를 하고 지급한다. 이 경우 소득세법상 임원 퇴직금 한도까지는 퇴직금으로 원천징수하고 한도 초과금액에 대해서는 근로소득으로 원천징수한다.

다) 퇴직연금제도

퇴직연금제도란 사용자가 퇴직급여 재원을 사외(금융기관)에 적립하여 근로자 퇴직 시 안전하게 퇴직급여를 연금 또는 일시금으로 수령할 수 있도록 한 노후 소득보장 제도를 말한다. 내국법인이 임원 또는 직원의 퇴직을 퇴직급여의 지급사유로 하고 임원 또는 직원을 수급자로 하는 연금으로서 퇴직연금의 부담금으로 지출하는 금액은 해당 사업연도의 소득금액 계산에 있어서 이를 손금에 산입한다(법령 제44조의2 제2항). 아래에서는 퇴직금제도 및 퇴직연금제도를 비교 요약하여 살펴보기로 한다.

[퇴직금 및 퇴직연금제도]

구분	퇴직금	퇴직연금		
		확정급여형(DB)	확정기여형(DC)	개인형(IRP)
퇴직급여 형태	일시금	연금 또는 일시금		
급여수준	근속년수 1년당 30 일분의 평균임금	일시금 기준으로 퇴직금과 동일	근로자의 운용실적에 따라 변동	가입자의 운용실적에 따라 변동
사외적립 부담 수준	사용자 재량	퇴직금 추계액의 90% 이상	연간 임금총액의 1/12 이상	가입자 재량
부담금 납부	사용자			가입자
적립금의 운용	없음	사용자	근로자	가입자
연금 수령요건	없음	55세 이상으로서 가입기간 10년 이상		55세 이상
중도인출 (중간정산)	가능 (특정한 사유)	불가	가능(특정한 사유)	

| 참고 | **가족에게 지급한 인건비**

부동산임대사업자가 가족에게 지급하는 인건비를 필요경비로 인정받을 수 있을까? 이와 관련된 판례를 살펴보면 가족을 형식상 종업원으로 신고한 것이 아니라 실제로 부동산임대사업장에 근무하였다는 것이 입증되는 경우에는 필요경비로 산입할 수 있다고 판단하고 있다(판례 조심 2022서-8167, 2023.8.16.).

(2) 지급이자

　지급이자는 순자산 감소의 원인이 되는 손비로서 손금산입 항목이다. 그러나 업무무관자산 및 업무무관 가지급금에 대한 지급이자 등은 손금에 산입하지 아니한다(법법 제28조). 업무무관 가지급금이란 명칭여하에 관계없이 해당 법인의 업무와 관련이 없는 자금의 대여액을 말하는 것으로서, 지급이자 손금불산입 대상은 특수관계인에 대한 대여금만 해당된다(집행기준 28-53-2). 업무무관 자산 및 가지급금에 대한 지급이자로서 손금에 산입하지 아니하는 지급이자는 다음과 같이 계산한다.

지급이자 손금불산입 = 지급이자 × (업무무관 자산가액 적수 + 업무무관 가지급급 적수) ÷ 차입금 적수

---

(3) 감가상각비

1) 감가상각의 의의

　일반적으로 토지를 제외한 건물 등의 유형자산은 시간이 흐름에 따라 가치가 감소한다. 자산가치가 감소하면 장부가액을 줄여주어야 한다. 이처럼 유형자산의 가치감소를 각 회계연도에 할당하여 자산의 가격을 줄여가는 과정을 감가상각이라 한다. 다시 말해 자산의 취득원가를 자산의 사용기간에 걸쳐 체계적이고 합리적인 방법에 따라 비용으로 배분하는 과정을 말한다.

2) 감가상각 대상 자산

가) 유형자산

　유형자산이란 기업이 재화의 생산, 용역의 제공, 타인에 대한 임대 또는 자체적으로 사용할 목적으로 보유하는 물리적 형체가 있는 자산으로서 1년을 초과하여 사용할 것이 예상되는 자산을 말한다. 이러한 유형자산 중에서 감가상각 대상 자산의 종류를 살펴보면 건물·구축물, 차량운반구, 시설장치, 기계장치, 비품, 공구 및 기구 등이 있다. 토지는 감가상각 대상 자산이 아니다.

나) 무형자산

무형자산이란 물리적 실체는 없지만 식별할 수 있고, 기업이 통제하고 있으며, 미래 경제적 효익이 있는 자산을 말한다. 무형자산은 감가상각이 아닌 상각이라는 용어를 사용한다. 이러한 무형자산 중에서 상각 대상 자산의 종류를 살펴보면 영업권, 특허권, 상표권, 의장권, 실용신안권, 개발비 등이 있다.

3) 임의상각제도

유형자산의 감가상각 및 무형자산에 대한 상각은 법인이 결산을 확정함에 있어서 이를 손금으로 계상한 경우에 한하여 상각범위액의 한도 내에서 손금에 산입하고 상각범위액을 초과하여 상각한 경우 그 초과액은 상각부인액으로 손금불산입한다(법법 제23조 제1항, 기본통칙 23-26…9). 따라서 감가상각비를 손금에 계상할 것인지 여부는 법인이 임의로 선택 가능하다. 다만, 조세특례제한법상 감면을 적용하는 법인의 경우에는 강제상각 하여야 한다(법령 제30조).

4) 감가상각의 구성요소

가) 취득가액

취득가액이란 실제 지급하는 매입가격에 매입부대비용을 가산한 금액을 말한다. 취득가액에는 유상 또는 무상으로 취득하면서 지출한 것뿐만 아니라 자기가 행한 제조·생산 또는 건설 등에 의하여 취득하면서 소요된 지출을 포함한다. 또한 법인이 자산을 취득한 후 발생하는 자본적지출액은 자본적지출의 대상이 되는 자산과 합산하여 감가상각한다(법령 제31조).

나) 내용연수

내용연수란 기업이 자산을 사용할 것으로 예상하는 기간을 말한다. 내용연수는 기준내용연수와 신고내용연수로 구분해 볼 수 있다.

① 기준내용연수

기준내용연수란 법인세법시행규칙 별표에 구조 또는 자산별·업종별로 법정되어 있는 내용연수를 말한다(법령 제28조 제1항 제2호, 법칙 제15조 제3항 별표5 및 별표6). 기준내용연수는 세법상 상각범위액을 계산하는 경우에 적용할 상각률을 구하는 데 사용된다.

② 신고내용연수

감가상각자산(무형자산은 제외한다)의 내용연수는 기준내용연수에 그 기준내용연수의 25%를 가감한 내용연수범위 안에서 법인이 선택하여 납세지 관할 세무서장에게 신고하여야 한다. 이를 신고내용연수라 한다. 신고내용연수에 따른 상각률을 적용하여 감가상각을 한다. 다만, 신고기한 내에 신고하지 않은 경우에는 기준내용연수와 그에 따른 상각률로 한다(법령 제1항 제2호).

다) 잔존가치

잔존가치란 자산의 내용연수가 종료되는 시점에서 그 자산의 예상처분대가에서 예상처분비용을 차감한 금액을 말한다. 즉, 내용년수가 끝나는 시점의 자산가치를 말한다. 세법상 감가상각자산의 잔존가액은 영(0)으로 한다. 다만, 정률법에 의하여 상각범위액을 계산하는 경우에는 취득가액의 5%에 상당하는 금액을 잔존가액으로 한다(법령 제26조 제6항).

5) 감가상각방법과 상각범위액

가) 감가상각방법

감가상각방법에는 정액법, 정률법, 생산량비례법, 연수합계법 등이 있다. 이 중에서 정액법과 정률법에 대해서만 살펴보기로 한다. 법인세법에서는 감가상각 방법을 신고하도록 하고 있다. 무신고시에는 건물은 정액법, 차량, 시설장치, 비품, 기계장치 등은 정률법으로 감가상각하도록 규정하고 있다.

사업연도 중 신규로 취득한 자산의 경우 사업에 사용한 날부터 해당 사업연도 종료일까지 월수로 안분계산한다. 1월 미만 일수는 1월로 한다.

① 정액법

정액법은 내용년수 동안 일정액을 감가상각하는 방법으로서 당해 감가상각자산의 취득가액에 당해 자산의 내용연수에 따른 상각률을 곱하여 계산한 상각범위액이 매년 균등하게 되는 상각방법을 말한다.

$$상각범위액 = 취득가액 \times 상각률(주1)$$

(주1) 상각률: 1 ÷ 내용연수

② 정률법

정률법은 자산의 내용연수 동안 감가상각액이 매기간 감소하는 방법으로서 해당 감가상각자산의 취득가액에서 이미 감가상각비로 손금에 산입한 금액을 공제한 잔액(세법상 장부가액)에 해당 자산의 내용연수에 따른 상각률을 곱하여 계산한 상각범위액이 매년 체감되는 상각방법을 말한다.

$$상각범위액 = 세법상 장부가액(주1) \times 상각률(주2)$$

(주1) 장부가액 = 취득가액 - 감가상각누계액

(주2) 상각률 = $n\sqrt{(잔존가액 ÷ 취득가액)}$ n: 내용연수

※ 정액법 및 정률법에 의한 내용연수별 상각률은 법인세법 시행규칙 별표4에 계산되어 있다.

나) 상각범위액

세법상 감가상각비는 기업이 계상한 금액대로 인정되는 것이 아니고, 세법에 따라 계산된 범위 내의 금액만큼만 각 사업연도의 손금으로 인정된다. 이와 같이 세법상 인정되는 각 사업연도의 감가상각의 한도액을 감가상각범위액이라 한다.

건축물과 무형자산(개발비 제외)은 정액법으로 상각범위액을 계산하고 건축물 외의 유형자산은 정률법 또는 정액법으로 계산한다. 개발비는 관련 제품의 판매 또는 사용이 가능한 시점부터 20년의 범위에서 연단위로 신고한 내용연수에 따라 매사업연도별 경과월수에 비례하여 상각하는 방법을 적용한다(법령 제26조 제1항).

> **핵심포인트** **감가상각비 세무조정**
>
> 회사계상 감가상각비 ≤ 세법상 상각범위액 ⇨ 회사계상 상각비 손금 인정
> 회사계상 감가상각비 > 세법상 상각범위액 ⇨ 한도초과액 손금불산입

(4) 업무용승용차 관련 비용의 손금불산입

1) 업무용승용차의 정의

업무용승용차란 개별소비세가 과세되는 승용자동차를 말한다. 다만, 운수업, 자동차판매업, 자동차임대업(렌트회사), 시설대여업(리스회사), 운전학원업 등에서 사업상 수익창출을 위해 직접 사용하는 승용자동차와 경비업의 출동차량 등은 제외한다.

우리나라의 자동차 관리법상 자동차는 크게 승용차, 승합차, 화물차, 특수차, 이륜차로 구분한다. 여기에서 개별소비세가 과세되는 승용자동차란 배기량이 1,000cc를 초과하는 승용자동차, 캠핑용자동차, 전기승용자동차를 말한다. 따라서 개별소비세가 과세되지 아니하는 정원 9명 이상 승용자동차, 배기량 1,00cc 이하의 소형 일반승용차 및 소형 전기승용차, 승합차, 화물차량, 배기량 125cc 이하의 이륜자동차(오토바이)는 규제대상 업무용승용차에 해당하지 않는다. 이러한 차량에 대해서는 지출비용의 규제가 없으며 과세사업과 관련하여 사용하는 경우 부가가치세 매입세액공제가 가능하다.

핵심포인트 **업무용승용차 규제대상 구분**

구분	개별소비세 과세대상	개별소비세 비과세
규제대상 여부	규제대상	비규제대상
종류	❶ 정원 8인 이하 승용자동차 ❷ 배기량 125cc 초과 이륜자동차 ❸ 캠핑용 자동차	❶ 정원 9인 이상 승용자동차 ❷ 배기량 1,000cc 이하 경차 ❸ 승합자동차 ❹ 화물자동차 ❺ 배기량 125cc 이하 이륜자동차

---

2) 업무용승용차 관련 비용

업무용승용차 관련 비용이란 내국법인이 업무용승용차를 취득하거나 임차함에 따라 해당 사업연도에 발생하는 감가상각비, 임차료, 유류비, 보험료, 수선비, 자동차세, 통행료 및 금융리스부채에 대한 이자비용 등 업무용승용차의 취득·유지를 위하여 지출한 비용을 말한다(법령 제50조의2 제2항). 이러한 비용을 손금산입하기 위해서는 업무전용자동차보험에 가입하여야 하고 8,000만 원 이상의 업무용승용자동차는 연두색 법인업무용 전용번호판을 부착하여야 한다.

3) 업무용사용금액

업무용승용차 관련 비용 중 업무용사용금액에 해당하지 아니하는 금액은 해당 사업연도의 소득금액을 계산할 때 손금에 산입하지 아니한다(법법 제27조의2 제2항). 아래에서는 업무용승용차 관련 비용 중 손금으로 인정하는 업무용사용금액의 범위를 업무전용자동차보험에 가입한 경우와 가입하지 않은 경우로 나누어 살펴보기로 한다.

가) 업무전용자동차보험에 가입한 경우

업무전용자동차보험이란 해당 법인의 임원 또는 직원, 계약에 따라 해당 법인의 업무를 위하여 운전하는 사람 등의 경우에만 보상하는 자동차보험을 말한다. 이러한 업무전용자동차보험에 가입한 경우에는 업무용승용차 관련비용에 업무사용비율을 곱한 금액을 업무용사용금액으로 보아 손금으로 인정한다.

업무용사용금액 = 업무용승용차 관련 비용 × 업무사용비율

업무사용비율은 운행기록부를 작성했는지 여부에 따라 다르게 적용한다. 운행기록부는 업무용승용차별로 작성·비치하여야 한다.

운행기록부를 작성한 경우 운행기록부에 따라 확인되는 총 주행거리 중 업무용 사용거리가 차지하는 비율로 계산한다. 업무용 사용거리란 제조·판매시설 등 해당 법인의 사업장 방문, 거래처·대리점 방문, 회의 참석, 판촉 활동, 출·퇴근 등 직무와 관련된 업무수행을 위하여 주행한 거리를 말한다.

업무용사용비율 = 업무용사용거리 ÷ 총 주행거리

운행기록부를 작성·비치하지 않은 경우 해당 업무용승용차의 업무사용비율은 다음의 구분에 따른 비율로 한다(법령 제50조의2 제7항).

· 업무용승용차 관련비용이 1천5백만원 이하인 경우: 100%
· 업무용승용차 관련비용이 1천5백만원을 초과하는 경우: 1천5백만원 ÷ 업무용승용차 관련비용

따라서 업무전용자동차보험에 가입하였으나 운행기록부를 작성하지 않은 경우 업무용승용차 관련 비용으로 감가상각비 한도 800만원을 포함하여 1천5백만원까지는 필요경비로 산입할 수 있다.

나) 업무전용자동차보험에 가입하지 않은 경우

업무전용자동차보험에 가입하지 않은 경우에는 업무용승용차 관련 비용 전액을 손금으로 인정하지 않는다.

4) 업무용승용차 감가상각비 특례

업무용승용차에 대한 감가상각비의 경우 해당 사업연도의 소득금액을 계산할 때 정액법을 상각방법으로 하고 내용연수를 5년으로 하여 계산한 금액을 감가상각비로 하여 손금에 산입한다. 업무용승용차에 대한 감가상각비는 의무적으로 계상하여야 한다.

감가상각비 해당 금액에 업무사용비율을 곱하여 계산한 금액이 800만원을 초과하는 경우 그 초과하는 금액은 감가상각비한도초과액으로 해당 사업연도의 손금에 산입하지 않는다.

이러한 감가상각비한도초과액은 이월하여 해당 사업연도의 다음 사업연도부터 해당 업무용승용차의 업무사용금액 중 감가상각비가 800만원에 미달하는 경우 그 미달하는 금액을 한도로 하여 손금으로 추인한다.

아래에서는 업무용승용차 감가상각비 손금산입 범위를 법인이 업무용승용차를 자가 소유한 경우, 임차(렌트 혹은 리스)한 경우로 나누어 살펴보기로 한다.

가) 자가 소유한 경우

법인이 업무용승용차를 자가 소유한 경우에는 업무용승용차별로 계산한 감가상각비에 업무사용비율을 곱한 금액을 감가상각비로 한다.

감가상각비 손금산입액 = Min(① 업무용승용차별 감가상각비 × 업무사용비율 ② 800만원)

나) 임차한 경우

① 「여신전문금융업법」에 따라 등록한 시설대여업자로부터 임차한 경우

「여신전문금융업법」에 따라 등록한 시설대여업자로부터 임차한 경우 임차료(리스료)에서 해당 임차료에 포함되어 있는 보험료, 자동차세 및 수선유지비를 차감한 금액을 감가상각비로 한다. 다만, 수선유지비를 별도로 구분하기 어려운 경우에는 임차료(보험료와 자동차세를 차감한 금액을 말한다)의 7%를 수선유지비로 할 수 있다.

감가상각비 손금산입액 = Min[㉮ (임차료 - 보험료, 자동차세, 수선유지비) × 업무사용비율 ㉯ 800만원)]

② 시설대여업자 외의 자동차대여사업자로부터 임차한 경우

「여신전문금융업법」에 따라 등록한 시설대여업자 외의 자로부터 임차한 경우 렌트료의 70%를 감가상각비로 본다.

감가상각비 손금산입액 = MIN(㉮ 임차료 × 70% × 업무사용비율 ㉯ 800만원)

핵심포인트 **업무용승용차 감가상각비 세무조정**

❶ (감가상각비 해당금액 × 업무사용비율) ≤ 800만원 ⇨ 전액 필요경비산입
❷ (감가상각비 해당금액 × 업무사용비율) > 800만원 ⇨ 초과액 필요경비불산입
　☞ 이월하여 800만원에 미달하는 사업연도에 손금산입(미달하는 금액 한도)

5) 업무용승용차 처분손실의 특례

업무용승용차를 처분하여 발생하는 손실로서 업무용승용차별로 800만원을 초과하는 금액은 해당 사업연도의 다음 사업연도부터 800만원을 균등하게 손금에 산입하되, 남은 금액이 800만원 미만인 사업연도에는 남은 금액을 모두 손금에 산입한다(법법 제27조의2 제4항, 법령 제50조의2 제13항).

6) 부동산임대업이 주업인 법인 등의 한도 축소

부동산임대업이 주업인 법인 등 아래의 요건을 모두 갖춘 내국법인의 경우에는 앞에서 설명한 업무사용금액 중 업무전용자동차보험에 가입한 경우 1천5백만원은 500만원으로, 감가상각비특례의 경우 800만원은 400만원으로 한다(법법 제27조의2 제5항, 법령 제50조의2 제15항, 법령 제42조 제2항).

가) 해당 사업연도 종료일 현재 내국법인의 지배주주 등이 보유한 주식의 합계가 해당 내국법인의 발행주식총수의 50%를 초과할 것

나) 해당 사업연도에 부동산임대업을 주된 사업으로 하거나 다음의 금액 합계가 기업회계기준에 따라 계산한 매출액(아래에서 정하는 금액이 포함되지 않은 경우에는 이를 포함하여 계산한다)의 50% 이상일 것

　　① 부동산 또는 부동산상의 권리의 대여로 인하여 발생하는 수입금액

　　② 이자소득의 금액

　　③ 배당소득의 금액

다) 해당 사업연도의 상시근로자 수가 5명 미만일 것

(5) 기업업무추진비의 손금불산입

1) 기업업무추진비의 정의

기업업무추진비(접대비)란 접대, 교제, 사례 또는 그 밖에 어떠한 명목이든 상관없이 이와 유사한 목적으로 지출한 비용으로서 기업이 직접 또는 간접적으로 업무와 관련이 있는 자와 업무를 원활하게 진행하기 위하여 지출한 금액을 말한다.

2) 기업업무추진비와 정규증빙

한 차례의 접대에 지출한 기업업무추진비 중 경조금의 경우에는 20만원, 그 외의 경우에는 3만원을 초과하여 지출하는 경우에는 법인신용카드, 현금영수증, 세금계산서, 계산서 중 어느 하나에 해당하는 정규증빙을 수취하여야 한다. 정규증빙을 수취하지 못한 경우에는 손금에 산입하지 아니한다(법법 제25조 제2항). 다만, 농·어민으로부터 직접 재화를 공급받는 경우의 지출로서 금융기관을 통하여 송금하고 송금명세서를 첨부한 경우, 법인이 직접 생산한 제품 등으로 제공한 경우, 거래처에 대한 매출채권의 임의포기 등 원천적으로 증빙을 구비할 수 없는 경우, 국외지역에서 지출한 것 중 현금 외에 다른 지출수단이 없어 증거자료를 구비하기 어려운 경우에는 정규증빙을 구비하지 않은 경우라도 손금에 산입한다.

3) 손금산입 범위

기업이 각 사업연도에 지출한 기업업무추진비의 손금산입한도액은 다음의 금액을 합한 금액으로 하고, 손금산입한도액을 초과하는 금액은 손금에 산입하지 아니한다(법법 제25조 제4항).

가) 기본한도

1,200만원(중소기업의 경우에는 3,600만원) × 해당 사업연도의 월수 ÷ 12

나) 수입금액 한도

(일반수입금액 × 적용률) + (특정수입금액 × 적용률 × 10%)

수입금액은 기업회계기준에 따라 계산한 매출액을 말하며, 특정수입금액은 특수관계인과의 거래에서 발생한 수입금액을 말한다.

[적용률]

수입금액	적용률
100억원 이하	0.3%
100억원 초과 500억원 이하	3천만원 + (수입금액 - 100억원) × 0.2%
500억원 초과	1억1천만원 + (수입금액 - 500억원) × 0.03%

다) 문화접대비 한도

2025.12.31. 이전에 문화비로 지출한 기업업무추진비에 대해서는 앞의 기본한도와 수입금액 한도를 합한 금액의 20%와 문화접대비 지출액 중 적은 금액을 한도로 한다.

4) 부동산임대업이 주업인 법인 등의 한도 축소

부동산임대업을 주업으로 하는 법인 등 아래의 요건을 모두 갖춘 법인의 경우에는 일반법인 접대비 한도액의 50%로 한다(조특법 제136조 제3항, 조특령 제130조 제6항, 법령 제42조 제2항). 아래의 내용은 앞에서 살펴본 업무용승용차의 한도 축소 내용과 동일한 규정이다.

가) 해당 사업연도 종료일 현재 내국법인의 지배주주 등이 보유한 주식의 합계가 해당 내국법인의 발행주식총수의 50%를 초과할 것

나) 해당 사업연도에 부동산임대업을 주된 사업으로 하거나 다음의 금액 합계가 기업회계기준에 따라 계산한 매출액(아래에서 정하는 금액이 포함되지 않은 경우에는 이를 포함하여 계산한다)의 50% 이상일 것

　① 부동산 또는 부동산상의 권리의 대여로 인하여 발생하는 수입금액

　② 이자소득의 금액

　③ 배당소득의 금액

다) 해당 사업연도의 상시근로자 수가 5명 미만일 것

핵심포인트　**기업업무추진비 세무조정**

❶ 정규증빙을 수취하지 못한 경우 ▷ 전액 손금불산입
❷ 지출액 ≤ 한도 ▷ 전액 손금산입
❸ 지출액 〉 한도 ▷ 초과액 손금불산입

---

5) 기업업무추진비와 광고선전비, 판매부대비용, 기부금의 구분

기업이 지출한 비용으로서 기업업무추진비, 광고선전비, 판매부대비용, 기부금은 다음과 같이 구분한다(법인세 집행기준 25-0-4).

① 지출의 상대방이 사업에 관련 있는 자들이고 지출의 목적이 접대 등의 행위에 의해 사업관계자들과의 사이에 친목을 두텁게 하여 거래관계의 원활한 진행을 도모하는데 있는 것이라면 기업업무추진비로 한다.

② 지출의 상대방이 불특정 다수인이고 지출의 목적이 구매의욕을 자극하는데 있는 것이라면 광고선전비로 한다. 예를 들어 광고·선전을 목적으로 견본품·달력·수첩·컵·부채 기타 이와 유사한 물품을 불특정다수인에게 기증하기 위하여 지출한 비용(특정인에게 기증한 물품의 경우에는 연간 5만원 이내의 금액에 한정한다)은 광고선전비로서 필요경비에 산입한다(소득세 집행기준 27-55-28).

③ 지출의 성질, 액수 등이 건전한 사회통념이나 상관행에 비추어 볼 때 상품 또는 제품의 판매에

직접 관련하여 정상적으로 소요되는 비용으로 인정되는 것이라면 판매부대비용으로 한다.

④ 법인이 그 사용인이 조직한 조합 또는 단체에 복리시설비를 지출한 경우 해당 조합이나 단체가 법인인 때에는 이를 기업업무추진비로 보며, 해당 조합이나 단체가 법인이 아닌 때에는 그 법인의 경리의 일부로 본다.

⑤ 기업이 사업과 관련 없이 지출하는 비용은 기부금으로 한다.

기업이 지출한 비용이 기업업무추진비나 기부금에 해당하는 경우에는 손금산입한도 범위 내에서 손금으로 산입되고 한도초과액은 손금불산입한다. 이에 비해 광고선전비나 판매부대비용에 해당하는 경우에는 한도없이 전액 손금산입한다.

(6) 기부금의 손금불산입

1) 기부금의 정의

기부금이란 내국법인이 사업과 직접적인 관계없이 무상으로 지출하는 금액을 말한다. 사업과 직접 관련없이 지출한다는 점에서 업무와 관련하여 지출하는 기업업무추진비와 다르다. 법인세법의 기부금은 특례기부금, 일반기부금, 그 외 기부금으로 구분할 수 있다.

2) 기부금의 구분 및 손금산입 한도액

가) 특례기부금

특례기부금이란 법인세법 제24조 제2항 제1호에 열거된 기부금으로서 대표적인 종류를 열거하면 다음과 같다.

① 국가나 지방자치단체에 무상으로 기증하는 금품의 가액

② 국방헌금과 국군장병 위문금품의 가액

③ 천재지변으로 생기는 이재민을 위한 구호금품의 가액

④ 「사립학교법」에 따른 사립학교 등에 시설비·교육비·장학금 또는 연구비로 지출하는 기부금

⑤ 「국립대학병원 설치법」에 따른 국립대학병원 등에 시설비·교육비 또는 연구비로 지출하는

기부금

⑥ 사회복지사업, 그 밖의 사회복지활동의 지원에 필요한 재원을 모집·배분하는 것을 주된 목적으로 하는 비영리법인(대통령령으로 정하는 요건을 충족하는 법인만 해당한다)으로서 기획재정부장관이 지정·고시하는 법인에 지출하는 기부금

내국법인이 각 사업연도에 지출한 특례기부금 및 이월된 특례기부금은 다음의 산식에 따라 계산한 손금산입한도액 내에서 해당 사업연도의 소득금액을 계산할 때 손금에 산입하되, 손금산입한도액을 초과하는 금액은 손금에 산입하지 아니한다(법법 제24조 제2항 제2호).

$$한도액 = (기준소득금액(주1) - 이월결손금(주2)) \times 50\%$$

(주1) 기준소득금액 = 해당 사업연도의 소득금액 + 특례기부금 및 일반기부금 지출액
(주2) 이월결손금: 기준소득금액의 80%(중소기업은 100%) 한도

나) 일반기부금

일반기부금이란 사회복지·문화·예술·교육·종교·자선·학술 등 공익성을 고려하여 법인세법 제24조 제3항 제1호에 열거된 기부금으로서 대표적인 종류를 살펴보면 다음과 같다.

① 비영리법인 등 공익법인에 대하여 해당 공익법인의 고유목적사업비로 지출하는 기부금
   공익법인의 고유목적사업비로 지출하는 기부금이란 사회복지법인, 어린이집, 유치원, 초·중·고등학교, 기능대학, 평생교육시설, 의료법인, 종교의 보급, 그 밖에 교화를 목적으로 설립한 비영리법인 등 공익법인에 대하여 해당 공익법인의 고유목적사업비로 지출하는 기부금을 말한다.
② 유치원·초·중·고등학교의 장, 기능대학의 장, 평생교육시설의 장이 추천하는 개인에게 교육비·연구비 또는 장학금으로 지출하는 기부금
③ 사회복지·문화·예술·교육·종교·자선·학술 등 공익목적으로 지출하는 기부금으로서 기획재정부장관이 지정하여 고시하는 기부금
④ 「아동복지법」에 따른 아동복지시설 등 사회복지시설 또는 기관 중 무료 또는 실비로 이용할 수 있는 시설 또는 기관에 기부하는 금품의 가액

내국법인이 각 사업연도에 지출한 기부금 및 이월된 기부금 중 일반기부금은 아래와 같이 산출한 손금산입한도액 내에서 해당 사업연도의 소득금액을 계산할 때 손금에 산입하되, 손금산입한도액을 초과하는 금액은 손금에 산입하지 아니한다(법법 제24조 제3항 제2호).

한도액 = (기준소득금액(주1) - 이월결손금(주2) - 특례기부금 손금산입액) × 10%(사회적 기업은 20%)

(주1) 기준소득금액 = 해당 사업연도의 소득금액 + 특례기부금 및 일반기부금 지출액

(주2) 이월결손금: 기준소득금액의 80%(중소기업은 100%) 한도

다) 그 외 기부금

특례기부금 및 일반기부금을 제외한 그 외 기부금은 전액 손금불산입한다.

3) 기부금한도초과액 이월공제

기부금 손금산입 한도 초과금액은 해당 사업연도의 다음 사업연도 개시일부터 10년 이내에 끝나는 각 사업연도로 이월하여 그 이월된 사업연도의 소득금액을 계산할 때 특례기부금 및 일반기부금에 따른 기부금 각각의 손금산입한도액의 범위에서 손금에 산입한다(법법 제24조 제5항). 이경우 이월된 금액을 해당 사업연도에 지출한 기부금보다 먼저 손금에 산입하며, 이월된 금액은 먼저 발생한 이월금액부터 손금에 산입한다(법법 제24조 제6항).

지금까지 각사업연도소득금액을 계산하기 위한 세무조정 항목에 해당하는 익금 및 익금불산입, 손금 및 손금불산입에 대한 내용을 살펴보았다. 다음의 별첨 1에서는 현재까지 정부에서 발표한 부동산 관련 대책 중 세법에 관련된 내용을 일자별로 요약 정리하고, 별첨 2에서는 세법 관련 세율표를 정리하기로 한다.

[별첨 1] 일자별 부동산대책 주요 내용 요약

일자	주요내용
2017.8.2.	▶ 양도세 · 1세대 1주택 비과세 거주요건 없음(계약은 무주택 세대주)
2017.8.3.	▶ 양도세 · 1세대 1주택 비과세 2년 거주요건 있음
2018.3.31.	▶ 양도세 · 임대주택 중과배제 의무임대기간 5년 이상
2018.4.1.	▶ 임대주택 의무임대기간 8년
	▶ 양도세 · 중과배제 8년 이상 · 다주택자 중과
	▶ 종부세 · 합산배제 8년 이상
	▶ 조특법 · 제97조의4 장특공제 적용 불가
2018.9.13.	▶ 양도세 · 일시적2주택 중복보유기간 3년
2018.9.14.	▶ 양도세 · 일시적 2주택 중복보유기간 2년(2023.1.12. 3년으로 개정) · 1주택 보유자 조정대상지역 내 취득·임대등록주택 양도세 중과
	▶종부세 · 1주택 보유자 조정대상지역 내 취득·임대등록주택 종부세합산과세 ▶ 장기일반민간임대주택 가액기준(수도권 6억원, 그 외 3억원)
2019.2.11.	▶ 임대료 등 5% 상한율 ×
	▶ 양도세 · 거주주택 비과세 횟수 제한 없음
2019.2.12.	▶ 임대차계약체결·갱신분 임대료 등 5% 상한율 적용
	▶ 양도세 · 거주주택 비과세 횟수 제한: 생애 1회
2019.12.16.	▶ 양도세 · 일시적 2주택 중복보유기간 2년(2023.1.12. 3년으로 개정)
2019.12.17.	▶ 양도세 · 일시적 2주택 1년 이내 양도·이사·전입신고 폐지(2022.5.10. 삭제) · 조정대상지역 내 등록임대주택 비과세 요건에 거주기간요건 추가 · 다주택자 양도세 중과 한시적 배제(2019.12.17.~2020.6.30.)
2020.1.1.	▶ 양도세 · 장기보유특별공제 2년 거주요건

2020.7.10.	▶ 아파트 임대등록, 단기에서 장기변경 임대주택 · 양도세 중과세 · 종부세 합산과세
2020.8.12.	▶ 취득세 · 취득세 중과 · 입주권, 주택분양권, 주택분 재산세 부과된 오피스텔 주택 수 산입
2020.8.18.	▶ 폐지되는 임대주택 유형: 아파트 및 단기임대

	자동말소	▶ 양도세 · 거주주택 비과세 말소일로부터 5년 이내 양도 · 말소일 이후 양도 중과 제외
		▶ 종부세 · 말소일 이후 합산과세
	자진말소	▶ 양도세 · 거주주택 비과세 말소일로부터 5년 이내 양도 · 말소일로부터 1년 이내 양도 중과 제외
		▶ 종부세 · 말소일 이후 합산과세

	▶ 임대주택 의무임대기간 10년
2021.1.1.	▶ 양도세 · ~~1세대 1주택 비과세 보유기간 2년 재계산가산 폐지~~(2022.5.10. 삭제) · 분양권 주택 수 포함
	▶ 조특법 · 제97조의3 장특공제 50%(70%) 적용 배제
2021.2.17.	▶ 양도세 · ~~보유·거주기간 재계산 적용 시 증여, 용도변경 포함~~(2022.5.10. 삭제)
2021.12.8.	▶ 양도세 · 고가주택(입주권) 기준금액 9억원에서 12억원으로 상향
2022.1.1.	▶ 양도세 · 고가상가주택 주택 면적만 주택으로 봄 · 입주권의 범위에 자율주택정비사업, 가로주택정비사업, 소규모재개발사업 포함
2022.5.10.	▶ 양도세 · 다주택자 중과유예(2020.5.10.~2023.5.9.~2025.5.9.) · 1세대 1주택 비과세 보유기간 재계산 폐지 · 일시적 2주택 1년 이내 양도·이사·전입신고 폐지
2022.6.1.	▶ 종부세 · 1세대 1주택 판정시 일시적2주택, 상속주택, 지방저가주택 주택 수 제외
2022.10.21.	▶ 양도세 · 용도변경시 주택 판정 기준일 양도일로 예규 변경

2022.12.20.	▶ 양도세
	· 멸실시 주택 판정 기준일 양도일로 예규 변경
2023.1.1.	▶ 양도세
	· 이월과세 및 부당행위계산 부인 5년에서 10년으로 확대
	▶ 취득세
	· 증여 취득 시 과세표준 시가인정액 적용
	▶ 종부세
	· 기본공제 9억원
	· 1세대 1주택 12억원 공제
	· 3주택 이상으로서 과세표준 12억원 초과시 중과세율 적용
	▶ 종합소득세
	· 주택임대소득의 고가주택 기준 9억원→12억원으로 확대
2023.1.12.	▶ 양도세
	· 일시적 2주택 종전주택 처분기한 3년으로 통일(2023.1.12. 양도분부터 소급 적용)
	※ 취득세, 종부세도 동일하게 적용
	· 주택과 조합원입주권을 소유한 경우 1세대 1주택 비과세 특례 처분기한 등 3년으로 연장
2024.1.1.	▶ 양도세
	· 농어촌주택(조특법 제99조의4) 소재지 인구감소지역 확대
	▶ 증여세
	· 혼인·출산증여재산공제 신설
2024.1.10	▶ 소형 신축주택 특례 도입
	▶ 소형 기축주택 특례 도입
	▶ 단기 등록임대(6년) 도입
	▶ 지방 준공 후 미분양주택 특례 도입
	▶ 인구감소지역 특례 적용

[별첨 2] 세목별 세율표

1. 양도소득세

(1) 기본세율(종합소득세 세율과 동일)

보유기간	과세표준	세율	누진공제
2년 이상	1,400만원 이하	6%	
	1,400만원 초과 5,000만원 이하	15%	1,260,000
	5,000만원 초과 8,800만원 이하	24%	5,760,000
	8,800만원 초과 1억 5천만원 이하	35%	15,440,000
	1억 5천만원 초과 3억원 이하	38%	19,940,000
	3억원 초과 5억원 이하	40%	25,940,000
	5억원 초과 10억원 이하	42%	35,940,000
	10억원 초과	45%	65,940,000

(2) 단기양도세율

구분	보유기간	세율
주택 및 주택입주권	1년 이상 2년 미만	60%
	1년 미만	70%
주택 및 주택입주권 외 (분양권 제외)	1년 이상 2년 미만	40%
	1년 미만	50%

(3) 주택분양권 양도세율

보유기간	세율
1년 이상	60%
1년 미만	70%

(4) 업무용분양권 양도세율

보유기간	세율
2년 이상	기본세율
1년 이상	40%
1년 미만	50%

(5) 중과세율

구분	세율
2주택	기본세율 + 20%(중과유예 2022.5.10.~2025.5.9.)
3주택 이상	기본세율 + 30%(중과유예 2022.5.10.~2025.5.9.)
비사업용토지	기본세율 + 10%

(6) 미등기 양도세율: 70%

2. 부동산 취득세

구분				취득세		농어촌 특별세		지방 교육세		합계	
유상취득	주택 개인은 세대 합산	6억원 이하	85㎡ 이하	1%		비과세		0.1%		1.1%	
			85㎡ 초과			0.2%		0.1%		1.3%	
		6억원 초과 9억원 이하	85㎡ 이하	1~3%		비과세		0.2%		1.2~3.4%	
			85㎡ 초과			0.2%		0.2%			
		9억원 초과	85㎡ 이하	3%		비과세		0.3%		3.3%	
			85㎡ 초과			0.2%		0.3%		3.5%	
		중과세율		조정	비조정	조정	비조정	조정	비조정	조정	비조정
		2주택		8%	1~3%	0.6%	0.2%	0.4%	0.1~0.3%	9.0%	1.1~3.3%
		3주택		12%	8%	1%	0.6%	0.4%	0.4%	13.4%	9.0%
		4주택 및 법인		12%	12%	1%	1.0%	0.4%	0.4%	13.4%	13.4%
	주택 외			4.0%		0.2%		0.4%		4.6%	
무상취득	증여	주택 중과		12.0%	3.5%	1.0%	0.2%	0.4%	0.3%	13.4%	4.0%
		그 외		3.5%		0.2%		0.3%		4.0%	
	상속	농지		2.3%		0.2%		0.06%		2.56%	
		농지 외		2.8%		0.2%		0.16%		3.16%	
	신축			2.8%		0.2%		0.16%		3.16%	

※ 국민주택규모 이하는 농특세 비과세

3. 상속ㆍ증여세

과세표준	세율	누진공제
1억원 이하	10%	
1억원 초과 5억원 이하	20%	10,000,000
5억원 초과 10억원 이하	30%	60,000,000
10억원 초과 30억원 이하	40%	160,000,000
30억원 초과	50%	460,000,000

4. 종합부동산세

과세표준	2주택 이하		3주택 이상	
	세율	누진공제	세율	누진공제
3억원 이하	0.5%		0.5%	
3억원 초과 6억원 이하	0.7%	600,000	0.7%	600,000
6억원 초과 12억원 이하	1%	2,400,000	1%	2,400,000
12억원 초과 25억원 이하	1.3%	6,000,000	2%	14,400,000
25억원 초과 50억원 이하	1.5%	11,000,000	3%	39,400,000
50억원 초과 94억원 이하	2%	36,000,000	4%	89,400,000
94억원 초과	2.7%	101,800,000	5%	183,400,000
법인	2.7%		5%	

5. 법인세

과세표준	세율	누진공제
2억원 이하	9%	-
2억원 초과 200억원 이하	19%	2,000만원
200억원 초과 3,000억원 이하	21%	4억2,000만원
3,000억원 초과	24%	94억2,000만원

2024
부동산 세금의
생각지도

ⓒ 박남석, 2024

개정판 1쇄 발행 2024년 5월 10일

지은이   박남석
펴낸이   이기봉
편집   좋은땅 편집팀
펴낸곳   도서출판 좋은땅
주소   서울특별시 마포구 양화로12길 26 지월드빌딩 (서교동 395-7)
전화   02)374-8616~7
팩스   02)374-8614
이메일   gworldbook@naver.com
홈페이지   www.g-world.co.kr

ISBN   979-11-388-3136-9 (13320)